U0135527

感谢浙江省新昌县人民政府的大力支持

唐诗之路研究丛书·第二辑

唐诗之路研究会 编

李德辉 著

唐代交通与文学 （增订本）

中华书局

图书在版编目（CIP）数据

唐代交通与文学/李德辉著. —增订本. —北京：中华书局，
2023.8
（唐诗之路研究丛书）
ISBN 978-7-101-16241-7

Ⅰ.唐… Ⅱ.李… Ⅲ.①交通运输史−研究−中国−唐代②
中国文学−古典文学研究−唐代 Ⅳ.①F512.9②I206.42

中国国家版本馆 CIP 数据核字（2023）第 099110 号

书　　　名	唐代交通与文学（增订本）	
著　　　者	李德辉	
丛 书 名	唐诗之路研究丛书	
责任编辑	余　瑾	
责任印制	陈丽娜	
出版发行	中华书局	
	（北京市丰台区太平桥西里 38 号　100073）	
	http://www.zhbc.com.cn	
	E-mail:zhbc@zhbc.com.cn	
印　　　刷	三河市中晟雅豪印务有限公司	
版　　　次	2023 年 8 月第 1 版	
	2023 年 8 月第 1 次印刷	
规　　　格	开本/920×1250 毫米　1/32	
	印张 18⅜　插页 2　字数 460 千字	
国际书号	ISBN 978-7-101-16241-7	
定　　　价	148.00 元	

"唐诗之路研究丛书"总序

卢盛江

经过多方努力,"唐诗之路研究丛书"终于问世了。

这是中国唐诗之路研究会组织编纂的学术丛书。中国唐诗之路研究会自成立以来,就致力于唐诗之路的研究。2019 年 11 月在浙江新昌召开了成立大会,2020 年 11 月又在浙江天台举办了首届年会,两次会议共收到一百六十余篇论文,对唐诗之路的一系列重要问题进行研究。现在又推出"唐诗之路研究丛书",旨在全面反映唐诗之路研究的高层次成果,将唐诗之路研究推向深入。关于"丛书"和唐诗之路研究,我想应该注意以下几点:

一、要进行细致全面的资料整理。无论是对某条诗路的具体研究,还是对某些问题的综合研究,抑或是学理层面的理论研究,都要立足于坚实的史料。专门的史料整理工作,在唐诗之路研究初期,尤为必要和重要;唐诗之路研究今后走向深入,这项工作也不可或缺。这是一切研究的基础。要围绕唐诗之路的主题发掘整理史料,注重规范性和系统性,特别要与考证辨伪结合起来,以确定史料的可靠性。既致力于新出史料的发掘,又立足于传统文献的梳理;既有典籍文献包括地方文献的爬剔缕析,又有民间调查和出土文献等史料的发掘探微。对于唐诗之路研究而言,实地考察也是发掘新史料的一个重要途径。

　　二、要弄清每条诗路的面貌。唐诗之路的关键是"路"与"诗"，路是载体，诗是内涵，而作为灵魂主体一定是"人"。"诗""路"与"人"三个方面的面貌都需要弄清。路是怎样形成的？路与交通有关，唐代交通面貌如何？走过这条"路"的诗人有哪些？这些诗人，何时因何而走上这条"路"？又何时因何而离开这条"路"？他们在这条"路"上的生活状况如何？有怎样的创作和其他活动？漫游，宦游，贬谪，寓居，是个人活动，还是群体活动等等，这些面貌都要弄清。就某个诗人而言，要进行重要行迹的考证；就某条诗路而言，要进行诗歌总集的编纂；就诗路发展而言，要进行源流演变的梳理。诗歌之外，这一诗路有怎样的文化遗存？民俗风物、名山胜迹、宗教文化、石刻文献等等，这些方面怎样共同形成诗路文化？这些面貌都要弄清。把国内各条诗路、各种问题的面貌弄清后，再进一步，可以从国内延伸到海外，研究海外唐诗之路。

　　三、要有问题意识，认清问题研究的重要性。清理史料和面貌的过程，也是清理和研究问题的过程。我们需要现象的描述，更需要问题的研究。史料和面貌的清理，本身就有一系列的问题。我们更要关注，唐代为什么会有诗路？一些诗路为什么流寓的诗人比较多，为什么诗歌创作比较繁荣？为什么一些诗路诗人群体比较多，诗人联唱和唱和比较多？复杂现象的解释，历史原因的分析，学术焦点与前沿问题的回答，一些特有的重要的现象，都是问题。现象与现象之间、事物与事物之间、问题与问题之间的联系，都会有问题。着力于发现、提出和研究问题，从一个问题推向另一个问题，我们就能够把诗路研究由浅入深，层层推进。

　　四、要有科学严格的主题界定。如从地域来说，一条诗路包括哪些范围？其历史行政区划和当代行政区划有何联系和区别？古代不同时期的区划变化如何？主题界定要符合历史面貌，要特别注意文化特点,既要有整体性,又要有包容性和开放性。没有整体性,无法界定范围;没有包容性和开放性,无法把握复杂面貌。

五、要体现"诗路"的特点。各条诗路都与地方文学有关。唐诗之路研究,还与贬谪文学、流寓文学、地域文学、山水文学、隐逸文学等等密切相关,与文学地理学、历史地理学等等密切相关,还与宗教包括佛教道教等等文化有关。具体诗人的诗路研究,必然涉及这些诗人的生平轨迹、他们的生活与创作道路。不要把唐诗之路研究简单地写成地方文学史,不要写成一般的贬谪文学、流寓文学、地域文学、山水文学、隐逸文学研究,不要写成一般的文学地理学、历史地理学研究和宗教文化研究,不要写成一般的作家论、作家传记,或一般的诗人生活与创作道路研究。既要注意与相关研究和问题的联系,扩大我们的视野,启发我们的思路,又不为之所囿,特别是不要落入固有的模式化的套路,要探讨"唐诗之路"作为一个新的学术增长点的丰富内涵和深刻本质,探寻出符合"唐诗之路"特点的新的研究之路。

六、实地考察可以做成学术著作,但一定要有学术性,一定不要写成一般的游记和一般的行踪介绍。要注意利用实地考察,发掘新的史料,补史之所阙。有意识地在实地考察中,体现"诗路"研究,解决学术问题。实地考察诗人行踪,"路"的点、线、面,"诗路"沿线自然地理和地方人文,从而深入发掘诗路之"诗"的内涵和特色,求得重要的新的理解;分析诗路之"人"的思想心态面貌和变化,提出新的看法;进一步弄清诗及诗路之"史"的脉络和发展,对已有学术问题作出新的判断。

七、要有大格局。可以做具体的局部的问题,甚至是比较小的问题,也可以做着眼全局的大选题。只要是唐诗之路的学术问题,都可以做。就目前的研究来说,更需要综合的研究。问题不论大小,不论是综合研究还是其他形式的研究,都要有大的格局,做高层次的研究,切实地沉下心来,用三年五年,甚至十年八年时间,沉潜到材料和问题的最深处,系统全面彻底深入加以清理和研究。做一个题目,就把它做深做细做全做彻底,把课题内所有相关材料和问题一网打尽,使之成为进一步研究的坚实基础。

八、期待从理论的高度研究唐诗之路。理论研究是一项研究的提升和必然发展趋势,唐诗之路的理论研究和理论认识,应该来源于唐诗之路的研究实践。我们需要切实从材料出发,在诗路各种具体问题研究的基础上,进行更为宏观的综合研究和理论研究。理论研究有它的独特性,有它特有的对唐诗之路的思考方式。它要提出更为普遍的问题,进行更为综合的宏观思考,对唐诗之路的普遍问题从理论的高度进行总结和提升。

九、不论什么研究,都要锐意创新。唐诗之路研究在全国刚刚起步,处处都有待拓荒的领地,每一块领地都有创新的课题。有些领地前人已经耕耘过,就要处理好利用已有成果和创新的关系。不论拓荒还是接续前人的研究,创新都是第一位的。要发掘新材料,寻找新视角,发现新问题。切忌四平八稳的老调重弹,也不要刻意标新立异,求险求怪,而要把研究对象本身的面貌弄深弄透,对事物有更为准确全面的把握,在此基础上,站得更高一些,视野更开阔一些,着眼全局和整体,着眼发展和变化,提出独特的见解。有的时候,观点的某些方面不那么完善,但它新颖,能启发人们关注一些新的问题,对事物和现象作进一层的思考。我们需要这样的独到创新的深入思考。

这也是这套"丛书"的宗旨和写作要求。

感谢中华书局接受"唐诗之路研究丛书"出版。感谢浙江省新昌县慨然资助。他们资助了第一辑、第二辑,还计划继续资助以后各辑。

新昌对唐诗之路的贡献有目共睹。新昌是唐诗之路发源地。新昌学者竺岳兵先生发现并首倡唐诗之路。还在 20 世纪 80 年代，他就努力探寻，并首次提出"唐诗之路"的概念。他提前退休，潜心著书研究，又四处奔走呼吁，组建"唐诗之路研究开发社"，举办十多次国际国内学术研讨会和其他学术活动，首先倡议唐诗之路申报世界文化遗产。临终之际，还念念不忘，用尽生命的最后力气，嘱托成立全国性的唐诗之路研究会。唐诗之路一直得到新昌县委县政府的高度重视和大力支持。批准竺岳兵先生成立"唐诗之路研究中心"，并拨经费，给编制。大力支持竺岳兵先生举办国际国内学术研讨会。比较早就进行唐诗之路的文化建设和旅游开发，积极打造浙东唐诗名城，建成全国首家唐诗之路博物馆，编修唐诗之路名山志，并且在政府层面，联络各方，开展推进唐诗之路文化建设的各项活动。这些努力，最终在浙江省乃至全国各地产生重大影响，唐诗之路被写进省政府工作报告，成为浙江省大花园建设的一项重要工作，唐诗之路被推向全省并开始推向全国。中国唐诗之路研究会成立之际，新昌全力支持，成立大会办得隆重热烈。现在又积极资助"唐诗之路研究丛书"出版，将继续为唐诗之路做出新的贡献。

中国唐诗之路研究会的宗旨，是联络国内外学术力量，进行唐诗之路及相关领域研究和文化建设交流。"唐诗之路研究丛书"的编纂是研究会工作的一个重要方面。唐诗之路研究会自成立以来，得到国内各方，特别是浙江省内各方的大力支持。除新昌之外，浙江天台县就高规格承办了唐诗之路研究会首届年会。我们的理念是会地共建。"唐诗之路研究丛书"的出版，是会地共建的典范。我们希望继续得到各方支持，与各地方联手，与全国各高校联手，共同把唐诗之路事业推向深入。

2023 年 2 月 22 日

目　录

绪　论

　　二十年来的唐代文学研究越来越清楚地表明①，除了关注文本研究，像葛晓音、赵昌平二先生那样对唐诗艺术、唐诗体派做深入细致的辨析极有必要外，拓宽学科视野，从联系与发展的眼光出发，研究唐代文学与其他事物的种种关联，也是很有必要的，这么做往往能使许多大家习以为常的现象得到认识上的深化，使许多具体问题得到更确切的解释、说明，也有利于绝去浮泛学风，去浮返本。自傅璇琮先生作《唐代科举与文学》，倡导文史沟通，"作综合的考察"以来，唐代文学研究的每一个显著进步，都伴随着学者们的这种不懈努力，并以此为重要标志，程千帆、傅璇琮研究科举、翰林学士与文学，孙昌武、陈允吉研究佛、道二教与文学，王昆吾研究音乐与文学，戴伟华研究幕府与文学……总之，从社会历史文化角度出发，多侧面地解读唐代文学的新著不断出现，跨学科综合研究日益成为引人注目的潮流，获得了越来越多学者的认同。每一个新的窗口被打开，都能令人耳目一新，都能从特定的角度"重现当时部分的时代风貌和社会习俗"，增进我们对于唐代国家、社会和文学的认识，从而有助于文化史的"整体研究"②，但至今还没有产生一部将交通和文学结合起来进行

---

① 此二十年指我写作绪论的 2000 年以前，即 1980—2000 年。
② 傅璇琮著：《唐代科举与文学序》，陕西人民出版社，1986 年，第 1 页。

综合性研究的专著,更不用说有影响的著作了,零星地涉及交通与文学两个领域的论述间或有一二篇问世,但并没有立意于全面的跨学科研究,故仍有大片等待填补的空白。

基于上述情况,导师陈尚君先生在我考入复旦的第一个学期期中,也即 1998 年 11 月,就向我提出了这一课题,只是当时拟定的题目是《唐南北交通与文学迁变》,意在探索因南北交通的增强而带来的南北两地文学迁变。后来随着研究的不断深入,才改名《唐代交通与文学》。经过一年多的深入钻研,我深感这是一个具有广阔的拓展空间和发展前景的课题。如果依《辞海》,将交通界定为"人和物的转运输送"和政治经济文化诸方面的"交接往还"两个意义,就可以提出许多值得注意的问题。

第一,任何文学都离不开生活,研究交通与文学,就是研究行旅生活与文学,从交通的角度研究文学,也就是以创作主体的日常生活特别是行旅生活为考察对象,这是一个值得尝试的新视角。唐代交通发达,自京师至于四夷,皆有驿路相通,沿途布列驿站、客馆、寺观、店舍,这为文人的旅行提供了优越条件。隋唐一统的政治格局建立以后,中央集权的力度大大加强,唐室通过科举、铨选、命官、迁贬等手段,将广大士子的命运牢牢控制在手中。这些办法吸引了大批文人,他们的政治热情大大提高,出于应举、赴选、流贬、赴任、回朝、奉使、游幕等需要,他们频繁来往于中央与地方之间。可是由于种种原因,许多文人仕宦状态都不理想,一生处于不断的旅宦、漫游、迁徙之中,长期浮沉于世俗,很难久处中上层。奔窜行旅之中,耗去大量时间,其间产生了大量文学作品。中高层文人离开廊庙,置身窜逐贬谪,下层文人周旋江海,其心态都完全不同于仕途畅达、高居庙堂之时。由于过去是脱离了交通行旅背景的静态研究,必然看不到其中包蕴的许多生动的、有价值的东西。而如果将交通与文学结合起来研究,设身处地地还原行旅中的唐文人生活情态,使得研究成为动态的原生态的研究,就有可能对它们进行新的解读。

第二,交通还影响到唐人的创作方式和作品形态,乃至题材类别、主题思想、情感表达,题壁、送别、留别、纪行、异地寄和等形式都因交通的开启而发达,这些都可做出很好的新阐发。

第三,交通深刻影响了中古时期的散文文体的发育。晋宋以来,以《法显传》《慧生行记》的问世为标志,产生了一种新的纪实文体——行记,专门记载古人在旅途中的见闻感受。到唐代,产生了大量行记,记述唐人的求法、巡礼、游幕、奉使、贬谪等行旅闻见。唐宋书志一般将其笼统地置于子史两部,其实在晚唐五代已经形成了三个系列的作品:第一类是唐代僧人的巡礼、求法行记,有《大唐西域记》《中天竺国行记》《入竺记》等十余种,敦煌遗书中仍有唐人这方面的作品若干;第二类是唐官奉使周边民族政权留下的作品,有《渤海国记》《新罗国记》《云南行记》及唐人出使回纥、吐蕃行记共十六种;第三类以唐文人在国内的公私行旅为述说对象,如李翱《来南录》、韦庄《蜀程记》、王仁裕《入洛记》、张氏《燕吴行役记》等,共十余种。虽多为亡书,然佚文甚多,遗珠遍地,都是有待深挖的矿藏,尚未做出全面系统的整理与研究。对于这一部分著作,向达、严耕望等先生从历史地理学的角度进行过深入研究,但因其非纯文学作品,文字朴拙,历来为文学研究者所忽视。本书对这一文体做了专门的研究,填补了这一缺憾。此外,赠序、表章、疏奏等公私应用文体在唐代都很发达,前者以旅行为背景,后者通过交通体系来传送,本书以史学研究为依托、文学研究为本位,深入研究了唐代馆驿制度与这些文体之间的关系。

第四,地域性文学的发展、交流和融合,与交通的发展息息相关。唐南北交通从文化上看,也就是落后的南方与先进的北方间的文化对流,是北方文化带动南方文化,岭海荆蛮之地受容中原文化的动态过程。岭南、荆湘、江西、黔中、闽中等落后地区,在中晚唐人才成长较快,开发加快,因此而形成了南方地域文学。研究南北交通与文学,也即研究落后地区的地域文学的发展变化历程,研究中原文化南输的动态过程。地域文学与主流文学之间的双向影响和联系,因此而成为一个引人瞩目的话题,本书揭示了这二重性。

第五,以往文学研究者一般不大注意馆驿、驿路,认为这些与文学创作关系不甚紧密,实则不然。唐代交通以陆路为主,自两京至天下四方,皆以驿路相通,无远弗届,诸州之间也有“四至八达”以相沟通,驿道上有驿、馆、店、亭,这些都是唐文人经常活动的场所,这些公私交通设施有哪些基本功能与特点? 其与唐文人的关系是怎样的? 唐人是如何利用它们的? 唐人在馆驿中究竟从事哪些活动? 唐代馆驿的生活环境与条件怎样? 现存唐诗中有多少馆驿诗? 如何认识这些馆驿诗? 全国南北各主要驿道上的文人行役情况与诗歌创作情况是怎样的? 连通两京与扬楚、荆襄的两条道路那么重要,能否说明它们是两条“唐诗之路”? 许多诗人常年旅泊于南北江河湖海之上,有着丰富的江行经验,怎样认识其形态各异的江行诗? 行进途中的唐文人最关心的是哪些问题? 常抱有怎样的心态? 这些问题,本书都从交通的角度做出了解说。

此外还有一些值得关注的问题,比如说,由于治文学者多不懂得唐代馆驿制度与贬谪制度,不了解唐南北交通路线,导致长期以来不能深入研究贬谪文学,人云亦云,其间不无错误。唐代“大赦天下”与官员量移两项制度,深刻地关涉到唐文人生死休戚,深深影响到他们的文学创作,而大有文章可做。《唐六典》谓唐盛时,单驿就有一千六百三十九所,馆、店多至不可数计,今日其名虽遗佚大半,然散见于两《唐书》《资治通鉴》《全唐诗》《全唐文》及其他子史碑志者仍不少,然而由于史料缺乏,许多馆名、驿名、亭名及地名的方位、地望已难以确考,其中不乏名同实异、名异实同者,阅读起来颇费思量,此类问题长期困扰着研究者,妨碍研究的深入,部分馆驿亭名还未做考释,做出了考证的由于种种原因,也存在误释,有待进一步精确考证。本书将交通与文学结合起来,对这一问题做了力所能及的探讨。

本书第一章以唐代"政治格局—城市布局—交通网络—文化传输"为视角,探讨了唐代交通与文学发生联系的背景,从唐代政治格局与城市布局的关系入手,研究了唐代交通网络扇形构架的形成及其文化辐射功能、呈扇形的文化辐射范型、唐人行旅诗的带状分布。其余各章考察了以下几个方面的问题:

一、以唐两京为中心,研究七条陆上骨干驿道上的交通与文学,即两京道、长安至太原幽蓟道、长安至河陇安西北庭道、长安至朔方回中三受降城等道、长安至襄荆潭衡岭南道、洛阳至汴楚扬杭等州道、长安至山剑黔滇道。同时详细研究运河开通后而出现的大量唐人水上行旅诗,主要是长江、黄河、淮河三大水系的水上交通产生的文学作品,力求从交通与唐文人心态变化这一角度解剖这类诗歌。

二、馆驿制度及行旅生活对唐文人及唐诗形式、内容、主题、创作方式的影响研究。探究唐代馆驿制度的内容、特点,弄清其与文人旅行生活、与文学创作间的关系,考察了唐文人在馆驿中的各种活动,着重从诗歌内容的拓展、唐诗的俗化等角度探讨了唐人馆驿诗的价值。研究了唐人在行旅中的题壁、题名、送别、留别、两地寄和等方式的发生发展及其特征。

三、唐代水陆交通与文学作品的传播路线、方式之间的关系研究,探讨了馆驿制度与文学作品的传播媒介、方式、速度、影响等问题,以及文学母题因交通发达而产生的拓展。

四、交通的发展与文学风格的变化研究。地域文学风格随着交通开启而日益融通,封闭一旦被打破,文学的地域性、差异性就会淡化,而共通性、共同点则会增强,这些都需要给予充分论证。对此,笔者在第七章着重从面与点两个层次展开了论证。以一节通论交通的发展与文学地域风格的淡化、作家群体特色的强化、作家个人风格的强化之间的关系。然后选择两个大家熟悉的事实做个案研究:一是唐南方文学样式——竹枝词由民间走向文人士大夫、由口头走向书面的发展变化历程。竹枝词本来是唐南方民间的文艺样式,但随着南北交通的发展而逐渐文人化,变得精雅,失去了它的民歌底色,这一事例说明交通的发展是会影响到文学风格的;二是胡汉民族因交流的加强所带来的唐诗的异质文化韵味,亦即异于中原传统文化的因子,反映胡族文化心理、习俗、气性的东西,它往往表现为一种"气",可称为"胡气"。这点我们过去认识不够,甚至根本否认它的存在。从种族与文化的角度看,它确实存在。姚薇元的《北朝胡姓考》、陈垣的《元西域人华化考》都暗示我们,只要民族血统不纯,胡汉杂交,民族气质、民族审美文化心态就不会完全等同于后世高度同化了消失了各自异质文化特征的汉族,而有刚猛悍勇、放荡不羁的一面。陈寅恪先生更指出,汉胡之别,在北朝隋唐,文化重于血统。换句话说,北朝隋唐时期,血统的异同并不重要,重要的是文化,像胡汉两族的文化便是在两种不同的自然条件与社会环境下发育的特质迥异的文化,在唐代民族融合的背景下,二者的对比更加强烈,交融与互补也不曾间断,过去我们对前贤的这些论述以及上述文化现象并未充分注意,应当做出恰切的论证。许多初盛唐文人豪爽大度,飞扬跋扈,有胡人的强梁之气,李白、崔颢、高适、严武、王昌龄、李益等都是,其诗歌,也不同程度地带有上述特征,其间大有文章可做。

　　五、南北交通与唐南方地区地域文学发展研究。考察北方文化影响作用于南方文学的路线、途径、方式,从命官、铨选、贬谪、科举、置幕五方面展示北方文化南输,南方广大落后地区受容北方文化,形成地域文学的动态历程,同时借以表明南方人才的成长历程与地区开发进程存在同步性,地域文学与主流文学在双向交流中平行发展。本书以湖南为重点,兼及荆湘、岭南、黔中、江西、闽中五个唐南方落后地区,点面结合做出归纳,从而说明交通的开启对于地域文学发展的重要性。

六、行记文学研究。探究行记这一特殊文体的起源与发展历程,流别,存佚,它的文体特征、职能演变,它与抒情散文的区别和联系,史传文学及其他文体对它的影响,它与宋元明清以来越来越发达的游记之间的联系和区别。

在研究方法上,本课题力求将史学与文学、微观考证与宏观理论阐释有机结合起来,同时特别强调社会历史批评。

下面再说说本课题的理论价值与实践意义。

唐代交通与文学的研究开创了一个新的研究领域,具有较大的理论价值与实践意义。

馆驿制度与文学的研究将促使我们进一步深入了解置身江湖羁旅中的唐文人的生活情态,设身处地地贴近他们的生活,体会他们的喜怒哀乐,从而增进对他们诗歌的理解,促进我们对于文学母题的衍生、文学风格的变化、文学形式与创作方式新变等现象的认识。

行记及其他实用文体的研究拓展了古代散文的研究领域与研究深度,有利于认识古代散文的实用功能与它的文体发展变化之间的因果关系,有助于认识实用文体的发展演进轨迹,从而准确把握其文体特征与职能。行记文学的研究将人们的视野由纯文学转移到实用文的研究,这本身就具有引领风气的作用和方法论的意义。对行记源流演变的考察,对其存佚状况的梳理本身又为古代散文研究提供了基本资料。

南北交通与地域文学研究揭示出地域文学与主流文学间的双向联系与平行发展，展示出落后、闭塞地区地域文学的发展历程。把整个唐代文学区分为主流与支流、南与北，有利于看到南北文化的联系与区别。

事实上，将交通与文学结合起来研究，还是一个全新的课题。到目前为止，对于本课题，海内外学者的研究成果集中在史学上而不是文学上，注重史料的搜集、整理与考订而相对忽视理论探讨，所做的大都是基础工作，尚未深入到文人日常生活与文学创作的关系、影响上来。史学研究成果集中在以下几方面：

一是隋唐五代水陆交通研究，含路线走向、驿程远近、馆驿方位与地名考证，沿途人文地理与自然地理景观的考述。热点则有丝绸之路、运河与漕运、中西交通，这些都是可供利用的宝贵资料。对本课题的研究最有用的成果，当然还是国内水陆交通。其中唐代陆路交通的研究又远较水路为深细。发起这项研究的是日本学者，原胜已有《黄巢入广州路的一考察》，日野开三郎有《五代的南北中国陆上交通路》，藤泽义美有《唐代入云南路之史考察》，佐藤长有《唐代青海至拉萨间的道程》。嗣后成果迭出，国内学者王文楚、冯汉镛对以长安、洛阳为中心的汉唐驿道做了全面研究，其余各家，各有专攻。郑炳林等人的敦煌交通研究，张广达、范祥雍、孙修身、陈小平、王欣、邓辉的唐蕃交通研究，辛德勇、李之勤、蓝勇、王北辰、李辅斌的川陕河陇交通研究，陈伟明对岭南交通路线的考证，华林甫对两浙驿路的考论等，前后十余家，论文五十余篇。水路交通方面，有全汉昇的《唐宋帝国与运河》严耕望的《隋唐通济渠在交通上的功能》以及史念海先生的论述。这些成果，为全面深入地研究交通与文学打下了坚实基础。

二是唐代馆驿制度及驿名、馆名的考证。日本学者青山定雄较早开始了这项研究,他有《唐代的驿和邮》等考述唐代驿传制度的论著。民国时期,国内学者陈沅远开始了这项研究。新中国成立以来,鲁才全、王冀青、黄正建、李锦绣诸家继起,取得了丰硕成果。唐代驿名、馆名的考证亦自陈沅远始,他的《唐代驿制考》及姚家积的《唐代驿名拾遗》是这方面的"开山之作"。海外自日本学者铃木俊讲发端,他有《唐代驿名拾遗补》。新中国成立以来的研究,则以严耕望、王文楚、辛德勇、李之勤四家为代表,其余考述隋唐交通而涉及馆驿考证者尚有十余家。上述两项研究,对于具体深入地认识唐代水陆交通和唐人行役,起了极大的促进作用。

　　三是交通综合研究。民国时期,陶希圣编写了资料集成《唐代之交通》,白寿彝著有《中国交通史》,唐夫翻译了日本学者的论著《唐代交通考略》。20世纪50年代以来,有严耕望的《唐代国内交通与都市》、章群的《唐代交通》。20世纪80年代以来,史念海的《唐代历史地理研究》、刘希为的《隋唐交通》都汇集了他们多年来的研究成果,黄盛璋、冻国栋、牟发松等也有相关资料汇编与论著。这些著述,分别从交通大势,交通与政治、经济、军事、文化等方面展开论述,从不同层次、不同侧面揭示了唐文人的行旅背景。交通与都会的兴衰对文学的影响很大,史念海的《唐代通西域道路的渊源及其途中的都会》《隋唐时期运河和长江的水上交通及其沿岸的都会》,全汉昇的《唐宋时代扬州经济景况的繁荣与衰落》,李廷先的《唐代扬州史考》等论著,为探究这种影响指示着门径。

　　四是相关的外围论著,如程喜霖、侯灿对唐代过所与关津的研究,梁中效对唐代邸店的研究。李仲均、冯汉镛的汉唐栈道研究,翁俊雄对唐代政区与人口的研究,张邻的《唐代的夜市》,曹尔琴的《唐代诗人笔下的运河》。史学界关于唐两京扬益荆襄等都会的论述,都有助于笔者探索唐代南北政治经济文化的交流对文学的影响,认识唐代交通管理制度对唐人的影响。

　　然而,这里不能不特别提到严耕望及其五巨册的《唐代交通图考》。是书凝结了严氏四十年心血,凡二百余万字,是他平生用力最深、论辩最繁的著作,其程功之巨,此前此后国内外隋唐交通乃至整个中国古代交通的著述都不能比拟。按照他的计划,全书将分为十册,第一至第七册详细考述国内自关内至岭南七个大区的陆上交通,包括驿路、馆驿店亭的位置、里距、兴废,八、九册分别论述河运海运、馆驿制度,第十册综结。惜乎严氏未遂宏愿,而于1996年故世,使此巨著不能无阙,他只完成了前五册,其余五册只留下十余万张卡片。是书上自先秦两汉魏晋南北朝,下迄宋元明清,一切与交通有关者,皆详征史料,悉心比勘,精辨细析。史料搜罗的竭泽而渔,论辩的详而且细,皆可谓空前未有,这给有志于研索唐代乃至中古文史者提供了很大的方便。作者视野开阔,“凡涉政令之推行,军事之进退,物资之流通,宗教文化之传播,民族社会之融和”[1],皆在考述之列。尤其可贵的是,作者特别关注国计民生,认为“交通之畅阻对于国家之盛衰,地方之开发,与民生之调剂,皆具有莫大之作用”[2]。这就使得是书既有别于常见的单篇考证,也不同于一般的宏观申论,合其所长,去其所短,是这部著作的显著特点。

　　至于文学研究,则尚未深入到将交通与文学打通的层次上来。值得一提的,只有从不同角度涉及这一课题的一些论文,如程千帆、莫砺锋、张宏生《被开拓的诗世界》关于杜甫陇右纪行诗的研究,李廷先的《唐代扬州史考》,向以鲜的《润州诗派考》,陈书良的《湖南文

---

[1] 严耕望撰:《唐代交通图考》第一卷《序言》,台湾“中央研究院”历史语言研究所,1985年,第7页。

[2] 严耕望撰:《唐代交通图考》第一卷《序言》,第2页。

学史》关于地域文学与交通发展的关系的论述,蒋凡关于唐代驿递制度与韩愈诗歌的关系的研究,贾二强的《唐代的华山信仰》等关于唐文人行旅与文学创作的论述,谭桂林的《中国现代文学中的飘泊母题》,周帆的《地域文学的二重性——黔北文学个案分析》,台湾地区学者罗宗涛、严纪华及大陆学者李彬关于唐人题壁诗的研究,日本学者花房英树的白居易研究、前川幸雄的《智慧的技巧的文学》对唐人唱和诗的研究、松浦友久《李白诗歌抒情艺术研究》对唐人送别诗的独到分析、吉川幸次郎对宋诗的精辟论述,都曾给笔者以种种启示与教益。正是在海内外文史两界众多论述的基础上,笔者的研究才能更进一步。

　　在本书的撰写过程中,始终贯穿着一种思想:多谈些实际问题,少来点理论发挥,重视微观考证,谨慎地做出恰当的宏观概论,尽量使论述接近唐代的历史实际,避免主观臆测,任意发挥。这么做主要是为了扬长避短,因为笔者似乎略长于材料搜集和通过材料的归纳组合来解决具体问题,而对纯粹的文本研究尤其是理论研究一向视为畏途,因为这需要缜密严谨的逻辑思维,这正是笔者所缺乏的。再则笔者对于跨学科的综合性研究特别感兴趣,尤其醉心于将历史、地理、制度与文学结合起来的研究,带着这种兴趣与热情,我在母校复旦大学,用两年半的时间读书学习,半年的时间完成了本书初稿的撰写任务。回湘潭后,又经历了一年多的反复修改。书中注重通过文献寻找线索,解决问题,综合性的描述方法用得比较多,也许,对于一个现实针对性很强且又是刚刚开始的新课题来说,这么做是必要的。

第一章　唐代交通概述

从唐代文化与文学发展变化的角度来研究交通,并以交通来反观其对文学的影响,首先值得注意的是唐代政治格局—城市布局—交通大势—文学迁变之间的几层关系。从历史实际看,四者之间环环相扣,存在着三种因果关系,并最终反映到唐代文学上来,唐代文学内容、形式、风格、创作方式的一些迁变,正与前三者密切相关。本章即试图揭示此三重关系,以便从宏观上把握唐代交通与文学变迁之间的关系。

第一节　唐代政治格局与城市布局

都城位置与国家的规模、气象有直接的关系。所谓"秦中自古帝王州"[①],唐以前的众多王朝中,凡以长安为都者,都气魄宏大,国力强盛,西周、秦、西汉,莫不如此,这一现象说明政治格局、城市布局对国家规模与实力的奠定起着关键作用。李唐皇室崛起于关中,利用此地被山带河、四塞为固的有利地理形势而立国,北拒突厥、回纥,西抗吐蕃,而以中东部及西南内陆腹地为依托。故此其战略态势就

---

① [唐]杜甫:《秋兴八首》其六,[清]彭定求等编:《全唐诗》卷二三〇,中华书局,1960年,第2510页。

是立足关中以制四夷，一中华。自杨隋至于李唐，定鼎关中后，逐渐形成以长安、洛阳为战略重心的东西两京政治格局。陈寅恪先生的"关中本位论"，很好地说明了这点。立足关中含有两大战略意图：一是制内，如张良所说："夫关中左殽函，右陇蜀，沃野千里，南有巴蜀之饶，北有胡苑之利，阻三面而守，独以一面东制诸侯。诸侯安定，河渭漕挽天下，西给京师；诸侯有变，顺流而下，足以委输。"① 换句话说，即利用关中地区在经济、政治、军事、地理形势上无与伦比的优势以制内②；二是御外。纵观唐代地理大势可知，那时的中国西北内陆，比现在更辽阔，而长安则是最接近这一带的中心城市。如果要有效地控制这片广阔的土地，国家的政治军事重心无疑最适宜放在关中，在交通、通讯落后的古代，尤其是这样。从上古至中古时代，一个又一个强大的游牧民族崛起于北方，对农耕民族造成巨大的威胁，而关中处在游牧民族与农耕民族对垒的沿线附近，有巨大的内陆腹地作依托，以此为据点，能获取经济、人力的支援，攘拒敌寇，保护绝大部分农业民族聚居地不受游牧民族的破坏，隋唐都长安，主要原因就在于此。唐初突厥威胁严重之际，李渊、李建成父子议欲迁都樊、邓，李世民就反对，云："'夷狄自古为中国患，未闻周、汉为迁也。愿假数年，请取可汗以报。'帝乃止。"③ 唐王朝在开拓西域，开发河西、陇右，经略朔方、幽蓟等方面取得的成功，在很大程度上就是取决于这种制内御外的战略。全汉昇谓东南地区没有外患的威胁，"最为安全，很少外患的威胁，国防问题并不重要。反之，在西北方面，因为须防御

---

① ［汉］司马迁撰：《史记》卷五五《留侯世家》，中华书局，1982 年，第 2044 页。

② 参见朱士光：《汉唐长安地区的宏观地理形势与微观地理特征》，《中国古都研究》第二辑，浙江人民出版社，1986 年。

③ ［宋］欧阳修等撰：《新唐书》卷二一五上《突厥传上》，中华书局，1975 年，第6032 页。

吐蕃及其他漠北民族的入侵，国防问题却很迫切，有配置重兵的必要"①。梁启超亦谓："历代王霸定鼎，其在黄河流域者，最占多数，固由所蕴所受使然，亦由对于北狄，取保守之势，非据北方而不足以为拒也。而其据于此者，为外界之现象所风动所薰染，其规模常宏远，其局势常壮阔，其气魄常磅礴英鸷，有俊鹘盘云横绝朔漠之概。"②这是说黄河中上游具有地势上的优势，在战略上容易掌握控制全局的主动权，立国后容易造成宏大的格局。他又谓起自黄河上游者"积千余年之精英，而黄河上游，遂为全国之北辰。仁人君子所经营，枭雄桀黠之所搀夺，莫不在于此土，取精多，用物宏，故至唐而犹极盛焉"③。据此，则立国于长安既有地理上的天然优势，也有政治、文化上的优越性，其他地区都不足为全国之重轻。这些优势所造成的宏远之规模、壮阔之布局、磅礴英鸷之气魄，亦深刻地反映到唐代的城市布局与交通格局上来，决定着二者也有着此种宏远、壮阔、磅礴英鸷。这种特色，在积极开拓进取的唐前期，表现得尤其鲜明，突出。安史之乱以后，经济文化重心虽自西向东、由北向南倾斜，但宏放、壮阔的气势仍依稀可见，从唐代的城市布局上可以清楚地看到这一点。

东西两京为中心的政治格局决定了唐代的城市布局与交通格局：以连通长安、洛阳的两京大道为枢纽，汴州、凤翔为枢轴两端的延伸点，以太原、幽州、凉州、成都、襄阳、荆州、扬州、广州等为区域发展的核心。长安有大小十四条驿路达于四方，洛阳也是典型的四通八达之区。凤翔南通山剑滇黔，北达朔方，西北至甘凉鄯州，正西通陇

---

① 全汉昇著：《唐宋帝国与运河》，商务印书馆，1946 年，第 11 页。

② 梁启超著：《饮冰室文集》之十《中国地理大势论》，《饮冰室合集》第二册，中华书局，1989 年，第 81 页。

③ 梁启超著：《饮冰室文集》之十《中国地理大势论》，《饮冰室合集》第二册，第83 页。

右,向东有宽阔的官道直达长安。汴州北至河北平原大郡魏贝镇州,西通京师,东至扬越洪赣交广荆益诸州,与河南道东部及淮南道、山南东道、江南西道亦有驿路相通。由此两轴端、四都市向四方辐射伸展,形成一个巨大的交通网络,东北经太原、幽州达于渤海;西北由凉州、西州而通葱岭;北疆由灵州、黄河北岸军城(即灵、丰、胜、三受降城)逾沙碛,直通铁勒、回鹘牙帐;向南经兴元、成都,过石门、青溪二道,可通南诏、安南乃至更南诸国。国疆之外,凡唐之声威所届,亦颇有中国式的馆驿制度之记载。《大慈恩寺三藏法师传》三次记载,高昌以西,天竺诸国模仿唐制,设置"邬落马",有"邮骏",转牒。而《三国史记》卷三七《地理四》引贾耽《古今郡国志》也记载,自新罗泉井郡至栅城府,凡三十九驿。贾耽贞元十七年(801)撰成的《海内华夷图》及《古今郡国县道四夷述》四十卷,包括以中国为中心的百余国。其《进书表》云:"臣闻地以博厚载物,万国棋布;海以委输环外,百蛮绣错。中夏则五服、九州,殊俗则七戎、六狄,普天之下,莫非王臣。"① 这些事实证明,政治格局的奠定对于弘扬国家的声威多么重要。

唐代的整个城市布局,像一个西北—东南斜向伸展开的巨大扇形,头胸在关中、河南,四肢在以两京为中心的中心城市,侧重点始终在关中河洛,但愈到唐末五代,东南愈是后来居上,这可以从下面几个事实看出:

(一)唐代仿效前代,设立陪都,因有"五都"。除京城长安外,洛阳在高宗显庆间即立为东都,其后陆续建立的有北都太原、西京凤翔、南京成都。上元元年(760)省去蜀郡南京之号,另立江陵为南都。虽建置时间不一,作陪都的时间也有长短,但立为陪都即表明其

---

① [后晋]刘昫等撰:《旧唐书》卷一三八《贾耽传》,中华书局,1975年,第3785页。

为五个地区性中心城市。五个都会中,北方三个,南方二个。值得注意的是,"五都"中,地位稳定的长安、洛阳、太原都是北方城市,不稳固的除凤翔外,成都、江陵都是南方城市。长安、洛阳、太原三足鼎立,像一个三角形的骨架,牢牢拱立于关中、河南,中以三条驿道相通,显出固守此地、待机而动的态势,这显示,国家的重中之重始终在北方。

　　(二)开元年间因山河形便所置的十五道采访使治所,京畿、关内、都畿三道分治于京师、东都城内,此外,各道依次治汴州、蒲州、魏州、襄州、梁州、鄯州、扬州、苏州、洪州、黔州、益州、广州[①]。其中北方七个,南方八个。开元十节度、观察使治所,分别在龟兹、北庭、凉州、灵州、太原、幽州、营州、鄯州、成都、广州,其中北方八个,南方二个。而以后在此基础上形成的四十四个元和方镇,则北方有二十五个,南方占十九个。

　　(三)据《旧唐书·地理志》,武德、贞观间所置都督府,北方十六个,南方十四个,沿边开府尤多。到景云二年(711)六月,置二十四都督府,就变成北方十个,南方十四个,扬、益、并、荆四大都督府是重中之重,可是四个之中,三个在南方[②]。《唐会要》卷二四《诸侯入朝》所载玄宗开元十四年《边要州不在朝集敕》中,所列要州为扬、益、幽、潞、荆、秦、夏、汴、澧、广、桂、安十二州[③],其分布与上述都督府大体一致,且南方要州多于北方。

　　(四)天宝间十万户州,在黄河流域者为长安、洛阳、汴州、曹州,河北有相、魏、贝、冀、沧等六州,河东有并州。长江流域则有益、襄、

---

① 按:京畿、关内二采访使均治于都城长安,故开元十五道,治所则仅有十四处。
② [宋]王溥撰:《唐会要》卷六八《都督府》,中华书局,1955年,第1192—1194页。[后晋]刘昫等撰:《旧唐书》卷七《睿宗纪》,第157页。
③ [宋]王溥撰:《唐会要》卷二四《诸侯入朝》,第460页。

宣、润、常、苏、婺七州。扬州虽户口仅七万余（此殊不可解者），却仍
与益州齐名，时称"扬一益二"，为长江上下游两大经济都会。

由上述材料，可以归纳出唐代城市布局的基本特点：

其一，由于政治军事重心在北方，城市中的地方性政治中心，人
口繁盛、经济发达者，北方多于南方，这显示出北方即使在文化上对
南方也占优势，南北文化交流中将主要是强势的北方文化的南输，南
方文化吸纳、受容北方主流文化。直至唐末五代，这种不均衡、不对
等的双向交流仍在继续。

其二，城市分布虽仍以黄河中上游为重心，但出于开拓疆域的需
要，照顾了沿边地区，设置军政中心，显示出积极进取的态势。十节
度、经略治所在沿边的居多，所置都督府也多。到唐中叶，出现了凉、
灵、幽、云等著名边疆城市，吸引大批文人游边出塞，踪迹远至回中、
漠北、碛西，这是历史上从未有过的文化现象，说明政治格局、城市布
局的变化会敏感地反映到文学创作上来，也说明国家对东北、河陇、
朔方、西域、岭南、黔中等地的重视和开发是前所未有的。

其三，城市有自西向东、由北到南扩展之势。成都、江陵在肃宗
朝被立为陪都，长江流域出现人户集中的城市，南北都督府数相对
平衡，安史之乱以后南方方镇使府剧增，这些都很能说明这一变化趋
势。这一变化，与唐代人口迁移趋势也一致。翁俊雄指出，唐前期人
口分布重心虽在北方，但流动方向是从西向东、从北向南转移。贞观
十三年（639），关内、剑南道户口百余万，占全国的三分之一。天宝
十二载（753），降至五分之一。反之，东部的河北、河南道，贞观间仅
一百零五万户。天宝间，达三百三十万户，占全国的三分之一。而在
东部，人口又由北向南迁移。贞观十三年，淮南、江南道四十八万户，
仅占全国的六分之一，天宝十二载，增至二百一十万户，占全国的近
四分之一。大量逃户由东畿、剑南等人稠地狭的地区，迁向河南、淮

南、江南等宽乡①。而安史之乱又加剧了人口的向南移动,造成中国历史上第二次人口大浪潮。周振鹤《唐代安史之乱和北方人民的南迁》一文指出,大规模的移民实际上是人口再分配。这次人口再分配造成两个明显变化:一是南北人口比例大变。天宝时,南方八道与北方七道人口总比例为四比五。至元和间,这一形势已逆转,变成南方多于北方;二是南北人口分布趋于平衡,岭南、黔中、江西、山南一些地广人稀地区人口大增。这促进了南方的开发,带动了南方城市的兴起,使南北城市分布趋于均匀②。重要城市自北向南,沿着交通要道沿线布列,呈西北—东南的带状分布,东北—西南方向的交通线上名城较少。

其四,较之于汉隋,唐代城市的布点更均匀,呈发散型的扇形格局,东西南北四个方向,全国十道,由中央至沿边,都有地区性中心城市,南方城市增加。虽然东西南北都有都会涌现,但这个扇形的辐射方向实际上偏重于东南、东北。西南、西北主要为西南各少数民族及吐蕃、回纥等外族所据,地阔人稀,崇山峻岭,地理、生态环境、生活条件都不及东部地区,故城市稀少。如果以太行—潼关为界划分东西,则西部城市主要分布在长安至西域道路沿线以及长安西北、北部边防线,东部则河北平原、黄河中下游仍保持传统优势,而运河沿线、太湖流域、长江流域城市的发展势头更劲,岭南地区物产丰饶,与中原地区以郴州—韶州道及大庾岭—赣州道相通,广州、桂州、邕州、韶州、端州等城市日益重要起来,商人与官员常南来北往其间。

---

① 翁俊雄著:《唐朝鼎盛时期政区与人口》,首都师范大学出版社,1995年,第52—57页。

② 周振鹤:《唐代安史之乱和北方人民的南迁》,《中华文史论丛》1987年第2—3辑合刊。

第二节　唐代城市布局与交通网络的
形成、特点

　　交通的发展,以交通路线的形成和沿线城市的出现为主要标志。交通的发展对城市的形成与繁荣起着关键作用,比如说有了大运河以后,扬楚汴宋魏贝等沿岸城市便迅速崛起。长安至襄荆驿路形成以后,襄阳、江陵、岳州等城市就地位提高,发展加快。同时,国家为了地区开发、拓展疆域的需要,而在某些地区确立州治、军镇,又促进了交通路线的兴修,因而可以说城市的兴起,交通路线的兴修与否,取决于政治经济军事的需要。而城市的兴起反过来又能促进交通的发展。例如,长安至襄荆驿路的形成,主要就是因为长安在关中,自关中往东南部广大地区,需要一条全国性的交通路线,以维持对该地区的有效统治,确保各种往来不断。交通与城市之间的这两种作用关系,在唐代都表现得比较典型。

　　开放型的城市布局决定着唐代水陆交通网络呈发散的格局。从东到西,从沿海到内陆,有黄河、长江、淮河、运河等江运体系。从南北向看,大陆腹地,有以幽州、太原、魏州、长安、洛阳、成都、襄阳、洪州、扬州为中心的陆上驿道联通,绝大部分州都有“四至八到”,详载于《元和郡县图志》。南方多水地区还有水驿相通,皇甫冉《送裴员外往江南》诗“枫林萦楚塞,水驿到溢城”①,杨衡《送人流雷州》“地图经大庾,水驿过长沙”②,韩翃《送赵评事赴洪州使幕》“山河映湘竹,水驿带青枫”③都真实反映了唐代交通在南方的新发展及水路在

---

① [清]彭定求等编:《全唐诗》卷二五〇,第2827页。
② [清]彭定求等编:《全唐诗》卷四六五,第5288页。
③ [清]彭定求等编:《全唐诗》卷二四四,第2740页。

交通中的重要性。所谓百川归海，这一体系的中心则是都城长安，正是它，把由此延伸出的名目繁多的水陆道路绾结起来，构成完整的交通体系，产生强大的发散功能，不但能保证政令、军令之畅通，有效控制各地区，保持其与中央的种种联系，促进其发展，而且正如《新唐书·百官志一》兵部驾部郎中员外郎条所说，经由驿路可以达于天下四方。《新唐书》卷四三下《地理志七下》载，贾耽所记唐边州入四夷道中最重要的七条，分别通往安东、高丽渤海、大同云中、回鹘、西域、天竺、南海，这些都是开放性的具体表现。

　　唐代疆域辽阔，《旧唐书·地理志序》谓唐境"东极海，西至焉耆，南尽林州南境，北接薛延陀界。凡东西九千五百一十里，南北万六千九百一十八里"[1]。当其盛时，视小勃律为唐之西门[2]，于葱岭亦置守捉。为了巩固辽阔的疆土，唐室比任何其他朝代都更积极致力于陆上交通的发展，使驿道成为"天下四方之所达"[3]。其结果，唐代驿道总里程远迈前代，馆驿总数也达到了前所未有的程度。严耕望估计"全国驿道逾六万五千里"[4]，刘希为《隋唐交通》谓有六七万里，白寿彝《中国交通史》认为，唐代交通干线至少有近五万里[5]。这几个数字，尚是据《通典》《唐六典》及其他唐代地理总志所载数据计算出来的干线驿程，仍有一些支线驿道及民间私路未计入。这些结果大致相近，且有根据。《唐六典》卷五兵部郎中条、《通典》卷三三《职官·乡官》、《新唐书》卷四六《百官志一》兵部驾部郎中条

---

① [后晋]刘昫等撰：《旧唐书》卷三八《地理志一》，第 1384—1385 页。
② [宋]司马光编著，[元]胡三省音注：《资治通鉴》卷二一二开元十年八月癸未条，中华书局，1956 年，第 6752 页。
③ [宋]欧阳修等撰：《新唐书》卷四六《百官志一》，第 1198 页。
④ 严耕望撰：《唐代交通图考》第一卷《序言》，第 5 页。
⑤ 白寿彝著：《中国交通史》，商务印书馆，1993 年，第 112 页。

均谓唐代驿制为"凡三十里一驿"。开元、天宝间极盛之时,天下有驿"一千六百三十有九所"①。《玉海》卷一七二引《理道要诀》曰:天下有"驿千三百八十八"②,这则是杜佑编撰《通典》时唐德宗朝的数字,反映了唐代德宗朝,由于频年战乱和国力衰微,驿站数量有所减少的状况。至德以后,有的驿道因国土失陷、战乱失修、财力不支等原因而废弃。依严耕望划分的地理分区,河陇碛西、关内道北部及漠北、山剑滇黔、秦岭仇池等区,都不同程度地存在这种情况。有些地区却因政治、军事的需要而不断新修、改建、重建驿道、馆驿,如川陕间驿道中的褒斜道、骆谷道、子午谷道以及长安到朔方沿边军镇驿道,都有新修、改扩建。东南州郡间驿道也受到重视,间有增修,故中晚唐虽国势已衰,但交通总规模并未大减。

　　发展交通,政治因素居于首要位置,因为便利的交通是实施有效统治的首要条件。疆域越是辽阔,对交通越须重视。唐室定鼎关中,建立庞大帝国,就决定了发展起来的陆上交通网是以关陇为中心向四周辐射的巨大扇形网络,关中远在西北内陆,因此,全国交通的侧重点反而在西北而不在东南,以首都为中心、方圆千里的畿辅之地交通最发达,驿道最多。史念海先生指出,由长安向各地辐射的道路共有十四条,都是宽直、平敞的驿道,置驿较密集。柳宗元就说:"凡万国之会,四夷之来,天下之道途毕出于邦畿之内……故馆驿之制,于千里之内尤重。"③《通典》卷七亦谓天宝间,"东至宋、汴,西至岐州,夹路列店肆待客……南诣荆、襄,北至太原、范阳,西至蜀川、凉府,皆

---

① [唐]李林甫等撰,陈仲夫点校:《唐六典》卷五,中华书局,1992年,第163页。
② [宋]王应麟辑:《玉海》卷一七二,广陵书社,2007年,第3165页。
③ [唐]柳宗元著:《柳宗元集》卷二六《馆驿使壁记》,中华书局,1979年,第703页。

有店肆,以供商旅"①。以长安为中心,正西到岐州,西北至凉州,正北至丰、胜、中受降城,西南至梁州兴元府,正南至金州,东北至太原,正东至汴州,东南至襄阳,辐射出八条主要驿道,形成一个"米"字形的核心骨架,由此延伸至天下四方诸州。前述八个城市距长安均有千余里,道上驿馆亭店最密,驿的等第最高,维护最经常,正反映了"馆驿之制,千里尤重"的特点,是一种典型的内重外轻的交通布局,离此中心越远,道路、馆驿就越兴废无常,其置驿与否,每每要视具体情况而定。如《唐会要》卷七三《安北都护府》目云:"(贞观)二十一年正月九日,以铁勒、回纥等十三部内附,置六都督府、七州……于是回纥等请于回纥以南、突厥以北,置邮驿,总六十六所,以通北荒,号为'参天可汗道',俾通贡焉,以貂皮充赋税。"②《册府元龟》引唐实录所载又不同,称为"参天至尊道",云:"总请于回纥以南,突厥以北,开一道,呼为参天至尊道。乃诏司徒长孙无忌、司空房玄龄等与共筹之,宜逐水草,量置邮驿总六十八(六之讹)所,各有群马、酒肉,以供过使,并请解作文奏人,拟为表疏,每岁贡貂皮以充赋。"③这条道路,就是根据唐初开拓经营北疆的政治需要而开凿的,自丰、灵、夏州道直通长安,耗费巨大。然而至德以后,吐蕃侵逼,道路阻隔,使臣商旅被迫改由高阙东行,绕道经天德、振武,取道太原,从驿路入长安,要远得多。原来的"参天可汗道"逐渐废弃,六十余驿,大部分荒废。这一史实,严耕望《唐代交通图考》第二卷《唐通回纥三道》做了很好的考述。元和八年(813),因"顷年每有回鹘消息,常须经太

---

① [唐]杜佑撰,王文锦等点校:《通典》卷七《食货七》,中华书局,1988年,第152页。
② [宋]王溥撰:《唐会要》卷七三《安北都护府》,第1314页。
③ [宋]王钦若等编:《册府元龟》卷一七〇《帝王部·来远》,中华书局,1960年,第2052页。

原取驿路至阙下，及奏报到，已失事宜"，乃请"自新宥州北至天德，置新馆十一所，从天德取夏州乘传奏事，四日余便至京师"①。而据前文，所谓新馆，实际上是复置的废馆十一所，并非真正的新置，目的是"以通急驿"②，表明仍是一时之事，不是经久的交通建置。以上三条记载，讲述的都是为了战略防御和同北方少数民族通和，维持民族交往，政府乃修路置驿。有时，因战争原因，使得原来的漕运路线受阻，也必须临时置驿。如建中四年（783）正月，李希烈叛，遣将占据邓州南路，断绝贡献，"商旅皆不通。壬寅，诏治上津山路，置邮驿"③。被迫在商州上津县另外开辟一条山路，以通使命。唐后期道路的兴修、复修，其原因殆同于此。道路兴废，要视政治、军事上需要与否而定。也正是因为这点，凡大州剧郡、王畿重地，往往驿多馆少，边州偏郡、小郡则馆多驿少（因为驿的等第比馆高，交通工具准备、人员接待的费用大），荒驿、僻驿残破不堪的景象随处可见，还常成为唐人笔下的题材。

以下再叙说唐时南北交通之大势。

在陆路交通未能达到高度发达之前，南北中国为长江所阻。黄河、长江、珠江诸流域，为秦岭、伏牛、桐柏、大别诸大山脉阻断，使之不能声气相通。三条大河均为东西流向，冲破重重险阻，自西向东奔流，每一流域处于同一纬度位置，气候要素（如温度、湿度）及自然环境类似，民风民俗近似。这样，东西向的沟通反比南北为容易，所以风俗民情也更为接近。河流流贯只利于东西向的物资、人员交通，而不能贯通南北，将不同气候区、作物带联结起来。这种东西通贯南北

---

① ［唐］李吉甫撰，贺次君点校：《元和郡县图志》卷四新宥州条，中华书局，1983年，第107页。

② ［唐］李吉甫撰，贺次君点校：《元和郡县图志》卷四新宥州条，第106页。

③ ［宋］司马光编著，［元］胡三省音注：《资治通鉴》卷二二八建中四年正月壬寅条，第7341页。

阻绝为大山大河所限的局面,在唐以前一直未打破,未得到根本性改观。南方政权恃长江天险偏安一隅,北方则为此天堑所隔,自北方游牧政权挤压过来的强势攻击,至此每被阻于长江或淮河一线。政治上的南北对立既不利于整体发展,也造成南北文化上的种种隔阂与差异。南北殊俗,职此之故。梁启超指出:"凡河流之南北向者,则能连寒温热三带之地而一贯之,使种种之气候,种种之物产,种种之人情,互相调和,而利害不至于冲突。河流之向东西者反是,所经之区,同一气候,同一物产,同一人情。故此河流与彼河流之间,往往各为风气。故在美国则东西异尚,美国之河皆自北而南,而常能均调;在中国则南北殊趋,中国之河皆自西而东,而间起冲突,于一统之中,而精神有不能悉一统者存,皆此之由。"故"过去历史之大部分,实不外黄河、扬子江两民族竞争之舞台也"[1]。此等宏论,尤具卓识。依此论观之,隋唐一统最了不起的地方,正在于开辟了大运河,连通河渭江淮几大水系,又大力发展陆路交通。至唐中叶,经百余年努力,终于开凿了众多驿道,渐次形成南北沟通的中、东、西三大孔道:西线由关中翻越陇蜀大山,经秦岭诸谷道,或循嘉陵江入蜀;东线经长安至汴州道,走水路,由河南东部逾淮、汴,或由庐州通二京的驿路东下西上;中线由关中东南行,经蓝田—武关道,或由河洛西南行,经洛阳至襄邓,皆可达荆潭岭外,或循汉水至长江中游地区。这些孔道,自北而南,都能沟通南北东西几个气候带、农业区。以凤翔—长安—洛阳—汴州—扬州为中轴线,联结一系列南北向延展的驿道:

　　西线的绾结点在凤翔。由凤翔西北,可至河西、陇右,通鄯州、凉州、西州。经陇州,可转至灵盐朔方诸镇。由凤翔南行,至褒城、西县

---

① 梁启超著:《饮冰室文集》之十《中国地理大势论》,《饮冰室合集》第二册,第78页。

入蜀,可远通成都、大理,这是著名的凤翔—褒斜道,即《通典》所记的散关—凤兴汉中道,一般简称凤褒道。此道在唐前期置驿,在川陕诸驿道中是唯一的官道。

西部的第二个绾结点在长安。由此北至灵盐邠银丰胜诸州,乃至河上三受降城、漠北,东北至同州、蒲州、太原。由太行山诸谷,通河北大郡相魏镇贝幽诸州;由此道东南行,是著名的蓝田—武关道,唐诗中的商於路、商山道,直达襄荆、鄂岳、潭衡郴韶桂诸州乃至岭南五管。由襄、鄂二州顺流而下,可至江西、两浙、闽中。溯流而上,则至黔中、巴蜀;反之,从巴蜀、湘岭南,均可循襄荆驿路,入武关、蓝田,再至京师。就唐代陆路交通而言,此道行旅最盛,在南北交通、南北文化交流方面所起作用最大,迁谪、科举、赴任、避难的人员极多。

过陕州、潼关后,第三个绾结点在洛阳。洛阳是天下之中,由此西至长安、河西、陇右,北至河北平原列郡,略西北经潞州上党郡,至太原、雁门、云中。东至徐州、兖州。微西南过龙门驿、白沙馆,循洛阳—襄州驿路,可达襄阳、鄂州,又汇入南北交通的大潮中,正东至河南道东部诸州乃至淮南、江南道。

第四个绾结点在汴州。汴州北通河北、山东,东南舟行,沿淮汴至淮南、江南,直通扬润苏湖等经济文化繁荣区。汴州的重要性,不在于它可沟通的地方的多少,而在于它处在两京道与江南州郡的转折点上。太原为通北部的军政要塞,汴州则是通南方的交通枢纽,所以唐中后期二城并称,号“并汴大镇”,分量极重,节度使的任命十分慎重,从不轻易授予。唐宣宗朝,河东节度使王宰重赂权幸,求同平章事,领汴州宣武军。宰相周墀就坚决反对,说言天下大镇如并汴的没有几个,不可轻授,表明汴州的重要性。运河上的行旅之盛,人所共知,不但淮南、江南、江西、闽中经运河可至两京,就是巴蜀、江西、湖南、岭南等南方诸道,也有相当多的文人辗转至此,一番宦游之后再入京。唐中后期,运河成了连接南北的主要通路。《通典》卷一七七洛州河阴县条引《坤元录》云,运河"西通河洛,南达江淮……其交广荆益扬越等州,运漕商旅,往来不绝"[①]。至中唐,更为重要。《元和郡县图志》卷五河南府河阴县汴渠条:"自扬益湘南至交广闽中等州,公家运漕,私行商旅,舳舻相继。"[②] 此后,来自北方的文人,慕于江南风景之胜,文化的发达,每每作下第之游。或因奉使、遣调、游幕而得以往来其间。凡此众多行旅,都得经过汴州、扬州。扬州是东西八道的总汇,汴州则又汇入一些北方文人、商客。

　　上述诸道,部分为东北—西南走向,长安—西域、蓝田—武关道及汴州—扬州运道三条动脉则是西北—东南走向的,总的走向是南北。而河流却是东西向的居多,水陆交汇,则全国交通网络基本上做到了南北东西贯通,达到了综合平衡。这对经济文化的繁荣、政治的稳定,起到的作用很大。比如唐前期,中原与西域、中亚交流频繁,长安至安西四镇沿线城市因此而崛起。张籍《凉州词》:"无数铃声摇过碛,应驮白练到安西。"[③] 诗句生动表现了这种东西交通之盛。此时,东部的河南、河北与中央所在的关陇地区的联系比其他地区都要紧密。漕粮主要取自黄河中下游地区,整个两河州郡,其次才兼取江南地区。前面说过,天宝时,北方的十万户郡比南方多,两河民户占全国三分之一,是全国人口的重心,也是经济的重心。唐玄宗就说:"大河南北,人户殷繁。衣食之原,租赋尤广。"[④] 沈亚之也称:"昔

①［唐］杜佑撰,王文锦等点校:《通典》卷一七七《州郡七》,第 4657 页。

②［唐］李吉甫撰,贺次君点校:《元和郡县图志》卷五,第 137 页。

③［唐］张籍:《凉州词三首》其一,［清］彭定求等编:《全唐诗》卷三八六,第 4357 页。

④［唐］唐玄宗:《谕河南河北租米折留本州诏》,［清］董诰等编:《全唐文》卷三一,上海古籍出版社,1990 年,第 147 页。

户部其在开元,最为治平,当时西有甘、凉六府(指甘、凉、肃、瓜、伊、沙)之饶,东有两河之赋。"①据《旧唐书》卷四九《食货志下》,开元后期,裴耀卿为江淮河南转运使,三岁运米七百万石入关,主要取自晋绛魏濮邢贝济博等北方州郡,而非江淮。江淮漕米皆输河阴仓,听候调用,不入关。有时米足,乃令"江南诸州租并回造纳布"②。开元二十五年后,崔希逸为转运使,岁运米百八十万石,所运乃河南北租米,取租米地区略同于裴耀卿。当时,河北平原盛产蚕桑,《东城老父传》载,张说镇幽州,"每岁入关,辄长辕挽辐车,辇河间、冀州傭调缯布……江淮绮縠、巴蜀锦绣,后宫玩好而已。河州燉煌道,岁屯田,实边食,余粟转输灵州,漕下黄河,入太原仓,备关中凶年,关中粟麦,藏于百姓"③。这些材料说明,北方经济地位在唐前期确实要高于南方。从经济上说,北方的交通要比南方重要,而东西交通又要比南北交通重要。

然而至武周时期,南北经济交流就日益重要起来。仪凤中,吐蕃、契丹严重威胁西北、东北边塞,朝廷就调集大量江淮租赋,转运至幽州及西北沿边。汴州、河阴、陕州等地,舳舻万艘,民夫云集。武则天为讨伐西南蛮獠,巩固河陇边防,尝取蜀中"天府之藏",自蜀中运抵河陇,以供应西北军需,大治邮驿④。同时,江淮所造布帛兵器亦通过运河北运至贝、魏等大郡。《唐会要》卷八七《漕运》载:开元

---

① [唐]沈亚之:《对贤良方正极言直谏策》,[清]董诰等编:《全唐文》卷七三四,第3358页。

② [唐]杜佑撰,王文锦等点校:《通典》卷一六《赋税下》,第107页。

③ [宋]李昉等编:《太平广记》卷四八五《东城老父传》,中华书局,1961年,第3994页。

④ [唐]陈子昂:《上蜀川军事》《上军国机要事》,[清]董诰等编:《全唐文》卷二一一,第941—942页。

"二十八年九月,魏州刺史卢晖开通济渠,自石灰窠引流至州城西,都注魏桥。夹州制楼百余间,以贮江淮之货"①。贝州清河郡有一个巨大的军备仓库,当时称为"清河北库"或"天下北库",乃武后讨默啜时所建,库中贮有数额巨大的布帛钱粮兵器,目的是以备北军。至德元载安史之乱初起时,库中尚有布三百余万匹,帛八十余万匹,钱三十余万缗,粮三十余万斛,大部分取自江淮②。而据《安禄山事迹》卷中,不但清河有北库,河北列郡都有甲仗钱粮库。禄山南侵,破灭州县,库中甲仗皆朽不可执。可以推知,其中必节节贮有大量江淮租赋以备战争或灾荒。从两《唐书》《太平广记》及其他唐代笔记、野史记载看,初盛唐时文人为官、奉使、漫游、访友、拜师,种种公私行役,均不限南北,这些事实说明了唐前期交通全面、均衡的发展。

尽管从政治、经济上看,此时东西交通比南北发达,但文化交流却无有南北东西轻重厚薄之分,而且越到后来,南北交通就越重要,并盖过了东西交通。安史之乱的爆发,彻底破坏了唐代交通体系均衡开放的格局,使之变成了西北—东南走向的交通为主,东北—西南为辅,南北交通为主,东西交通为辅,这样一个倾斜格局。为了平定安史之乱,河陇等西北边防军精锐内调。肃、代宗朝以来,吐蕃遂乘虚袭取河陇以致安西、北庭,唐室失去了可倚重的一大战略区。随着辽阔的西北内陆没蕃,战略态势遂由进取一变为退缩,边境大幅度内移。此种耻辱,成为中晚唐人心中的一段痛史,白居易新乐府《西凉伎》以形象的语言概括曰:"自从天宝兵戈起,犬戎日夜吞西鄙。凉州陷来四十年,河陇侵将七千里。平时安西万里疆,今日边

---

① [宋]王溥撰:《唐会要》卷八七《漕运》,第1597—1598页。
② 见四部丛刊本《颜鲁公文集》卷末附录殷亮《颜鲁公行状》、《新唐书》卷一五三《颜真卿传》、《资治通鉴》卷二一七至德元载三月壬午条。

防在凤翔。"① 元稹《西凉伎》曰："一朝燕贼乱中国,河湟忽尽空遗丘。开远门前万里堠,今来蹙到行原州。平时开远门外立堠云:去安西九千九百里,以示戎人不为万里行,其就盈故矣。"② 沈亚之亦谓:"以安西至于泾陇一万三千里,其间严关重阻,皆为戎有……王畿界戎无五百里。"③ "陇泾盐灵,皆列为极塞,而陇益为国路。"④ 吐蕃、回纥骑兵一日一夜可达效畿,"蕃兵去王城不及五百里,邠由是为边郡,斥候近郊镇要害"⑤。再次出现了类似于汉唐之初,匈奴、突厥威胁长安,"烽火动沙漠,连照甘泉云"⑥ 的景象,作为都城,长安已面临迁都的命运。在失去了西北屏蔽之后,千年古都的历史命运将终结。代宗幸陕,为鱼朝恩所挟制,几欲迁都洛阳。五代宋初,都城东移,由洛阳而汴州,西边的川陕诸驿道,通西域、通漠北诸道,纷纷废弃。车马纷纷的两京道既绝去了往日的尘嚣,而"夜亦有人行"的名利之路——著名的蓝田—武关道,即唐诗中的商山道,亦沦为小道,襄阳、荆州的重要性顿失,一切都无复昔时之盛,以至宋人想来,当时的唐代举子千里迢迢从南方赴京师应举,简直像一个杳不可及的梦,真是良可叹惋。至晚唐时,此种衰势已露端倪。都城长安孤悬于西北,钱粮的运输,官员的铨选、考试、赴任、回朝的奔波,都显得日益艰难。对许多东南文

---

① [唐]白居易著,顾学颉校点:《白居易集》卷四,中华书局,1979年,第76页。
② [唐]元稹撰,冀勤点校:《元稹集》卷二四,中华书局,1982年,第281页。其中盈故为盈数之误,《白居易集》卷四引此文,即作盈数。
③ [唐]沈亚之:《对贤良方正极言直谏策》,[清]董诰等编:《全唐文》卷七三四,第3359页。
④ [唐]沈亚之:《陇州刺史厅记》,[清]董诰等编:《全唐文》卷七三六,第3369页。
⑤ [唐]郑处诲:《邠州节度使厅记》,[清]董诰等编:《全唐文》卷七六一,第3504页。
⑥ [唐]李白著,[清]王琦注:《李太白全集》卷五《塞下曲六首》其六,中华书局,1977年,第288页。

人而言,这条路本已显僻远,不畏劳累,远赴京师,完全是出于其作为政治文化中心的巨大吸引力,否则就不可想象了。湖南长沙文士刘蜕,咸通中赴京师应举,往返旅程,花去了一年中的十一个月,仅留一个月在家中温习举业。像他这样,情非得已,西游京师者至唐亡不绝。一旦由京师沦为天下一州,则此种凝聚力顿失,文物衣冠,皆作古丘。

历史在发展,经济情况在变化,政治军事形势也在不断变化,长安这个千年古都的种种失落,是无可挽回的。谭其骧先生曾说:"五代以后,黄河流域益形衰落,江南的经济地位和河朔的军事地位逐步上升,中原王朝的内部便不再是东西对峙的问题,变成了南北争胜之局。主要的外患也不再来自西北,改为来自东北的契丹、女真和蒙古,从而长安又丧失了它在军事上的制内御外作用,所以首都一经撤离,就再也不可能搬回来了。"[①] 对于上述历史变化,清人曾做过朴素的解释,赵翼《廿二史札记》卷二○长安地气条、凌扬操《蠡勺编》卷一三唐都会盛衰条,都较早地指出了如前所说的安史之乱以后全国政治军事形势的根本变化,但都归结为地气东移,说服力不够,不及谭老所说精辟深刻。

此外,中唐以来,河北方镇拥兵自重,不上贡赋,官吏自命。三镇既不为唐有,淄青、淮西、昭义、兴元等方镇一段时间也效"河朔故事",行"河朔事体",这样,河北、河南、山东部分地区,在政治、军事、经济上都曾与唐室对立,联系曾被削弱,遭割裂,文化上正如陈寅恪所说,河北沦为一戎区,淮西、淄青则"地虽中州,人心过于夷貊"[②]。河南道许多州县民风犷厉,陈、楚一带,农民也十分骁锐,凶悍难治,

① 谭其骧:《中国历史上的七大首都(中)》,《历史教学问题》1982 年第 3 期。
② [后晋]刘昫等撰:《旧唐书》卷一四五《吴少诚传附元济传》,第 3951 页。

山棚、劫匪出没无常。这些事实无不表明,北方广大地区与中央的联系空前疏淡起来,中央王朝政权对北方各地的统摄作用大不如前。唐室失去了西北、河北两大战略区,只好紧紧依靠河东、剑南、山南、淮南、江南、岭南,通过太原—幽、魏、镇路与河北联系,通过凤翔—兴元—成都与汉中巴蜀、滇黔联系。唐后期,起作用的是以下三个方向的交通线:

东北—西南走向:幽州—镇魏—太原—长安—岐州(凤翔)—兴元—成都—大理。

南北走向:泾陇邠灵盐宥振武—长安—荆襄—岳潭衡郴韶或衡道永桂线;幽州—魏镇—汴洛—襄荆线。

西北—东南走向:长安—洛汴—楚扬—苏润杭湖常—洪州—岭南线。

由于东南八道在唐后期经济上居于举足轻重的地位,故上述三个方向的交通,又以第三道为主,其次是蓝田—武关道。唐后期百余年,南北交通主要由此二道承担,交通繁忙的地区主要在中东部而非西部。这是一种相对倾斜、收缩的格局。

第三节　唐代交通与唐人行旅生活

与现代文明已达相当程度的今天相比,交通对千余年前的唐人行旅生活影响尤为直接、巨大。这首先表现在行役时间长,行旅生活比重大。唐室开设科举考试,为广大寒俊开路。尽管科举的公平原则一再遭到破坏,但由进士、明经入仕仍是大量寒微者邀名利富贵、彻底改变自己命运的唯一途径。入仕前,他们必须为寻求进身之路而四处活动;入仕后,他们因公因私,不断在南北驿道上奔波。文人在外行旅生活比重大,主要是由于古代交通工具落后,骡驴车船肩舆等交通工具行进速度都慢。驿马最快,也不过日行三四百里。加上古人改造自然的能力有限,路面只能随山川起伏,无法追求平直,这样,道路原始落后、地形差异过大也限制了行进速度。而国家辽阔,驿道里程动辄千余里、几千里,距离稍长的旅行,往往耗时几个月,即使千里以内也动辄十天半月。白居易诗"从陕至东京,山低路渐平。风光四百里,车马十三程"[1] "北阙至东京,风光十六程"[2] 云云,记载的是一般文官公行速度。据《旧唐书》卷三八《地理志一》、《元和郡县图志》卷六,陕州到东都,在三百三十里到三百五十里之间,长安(北阙)至洛阳在八百三十到五十里左右,以"日驰一驿",一驿为一程的速度计算,一般文人也需十三到十六天行程,由此可以想象唐人行旅时间之长。行旅生活比重的增加大大丰富了唐诗中的行旅生活内容,拓展了唐诗反映社会和自然的深广度。

　　交通的核心框架在关陇,重点又在北方,因此,唐代文学对关陇乃至整个北方的反映、描写要比其他地区更为全面、深入、细致。许多干线驿道都直指关陇,新凿的运河亦连接关中,因此,唐代交通体系所能发挥的文学创作和传播功能,在文学上主要表现为唐代诗文对河陇、幽蓟、西域、关中、河南、三吴两浙等交通频繁地区的集中描写及作品宣播,即使是边地,关于北方的叙写也要远详于南方,岭南、黔滇、闽中,除了迁客流人、地方官和当地文人对其地域文化有一定反映外,其余触及者寥寥。如果按南北区间绘制唐诗地域分布图,你会发现,这个图形是一个西北、正北、东南密集而西南、正南稀疏的不均衡的扇形,分布有着明显的路线规律,大致沿着以两京为中心的十

---

① [唐]白居易著,顾学颉校点:《白居易集》卷二五《从陕至东京》,第574页。
② [唐]白居易著,顾学颉校点:《白居易集》卷三一《洛下送牛相公出镇淮南》,第693页。

几条主要驿路延伸,是一种线性和带状的分布。这说明唐前期文学仍是以北方文学为主体的。

安史之乱使得大批文化精英南下,南方人才成长加快,人才大增于前。文人的运动方向、文化交流的方向不再是以前由中央向四方的辐射型,而主要是由北到南或由南入北,南北双向交流的密度加大,步伐加快。这样,文人行旅方面总的形势就是由唐前期的从中央向四方,过渡到唐后期的南北双向运动。文化交流在方向上的变化也能影响唐代文学(主要是唐诗)的内容与风格,以后各章将从不同角度接触这一问题。

以下再集中讨论与文学创作密切相关的唐文人行旅。

如果将唐文人的一生以进士、明经等"岁举"及第为界,作前后的阶段划分,我们将看到这样一种情形:如果及第早,则在漫长的仕途中,他可能到处求职、为官、奉使,几遭迁贬,然后登台省,久历了宦海升沉后,才得以保住恩荣,享受富贵,如同沈既济《枕中记》所概括的那样:"两窜荒徼,再登台铉,出入中外,回翔台阁,五十余年。"① 如果及第晚,则他必须十几次、几十次地往返于京城与各地之间,以巨大的耐心,投入求名的循环旅行中,直到得第方止。这期间,为了生计与前途,他常下第漫游,周回州县,遍干诸侯。而无论入仕与否,都有可能出佐使府,会亲访友。上述情况意味着由于唐代政治、文化政策的特殊性,唐文人比此前此后各代文人出行在外的机会、时间都要多得多。举其要者,这些旅行活动有:

赴考。这主要是指应进士、明经试。唐时,进士、明经科试是一年一度的"岁举""常选",唐以前并没有这种一年一度的选拔考试,

---

① [唐]沈既济:《枕中记》,[宋]李昉等编:《文苑英华》卷八三三,中华书局,1966年,第4396页。

宋明清则改为举人三年一次会试于京师。较之于此前此后各代，仅仅就考取功名一项而言，唐文人出行的机会就要多出不少。《唐摭言》卷一散序进士条称："岁贡常不减八九百人。"卷七好放孤寒条有"八百孤寒齐下泪，一时南望李崖州"之句[1]，据此，则除在京就读于国子监的贵达子弟外，仅每年随计吏入京举进士的就在八百人以上。二者合计，再加上其他诸科，总数更大。贞元十九年（803），韩愈作《论今年权停举选状》，说贞元二十年时，京师人口不超过百万，而举选者却有"五七千人"[2]，看上去很大，其实并未失实，因为他是合计各类进京应举人数。傅璇琮先生考订的结果是"在正常年份，每年到长安应试的，二三千人是会有的"[3]。而名额有限，唐后期每年总在二三十人上下，《唐会要》卷七六《缘举杂录》："（贞元）十八年五月敕：明经进士，自今已后，每年考试所拔人，明经不得过一百人，进士不得过二十人。如无其人，不必要补此数。"[4]查徐松《登科记考》，仅开元、天宝中取士略多，有一年取六七十人的。以后每年都稳定在二三十人之内，千余人中取二三十人，录取率仅百分之二到三。而这仅有的百分之二三中，还有部分公卿势要倚仗权势，干预录取，甚至要挟主司，通过种种非正常途径夺占名额，一般身无奥援的"孤寒"得第的希望就更渺茫了，及第的比例必然更低。这就使得许多寒俊一次又一次奔波于南北驿道间，所谓"抱玉三朝楚，怀书十上秦"者

---

① ［五代］王定保撰：《唐摭言》卷一、卷七，上海古籍出版社，1978 年，第 4、74 页。参《云溪友议》卷中赞皇勋条："八百孤寒齐下泪，一时回首望崖州。"《唐语林》卷七《补遗》："三百孤寒齐下泪，一时南望李崖州。"

② ［唐］韩愈撰，［宋］魏仲举集注，郝润华、王东峰整理：《五百家注韩昌黎集》卷三七《论今年权停举选状》，中华书局，2019 年，第 1431 页。

③ 傅璇琮著：《唐代科举与文学》，第 49 页。

④ ［宋］王溥撰：《唐会要》卷七六《缘举杂录》，第 1384—1385 页。

也 ①，"十上"因此成为很多寒俊共有的痛苦经历，也是唐代文献中出现频率很高的一个词语。怀抱利器、屡试屡败的失意愤悱之士大增。傅先生考证的结果，韩偓、吴融、郑谷考了一二十年，黄滔二十三年，公乘亿、刘得仁、孟棨（启之误）、顾非熊考了三十年以上，曹松考到七十多岁才特放及第 ②，真是"赢得英雄尽白头"，"五十少进士"的说法正是对这一现象的典型概括。正如傅璇琮先生所说，以上所考的还是一些名人，还有为数更多的无名文士，境况更为凄凉。韩愈进一步概括说，及第者中，"班白之老半焉，昏塞不能及者，皆不在是限，有终身不得与者焉" ③。而且他说的还只是难度稍低的明经科，都如此艰难，据此，则进士科之艰难，可以想见。旅食京中多年，还是长安街市上一旅人。屡试不第，亲朋离散，钱囊如洗，贫病交加，客死他乡者不在少数，"孤贞介士，老而无成" ④，抱至冤而死者极多，乃当时社会常见现象。虽然十几次、几十次赴考并不一定意味着他必然秋去春回，在家园与京师间往返十几个、几十个轮回，为避免旅途劳顿，减少资费，节约盘缠，有不少人考后不出京，像孙樵那样在京中赁一屋舍或住进一寺观肆业"过夏"，加入旅食京师者的行列，但仍然有相当多的人进行多次的赴考旅行，则是不成问题的。

文士为争取早日及第，常携诗文卷子，干谒政要和各界名流，唐

---

① ［唐］郭向：《途中口号》，［清］彭定求等编：《全唐诗》卷二〇三，第 2118 页。《全唐诗》卷九九作卢僎《途中口号》，误。此诗《国秀集》卷上、《文苑英华》卷二九二均收录为郭向诗，非卢僎作。

② 傅璇琮著：《唐代科举与文学》，第 334—336 页。

③ ［唐］韩愈撰，马其昶校注，马茂元整理：《韩昌黎文集校注》卷四《赠张童子序》，上海古籍出版社，1986 年，第 250 页。

④ ［宋］王钦若等编：《册府元龟》卷六四一《贡举部·条制三》，第 7685 页。所载为大和九年中书门下奏请及诏书。文中规定：从这年起，每年进士录取人数由最高不超过二十五人增加到四十人，其他诸色科举名额减少十五人。

史上通称行卷活动。许多举子身骑蹇驴,携带诗卷,向两京及各地有社会地位的名流投献,希望获得赏识,引起重视,通过他们来为自己称引延誉,甚至向主司推荐,增加及第的希望。另外,士子为获得京兆府及同、华等近州大府的荐送,也向名公高官呈纳诗文,以求取解,获得"同、华利市"。可是许多军政要人如节度使、州郡刺史,并不在京,京官有时也奉使在外,这就使得应考者必须周回州县,到处请托,所以唐代民间俗语有"槐花黄,举子忙"之说,"谓槐之方花,乃进士赴举之时。而唐诗人翁承赞有诗云:'雨中妆点望中黄,勾引蝉声送夕阳。忆得当年随计吏,马蹄终日为君忙。'乃知俗语亦有所自也"①。宋人钱易解释说:举子每年"七月后,投献新课,并于诸州府拨解,人为语曰'槐花黄,举子忙'"②,概括出唐代举子的应举规律。他们不但忙举业,而且更重视"关节"。每值秋时,他们就早早出发,四处活动,还时常碰壁。据唐人笔记记载,李林甫、李吉甫等宰辅大臣,就多次拒却寒士拜谒请求。闽中举子欧阳澥,欧阳詹之孙,唐末出入举场近二十年,投卷于宰相韦昭度,"行卷及门,凡十余载,未尝一面,而澥庆吊不亏"③。唐昭宗中和初,好不容易得到一个荐举机会,拟从襄阳入京,临行之前却一夕心痛而卒,令人痛惜之至。在唐代,像这样的情况并不鲜见,单《唐摭言》就记载了数十位,这也大大增加了唐人出行的机会。

　　及第与未登第者,在考试后往往有不同的流向。屡试不爽者,其中部分人放弃举业,退隐园林,或改而出家,或学道游方,经商南北,另一部分则奔走于方镇使府间以求职谋生。部分人下第后拜访亲

---

①［宋］彭□辑撰,孔凡礼点校:《墨客挥犀》卷一〇,中华书局,2002年,第396—397页。

②［宋］钱易撰,黄寿成点校:《南部新书》乙卷,中华书局,2002年,第22页。

③［五代］王定保撰:《唐摭言》卷一〇海叙不遇条,第108页。

友,到处漫游,发展社会关系,以图再起,最常去的地方是扬、益两大经济都会,荆襄并汴山剑等名藩巨镇,幽蓟河陇等地次之。这也是一种“客游”,常见之于《太平广记》。该书卷三三《韦弇》中的韦弇,开元中举进士,下第游蜀。明年,复下第,东游广陵。卷四三《权同休》载,权同休元和中落第,游于苏湖间。卷三三八《窦裕》载,大历进士窦裕,本北方人,寄家淮海,他下第,却游蜀。游河朔者也不少。同书卷二八二《张生》中的张生,“家在汴州”,以饥寒,一旦别妻子,游河朔,五年方还。家在河南者也游泾陇,如同书卷二八六《中部民》中的“天水赵云”,尝西游泾陇。中晚唐时,客游范围远至荆南、潭州、闽中、洪州、邕桂、交广。《广记》卷三九四《萧氏子》中的兰陵萧氏子,便于长庆中客游湘楚,至长沙郡而还。这些寻找出路或经济依靠之游,统称“客游”。唐人的旅行,功利目的与指向都很明显,尽管《广记》中的许多客游指向不明,但无非在经济上、政治出路上找靠山、引奥援两大类,并不存在无目的之游。其中应特别提出来的是文人入幕问题。文人入幕,应该是这样的“客游”之一。按唐朝规定,未入仕者不能被辟入幕,新进士亦不可,关于这点,详见戴伟华《唐代使府与文学研究》第29—33页、《唐研究》第三卷石云涛《唐后期有关方镇使府僚佐辟署对象的限令》。但由于天宝乱后政府自顾不暇,管理不严,政策有漏洞可钻,因而不少方镇纷纷辟布衣或新进士入幕,不可遏止。至中唐,竟形成戴伟华所说的及第者“形势上有利则自方镇回朝,不利则走方镇”的局面。张国刚先生《唐代藩镇类型及其动乱特点》根据唐方镇的设置目的与历史活动的特点,将其划分为三个类型:河朔割据型,以河朔三镇为代表;中原防遏型,以关中、河南方镇为代表;边疆御边型,以关中西北部及北部诸镇为代表。此三型中,对文士吸引力最大的是中原防遏型。西北气候严寒,物产不丰,常有战乱,府主多是武将而非文臣,并不优待礼接文士,在政坛地位不太高,社会影响不大,故对文人缺乏吸引力。河朔方镇常与唐廷为敌,一般文士不愿为伍。唯独剑南、山南、淮南、荆南等镇,号称盛府,唐后期用人益重,府主出将入相,为宰相回翔之地。并、汴之外,关陕两河、荆鄂、两浙、宣歙也是重要去处。贞元、元和以后,文人甚至流向潭洪、交广、邕桂。唐中后期文士到东南、西南幕府者日多,不但南方文士云集其间,北方文士亦纷纷南下,文士南向,已成为唐中后期人才流动的大势,这一点在戴伟华《唐方镇文职僚佐考》一书中考述得最为详尽,不须多举例。据此,唐后期文人在南方的行旅大增于前。

即使进士及第也只是取得了为官的资格,称为“出身”,并不能马上授官,还须通过吏部试,合格后才有资格释褐入仕。得第后不能马上授官,呆在京城又无事可做,因此又得出关东谒诸侯。吏部关试很不容易通过,许多人考了多次也不能及格,独孤及在《送孟评事赴都序》中就提到,孟评事孟秀在射策甲科二十年后,“犹羸马青袍,客江潭间”[1],而韩愈也尝“四举于礼部乃一得,三选于吏部卒无成”[2]。三次参加吏部博学宏辞试均落第,被迫像下第进士一样东出关投方镇。得以过关入仕者中,许多人长期沉迹下僚,得不到升迁,被迫辗转于南北使府间以求知遇。这一点,戴伟华《唐代使府与文学研究》第三章有详尽考述可参。他们在使府间待机而动,有的表现出色,被召被荐入台省,有的回京应吏部试。考试失败的得第进士中,也有些人利用考后的机会做一番漫游,不一定入幕,《太平广记》卷三五七《薛淙》载,前进士薛淙,元和中游河北卫州,他的事例有代

---

① [唐] 独孤及:《毗陵集》卷一六,《文渊阁四库全书》第 1072 册,上海古籍出版社,1987 年,第 283 页。

② [唐] 韩愈撰,马其昶校注,马茂元整理:《韩昌黎文集校注》卷三《上宰相书》,第 155 页。

表性。

　　唐朝革前代之弊,实行高度的中央集权,将对官吏的考核与任命权收归中央,并且规定:三、五品以上官员任命,由宰相提名,皇帝批准。三品以上称册授,五品以上称制授,六至九品官员旨授,具体人员由尚书兵部、吏部二"选司"考核选拔。《通典》卷一五《选举三·历代制下·大唐》:"凡居官以年为考,六品以下,四考为满。"①凡任满的基层官员,如州县的令长佐录簿尉等,例须赴京参加一年一度的铨选,听候选调。据《通典》卷一五《选举三》,选集者必须于"十月一日起省,三月三十日毕"②。开元二十一年(733)六月二十八日诏:"自今以后,选人每年,总令赴集,依旧以三月三十日为限。"③距京城五百里内,十二月上旬到;千里外,中旬到;每远一千里,即加一旬。桂贺韶广交贺等州、岭北的泉建福州及黔中,以距京过远,太过落后,文化上别为一区,故确定为"南选区域",官员不到长安参加一年一度的全国性铨选,改由朝廷另派选补使,前往主持选举,每四岁一往,御史监临。这些规定,分别见《唐六典》卷二《吏部郎中》、《唐会要》卷七五《南选》、《通典》卷一五《选举三》。得官者则携带家口,前往赴任,不得官者又有几种流向,有的回乡,来年再赴选,《太平广记》卷四四五中的卢溪尉张铤,成都人,调选不得,乃归蜀。有的客游他乡,如《广记》卷四四六《焦封》中的浚仪令焦封,罢任后游蜀;霍丘令周洁,罢任之后,客游淮上④。由于唐朝政府遵从汉代以来的成法,规定"免罢郡守,自非诏征,不得到京师……刺史及五品以上

① [唐]杜佑撰,王文锦等点校:《通典》卷一五《选举三》,第361页。
② [唐]杜佑撰,王文锦等点校:《通典》卷一五《选举三》,第361页。
③ [宋]王溥撰:《唐会要》卷七四《吏曹条例》,第1348页。
④ [宋]李昉等编:《太平广记》卷三五四《周洁》,第2808页。

常参官,在外应受替去任,非有征诏,不得到京"①,私自至京的称为
擅到,京兆尹要依法收捕,故而不少官员任满离职后,即于任所附近
旅泊滞留。而一些处于守选、候选期间的基层文官,出于当时的制度
规定,罢任以后也不得私自进京,而必须自谋生路。《广记》卷一四九
引《前定录》中的韦泛,就是如此。他大历初,罢润州金坛尉,后客
游吴兴,而未马上入京求改职。建中元年六月,将赴选,以暴疾卒于
广陵旅舍。萧颖士为扬州功曹,秩满后南游吴越,亦未进京②。另外,
唐朝选注官员时,总有意避开本人籍贯。《唐会要》卷七四《掌选善
恶》、《封氏闻见记》卷三《铨曹》载,贞观八年(634),吏部侍郎唐皎命
官。选人有家在蜀者,乃注与吴;有亲老在江南,即命之陇右。有言愿
得淮沘者,即注漳滏间一尉。当时让人莫测其意,其实是用人命官上回
避故里亲旧。只是当时还未形成制度,到了代宗朝,就制度化了。《册
府元龟》卷六三〇《铨选部·条制二》有永泰元年(765)七月所下《州
县官不得听本贯人知诏》,明确规定:"不许百姓任本贯州县官及本贯
邻县官。京兆、河南府不在此限。"③中央高官及其近亲,避任京畿。代
宗广德二年(764)三月,诏曰:"中书门下两省五品以上,尚书省四品以
上,御史(台)五品以上,诸同正员三品以下,诸王、驸马、中要周期上亲
及女婿、外甥,不得任京兆府判司、畿令、赤县丞簿尉。"④可见正是唐代
的一些政策规定,使得唐人无论选调得官与否,官微时总免不了旅途奔
波。因此我们常在唐人文集中看到荐送某县令、县丞和外地州县参军
奉调赴京或之任的篇什,在唐人小说、笔记中读到相关描写与记载。

---

① [宋]王溥撰:《唐会要》卷六八《刺史上》,第1206页。此项政策延续到五代,
参见《全唐文》卷九六七阙名《请命代官留任候除奏》。
② [宋]李昉等编:《太平广记》卷三三二《萧颖士》,第2641页。
③ [宋]王钦若等编:《册府元龟》卷六三〇《铨选部·条制二》,第7555页。
④ [宋]王钦若等编:《册府元龟》卷六三〇《铨选部·条制二》,第7555页。

　　自高宗麟德以后,承平既久,民康俗阜,求进者众。据《通典》卷
一五《选举三·历代制下·大唐》:"按格、令,内外官万八千八十五
员,而合入官者,自诸馆学生以降,凡十二万余员。"① 参加铨选的队
伍因此常很庞大。显庆二年(657),黄门侍郎刘祥道上疏称:"今内
外文武官一品以下,九品已上,一万三千四百六十五员,略举大数,
当一万四千人。壮室而仕,耳顺而退,取其中数,不过支三十年,此
则一万四千人,三十年而略尽。若年别入流者五百人,经三十年,便
得一万五千人,定须者一万三千四百六十五人,足充所须之数。况
三十年之外,在官者犹多。此便有余,不虑其少。今年常入流者,遂
逾一千四百,计应须数外,其余两倍。又常选放还者,仍停六七千
人。"② 可见求名入仕之艰难。《唐摭言》卷一三无名子谤议条载贞元
中无名子上书:"且两京常调,五千余人,书判之流,亦有硕学之辈,
莫不风趋洛邑,雾委咸京。"③ 谈到全国士人都流向京城的人才流动
趋势,这里所述还只是选人,此外还有进士、六品以下文官,可见当时
情形的一个侧影。随着人数的增多,竞争也日趋激烈,崔融论选事上
疏载,早在开耀元年(681),吏部、兵部,选人就"每年万人已上,及其
铨量,十放六七,疲于来往,虚费资粮"④。《唐会要》卷七四《吏曹条
例》载,开元中,天下贤俊,屈滞颇多,"凡人三十,始可出身,四十乃
得从事……六十尚不离一尉,有材能者,始得如此,稍敦朴者,遂以终
身"⑤。这里所记为开元二十一年情况,反映了盛唐士人选举和进身

---

① [唐]杜佑撰,王文锦等点校:《通典》卷一五《选举三》,第362页。
② [后晋]刘昫等撰:《旧唐书》卷八一《刘祥道传》,第2751—2752页。
③ [五代]王定保撰:《唐摭言》卷一三无名子谤议条,第151页。
④ [唐]崔融:《吏部兵部选人议》,[宋]李昉等编:《文苑英华》卷七六五,第
　4020页。所载为唐高宗开耀元年事。
⑤ [宋]王溥撰:《唐会要》卷七四《吏曹条例》,第1348页。

的艰难。张柬之就年过六十,尚是王屋县尉;六十三岁,还只是青城县丞。至贞元中,国家财力日蹙,大规模精简机构,文人出路变得空前狭小,科举考试的次数减少,难度加大,由一年一选改为三年或数年一选,致使"选人一蹉跌,或十余年不得官,而官之阙者,或累岁无人"①。贞元八年陆贽为宰相,始恢复一年一选集的制度,令吏部分内外官为三分,计阙集人,情形才有所好转,此后又故态复萌,由此可见唐代中下层文官的奔波劳苦。

至于踏上了官僚阶级中上层者,无论其为京官还是地方官,由于唐代制度的规定性,大部分人也处于长期的旅途飘泊之中。为京官者除非有像李林甫、杨国忠那样的专权固宠之术,便可以居京十余年不出关,否则只能是四处为官。为地方官者,除非身陷重谴,长期远贬不还,像"八司马"中的韩泰、刘禹锡、柳宗元那样,否则也免不了四处调动,而且唐代官员调动频繁,《金石萃编》卷八〇《韦公式题名》载其为地方官近十二年,而六变官曹②。《文苑英华》卷八八八李珏《故丞相太子少师赠太尉牛公(僧孺)神道碑》载其历官三十一政,作相一十九年,逮事六宗,光辅四帝。《太平广记》卷二二一引《定命录》谓程行谌,六十岁尚是陈留县尉。此后三十年内,将有三十一政官,结果真的仕至九十以上,官至御史大夫。这就是说平均不到两年有一次变动,每一次出入中外都是一次漫长的旅行。国家使务繁剧,京中的郎官、御史时常奉使各地办理公务,中晚唐时期使职繁多的事实正好说明了这一点。略加分辨可知,其中许多使职都由可以乘驿、乘传的使客担任,许多著名文人如苏颋、张说、张九龄、李峤、包佶、元稹、白居易,都曾充任这类"使客",并撰诗作文以

---

① [宋]王溥撰:《唐会要》卷七五《选部下》,第 1355 页。
② [清]王昶辑:《金石萃编》卷八〇,中国书店,1985 年,第 9 页。

纪行。在地方上任职的文人则常入京朝正（据《唐会要》卷二四《诸侯入朝》，都督、刺史、上佐，每年须分番朝集，限令于十月二十五日到京，京城内有为诸州朝集使造的邸第三百余所，仅边要州及岭南五府管内州县不在此例），有时被诏追赴阙，有时奉使入朝，有时被派至其他州郡节镇为官。京官解职后如果得不到新的任命，也得离京寻找依托。李群玉校书郎解职后，未获擢迁，即归澧州，飘泊沅湘，郁郁而终，足迹再未出过江南道①。当上了州郡长官者，改转频繁，难以久仕一地，基本情况就是"倏来忽往，蓬转萍流。近则累月仍迁，远则逾年必徙。将厅事为逆旅，以下车为传舍。或云来岁入朝，必应改职；或道今兹会计，必是移藩。既怀苟且之谋，何假循良之绩"②。这是因为唐朝用人一直重内轻外，诸司清望官缺、两省郎官缺，一般不从州牧中精择，每每先于朝官中有声望者择取。地方上县令刺史，用人常轻。唐前期，常遣身有累者、不称京职者、声望下者甚至武夫担任。吏部选人暮年无文笔者，始拟注县令。京职不称者，乃左迁为外任。大邑之负累者，乃降为小邑，这是一般的规律，终唐五代之世，不曾彻底改变③。除非像唐玄宗、宣宗那样，为改变重京职、轻外任的局面，而特敕于朝列中精择文官，出刺州郡，否则不会有大的改变。边州僻郡刺史时时见阙，大历、贞元以来，诸道甚至差判官权领州务，远州上佐多是贬人、杂流。朝廷也很不重视地方官政绩的树立，任免调动比较随意。虽然朝廷也有"在任未经四考已上，不许迁除"④的规定，但很多情况成为一纸空文。景龙二年（708），御史中丞卢怀慎上疏，反映其时地方官，"在任多者一二年，少者三五月，遂即迁改，不论

---

① ［宋］李昉等编：《太平广记》卷四九八《李群玉》，第4088页。
② ［宋］王溥撰：《唐会要》卷六八《刺史上》，第1198页。
③ ［宋］王溥撰：《唐会要》卷六八《刺史上》，第1197—1199页。
④ ［宋］王溥撰：《唐会要》卷六八《刺史上》，第1199页。

课最,争求冒进,不顾廉耻"①。这种现象,不是一时一地的偶然现象,而是长期普遍存在。这点,在郁贤皓《唐刺史考》及其修订版《唐刺史考全编》中可得到很好的验证。重内轻外的用人方略使得官员调动频繁,在任不安心,一到任则望擢迁改职,期望时来运转,早日入朝升迁。中央考绩也马虎,上下蒙混,欺哄。日积月累,渐渐形成"贵大邑而贱小邑,重近民而弃远民"②的社会文化观念,无法扭转。许多人除授序迁,不凭治绩,"受代归朝,皆望超擢。在郡治绩,无由尽知"③。由此可见唐官改转调动之多。随便翻开两《唐书》及唐人碑志,查查唐官仕历,年寿稍长者一般都曾历内外官十几任乃至二十余任,常在京师与各地间周行不息。再查查《唐刺史考》,更可证知这一事实。若从其及第入仕开始计算,则平均每任任期很少超过三年者,大部分人未达到吏部规定的考绩标准。张说、张九龄、姚崇、颜真卿、令狐楚、李逢吉、李德裕、裴休……莫不如是。白居易入仕四十年,历内外官二十任。刘禹锡历内外官十余任,白居易谓其"二十三年折太多"④,若除去其因贬累而造成的较长的南方贬官任期,以及晚年罢职赋闲的时间,则平均每任的时间更短。调动越频繁,奔走于驿道上的官员及其家属就越多,唐文人因此每多漂萍之叹。

较之于上述各项政治文化政策,贬官政策尤其富有唐代特色,对唐文人的影响尤大。贬官政策发端于贞观中,本以惩罚罪人。据《旧唐书》卷五〇《刑法志》、《唐会要》卷四一《左降官及流人》,贞观十四年(640)正月二十三日制:"流罪三等,不限以里数,量配边恶

①［宋］王溥撰:《唐会要》卷六八《刺史上》,第 1199 页。
②［宋］王溥撰:《唐会要》卷六八《刺史上》,第 1199 页。
③［宋］王溥撰:《唐会要》卷六八《刺史上》,第 1205 页。
④［唐］白居易著,顾学颉校点:《白居易集》卷二五《醉赠刘二十八使君》,第 557 页。

之州。"① 据说其时长孙无忌当国,又奏:凡犯重罪者,皆"别敕长流,以为永例"②,欲使之成为国家万代不变之法,此举已开惩罚文人之端。开元中,张九龄执政,又奏凡有得罪获谴者,一律贬南方远恶州。刘禹锡的《读张曲江集序》清楚地记载了这点。李林甫执政,则借此来打击不附己者。至此,贬官政策已彻底改变了其本来的惩恶扬善之用意,一变为打击政敌、陷害良善的有力工具,打击也变得分外严厉:唐前期,文人贬所并不专在南方,河南、山东、关中、蜀中、闽中,都是贬地,唐初许多大僚,就曾贬至蜀中、滇黔、河西、西域,来济甚至贬到西域的庭州。盛唐时,贬所也未集中在南方,贬两河(河南道、河北道)的不是没有,如王维就贬济州。武周时期更是这样,《旧唐书》卷一八六上《万国俊传》载,当时有剑南、黔中、安南等"六道流人"。《资治通鉴》卷二〇五长寿二年二月乙亥条《考异》引潘远《纪闻》更说有十道流人。但自肃、代以后,得罪的政治犯专贬岭南、黔中等遐荒之地以示惩罚,很少到其他地方。其次,自天宝以来凡左降官,例须由中官押领,驰驿以赴贬所,中间不许留滞,不许地方官款待。诏书一下,便令立即赴贬所,不许片刻停留,连妻小都难见一面。张籍《伤歌行》纪元和四年(809),京兆尹杨凭以赃罪及蓄别宅妇罪贬贺州临贺尉一事,生动反映了这种情形。复次,自武周时期至玄宗朝,逐渐形成"追赐死"制度,专门用来惩罚获重罪者。除玄宗曾在城东驿赐死过三王子外,这种制度很少用来杀宗室,却专用以杀文官,尤其是五品以上的大僚,宋之问、杨炎、刘晏,咸通党争中的路岩、韦保衡、杨收,都是其例。两京道上的长乐驿、长城驿、长安至襄荆道上的

---

① [后晋]刘昫等撰:《旧唐书》卷五〇《刑法志》,第 2140 页。[宋]王溥撰:《唐会要》卷四一《左降官及流人》,第 734 页。

② [宋]李昉等编:《太平广记》卷一二一引《朝野佥载》,第 850 页。

蓝田驿、故驿、青泥驿赐死的文人最多，故左降南行至此，未尝不胆落色变，韩愈得罪宪宗，贬潮州，行至蓝田，惧死，乃有"云横秦岭""雪拥蓝关"之句。

　　流与贬略有不同。判流刑的除了少数文武官员外，一般是社会底层人物，如胥徒小吏或斗殴轻刑者、杀人犯、强盗、盗铸者，被贬者则多是中上层文官，且是政治犯。又据《唐会要》卷四一《左降官及流人》："贬则降秩而已，流为摈死之刑。""流为减死，贬乃降资。"①上述区别决定了流与贬的处所也不尽相同。对于流人，仿效汉魏晋遗制，徙边居作，部分流北方边城，部分流南方僻郡。唐前后期普遍如此，并没有南北东西的分别，前引潘远《纪闻》关于十道皆有流人的记载就是证明。直到中晚唐，还有配流到天德五城、振武、秦原威武成维扶等西北边城的。张籍《送流人》："独向长城北，黄云暗塞天。流名属边将，旧业作公田。"②所写的流人便是被判流刑，到京北边塞军城徒作，家产充公，自己为奴。一般的文人政治犯判流刑者，越到唐中后期越集中在南方，如岭南、黔中、湘南、闽中。再则贬降者授官，流放者不授官，连为官的起码资格都没有。二者虽有诸般不同，但用强制措施以示惩罚，使人陷于奔波流窜，备受播迁劳役之苦则一，对文学创作的影响也相近。同时，在惩罚文官政治犯方面，二者的差别似乎也不大。章怀太子李贤被废，崇文馆学士刘讷言就配流振州而死。唐前期每一次宫廷斗争，都要用这种办法惩治一大批文武官员。神龙初，亲附武周政权的词臣，流的流，贬的贬，杜审言流峰州、沈佺期流骧州、阎朝隐流崖州，李峤、苏味道却贬通、眉二州。

---

① [宋]王溥撰：《唐会要》卷四一《左降官及流人》，第738页。
② [唐]张籍撰，徐礼节、余恕诚校注：《张籍集系年校注》卷三，中华书局，2011年，第174页。作名不通，当从库本，作民。

同样一个宋之问,神龙初是贬泷州,景云元年(710)却是流钦州。他们同样出入殊俗,写出了哀感动人的诗篇。

武周时期,政治黑暗、酷吏横行,流贬的人数剧增,前引潘远《纪闻》说,自武后登极至长寿中,不到十年时间,李氏及诸大臣亲族流放在外者"且数万人"①。《旧唐书》卷五〇《刑法志》载,长寿元年(692),万国俊等奉使往六道鞫流人,竟然展开杀人比赛。"国俊至广州,遍召流人,拥之水曲,以次加戮。三百余人,一时并命……乃更诬奏云:'诸道流人,多有怨望。若不推究,为变不遥。'则天深然其言,又命摄监察御史刘光业、王德寿、鲍思恭、王处贞、屈贞筠等,分往剑南、黔中、安南、岭南等六道,按鞫流人。光业所在杀戮。光业诛九百人,德寿诛七百人,其余少者不减数百人。亦有杂犯及远年流人,亦枉及祸焉。"②其中不乏文人。唐代流贬人之多,于此可见一斑。玄宗后期及肃宗朝处置陷贼官之际,也有类似情况出现。

可是,与其他各代不同的是,唐代赦令特别多。每逢即位、改元、立太子、复辟、冬至、南郊大典、乘舆返正……都要大赦天下,广布德泽。赦令一行,则死刑改流刑,贬远州者移近州。同时,由于政治斗争激烈,每逢大的政治事变或政坛人事的重大变动,失势一方相关人员,总会相次南贬。武则天被册立为皇后,中宗神龙复辟,玄宗诛太平公主的先天之际,德宗上台的建中初,武宗、宣宗即位之初,一次又一次上演着这类故事。政局不稳之际,朝官换班更其频繁。肃宗上台,为打击不忠的附逆文官,整肃朝政,任用吕諲、崔器等,严惩"陷贼官",导致许多人"不死则流",流贬黔中等地者近二千人,事载《高力士外传》《安禄山事迹》卷中。总之,以种种原因得罪人主或权臣者,

---

① [宋]司马光编著,[元]胡三省音注:《资治通鉴》卷二〇五,第6491页。
② [后晋]刘昫等撰:《旧唐书》卷五〇《刑法志》,第2143页。

无不迁贬甚至身陷诛夷。贬逐于外者,有时即使逢赦令也不予赦免,唐宪宗元和元年(806)八月壬午颁布的赦书就载明,左降官韦执谊、韩泰、陈谏、柳宗元、刘禹锡、韩晔、凌准、程异等八人,纵逢恩赦,不在量移之限。《唐大诏令集》中,有这样的字眼的记载,多达五条,《文苑英华》赦书门另有指向不明的四条,涉及李林甫子孙、李德裕、杨收等罪臣。有时则又不按政策召回,执政者挟私愤,将其自南方向东西两个方向州县派遣,偏不自南向北,量移至距京近处,谓之"横移",此法发明于李林甫,延续到唐末。陆贽的奏议就明确提到:"一经贬官,便同长往。回望旧里,永无还期。纵遇非常之恩,许令移远就近,虽名改转,不越幽遐。或自西徂东,或从大适小,时俗之语,谓之'横移'。驯致忌克之风,积成天宝之乱。展转流弊,以至于今。天下咸病此法深苛,而不能改从旧典。"[1] "横移"一行,满心希望北归的左降官与流人便由南北而东西,备尝艰辛。其结果是"左降永绝于归还,量移不离于僻远",由从前的"奸臣诡计"变成了天宝以来行用不改的"国典旧章"[2]。白居易由江州贬所移至忠州任刺史,官虽尊而地益僻,亦是"横移"一例。

　　有流贬就有量移。据《唐会要》卷四一《左降官及流人》,左降官任满五考、诸色流人满五年,即予放还收叙。一般以千里为限,去上都五千里外者,与量移较近处;去上都五千里内者,则移至一千里内。流刑三等:二千里、二千五百里、三千里,以五百里为一等。其放还,须待"遇恩"行赦,各朝制赦在这方面的规定不同。流贬者在途中遇赦或在流贬之所,遇恩召还,与移近处,都令唐文人喜出望外,情不自

---

① [唐]陆贽撰,王素点校:《陆贽集》卷二〇《三进量移官状》,中华书局,2006年,第662页。

② [唐]陆贽撰,王素点校:《陆贽集》卷二〇《三进量移官状》,第662页。

禁,从而深刻地影响到文学创作,从初唐宋之问、沈佺期到盛唐张说、王昌龄,再到中唐韩愈、柳宗元、刘禹锡、李绅,莫不如是。

　　唐制:百官丧葬,皆给人夫幔幕。另外有些官员,或因政敌打击,身陷窜逐,久不召回,或因不适应南方水土,染上瘴疠之毒,死在流贬之所,也有地方官、举子客死南中的。对于这些人,政府许可其亲友收其遗骨归葬故土。大历十四年(779)八月二十六日敕:"如闻士庶在外身亡,将榇还京,多被所司不放入城,自今以后,不须止遏。"①建中三年(782)正月敕:"诸流贬人及左降官,身死,并许亲属收之,本贯殡葬。"大中三年(849)六月重申:"先经流贬罪人,殁于贬所,有情非恶逆,任经刑部陈牒许归葬。绝远之处,仍量事给官槽。"②终唐之世,流贬之制未变,这项政策也相沿不改,"官槽""旅榇""丹旐"不时出现在南北江河湖海之上,也时常出现在唐代诗人笔下,更是唐五代史籍、子书、文集中的常见词汇。杜甫在峡江地区居住那几年,总能见到运送灵柩北归的舟船,水浮陆走,数月才能北运至中原,中晚唐行旅、哀挽诗中亦不乏同类作品。

　　总结全文,唐文人行旅生活基本特点有二:一是出行机会多,行旅生活在日常生活中的比重大;二是行进速度慢,旅行时间长(详第二章附录),旅行距离远(大部分旅行或自长安出发,或以长安为目的地)。旅途的劳顿还不说,重要的是行旅途中总是苦多乐少,功名得失总是激起他们的情感波澜,这必然反映到文学创作上来,因此,我们将在第二章研究唐文人行旅诗。

---

① [宋]王溥撰:《唐会要》卷三八《葬》,第694页。参《旧唐书》卷一二《德宗纪上》大历十四年八月癸亥条。

② [宋]王溥撰:《唐会要》卷四一《左降官及流人》,第735、739页。

第二章　水陆交通与文学创作

我们知道,除迁贬外,赴考、赴选、游幕、赴任、奉使、漫游、回朝等行旅的共同目的就是"求名",行旅的担当者大多是未贵达或虽贵达而仕途蹉跌者,吉凶未卜的前途命运无不令他们焦心,因而长途跋涉意味着长久的煎熬,对于一个不幸者来说,这种灵魂的折磨与煎熬似乎无休止。他们的旅行中,交织着希望与失望、欢乐与痛苦,充满矛盾和焦灼,忍受着长期的心理压抑,心情大起大落。许多唐文人傲狠不恭,也许正是这种长期的压抑与精神摧残所致。"物不平则鸣",行役生活对唐文人的影响如此之大且深,交通路线上文学创作的图景必然生动而丰富。本章即以唐时全国几条主要驿道为着眼点,研究行旅生活与文学创作。

大部分唐文人的行役都是以京城为出发点或终点站,之官、赴选、应举、游幕、贬谪……莫不如此,从长安辐射出来的十余条驿道,像一根根粗大的血管,延伸到全国各地。从整体上看,就像一张巨大的网,无数唐文人都曾往来奔走在这些道路上,在漫长的行旅中创作了大量诗篇,记载自己的见闻感受,因而唐文人的行旅诗歌也呈带状分布。过去对这些作品不甚重视,也未注意到驿道的扇形布列与行旅诗带状分布之间的关系。

自长安伸展出来的驿道虽则东西南北各有分布,但并不均匀,而唐前后期政治、军事、经济形势也在不断变化。代、德以来,河陇、碛西的失陷,南方经济文化的加速发展,北方的持续战乱与农业经济的日渐衰退,唐皇室对南方的倚重,使得一批又一批文人流向广大南方地区,南去南来逐渐取代了魏晋至盛唐的北去北来,所谓"避地衣冠尽向南"[①],旅寓南方的文人像一只只鸿雁,在南北驿道间来来往往。"北归"成了带有时代特征的主题,"北归"路上的文学具有共同的主题思想和时代特征。无休止的行迈把他们折磨得心力交瘁,因而反映游子的飘泊状态和精神生活,反映南方文化及其与北方的关系,就是它的两个本质特征。正是上述因素造成唐人行旅诗东南、西南多,东北、西北少的不均衡格局,因而可以说,水陆交通路线布局与文人行役及其文学创作,存在既对应又不完全对应的双重关系,本章试图通过南北水陆交通的具体状况,来说明这些关系意义。

第一节　长安至汴州道交通与文学

以前学界有人提出浙东有一条"唐诗之路",引起了很大的社会反响[②]。受作者探索问题思路的启发,笔者认为,唐代行旅最盛的长安至汴州、襄荆、太原驿路都是真正的唐诗之路、唐代文学之路,较之于浙东那条唐诗之路,这些路线更明确,行旅更盛,景点更集中、连贯,文学创作的形式更多样,内容更丰富,产出和传播的作品更多。

---

① ［唐］郎士元:《盖少府新除江南尉问风俗》,［清］彭定求等编:《全唐诗》卷二四八,第 2787 页。此诗《全唐诗》卷二九四收作崔峒《送王侍御佐婺州》,为误收。《唐百家诗选》卷七、《后村诗话》卷一二、《瀛奎律髓》卷四、《唐诗鼓吹》卷三均作郎士元诗,可见宋、元时作者仍不误。《文苑英华》卷二七四收为崔峒诗,向南作在南,这也表明《英华》虽好,但亦未可尽信。诗题下宋人周必大校勘记"一作郎士元诗",提供了研究线索。

② 见《唐代文学研究》第六辑竺岳兵《剡溪——唐诗之路》等十四篇论文。

这些驿路是众多唐文人行旅诗产生的处所,离开了当时的行役生活环境,孤立地看那些作品,总显得片面,得不到深入贴切的理解,而结合当时的社会生活背景看,图景却极生动。鉴于唐代两京官道天下第一要路的地位,这里先论长安至汴州道上的交通与文学。河南道东部、淮南、江南道是它的辐射区,相关问题附带叙说。

一、行旅最盛

长安至汴州道连通东西两京,它所沟通的东南地区经济文化最发达,中央与这里的联系最紧密,由于运河贯通江、淮、河三大水系,其他南北各地商旅也多至两京路汇总,故柳宗元《馆驿使壁记》云:"由四海之内,总而合之,以至于关。由关之内,束而会之,以至于王都。"① 道上来往的人各种各样,出使的官员、举子、选人、新及第进士、流贬者、赴任与回朝的官吏,不一而足,来往的文人多,以文会友的机会必多,刘禹锡《送王司马之陕州》"两京大道多游客,每遇词人战一场"② 做了很好的概括。另外,此道交通,有两个独一无二之处:

一是使客最多。《文苑英华》载李峤上疏谓:"朝廷万务,非无事也。机事之动,恒在四方,是则冠盖相望,邮驿继踵。"③ 由于唐帝国的主体是大陆中东部,故而出京东行,经由两京驿路的使者尤多,正如白居易所说,从长安到洛阳,沿途到处可见"驿骑星轺尽疾驱"④ 的景象。唐前期,中央常遣御史分巡天下,池田温主编的《唐代诏敕

---

① [唐]柳宗元撰:《柳宗元集》卷二六《馆驿使壁记》,第704页。
② [唐]刘禹锡著,陶敏、陶红雨校注:《刘禹锡全集编年校注》卷七,岳麓书社,2003年,第463页。
③ [唐]李峤:《论巡察风俗疏》,[宋]李昉等编:《文苑英华》卷六九七,第3598页。
④ [唐]白居易:《奉使途中戏赠张常侍》,[清]彭定求等编:《全唐诗》卷四四八,第5043页。

目录》中,有很多这方面的诏敕。奉使的除中使外就是京中的郎官、御史。

二是由于此道沟通两京,所以帝王巡幸、封禅两项大型集体性行旅都集中在此。唐前期,国力强盛,天子以两京为家,正如高宗所说:"两京,朕东西二宅,来去不恒。"① 车驾往来颇多,从驾文官成群结队,途中唱和最盛。《全唐诗》中封禅、巡幸途中产生的唱和应制之作,都围绕在长安—洛阳—汴州一线,向东延伸到濮州—齐州,通往泰山,向北延伸到上党、太原,由此线转至汾晋,回长安,如玄宗开元十三年(725)之行。除长安—太原驿路有过几次巡幸外,其余都集中在此道上。

安史之乱以后,中央与东南的各种联系都加强了,文人行旅也相应地更加频繁。如科举考试,单进士科一项就大大强化。据傅璇琮先生研究,每岁进京应举的举子最少八百到一千,多至三千余②。晚唐时乡贡进士名额增加幅度最大,但取士不及天宝之多。据徐松《登科记考》卷五、卷九,开元元年(713)进士七十一人及第。天宝十二载(753),进士五十六人及第③。而贞元十八年(802)五月敕甚至规定,每岁明经取士不得过百人,进士不得过二十人,然而诏书还说"如无其人,不必要补此数"④。以后也很少超过三十人的。开成二年(837)五月,礼部奏请每年进士以三十人为限,从之。武宗会昌中,礼部所取进士甚至少到"十人五人"的程度,明载于《册府元龟》卷六四一《贡举部·条制三》。加上权要的干预、主司的偏颇,寒士出路更窄,登第更难。为了得第,他们多次赴京应考。举子中来自东南八道者最多,这就大大增加了举子往返两京道的机会。据估计,《全唐诗》中反映这条道路上的行旅生活的诗,在千首以上,其中举子的作品又多于其他人士,《太平广记》及唐人笔记中关于举子在两京道活动的记录最多,其原因正在于此。国家多事,使务繁剧,奉使各地办理政治、军事、经济事务的文士比例大增,这是唐后期此道交通的重要特点。总之,唐后期此道在交通上的地位加强了,故贞元二年十二月,下敕确定"从上都至汴州为大路驿"①,知大路驿的驿官最受重视,每知驿一周年如无败阙,即与减一选,即减少一次赴京参选,以为奖励,连任者累计。使官经阅最经常,节文详载于《唐会要》卷六一《御史台中·馆驿》。交通的压力比以前大,《杜诗详注》卷二五杜甫《乾元元年华州试进士策问五首》其二:"华惟襟带,关逼辇毂,行人受辞于朝夕,使者相望于道路……军书未绝,王命急宣。"②柳宗元《馆驿使壁记》谓王畿之内,馆驿密布,"告至告去之役,不绝于道;寓望迎劳之礼,无旷于日","华人夷人,往复而授馆者,旁午而至"③。《唐国史补》卷上描绘贞元前后行旅之盛:"渑池道中,有车载瓦甒,塞于隘路……日向暮,官私客旅群队,铃铎数千,罗拥在后,无可奈何。"④这并不是夸张之词。

　　此道交通繁忙,不单纯是因为政治经济方面的原因,关键在于它处于南北中国轴心位置,又是东西交通的要冲。自唐代确立了以长安、洛阳为两京的布局后,东西南北的行人,便齐集于此。唐代的五

①[宋]王溥撰:《唐会要》卷六一《御史台中·馆驿》,第1061页。
②[唐]杜甫著,[清]仇兆鳌注:《杜诗详注》卷二五,第2202页。
③[唐]柳宗元撰:《柳宗元集》卷二六《馆驿使壁记》,第704页。
④[唐]李肇撰,聂清风校注:《唐国史补校注》卷上,中华书局,2021年,第73页。

个陪都,除东都洛阳外,凤翔、太原、成都、江陵距长安的直线距离都在两千里以内,聚集到这四个城市的人们,都有可能到两京活动。由两京道可通往开元十五道中的任何一道。河西、陇右、剑南、山南、江南、河南、河北、河东八大区,更直通以两京为核心的方圆二千余里地区。如果把王畿看成帝国的心脏,那么此道就是帝国心脏中一根粗大的血管。唐后期,帝国倚重东南半壁江山,因此文人的流向也更集中到"东南四十三州地"①。人们畏惧陆路交通的鞍马劳顿,喜欢水路的平稳、省力,能走水路的尽量走水路,恰好在汴州以东有水路通向东南。东出潼关以后,人们有的在洛阳上船,有的在汴州上船,至淮南、两浙、江西、岭南。元和初,李翱应岭南节度使杨於陵之辟,入岭南幕,在洛阳上船,经扬、润、杭、洪、赣、韶至广州,历时六个多月,并写成著名的行记《来南录》纪行,他的事例很有代表性。在长安、岭南间往返的人们,除迁贬、奉使等不得不取道蓝田—武关外,一般说来多取水路。自剑南、黔中与关中的来往,甚至不取川陕诸谷道,而经由长江—扬州—汴河往返。江西地区与两京的来往,很多人不由蓝田—武关道西上,而转由扬州—洛阳西上。官员赴任,奉使游幕都是这样。《金石萃编》卷七九《谒金天王祠题记》载,乾元元年(758)十月,颜真卿自蒲州刺史除饶州,途经华州,在华岳庙题名。同书卷七九《苏敦等题名》载,大历中,裴某出牧鄱阳,途经华州,其弟苏发任华阴县令,负责接待苏敦等七人,说明他们经过两京道,至洛、汴再乘船东下,走水路至江西。《太平广记》卷三一二、《三水小牍》卷下黑水将军灵异条:"乾符戊戌岁,大理少卿徐焕以决狱平允,授弋阳郡。秋七月出京……历崤函,度东周,由许蔡,略无霁日。既渡长淮,

---

① [宋]计有功辑撰:《唐诗纪事》卷五八李敬方《汴河直进船》,上海古籍出版社,2008年,第881页。

宿于嘉鹿馆,则弋阳之西境也。"① 游幕的如权德舆游江西幕,取道扬州东南行,至洪州。除罢郡西归、领命东下者外,游扬州、两浙、洪州、岭南幕者都由此道东下。秩满不得官者、进士下第者,都首先选择江南为客游之地。唐后期大量文人送别诗中,相当多作于长安、洛阳、汴州,并且是送人往东南而不是往西北或东北,单姚合一人就至少有八首以上,两京道是必经之路。如《送徐州韦仅行军》"山程度函谷,水驿到夷门"②,《送刘禹锡郎中赴苏州》"初经咸(函)谷眠山驿,渐入梁园问水程"③,都是讲在汴州以西取陆路,汴州以东取水路。因此,洛、汴城东的水亭空前热闹起来,迎来送往,宴钱常盛。有一次杜牧沿河西上,正碰到汴河亭上置宴,作《过大梁闻河亭方宴赠孙子端》,以纪其事,许浑亦有咏史诗《汴河亭》。在洛阳起程上船的也多,顺流而下的如李逸,贞元中游扬州,扁舟东下,临出发,作《洛阳河亭奉酬留守群公追送》,载《文苑英华》卷三一五,《全唐诗》卷二八三误收作李益诗。逆流而上至洛阳东郊登岸者如孟郊《旅次洛城东水亭》。

由此可以看出在此道上来往的文士必然比其他驿道要多,以文会友的机会更多。而文士独行也没闲着,美不胜收的景致促使他们不断用诗笔抒写情怀。

二、景点最多

长安至汴州沿线的景点在当时的全国也是最多、最密的。按照性质的不同,这些景点可以分为三类:

第一类是风景名胜与古迹。根据严耕望《唐代交通图考》卷一《长安洛阳驿道》及王文楚《唐代两京驿路考》二文考证,长安以东的

---

① [宋]李昉等编:《太平广记》卷三一二引《三水小牍》,第2471页。
② [清]彭定求等编:《全唐诗》卷四九六,第5616页。
③ [清]彭定求等编:《全唐诗》卷四九六,第5616页。

两京道上名胜、古迹有东渭桥[①]、灞桥、汉新丰故县、罗敷水、野狐泉、华岳、岳庙、潼关、首阳山,自潼关东行,有崤山(崤坂)、黄巷坂(魏武、宋武故垒)、秦函谷关(古桃林塞)、曹公垒、思子宫(又名思子台、侧有戾园,即戾太子台)、古虢国城、夏后皋墓、新安项羽坑秦卒处、白超垒、女几山、沧浪峡等。这些景点、古迹,莫不令唐文人流连忘返。这一线地处黄河中上游,是华夏文明的发祥地,历史积累深厚。晋宋之际郭缘生《述征记》、戴延之《西征记》、裴松之《西征记》所记载的古迹就很多。诸书虽佚,但散见于类书、古注、地志的仍不少,单《太平御览》就保留了数百条佚文。唐时这些古迹仍大部完好。

　　第二类是沿途行宫。据严耕望《唐代交通图考》第一卷《长安洛阳驿道》考证,唐两京道侧共有行宫二十座,少数几座是仍前代之旧,大部分新建于高宗至玄宗朝。每座行宫都规模庞大,千门万户,十分壮观,引人瞩目。从唐初到唐末,历年都有修建改建,唐前期尤多,单开元二十六年十月这一次,两京路行宫就各进造殿宇及屋千间,明载于《唐会要》卷三〇《诸宫》。天宝以后,天下不再太平,诸帝不复东幸,行宫纷纷废弃,徒供文人凭吊,游客观赏。唐人诗中常提及的有骊山华清宫、湖城县上阳宫、渑池县紫桂宫、永宁县崎岫宫、寿安县连昌宫等。沿线的隋代废宫也间或在文献中出现。

　　第三类是沿途馆驿,约三十里有一驿,真正做到了如同韩愈诗所说的“府西三百里,候馆同鱼鳞”[②]。两京道出潼关,自陕州向东,分为南北两道。北道路线稍短,但可知的馆驿也有二十八九座,唐人常行走的道路稍微平直宽阔的南道,见诸记载的也有三十二驿。其中

---

① 李观有《东渭桥铭并序》,称之为“赤龙夭矫”,极为壮丽。《文苑英华》卷八〇二有沈亚之《东渭桥给纳使新厅记》。

② [唐]韩愈撰,[宋]魏仲举集注,郝润华、王东峰点校:《五百家注韩昌黎集》卷四《酬裴十六功曹巡府西驿途中见寄》,第272页。

长乐、灞桥（即滋水驿）、阴盘、临都驿，在两京郊外，为常见的送别饯行之所，等第很高，在城内的仅有两京都亭驿。而中途的敷水驿、稠桑驿、阌乡驿、普德驿、甘棠馆也都达到了一定规模，并产生过很多诗篇。

自洛阳东至汴宋，唐人题咏得最多的是著名古都旧址——故洛城；其次则白马城，东西广武，鸿沟，汴州梁苑（梁园），张巡、许远庙等。

三、文学创作的内容与形式最丰富多彩

由于景点多，文人每一次往返几乎都可以视为兼做了一次旅游，为江山风物所荡而留下诗篇。《云溪友议》卷中三乡略条载，会昌二年（842）仲春，若耶女子丧夫，自京东归，"帝里芳春，吊影东迈。涉浐水，历渭川，背终南，陟太华，经虢略，抵陕郊。挹嘉祥之清流，面女几之苍翠"①，遂命笔题诗于三乡驿。咸通九年（868），皮日休下第，"自京东游，复得宿太华，乐荆山，赏女几，度镮辕，穷嵩高，入京索，浮汴渠，至扬州。又航天堑，从北固至姑苏"②。其过华山、经汴河，皆有诗流传。当时所作，当不止于此数。战争年代，长安至汴宋战事最多，文人行役其间，将见闻记录下来，往往成为名篇，杜甫的名作《三吏》《三别》便以两京道上发生的战事为题材。韦庄中和三年（883）在洛阳，将东归，道逢从长安逃出之秦妇，叙战乱，作《秦妇吟》。至于散文，也有纪行名篇，高适《东征赋》、梁肃《过旧园赋》，都是以安史之乱为背景的纪实抒怀佳作。

笔者为研究交通路线与文学的关系，曾将全国驿道分为长安至

---

① [唐]范摅撰，唐雯校笺：《云溪友议校笺》卷中，中华书局，2017年，第102页。
② [唐]皮日休：《太湖诗序》，[清]彭定求等编：《全唐诗》卷六一〇，第7034页。

洛阳扬楚、河陇朔方、太原幽州、蜀中、荆襄岭南五个方向,将《太平广记》《全唐诗》《全唐文》及唐代笔记、野史中的相关诗文、小说分别系入每个方向,发现长安至汴州扬州一线,无论是小说还是诗文都最多。小说通常以唐代文士应举、赴选、赴任三种行役生活为题材,其他类别次之。韦瓘所撰的托名牛僧孺作的著名政治讽刺小说《周秦行记》,便以唐代举子下第东游生活为原材料。诗歌的情况比较复杂,但应举、下第、赴任、回京、奉使五种情况下产生的作品占大多数,则无疑问。作品多,原因之一是由于行客多,另一个不容忽视的原因,是同一文士多次往返。如应举,孟浩然《送丁大凤进士赴举呈张九龄》:"惜无金张援,十上空归来。"[1]崔曙《送薛据之宋州》:"一从文章事,两京春复秋。"[2]吕温《及第后答潼关主人》:"一沾太常第,十过潼关门。"[3]"十上""十过"极言出入京师多次往返。郭向《途中口号》:"抱玉三朝楚,怀书十上秦。年年洛阳陌,花鸟弄归人。"[4]十次下第而三度游楚,都经由此道。因此,文献中对两京道上举子的生活记载特别详细。《太平广记》中比比皆是,其中以"记""录"为题的神仙鬼怪小说多半以他们作主人公,以其下第、肄业、应举生活为内容,其文学创作活动本身就包含在这些行役生活中。

以下结合唐文人在两京道上的生活,扼要谈谈该道上产生的文学作品的内容和创作方式。

宴饯。宴饯既是国家的重要礼仪活动,也是士大夫间交往的一种最重要的社交活动,在唐代文人社交圈中很流行。某人因及第、铨

---

①［唐］孟浩然著,徐鹏校注:《孟浩然集校注》卷一,人民文学出版社,1989年,第70页。

②［清］彭定求等编:《全唐诗》卷一五五,第1599页。

③［清］彭定求等编:《全唐诗》卷三七〇,第4160页。

④［清］彭定求等编:《全唐诗》卷二〇三,第2118页。

选、觐省、下第、漫游、赴任、迁贬、出使而离京,京中凡与之有交游的僚友亲戚,常会出都门饯别,并作诗赠序,以表示安慰、庆贺、鼓励、叮嘱,寄以希望,这是重视友谊的重要表现,发展友谊的重要手段。因此两京郊外的馆驿,成为常常举行这类宴会的别所,上自皇帝,下至处士,竞相参与。两京域内的都亭驿是官员、使客出入的总汇。长安东郊的长乐驿,地当去潼关、蒲津关、武关之交汇点,故公私迎饯最多,公主出嫁(如太和公主远嫁回纥)、将相回朝(如郭子仪、朱全忠回朝)、大臣出镇、郎官刺郡,皇帝都曾摆下盛宴,为其饯行。灞桥驿、阴盘驿也间或举行宴饯。宴会上,词臣云集,展开诗艺竞赛。晚唐时,场面最盛大的是《唐阙史》卷下《卢左丞赴陕郊诗》的记载。条文记载,卢渥门庭显赫,僖宗深宠之,诏书叠至,士族荣之。乾符初,自中书舍人出为陕虢观察使。赴任之日,洛阳官僚更设祖筵,士庶倾城而出,自临都驿前后十五里,车马不绝,渥乃挥笔题诗于嘉祥驿:"交亲荣饯洛城空,秉钺戎装上将同。星使自天丹诏下,雕鞍照地数程中。"[1] 文臣间的饯送更是不计其数。长安东郊长乐驿宴饯的比例最高,冠盖最盛,如《唐摭言》卷六公荐条载,礼部侍郎崔郾受命,于东都试举人,"三署公卿,皆祖于长乐传舍,冠盖之盛,罕有加也"[2]。白居易《及第后归觐留别诸同年》也作于该驿,诗中描写饯别场景是"时辈六七人,送我出帝城。轩车动行色,丝管举离声"[3]。其中也产生一些即景抒情的佳作。如韩愈《祖席·(得)前字》纪洛桥送别,诗曰:"祖席洛桥边,亲交共黯然。野晴山簇簇,霜晓菊鲜鲜。书寄相思处,杯衔欲别前。淮阳知不薄,终愿早回船。"《韩集举正》引宋人旧

---

① 《唐五代笔记小说大观》,上海古籍出版社,2000 年,第 1362 页。
② 《唐五代笔记小说大观》,第 1626 页。
③ [唐]白居易著,顾学颉校点:《白居易集》卷五,第 103 页。

注指出，此诗系"以王涯徙袁州刺史而作"，乃元和三年事。朱彝尊谓"唐人别诗甚多，此诗叙景述情，犹觉稍出新意。其架构之妙，亦只在几希间"①。它的成功，关键在于诗人摆脱了唐人送别诗的常见套路，只叙离情，并以期待朋友早归作结，别具匠心。如果只是一二知交间相别，则不会设宴，只有简单的握手言别，如李白《阴盘驿送贺监归越》、李贺《洛阳城外别皇甫湜》，事情只在他们两人之间进行，没有常见的祖送场面。有时被送者也有答诗，如祖咏初仕不久，即贬南州，其友人卢象、裴总至长乐驿送别，当时可能都作了饯别诗，但今天留存的只有祖咏的答作《长乐驿留别卢象裴总》。

　　途中会友。往返于长安至汴州间的文人很多，有时在途中馆驿会见到阔别多年的好友或自己正挂念的人，不期而遇总是令人兴奋不已，抑制不住创作冲动，留下歌篇。如岑参《稠桑驿喜逢严河南中丞便别》即上元元年（760）岑参在虢州长史任上遇到严武东归河南时所作，天宝间，二人曾"联接西掖"。乱离之际，一对故人在虢州西的稠桑驿会面，不禁展开唱和，岑诗"得'时'字"，严诗亡。陆畅《陕州逢窦巩同宿寄江陵韦协律》："共出丘门岁九霜，相逢凄怆对离觞。"② 所写也是类似情景。杨巨源《方城驿逢孟侍御》："走马温汤直隼飞，相逢矍铄理征衣。军中得力儿男事，入驿从容见落晖。"③ 把一对老年朋友黄昏在驿中相会的情景勾画得活灵活现，赵璘《因话录》卷二云："巨源在元和中，诗韵不为新语，体律务实，功夫颇深。自旦至暮，吟咏不辍。巨源年老，头数摇，人言吟诗多致得。"④ 此诗很能见

---

① ［唐］韩愈著，钱仲联集释：《韩昌黎诗系年集释》卷六，上海古籍出版社，1994年，第682—683页。
② ［清］彭定求等编：《全唐诗》卷四七八，第5444页。
③ ［清］彭定求等编：《全唐诗》卷三三三，第3739页。
④ 《唐五代笔记小说大观》，第844页。

出其平实深细的特色。方城驿是河南洛阳至汴州间的一个驿站,巨源元和六至九年,在河中张弘靖幕中①,诗即此间作。军务匆匆,见到老友,喜不自禁。有时会面发生在路旁客店,如白居易《新丰路逢故人》:"尘土长路晚,风烟废宫秋。相逢立马语,尽日此桥头。知君不得意,郁郁来西游。惆怅新丰店,何人识马周。"②会面的地点不在客店边,却在中途。诗中"故人"是一位不遇者,诗人作诗表示同情。韦庄《与东吴生相遇》:"十年身事各如萍,白首相逢泪满缨。老去不知华有态,乱来唯觉酒多情。"诗题下自注:"及第后出关作。"③叙述与一阔别十年的老友在潼关外相逢,各话身世。若中途遇客,前不着村,后不着店,则到就近处话别,《杜诗详注》卷六《冬末以事之东都湖城东遇孟云卿复归刘颢宅宿宴饮散因为醉歌》就是这样产生的。据黄鹤注,诗为乾元元年(758)冬,自华州游东都作。诗人东行途中,在湖城县东遇孟云卿,遂返回华州友人刘颢宅宴会话别。

最有意义的作品是纪行述见闻之作,它记录唐代社会风习,反映时代风云变幻。如王建《华岳庙二首》其一:"女巫遮客买神盘,争取琵琶庙里弹。闻有马蹄生柏树,路人来去向南看。"④张籍《华山庙》:"金天庙下西京道,巫女纷纷走似烟。手把纸钱迎过客,遣求恩福到神前。"⑤韩愈也有《华山巫》。三人不约而同地以岳庙女巫为对象,写她们在华山岳庙下向往来求神者兜售纸钱、神盘,并弹琵琶招

① 戴伟华著:《唐方镇文职僚佐考》,天津古籍出版社,1994 年,第 213 页。

② [唐]白居易著,顾学颉校点:《白居易集》卷九,第 173 页。

③ [唐]韦庄著,聂安福笺注:《韦庄集笺注》卷九,上海古籍出版社,2002 年,第296 页。

④ [唐]王建著,尹占华校注:《王建诗集校注》卷九,巴蜀书社,2006 年,第434 页。

⑤ [唐]张籍撰,徐礼节、余恕诚校注:《张籍集系年校注》卷六,第 775 页。

引行人,生意很好,巫女很多。据贾二强研究,魏晋隋唐以来,关中士庶十分迷信华岳神。自玄宗封华山为金天王后,地位更高,岳庙生意更兴隆,怀着各种目的前来求神赐福保佑的都有①。张、王二诗就反映了中晚唐时这一现实。读此二诗后,再读韩愈《华山巫》,理解就更进一层。卢纶《晚次新丰北野老家书事呈赠韩质明府》写关中农村社会面貌:"机鸣春响日曈曈,鸡犬相和汉古村。数派清泉黄菊盛,一林寒露紫梨繁。衰翁正席矜新社,稚子齐襟读《古论》。共说年来但无事,不知何者是君恩。"②这是诗人以监察御史充馆驿使,检校两京馆驿时所作的诗,描写对象是京兆府昭应县农村,通首赞村中丰裕气象,老安少怀之妙。"矜新社"的情景让人感到唐代北方乡村社会中的"社"很重要,"读《古论》""机鸣春响"则显示关中农村读书风气甚浓,蚕桑在经济上居重要地位。韩愈元和十二年(817),随裴度东征淮西,途中写下一组纪行诗。其《同李二十八员外从裴相公野宿西界》,描写东讨蔡州得胜回朝,大军在襄城县西界冬夜野宿的场面:"四面星辰著地明,散烧烟火宿天兵。不关破贼须归奏,自趁新年贺太平。"③画面壮观,别饶意境,格调高昂,有似凯歌。高蟾《宋汴道中》则写唐末战乱对河南农村的巨大破坏:"平野有千里,居人无一家。甲兵年正少,日久戍天涯。"④这些都是难得一见的历史画面,有助于我们更真切、具体地了解唐代社会面貌。

纪行诗的一个重要内容是纪胜。两京道上最引人入胜的景点是潼关、华岳及沿途行宫,描写它们的诗篇也又多又好。华岳诗一般都是歌咏华山的雄峻挺秀,主题、写法比较单纯,代表作是祖咏的《观华

① 贾二强:《论唐代的华山信仰》,《中国史研究》2000年第2期。
② [清]彭定求等编:《全唐诗》卷二七八,第3158—3159页。
③ [唐]韩愈著,钱仲联集释:《韩昌黎诗系年集释》卷六,第1069页。
④ [清]彭定求等编:《全唐诗》卷六六八,第7646页。

岳》：“西入秦关口，南瞻驿路连。彩云生阙下，松树到祠边。作镇当官道，雄都俯大川。莲峰径上处，仿佛有神仙。”① 从不同方位、角度描写华山的雄奇高峻，尤称杰构，其成就超过了沈佺期、王维的同类作品。

潼关诗则富于变化。唐人潼关诗有三个主题：一是抒写下第者的失落感，如岑参《戏题关门》：“来亦一布衣，去亦一布衣。羞见关城吏，还从旧道归。”② 慨叹多次入京应举却一事无成；二是怀古，如岑参《东归晚次潼关怀古》；三是描写潼关的雄胜，如顾非熊《秋日陕州道中作》：“孤客秋风里，驱车入陕西。关河午时路，村落一声鸡。树势标秦远，天形到岳低。谁知我名姓，来往自栖栖。”③ 诗人午时至关，道旁村落里传来雄鸡的鸣叫，夹道的参天槐柳向远处延伸，八百里秦川显得更辽远，天空在雄伟的华山映衬下显得更低。全诗气势流走，把静态的事象写得有动感。张祜《入潼关》：“都城三百里，雄险此回环。地势遥尊岳，河流侧让关。”④ 通过天宇、华岳、大河、关隘的对比，突出了关河的雄险，笔力不凡。许浑的《秋日赴阙题潼关驿楼》更技压群芳，久相传诵。其《行次潼关题驿后轩》：“飞阁极层台，终南此路回。山形朝阙去，河势抱关来。”⑤ 也是很有气象的写景佳作。

两京道旁的众多行宫，择址于风景优美之处，又经过多年营建修缮，景观之美自不同寻常，也是文人关注的重点对象。但奇怪的是，

---

① ［清］彭定求等编：《全唐诗》卷一三一，第 1333 页。
② ［唐］岑参著，陈铁民、侯忠义校注，陈铁民修订：《岑参集校注》卷一，上海古籍出版社，2004 年，第 13 页。
③ ［清］彭定求等编：《全唐诗》卷五〇九，第 5780 页。
④ ［清］彭定求等编：《全唐诗》卷五一〇，第 5814 页。
⑤ ［清］彭定求等编：《全唐诗》卷五二八，第 6042 页。

安史之乱以前,皇帝经常驾幸,行宫方盛的时候,没有多少诗人描写。天宝乱离之后,诸帝不再东幸,作品却成批涌现。即使同一个审美对象,主题也因人而异。有的纯属客观描写,如韩愈《和李司勋过连昌宫》:"夹道疏槐出老根,高甍巨桷压山原。宫前遗老来相问,今是开元几叶孙?"① 作于元和十二年冬讨淮西回师途中,与司勋员外郎李正封同过寿安县西连昌宫,赋诗唱和,让我们了解到连昌宫废弃后的情景:虽然冷寂,但仍有守宫人,仍气势恢宏。有的寄寓讽兴,中多感叹,如张祜《连昌宫》:"龙虎旌旗雨露飘,玉楼歌断碧山遥。玄宗上马太真去,红树满园香自销。"② 写玄宗去后行宫冷落,但其实玄宗、太真从未在连昌宫住宿过,所以行宫在这里只是一个托讽寄兴的对象。而即使是同一个作家也有不同的主题,如王建《上阳宫》:"上阳花木不曾秋,洛水穿宫处处流。画阁红楼宫女笑,玉箫金管路人愁。幔城入涧橙花发,玉辇登山桂叶稠。曾读《列仙》王母传,九天未胜此中游。"③ 极写宫中环境之美,胜似仙境。而其《过崎岫宫东都永宁县西五里》却感叹繁华不再,盛事成尘:"玉楼倾侧粉墙空,重叠青山绕故宫。武帝去来罗袖尽,野花黄蝶领春风。"④ 是一种咏叹格调。

纪行诗的另一重要内容是记述早发与晚归的经历、感受。唐文人在两京道上行迈的机会最多,早发与晚归的生活体验也丰富。其中有不少值得一提的诗作。晚归的名作有许浑的《秋日赴阙题潼关驿楼》:"红叶晚萧萧,长亭酒一瓢。残云归太华,疏雨过中条。树色随山迥,河声入海遥。帝乡明日到,犹自梦渔樵。"《全唐诗》该诗校

① [唐]韩愈著,钱仲联集释:《韩昌黎诗系年集释》卷一〇,第1071页。
② [清]彭定求等编:《全唐诗》卷五一一,第5838页。
③ [唐]王建著,尹占华校注:《王建诗集校注》卷八,第339页。
④ [唐]王建著,尹占华校注:《王建诗集校注》卷九,第347页。

勘记保存的别本作《行次潼关逢魏扶东归》："南北断蓬飘,长亭酒一瓢。残云归太华,疏雨落中条。树色随关迥,河声入塞遥。劳歌此分手,风急马萧萧。"[1]中间两联备受称许,胡应麟《诗薮·内编》卷四论唐代五言近体诗,以为"残云"一联,有"全盛风流"[2],因而是晚唐五律中有盛唐气象的作品,但仅有一联气象不凡,与全篇则不相称。宋人范晞文曰:"人知许浑七言,不知许五言亦自成一家……许五言如:'树色随山迥,河声入海遥。''月高花有露,烟合水无风。'……措思削词皆可法。"[3]孟迟的《题嘉祥驿》:"树顶烟微绿,山根菊暗香。何人独鞭马,落日上嘉祥。"[4]写的是行人暮归驿站的生活片段,视线由远及近,由上而下,把骑马独归,投宿驿中的过程写得活灵活现。作者当时应是一位奉命出使的官员,故而可以入驿止宿。

相比之下,唐人早发之作更显得异彩纷呈。古人认为应当早睡早起,"早起赴前程"是唐人普遍的心理,那些奔走江湖辛苦求名者,虽则多年无成,依然披星戴月,早出晚归,对此,韦庄《早发》作了形象描写:"早雾浓于雨,田深黍稻低。出门鸡未唱,过客马频嘶。树色遥藏店,泉声暗傍畦。独吟三十里,城月尚如珪。"[5]全诗四联,从四个角度写"早行",让人感到他出行比一般行人都要早。下面的作品都是写长安至汴州道中的早发情景,李郢《早发》:"野店星河在,行人道路长。孤灯怜宿处,斜月厌新装。"[6]唐求《晓发》:"几处晓钟

①［清］彭定求等编:《全唐诗》卷五二九,第6053页。

②［明］胡应麟撰:《诗薮·内编》卷四,上海古籍出版社,1979年,第66页。

③［宋］范晞文:《对床夜语》卷三,丁福保辑:《历代诗话续编》上册,中华书局,1983年,第428—429页。

④［清］彭定求等编:《全唐诗》卷五五七,第6459页。

⑤［唐］韦庄著,聂安福笺注:《韦庄集笺注》卷一,第31—32页。

⑥［清］彭定求等编:《全唐诗》卷八八四,第9992页。

断,半桥残月明。沙上鸟犹在,渡头人未行。"① 两首诗写的早发地点在驿路侧客店,不远处是黄河。诗人对着斜月整理行装,早早出发,成功运用了烘托及对比手法。二位作者显然都是"辛勤数载,未遇知音"的举子。再看下面两首:徐夤《忆潼关早行》:"行客起看仙掌月,落星斜照浊河泥。……关柳不知谁氏种,岳碑犹见圣君题。"② 韦庄《秋日早行》:"上马萧萧襟袖凉,路穿禾黍绕宫墙。半山残月露华冷,一岸野风莲萼香。烟外驿楼红隐隐,渚边云树暗苍苍。行人自是心如火,兔走乌飞不觉长。"③ 前诗写潼关早行,一路泥泞。星光下,岳庙内玄宗题写的华岳碑文依稀可见。后诗的地点却在两京道一废弃的行宫侧,从诗中看,这座久废的行宫傍山临水,驿路擦宫墙而过,早雾尚笼罩着树丛中的驿楼,隐隐约约泛着红色,靠水的树丛还是黑魆魆的,二诗画面奇异,生活气息浓厚。林宽《关下早行》:"轧轧推危辙,听鸡独早行。风吹夜霭散,月照华山明。白首东西客,黄河昼夜清。相逢皆有事,唯我是闲情。"④ 却是写推车早行,经过华山,清空朗月,夜风吹过,比较少见。一诗一味,从不同侧面反映出这些地位低微的唐文人在外的奔波劳累,让人读后深深产生共鸣,慨叹古人谋生之不易。

　　唐代诸州设有官营客舍,接待过往行人,唐代举子就是入住的常客。所以《全唐诗》中有不少客舍诗,其中产生在两京城内及沿途州郡的尤多,作者当时大都是举子。岑参有《宿华阴东郭客舍忆阎防》,刘长卿有《温汤客舍》,钱起有《冬夜题旅馆》,皇甫冉有《题高云客舍》,耿沛有《下邽客舍喜叔孙主簿郑少府见过》,卢纶有《客舍喜崔

① [清]彭定求等编:《全唐诗》卷七二四,第8305页。
② [清]彭定求等编:《全唐诗》卷七〇九,第8155页。
③ [唐]韦庄著,聂安福笺注:《韦庄集笺注》卷一,第20页。
④ [清]彭定求等编:《全唐诗》卷六〇六,第7003页。

补阙司空拾遗访宿》，崔峒有《客舍有怀因呈诸在事》。这些诗歌产生的时代，大都在天宝以后进士文化高涨之际，特别是贞元、元和之交，此时的科场风气，如《唐摭言》所说，是"益以荐送相高"①。适应着这种风气，他们纷纷到关中的同、华、陕州及京兆府诸县客舍，求荐起解或读书肄业，闲居无聊，有所感触，写下这些诗，从不同侧面反映了唐代举子的生活。按照唐代馆驿制度，入仕的官员有很多条件入住馆驿，没有资格入住馆驿的未入仕文人则只能入住旅舍村店。考进士的举子远涉他乡，求州府申荐，进入城市，因此多赁居客舍。而唐后期，京兆府及同、华诸州的荐送考中率最高，《唐摭言》谓京兆府及"同、华解最推利市，与京兆无异。若首送，无不捷者"②。故而举子群趋此地求荐，或寓居于此地肄业。因此，京兆府及同、华州县客舍最多，入住者也最多。《太平广记》卷三四三引《玄怪录》载："进士王胜、盖夷，元和中，求荐于同州，时宾馆填溢，假郡功曹王翥第，以俟试。"③这两位进士想入住同州客舍而人已住满，可以想见求荐人数之多。上述唐人客舍诗的写作背景正是这样，如崔峒《客舍有怀因呈诸在事》说自己"读书常苦节，待诏岂辞贫"④。岑参诗写他二三十岁时，往来两京间赁居肄业的生活，《全唐文》卷三五八《感旧赋序》描写那段时期的情形是"我从东山，献书西周。出入二郡，蹉跎十秋"⑤，诗中所写，与此吻合。刘长卿《温汤客舍》也是早年开始肄业就试所作，故曰："君门献赋谁相达，客舍无钱辄自安。且喜礼闱秦镜

① ［五代］王定保撰：《唐摭言》卷二废等第条，第14页。
② ［五代］王定保撰：《唐摭言》卷二争解元条，第17页。
③ ［宋］李昉等编：《太平广记》卷三四三《窦玉》，第2719页。
④ ［清］彭定求等编：《全唐诗》卷二九四，第3341页。
⑤ ［清］董诰等编：《全唐文》卷三五八，第1608页。

在,还将妍丑付春官。"①最值得注意的是叙述赴考生活的作品,钱起《冬夜题旅馆》:"四海尽穷途,一枝无宿处。……劳歌待明发,惆怅盈百虑。"②表达了考试失败东归时的迷惘与失落。崔峒《客舍书情寄赵中丞》:"东楚复西秦,浮云类此身。关山劳策蹇,僮仆惯投人。孤客来千里,全家托四邻。生涯难自料,中夜问情亲。"③则是对唐代举子求荐、应举、下第生活的总写。

这条道上还产生了很多其他题材的诗,馆驿、驿树、驿道旁古碑岳庙,都成为重要的题材。怀古诗、交游诗也很多。诗歌创作方式比较多样化。除了在诗稿上题诗这种常见形式外,还有几种唐人惯用的创作方式。

一是题壁。两京道可考知的三十五座馆驿中,有一半以上有人题壁,沿途旅店、官舍也有人留题。题诗最多的是长乐驿、灞桥驿、三乡驿、稠桑驿、嘉祥驿、甘棠馆。今存的三乡的唐人留题诗,就有羊士谔、白居易、刘禹锡、若耶女子李西华,及追和若耶女子留题的晚唐文士刘谷、陆贞洞等十人,诗虽亡而可以考知者有唐玄宗、元稹。而据《云溪友议》卷中三乡略条,晚唐时若耶女子"三乡之咏"已远近传名,"是诗继和者多,不能遍录"④。范摅略举数例,即录得十人十一首和作。沿途文士,经常即兴题诗,《唐摭言》卷一三敏捷条载郑仁表《题沧浪峡旁》,即一首即兴题驿之作。《唐摭言》同卷又载:"韦蟾左丞至长乐驿亭,见李汤给事题名,索笔纪之曰:'渭水秦山豁眼明,笑人何事寡诗情?只应学得虞姬婿,书字才能记姓名。'"⑤这是见时

---

① [清]彭定求等编:《全唐诗》卷一五一,第1570页。
② [清]彭定求等编:《全唐诗》卷二三六,第2609页。
③ [清]彭定求等编:《全唐诗》卷二九四,第3341页。
④ [唐]范摅撰,唐雯校笺:《云溪友议校笺》卷中,第102页。
⑤ [五代]王定保撰:《唐摭言》卷一三,第147页。

人题名,作者题署不合格式而即兴创作的讽刺诗。杜牧入京,行至陕州甘棠馆,有感于这个著名驿馆的昔盛今衰,作《题寿安县甘棠馆御沟》:"一渠东注芳华苑,苑锁池塘百岁空。水殿半倾蟾口涩,为谁流下蓼花中。"①好的题壁诗出来后,往往引起后来者继和,像这样前后相续的题壁诗,在两京官道沿途僧寺、官舍,时时可见。刘禹锡的《途次华州陪钱大夫登城北楼春望因睹李崔令狐三相国唱和之什翰林旧侣继踵华城山水清高鸾凤翔集皆忝夙眷遂题是诗》,就是诗人大和二年(828)正月由洛阳入朝任主客郎中,途经华州,在州城城楼壁上读到李绛、崔群、令狐楚三相国题诗,感而继和之什②。他在三乡驿,读了唐玄宗《望女几山诗》,在华州敷水驿,看到舅父华州刺史卢徵昔日行县题诗,都即景生情,愀然命笔继和。类似的题壁在唐中后期随处可见。除馆驿旅店外,沿途关门、兰若、酒楼、驿树、碑铭上都有唐人题诗题名。据《集古录跋尾》卷六、卷八,《金石萃编》卷七九、卷八○,《集古录目》卷三、卷四,知自开元元年(713)九月玄宗封华岳神为金天王起,华岳庙、潼关关门、甘棠馆一带,就兴起了一种新兴的文学样式——题名,一般说明时、地、人、事,包括题名事由。如《金石萃编》卷七九李憕《华岳题名》:"郑县尉李憕,以开(元)廿四(年)六月六日,充敕简募飞骑使判官,向陕、虢州点覆。其月十四日事了回,便充京畿采访使句覆判官,此过赴京。"③有时兼有四言韵文,如卷八○《崔汉衡题名》:"莲华巍嵬,竹箭喧豗。浩浩今古,憧憧往来。"④这已不同于简单的"□□人到此一游"式的题记,而是一种韵散结合的文学样式,属于盛行于唐宋以后的一种新文体,这种形式的华岳题

---

①〔清〕彭定求等编:《全唐诗》卷五二三,第5982页。

②陶敏著:《全唐诗人名汇考》,辽海出版社,2006年,第731—732页。

③〔清〕王昶辑:《金石萃编》卷七九,第1页。

④〔清〕王昶辑:《金石萃编》卷八○,第1页。

名,直到五代首都东迁才渐衰歇。

　　除了题名外,唐人又喜在马上作诗,因为是边走边想,纪行吟诗,故称"口号"。唐玄宗有《潼关口号》,武元衡有《缑山道中口号》,郭向《途中口号》,皇甫曾《路中口号》。《全唐诗》中有口号诗六十六首,多数成于旅途。白居易、李商隐都习惯于马上作诗。从文献记载看,当时多是马上沉吟而出,《太平广记》卷三五〇引《纂异录》中的白衣叟马上吟诗的情景是"跃青骢,自西而来,徒从极盛,醺颜怡怡,朗吟云'春草萋萋春水绿,野棠开尽飘香玉'"云云①,唐文人马上行吟,大概就这个样子。诗人行役途中思维很活跃,耳目所接,无不感发志意,这比身居斗室、冥思苦想更易产生创作冲动。口号而出,不假修饰,就成了今人所见到的这个样子。这些诗通常没有比兴寄托,文辞简朴,语意浅豁。如皇甫曾《路中口号》:"还乡不见家,年老眼多泪。车马上河桥,城中好天气。"②是一首即兴之作,语言极为浅白通俗,但包含情感,恰到好处地抒发了诗人的失落感。

　　联句的形式也常见,唐人小说为我们勾画了文士们在馆驿中联句的情形。《太平广记》卷三三〇引《灵怪集》载:有中官行,宿于长安东郊道上官坡馆,灯下见三丈夫,皆古衣冠,齐至馆中。俄而崔常侍续至,凄凄然有离别之意。乃举酒,赋诗联句。联句毕,中官将起,四人相顾,哀啸而去,如风雨之声,但余酒樽及诗稿在。诗曰:"床头锦衾斑复斑,架上朱衣殷复殷。空庭朗月闲复闲,夜长路远山复山。"③一人一句,情思哀苦。韩愈从裴度东征,与李正封共作的《晚秋郾城夜会联句》也是这样作出来的。

①［宋］李昉等编:《太平广记》卷三五〇《许生》,第 2769 页。
②［清］彭定求等编:《全唐诗》卷二一〇,第 2184 页。
③［宋］李昉等编:《太平广记》卷三三〇《中官》,第 2622 页。

道上众多的名胜古迹给唐人的散文创作提供了丰富素材,创作出赋、铭、记等作品。如天宝三载(744)秋,高適离开宋汴,东游淮楚。至泗州涟水,作《东征赋》以纪行程见闻。乾元元年(758)五月,他自淮南节度使左迁太子少詹事、分司东都。途经宋州,作《罢职还京次睢阳祭张巡许远文》。天宝七载,贾至"自宋都西经洛阳,歇鞍登兹(虎牢关),怀古钦望,览山河之壮丽,想威灵而咫尺,慨然有怀",作《虎牢关铭》①。天宝十载,独孤及赴华阴,自洛阳取北道,过函谷关,作《古函谷关铭》。贞元九年(793),李观自西京归觐,作《东还赋》。同年,吕温自长安往洛阳,在虢州停留,撰《傅岩铭》《虢州三堂记》,文载《吕和叔文集》卷八、卷十。贞元十一年,韩愈赴东都,道出田横墓下,作《祭田横墓文》②。这些文章,文辞优美,吊古伤今,写景言怀,敏感地反映唐代社会动态,是研究两京道交通与文学的重要材料。

综上,无论从文学作品的内容形式、创作方式,还是作品数量看,长安至汴州道的文学创作都是超过了其他驿道的,我们完全可以称之为典型的唐代文学之路。

第二节　长安至河陇碛西道交通与文学

一

陈寅恪先生在其《唐代政治史述论稿》中指出,"李唐承袭宇文泰'关中本位政策',全国重心,本在西北一隅",故从太宗立国到玄宗

---

① [清]董诰等编:《全唐文》卷三六八,第1654页。
② 参傅璇琮、陶敏、李一飞著《新编唐五代文学编年史》(辽海出版社,2012年)初盛唐卷、中唐卷相关编年。

之世,均以"保关陇之安全为国策"①。由此看来,河陇碛西区实为唐王朝维护统一、稳定政局的要害之地,其得失安危,对王朝的盛衰存亡有举足轻重的影响。故有作为的君主,无不倾全力经营此地,自高宗、武后之世,就在西北囤田,积谷丰足。开元中,"河州燉煌道,岁屯田,实边食,余粟转输灵州,漕下黄河,入太原仓,备关中凶年"②。天宝初沿边十镇,仅陇右一道就占去四镇(河西、陇右、安西、北庭),十大方镇兵约四十九万,仅河西、陇右两大方镇,兵员就达十四点八万,军马三万,约占全国三分之一。若再加上安西、北庭,则在半数以上。凡此莫不显示出这一地区在唐代政治军事格局中的重要地位。

区域位置的举足轻重决定了它在全国交通网络中的重要性,也决定了这一地区交通的巨大发展。《通典》卷七叙国内交通,称:自长安"南诣荆襄,北至太原、范阳,西至蜀川、凉府,皆有店肆,以供商旅"③。汴、宋、幽、并、荆、襄、岐、益州,自汉魏以来即是内地著名都市。凉州地处塞外,不免荒凉,而在唐代,与长安的交通竟与它们并称,足见发展之快。

到玄宗朝,长安至河陇碛西的交通已臻极盛,并且与区域经济发展保持同步。《新唐书》卷二一六下《吐蕃传下》称,玄宗朝,方唐国力极盛之时,"轮台、伊吾屯田,禾菽弥望。开远门揭候署曰'西极道九千九百里',示戍人无万里行也"④。《资治通鉴》卷二一六天宝十二载秋八月戊戌条则曰:"是时中国盛强,自安远门西尽唐境万二千里,

---

① 陈寅恪撰:《唐代政治史述论稿》下篇《外族盛衰之连环性及外患与内政之关系》,上海古籍出版社,1997年,第130页。

② [宋]李昉等编:《太平广记》卷四八五《东城老父传》,第3994页。

③ [唐]杜佑撰,王文锦等点校:《通典》卷七《食货七》,第152页。

④ [宋]欧阳修等撰:《新唐书》卷二一六下《吐蕃传下》,第6107页。

间阎相望,桑麻翳野,天下称富庶者无如陇右。"① 白居易《西凉伎》曰:"平时安西万里疆,今日边防在凤翔。平时开远门外立堠云:'去安西九千九百里。' 以示戍人,不为万里行,其实就盈数也。今蕃汉使往来,悉在陇州交易也。"② 这还只是就长安至安西都护府的距离而言,若包括藩属西疆,则远远不止此数。

长安至河陇碛西交通路线,若从藩属西疆开始计算,自东向西,可分为三段。长安至玉门关或阳关为东段(东段又可细分为长安至凉州段、凉州至玉门关段),玉门、阳关到葱岭为中段,葱岭以西为西段。文人行役,绝大多数在东段,极少数人到过中段,到过西段的几乎没有,只有僧侣等西行巡礼求法者,才逾葱岭至西段。其交通大势,《中国历史地理论丛》1995 年第 1 期史念海《唐代通西域道路的渊源及其途中的都会》做了很好的概述,《文史知识》1997 年第 2 期甘肃专号对这一地区做了全面介绍,严耕望《唐代交通图考》第二卷《河陇碛西区》的考辨更为深入细致。今据严、史二家考述,将交通路线分段介绍如下:

长安至凉州,有南北两线。南线自长安都亭驿出发,经凤翔、陇州,西行过大震关,越秦、渭、临州,在兰州渡黄河至凉州。北道自长安西北行,渡渭水,经奉天县,达邠州,经由邠、泾,过六盘山北行,过木峡、陇山二关,经原、会二州,出会宁关到甘州,渡河至凉州。从原州北出萧关,至关内道北部重镇——灵武,越灵州则至北塞。北道虽

① [宋] 司马光编著,[元] 胡三省音注:《资治通鉴》卷二一六,第 6919 页。文中 "安远门" 当作 "开远门",详见岑仲勉:《通鉴隋唐纪比事质疑》安远门条,中华书局,1964 年,第 232 页。岑氏指出,《通鉴》此条所据,为《明皇杂录》之误文。且指出,所谓 "间阎相望,桑麻翳野" 亦小说家之言,不无夸大。唐代河西到中亚西部,长达万余里,几乎尽为荒漠,绝无此种情形出现,其说可参。史家修史而据小说之不可靠,于此可见一斑。

② [唐] 白居易著,顾学颉校点:《白居易集》卷四,第 76 页。

捷近,但平凉以西,道路险峻,南道虽稍迁曲,但较为平坦,故唐人行旅,取南道者居多。杜甫《秦州杂诗二十首》其三:"州图领同谷,驿道出流沙。"①《东楼》:"万里流沙道,西行过此门。"② 均可证其为赴河陇西域的主干线。南道迫近吐蕃,唐前期国家在河陇地区与吐蕃反复争战,寸步不让,确保道路行旅无虞,故初盛唐人走南道,不必担忧,取此道的多。而到了中晚唐时期,河陇沦陷,道路被吐蕃遮断,南道不能通西域,故而人们只能改走北道,经过泾、原诸州,先北行到宁夏,再西行出河西,张籍《泾州塞》"行道(到之讹)泾州塞,唯闻羌戍鼙。道边古双(双古之倒)堠,犹记向安西"③ 就反映了唐前后期道路的变迁。尽管如此,还是免不了吐蕃侵袭。

由凉州西行,经甘、肃等州,过玉门故关,就到了真正的塞外。沿瓜、沙、伊、西州而行,过交河、焉耆,达安西都护府的治所——龟兹,这是通南疆乃至整个西域的主线。玉门关以西至葱岭,本有南、北、中三道,见于裴矩《西域图记》。北道苦寒道远,西突厥不时发动叛乱;南道则魏晋以来,水源渐渐枯竭,河流水量日少,沙漠大面积扩大,且不断南移,加上吐蕃侵扰,故唐前期南北两道逐渐废弃,行客多走自然条件较好的中道。以中道计算,自安西至凉州约五千里,至长安约七千里,沿线道路皆置驿。

唐世吐蕃强盛,不断东进,而玄宗志吞四夷,针锋相对,河湟青海地区,遂为唐蕃争战的主战场。唐朝在自陇右至剑南沿线,设置二十几个军镇,战线绵延逾万里,像一个巨大的弧形。内地与这里的交通路线,亦随着国家在此地的进退出入而伸缩变化。大致说,其交通路

---

① [唐]杜甫著,[清]仇兆鳌注:《杜诗详注》卷七,第574页。
② [唐]杜甫著,[清]仇兆鳌注:《杜诗详注》卷七,第601页。
③ [唐]张籍撰,徐礼节、余恕诚校注:《张籍集系年校注》卷五,第638页。

线,是自凤翔越陇坂、秦、渭、临州,出河州凤林关,西北至陇右节度使治所——鄯州,鄯州西北通甘、凉,正西及西南通吐谷浑、吐蕃,为唐蕃交通之主线。

二

唐王朝在河陇、碛西的努力开拓与经营为文士远赴塞外提供了机会,他们心往神驰于这片神秘的土地,竞相讴歌,从而形成了璀璨的边塞文学。区内道路上产生的行旅文学,则是边塞文学的重要组成部分。它包括三部分:一是边塞行旅诗歌;二是僧人及使客所撰旅行记,如长庆间刘元鼎奉使吐蕃回朝后所作《使吐蕃经见纪略》及《新唐书·吐蕃传》所节录的唐代使臣行记;三是小说、散文。边塞行旅诗歌是其中的精华部分。据不完全统计,河陇失陷之前,亲涉此地并有诗传世的知名人士即达数十人,粗略查阅唐代文献,初盛唐名人来济、卢照邻、骆宾王、陈子昂、胡皓、王无竞、乔知之、李峤、苏味道、崔融、徐彦伯、赵冬曦、王昌龄、王维、高适、杜甫,均在其中。若加上《唐刺史考》中考出的曾赴任河陇、碛西的唐官,以及唐人送别诗、序中涉及的朝野文人,则为数更多。唐后期虽边境内移,但亲历西北者仍代有其人,从颜真卿、李益到沈亚之、贯休,前后相继,串起来看,犹如一个长长的边塞行旅文学画廊。

大批文士远赴河陇不仅使边塞纪实诗数量大增,而且提高了边塞诗的艺术质量,身临其境创作的诗歌,情真意切,具有打动人心的力度,这就有别于六朝文士在内地仅凭想象与热情杜撰而成的"泛咏"边塞之作。比如骆宾王,早年充东台详正学士[1],在宫廷典校图

---

[1] 按唐东台即门下省,弘文馆属门下省,高宗前期在弘文馆进行大规模图书校勘,预其职者谓之东台详正学士。

籍,承六朝余习,喜欢写一些诸如"平生一顾重,意气溢三军"①之类的空话,虽然豪壮,毕竟是笔尖杀敌。后来投笔从戎,远至天山,就创作了一系列纪实之作,像"促驾逾三水,长驱望五原。天街分斗极,地理接楼烦。汉月明关陇,胡云聚塞垣。山川殊物候,风壤异凉温。戍古秋尘合,沙寒宿雾繁"②这样的诗句,将报国思乡之情融进西北边疆独特的意境之中,更加摄人心魄,更真切感人。这样的例子同样也适用于李峤、崔融等曾经在朝为词臣学士,后入边幕者。再如王维,二十一岁时,也写过颇能以假乱真的边塞诗句,如"画戟雕戈白日寒,连旗大旆黄尘没。叠鼓遥翻瀚海波,鸣笳乱动天山月"③。可是,使他登上边塞诗艺术之巅的,依然是出使边关纪行的"大漠孤烟直,长河落日圆"④等气象雄浑高古的"直寻"之作。

河陇地形复杂,高原山地,坡谷纵横,还有沼泽冰川、沙漠戈壁,干旱严寒,气候恶劣,意志比较脆弱的文人来到这里,首先面对的是看不尽的千沟万壑。进入河西,更只见无边瀚海,"十日过沙碛,终朝风不休。马走碎石中,四蹄皆血流"⑤。举目皆异的环境同时也是很好的审美刺激,诗人们不禁情思激荡,心态一向平稳的老儒杜甫,一过陇山,到秦州,便绘出"莽莽万重山,孤城石(山)谷间。无风云出

① [唐]骆宾王著,[清]陈熙晋笺注:《骆临海集笺注》卷四《从军行》,上海古籍出版社,1985年,第113页。
② [唐]骆宾王著,[清]陈熙晋笺注:《骆临海集笺注》卷四《早秋出塞寄东台详正学士》,第115—116页。
③ [唐]王维撰,陈铁民校注:《王维集校注》卷一《燕支行》,中华书局,1997年,第29页。
④ [唐]王维撰,陈铁民校注:《王维集校注》卷二《使至塞上》,第133页。
⑤ [唐]岑参著,陈铁民、侯忠义校注,陈铁民修订:《岑参集校注》卷二《初过陇山途中呈宇文判官》,第99页。

塞,不夜月临关"①的壮丽画面。见惯了江南秀丽的岑参,取南道出塞,耳目一新的景致使他"一路西行一路诗"。发咸阳,度陇山,经陇水,过渭州,宿临洮,然后金城祈连,敦煌阳关,无处无诗。呜咽的陇头水,激发的是"万里奉王事,一身无所求。也知塞垣苦,岂为妻子谋"②的壮志;大漠风沙,引发的是"勤王敢道远,私向梦中归"③的深情。西北边塞严酷的自然环境反而在边塞诗苍凉的底色上增添了几多瑰奇,使之跃动着生命力。

三

区内道路上的人员来往不像其他驿道那样复杂,政治中心并不在河陇、碛西,文士都不是来自边塞而是来自内地,经由长安、太原、凤翔等地而至边塞,故一般来说,文人总是来自东南的居多,来自西北的较少,只有西域胡商来自西北内陆。再说,河陇、朔方边区州县气候与生态环境恶劣,经济文化不如内地发达,出入边塞正如唐人所说是"北使经大寒,关山饶苦辛"④,那里并不是扬润苏杭那样的"烟柳繁华地,温柔富贵乡",其对文士的吸引力难以与东南相比。又,自玄宗朝置十节度以来,河西、陇右、安西、北庭四镇将帅,以武人居多,其中大部分是胡人血统,不尚文雅,只有哥舒翰等极个别人还能吸引文士,无疑地,此四镇对文士缺乏吸引力。肃、代以后,西北边镇担当着拱卫京师之重任,多以名将出镇,郭子仪、李抱玉、朱泚、浑瑊、马

---

① [唐]杜甫著,[清]仇兆鳌注:《杜诗详注》卷七《秦州杂诗二十首》其七,第578页。
② [唐]岑参著,陈铁民、侯忠义校注,陈铁民修订:《岑参集校注》卷二《初过陇山途中呈宇文判官》,第99页。
③ [唐]岑参著,陈铁民、侯忠义校注,陈铁民修订:《岑参集校注》卷二《发临洮将赴北庭留别》,第171页。
④ [唐]高适:《答侯少府》,[清]彭定求等编:《全唐诗》卷二一一,第2197页。

璘、白孝德、范希朝……个个都质木无文,不同于淮南、两浙、山剑,常以宰相大臣出镇,颇能汲引人才,号称盛府,游盛府比游西北边幕更容易获得升迁,这一点在戴伟华《唐方镇文职僚佐考》中清楚地显示出来了,应举、赴选、贬谪、下第等行旅就比较少,任满回朝、诏追赴阙的也不及内地多,文人行旅诗自然要少些。促使唐文人来到这个区域的,是使边、护边、入幕、游边。但这些行役的担当者大都是入仕文人,而不是未入仕的举子与下第进士。比较能吸引布衣文士的,是游边幕,觅“知音”,找出路。如于武陵《秋夜达萧关》:“去年为塞客,今夜宿萧关。辞国几经岁,望乡空见山。不知江叶下,又作布衣还。”①边地游历的时间较长,地域较广。路线虽多,但基本是以长安为中心,从不同方向出入京。《太平广记》卷三四九引《纂异记》中的韦生下第后,“春初塞游,自鄜坊,历乌延,抵平夏,止灵武而回”②,这是一种走法。另一种走法是自灵武过萧关北游,然后折回,南下经原、泾、邠州达长安,东出西还。无论哪一种,都以长安为圆心兜了一个大圈,关内道北部及西北几个大镇,都走遍了,这种情况在中晚唐较多见,《太平广记》卷二四二引《王氏见闻》载,窦少卿家于故都,游渭北诸州,“历鄜、延、灵、夏,经年未归”③。马戴、沈亚之、许棠都有过这种经历,不过路线不固定,有时候是西出东还,有时只在西边出入。

　　缺少了应举、贬谪、赴任、赴选等行役活动,文学作品不但数量减少,内容也要单调一些。因为这些行役活动都关系到文人的前途和命运,会引起文学作品情感复杂化,使之呈现出多姿多彩的面貌,而出游边塞则不具有这种效果。能引起塞游文士情感复杂化的只有两

---

① [清]彭定求等编:《全唐诗》卷五九五,第6896页。卷七二五又误收作于邺诗。

② [宋]李昉等编:《太平广记》卷三四九《韦鲍生妓》,第2764页。

③ [宋]李昉等编:《太平广记》卷二四二《窦少卿》,第1870页。

种情况：一是行旅途中的景物、气候、地理环境和胡汉民族地域分野，人们常将其概括为边塞豪情、异域风情；二是护边、使边、游边幕，这些活动与个人前途有利害关系，能引起他们对历史文化的追忆与反思，对现实的思考与焦虑，经受失落感等痛苦的情感体验。总之，这种交通形势决定了影响作品内容与质量高下的主要是来自外部世界的审美刺激，其次才是文人内心的情感体验。

　　这一地区的交通，最重要的是长安至凤翔的三百余里路段。凤翔府南有驿道通汉中、剑南，府西有驿路直通秦、郿、凉州，北可达灵、盐，行客很多。过了凤翔，行客就要减少一半，因为很多行人到这里后，就南下山、剑而不西度陇坂。这样的形势决定了迎饯等社交活动集中在长安西郊至凤翔府的路段中，凤翔府西南有漆方亭，为饮饯之所，文士入京、入蜀，凤翔府中文人常于此饯行①。送别、留别题材，题壁、题名、赏酬等形式也集中于此。自都城西出送别的很多，送得最远的是武元衡等人送别韦绶的那次，他们送至长安西郊第七驿——望苑驿，元和中，武元衡有《韦常侍以宾客致仕同诸公题壁》："望苑忽惊新诏下，彩鸾归处玉笼开。"②景龙四年（710）二月金城公主入蕃和亲，出行之日，中宗率崔日用、张说、沈佺期等十七位修文馆学士，远送至京西第六驿——马嵬驿，并赋诗成集。饮饯最多的著名公私宴会之所首推西郊第一驿——临皋驿。沈既济《任氏传》：任氏女子在长安，为郑子所眷，将适金城，其友韦崟"出祖于临皋，挥袂别去。信宿，至马嵬"③。文中的临皋、马嵬，均为京西的驿名。不惟到兰州（金城）要经此路，凡西行逾陇山达西域，西北经奉天至朔方，西南出

①［宋］李昉等编：《太平广记》卷一五四引《续定命录》，第1106页。
②［清］彭定求等编：《全唐诗》卷三一七，第3576页。
③［宋］李昉等编：《太平广记》卷四五二，第3696页。

散关到山、剑，皆由此而出，其繁忙与东郊长乐驿近似，《唐会要》卷六一《御史台中·馆驿》载长庆元年（821）四月敕："自今以后，中使乘递，宜将券示驿吏，据券供马。……下后从长乐、临皋等驿，准此勘合。"① 将二者并提，表明为近京驿站。

题壁诗也间或可见，如望苑驿，前面讲到，武元衡送韦绶，与朝中诸公一齐在驿中题壁。温庭筠有《题望苑驿》。马嵬驿以及德宗南幸梁洋途中赐名的大槐——兴平县马嵬驿旁的"端正树"则是题诗的热点。马嵬驿题壁诗在当时不计其数，今天可见的仍有五十多首。题咏端正树的也不少，赵嘏有《题端正春树》，贞元文士有《题端正树》，都题写在树旁"逆旅"中，见《太平广记》卷四〇七引《抒（杼）情诗》。

四

陇山关、大震关以西，就是塞外。初盛唐诗人出塞，除来济是因不附武氏，被许敬宗构陷而贬庭州外，其他绝大部分是奉使、入幕，使蕃、使边幕的尤其多。中晚唐时边境地区不时告急，唐蕃之间，时战时和，出使吐蕃的有增无减。《全唐文》卷九八八阙名《盟吐蕃题柱文》："然舅甥相好之义善理，每须通传，彼此驿骑，一（阙七字）旧路。"② 大势如此，使客自多，道路更加重要。沈亚之《陇州刺史厅记》："今自上邽、清水已西六郡五十镇，既失地，地为戎田，城为戎固……而陇益为国路，凡戎使往来者，必出此。"③ 其使西蕃，必须由南道经秦、陇，故二州馆驿，事务繁忙，每值入蕃使往返，或节度使交

① [宋]王溥撰：《唐会要》卷六一《御史台中·馆驿》，第1063页。
② [清]董诰等编：《全唐文》卷九八八，第4533页。
③ [清]董诰等编：《全唐文》卷七三六，第3369页。

接，必是"邮馆填咽"①。杜甫《秦州杂诗二十首》其九描写秦州驿的情形："今日明人眼，临池好驿亭。丛篁低地碧，高柳半天青。稠叠多幽事，喧呼阅使星。"②地当国路，常有使官经阅，十分宏壮。《太平广记》中关于文士往来于长安至西北边地的作品共十二篇，其中就有《姚康成》《李约》等五篇，是写唐代官员奉使经历，其余分别写塞游、任满回乡及其他。唐后期，由于边境内移，陇、泾、盐、灵等原先的畿内近州"皆列为极塞"③，"安西至于泾陇一万三千里，其间严关重阻，皆为戎有"④，文人的活动空间较前缩小。只有吕温、刘元鼎等出使吐蕃创作了纪行诗文，没蕃人入蕃途中留下了纪行诗篇，其内容涉及了真正的塞外，其余唐人诗大都是描写长安西北沿边见闻。初盛唐时，这一地区不是边塞，作品不多，即使有描写也不被视为边塞诗，在唐后期却是边塞诗，这是时代造成的变化，北宋范仲淹《渔家傲》"塞下秋来风景异"⑤，所言"塞下"是唐代京城北面的延州，北宋时却列为极塞，这一趋势就是从中唐以后逐步演成的。

另外，在一般人心目中，中晚唐文人主要在内地活动，到过上述地方的较少。实则这个"少"是与盛唐相比才显得少，而不是整个唐后期都少。事实上，只是中唐前期唐蕃关系紧张，边地烽火连年，文人出塞游边者才少。元和、长庆以来，特别是宣宗大中以后，随着吐蕃的衰弱，河陇的收复，边塞局势趋向缓和，游边的人又多起来。即

---

① ［宋］李昉等编：《太平广记》卷三七一引《灵怪集》，第 2948 页。
② ［唐］杜甫著，［清］仇兆鳌注：《杜诗详注》卷七，第 580 页。
③ ［唐］沈亚之：《陇州刺史厅记》，［清］董诰等编：《全唐文》卷七三六，第 3369 页。
④ ［唐］沈亚之：《对贤良方正极言直谏策》，［清］董诰等编：《全唐文》卷七三四，第 3359 页。
⑤ 唐圭璋编：《全宋词》第一册，中华书局，1965 年，第 11 页。

使战火纷飞的大历年间，也有文人出塞，耿沣就取道秦陇，有《过三郊（交）驿却寄杨评事时此子郭令公欲有表荐》。据严耕望《唐代交通图考》卷二，三郊驿乃三交驿之误，是渭、岷间一驿。元和十年到十二年，沈亚之赴泾陇幕，都曾西出咸阳，歧陇采风，广征异说，作《异梦录》《西边患对》。张籍有《泾州塞》，李涉有《奉使京西》《题连云堡》。晚唐人数更多，顾非熊、朱庆馀、潘咸、喻凫、项斯、马戴、韩琮、储嗣宗、李昌符、许棠、罗隐、张蠙、黄滔、于邺、杨夔、李士元等近二十位诗人，都游过西北边地，并留下了文学作品。

　　唐前期，有许多名家到过阳关、玉门关以西，其出塞入塞的地理标志一般是玉门关。最近的标志也是凉、鄯、灵州。此时的行旅诗，很大部分是写塞外风光，有较浓的异域风情。此时国家强大，社会安定，士人乐观自信，因此他们的边塞行旅诗并没有很多的哀音苦语，在叹息出塞辛苦的同时，表达对功业前途的忧虑，夹杂着乡思、羁情，格调高朗。唐后期则视野大大缩小，范围都在甘、凉以东的西北沿边军镇，主题也转向对国运、时代的种种感慨，题材多是怀古伤今。像卢照邻、岑参那样西出天山弱水，到过安西、北庭的文人并不多见，一般文人就在边关活动。而边关的地理标志，最醒目的就是关与山，最能引起文人情感变化的也是关与山，具体说，是阳关、铁关、玉门关、陇山关、萧关、会宁关等关卡，以及天山、祁连山、阴山、陇山等大山。今存的数十首唐文人边塞行旅诗中，涉及"关""山"的就有二十首，而且最早的一首即来济的《出玉关》，系其显庆五年（660）贬庭州刺史时过玉门关所作，载《唐诗纪事》卷四、《全唐诗》卷三九。大概在唐人心目中，雄关高山不仅界于戎夏之间，是内地与边地、中国与外国的地域分界与国境分界，是重要的地理标志、政区标志，更重要的是，它是种族与文化的分野，凡关、山之外由是"异类""犬羊"所居的腥膻之地，关山之内则是华夏民族的生息之地，一是藩属，一是本部,界限分明。恶劣的环境、鄙陋的风俗、低贱的民族是不堪忍受的。唐人虽然民族异己心态淡漠,但这种"淡漠"并不意味着种族、文化分野被抹掉,已消除,能做到华戎一体,淡漠实际上只体现在唐人对待异域文化的开明大度上。那时,人们出于好奇爱异心理而对于异域文化全方位吸纳,出于天下一家的大唐帝国气概而大胆使用胡人,强烈的自信心使得他们没有后人那么多的顾忌。安史之乱后,国家势衰,吐蕃入侵,唐人诗文中"犬羊""腥膻"等词出现的频率就高了起来。一旦出塞,种族与文化区别的标志随处可见,华夷之别又严格起来,异族文化、异域文化也随之与诗人处在离合之间。因而"异"及对待"异"的态度、表现又成为唐后期文人行旅诗中一个引人注目的焦点。

塞下的风景之异,首先是节物风光之异。马云奇写的边塞歌行《白云歌》,据其诗题下自注,系其"陷落殊俗,随蕃军望之,感此而作",表现的是行进途中的感受:"遥望白云出海湾,变成万状须臾间。忽散鸟飞趁不及,唯只清风随往还。生复灭兮灭复生,将欲凝兮旋已征;……殊方节物异长安,盛夏云光也自寒。……既悲出塞复入塞,应亦有时还帝乡。"[1] 云彩运动迅速,形状千变万化,盛夏仍透着寒气,这在塞外草原上表现得最突出,当地常见的气候特征,却被诗人视为"殊方节物之异",并因此而引起没蕃的痛苦感。

其次是城郭人民、生活环境与地理环境之"异"。如佚名没蕃人《至墨离海奉怀敦煌知己》:"朝行傍海涯,暮宿幕为家。千山空皓雪,万里尽黄沙。戎俗途将尽,知音道已赊。回瞻云岭外,挥涕独

---

[1] 陈尚君辑校:《全唐诗补编·补全唐诗拾遗》卷一,中华书局,1992年,第61—62页。

咨嗟。"① 前四句一句写一处"异"。诗人被俘,很珍惜这次经历,一边
西行,一边创作纪行诗,把令他惊异的见闻记录下来,告诉敦煌和内
地友人。张蠙《登单于台》:"边兵春尽回,独上单于台。白日地中
出,黄河天外来。沙翻痕似浪,风急响疑雷。欲向阴关度,阴关晓不
开。"② 颔联通过对比来映衬"北荒"的平旷无际,突出它特有的"壮
浑","沙翻"一联极写风急沙狂,这属于地理环境方面的"异"。中晚
唐边塞行旅诗中不乏同类作品,李士元《登单于台》:"悔上层台望,
翻成极目愁。路沿葱岭去,河背玉关流。马散眠沙碛,兵闲倚戍楼。
残阳三会角,吹白旅人头。"③ 单于台据《元和郡县图志》卷一四、《太
平寰宇记》卷四九,在云州云中县西北四十余里,汉武元封初创置,
正当唐代文人出游北部边塞的路上,所以才会出现在唐人笔下。

城郭人民、生活环境之"异",则有别于纯粹自然环境的"异",富
有历史文化内涵。在艺术表现上,初盛唐与中晚唐有时代差异。盛
唐人表现西北"戎马地"的战争氛围常是笼统的,高适、岑参、王维、
王昌龄习惯从大处着墨,或重于借景抒情,或重叙事言志,均以情志
为归宿,客观外物不过是触媒。中晚唐作家则更多地从小处、实处着
眼,以纪实的笔法,再现大西北边地由于千百年来的胡汉争战凝聚而
成的特有的玄阴肃杀之气,格调低沉,色调灰暗,兴象韵味少了些,但
质实,厚重。部分作家着眼于边境地区的战争气氛,如韩琮《京(凉
之误)西即事》:"秋草河兰起阵云,凉州唯向管弦闻。豺狼磊幕三千
帐,貙虎金戈十万军。"④ 写唐代国力强盛的时候,凉州边镇常年驻
有重兵,以与胡人的"三千帐"游骑相抗。戎昱《泾州观元戎出师》:

---

① 陈尚君辑校:《全唐诗补编·补全唐诗拾遗》卷二,第 66 页。
② [清]彭定求等编:《全唐诗》卷七〇二,第 8068 页。
③ [清]彭定求等编:《全唐诗》卷七七五,第 8785—8786 页。
④ [清]彭定求等编:《全唐诗》卷五六五,第 6550 页。

"寒日征西将,萧萧万马丛。吹笳覆楼雪,祝纛满旗风。"① 正面写唐军出师时阵势的雄壮,"萧萧"一句告诉人们:唐军之所以能与以骑兵称雄的吐蕃抗争,是因为仍保持着强大的骑兵。项斯《边游》则不写军容阵势,而写边塞"戎马地"的景观与环境:"古镇门前去,长安路在东。天寒明堠火,日晚裂旗风。塞馆皆无事,儒装亦有弓。防秋故乡卒,暂喜语音同。"② 从诗句看,他是自长安西出,到京西北的凤翔、泾原、邠宁等镇,见到西北边地不同于内地的风情。朱庆馀《望萧关》:"渐见风沙暗,萧关欲到时。儿童能探火,妇女解缝旗。川绝衔鱼鹭,林多带箭麋。暂来戎马地,不敢苦吟诗。"③ 从民风方面表现边民的尚武。喻凫《晚次临泾》:"路入犬羊群,城寒雉堞曛。居人只尚武,过客谩投文。马怯奔浑水,雕沉莽苍云。沙田积蒿艾,竟夕见烧焚。"④ 与前两首不同的是,这一首着重于描写地域风光,表现"虏气",马怯雕盘,雉堞熏黑,沙田中火焰冲天,笔触伸到吐蕃境内的社会生活环境。

　　初盛唐之交的诗人梁涉曾以监察御史出使西域,还把笔触伸到了此后岑参、王昌龄也描写过的"平沙万里绝人烟"的通西域道途。其《龟兹闻莺》:"边树正参差,新莺复陆离。娇非胡俗变,啼是汉音移。绣羽花间覆,繁声风外吹。人言曾不辨,鸟语却相知。"⑤ 通过"闻莺"所见所感以表现龟兹的物候变化特征,龟兹是安西节度使

① [清]彭定求等编:《全唐诗》卷二七〇,第 3010 页。
② [清]彭定求等编:《全唐诗》卷五五四,第 6411 页。
③ [清]彭定求等编:《全唐诗》卷五一四,第 5870 页。
④ [清]彭定求等编:《全唐诗》卷五四三,第 6271 页。
⑤ [清]彭定求等编:《全唐诗》卷七八二,第 8836 页,收作吕敞诗。据陈尚君考证,吕敞诗乃梁涉诗误入。见周祖譔主编:《中国文学家大辞典》(唐五代卷),中华书局,1992 年,第 170 页吕敞条、第 731 页梁涉条。

治所,西域的中心城市,环境优美,社会发展程度高,此诗就从侧面反映出这些地域特色。梁涉乃唐玄宗朝人,与孙逖、贺知章同时,当是出使至此。诗人一反常见写法,不写异域的荒寒,独绘出其娇艳的春景,给人耳目一新之感。

有些边塞行旅诗,不但有文学价值,而且有历史价值。如李涉《奉使京西》"卢龙已复两河平,烽火楼边处处耕。何事书生走羸马,原州城下又添兵"① 就告诉我们:元和末长庆初,卢龙收复,两河已平,全国上下,为之振奋,影响所及,平时剑拔弩张的京西也一片升平气象,荒地皆垦殖,但唐室为了防御吐蕃,仍增遣军队驻防原州。泾、原为吐蕃入侵要路,乃中唐西北第一重镇,所以国家在此惨淡经营。这些内容,确实为《资治通鉴》及两《唐书》所无。吕温《经河源军汉村作》:"行行复到旧河源,城外千家作汉村。樵采未侵征虏墓,耕耘犹就破羌屯。金汤天险长全设,伏腊华风亦暗存。暂驻单车空下泪,有心无力复何言。"② 诗中的河源军,为唐陇右节度使下属的九军之一,据《旧唐书》卷三八《地理志一》陇右节度使条,陇右节度使驻节鄯州,管兵七万人。临洮军在鄯州城内,管兵万五千人。河源军在鄯州西百二十里,管兵四千人。这里从唐太宗、高宗朝起就开始驻军。军城旁的汉村当为河源军军人子孙后代所居,至德以来河西陇右陷没吐蕃以后,变成大唐帝国的遗民。吕温是少数几个出使过吐蕃,途经河源军并且留下了纪行文学作品的人。另一人是长庆中出使吐蕃的刘元鼎,他俩都在逻些城吐蕃别馆住了几个月。刘元鼎将出使经历写成入蕃行记,吕温则是唯一留下了使蕃纪行诗的文人。他使蕃在永贞、元和之际,时边民陷蕃已几十年,但仍保留着汉俗,拒绝同

----

① [清]彭定求等编:《全唐诗》卷四七七,第5433页。
② [清]彭定求等编:《全唐诗》卷三七一,第4166页。

化。一般的边塞行旅诗很少写到陇右道防区,写的多是河西、朔方二镇,吕温诗则写到了陇右道的"千家汉村",尤觉可贵。此诗可与《全唐诗补编》中的没蕃诗歌对读,又可与刘元鼎的出使吐蕃行记、沈亚之的京西采风记载相参证。刘元鼎的《使吐蕃经见纪略》谓过兰州,见"户皆唐人,见使者麾盖,夹道观。至龙支城,耄老千人拜且泣,问:'天子安否?'言:'顷从军没于此,今子孙未忍忘唐服,朝廷尚念之乎? 兵何日来?'言已皆鸣咽"①。沈亚之则说:"臣尝仕于边,又尝与戎降人言,自瀚海已东,神鸟(乌)、燉煌、张掖、酒泉,东至于金城、会宁,东南至于上邽、清水,凡五十郡六镇十五军,皆唐人子孙,生为戎奴婢,田牧种作,或聚居城落之间,或散处野泽之中。及霜露即降,以为岁时,必东望啼嘘,其感故国之思(恩)如此。"②这种特有的故国之思和戎夏之分,以及陷蕃的耻辱感、痛苦感,只有在宋人使辽、金的诗词、行记中才会见到,其根源却埋植在几百年的中唐,国家的衰势,自中唐起就成定局,不可逆转,汉使的民族自尊心莫不受到伤害,这类题材也相应地繁荣了几百年。河源军在鄯州西都城县,兰州通吐蕃、吐谷浑的道路间,西行不远就是著名的石堡城,而刘元鼎的行记写的也是兰州以西,二者颇多共同点。

　　吕温出使吐蕃期间写作的其他几首纪行诗也值得重视。《题河州赤岸桥》云:"左南桥上见河州,遗老相依赤岸头。匝塞歌钟受恩者,谁怜被发哭东流。"《题石勒城二首》其一云:"长驱到处积人头,大旆连营压上游。建业乌栖何足问,慨然归去王中州。"③河州属陇

---

① [宋]欧阳修等撰:《新唐书》卷二一六下《吐蕃传下》,第6102—6103页。行记名辑自《全唐文》卷七一六。

② [唐]沈亚之:《对贤良方正极言直谏策》,[清]董诰等编:《全唐文》卷七三四,第3359页。

③ [清]彭定求等编:《全唐诗》卷三七一,第4166页。

右道,石勒城也在陇右通吐蕃道上。诗人经行的古战场在唐蕃相争的中心地带,杀伐最惨烈,上面仍驻着重兵,"长驱到处积人头,大旆连营压上游"表明这种格局一直维持到中唐。诗人行走在这条古道上,能比我们更直接地与历史和现实对接,凝听历史的心音,审视严酷的现实。

　　下面再回过头来讨论唐文人边塞行旅诗中的度关、过山诗。唐代重要关津皆有关吏,设关防。自长安出边关,即入"虏境"。初盛唐时陇山关、萧关都在内地,阳关、玉门关才是进入绝域的标志。唐前期诗人度关后,往往惧怕绝域严酷的生存环境,担心前程。征途的漫长,风沙的猛烈,气候的寒冷、干燥,生活习性的不习惯都使人痛苦、难受。越关度塞就要经受非同于内地的种种困苦,文士往往思想准备不够,一入绝域即叫苦不迭。远赴西域者或王命在身,或为谋求前程而作塞游。这些行为直接关系到个人前途命运,前程怎样,不得而知,但是越硬着头皮往前行,就越发现自己的选择似乎是错误的。岑参第一次赴安西的情形正是这样。有些人甚至担心困死异域,显庆五年(660),来济贬庭州,途中作《出玉关》:"敛辔遵龙汉,衔凄渡玉关。今日流沙外,垂涕念生还。"[1]诗中就包含了对异域的惧怕、不乐和思家、怀归等情感,还有对贬死不还的担忧。这种思想,出游河陇、西域的唐文人都有,从唐初的卢照邻、骆宾王一直延续到盛唐的岑参、王昌龄。

　　盛中唐之际,关津诗的主题和情感开始变化,人们对于种族、文化上的分野愈来愈分明。张祜《登广武原》:"广武原西北,华夷此浩然。地盘山入海,河绕国连天。"[2]明确强调地理上的华夷分野。顾

---

① [清]彭定求等编:《全唐诗》卷三九,第 501 页。
② [清]彭定求等编:《全唐诗》卷五一○,第 5807 页。

非熊《出塞即事二首》其一："塞山行尽到乌延,万顷沙堆见极边。河上月沉鸿雁起,碛中风度犬羊膻。席箕草断城池外,护柳花开帐幕前。此处游人堪下泪,更闻终日望狼烟。"[①] 则是从民族生活环境上做区分,写对边地物候风光的不习惯。失名没蕃人及晚唐诗人过萧关的诗中,"殊俗""异类""戎虏"等词频频出现。

二是重客观表现,议论成分多起来,积极浪漫的主观抒情明显减少,杜甫乾元二年(759)秋所作《秦州杂诗二十首》其一就作了间接表达:"满目悲生事,因人作远游。迟回度陇怯,浩荡及关愁。水落鱼龙夜,山空鸟鼠秋。西征问烽火,心折此淹留。"[②] 诗人行至秦州,为什么没有度陇山、过陇关而止步于秦州?就是因为不习惯也不愿意到异地生活,何况度关西征,山长路远,战火纷飞,故远游到此而"心折""淹留",裹足不前。"迟回"表达了诗人久久的犹疑,"浩荡"表明行至边关,引起诗人强烈的情感波动。诗人没有明白地表达他久蓄内心的戎夏之分,中晚唐诗人则公开写出来了。

第三节　长安至山剑滇黔道交通与文学

一

隋唐以来,我国南北交通逐步形成了东、中、西三线,东线是运河,中线是蓝田—武关道、洛阳—襄州道,西线是关陇至山剑滇黔地区的五条交通路线,它们在川陕山岭间蜿蜒,人们一般称之为川陕诸谷道。作为西部内陆最重要的南北交通线,这些道路北接关中、河陇、碛西,南达山剑,远通滇黔,南北两端沟通的地区最为辽阔,然则

①［清］彭定求等编:《全唐诗》卷五○九,第5790页。
②［唐］杜甫著,［清］仇兆鳌注:《杜诗详注》卷七,第572页。

无论滇黔还是河陇都人户稀少,社会发展程度低,其在政治经济上的地位远不能与关内、河南等中东部地区相比,而且唐中后期河西陇右数十州先后沦入敌手,故西线交通真正发挥作用的地方在于维系关中与山剑这两个重要地区的各种联系,继续维系和保持对西南地区的统治。然而,中有秦岭高山阻隔,地貌复杂,山势险峻,阁栈仅通,道路迂回,不但人货通过量有限,而且倍增交通上的困难,马死人疲,坠身万丈深谷者不少。即使是科技发达的今天,也无法根本克服此种阻隔。可是山剑地区作为唐室倚重的心腹之地的地位一日不变,首都只要还在长安,川陕诸谷交通就始终不会放弃。唐前期努力经营河陇,州镇军戍星罗棋布。陇右军镇多达二十有余,兵额十余万,河西置十军、十四守捉。边防军如此庞大,不得不在甘凉肃诸州屯田垦荒。武周时已有相当规模,但供应仍不足,于是发剑南诸州民,千里运粮至河陇,维持了较长一段时间[1]。陈子昂《上蜀川军事》:"国家富有巴蜀,是天府之藏,自陇右及河西诸州,军国所资,邮驿所给,商旅莫不皆取于蜀,又京都府库,岁月珍贡,尚在其外。"[2] 足见唐前期这里经济地位就比较高,为国家倚重之区。唐后期河陇失陷,国家又不能有效控制河北,就等于被砍掉了左右臂膀,山剑地区遂与东南八道同为唐室赋税倚办之地,各种人员、物资,更集中地流向这两个地区。山南西道、剑南西川因此"俱为重藩",翼辅皇都,政治地位进一步上升。这从人事任免上即可看出,唐前期山南、剑南统帅有不少是自迁谪而来,后期则大大减少,常以宰相出镇或移镇,用人益重。安史之乱为祸惨烈,山剑地区幸免于战争破坏。肃、代以来,虽有过

---

① [唐]陈子昂:《上西蕃边州安危事》,[清]董诰等编:《全唐文》卷二一一,第944—945页。

② [唐]陈子昂:《上蜀川军事》,[清]董诰等编:《全唐文》卷二一一,第941页。

几次兵乱，但都被迅速平定下来，始终没有被容许像河朔那样成为"反侧之地"，一直是"顺地"，为帝国提供着强有力支持。据翁俊雄《唐朝鼎盛时期政区与人口》第219页户口统计表，天宝时期山剑人口已达七百万，占全国的七分之一。而周振鹤《唐代安史之乱和北方人民的南迁》一文则显示，安史之乱后，该地区人口非但没有减少，反而有所增加①。在物产方面，据《新唐书》卷四二《地理志六》，剑南地区是物产最丰饶、上贡方物最多之地，管内二府三十八州百八十九县，物产之丰饶，远非北方州郡可比，唐代民间盛行的"扬一益二"之谚语，即显示了其经济地位仅次于东南。在地理上，山剑距离京畿也最近，然而山岭重叠，道路遥远，行迈艰难，易守难攻，最适宜于避难。所以国家每次有难，帝王往往逃向山剑，玄宗、德宗、僖宗便四次越过秦岭诸谷逃入山剑。唐将亡的最后三四十年，其他地方纷纷失控、不上租赋，李唐皇室仍将关中及山剑州郡牢牢控制在手中，赖此地苟延残喘了几十年，凡此都显示了该地区的重要性。

　　正因为这样，交通必倾全力维持，人员来往必多。地方官、使客、进士、选人、游幕者、流贬者往来不断，千里迢迢，下第文士游蜀者也多，这是一种全方位的南北交通。据学者统计，该地区的诗人有六十六人，密度仅次于关中、江南，居全国第三位②，这还仅是从诗人占籍言。

　　方镇、刺史、使客、幕僚是这里南北交通的主体。另外，蜀中、黔中也是左降官比较集中的地方。查《舆地纪胜》官吏目，山剑地区刺史，可以确认是自朝中派出的左降官有近二十人。据《唐刺史考》，

① 周振鹤：《唐代安史之乱和北方人民的南迁》，《中华文史论丛》1987年第2—3辑合刊。
② 据陈尚君著：《唐代文学丛考·唐诗人占籍考》，中国社会科学出版社，1997年，第165—167页剑南道统计。

山剑两地左降官出身的刺史达七十二人。若加贬山剑滇黔的诸州上佐，数目当更大，贞观、永徽时，武周时期，神龙复辟之初，李林甫、杨国忠当政之时，是初盛唐左降官贬至该地区的四个高峰期。许多著名文士，如陈子良、李义府、李峤、钟绍京皆贬至此。中唐时期仍陆续有迁谪，著名文人颜真卿、陆贽、窦群、羊士谔、韦贯之、李吉甫、元稹、白居易、刘禹锡、李逢吉、马植、薛逢、崔涣是其中的代表。查《唐刺史考》，该地区共二十七州曾有唐官迁谪而来，忠州、通州、开州、巴州、资州、夔州是重点区，黔中更是重中之重。《高力士外传》载，肃宗朝，大用刑名，将"陷贼官"六等定罪，从至德到宝应，流贬黔中的左降官及流人近二千人。《安禄山事迹》卷下列出的二十几位附逆的著名文人，是其中的代表。当时附逆朝士多达三百五十余人，多数贬往剑南、黔中、岭南。这还未全部计入流人这个为数更为庞大的群体。唐前期，有所谓六道流人、十道流人之说，无论六道还是十道，剑南、黔中都在其中，而且比中部及北方诸州更集中。

　　有唐近三百年来，该地区频有御史、郎官奉使巡按。单以《全唐诗》记载来看，卢照邻、杨炯、苏颋、张说、元稹都曾奉使于此，元稹到得最多。其《百牢关》谓"那堪九年内，五度百牢关"，《漫天岭赠僧》谓"五上两漫天"①。二诗作于其元和四年（809）奉使东川途中，则单贞元末至元和四年，这个地区他至少往返过三次，后来又贬通州。此后所作的《遣行十首》其七更谓："七过褒城驿，回回各为情。八年身世梦，一种水风声。寻觅诗章在，思量岁月惊。更悲西塞别，终夜绕池行。"② 他提到的是八年之内的四次不同的奉使按狱，此前未入仕前的游蜀和此后的贬谪通州入蜀尚不在内。元稹的例子很能说明一

①［唐］元稹撰，冀勤点校：《元稹集》卷一五，第 177 页。
②［唐］元稹撰，冀勤点校：《元稹集》卷一五，第 172—173 页。

个问题：唐后期文士与蜀中关系更密切了，往来其间的机会更多。此外，蜀中还是仅次于江南的文士漫游之区，人们慕于蜀中州郡之繁多，山水之佳胜，纷纷南下，下第文士喜游蜀，官员罢任求职者游蜀，刚入仕不久的文士在地方上久不得擢迁游蜀，在其他幕府不得意也游蜀，为避难游蜀……可以想见到过蜀中的文士之多。《云溪友议》卷上巫咏难条载，秭归县神女祠（后被改建为神女馆）在元和、长庆间，就有文士留题诗千余篇，其中四篇最杰出的被保留，即王无竞、沈佺期、李端、皇甫冉的诗，其余全被罢郡经过的刘禹锡砸了①。《唐摭言》卷一三惜名条载，蜀路上有驿亭曰飞泉亭，亭中有诗板百余，薛能赴蜀佐李福，过此，只留下李端《巫山高》，其余诗均被认为是恶诗，全部打碎。由此可见蜀路上来往的文士之多。

还有一个容易被忽视的旅行群体，那就是移民。据《舆地纪胜》人物目，有不少文士，包括一些名人，在唐后期从北方或东部地区侨寓巴蜀，他们的活动相当频繁。从《太平寰宇记》《舆地纪胜》《方舆胜览》《四川通志》《陕西通志》等总志的官吏、名宦、人物、仙释、流寓等门目，可以寻到许多例证。从《唐大诏令集》、两《唐书》及唐人文集，更可考见各种流寓的复杂情形。杜甫诗《三绝句》其二："二十一家同入蜀，惟残一人出骆谷。自说二女啮臂时，回头却向秦云哭。"②谈到安禄山之乱，百姓避羌浑，从骆谷道入蜀者，有二十一家。后来出骆谷北归者但存一人，其余都在蜀中频年战乱中丧亡殆尽。杜甫得知此事，自伤妻子皆能幸免，是以回头望秦云而哭，痛斯民之不得其所。此诗作于唐代宗永泰元年（765），是他回忆往事时谈到的，可见流寓巴蜀人士之多。

① 此指刘禹锡罢夔州，改授和州。
② ［唐］杜甫著，［清］仇兆鳌注：《杜诗详注》卷一四，第 1241 页。

　　聚集到蜀中的文士,离蜀后去向有三:或顺流东下吴越,或东南至荆湘岭南,或到北方各地。其中最后一类最多,部分人由秦岭诸谷道北上;部分人取忠、万路出峡,至江陵或襄阳转陆路北上;部分人顺流而下,至扬州转而北上。总之,取水路出峡者占绝大多数,因此也就不难理解为什么三峡地区夔州的神女馆留诗多达千篇。这么多人,大部分是越秦岭诸谷而来的北方人,所以文献记载,常称他们是"北归"而不是"北上"。

　　唐后期下第游蜀的文士特别多,光《太平广记》中有载的就达三十八篇,其中仅记载文士下第客游,并且客死于这一带的就有八篇,即卷一三八《马植》、卷一四四《吕群》、卷一六五《李勉》、卷三二八《巴峡人》、卷三二九《刘讽》、卷三三八《窦裕》、卷三四四《祖价》、卷三四五《刘方元》。最有名的则是《云溪友议》卷下名义士条所载的廖有方的故事。廖有方本交州人,元和七八年,入京举进士,过永州,柳宗元为其作文饯行,见《文苑英华》卷七三一柳宗元《送诗人廖有方序》。元和十年(815)下第,失意游蜀。返回时,在宝鸡县西界的灵龛驿,遇到一个同样下第"辛勤数举,未遇知音"的"贫病儿郎",廖有方见到他时,已经奄奄一息,随即病死,廖遂贱鬻自己所乘鞍马,备棺瘗之礼,并按照唐代风俗习惯,为其撰铭,洒泪作诗一首,后以此义举,与驿长戴克勤同被擢奖,元和十一年李逢吉知贡举,即擢进士第,与姚合、周匡物同榜。廖有方当时就将这一事迹制成书板,悬于灵龛驿①。廖有方的事迹还得到了唐代出土墓志的进一步证实,详见《中山大学学报》2009年第5期胡可先《新出土唐代诗人廖有方墓志考论》。由此来看,当时在此道上奔走的寒苦文士不知凡几。

---

① 详见《全唐文》卷七一三廖有方《书胡倌板记》及《云溪友议》卷下名义士条。

除外地人外，来自该地区的举子、选人是最活跃的行旅者。这些人中，有不少是有名的诗人，据陈尚君《唐代文学丛考·唐诗人占籍考》，唐剑南道有诗人六十六位，山南西道四人，山南东道属于巴蜀地区的夔、万州合计四人，共七十四人。这些人一直活跃在蜀路上，薛能、雍陶是其中的代表。蜀路上的行旅诗中，除了元稹、白居易、武元衡、羊士谔比较多外，就数这两位蜀中诗人的诗最多，行旅如此之盛，文学图景必丰富多彩。

二

关中与山剑地区为秦岭所阻，经古人开凿，形成了著名的蜀道，唐五代三百余年间，很多文人留下了蜀道行旅诗。但"蜀道"只是个统称，据黄盛璋《历史地理论集·川陕交通的历史发展》，自秦至唐，秦陇、巴蜀之间，共有六条路线，其中四条是主线。这些诗所记载的行旅分散在几条道上，因此，有必要弄清入蜀四道的交通大势，及其在初盛中晚各个时期的文人行旅实况，并把一团乱麻似的蜀路纪行诗分道归纳，从而摸清这些诗的地理背景和关涉的交通形势，为以后进一步的研究提供方便。

因为地理位置毗邻的关系，凡建都于关中的王朝，政治中心与西南广大腹地的联系就比较紧密，川陕交通也重要起来，必借道路开凿来沟通南北；反之，都城一旦东移至东部平原区，秦岭诸谷就空前冷落荒废。若适逢南北统一，国家强大，则川陕交通就更发达，而战乱分裂时期交通又要衰减。唐以前的秦岭诸谷道，已经因为这样的区位关系和政治背景而经历了几次废兴。川陕诸谷的四条道路，就是秦汉一统时期开凿的。魏晋及南北朝前期，南北对峙，关中、汉中、四川间战争特别多，秦岭通道成为经常性的出兵道路，于是统治的一方大力兴修，敌对势力又不断破坏。中原乱离，这些道路又日益荒冷废塞。北魏宣武帝永平二年(509)刻石的《石门铭》记褒斜道通塞过程云:"自晋氏南迁,斯路废矣,其崖岸崩沦,硐阁堙褫,门南北各数里车马不通者久者久之,攀萝扪葛,然后可至。皇魏正始元年,汉中献地,褒斜始开,至于门北一里,西上凿山为道,峭岨盘迂九折,无以加,经途巨碍,行者苦之。"① 北魏正始初,汉中献地,褒斜道遂开,梁、秦二州刺史羊祉开创旧路,左校令贾三德共成其事。永平二年正月毕工,阁道广四丈,路广六丈,至谷口二百余里,可以连辆并辔而进,极便行旅。由于这些道路在沟通南北方面起过巨大作用,且与汉唐史地关系甚紧,故成为研究者关注的重点。其走向、驿程、馆驿、路线开凿及演变已考述得比较清楚。严耕望《唐代交通图考》卷三秦岭仇池区、卷四山剑滇区论述得最为深入细致,堪称代表作。另外,史念海、冯汉镛、黄盛璋、李之勤、辛德勇、蓝勇也有不少精到论述,史念海《唐代历史地理论丛》、冯汉镛《唐五代时剑南道的交通路线考》、黄盛璋《川陕交通的历史发展》、蓝勇《四川古代交通史》主要是对川陕交通的宏观论述;李之勤《论故道在川陕诸驿中的特殊地位》《唐代的文川道》《唐敬宗宝历年间裴度重修的斜谷路及其所置驿馆》,辛德勇《古代交通与地理文献研究》则针对具体问题展开研究。在此基础上,拟综述入蜀四道交通大势,着重叙述线路走向、文人往来与相关诗篇。

沟通川陕的有四条孔道,即凤翔—兴元驿道(又称嘉陵道、陈仓道、故道,严耕望《唐代交通图考》称散关—凤兴道)、褒斜、骆谷、子午四条谷道,由三个部分组成,自北向南排列:

第一段为北段,即长安到凤翔间的道路,四条谷道,分别在凤翔

①[清]严可均校辑:《全上古三代秦汉三国六朝文·全后魏文》卷五六,中华书局,1958年,第3796页。参考《陕西通志》卷一一、《集古录跋尾》卷四《后魏石门铭》。

府、郿县、周至县、京兆府长安县汇入北段的凤翔至长安大驿道；

　　第二段为中段，即嘉陵、褒斜、骆谷、子午四条谷道，自西向东，分别在秦岭南麓汉中盆地的三泉县、金牛驿、褒城县、兴元府、洋州，与通往蜀中的驿路相接；

　　第三段为南段，即金牛县—成都间的入蜀驿道，由汉中、利州、剑州、绵州、汉州至成都，全长一千三百四十里。

　　这四条路线的基本走向是：

　　凤兴道：长安微北至凤翔府—西南至宝鸡县西—渡渭河，入散关—凤州—兴州，东南行至百牢关、西县—兴元府；西南行则金牛—三泉县—漫天岭—利州—剑州—绵州—汉州—天回驿—成都。

　　褒斜道：长安—郿县—褒斜谷道—褒城—西县—金牛成都道。

　　骆谷道：长安—周至县—骆谷道—洋州—兴元—金牛成都道。

　　子午谷道：京兆府长安县—子午谷、子午关—洋州—兴元—金牛成都道。

　　长安至汉中兴元府，以骆谷道最近。《通典》卷一七五《州郡五·洋川郡》载，唐洋州至京兆府六百二十一里，至西京一千四百五里。卷一七五《州郡五·汉中郡》载，汉中郡去西京，取骆谷道六百五十二里，其次斜谷路，九百三十三里（但子午道在骆谷以东，若以至兴元府而言，当然是骆谷道便近），再次兴元至凤翔驿路，一千二百二十三里。去东京取骆谷路一千五百八十里，取斜谷一千七百八十九里，驿路二千七十八里。凤兴道由于在最西边，反而迂远，达一千二百二十三里。但由于沿途道路稍微宽敞，又设置驿站，所以走此路的反而更多。

　　若以通蜀中而言，则正如李之勤先生在《论故道在川陕诸驿中的特殊地位》一文中所说，反而以散关—凤兴道为最近，因该道位置在最西边，径由散关—凤兴—利剑绵汉直达成都，不必绕道梁洋，经过汉中，整体上看，路线较其他几道更直。该道沿线谷道稍为平缓，便于行旅往来，适于大队人马行走和大宗行旅运输，沿途沟通的州郡城镇比其他路线要多，可保供应无虞。由于沿线人户稍密，虎豹等鸷兽的侵袭和强盗的威胁较小，故无论时值承平还是急难，无论帝王行幸还是普通行旅，入蜀者都爱选择此道。因此，在唐前期，川陕交通四道，唯此道被定为"驿路"，常置驿以通使命。《通典》载：梁州"去西京取骆谷路六百五十二里，斜谷路九百三十三里，驿路一千二百二十三里"①。《太平寰宇记》卷一三三兴元府所载同，唯有《元和郡县图志》卷二二兴元府条所载里程差距较大。"驿路"即指此道，也即人们常提到的《通典》所记汉中通秦川驿道。由于它是国家花费大气力经营的官道，所以朝野上下都很重视。帝王南幸，常取此道。玄宗幸蜀走的就是此道。德宗因奉天之难南幸梁洋，僖宗因黄巢入京，南逃至汉中，都取捷近的骆谷路而下。但事平之后回驾，则仍遵此大路而行。严耕望《唐代交通图考》第三卷《汉唐褒斜驿道》第730—732页详细考证了唐室三帝四次南幸的来回路线，确认除德、僖宗南去兴元府经骆谷外，其余三次均经散关道。第755—799页《通典所记汉中通秦川驿道》专门论述此路的重要性，文中考出，五代蜀主北巡秦州，也是经汉、绵州北上入散关，取此道。这说明川陕间的道路虽多，但散关至凤州、兴元的道路最重要，其作用仍是不可替代的。从记载看，文士入蜀取此道者之多，仅次于褒斜道，唐前期可以考知者有：

陈子昂及第后自洛还乡，取此道，其《西还至散关答乔补阙知之》："揽衣度函谷，衔涕望秦川。蜀门自兹始，云山方浩然。"② 所

---

① [唐]杜佑撰，王文锦等点校：《通典》卷一七五《州郡五》，第4576页。
② [唐]陈子昂撰，徐鹏校点：《陈子昂集》卷二，中华书局，1960年，第20页。

言即此道,载明了他在洛阳举进士下第回蜀,是从洛阳西行,过函谷关,经关中,至凤翔再南下。王勃游蜀,亦从此道南下,有《散关晨度》《晚留凤州》。苏颋赴任益州,有《兴州出行》《晓发兴州入陈平路》《晓发方骞驿》《经三泉路作》等诗,诗中地名正在此道。唐高宗乾封中卢照邻奉使益州,有《至陈仓晓晴望京邑》,写他乘坐的传车奔驰在长安陈仓驿道上,前半曰:"拂曙驱飞传,初晴带晓凉。雾敛长安树,云归仙帝乡。"[1] 表明他是自蜀北归,行至陈仓驿而眺望京邑。"云归"句乃是自喻。王维开元后期往游蜀中,其《自大散以往深林密竹蹬道盘曲四五十里至黄牛岭见黄花川》也是写这条路上的景观,题中地名均在此道。其《青溪》:"言入黄花川,每逐青溪水。随山将万转,趣途无百里。"[2] 诗中的黄花川在唐凤州黄花县,可证其行迹在此道。玄宗朝,胡皓奉使松府,取此道,作《夜行黄花川》,表明该川谷驿路景观为这条。初盛唐时由于骆谷、斜谷不置驿,故迁贬者亦由此道入蜀,《续高僧传》卷二五《唐终南山龙田寺释法琳传》谓其贞观中得罪,"有敕徙于益部僧寺。行至百牢关菩提寺,因疾而卒,时年六十九"[3]。为今存最早的唐人由此道入蜀之记载。贞观中庶人承乾徙黔州,唐高宗朝章怀太子李贤迁巴州,陈子良贬相如县令,李义府流嶲州,可能都是走这条路。总之,唐前期这条路线置驿,故无论公私皆所取途。

　　自凤州西南至兴州段,经过深山丛林,盘曲险峻,沿途无驿馆,经过的文士也少。故中唐以来,人们一般不由凤州西南直达兴州,而改

---

① ［唐］卢照邻著,祝尚书笺注:《卢照邻集笺注》卷二,上海古籍出版社,1994年,第121页。
② ［唐］王维撰,陈铁民校注:《王维集校注》卷一,第90页。
③ ［唐］道宣撰,郭绍林点校:《续高僧传》卷二五,中华书局,2014年,第958页。文亦载《开元释教录》卷八《沙门释法琳传》。

由唐宋褒斜道南下，自凤州东南—褒城—百牢关至金牛县或三泉县，与凤兴道会合，至德元载（756）北趋灵武的群臣，多由此北上。贾至自成都奉使朔方的纪行诗《自蜀奉册命往朔方途中呈韦左相文部房尚书门下崔侍郎》："策马出蜀山，畏途上缘云。……崎岖凌危栈，惴慄惊心神。"① 叙述在这一路段栈阁中的危险经历。薛能《西县途中二十韵》："岂论之白帝，未合过黄花。……蜀音连井络，秦分隔褒斜。硖路商逢使，山邮雀啅蛇。"② 既过黄花，又经褒斜。刘禹锡《送赵中丞自司金郎转官参山南令狐仆射幕府》："绿树满褒斜，西南蜀路赊。驿门临白草，县道入黄花。"③ 提到凤州黄花县白草驿，表明其自长安参山南幕府，也是既过黄花，又由褒斜，这正是中晚唐人走的路线。李商隐《钱席重送从叔余之梓州》："莫叹万重山，君还我未还。武关犹怅望，何况百牢关。"④ 百牢关在此道上，说明被送者由此线入东川。唐后期文士如薛逢贬蜀，有《题黄花驿》，晚唐诗人杨发有《宿黄花馆》。黄花驿在凤州北黄花县，可证他们入蜀或入京，都经过此道。据严耕望《唐代交通图考》第三卷考证，唐诗中常见的圣女祠正在该道的两当县西、河池县东大道上⑤，故而能为李商隐所知见，但与河北道圣女祠同名⑥。《甘肃通志》卷六两当县："秦冈山，在县西南。《水经注》：故道水入秦冈山，山南入云，悬崖列壁上有神像，世名之曰圣女神。"李诗所写即此。李商隐有《自南山北归经分水岭》诗，

---

① ［清］彭定求等编：《全唐诗》卷二三五，第3591页。
② ［清］彭定求等编：《全唐诗》卷五六〇，第6500页。
③ ［清］彭定求等编：《全唐诗》卷三五七，第4013页。
④ ［清］彭定求等编：《全唐诗》卷五四一，第6227页。
⑤ 严耕望撰：《唐代交通图考》第三卷《通典所记汉中通秦川驿道》，第774页。
⑥《太平寰宇记》卷六八河北道保州清苑县另有一圣女祠，非唐文人诗中的圣女祠。

乃自兴元府北归所作。其两首《圣女祠》诗,分别是自京驰赴兴元回京路上所作[1]。河池县南有青云驿,与蓝田—武关道上的青泥驿名称相近,容易混淆。元稹《青云驿》:"昔游蜀门下,有驿名青泥。"[2] 李嘉祐《发青泥店至长余县西涯山口》:"千峰鸟路含梅雨,五月蝉声送麦秋。"[3] 都是游蜀途中经此道所作。郑谷有《兴州江馆》,作于"向蜀还秦计未成"[4] 之际。从诗中所述看,该馆在嘉陵江畔,故名江馆。

这就不能不说到汉唐古人入蜀的第二条路——褒斜道。褒斜道原有新旧之分,旧道乃秦汉魏晋古道,在褒城、郿县间,不经凤州、散关,而从郿县直达关中。新道为唐人所开,宋人沿用,称为唐宋褒斜道。薛能《褒斜道中》诗称:"十驿褒斜到处慵,眼前常似接灵踪。"[5] 知有十驿之程,四百余里山路。而《后汉书》卷六《顺帝纪》李贤注引《三秦记》更云:"子午,长安正南。山名秦领(岭)谷,一名樊川。褒斜,汉中谷名。南谷名褒,北谷名斜,首尾七百里。"[6] 可见其道路之绵长。它联系故道北端,秦汉褒斜道南端,形成散关—褒城线,北面部分在散关以北和故道合而为一,南面则到褒城以后与秦汉褒斜道走向大致相同。路线在褒城、凤州间,故严耕望先生称之为褒城、

---

① 严耕望撰:《唐代交通图考》第三卷《通典所记汉中通秦川驿道》,第774、781页。

② [唐]元稹撰,冀勤点校:《元稹集》卷二,第13页。

③ [清]彭定求等编:《全唐诗·全唐诗逸》卷上,第10179页。

④ [清]彭定求等编:《全唐诗》卷六七五,第7732页。

⑤ [清]彭定求等编:《全唐诗》卷五六〇,第6501页。

⑥ [南朝宋]范晔撰:《后汉书》卷六,中华书局,1965年,第251页。

凤州道。新旧道分岔点在留坝以南、甘亭关以北,新道在留坝绕向西,通往散关,虽稍迂曲,但较平坦。褒城至郿县古道高山深谷,惊险万状,猛兽成群,侵害行旅,修复困难,故唐人宁愿取西边的新道,而不取便捷的古道。刘禹锡《送令狐相公自仆射出镇南梁》:"云树褒中路,风烟汉上城。"① 顾非熊《天河阁到啼猿阁即事》:"万壑褒中路,何层不架虚。湿云和栈起,燋桥带畲余。岩狖牵垂果,湍禽接迸鱼。每逢维艇处,坞里有人居。"② 可见其地势之险恶,交通之艰难,然而却是唐代川陕两地文武出入往返的通途。

　　唐前期并没有开凿所谓褒斜道,中间不置驿,但作为民间私路,仍有行人。另一部分人由凤州—河池—兴州至金牛成都道。中唐以来,为了沟通"王命",增进川陕联系,决定新开斜谷路等道路,经过了前后六次修筑,使之成为川陕交通干线,政府十分重视③,因而成为官道,而褒斜旧路则一直未置驿,行人少,记载也少。唐后期文献记载最多的就是此道,孙樵《兴元新路记》、刘禹锡《山南西道新修驿路记》专门记载以兴元府为中心的驿路,史传、政书、地志、石刻、笔记、小说中多可考知,驿路上添置的馆驿最多。自散关抵褒城,置馆驿十五座。自褒城县到剑门关,置驿十七座④。今据所见唐人诗文,以说明唐文人在此道上的行旅情况。

　　张说《再使蜀道》:"眇眇葭萌道,苍苍褒斜谷。烟壑争晦深,云山共重复。"⑤ 葭萌在唐利州葭萌县,葭萌道即金牛成都道上的利州

① [清]彭定求等编:《全唐诗》卷三六二,第4085页。
② [清]彭定求等编:《全唐诗》卷五〇九,第5781—5782页。
③ 严耕望撰:《唐代交通图考》第三卷《汉唐褒斜驿道》,第716—728页。
④ [唐]刘禹锡著,陶敏、陶红雨校注:《刘禹锡全集编年校注》卷一九《山南西道新修驿路记》,第1264页。
⑤ [唐]张说著,熊飞校注:《张说集校注》卷八,中华书局,2013年,第357页。

路,说使蜀由褒斜道—利州—成都。

七盘岭在此道上。《方舆胜览》卷六六《兴元府·山川》:"七盘路,在褒城北二十里,元稹有诗。"① 所言元稹诗指其《黄明府诗》:"逦迤七盘路,坡陀数丈城。花疑褒女笑,栈想武侯征。"② 此七盘路跟蓝田—武关道七盘路同名,但非一地。蓝田—武关道上的七盘路出京城通化门,经蓝田县直通商州,此七盘路则在褒城县治北二十里,入蜀路上。卢照邻、沈佺期首次游蜀由此道。卢照邻《早度分水岭》:"层冰横九折,积石凌七盘。"③ 沈佺期《夜宿七盘岭》:"独游千里外,高卧七盘西。……浮客空留听,褒城闻曙鸡。"④ 盛唐其他文士入蜀由此道者亦不少。岑参《醴泉东溪送程皓元镜微入蜀》:"蜀郡路漫漫,梁州过七盘。"⑤ 载明必须过七盘路才能到达梁州。王维《送杨长史赴果州》:"褒斜不容幰,之子去何之? 鸟道一千里,猿啼十二时。"⑥ 此诗陈铁民先生确定为上元二年(761)王维卒以前所作,从诗中可知,盛中唐之交时褒斜道仍狭窄。《太平广记》卷五二引《会昌解颐录》载,蜀人张卓,开元中明经及第,归蜀觐省,唯有一驴及书。取便路,自斜谷中行数日,至洋州,说明初盛唐人取此路时,仍认为是"取便路"。

中晚唐诗人行经此道最多,举例如下:

李商隐《悼伤后赴东蜀辟至散关遇雪》:"散关三尺雪,回梦旧鸳

① [宋]祝穆撰,祝洙增订,施和金点校:《方舆胜览》卷六六,中华书局,2003年,第1150页。

② [唐]元稹撰,冀勤点校:《元稹集》卷一〇,第115页。

③ [唐]卢照邻著,祝尚书笺注:《卢照邻集笺注》卷一,第52页。

④ [唐]沈佺期、宋之问撰,陶敏、易淑琼校注:《沈佺期宋之问集校注》上册卷四,中华书局,2001年,第219页。

⑤ [唐]岑参著,陈铁民、侯忠义校注:《岑参集校注》卷一,第74页。

⑥ [唐]王维撰,陈铁民校注:《王维集校注》卷六,第515页。

机。”①《行次西郊作一百韵》：“蛇年建午月，我自梁还秦。南下大散关，北济渭之滨。”②是其来去蜀中，皆由此道。

褚载《陈仓驿》，驿在宝鸡县南，可见此诗系记此道行役。

于武陵《斜谷道》：“乱峰连叠嶂，千里绿峨峨。蜀国路如此，游人车亦过。远烟当叶敛（《全唐诗》卷七二五又误收作于邺诗，作‘当驿敛’，或是，当从），骤雨逐风多。”《过百牢关贻舟中者》：“远为千里客，来度百牢关。”③据此则是诗人游蜀过此。

武元衡《兵行褒斜谷作》：“集旅布嵌谷，驱马历层涧。岷河源涉屡，蜀甸途行惯。”④纪其率兵赴镇剑南西川路线。

羊士谔《褒城驿池塘玩月》《赴资阳经嶓冢山》，表明其元和初贬资州，行经此道。

顾非熊《斜谷邮亭玩海棠花》：“忽识海棠花，令人只叹嗟。”《行经褒城驿寄兴元姚从事》：“栈阁危初尽，褒川路忽平。”⑤这是他未第时游山剑幕留下的作品。

雍陶《到蜀后记途中经历》：“大散岭头春足雨，褒斜谷里夏犹寒。”《西归出斜谷》：“行过险栈出褒斜，出尽平川似到家。”《蜀路倦行因有所感》：“乱峰碎石金牛路，过客应骑铁马行。”⑥贾岛《送雍陶入蜀》：“日斜褒谷鸟，夏浅嶲州蚕。”⑦是二人往来川陕间，一般经由褒斜、金牛成都道。

① ［清］彭定求等编：《全唐诗》卷五三九，第 6148 页。
② ［清］彭定求等编：《全唐诗》卷五四一，第 6245 页。
③ ［清］彭定求等编：《全唐诗》卷五九五，第 6896 页。
④ ［清］彭定求等编：《全唐诗》卷三一六，第 3547—3548 页。
⑤ ［清］彭定求等编：《全唐诗》卷五〇九，第 5789、5787 页。
⑥ ［清］彭定求等编：《全唐诗》卷五一八，第 5915、5916、5923 页。
⑦ ［唐］贾岛撰，齐文榜校注：《贾岛集校注》卷五，人民文学出版社，2001 年，第 204 页。

　　薛能《褒斜道中》:"十驿褒斜到处慵,眼前常似接灵踪。"①

　　贾岛《寄令狐相公一作赴长江道中》:"杖策驰山驿,逢人问梓州。"《喜李馀自蜀至》:"迢递岷峨外,西南驿路高。几程寻崄栈,独宿听寒涛。"②

　　文士在此的经历最为奇险,最刺激,故好诗也多。晚唐罗邺到过蜀中,有《自蜀入关》诗:"斜阳驿路西风紧,遥指人烟宿翠微。"《大散岭》:"过往长逢日色稀,雪花如掌扑行衣。岭头却望人来处,特地身疑是鸟飞。"③均为途中所作。后诗写在岭上行走,但见雪花如掌,人似登天,这种奇特经历在全国其他地方是难以找到的。唐文人不但在诗卷上记载行役中的见闻感受,而且喜欢题名,栈阁内侧多石壁,便于题名,唐人留题比较集中。《金石萃编》卷五《开通褒斜道石刻》王昶跋:"自褒城而西南凡三百余里,悬崖绝壁,汉唐题字隐见于丛莽间,连绵不绝。盖宋以前路通兴元,栈道俱在山半,故汉唐遗迹最多。今栈道移而渐下,遂不可摹拓矣。"④明清人平移栈道后汉唐遗迹皆显得仰不可攀,益显唐人之不可及处。

　　再说骆谷道。由长安入骆谷道经鄠县、周至县折而西南入谷。《太平广记》卷二八一《独孤遐叔》云:贞元中,进士独孤遐叔,家于长安,家贫。下第游剑南,二年后乃归。行至鄠县,自金光门入城,表明他走的就是骆谷道。据《旧唐书》本纪及《唐会要》卷八六《道路》,该道在唐前期虽开凿过两次,但未尝置驿。五代以来,由于路途过险,驿道渐见荒废。中唐时,由于该道捷近,可供紧急时备用,乃开路置驿,以加强川陕交通。自贞元中始,骆谷道的使用频率高了起

---

①［清］彭定求等编:《全唐诗》卷五六〇,第 6501 页。

②［唐］贾岛撰,齐文榜校注:《贾岛集校注》卷三、卷八,第 87、418 页。

③［清］彭定求等编:《全唐诗》卷六五四,第 7508、7523 页。

④［清］王昶撰:《金石萃编》卷五,第 17 页。

来。建中四年（783）底德宗避乱于梁洋，广明元年（880）僖宗逃难入蜀，仓皇之中，皆从骆谷南下。宪宗平刘辟，三路出师，高崇文从斜谷出，李元奕从骆谷出。柳宗元贞元中作《馆驿使壁记》，于入川四道中，独举骆谷道，且谓长安至盩厔，置驿十一所，说明此道贞元、元和时，就变得重要起来。早在安史之乱爆发之际，玄宗南幸，群臣追驾不及，乃纷纷由骆谷南下，据颜真卿《正议大夫……颜府君（允南）神道碑铭》：天宝"十五年，长安陷，舆驾幸蜀，朝官多出骆谷。至兴道，房琯、李煜、高适等数十人尽在"①。高适本来辅佐哥舒翰守潼关，翰兵败，即自骆谷西驰，奔赴行在。至河池郡，追及大驾，谒见玄宗，事载《旧唐书》卷一一一《高适传》。《唐会要》卷八六《关市》："宝应元年九月敕：骆谷、金牛、子午等路，往来行客所将随身器仗等，今日以后，除郎官、御史、诸州部统进奉事官，任将器仗随身，自余私客等，皆须过所上具所将器仗色目，然后放过。"②据此，则不但私客多，而且使客、军健、地方进奉等公行均取骆谷、子午道。大臣赴任、回朝经此道者亦不少。永泰二年（766），杜鸿渐即取骆谷道赴镇西川，见《旧唐书》卷一一七《崔宁传》。同卷《严震传》载，李怀光叛乱，唐德宗欲移幸山南，大将张用诚领兵五千至盩厔，为贼所诱，欲谋背逆，震遣牙将马勋率兵偕行，出骆谷，至兴元。据《旧唐书》卷一三六、《新唐书》卷一三二《刘滋传》，刘滋自剑南回朝，经鄠县，也是由骆谷北上。武元衡元和初镇蜀虽自斜谷而下，但据《旧唐书》卷一五八《武元衡传》，元和八年（813）武元衡自成都剑南西川使府征还时，则走骆谷道。行至骆谷，拜门下侍郎平章事。《旧唐书》卷二百下《黄巢传》载，广明元年（880）冬，黄巢攻陷长安。十二月三日，僖宗夜自开

---

① ［清］董诰等编：《全唐文》卷三四一，第1530页。
② ［宋］王溥撰：《唐会要》卷八六，第1580页。

远门出,趋骆谷,诸王官属,相次奔命。选人与游幕者部分人自骆谷而下,《太平广记》卷四二一引《原化记》载,大历末,孟生与韦生赴选,孟生选授阆州录事参军,携家眷从骆谷路南下。据李绅《追昔游集》卷上《南梁行》,其元和十四年(819)赴兴元府山南西道节度使崔从使幕为观察判官,取道骆谷。刘禹锡《传信方》载:唐硖州王及郎中"充西川安抚使判官,乘骡入骆谷……至驿僵仆"①。中晚唐左降官赴贬所,通常由此路。《旧唐书》卷一一四《来瑱传》载,宝应二年(763)正月,来瑱贬播州县尉,翌日赐死于鄂县,鄂县正在此道上,说明其赴播州将由此路。元稹元和十年贬通州司马,亦由此路。白居易《(元和)十年三月三十日别微之于沣上……为他年会话张本也》:"沣水店头春尽日,送君马上谪通川。"② 此乃送其贬通州司马之诗,查《长安志》卷一二《长安县》:"北沣店澧水渡在县西四十里,南沣店澧水渡在县西四十五里。"③ 沣水店、渡均在长安西,西通鄂县,由此正往骆谷。稹于元和四年奉使东川,亦由此道。其《使东川》组诗二十二首,纪其行程:《骆口驿》—《亚枝红》(在褒城驿作)—《梁州梦》(在汉川驿作)—《望驿台》。稹不止一次奉使山剑,其《百牢关》:"天上无穷路,生期七十间。那堪九年内,五度百牢关。"④《遣行十首》其七:"七过褒城驿,回回各为情。"⑤ 则这三四次往返,或由骆谷,或自褒斜。又据元稹《使东川·骆口驿二首》诗题下自注:"东

① [唐]刘禹锡著,陶敏、陶红雨校注:《刘禹锡全集编年校注》附录二,第1430页。
② [唐]白居易著,顾学颉校点:《白居易集》卷一七,第376页。
③ [宋]宋敏求纂修:《长安志》卷一二,《宋元方志丛刊》第一册,中华书局,1990年,第139页。
④ [唐]元稹撰,冀勤点校:《元稹集》卷一五,第177页。
⑤ [唐]元稹撰,冀勤点校:《元稹集》卷一五,第172页。

壁上有李二十员外逢吉、崔二十二侍御韶使云南题名处,北壁有翰林白二十二居易题《拥石》《关云》《开雪》《红树》等篇,有王质夫和焉。"①是贞元、元和间通和南诏的唐使,多由此道往返。诗前小序告诉我们,中唐前期,唐人留题就遍布四壁,可见文士经过之频繁。骆谷南北两端的地方官,穿行于此的机会更多。白居易曾在骆谷北端的周至县任过一年多县尉,其《南秦雪》称:"往岁曾为西邑吏,惯从骆口到南秦。"②仅他一个人就有四首诗写骆口驿,即《祗役骆口驿喜萧侍御书至兼睹新诗吟讽通宵因寄八韵》《祗役骆口因与王质夫同游秋山偶题三韵》《骆口驿旧题诗》《再因公事到骆口驿》,其中第二首是题壁诗,还有王质夫同和,这还未包括元稹《序》中提到的那几首题壁诗。大历、贞元以来,山、剑两道文武常往返此道。《旧唐书》卷一一七《严震传》载,建中三年其部将马勋活捉叛将张用诚的行动,即发生在骆谷传舍。骆口驿在骆谷南端,规模宏壮,是途中最有吸引力的地方。中唐人喜作新题歌行,唐入蜀四道中,唯独骆谷有歌行题咏,岑参有《酬成少尹骆谷行见呈》,这位成少尹开此先例,作《骆谷行》。晚唐文士章孝标则有七律《骆谷行》,李绅有《南梁行》,韩琮有《骆谷晚望》。其他诗篇有:元稹《骆口驿》《南秦雪》《望云骓马歌》(记载德宗由骆谷逃命一事),唐彦谦《登兴元城观烽火》,欧阳詹《与洪孺卿自梁州回途中经骆谷见野果……》《自南山却赴京师石臼岭头即事寄严仆射》。骆谷之险峻,沿途景色之佳,足可与褒斜媲美。欧阳詹《自南山却赴京师石臼岭头即事寄严仆射》:"鸟企蛇盘地半天,下窥千仞到浮烟。因高回望沾恩处,认得梁州落日边。"③

---

①［唐］元稹撰,冀勤点校:《元稹集》卷一七,第194页。
②［唐］白居易著,顾学颉校点:《白居易集》卷一四,第283页。
③［清］彭定求等编:《全唐诗》卷三四九,第3910页。

李绅的歌行《南梁行》描写赴兴元的沿途景致千奇百怪,谷中动植物繁茂,品类丰富,涧底幽深之处有一种外观明艳、实际上剧毒的毒树——山琵琶,能杀人,山鸡"透竹穿萝"①,成群结队,登高一望,群山万壑,浪叠云堆,引人入胜。

子午谷路线清晰,自长安县南行六十里入子午谷,又南四十里到子午关,又南至金州安康,由安康西南斜出至洋州。它是入川四道中最东边的一道,也是最冷落的一道,距成都、梁州不及骆谷近,通剑南不及散关—凤兴道、褒斜道方便,位置最僻,故行客走褒斜、骆谷者多,仅唐初及玄宗天宝时,因上贡荔枝而置驿。据《唐代交通图考》第三卷《子午谷道》第 669 页至 671 页,自汉至隋,该道代有开凿,然兴废无常,时塞时通,梁、陈、隋为通山南而置驿。唐初有驿,《法苑珠林》卷三九:"子午关南第一驿,名三交驿。东有涧……此寺去驿五里。"② 可能是陈隋旧驿,后废。据《唐六典》卷六刑部司门郎中条:"京城四面关有驿道者为上关,上关六:京兆府蓝田关、华州潼关……余关有驿道,及四面关无驿道者为中关。中关一十三:京兆府子午、骆谷、库谷、同州龙门……兴州兴城、华州渭津也。"③ 则至开元时,此道仍未置驿。天宝时,杨妃嗜生荔枝,因子午道在长安城的正南,蜀中盛产荔枝的涪州又与长安—洋州几乎处在同一直线上,比绕道兴元要近,乃诏置驿,驿使自涪陵路入达州,取子午道上长安,以保证荔枝色味不变。其他时期则官方行旅不太多,民间行旅却络绎不绝,僧人、商客、举子穿行其间。今举唐人行旅如下:

慧立、彦悰《大慈恩寺三藏法师传》卷一称:隋末天下大乱,僧人

---

① [清]彭定求等编:《全唐诗》卷四八〇,第 5459 页。

② [唐]道世著,周叔迦、苏晋仁校注:《法苑珠林》卷三九,中华书局,2003 年,第 1252—1253 页。

③ [唐]李林甫等撰,陈仲夫点校:《唐六典》卷六,第 195—196 页。

多游绵、蜀。武德元年（618），玄奘法师至长安，又"与兄经子午谷，入汉川……仍相与进向成都"①。表明玄奘早年入蜀从名师学法，是取此道。《太平广记》卷四五九引《闻奇录》："僧令因者，于子午谷过山，往金州。"②指出子午谷过山，有一条路往金州，不少唐人即循此道到金州。中晚唐之交著名诗人姚合，曾出任金州刺史，留下了《题金州西园九首》《金州书事寄山中旧友》等诗，其赴刺金州即经此道。方干《送姚合员外赴金州》："野烟新驿曙，残照古山秋。树势连巴没，江声入楚流。"③描写赴任沿途情景。《金州客舍》："卷箔群峰暮，萧条未掩关。江流嶓冢雨，路入汉家山。"④知其客游金州亦经此路。据《舆地纪胜》卷一八九《金州·官吏目》及《人物目》，姚合、姜公辅、张仲方、李翱曾刺金州。《纪胜》该卷诗目则显示，唐代客游金州的文士亦不少。这两部分人南下北上，都得经由子午谷。又有自长安经子午谷转入剑南之文士。杨凝《送客入蜀》："剑阁迢迢梦想间，行人归路绕梁山。明朝骑马摇鞭去，秋雨槐花子午关。"⑤显示友人的入蜀路线是子午谷—梁州—剑州。又《唐会要》卷八六《关市》："宝应元年九月敕：骆谷、金牛、子午等路，往来行客所将随身器仗等，今日以后，除郎官、御史、诸州部统进奉事官任将器仗随身，自余私客等，皆须过所上具所将器仗色目，然后放过。"⑥知中唐以来，子午谷的公私行客仍不少，所以朝廷要设子午关，严查过所以保障治安。战

① ［唐］慧立、彦悰著，孙毓棠、谢方点校：《大慈恩寺三藏法师传》卷一，中华书局，2000年，第7页。
② ［宋］李昉等编：《太平广记》卷四五九，第3753页。
③ ［清］彭定求等编：《全唐诗》卷六四九，第7460页。
④ ［清］彭定求等编：《全唐诗》卷六四八，第7442页。
⑤ ［清］彭定求等编：《全唐诗》卷二九〇，第3302页。
⑥ ［宋］王溥撰：《唐会要》卷八六《关市》，第1580页。

乱年代取此路避难入蜀的人数更多,由此路出兵作战的例子也不少,此外还有乱世避难隐居于此的文人,可见这条道路和唐代文学的关系是比较紧密的。

三

长安至山剑川滇道上的文学创作有以下特点:

一是体裁完备。除了常见的诗、笔记、小说外,还有难得一见的旅行记与驿路记。孙樵《兴元新路记》实际上是记录他本人自长安至兴元的行役记,是一篇实地踏勘的驿路旅行记。刘禹锡有《山南西道新修驿路记》,孙樵还有《书褒城驿壁》《出蜀赋》。另外,关于剑州、剑阁、百牢关的题铭就有近十篇,内容新颖,不同于一般的公文及抒情叙事散文。

二是诗歌内容很丰富,所描写的自然风光之奇丽是独一无二的。李白《蜀道难》只有虚幻的蜀道描写,不如中晚唐文学作品来得真切。这一时期有几十首纪行诗叙写唐人山行的见闻感受,给人身临其境的感觉。此外,它们具有很高的社会认识价值,今人对悬崖绝壁上开凿的栈道已不甚了解,通过这些唐诗,才对其有了一个粗浅的认识。蜀路艰险,交通工具很重要,文人诗中多有描写,有驴、马、传车。卢照邻《至陈仓晓晴望京邑》:"拂曙驱飞传,初晴带晓凉。"[1] 描写他奉命出使蜀中,返回关中,王命在身,使务急迫,所以一大清早就乘着四匹马拉的传车在驿路上飞驰。元稹《望云骓马歌》说唐德宗在"朱泚围兵抽未尽,怀光寇骑追行及"[2] 的情况下逃入骆谷,七匹御马尽死,无马可骑,圉人进望云骓给德宗,作为坐骑。李洞《毙驴》则

---

① [唐]卢照邻著,祝尚书笺注:《卢照邻集笺注》卷二,第 121 页。
② [唐]元稹撰,冀勤点校:《元稹集》卷二四,第 275 页。

让人了解到蜀路上骑驴往返的穷书生的辛酸。另外有君主行幸诗，《开天传信记》载，玄宗幸蜀，回驾，途次剑门，见剑阁之险，驻跸题诗："剑阁横空峻，銮舆出守回。翠屏千仞合，丹障五丁开。"至德二载（757），普安郡太守贾深，将此诗勒于石壁，唐末仍存①。这些内容，都是其他类别诗作中很难见到的。

　　全方位的交通格局使得诗歌内容应有尽有，很多珍闻异事随之载入诗歌。白居易《蜀路石妇》、徐夤《蜀葵》、温庭筠《龙尾驿妇人图》、唐彦谦《春捷西蜀题沱江驿》、李商隐《行次西郊作一百韵》，或反映西南民风民俗，或记载物产，或反映中晚唐社会面貌、制度变化。众多诗中，馆驿诗、关津诗因题材新颖，比较引人瞩目。据统计，唐人诗共涉及蜀路馆驿六十七座，其中褒城驿、白马驿、金牛驿、筹笔驿、深渡驿、骆口驿、天回驿、嘉陵驿、嘉川驿、奉济驿、望喜驿，都因唐人诗而著名。涉及的关津之多，则是独一无二的：有大散关、百牢关、剑门关、子午关等大小十座。怀古诗也争奇斗艳。但比较独特的是，蜀路上的怀古诗都是以馆驿诗的形式出现的，重点一是马嵬驿，因贵妃缢死于此，又涉及天宝乱离的重大史实，成为第一热点；二是上亭驿，传说唐玄宗避难入蜀，回驾至此，夜宿驿馆，夜雨闻铃，触景生情，命乐工张野狐谱成此曲，还反复吟讽李峤的名作《汾阴行》，颇能引起文人的兴亡之概。筹笔驿则相传是诸葛亮六出祁山的驻节之所，关涉这位"万古云霄一羽毛"式的典型贤相，因而好评如云，题诗满壁，最好的是李商隐的《筹笔驿》。但也有唱反调的，薛能的筹笔驿题诗立意就与众不同，他总认为诸葛亮奸诈无能，损兵折将，无大功于国，大肆贬低。由于沿线景点密集，还产生了元稹的《使东川》、杜甫的《发

①［唐］郑綮：《开天传信记》，丁如明辑校：《开元天宝遗事十种》，上海古籍出版社，1985年，第53页。

同谷》两组优秀纪行组诗,前者以抒情为主,沿途山川馆驿不过是情思的触发点;后者着重纪实,选取金牛—成都道上的大小剑门、石柜阁等著名景点予以铺叙,这些诗都有独特的艺术价值。

蜀路上产生的诗,歌咏山水的比较多。这些题咏,在王、孟、韦、柳之外另辟了一个新境界,较之于王、孟、韦、柳式的山水,这些诗歌有自己的特点。

王、孟、韦、柳笔下的山水田园诗是一种高度艺术化的抒情诗,写景和叙事都是第二位的,虚拟的成分较多,重在突出自我,主观抒情,意境营造显得特别重要,常借助渲染烘托的手法,诗歌中的意境都经过高度艺术化处理,是"人化的自然"。有时是一种虚拟境界,有时是泛指,很大一部分作品有思想背景,这个背景即仕途失意,在朝市中受挫,退隐山林田园,将一颗热衷于功名的心深埋,代之以"古人非傲吏,自阙经世务"①式的自嘲反讽。这类诗,无论从灵感的获得还是题材的选择上,都较少求助于客观的外界,而更多求诸内心。因而王维等人笔下的空寂境界,并不是真正的杳无人迹式的空寂,是空寂心灵的外化,有别于蛮荒的林野。作者写自然时,超越了外物的限制,企图通过一个幽玄冷寂境界,来宣泄自己的失落。即使笔下的境界有一定的真实性,作者的主观选择还是比较强的。所择取的物象必须适于表达恬静、淡泊、幽独、慵懒等意蕴。正因为以主观抒情为主,物象特征总有朦胧不清之嫌,像"独坐幽篁里,弹琴复长啸。深林人不知,明月来相照"②之类的诗,正是如此。韦应物、柳宗元的山水诗、山水游记也是这样:无从考实,也不必考实,因为它本来就在有无之间,在一片烟水空蒙之处。北宋有人读了韦应物的《滁州西涧》,于

---

① [唐]王维撰,陈铁民校注:《王维集校注》卷五《漆园》,第426页。
② [唐]王维撰,陈铁民校注:《王维集校注》卷五《竹里馆》,第424页。

是按图索骥,去找那个"独怜幽草涧边生""野渡无人舟自横"①的处所,结果杳无踪迹,后来才悟到:诗中的境界是对现实的一种超越,一种虚化。他们的山水诗虽然格调高雅,但总与真正的大自然有一定距离,总给人不质实的感觉,中晚唐诗人的蜀路纪行诗恰好可以弥补这一缺憾。

　　而纪行类山水诗所代表的,却是山水诗的另一种写法。首先,其立意不同于纯粹的主观抒情,而在于写实,以诗笔表达耳目所接的大自然的美。像李绅的《南梁行》、岑参的《酬成少尹骆谷行见呈》就是这样。诗中的山水作为审美客体,特征是明晰的,作者并不致力于把它们主观化,诗人对自然美的主观选择性不强,客观表现力却强,因为这正是他们用力最著之处。其次,这些作品写作背景明晰,都以行旅生活为背景,行进中接触到的人事景象变化万千,因此诗中的山水也各具情态。诗的主要内容是纪行,山水不过是行进途中的审美客体,作为"行"的背景,起着交代诠释作用,抒情议论则是景物描写的延伸,山水只是夹杂其中,驳杂不纯,并没有从开头到末尾句句围绕山水着笔,诗人时而叙事,时而写景,时而抒情议论。就这个意义上说,它们并不是纯粹的山水诗而只是行旅诗。然而诗中的山水却是真正有性灵有美感的山水,蜀道山水被唐人勾画得栩栩如生,他们的艺术表现力至今仍令人惊叹。只有到了唐代蜀道交通发达的时候,祖国西南这片神奇的大地上那些令人叹为观止的奇峻秀绝的山川、千余年前古人在蜀道上艰辛的跋涉,才第一次得到这样深入细致的表现,这正是蜀路纪行诗的价值所在。

---

① [唐]韦应物著,陶敏、王友胜校注:《韦应物集校注》(增订本)卷八,上海古籍出版社,2011年,第534页。

第四节 长安至荆湘岭南道交通与文学

从全国交通形势看,长安至襄荆道在南北交通三道中属于中道,它的特点在于水陆交汇。纵向看,由长安、襄荆而达岭南,纵贯五千余里;横线看,连接六千里长江以及汉水、湘、赣,以襄阳、江陵、岳州、江州为水陆交汇点,西通黔中、巴蜀,东达江西、吴越,往南由岳州,过洞庭,循湘水,到潭、衡,在衡阳分路,向左则由郴、韶二州驿道以通交、广,向右则由道、永而达邕、桂,以驿路通岭南五府,纵横贯达的直线距离都在六千里以上。两条道路都在祖国大陆中部,其南北东西辐射面积之广,似又过于东道。而襄阳则是南北水陆道路的总汇,由此过蓝田、武关,北接河陇、关内、河东,通过襄阳至洛阳驿路,抵达两河,故李鄷称襄荆驿路为"荆鄂十道之要路"①。十道者,乃就中晚唐政区而言,大约指剑南东西二道、荆南、黔中、鄂岳、江西、湖南、岭南、浙东、浙西。这十道都是南方经济区,中晚唐时期经济地位逐渐提高。朝廷在河陇失陷,河北藩镇割据,河南屡经战乱、疮痍满目的情况下,不能不转而倚靠未遭战乱、潜力巨大的南方。南方经济地位的提高使它受到前所未有的重视,交通得到维持。一旦汴路受阻,此道就成了维持贡赋的唯一通路。安史之乱初期和唐德宗朝,史思明、李希烈控制了河南,扼住了汴河水路后,朝廷就几次令天下贡赋悉集于江陵、襄阳,大治邮驿,不惜代价北输关中。建中三年(782)十月,李希烈叛,陷汝州,扼汴路。次年正月,又遣其将封有邻扼邓州,"南路遂绝,贡献、商旅皆不通",乃诏于上津山路治邮驿,赖嗣曹王皋等力战,击却希烈,方保此路无虞②。在汴路不通后,此道也成了文武官

---

① [唐]李鄷:《徐襄州碑》,[宋]李昉等编:《文苑英华》卷八七〇,第4591页。
② [宋]司马光编著,[元]胡三省音注:《资治通鉴》卷二二八建中四年正月戊戌条,第7341页。参《旧唐书》卷一三一《李皋传》。

员、使客联系京城的唯一大道,长庆二年(822),白居易自中书舍人授杭州刺史,汴路不通,只好改走陆路,由襄阳顺江而下,历时七月才到州,鞍马舟车,旅途劳顿,很不情愿。

　　此道由南北两部分组成,北段是长安至襄荆驿路,由长安东南行,出蓝关,经商州,出武关,经邓州内乡、南阳抵襄阳,凡一千一百余里。襄、荆间距离约六百里,置馆驿十三座①。据《旧唐书》卷三八《地理志二》,全线里程一千七百三十里。南段从江陵府以南至郴韶交广,以水路为主,多置水驿。姚合《送林使君赴邵州》:"驿路算程多是水,州图管地少于山。"②柳宗元《诏追赴都回寄零陵亲故》:"岸傍古堠应无数,次第行看别路遥。"③韩愈《路傍堠》:"堆堆路傍堠,一双复一只。迎我出秦关,送我入楚泽。"④表明唐朝把汉水、湘江都当作水上驿路,有里程碑(堠)。湖南境内有陆上驿路相接,张谓《麓州精舍送莫侍御归宁》:"薜萝通驿骑,山竹挂朝衣。"⑤刘禹锡《和杨侍郎初至郴州纪事书情题郡斋八韵》:"城头鹤立处,驿树凤栖来。"⑥写郴州城北栖凤驿,在衡阳通韶州驿路上,表明潭、衡、郴等州都有驿路以通行旅。凡节镇、刺史、使客、举子、选人、僧道、军健、游幕者、迁客流人、商人术士,公私行旅无所不有,通过量很大。众多的行人中,文人占了很大比例,他们在沿途创作了大量文学作品,叙述其见闻感受。

　　但是,细读唐代诗文,你却会吃惊地发现,唐前期长安至襄荆道上产生的文学作品之少,到了几乎令人难以置信的程度,比起两京道

①　王文楚著:《古代交通地理丛考》,中华书局,1996年,第156—163页。

②　[清]彭定求等编:《全唐诗》卷四九六,第5624页。

③　[唐]柳宗元撰:《柳宗元集》卷四二,第1148页。

④　[唐]韩愈著,钱仲联集释:《韩昌黎诗系年集释》卷一一,第1102页。

⑤　[清]彭定求等编:《全唐诗》卷一九七,第2018页。

⑥　[唐]刘禹锡著,陶敏、陶红雨校注:《刘禹锡全集编年校注》卷四,第228页。

来相差极远。粗略地把该道上产生的作品按时代分期，发现初盛唐时，散文仅有张九龄《荆州谢上表》提及该道驿路崎岖狭窄，属于"小道"，"所使多，驿马先少"①。使主要是指各种奉使办事者，文人不多，所以诗也只有寥寥数家，张九龄有《初发江陵有怀》《夏日奉使南海在道中作》《奉使自蓝田玉山南行》《南阳道中作》《商洛山行怀古》等五首，全都是开元中奉使岭南或入朝为官、辞官回家往返所作。祖咏赴贬所，有《长乐驿留别卢象裴总》。张说贬岭南及回朝，有《过汉南城叹古坟》《襄阳路逢寒食》《登九里台是樊姬墓》等三首怀古、纪行诗。李白虽有《商山四皓》诗三首，但不能断定诗人是否真的在天宝中失意而由商山道南下所作，抑或北上所作。只是安史之乱以后至元和初这几十年，在该道上行役的文士逐渐增多，文学作品慢慢增加。贞元、元和至五代初约二百年间，这条路上的文学创作才真正繁荣，韩、孟、元、白、刘、柳及杜牧、罗隐等中晚唐诗人，则是代表。

　　但严耕望考证该道交通时并未做这种区别，从《唐代交通图考》第三卷《蓝田武关驿道》看，他似乎认为这条驿路的交通一直很发达，仅据《唐六典》卷六关于京城四面关有驿路者为上关，而蓝田为上关、此道为驿道的记载及《金石萃编》卷七一《大唐朝议大夫……姚府君（彝）神道之碑》"况奠川涤源，疏山通道，尽赋不足以供邮传"②的记载，就说"是前期已驿漕甚繁也"③，实则所谓"驿漕甚繁"是指使客多，正如张九龄《荆州谢上表》所说的那样，使多马少，文人则不多见。所以严氏所举唐诗，仅张九龄一首为前期作品，王文楚《古代交通地理丛考·唐代长安至襄州荆州驿路考》列举的诗人，也

---

① [唐]张九龄撰，熊飞校注：《张九龄集校注》卷一三，中华书局，2008年，第702页。

② [清]王昶撰：《金石萃编》卷七一，第15页。

③ 严耕望撰：《唐代交通图考》第三卷，第638页。

仅祖咏、钱起、杜甫、张九龄四位为唐前期作家，仅及他所涉及的唐诗文的十分之一。

　　严耕望的论断不太准确。真实情况是玄宗朝以前交通十分落后，即使玄宗朝仍不很发达。《金石萃编》所载为开元、天宝间事，而《唐六典》亦成书于开元末。唐代文献中关于该道有驿的记载及产生的行旅诗，基本上在玄宗朝，玄宗以前极少见。《新唐书》卷九九《崔湜传》载，景龙中，中宗曾使崔湜主持，开凿"南山新路"，役徒数万，死者十五，仍是道路"数摧压不通"①。开元二十五年（737），张九龄左迁荆州长史，到州后上奏的《荆州谢上表》仍谓"小道所使多，驿马先少"②，因而迟迟未能到州。行人虽多起来，但文士不太多，使客、军人占了很大比例。道路落后，驿马又不够，故行驿速度慢，满足不了交通发展的要求。据上引张九龄《谢上表》，其贬荆州，四月十四日下制，即日上路，五月八日抵荆州，一千七百三十里路，花去二十四天，日行七十二里，这还是贬降。按照左降官发遣制度，途中不许迟延逗留，故旨下之日，九龄"魂胆飞越，即日戒路，星夜奔驰"③，并未拖延，还用去这么多天，否则更慢。而中唐时白居易《和思归乐》，描写元稹贬江陵的速度是"荆州又非远，驿路半月程"④，可见中唐经开凿后其交通功能要好得多。

　　开元中张九龄奉使岭南路过该道，曾有诗纪行。《奉使自蓝田玉山南行》曰："海县且悠缅，山邮日骏奔。……嶢武经陈迹，衡湘指故园。水闻南涧险，烟望北林繁。"⑤《商洛山行怀古》曰："陈迹向千古，

①［宋］欧阳修等撰：《新唐书》卷九九《崔湜传》，第3922页。
②［唐］张九龄撰，熊飞校注：《张九龄集校注》卷一三，第702页。
③［唐］张九龄撰，熊飞校注：《张九龄集校注》卷一三，第702页。
④［唐］白居易著，顾学颉校点：《白居易集》卷二，第41页。
⑤［唐］张九龄撰，熊飞校注：《张九龄集校注》卷三，第268页。

荒途始一过。"① 杜甫《舍弟观赴蓝田取妻子到江陵喜寄三首》其一：
"峣关险路今虚远，禹凿寒江正稳流。"② 以上三首诗，不约而同地指
出此道的蓝田—武关段尤其是商山段的路况差，人迹稀，"山邮""荒
途""险路"都是指这一路段。可见直到盛唐之际，仍然山高林密，
荒冷险仄，远逊于"轻衣稳马槐阴路"③ 的两京驿道，行旅也不太盛。
大历时，戎昱南行，诣荆襄，有《过商山》，仍谓"雨暗商山过客稀，路
傍孤店闭柴扉"④，行旅仍不能称盛。但此时道路正在开凿拓宽，严
氏所列出的兴修道路建设事例六条中，有五条在代、德宗朝。此时，
贡赋之入，常由江汉，中央每择文武全才领郡，穆宁、李皋、王绶等沿
途州郡长官，都曾大力兴修道路。建中时，诏殿中侍御史万俟著治
金商道⑤，即金州到商州运路，转江淮财赋，以达奉天行在所。贞元
七年（791），商州刺史李西华主持，广商山道，又别开商山偏道，自蓝
田至内乡，七百余里，"修桥道，起官舍"，役工十余万，阻塞处皆凿通
之，"人不留滞，行者为便"⑥。李华《临湍县令厅壁记》谓唐之邓州南
阳"为天下扃闼"，中唐前期，南阳已是"邮置之冲，往复王命"⑦。符
载《邓州刺史厅壁记》："饰传遽之舍，作栖旅之馆，储什器之用，盖余
力也。"⑧ 贞元二年十二月敕："从上都至荆南为次路驿……次路驿官
二周年无败阙，与减一选，三周年减两选。"⑨ 以此作为奖励措施，驿

---

①［唐］张九龄撰，熊飞校注：《张九龄集校注》卷三，第 232 页。

②［唐］杜甫著，［清］仇兆鳌注：《杜诗详注》卷二一，第 1841—1842 页。

③［唐］白居易著，顾学颉校点：《白居易集》卷二七《赠皇甫宾客》，第 610 页。

④［清］彭定求等编：《全唐诗》卷二七〇，第 3013 页。

⑤［宋］欧阳修等撰：《新唐书》卷二二五中《朱泚传》，第 6446 页。

⑥［宋］王溥撰：《唐会要》卷八六《道路》，第 1574 页。

⑦［宋］李昉等编：《文苑英华》卷八〇四，第 4252—4253 页。

⑧［宋］李昉等编：《文苑英华》卷八〇一，第 4237 页。

⑨［宋］王溥撰：《唐会要》卷六一《御史台中·馆驿》，第 1061 页。

路日益宽敞畅通。柳宗元《馆驿使壁记》："自灞而南,至于蓝田,其驿六。"① 这是述营建以后的道路馆驿情况,《小畜集》卷二〇《商於驿记后序》："故邮传之盛,甲于它州。"也是指他所说的"大历贞元之后"②,王室微弱,李希烈叛唐,汴路阻断之时。元和、大中间,亦曾修建。十万卷楼丛书本《宝刻丛编》卷一〇商州《唐新修桥驿记》引《复斋碑录》："唐韦行俭撰,柳汶正书,元和八年立。"《唐商於驿路记》："唐翰林学士承旨韦琮撰,太子宾客柳公权书,秘书省校书郎李商隐篆额,商州刺史吕公碑不著名。移建州之新驿。碑以大中元年正月立。《集古录目》。"③

　　经过几次修筑,沿途馆驿亭店大增于前。《旧唐书》卷一三一《李皋传》:贞元初,拜山南东道节度使,锐意为政,"自荆至乐乡,凡二百里,旅舍乡聚凡十数,大者皆数百家"④。这是指荆州驿路。据《玉泉子》,商山路有歇马亭之类交通设施方便行人,文士可馆亭题诗。德宗朝,郑细为御史,出巡荆部,曾于商山歇马亭俯瞰山水,而驿站内也建有饮酒宴会厅和歇马亭之类的配套设施。随着交通建设的加快,窦巩、刘禹锡、杜牧诗中的蓝田—武关道,完全变成另外一副气派,热闹非凡。白居易《登商山最高顶》:"高高此山顶,四望唯烟云。下有一条路,通达楚与秦。或名诱其心,或利牵其身。乘者及负者,来去何云云。我亦斯人徒,未能出嚣尘。七年三往复,何得笑他人。"⑤ 他所提到的三往复,是指元和十年到长庆二年(815—822)这七年间,因为贬官江州、召入京中及出为杭州刺史而三次往返此

①［唐］柳宗元撰:《柳宗元集》卷二六《馆驿使壁记》,第703—704页。
②［宋］王禹偁撰:《小畜集》卷二〇,《四部丛刊初编缩本》第175册,第136页。
③［宋］陈思编著:《宝刻丛书》卷一〇,浙江古籍出版社,2012年,第768页。
④［后晋］刘昫等撰:《旧唐书》卷一三一《李皋传》,第3640页。
⑤［唐］白居易著,顾学颉校点:《白居易集》卷八,第152—153页。

路。这时已是中唐,路上的情形是"才闻鸡唱呼童起,已有铃声过驿来"①。王贞白《商山》诗描写晚唐此路的行旅盛况是"商山名利路,夜亦有人行"②。政府不惜代价维护交通,虽则人口锐减,赋役却更繁重。《新唐书》卷一四三《王凝传》:"擢累礼部侍郎,不阿权近,出为商州刺史。驿道所出,吏破产不能给,而州有冶赋羡银,常摧直以优吏奉。凝不取,则以市马,故无横扰,人皆尉悦。"③李骘《徐襄州碑》:"襄阳,荆鄂十道之要路,公私来往,充给实繁。"④正是由于几代人的持续艰辛努力,才有了王贞白所描述的行旅之盛。

　　那为什么初盛唐时该道上往来的文士不多呢? 除了交通落后外,最主要是唐前期南方经济发展缓慢,在全国经济地位不高,所以张九龄的《荆州谢上表》中只提到"小道使多",而不是什么人都多。此外,唐前期作家大都出身、成长于北方,不因奉使、贬谪,不会轻易到南方去。在初盛唐人眼中,南方既是远州,又蛮族聚居,愚昧落后,因此心中十分鄙视,盛唐诗人韦迢作《潭州留别杜员外院长》,尚谓长沙郡是"小郡海西偏",到这里的北人是"去留俱失意"⑤。元和时,白居易贬江州,其《东南行一百韵》《送客春游岭南二十韵》等诗,把南方描绘得十分野蛮可怕,荒冷难耐,直到北宋还是"不因迁谪岂能来"⑥。以贬谪为例,取襄荆驿路者当然比较多,但南贬集中在唐后期,前期则不然。初盛唐文人并不专流贬岭南、江南,贬所分散在

---

① [唐]褚载:《晓发》,[清]彭定求等编:《全唐诗》卷六九四,第7990页。
② [清]彭定求等编:《全唐诗》卷七○一,第8061页。
③ [宋]欧阳修等撰:《新唐书》卷一四三《王凝传》,第4693页。
④ [唐]李骘:《徐襄州碑》,[宋]李昉等编:《文苑英华》卷八七○,第4591—4592页。
⑤ [清]彭定求等编:《全唐诗》卷二六一,第2908页。
⑥ [宋]欧阳修著,李逸安点校:《欧阳修全集》卷一○《黄溪夜泊》,中华书局,2001年,第168页。

全国十道。而且贬江西、岭南也不是非走此道不可,《太平广记》卷一四六引《定命录》载,武后时,狄仁杰贬彭泽县令,路经汴州,被开封县令霍献可追逐,当日出界,表明他是取汴州水路而下,不由襄荆路。又据《资治通鉴》卷二〇九,景云元年(710),郑愔自秘书少监左迁沅州刺史,即迟留洛阳,以俟重福,表明他是拟由洛阳乘船东下。沅州在京师南四千一百九十七里,至东都三千九百里,这一路段主要是水路。水路有舟船之利,多样化的走法,要分散不少本可以走襄荆驿路者。流贬岭南的左降官北归,很多人取道扬州,经商山道者反而不太多,杨凭贬临贺,李绅贬端州,其北归都是经扬州,至宋、汴,取两京道西上。神龙中沈佺期、宋之问南贬遇赦,经潭州北归;韩愈自袁州诏还,由商山道北上,表明只有部分人北归取此道。即使江西选人、进士赴京也有部分人由扬州不由襄荆,《太平广记》卷八五引《稽神录》载,庐陵人杨彦伯,天复辛酉岁(天复元年,901),入京赴选。行至华阴逆旅,遇豫章邸吏杨某同宿,次日出发。二人分别是吉州、洪州人,本可乘舟逆水,至襄阳北上,然而却偏取扬州由两京道西上。至于赴江南西道的唐官,由两京道者更多,唐人华岳题名中,不乏此类事例。武周时期以洛阳为中心,流贬者即由洛阳顺流而下,如宋之问贬泷州,玄宗时张九龄左迁洪州,也由扬州、江宁至贬所。只有党争中失势者、得罪人主者行重谴,才责令其驰驿赴贬所,让他去饱受鞍马劳顿之苦。

另外,唐前期文人奉使最多的地方是北方,玄宗时文人喜游边幕,这又减少了经此道的文人总数。再看应举。如果将陈尚君《唐诗人占籍考》中的诗人作前后期的区分,则会发现唐前期北方文人占主流,唐后期南方文人才多起来。《唐摭言》卷二海述解送条、《北梦琐言》卷四破天荒解条载,唐荆州虽号衣冠薮泽,但中晚唐时期每岁解送举人,多不成名,所以荆南解时号天荒解。直到大中四年

（850），崔铉作镇荆南，以破天荒钱七十万资之，刘蜕才以荆州府解及第，然而其进士及第，竟在大中四年。唐代湖南四十九位诗人，绝大多数生活在晚唐。黄玫茵《唐代江西地区开发研究》表明，中唐以后江西诗文作者较此前大增，后期人数为前期的十一倍、八倍。前后期共八十九人，后期占百分之九十一。唐前期由于整体文化水平不够，当地文士大都不愿赴科场积极入仕，亲友劝勉，也是"勉强一举即止"，与那些"十上耻还家"①"平生事行役"②的北方文士迥异，社会风气也不同于"门调户选，征文射策，以取禄位"的北方社会。北方人以此为"行己立身之美"，"父教其子，兄教其弟，无所易业。大者登台阁，小者任郡县，资身奉家，各得其足"③。南方则不然，多数人安居家乡终老，科举在他们心目中并不特别重要。中唐以来，随着科举文化的高涨，在北人带动下，观念和风气才逐渐有所改变。然而仍不愿远行远仕，他们中大部分诗人就在南方活动，北游京洛的人数、次数不太多，这在整个南方有一定的普遍性，终唐之世，未能彻底改变。

　　上述情况无疑影响了整个唐代长安至襄荆道的文人行旅。从政治军事上看，荆南、鄂岳、湖南、江西、黔中等镇，置于肃、代、德三朝。江陵立为南都，也是在"自至德后，中原多故，襄邓百姓、两京衣冠，尽投江湘，故荆南井邑，十倍其初"④的情况下才有的事。随着经济地位的提高，鄂岳、荆南、湖南、江西等地军政首长中著名文人比例才大增，此前命官极马虎。《唐刺史考》显示，以上诸镇在升级为节度使之前，真正有文才的刺史较少，刺史中在职无声者、身有微累者、粗通文

---

① ［唐］孟浩然：《南归阻雪》，［清］彭定求等编：《全唐诗》卷一五九，第 1628 页。
② ［唐］赵嘏：《东归道中二首》其一，［清］彭定求等编：《全唐诗》卷五四九，第 6345 页。
③ ［唐］沈既济：《词科论》，［清］董诰等编：《全唐文》卷四七六，第 2156 页。
④ ［后晋］刘昫等撰：《旧唐书》卷三九《地理志二》，第 1552 页。

墨的武夫却不少。元结《道州刺史厅壁记》载,他到任之前,除了两位刺史稍微有治绩外,其余都是"贪猥惛弱,不分是非,但以衣服饮食为事"之辈,弄得"井邑丘墟,生人几尽"①。这种情况,在南方相当普遍。这些人赴任回朝虽经过此道,但并没有留下任何诗来。戴伟华《唐方镇文职僚佐考》则显示,代宗以后,上述诸镇吸引了很多北方文人,他们或从京中南下,或由他镇转来,其往返京中的机会也大增,湖南、江西、荆鄂等南方文人入本地幕者反而很少。

根据上面的分析,可以得出这样的结论:

长安至襄荆驿路上的文学作品主要集中在唐后期,唐前期较少见。在驿道上往返的文人中,北方文人占主流。肃、代以后,他们纷纷流向南方。驿道上奔走的南方文人较少,留下的作品也不多。

初盛唐时,文人在商山道上行役时一般不作诗,进入襄阳以南路段才有诗。丘为、李百药南贬,渡汉江以后才有诗。宋之问、沈佺期南贬北还,直到汉江才有诗。崔湜、郑愔贬江、襄,也一样。部分人直到潭、郴州甚远至度岭时才有诗,如王无竞、阎朝隐、杜审言南贬,在湘江上航行及到达大庾岭后,才有诗,至端州驿,则留下了一组前后相继的题驿壁诗。张说被征入京,有《襄阳路逢寒食》,再往北就没有了。王昌龄南贬,至荆州、岳州才有诗。这种情况在初盛唐很有普遍性,直到贞元、元和间,才大有改观。而且即使行旅很盛,也未达到像严耕望所估计的那样,是"中古时代最繁荣之交通路线",盖过了两京道②。唐前期不必说远不能与两京道相比,即使后期,两京行旅仍比该道盛。总之,其行旅盛况与"次路驿"即全国第二驿道的地位是相称的。为了清楚地显示该道上的文学创作具体情况,以下据笔者统

---

① [唐]元结著,孙望校:《元次山集》卷一〇,中华书局,1960年,第147页。文题从《文苑英华》卷八百。

② 严耕望撰:《唐代交通图考》第四卷《荆襄驿道与大堤艳曲》,第1040页。

计,将相关诗歌分期列表如下：

时代	诗人数	作品数
贞观	1	3
高宗—武后	3	4
开元—天宝	7	13
至德—大历	9	26
贞元—长庆	14	90
宝历—五代	27	82
作品共计	218	

　　上述诗,以行至荆南及澧、岳州驿路为断限,其中包括少数江行诗。众多诗人中,韩愈、柳宗元、元稹、白居易、刘禹锡、李涉、杜牧的作品在十首以上,雍陶、罗隐、温庭筠、蒋吉、张祜有诗五首以上。其中还出现了连续性的纪行诗。元稹贬江陵及回朝,韩愈贬潮州,白居易贬江州、赴刺杭州及自忠州取道襄阳回京,都有较完整的纪行诗,乾宁二年(895)吴融贬荆南,还创作了纪行组诗《南迁途中作七首》。

　　长江以北驿路上产生的文学作品,集中在四个路段。第一段自长安出京至蓝田关,中经长乐、灞桥、韩公、蓝溪、蓝田等六驿,是为关中段。第二段自蓝田关至邓州北境,为商山段,沿途景点如七盘岭、仙娥、四皓、洛源、棣华、层峰、青云、阳城、商於等驿,是唐文人经常题咏的。第三段为邓州南阳至襄州段,其中汉阴、峴阳、襄河、善谑、武宁、纪南、临沙诸驿馆,都有唐人题咏。第四段由荆州渡长江,过洞庭,至岳州。唐诗的分布,第一段最少,第二段最多,三段次之,四段又次之。沿线景点也以第一段最少,二、三段最多。内容主要有两个:一是记述中途行旅,如元稹的《西归绝句十二首》、窦巩《南阳道中作》;二是记叙文人在馆驿、客店中的生活见闻。其中有两类文学作品多姿多彩，最值得一提。

一是写迁客流人的贬逐生活图景。这条驿路因为直通岭南、荆湘、江西和黔中四大流贬中心，遂成为唐代最有名的贬谪大道，约三分之二的唐文人由此道南贬，李义府、褚遂良、杜正伦、崔湜、崔融、宋之问、沈佺期、杜审言、阎朝隐、王无竞、韦承庆、刘幽求、张说、李邕、韦陟、张九龄、王昌龄是前期的典型。贾至、杨炎、刘晏、戎昱、张谓、韦执谊、陆贽、韩愈、刘禹锡、柳宗元、韩泰、白居易、元稹、李绅、郑馀庆、李涉、马植、蔡京以及牛僧孺、令狐楚、李珏、杨虞卿等牛李两党骨干，杨收、路岩、韦保衡、刘瞻是后期的代表。贬南方的名位卑微者也多起来，如崔郾、卢肇、刘蒉、沈亚之、杨发、李明远、钱珝、吴融，总之是"谁人不遣谪"[①]。十之八九贬南中。张祜《伤迁客殁南中》描写晚唐时的流贬者江上相值的情景："白须才过海，丹旐却归船。肠断相逢路，新来客又迁。"[②]"丹旐素车，归于上京。"[③]所绘情景，生动而且准确。每当政治变动之际，左降官就络绎于道，按照唐代流贬制度，"即日辞双阙，明朝别九衢。播迁分郡国，次第出京都"[④]。水陆驿道上南行北归的迁客会面的情景也不是没有。孟浩然《江上别流人》"以我越乡客，逢君谪居者。分飞黄鹤楼，流客（落）苍梧野"[⑤]，便是写实之笔。但是大部分迁谪者并没有留下贬途的详细记录，只有通过韩愈、白居易、元稹、李绅、吴融、钱珝等人的诗，我们才得以了解到他们

---

① ［唐］戎昱：《送辰州郑使君》，［清］彭定求等编：《全唐诗》卷二七〇，第3018页。"辰州"《文苑英华》卷二七三作"新州"，疑是。

② ［清］彭定求等编：《全唐诗》卷五一〇，第5818页。

③ ［唐］柳宗元撰：《柳宗元集》卷一二《故殿中侍御史柳公墓表》，第314页。

④ ［唐］白居易著，顾学颉校点：《白居易集》卷一六《东南行一百韵……》，第324页。

⑤ ［唐］孟浩然著，徐鹏校注：《孟浩然集校注》卷一，第48页。

的沿途生活。原来,无论是行重谴贬还是一般的贬谪,唐文人的文学活动始终未停止过。据元稹后来回忆,他贬江陵,沿途作诗十八首,其中有的还题在驿壁上。其《三月二十四日宿曾(层)峰馆夜对桐花寄乐天》具体描写了独宿时的情景:"微月照桐花,月微花漠漠。怨淡不胜情,低徊拂帘幕。叶新阴影细,露重枝条弱。夜久春恨多,风清暗香薄。是夕远思君,思君瘦如削。……我在山馆中,满地桐花落。"① 层峰驿中桐花新月帘幕之下独自徘徊的诗人形象,跃然纸上。其《酬乐天书怀见寄》则叙述夜晚写作此诗寄友的情景:"我上秦岭南,君直枢星北。秦岭高崔嵬,商山好颜色。月照山馆花,裁诗寄相忆。天明作诗罢,草草从所如。凭人寄将去,三月无报书。荆州白日晚,城上鼓鼕鼕。行逢贺州牧,致书三四封。封题乐天字,未坼已沾裳。"② 诗人为作诗而彻夜不眠。这里还告诉我们唐人通信联络寄诗的方式,仍然是缄封诗稿,书以名字,通过邮吏、使客、刺史等行人递达。元诗寄白通过邮吏,白诗寄元却通过贺州牧。白居易《发商州》《桐树馆重题》等告诉我们:左降官在贬途中,可以等候妻小同行,他们同样题壁、吟诗,将友人的诗卷随身携带,白居易南贬途中,就带上李白、杜甫、元稹的诗卷。韩愈贬潮州,在此道上共作了七首诗,每一首都有独特价值,《左迁至蓝关示侄孙湘》这首著名的七律告诉我们:中唐以来,随着对左降官打击的增大,行重贬者往往惧死,这严重影响了旅途心情,罪重者诗少,当与此有关。《武关西逢配流吐蕃》:"嗟尔戎人莫惨然,湖南地近保生全。"③ 此诗牵涉到唐室对待外族的两种态度:凡主动附唐的如突厥、高丽、回纥残胡,均徙山东、河南、淮南宽乡安置,"使百万降虏,化为齐民";而对待长期与唐室为敌的吐

① [唐]元稹撰,冀勤点校:《元稹集》卷六,第63页。
② [唐]元稹撰,冀勤点校:《元稹集》卷六,第63页。
③ [唐]韩愈撰,钱仲联集释:《韩昌黎诗系年集释》卷一一,第1101页。

蕃则极严，吐蕃生口（俘虏）均分散地流放到湖南、福建等南方远州。《册府元龟》卷四二载，元和元年（806）正月，诏放还福建所送吐蕃生口。宝历元年（825）四月，又诏投降吐蕃放还本国。且不许商人百姓文士与蕃客有钱物交关①。对此，白居易的《缚戎人》写得较详细："缚戎人，缚戎人，耳穿面破驱入秦。天子矜怜不忍杀，诏徙东南吴与越。黄衣小使录姓名，领出长安乘递行。身被金疮面多瘠，扶病徒行日一驿。"②韩愈诗进一步加深了我们对此项政策的理解。其南迁途中作的《次邓州界》《过南阳》，描写南阳驿路边上的景象，十分逼真。《题楚昭王庙》及《食曲河驿》等纪行诗则写宜城驿、曲河驿的环境，都不可多得。

　　二是写举子与下层文人的客游生活。中晚唐时期，下第客游南方的日益增多，杜荀鹤、皮日休、罗隐等吴越、荆湘、江西地区的文人主要在南方使府间活动，皮日休《太湖诗序》载，咸通六年（865），他"自江汉至于京"，就"干者十数侯，绕者二万里"③，这还只是一次干谒，可以想象他们在南方活动之频繁。北方文人南下的也在增加，《太平广记》卷四一六引《宣室志》载，大和七年（833）太原董生、王生，南游荆楚，经商於驿路南下。唐人行旅诗让人对他们的日常生活有一个初步了解。孟郊《商州客舍》："商山风雪壮，游子衣裳单。四望失道路，百忧攒肺肝。日短觉易老，夜长知至寒。泪流潇湘弦，调苦屈宋弹。"④这是他第三次下第赴东南客游途中留下的作品，诗人的寒饿穷苦，彷徨失据，投靠无所，在这里得到了最生动的体现。诗人刘言史，诗风美丽恢赡，世少其伦，深得时人称许。镇冀节度使王

① ［宋］王钦若等编：《册府元龟》卷九九九《外臣部·互市》，第11727页。
② ［唐］白居易著，顾学颉校点：《白居易集》卷三，第71页。
③ ［清］彭定求等编：《全唐诗》卷六一〇，第7034页。
④ ［清］彭定求等编：《全唐诗》卷三七四，第4204页。

武俊颇好词艺,言史造之,特加敬异。却终身不遇,其《江陵客舍留别樊尚书》描述举子游幕的寒酸,又比孟郊的诗多了一层况味:"信陵门馆下,多病有归思。坠履忘情后,寒灰更湿时。委兰芳蕙晚,凭几雪鬓垂。明日秋关外,单车风雨随。"[①]他遍历南北戎幕,河北、吴越、江湘,各有数年,淹滞不迁,金榜荣名,一直无缘,终于失意而去,客死他乡,上述内容都包含在此诗中。雍陶《离京城宿商山作》"山月吟声苦,春风引思长。无由及尘土,犹带杏花香"[②],呈现的情景极似《太平广记》中的客游书生,酷爱文学,对月吟诗,闲庭步月,哀音苦调,清冷又孤单。温庭筠《碧涧驿晓思》"香灯伴残梦,楚国在天涯。月落子规歇,满庭山杏花"[③],只抓住清晨梦醒后犹沉浸在对远在楚地家园的回忆中这样一个镜头,就把游子的乡恋与羁游的无奈表现得淋漓尽致:梦中美好的记忆断片还残留在脑海中,却仍须决然地前行。

在长乐驿至蓝田驿一段,刘禹锡、柳宗元、陆畅的诗较有特色。元和十年(815)正月,刘禹锡自朗州奉诏还京,宿于都亭驿,喜不自胜,有《元和甲午岁诏书尽征江湘逐客余自武陵赴京宿于都亭有怀续来诸君子》:"云雨江湘起卧龙,武陵樵客蹑仙踪。十年楚水枫林下,今夜初闻长乐钟。"[④]把召回的诏书比喻为雷雨,诏征还京喻为"蹑仙踪",喜悦之情,由此可见。而柳宗元随后的《诏追赴都二月至灞亭上》亦为其生平第一快诗:"十一年前南渡客,四千里外北归人。诏书许逐阳和至,驿路开花处处新。"[⑤]把诏追还京的这种愉快心情染

---

① [清]彭定求等编:《全唐诗》卷四六八,第5332页。
② [清]彭定求等编:《全唐诗》卷五一八,第5918页。
③ [清]彭定求等编:《全唐诗》卷五八一,第6740页。
④ [唐]刘禹锡著,陶敏、陶红雨校注:《刘禹锡全集编年校注》卷四,第199页。
　　"云雨"《全唐诗》卷三六五作"雷雨",指赦书,义较长。
⑤ [唐]柳宗元撰:《柳宗元集》卷四二,第1154页。

到外物之上。唐人赴贬所诗多,诏追赴阙的反倒少见,仅有韩愈自袁州召还、元稹自江陵召还的十几首,全部产生在长安至荆襄道上,益显珍贵。

蓝田驿为重臣赐死之所,文士留诗较少,即使有也是满纸愁苦,唯陆畅《出蓝田关寄董使君》格调明快,值得一提:"万里烟萝锦帐间,云迎水送度蓝关。七盘九折难行处,尽是龚黄界外山。"[①]诗人此行,可能是赴江西王仲舒幕,度蓝关,登秦岭,心情畅快,沿途景色显得如诗如画。这首诗不是下第应举之作,没有唐人关津诗那种常见的哀音苦语。

中唐以来,道路拓宽,行客众多,客店密集,元和以后,与南方的各种联系进一步加强,这里也更加热闹,时有文会。《太平广记》卷三四四引《会昌解颐录》云:祖咏之孙进士祖价,下第后游商山,至一空佛寺,与一书生"语笑说经史,时时自吟"[②],夜久方退,次日方访知其为鬼。卷三四九引《宣室志》载,开成中,长沙梁璟举孝廉,八月十五夜,途次商山,舍于馆亭中。至夜半,"忽见三丈夫,衣冠甚古,皆被珠绿,徐步而来,至庭中,且吟且赏,从者数人"[③]。虽托名为鬼,却生动地反映了元和以后的行旅盛况。韩琮《题商山店》写到店中侍女貌美如花,对其暗送秋波,示以情好。李日新《题仙娥驿》写商山食店规模很大,经营各种唐代常见饮食,他还作诗嘲笑食品陈旧。温庭筠《商山早行》:"鸡声茅店月,人迹板桥霜。槲叶落山路,枳花明驿墙。"[④]也是叙述他从商山旅店出发,踏上霜路,经过驿站南下。其他涉及了商山驿的诗歌、小说有十几处,这说明"名利路"带来了沿

---

①［清］彭定求等编:《全唐诗》卷四七八,第5443页。

②［宋］李昉等编:《太平广记》卷三四四《祖价》,第2729页。

③［宋］李昉等编:《太平广记》卷三四九《梁璟》,第2766页。

④［清］彭定求等编:《全唐诗》卷五八一,第6741页。

线商业的繁荣。齐己《过商山》说明这条名利路一直维持到唐亡：
"叠叠叠岚寒，红尘翠里盘。前程有名利，此路莫艰难。"① 在这群竞
趋名利者眼中，商山路再也不那么可怕，它变得分外明丽。雍陶《春
行武关作》："风香春暖展归程，全胜游仙入洞情。一路缘溪花覆水，
不妨闲看不妨行。"② 赵嘏《商山道中》："和如春色净如秋，五月商山
是胜游。"③ 杜牧《除官赴阙商山道中绝句》："水叠鸣珂树如帐，长杨
春殿九门珂。"④ 商山路开始向世人展示它仙境般的魅力，人们热情
赞美它，表现它的种种美，并以关注的目光投向周围。杜牧《商山麻
涧》："云光岚彩四面合，柔柔垂柳十余家。雉飞鹿过芳草远，牛巷鸡
埘春日斜。秀眉老父对樽酒，蒨袖女儿簪野花。征车自念尘土计，惆
怅溪边书细沙。"⑤ 驿路边的山村景象第一次得到如此生动的展现，
极富生活气息。温庭筠则把注意力投向了商山中的野鸡，《咏山鸡》
是他的诗集中唯一一篇以驿边的山鸡为对象的唐诗："万壑动晴景，
山禽凌翠微。绣翎翻草去，红觜啄花归。巢暖碧云色，影孤清镜辉。
不知春树伴，何处又分飞。"⑥ 诗人描绘山鸡的美丽羽毛、林间的活
动，绘活了山鸡的形象，全诗充满奇趣。商山驿路上还有许多野生桃
李，煞是招人喜爱，元稹《西归绝句十二首》其二："两纸京书临水读，
小桃花树满商山。"⑦ 陈光《下第商山对绯桃》："半夜东风力，霞光一
片新。细看初着雨，繁艳欲烧人。"⑧ 在这样的驿路上行走，自是美不

① [清]彭定求等编：《全唐诗》卷八四〇，第9480页。
② [清]彭定求等编：《全唐诗》卷五一八，第5920页。
③ [清]彭定求等编：《全唐诗》卷五〇〇，第6369页。
④ [清]彭定求等编：《全唐诗》卷五二三，第5979页。
⑤ [清]彭定求等编：《全唐诗》卷五二三，第5978页。
⑥ [清]彭定求等编：《全唐诗》卷五八一，第6740页。
⑦ [唐]元稹撰，冀勤点校：《元稹集》卷一九，第220页。
⑧ 陈尚君辑校：《全唐诗补编·全唐诗续拾》卷三六，第1247页。

胜收,所以即使是失意而归者,诗兴也浓起来,司空图《商山二首》其一"清溪一路照羸身",其二"马上搜奇已数篇"①,当是唐文人行役于此经常会有的情景。

商山路下面的邓州南阳驿路在盆地中穿过,这一带纬度更低,气候比关中温暖,景致更明丽。杜牧《途中作》:"绿树南阳道,千峰势远随。碧溪风澹态,芳草雨余姿。野渡云初暖,征人袖半垂。残花不足醉,行乐是何时。"②前半写山峰、驿树一片葱绿,姿态可爱,后半写风情日暖,渡口征人,正好行乐。窦巩《南阳道中作》画面更开阔,意象更繁丽:"东风雨洗顺阳川,蜀锦花开绿草田。彩雉斗时频驻马,酒旗翻处亦留钱。新晴日照山头雪,薄暮人争渡口船。早晚到家春欲尽,今年寒食月初圆。"③前六句一句一景,令人目不暇接,诗中情景从侧面反映出南阳这个"邮置之冲"风景秀丽,水陆交通都很发达,农村经济有一定程度的发展。许浑《南阳道中》所写的地方在邓州南境:"月斜孤馆傍村行,野店高低带古城。篱上晓花斋后落,井边秋叶社前生。饥乌索哺随雏叫,乳牸慵归望犊鸣。荒草连天风动地,不知谁学武侯耕。"④这是一副高度逼真的晚归图:孤馆野店、长长的驿路、篱花古井、饥乌乳牛,声色形态毕具,诗中呈现的是秋景,显得衰飒。

《唐六典》卷五驾部郎中员外郎条载,开元末,有驿站一千六百三十九所,其中二百六十所水驿,一千二百九十七所陆驿,八十六所水陆相兼。但一般的馆驿诗只写陆驿,少数人写到水驿,水陆兼驿则只有裴说的《汉南邮亭》:"高阁水风清,开门日送迎。帆张独鸟起,乐奏大鱼惊。骤雨拖山过,微风拂面生。闲吟虽得句,留此谢多

---

① [清]彭定求等编:《全唐诗》卷六三三,第7266页。
② [清]彭定求等编:《全唐诗》卷五二三,第5979页。
③ [清]彭定求等编:《全唐诗》卷二七一,第3050页。
④ [清]彭定求等编:《全唐诗》卷五三五,第6102页。

情。"① 从最后两句看,这是一首题壁诗,所咏的是襄阳汉阴驿的情景。这是一座有名的水陆兼驿,李骘《徐襄州碑》谓徐某为襄州刺史时,专门在驿中修建了一所江亭,用于迎送和宴会,"长廊虚槛,连接大厅;怪石修篁,罗列其所;江波入户,画舸临轩,信可谓胜游之地"②,行客不断。节镇往来迎送,多在此亭,宝历元年(825)牛僧孺赴镇武昌,途经襄阳,山南东道节度使柳公绰戎装披挂,迎候于此③。部分人自此驿乘舟东下,至江西、吴越。白居易赴江州贬所,行至此,作《襄阳舟夜》:"下马襄阳郭,移舟汉阴驿。秋风截江起,寒浪连天白。本是多愁人,复此风波夕。"④ 即从此驿乘舟至江州。反之,也有人在此登岸北上,行客川流不息,驿吏就得迎来送往,"开门日送迎"。由于行客多,故颇有陆上相值、送别之作。窦巩《汉阴驿与宇文十相遇旋归西川因以送别》:"吴蜀何年别,相逢汉水头。望乡心共醉,握手泪先流。宿雾千山晓,春霖一夜愁。离情方浩荡,莫说去刀州。"⑤ 巩贞元中曾掌记于山南东道、荆南幕,此诗乃游山南东道幕时之作。宇文十自长安来,从汉阴驿转而乘舟,西归蜀中,诗人与之相遇而惜别,其情殷殷,夜雾中挥手话别的情景如在目前。白居易《逢张十八员外籍》:"旅思正茫茫,相逢此路傍。晓岚林叶暗,秋露草花香。白发江城守,青衫水部郎。客亭同宿处,忽似夜归乡。"⑥ 此诗作于长庆二年(822)秋诗人赴杭州途中。诗人南行,在内乡县境内,遇到奉使

① [清]彭定求等编:《全唐诗》卷七二〇,第8262页。
② [唐]李骘:《徐襄州碑》,[宋]李昉等编:《文苑英华》卷八七〇,第4592—4593页。
③ [宋]欧阳修等撰:《新唐书》卷一六三《柳公绰传》,第5022页。参见《资治通鉴》卷二四三宝历元年正月乙卯条。
④ [唐]白居易著,顾学颉校点:《白居易集》卷一五,第314页。
⑤ [清]彭定求等编:《全唐诗》卷二七一,第3049页。
⑥ [唐]白居易著,顾学颉校点:《白居易集》卷二〇,第429页。

北归的张籍(张籍是年先奉使南行,有《使至蓝溪驿寄太常王丞》),二人同宿于沿途一驿,侵晓分别,时诗人处于一生中最低落的时期,巧遇知己,感而作诗。

总之,安史之乱以后,这里交通发达,文学作品内容多姿多彩,为我们了解唐人、接近唐人提供了许多珍贵材料。

所有这些都与都城位置及交通格局的关系有关。唐都关中,关中在西北,而这条道路是连接东南的唯一便捷通道,因此国家必然依赖它,努力经营它,各种人员来往都集中于此。一旦这种关系不复存在,所有这些也将随之消失,宋人余靖作《韶州新修望京楼记》,就注意到都城位置的变化与交通格局的变迁之间的关系,说唐都关中,"繇湘、衡而得骑田,故武水最要;今天子都大梁,浮江、淮而得大庾,故真水最便"。骑田岭路成了官员使者的"乘驲(驿)旧途",是王官往来的"太平水道"。因此唐时,韶州尽管在全国是僻郡,于岭南交广却是"通衢""善地","风亭水馆,高台上舍"[1],之所以如此者,"势使之然也",这是多么发人深思啊!

第五节　长安至太原幽蓟道交通与文学

长安至太原幽蓟间的交通,严耕望《唐代交通图考》第一卷京都关内区《长安太原驿道》、第五卷河东河北区《太原北塞交通诸道》《太行井陉承天军道》,王文楚《唐代太原至长安驿路考》《唐代太原至长安驿路再考》诸篇做了系统的考述。稍做归纳,这条道路分为两段,一段在长安至太原间,全长一千二百六十里,其驿程走向

---

[1] [宋]余靖撰:《武溪集》卷五,《北京图书馆古籍珍本丛刊》第85册,书目文献出版社,2000年,第80页。

为长安—同州—蒲津关—绛—晋—汾水关—阴地关—冷泉关—汾
州—太原。自太原东北出井陉、飞狐等关，经镇、易、定，至幽州，为长
安、太原东通河北的主要干道，全长二千五百二十里。韩愈长庆二年
（822）奉使镇州，走的就是这条路，自太原东出关后的驿路，主要在
太行山东麓延伸。中唐的藩镇割据使道路交通受到一定影响，但也
不是太大，时局平稳的时候，依然行客不断，中晚唐之际的诗人姚合
就有诗叙说："太行山下路，荆棘昨来平。一自开元后，至今通客行。
地形吞北虏，人事接东京。"① 表明其交通的开启和全盛，乃是开元以
后之事。另一条通路自太原北上代州，过雁门关，东北经蔚、妫二州，
以达幽州，路程在二千六七百里以上。虽则迂远，但中晚唐以后，河
北藩镇跋扈，镇州一带常发生军乱，河北与关中的交通有时反而依赖
此道。《资治通鉴》卷二二五载，大历九年（774）秋七月戊午，"朱泚
入朝。至蔚州，有疾，诸将请还，俟间而行"。胡三省注："此自幽州西
出山后，取太原路入朝。宋白曰：蔚州，西南至代州四百六十里。"②
知朱泚是由范阳自幽州西出山后，过蔚州，取太原路南下。贞元、元
和间刘总、刘济父子与朝廷保持联系，走的也是此道。

　　唐代到过太原的文人很多。它是全国第三大都市，不但军事地
位极重要，而且政治地位高，是李唐龙兴之所，故天授元年（690）就
确定为北都。开元十一年（723），玄宗又改并州为太原府，此后至于
唐亡不改，明载于《元和郡县图志》卷一三河东道太原府条。高宗、
玄宗，屡屡巡幸，大臣将相，出入其间。唐后期，太原北遏强胡，东制
河朔，与驻节灵州的朔方军一东一西，屏蔽京师，俨然巨镇。由于太

---

① ［唐］姚合《送王秘书游魏川（州）》，［宋］李昉等编：《文苑英华》卷二七八，
　　第 1407 页。
② ［宋］司马光编著，［元］胡三省音注：《资治通鉴》卷二二五，第 7227 页。

原以北军镇密集,从内地调集来的防秋兵,经常出入在太原驿路上。
太原西北的河上军城、云中、单于都护府,东北的蔚州、妫州约两千余
里地区,是塞北漠南最为肥美的地区,中古时期,胡汉政权经常在此
激烈争战,而太原则正好处在碛南与内地的中介地带,其与上述地区
的关系尤其密切。渡碛南徙的北塞诸胡,每值秋高马肥,经常取太原
路入寇。隋唐皇室用兵铁勒、突厥、契丹,很多时候都得经过太原,诸
如此类的记载,从两汉到隋唐,千余年来,史不绝书。和平时期,它是
通北塞乃至漠北的交通中心,是南北国际交通干线,唐与北蕃的各种
往来,取道太原的机会也多,这些因素又提高了它的地位。如果定都
关中,上述重要性就显得尤其突出,北朝中后期,它就因为这些利害
关系而变得重要起来,凿通了通长安的驿道。唐朝又陆续拓宽,《唐
会要》卷二七《行幸》载,调露元年(679)九月,高宗幸并州,"并州
长史李冲元(玄)以道出妒女寺,俗云:盛服过者,必致风雨雷雹之
灾。遂发数万人,别开御道"①。度支员外郎狄仁杰为支顿使,奉使先
修官路,奏罢之,亦见《封氏闻见记》卷九《刚正》。可见每值巡幸,千
乘万骑经过,必修御路,提高它的等级。

　　此道交通最显著的特点是使客、节镇、刺史多。《旧唐书》卷
一六二《李翛传》:元和以来,"以恩泽至坊州、绛州刺史……常饰厨
传,以奉往来中使及禁军中尉宾客,以求善誉"②。这显示,这条路上
来自朝中的使客较多。《全唐文》卷四〇九崔祐甫《汾河义桥记》:
"自太原、西河、上党、平阳,至于绛,达于雍,骙卒迫程,贾人射利,济
舟为捷,渡口如肆。"③《八琼室金石补正》卷七六萧珙《河东节度高

①　[宋]王溥撰:《唐会要》卷二七《行幸》,第517页。
②　[后晋]刘昫等撰:《旧唐书》卷一六二《李翛传》,第4240页。
③　[清]董诰等编:《全唐文》卷四〇九,第1855页。

壁镇新建通济桥记》："粤兹雄镇，实河东军之要津，封接蒲城……有关曰阴地，有亭曰雁归，固晋川之一隅……至若驲骑星驰，华轩云凑，往返骈阗者，皆中朝名士，悉憩驾于雁归亭，未尝不题藻句，纪年代也。"① 这些交通材料告诉我们，道路上使客、官员来往之频繁。

由于太原、幽州、镇州、冀州都是名藩巨镇，而从太原西北上，还可至京都关内的其他军镇，所以游幕的文士也比较多，他们或从长安来，或自洛汴而来。并、汴同为大镇，而出太原东北、西北不到千里，都是方镇最为密集之区，故常有文士自关内、河南北上，经太原到河北的幽、镇，或西北的银、夏、盐、灵、丰、胜诸镇。

下第进士、选人、迁客比较少。查陈尚君《唐诗人占籍考》，京畿、关内、河东三道有诗人二二六人、六人、一四九人，居全国第三、十二、七位，诗人并不少，说明并不是应举者人数少，而是三道文士距长安都近，没有千里迢迢的行役。太原以北没有很多求功名的文士南来，河北道文人虽多，但他们一般沿太行山东麓河北平原上的南北大道南下再西上，取太原路的反倒少见。太原东北山路崎岖，不似河北平原驿道平坦。另一个更重要的原因是河北、河南多名藩大镇，有利于从事干谒，而长安至太原驿道沿线则大镇很少。文士应举下第时，其行程路线常不固定，他首先考虑的并不是途程便捷与否，而是怎样走才有利于"事干谒"。为了求得帮助，常不避程途回远。咸通六年（865），皮日休自江州起荐，赴京应试，其行程按理说止于三千余里，这一点，白居易《东南行一百韵……》有载，说南迁江州，要"南去经三楚，东来过五湖"②。其《初出蓝田路作》也说："浔阳仅四千，

① ［清］陆增祥撰：《八琼室金石补正》卷七六，上海古籍出版社，2020 年，第 1262 页。
② ［唐］白居易著，顾学颉校点：《白居易集》卷一六，第 323 页。

始行七十里。"①江州至长安路程,《元和郡县图志》也记载得分明。但皮日休为了"以文事造请",却不得不"涉洞庭,回观敷浅源,登庐阜,济九江,由天柱抵霍岳,又自箕颍转樊邓,陟商颜,入蓝关。凡自江汉至于京,干者十数侯,绕者二万里"②。其后咸通九年应举下第东游,亦复如是。正因为如此,河东、河北文士应举下第,也常不由长安至太原驿道进京,而南下洛汴,再转由两京道西上。《太平广记》卷一五〇引《前定录》载,天宝元年(742)冬,乔琳"自太原赴举,至大梁,舍于逆旅"③。同书卷三四八引《会昌解颐录》载,牛生自河东赴举,却行经华州,夜宿村店。两人走的路线都是太原—潞州—汴洛—长安。乔琳、牛生都是太原人,完全可以经由太原至长安道进京,绕道经华州,显然是另有所图。至于流贬,关内、河东从来不是重点区域。没有举子、下第进士与迁客流人,本文所论述的文人行旅,就只有奉使、客游、赴任、回朝、巡幸等几类了。

一是巡幸。据《册府元龟·帝王部·巡幸》及《旧唐书》高宗、玄宗纪,二帝多次驾临北都,而以开元十一年(723)那次最盛。《开天传信记》称:"上封太山回,车驾次上党,路(潞)之父老,负担壶浆,远近迎谒……及车驾过金桥,御路萦转,上见数十里间,旌纛鲜洁,羽卫整肃,顾谓左右曰:'张说言:"勒兵三十万,旌旗千里间。陕右、上党,至于太原。"见《后土碑》。真才子也。'左右皆称万岁。"④可以想见规模之宏大。玄宗自洛阳出发北巡太原,经潞州至并州,然后

---

① [唐]白居易著,顾学颉校点:《白居易集》卷一〇,第198页。
② [唐]皮日休:《太湖诗序》,[清]彭定求等编:《全唐诗》卷六一〇,第7034页。
③ [宋]李昉等编:《太平广记》卷一五〇《乔琳》,第1077页。
④ [唐]郑綮撰:《开天传信记》,丁如明辑校:《开元天宝遗事十种》,第53页。文中"路"据《太平广记》卷二一二引《开天传信记》,乃"潞"之夺误,指潞州。

折回来,由汾晋渡蒲津关,至京城。后又返东都,过潼关,玄宗有《潼关口号》,张说有《奉和圣制潼关口号应制》,张九龄有《奉和圣制度潼关口》,苏颋有应制诗《奉和圣制过潼津关》,沿途不少停銮息驾之处,均留下了君臣唱和诗。至并州,南出雀鼠谷,经汾阴,至蒲州逍遥楼,渡蒲津关,均有诗。参加唱和者有张说、张九龄、苏颋、徐安贞、卢从愿、韩思复、韩休、王晙、崔玄晖、贾曾、何鸾、蒋挺、源光俗、王丘、崔翘、袁晖、王光庭、席豫、梁昇卿、赵冬曦、苗晋卿、张嘉贞,其诗历历可考^①。这是一次大型的文学活动,玄宗率同群臣,首次对沿途山川形胜作了热情洋溢的赞美。首次以诗的形式,对帝王巡幸的盛大场面与气势作了正面描写。其时唐帝国正走向极盛,文士的言辞间也透露出不同寻常的自信与豪气,一齐描述场面的壮大。玄宗的《早度蒲津关》气象壮阔,颇有大气:"钟鼓严更曙,山河野望通。鸣銮下蒲坂,飞旆入秦中。地险关逾壮,天平镇尚雄。春来津树合,月落戍楼空。"^② 张说、张九龄的和作也超出了同类诗。诗人的才情集中体现在场面描写中,玄宗《南出雀鼠谷答张说》:"川途犹在晋,车马渐归秦。背陕关山险,横汾鼓吹频。"^③ 袁晖《奉和圣制答张说南出雀鼠谷之作》:"九旗云际出,万骑谷中来。石路行将尽,烟郊望忽开。"^④ 同前席豫作:"山尽千旗出,郊平五校分。"^⑤ 三诗各有特色,玄宗诗句形容官道上大队人马,千里逶迤,鸣锣击鼓,号角喧天的场面与气氛。袁晖、席豫之作,分别以山谷和平野为背景,描摹千乘万骑的声势之

---

① 陶敏、傅璇琮著:《新编唐五代文学编年史》初盛唐卷,辽海出版社,2012 年,第 403—405 页。
② [清]彭定求等编:《全唐诗》卷三,第 36 页。
③ [清]彭定求等编:《全唐诗》卷三,第 36 页。
④ [清]彭定求等编:《全唐诗》卷一一一,第 1140 页。
⑤ [清]彭定求等编:《全唐诗》卷一一一,第 1143 页。

壮,中藏曲折,更有思致,这是唐长安太原驿路交通史上最为壮观的一页。

二是奉使。长安太原驿道上的驿使一直比较多,他们或使至太原,或自太原西北达河外军镇,甚至远使回纥,或过太原,使幽、镇,完成按察、廉问、巡边、护边等任务。中唐以后,朝廷主要靠这条路跟魏、镇等方镇保持联系,使客多自此而出。少数情况下取两京道东行,至洛阳再北上。如元和十五年十一月,起居舍人王璠出使,以副使协助郑覃前往镇州宣慰,在华岳庙留下了题名,表明他就是这么走的,详见《金石萃编》卷八〇《王璠题名》。初盛唐的奉使记载更多。如《太平广记》卷一七六引《朝野金载》载,兵部尚书娄师德出使并州,办理军务,最后却经灵州而返。开元十年(722)张说巡边,也是自洛阳、太原往西北的灵州。文渊阁四库全书本《张燕公集》卷四贾曾《饯张尚书赴朔方奉敕撰序》:"乃命元宰兵部尚书燕公专节朔方……拜手东洛,驰轺北阙。"张说《巡边在河北作二首》其一:"去年六月西河西,今年六月北河北。沙场碛路何为尔,重气轻生知许国。"① 西河即汾州,"西河西""北河北"表明,诗人的路线是北出太原,经忻、代,过朔州,从单于都护府及河上三(受降)城经行而过,"北河北"指关内道北部黄河北岸地区,在玄宗朝属唐朔方节度使防区。武后时,李迥秀、薛季昶护边,也是出巡太原东北边塞。李峤《饯薛大夫护边》:"登山窥代北,屈指计辽东。伫见燕然上,抽毫颂武功。"② 即指薛大夫巡边路线是由太原、忻、代而使至幽州,这是一条主线,初盛唐人常走。李乂《夏日都门送司马员外逸客孙员外佺北征》:"析珪行仗节,持印且分麾。羽檄双凫去,兵车驷

---

① [唐]张说撰,熊飞校注:《张说集校注》卷八,第380页。
② [清]彭定求等编:《全唐诗》卷六一,第726页。

马驰。"① 二人的北征路线也是出并州，经易、定，至幽州。这种行旅产生的文学作品还可举出一些，如姚崇，《新唐书》卷六一《宰相表上》载，长安元年（701）"四月癸丑，元崇往并州以北检校诸军州兵马"②。期间作《五言过栖岩寺》《奉使蒲州返辔奉答圣制》，见陈尚君《全唐诗补编·续拾》卷九。据《山右石刻丛编》卷五，栖岩寺在蒲州，知即此次出使途中所作，作于武后长安二年。

同样常见的是以郎官、御史充使，《太平广记》卷四〇九引《酉阳杂俎》载："唐开元末，裴士淹为郎官，奉使幽冀回。至汾州众香寺，得白牡丹一棵，值（植）于长兴（里）私地（第）。天宝中，为都下奇赏，当时名士有《裴给事宅看牡丹诗》。"③ 其行程即长安—太原—幽冀。储光羲《渭桥北亭作》："停车渭阳暮，望望入秦京。不见鸤鸳道，如闻歌吹声。乡魂涉江水，客路指蒲城。独有故楼月，今来亭上明。"④ 诗人过渭桥北，指向蒲城（即唐同州蒲城县，在长安至太原驿道上），可能还要过河中府北游。天宝中，诗人曾官监察御史，出使过河陇、范阳，此诗所记行役无疑是其中的一次。

还有幕中文士的行役。《文苑英华》卷四五张嵩《云中古城赋》："开元十有四年冬孟月，张子出玉塞，秉金钺，抚循边心，窥按穷发。走汗漫之广漠，陟峥嵘之高阙。徒观其风马哀鸣，霜鸿苦声；尘昏白日，云绕丹旌；房障万里，戍沙四平。乘蒙恬之古筑，得拓跋之遗城。"⑤ 则是一首纪行览古赋，所记云中古城据《太平寰宇记》卷三八废胜州，在唐胜州榆林郡东北四十里榆林县界。作者出太原，至云

---

① ［清］彭定求等编：《全唐诗》卷九二，第 1000 页。
② ［宋］欧阳修等撰：《新唐书》卷六一《宰相表上》，第 1665 页。
③ ［宋］李昉等编：《太平广记》卷四〇九《白牡丹》，第 3314 页。
④ ［清］彭定求等编：《全唐诗》卷一三六，第 1375 页。
⑤ ［宋］李昉等编：《文苑英华》卷四五，第 202 页。

州,来到北魏旧都盛乐古城,目睹古今兴亡之迹,又为苍凉雄阔的"大荒气象"所感染,写成这段文采斐然的抒情文字。同卷徐彦伯《登长城赋》,自比为班孟坚,"掌记戎幕"①,可见也是从军北征途中所作,循太原至云州或长安至灵州以北驿路,皆可到河套地区,登古长城。前往地域不能明确者为苏颋《汾上惊秋》:"北风吹白云,万里渡河汾。心绪逢摇落,秋声不可闻。"②诗中所述行程为长安—汾州,疑亦是奉使往汾晋以北的感秋之作。

中唐以来,交通形势发生了显著变化。吐蕃攻陷河陇,侵占原州,屡扰盐、夏。西域、灵州至长安的道路既不再畅通无阻,灵、盐以北又大部分是荒漠、沙漠地带,荒无人烟,供应困难,取太原驿路出入塞外虽迂远,但比较平坦,州县密集,遂成为中外交通的要路,使节商旅,不避迂远,往来其间。药子昂、仆固怀恩、源休、胡证、李宪等人出使回纥,往来都经过振武、太原、河中,说明走的就是这条道路。元和至大中,唐室与北蕃的联系更加紧密。"顷年每有回鹘消息,常须经太原取驿路至阙下,及奏报到,已失事宜。"元和八年(813),为防御回纥入侵,宰相李吉甫奏请"自夏州至天德军,复置废馆一十一所,以通急驿"③。这些驿路的开通,为官员出使、文人出游提供了方便。晚唐仍然如此,雍陶《送于中丞使北蕃》:"朔将引双旌,山遥碛雪平。经年通国信,计日得蕃情。野次依泉宿,沙中望火行。远雕秋有力,寒马夜无声。看猎临胡帐,思乡见汉城。回鹘中有汉城。来春拥边骑,新草满归程。"④以高度概括又不失形象的语言对唐使入蕃的行程见闻做了总结,诗中所指就是这条路。中晚唐公主入蕃及回国,均经此

---

① [宋]李昉等编:《文苑英华》卷四五,第200页。
② [清]彭定求等编:《全唐诗》卷七四,第814页。
③ [唐]李吉甫撰,贺次君点校:《元和郡县图志》卷四新宥州条,第106—107页。
④ [清]彭定求等编:《全唐诗》卷五一八,第5917—5918页。

道,有几位还在汾州阴地关题了诗,其手迹晚唐还在,屡见于文士题诗,雍陶有《阴地关见入蕃公主石上手迹》:"汉家公主昔和蕃,石上今余手迹存。风雨几年侵不灭,分明纤指印苔痕。"① 李山甫《阴地关崇徽公主手迹》:"一拓纤痕更不收,翠微苍藓几经秋。谁陈帝子和番策,我是男儿为国羞。寒雨洗来香已尽,澹烟浓著恨长留。可怜汾水知人意,旁与通声未忍休。"② 此诗为李山甫下第流落河朔途中所作,从诗中描述看,崇徽公主的题诗跟宜芬公主的《虚池驿题屏风》一样,表达的是辞亲别国之恨。据《旧唐书》卷一一《代宗纪》、《集古录跋尾》卷七《唐崇徽公主手痕诗大历四年》、《唐大诏令集》卷四二常衮《册崇徽公主文》,崇徽公主是仆固怀恩幼女,大历四年(769)五月二十四日辛卯,册封公主,远嫁回纥可汗,以兵部侍郎李涵送公主入蕃。诗即这年出塞途中题写。汉使使蕃还撰写了使回纥行记,《旧唐书》卷一三三、《新唐书》卷一五四《李宪传》载,唐穆宗即位,以太和公主出降回鹘,命金吾大将军胡证充送公主使,李宪副之。宪使还,献《入蕃道里记》,《新唐书》作《回纥道里记》。这部行记的内容,可与元稹编录的载于《元稹集》卷三五的《京西京北图经》四卷、《京西京北州镇烽戍道路等图》和田牟太和中出使吐蕃回朝上奏的《宣索入蕃行记图》八卷相参证。今诸书虽亡,然《太平寰宇记》所引北朝人的《冀州图》《入塞图》内容具在,可知大概。

　　唐中叶,李唐皇室常倚太原以制河北三镇,讨伐三镇的王师常自太原东出井陉、飞狐诸关。长安有急,河北、河东驻军也常自此南下入援。三镇叛唐以后,太原东北通幽、镇路,时通时塞,于是使节、商旅、文武大员纷纷转走雁门关路。许棠《雁门关野望》:"高关闲独

① [清]彭定求等编:《全唐诗》卷五一八,第5926页。
② [清]彭定求等编:《全唐诗》卷六四三,第7368页。

望,望久转愁人。紫塞唯多雪,胡山不尽春。河遥分断野,树乱起飞尘。时见东来骑,心知近别秦。"[1] 王建《题江台驿》:"水北金台路,年年行客稀。近闻天子使,多取雁门归。"[2] 说的正是这一事实,江台驿疑为金台驿之误。中唐诗人杨巨源有《题范阳金台驿》,见《全唐诗》卷三三三,王建跟杨巨源一样宦游过河北,二人所写的可能是同一座驿馆。许棠、李益、李山甫、窦牟、窦庠、窦巩都走过,其中三窦都是奉使河北,窦巩有《奉使蓟门》,窦牟有《奉使至邢州赠李八使君》,窦庠有《夜行古战场》。长庆初,韩愈奉使镇州,与吴郎中吴丹一后一先,往返路上经过寿阳县寿阳驿,皆作诗。韩愈奉使镇州,有《奉使常山早次太原呈副使吴郎中》《夕次寿阳驿题吴郎中诗后》《奉使镇州行次承天行营奉酬裴司空相公》《镇州路上谨酬裴司空相公重见寄》。其自镇州返回朝中,有《镇州初归》等。韩愈还在承天山留下了题名,记载其奉使往返经历,详见《山右石刻丛编》卷八《承天山韩愈题名》。

客游。太原通北塞诸道是唐文人出塞客游常走的两大通道之一,它可以通向朔方、河东、幽州三镇,也通丰、胜、振武、天德军,乃至关内道西北众多军镇。《文苑英华》卷四五吕令问《云中古城赋》:"下代郡而出雁门,抵平城而入胡地……慷慨乎大荒,徜徉乎游目……弃万里之沙漠,傍五原之风土。"[3] 作者虽没有说明是牵于远役,但明显是出使或从军塞游之作,其路线不外乎发太原,经雁门、马邑、云中,即到达唐前期的单于都护府驻地,再北出五原塞,西北行,即是东受降城、胜州。盛唐人游东北边塞的也比较多,他们常走的

① [清]彭定求等编:《全唐诗》卷六〇三,第6966页。
② [清]彭定求等编:《全唐诗》卷三〇一,第3421页。诗题中江台乃涉标题之误文,其驿本名金台,非江台。
③ [宋]李昉等编:《文苑英华》卷四五,第201页。

路线是长安—太原—易、定—幽、蓟，陈子昂、王昌龄、岑参游塞就是这么走的。开元二十七年（739），岑参北游相、洺、贝、魏、冀等州，登高览古，一路饮酒住店作诗，在相州一家客店，题壁作诗赠友，作《临河客舍呈狄明府兄留题县南楼》诗纪事，云："黎阳城南雪正飞，黎阳渡头人未归。河边酒家堪寄宿，主人小女能缝衣。"[①] 在洺州一旅店，不但品尝了美酒，而且见识了燕赵美女，更留下了难忘的记忆。《邯郸客舍歌》："客从长安来，驱马邯郸道。……客舍门临漳水边，垂杨下系钓鱼船。邯郸女儿夜沽酒，对客挑灯夸数钱。"[②] 一番游历之后，又于天宝六载（747），北游晋、绛。其纪行诗有《宿蒲关东店忆杜陵别业》《题平阳郡汾桥边柳树》《骊姬墓下作》《入蒲关先寄秦中故人》。平阳郡即晋州，骊姬墓在绛州至太原驿路侧近，说明他是过蒲关到晋、绛。据其《题井陉双溪李道士所居》"唯求缩却地，乡路莫教赊"[③]，则其游河北取南路，即太原—井陉关—镇、定、幽州，不经雁门关。王昌龄有《沙苑南渡头》："孤舟未得济，入梦在何年。"[④] 又有《潞府客亭寄崔凤童》，提到同州冯翊县沙苑和潞州，皆河东驿道沿途地名，其往返东北边塞途中，必有一次经过同州—晋、绛—潞州，路线与岑参不同。

　　在大家的心目中，唐后期塞游者似乎比较少，然而实际上非但没有减少，而且有增加的趋势。这是因为中唐以来北方地区使府林立，孤寒才俊之士出路愈来愈窄，思游塞幕，建立功名，寻求出路，寻找依靠的文士有增无减。河陇、碛西既不为唐有，京西北的泾、陇、灵、盐又都是极塞，且有吐蕃、党项侵袭，不能确保行旅无虞，因而出游北塞

① ［唐］岑参著，陈铁民、侯忠义校注：《岑参集校注》卷一，第29页。
② ［唐］岑参著，陈铁民、侯忠义校注：《岑参集校注》卷一，第22页。
③ ［唐］岑参著，陈铁民、侯忠义校注：《岑参集校注》卷一，第28页。
④ ［清］彭定求等编：《全唐诗》卷一四二，第1439页。

的行客遂越来越多,如沈亚之元和九年(814)"东适邯郸,走蒲关,朝邑令为具"①,知其出游路线是过蒲关,由同州北上井陉关,到邯郸。进士赵合,大和初游五原,即自长安、太原、忻、代而云中、五原,最后至奉天而还,他的路线是从东边北上,西边南下②。南方举子北上,往往由河阳至昭义、太原。如举人孟不疑,由东平客游昭义,夜宿驿中③,他是由怀、泽、潞州北上。大和中,徐生自洛阳北游蒲州河中郡,亦由太原东南驿路而来④,至长安三百里。这些小说中的客游无疑是中晚唐现实的反映。此一时期在这一线驿道上产生了很多纪客游的诗,部分客游带有游幕性质。欧阳詹尝游太原,无功而返,其《初发太原途中寄太原所思》:"驱马觉渐远,回头长路尘。高城已不见,况复城中人。去意自未甘,居情谅犹辛。五原东北晋,千里西南秦。一屦不出门,一车无停轮。流萍与系匏,早晚期相亲。"⑤纪其自太原客游失意倦归的行程感触,原诗出《太平广记》卷二七四引《闽川名士传》,载泉州晋江进士欧阳詹贞元年登进士第,毕关试,游太原,于乐籍中悦一女子,情甚相得,及归京,洒泣而别,仍赠此诗。韦镒《经望湖驿》、皇甫松《经郭隗台》、韦庄《壶关道中》《天井关》,都是久试不第经历了京洛风尘后的北地客游纪行诗,都提到大漠、代州等地名。元和以后文人出路更加艰难,从这些浪迹萍踪式的纪游诗也可清楚地看出来。罗隐《途中寄怀》说"不知何处是前程,合眼腾腾信马行。两鬓已衰时未遇,数峰虽在病相撄"⑥,活写出他们客游期间

---

① [唐]沈亚之:《复戒业寺记》,[清]董诰等编:《全唐文》卷七三六,第3367页。

② [宋]李昉等编:《太平广记》卷三四七引《传奇》,第2749页。

③ [宋]李昉等编:《太平广记》卷三六五引《酉阳杂俎》,第2899页。

④ [宋]李昉等编:《太平广记》卷三九五引《宣室志》,第3154页。

⑤ [清]彭定求等编:《全唐诗》卷三四九,第3903页。

⑥ [清]彭定求等编:《全唐诗》卷六五七,第7548页。

的矛盾复杂心态。他们出游并不是毫无目的,信马由缰,而是在到处寻求遇合者。李益、董召南下第游河北,就是要去那里寻求"合者"。罗隐游罗绍威幕,也是下第由同、蒲、晋、绛而太原魏博,期间留下了《邺城》《铜雀台》等作,可见他并未止息于一处。李山甫屡举不第,怒而投魏博节度使乐彦祯幕,沿着同样的路线前去。途中有《蒲关西道中作》《阴地关崇徽公主手迹》,前一首是长安太原驿道上产生的最有气势的纪行诗:"国东王气凝蒲关,楼台帖出晴空间。紫烟横捧大舜庙,黄河直打中条山。地锁咽喉千古壮,风传歌吹万家闲。来来去去身依旧,未及潘年鬓已斑。"[1]诗的前半部分气象飞动,见出诗人的非凡笔力;后半感触深沉,颇能动人。其他诗人如李宣远、刘皂、施肩吾、张祜、顾非熊、贾岛等,也有数量不一的作品。

　　韩翃、李益、马戴、李商隐的游幕行役诗各有千秋。韩翃《宿石邑山中》:"浮云不共此山齐,山霭苍苍望转迷。晓月暂飞高树里,秋河隔在数峰西。"[2]所写石邑乃汉县,即唐真定府井陉获鹿县,知为游河北使幕时作。李益的游幕诗多而且好。《幽州赋诗见意时佐刘(总)幕》:"征戍在桑乾,年年蓟水寒。殷勤驿西路,北(此)去向长安。"[3]此诗最早见载于令狐楚编《御览诗》,题作《题太原落漠驿西堠》,载明了写作地点和作品发表方式,是题写于驿站墙壁。桑乾河在代州雁门关以北,这是他奔走于太原路、幽燕间留下的作品,此诗连同《军次阳城烽舍北流泉》《临滹沱见蕃使列名》都是他游东北边幕时期的纪行诗。滹沱河在太原北通幽州的道路上,石邑在河北道恒州。稍晚于他的王建曾游魏博幕,其《早发汾南》《早发金堤驿》

---

[1]〔清〕彭定求等编:《全唐诗》卷六四三,第7363页。

[2]〔清〕彭定求等编:《全唐诗》卷二四五,第2758页。此诗《全唐诗》卷二八三又作李益诗,乃误收。

[3]〔清〕彭定求等编:《全唐诗》卷二八三,第3222页。

《题江台驿》作于在田弘正幕期间，《早发汾南》是回长安途中留下的作品。杨巨源在田弘正幕，作《题范阳金台驿》："六国唯求客，千金遂筑台。若令逢圣代，憔悴郭生回。"①借六国古事抒发在幕中淹滞不迁的失落与苦闷。马戴游边留下的行旅诗比较多，据《唐才子传校笺》卷七，他会昌中进士及第后，曾应辟佐大同军幕。此后长期名位卑微，与项斯、赵嘏同时，与许棠等久困名场之辈同病相怜，可称知音，时以歌篇相唱答，也常作诗自抒怀抱②。他像许多晚唐文士一样遍历戎幕，《别家后次飞狐西即事》《邯郸驿楼作》《蓟门怀古》《赠前蔚州崔使君》《边上送杨侍御鞫狱回》《夕发邠宁寄从弟》《陇上独望》等作品，记录了他累佐使幕的生活经历。诗人长期寓居华州，由华州北上东出幽燕，西至邠陇，见识了壮阔的边塞风光，诗格也分外壮丽。他在游边过程中不时遇见同路人。《边馆逢贺秀才》："贫病无疏我与君，不知何事久离群。鹿裘共弊同为客，龙阙将移拟献文。空馆夕阳鸦绕树，荒城寒色雁和云。不堪吟断边笳晓，叶落东西客又分。"③从多角度书写两人的共同感觉和生活，末尾以比兴手法形容这对"天涯沦落人"在边州驿馆一番相聚后又各奔东西，多少怅惘，无法言说。

　　李商隐登第之前尝从事于太原令狐楚幕，后又因事往返于长安太原道上，留下了好几首纪行诗。《戏题赠稷山驿吏王全》记载了长安至太原驿路上稷山县驿的一个驿吏，不知年纪："绛台驿吏老风尘，耽酒成仙几十春。过客不劳询甲子，惟书亥字与时人。"诗题下自注：

---

① ［清］彭定求等编：《全唐诗》卷三三三，第 3736 页。

② ［元］辛文房撰，傅璇琮主编：《唐才子传校笺》卷七《马戴传》，中华书局，1990 年，第三册第 335—338 页。该传资料来源不明，颇多疑点，不可尽信，反而不及傅璇琮校笺重要。

③ ［清］彭定求等编：《全唐诗》卷五五六，第 6446 页。

"全为驿吏五十六年,人称有道术,往来多赠诗章。"① 李商隐也属于
"往来多赠诗章"者之一。后来成为一则轶闻,进入唐人小说,北宋钱
易将此事采纳入《南部新书》己卷。他还有《登霍山驿楼》《寒食行
次冷泉驿》抒写羁情。据严耕望、王文楚考证,二驿都在汾晋间。

　　总之,中晚唐边塞诗中,有很大部分是文士游边幕所作的边塞行
旅诗,是唐代边塞文学的重要组成部分,但其中一些问题至今未引起
充分注意。如:这些诗歌与初盛唐边塞那种重虚拟概括,以抒情写志
为目的的边塞诗,有什么联系和区别? 诗人的行旅背景、行迹、游幕
心态究竟怎样? 这些都不甚了解,有待于进一步探索。笔者以为,这
些作品与中晚唐文士的生存环境有密切关系,有时代特征,只是在艺
术表现上因人而异,例如马戴《夕发邠宁寄从弟》:"半酣走马别,别
后锁边城。日落月未上,鸟栖人独行。"② 诗人既辛苦又寂寞,但他表
现得十分豪爽、洒脱。是什么东西支撑他们? 多人多次塞游的目的
究竟是什么? 至今仍不得而知。

第六节　长安至京北诸州交通与中晚唐
边塞行旅诗的形成

一

　　唐代正面描写边塞的诗歌,除了内地作家承袭六朝余习创作的
虚拟悬想之作外,其余不外乎两类:第一类是没有行役背景的作品,
如王维、王昌龄、高适以边将、边地、边事为描写对象的绝句、歌行;第
二类是有行役背景的作品,如岑参、陈子昂、马戴、许棠记叙往返边塞

---

① [清]彭定求等编:《全唐诗》卷五四〇,第 6220 页。
② [清]彭定求等编:《全唐诗》卷五五五,第 6431 页。

或幕中征行经历的诗歌,内容主要是叙述行旅途中的见闻感受,可称为边塞行旅诗。相对来说,前者初盛唐较多,以情景交融的艺术手法见长,诗中意境经过高度浓缩,是对多时多地的泛咏和虚拟,并不指向具体人事。由于有意淡化或略去了具体行役背景,总给人以笼统之感;后者中晚唐居多,是其边塞游历生活的纪实,常运用写实之笔,记录游边途中的见闻感受,比较朴实厚重。但由于使郡地点人事都很具体,牵涉面广,而作品又很简短,没有对创作背景的交代,研究难以具体深入。唐代北疆,辖境阔远,文人出塞意味着长期的羁旅行役,奔波劳累,这必然深刻地影响文学创作。然而长期以来,人们习惯于对边塞诗做文本研究,对其内部构成的复杂性认识不够,很少注意到边塞诗的形成、内容都与行旅关系密切,对内地与边塞的交通路线,对边塞行旅诗的创作主体——中晚唐孤寒文士这个弱势群体及其游边活动了解不够。对以边地为书写对象但又不在传统边塞诗视阈的诗歌,缺乏必要的认识。本文借鉴史学界的研究成果,选择一向很少有人注意的长安至京北诸州的行旅诗为考察对象,从诗人游边经历与文学创作的关系入手,对这一系列作品的形成过程展开探讨①。

不论已仕未仕,游边的唐文人总以京城为出发点或终点站,循几条常见路线出塞:西北方向,自长安西出秦、陇或泾、原,微西北出盐、灵,西行皆至河陇、碛西。正北方向,自盐、灵北出萧关,自坊、鄜北出银、夏,皆可至京北沿边。东北方向,自坊、鄜出麟、胜,自汾、晋、太

---

① 参见严耕望撰《唐代交通图考》第一卷《长安西北通灵州驿道及灵州四达交通线》《长安北通丰州天德军驿道》《长安东北通胜州振武军驿道》、第二卷《唐通回纥三道》、第五卷《太原北塞交通诸道》及《中国历史地理论丛》1990年第 1 期李辅斌《唐代陕北与鄂尔多斯地区的交通》。本文所有关于交通的介绍,均参阅了这两家论述。

原西出云、代，亦至京北沿边。自太原北经蔚、妫，或东出井陉、飞狐诸关，均可到达幽、蓟①。我们常在史籍上看到，每当秋高马肥之际，柔然、铁勒、突厥等北方强邻，就从上述诸道"数路入寇"。武德三年（620），梁师都诱突厥南侵，处罗可汗分兵，从"怀戎、雁门、灵武、凉州四道俱入"②，而自西汉以来，中原王朝出兵反击，也是循着上述路线"数道并出"。文人游边，也是循上述路线。

凡游京北的文人，其目的地都是形成于初唐后期至盛中唐的京西、京北诸军城镇戍，包括黄河外岸的丰州天德军、胜州振武军，吴廷燮《唐方镇年表》中朔方节度使所领的定远、安丰二军，及神龙三年（707）张仁愿在丰、胜一线修筑的三受降城等五城（此即杜甫《塞芦子》、李益《五城道中》等诗提到的"五城"。因其都在黄河以北岸边不远处，人们遂称之为"河外诸城""河上军城"）及朔方、振武、鄜坊、夏绥四镇。以河外五城为枢纽，以灵、夏为根本，以银、麟、绥、鄜等军事防御型军镇为依托，整个地看就是一个伞状的北疆交通网。灵、丰、胜三镇在关内道最北部，北边就是突厥、回纥境内，自京城北出的驿路也伸展到了这一带。灵武在京城西北，丰州、天德军在京城微西，胜州、振武军在京城微北，自北向南，其通长安，有西、中、东三道。

西道：西受降城—丰州—灵州—庆、宁路，或原、泾路—邠州—上都，这是一条大路，但地近西蕃，唐后期吐蕃时常侵逼，通塞不常。

中道：天德军—丰州—夏—延—鄜—坊—上都，至长安约千八百里，至洛阳二千一百九十里，为唐文人"塞游"所常经行，唐诗中的

---

① [宋]司马光编著，[元]胡三省音注：《资治通鉴》卷一八○仁寿四年八月丙子条，第5607—5608页。

② [宋]司马光编著，[元]胡三省音注：《资治通鉴》卷一八八武德三年十一月庚申条，第5895页。

"夏州道""乌延道"就在这条路上,由于它捷近,又比较安全,故常有文士经过。

东道:振武—胜州—麟—银—绥—延—鄜—坊—上都,这是自鄜州北分出的一条驿路,长一千八百余里,也有文士经行。

京西、京北地区山川壮阔,州郡密集,烽镇馆驿星罗棋布,对文人颇具吸引力,但盛唐以前文人多出游河陇、碛西。盛唐以后,关内道北部许多驿道都年久失修,交通不便。贞元、元和以来,边境内移,国家的战略防御转移到这里,皇室高度重视京西、京北,于此反复措意。穆宗令翰林学士元稹篡录《西极图》《京西京北图经》《京西京北州镇烽戍道路等图》,所绘山川阔远,郡国繁多,然而纤毫毕备,细大无遗。之所以如此,一是为将来收复河陇作预先谋划,二是为边疆防御计,若"边上奏报烟尘,陛下便可坐观处所"[1],三是为太和公主下嫁回纥作路线准备,所以《京西京北图经》北边绘制到天德军以北到回鹘牙帐为止[2]。

通边州的道路如此重要,重修已废弃的驿路以通王命,势在必行。元和中,宰相李吉甫奏请于新宥州北至天德军,复置废馆十一所,以通急驿,"从天德取夏州,乘传奏事,四日余便至京师",而取太原路则须半月[3],这为行人提供了很大的方便。随着国家政治军事形势的变化,人们的注意力也逐渐集中到这里,因种种原因想要出塞

---

① [唐]元稹撰,冀勤点校:《元稹集》卷三五《进西北边图状》,第407页。

② [唐]元稹撰,冀勤点校:《元稹集》卷三五《进西北边图经状》,第406页。

③ [唐]李吉甫撰,贺次君点校:《元和郡县图志》卷四新宥州条,第107页。参《旧唐书》卷一四八《李吉甫传》。《会昌一品集》卷一四《要条疏边上事宜状》还说,置废馆十一所,乃是出自李德裕之父李吉甫的建议,其说可疑。且云到李德裕写作此文的会昌二年(842),则不知此路旧馆今已废毁,为复犹有存者。诏于此路量事再修旧馆。

的文士不时从这些路线进出,京西、京北的文人行旅诗多起来。

三条南北向的驿道中间,又横贯着东西向的四条通路,即庆州东经鄜、丹至河东路;盐州东经延州至河东路;盐州经夏、银至河东路;丰州东经中受降城至胜州路。四条道路,自南而北依次布列,将灵武与太原两大战略防御区紧紧联结在一起,为塞游的文人提供了便利。沿着这些东西向的道路,可以西出河、陇,东达幽、并,而不必限于一地,这是唐文人愿意游京北的重要原因之一。

丰、胜、三受降城都有通北蕃的道路。自河上军城至高阙、鹓鹈泉,行千五百里,达回纥牙帐,此即《新唐书》卷四三下《地理志七下》贾耽所记入四夷最要七道之第四道——中受降城入回纥道。为唐通北蕃之主道,亦即《旧唐书》卷二《太宗纪》所记的通北荒的"参天可汗道",《册府元龟》卷一七〇所记的介于"回纥以南,突厥以北"所开的"参天至尊道",贞观二十一年(647)后修成,置邮驿六十八所①。

从北荒入塞也有两道,一道是回纥牙帐—高阙—西受降城—灵州—长安,约二千一百余里,回纥叶护几次率军助唐,即从此道入,其归国,也是取这条"邠州旧路"②。这条路线与唐代文学也是有关的,盛中唐人的某些述行诗赋,元载、杨炎、李吉甫、李德裕的一些奏章,都与此道有关。大历、建中年间文人饯送唐官出使北蕃的诗篇,就以此道行役为述说对象。源休使回纥,即从此道入。另一条路自丰、胜经太原,南下关中、河南,路线迂回,盛唐时走的人不多,吐蕃强盛以来,西边的"邠州旧路"常常受阻,行人有时不得不改走太原路。

---

① 此从《资治通鉴》卷一九八、《唐会要》卷七三、《新唐书》卷二一七上《回纥传上》、《册府元龟》卷一七〇,作六十八驿。《旧唐书》卷三《太宗纪下》、《唐鉴》卷六、《玉海》卷一五三作六十六,六乃八之讹误。

② 〔后晋〕刘昫等撰:《旧唐书》卷一九五《回纥传》,第5205页。

二

军事因素在这一地区交通网络的形成过程中起了决定性作用。这些道路经过的地区,即今陕北和鄂尔多斯地区,处在唐与北蕃的交接地带,战略地位十分突出。中原王朝奄有此地,可拓境至阴山大漠。游牧民族入据此地,则取得了南进的根本。如此重要,故自秦至宋,胡汉各族在这里兵戎相见,互为强弱,势力也随之伸缩进出。唐前期国家强盛,为了有效控制整个河套和阴山地区,在这里惨淡经营,历百余年,构筑成三纵四横的交通网。区内路线布局充分考虑和满足了军事需求,很好地体现了国家的战略防御意图。四条横向道路,依次联结丰、胜、三受降城,盐夏银、盐延、庆鄜丹等军城镇戍,自北到南,形成四道战略防御线。自西向东,纵贯着长安通灵、丰、胜州的三大驿道,形势紧急时,可以东西呼应,南北支援,局势和缓也可保证供应无虞,一旦灵、盐、银、夏等要害失守,则"封内多虞,诸华屡警"[1]。白居易在其《城盐州》诗中亦谓只要盐州为唐有,则吐蕃不得北侵盐、夏以东,朔方的良马、药材,皆可以由鄜、坊驿路南输到长安。凡此皆清楚地表明战略部署与道路布局的一致性,也说明军事因素对交通的影响。

战略部署不仅与道路布局的意图一致,而且与游边的作家群体及游边文学的形成历程基本同步。就在这一地区州镇军戍大量增加,道路形成网络的时候,也即武后、中宗朝至肃、代宗朝,游京北边塞的文人也在不断增多。调露元年(679),李峤以监察御史出使朔方,作《奉使筑朔方六州城率尔而作》,有句曰:"驱车登崇墉,顾眄凌大荒。千里何萧条,草木自悲凉。"[2] 其行程是自都门西北趋灵州。是年,国家在灵州南界置六胡州以处新附突厥降户,李诗所咏即此

---

① [后晋]刘昫等撰:《旧唐书》卷一四四《杜希全传》,第3923页。

② [清]彭定求等编:《全唐诗》卷五七,第687页。

事。天宝十一载（752），李华迁监察御史，奉使朔方。途经灵州，作
《二孝赞》："灵武二孝曰侯知道、程俱罗……华奉使朔陲，欲亲往吊
焉，属河凌绝渡，愿言不果。"① 途中又作《奉使朔方赠郭都护》："绝
塞临光禄，孤营佐贰师。……扬鞭玉关道，回首望旌旗。"② 可知他
的出使路线是自玉关道至灵州，再北渡黄河，过横塞军及安北都护
府③，自西向东而回。《旧唐书》卷一二〇《郭子仪传》载，天宝八载
（749）于木剌山置横塞军及安北都护府，命郭子仪领其使，拜左卫大
将军。十三载，移横塞军及安北都护府于永清栅北，筑城，仍改横塞
卫为天德军。其《吊古战场文》："浩浩乎平沙无垠，敻不见人。河
水萦带，群山纠纷。"④ 所咏古战场在朔方节度使防区，而不在其他地
方。开元时诗人张震亦尝奉使朔方，其《宿金河戍》："朝发铁麟驿，
夕宿金河戍。奔波急王程，一日千里路。"⑤ 铁麟驿在长安至振武军
驿道上，麟州境内，而金河戍在单于府，知张震奉使北疆的路线是从
上都至振武、单于府这条长安直北驿路。陶翰《出萧关怀古》："驱马
击长剑，行役至萧关。悠悠五原上，永眺关河前。北虏三十万，此中
常控弦。……大漠横万里，萧条绝人烟。"⑥ "行役"表明王命在身，诗
人过盐州，逾平凉，出萧关，度越长城，至大漠。

　　由上可知，唐前期京北边塞行旅诗体现了鲜明的时代特征：此时
国家强盛，不但有"安西万里疆"，在京北地区也州郡繁多，辖境辽阔。

---

① ［清］董诰等编：《全唐文》卷三一七，第 1423 页。
② ［清］彭定求等编：《全唐诗》卷一五三，第 1590 页。
③ 《元和郡县图志》卷四丰州天德军条："天宝八年，张齐丘又于可敦城置横塞
　　军，又自中受降城移理横塞军。"横塞军在中受降城西北，五百余里至木剌山，
　　见《资治通鉴》卷二一六天宝八载。
④ ［清］董诰等编：《全唐文》卷三二一，第 1439 页。
⑤ ［清］彭定求等编：《全唐诗》卷七六八，第 8714 页。
⑥ ［清］彭定求等编：《全唐诗》卷一四六，第 1475 页。

这就不同于中晚唐,盛时的近京之州一变为"极塞",严关重阻,如临大敌。为了有效地管理这一地区,通常遣御史出按边狱,命郎官奉使军府,所以他们的纪行诗常说是"牵于远役""急王程"。作者名位虽同样卑微,但入仕者多,这就不同于中晚唐,尚未入仕的孤寒才俊尤多。

　　大历、贞元以来,这一地区的人员往来,一方面仍然保持着盛唐特色,军使往来,穿梭不绝。另一方面,由于京北地区边镇大增于前,又增加了游边幕者这样一个群体,形成声势。不须遍查《全唐诗》,只要查查《文苑英华》所载的唐人送别诗、寄答诗,就能清楚地看到这点。

卷数	作者、篇名	背景说明(引诗为证)
二二二	周贺《送僧归灵夏》	巡礼:南游多老疾,见说讲经稀。
二四四	杨巨源《答振武李逢吉判官》	游幕:唯有单于李评事,不将华发负春风。
二六一	许浑《献郿坊丘常侍》	游幕
二七三	魏兼恕《送张兵曹赴营田》	出使:河曲今无战,王师每务农。
二七三	卢纶《送颜推官游银夏谒韩大夫》	游幕:丛杯叫寒笛,满眼塞山青。
二七五	李益《送柳判官赴振武》	游幕:君逐嫖姚将,麒麟有战功。
二七五	杨凝《送客往郿州》	游幕:新参将略事西平,锦带骍弓结束轻。
二七五	杨凝《送客往夏州》	游幕:怜君此去过居延,古塞黄云共渺然。
二七六	杨巨源《重送胡大夫赴振武》	赴镇
二七六	吕温《送范司空赴朔方》	赴镇:日见黄云暮,行看白草秋。
二七七	刘禹锡《送浑大夫赴丰州》	赴镇:凤衔新诏降恩华,又见旌旗出汉家。
二七八	贾岛《送陈判官赴天德》	游幕:丝竹丰州有,春来只欠花。
二七九	释无可《送灵武李侍御》	游幕:灵州天一涯,幕客似还家。地得江南壤,程分碛里沙。
二七九	刘得仁《送灵武朱书记》	游幕
二八〇	李洞《送友罢举赴边职》	游幕:莫辞乘笋随红旆,便好携家住白云。

卷数	作者、篇名	背景说明（引诗为证）
二八一	喻凫《送武谷之邠宁》	游幕：戍路少人踪，边烟澹复浓。
二八一	项斯《送殷中丞游边》	游幕：陇寺门多闭，羌楼酒不赊。
二八一	薛逢《送灵州田尚书》	赴镇
二八二	周繇《送边上从事》	游幕：戎装佩镆铘，走马逐轻车。衰草城边路，残阳陇上笳。
二八二	黄滔《送友人游边》	游幕：衔杯国门外，分手见残阳。何日还南越，今朝往北荒。
二八三	张乔《送友人北游》	游幕
二八七	耿沣《邠州留别》	游幕：终岁山川路，生涯竟几何？
二八七	刘复《出三城留别幕中三判官》	游幕
二九七	杨巨源《送殷员外使北蕃》	出使：貳轩将雨露，万里入烟沙。和气生中国，薰风属外家。

上表说明，中晚唐时期边塞行旅文学的创作主体是赴任、使边的官员，游幕的文士及诗僧三部分人。在其游边、使边的过程中，京北边塞行旅文学也逐渐形成规模。这体现在作者队伍复杂，作品数量增加，活动范围（一般在关内道北部的朔方、振武麟胜、鄜坊丹延、夏绥银宥四镇）广阔等方面。不仅文士多，各种各样的蕃汉游客也多。令狐挺《题鄜州相思铺》："谁把相思号此河，塞垣车马往来多。"[1] 描绘五代北宋鄜坊银盐道军使往来其间的情景。元和、会昌年间，回纥扰边，活动频繁，边关告急，军使往来如梭。李德裕破回纥，唐朝内库及诸道物资钱粮从此道不断北运，奉命支援前线的唐将不时乘驿赴丰州天德军前线，李德裕《条疏应接天德讨逐回鹘事宜状》其二："自古出师，皆有副贰……（令石雄）助田牟攻讨，仍勒乘递，赴天德

---

① [清]彭定求等编：《全唐诗》卷七七八，第8807页。此诗据《墨客挥犀》卷六、《诗话总龟》前集卷六引《倦游录》，乃宋诗，作者令狐挺乃北宋人。

军。"① 国家不断任命名臣宿将镇抚北边,长安通往灵州、夏绥、天德、振武诸镇的驿路上,不时可以看到人喊马嘶、旌旆逶迤的情景。京城每值大臣出镇,百姓就争着出城看"旌节"。京城内都亭驿、西郊临皋驿、东郊长乐驿一带,经常人头攒动。薛逢《送灵州田尚书》描写道:"阴风猎猎满旗竿,白草飕飕剑气攒。九姓羌浑随汉节,六州蕃落从戎鞍。"② 杨巨源《重送胡大夫赴振武》:"旌旆仍将过乡路,轩车争看出都门。"③ 可见当时情形之一斑。

　　三类作者当中,最引人注目的当属游幕者。他们大都十分寒苦,有州县参佐,有未释褐的进士,然而最多的却是屡试不第的举子。无路可投的情况下,也顾不上"关山饶苦辛"④,北走边幕。李洞《送友罢举赴边职》:"出剡篇章入洛文,无人细读叹俱焚。"⑤ 他的友人多年举业无成,遂弃举业而入边幕,希望能从这里找到出路。张乔《送友人北游》:"东归未遂心,北去几沉吟。把酒思乡远,投文入塞深。"⑥ 诗中的"北游"者都是落魄的举人,万般无奈的情况下,不得已而游塞。像这样的例子,在科举竞争日趋激烈、文人出路愈来愈狭窄的中晚唐,绝不是偶尔几个,而是普遍存在。上表所引唐人送别诗中的北游的"友人""客"及《太平广记》中的"塞客",都属此类。他们或经人引荐,或以文名颇盛而为幕主所知,谋得一官半职,如判官、从事之类,或自负才略,前来干谒,希望觅到知音。不但北方文士游边,而且

① 傅璇琮、周建国校笺:《李德裕文集校笺》卷一三,河北教育出版社,2000年,第236页。
② [清]彭定求等编:《全唐诗》卷五四八,第6329页。
③ [清]彭定求等编:《全唐诗》卷三三三,第3728页。
④ [唐]高适:《答侯少府》,[清]彭定求等编:《全唐诗》卷二一一,第2197页。
⑤ [清]彭定求等编:《全唐诗》卷七二三,第8296页。
⑥ [宋]李昉等编:《文苑英华》卷二八三,第1437页。

到后来,南方文士游北塞的也在增多,黄滔《送友人游边》:"何日还南越,今朝往北荒。"① 李洞《送友罢举赴边职》:"过水象浮蛮境见,隔江猿叫汉州闻。"② 这两位分别来自岭南、川黔等"蛮境",李洞的友人还是初次入幕。许浑《吴门送振武李从事》:"欲携刀笔从新幕,更宿烟霞别旧窗。"③ 李从事是"累佐使府",从东南幕转西北幕。

　　游边是文人"求名"过程中的一个环节,一种手段。依照游幕目的之不同,可将其区分为求幕职与"事干谒"两种情况。前者容易理解,后者须略加说明。唐人走边幕"事干谒",有两种情形:一是"穷饿无依而来求粟帛"于边帅,希望获得资助以图进取;二是苦于朝中无人,"抱其智,怀其才","望其推引之济"④。如刘蜕感叹自己"居家甚困,白身三十",才过司马相如而无人引荐,乃走京西诸幕,求幕主推荐,使"闻《子虚》于天子"⑤,这类人士越到唐末越多。如果边帅是文学仁义之士,又好贤爱士,则走其门者日有之;如若其倨傲骄横,待士之道不厚,则走其门者日稀,韩愈、沈亚之就因此而碰过壁。凡是走边幕"事干谒"者,一般是利用前后两年的两次科举考试的空余时间,在西北沿边作短暂行游,而不像入边幕者那样固定在某一地域。《太平广记》卷三四九《韦鲍生妓》中下第"春初塞游,自鄜坊,历乌延,抵平夏,止灵武而回"⑥ 的韦生,就属于这种情况。韩愈也有过类似经历,他为求进达,尝游凤翔节度使邢君牙幕,"六月于迈,来

---

① [清]彭定求等编:《全唐诗》卷七〇四,第8098页。

② [清]彭定求等编:《全唐诗》卷七二三,第8296页。

③ [清]彭定求等编:《全唐诗》卷五三六,第6116页。

④ [唐]沈亚之:《与路鄜州书》,[宋]李昉等编:《文苑英华》卷六七一,第3454页。

⑤ [唐]刘蜕:《与京西幕府书》,[宋]李昉等编:《文苑英华》卷六七三,第3464页。

⑥ [宋]李昉等编:《太平广记》卷三四九引《纂异记》,第2764页。

观其师，及至此都，徘徊而不能速去"，居十日，无人引见，被"以众人视之"①，阻于门外，无功而返，这种情况有一定代表性。很多人备受冷遇，周回戎幕，长期生活在失落困苦之中，据《太平广记》记载，中晚唐时期京西、京北地区到处活跃着他们的身影，卷三三三引《广异记》云，开元中，有士人家贫，投丐河朔，所抵竟然"无应者"②，失望而归。这位"黎阳客"生活在开元盛世，遭遇尚是如此，在到处充斥着黑暗与不平的中晚唐，孤寒才俊之士的境遇也就可想而知。其中部分人士就病殁在边镇。如落魄文人罗邺，就病死在单于都督府。到处碰壁，客走天涯，虽然艰难贫贱但志趣高远，酷爱文学，可以说是这一群体的共同点，如若受到赏识，会感激不已。李益《将赴朔方早发汉武泉》："问我此何为？平生重一顾。……去矣勿复言，所酬知音遇。"③耿沨《邠州留别》："艰难为客惯，贫贱受恩多。"④刘复《出三城留别幕中三判官》："翔禽托高柯，倦客念主人。"⑤道出了游边者的共同心声。

　　使蕃、使边的官员主要是来自京城的郎官、御史，惯诗能文，感于征行，往往即兴挥毫，但今天留存的已不多。赴镇的边帅，都是质木无文的武将，很少写诗。倒是在边区往返的僧人爱作诗。北塞诸军城介于河西及河东之间，两边的僧俗来来往往，都得经过这里。东边的五台山中唐至五代，是最负盛名的佛教圣地，全国各地乃至亚洲其他各国的僧俗，纷纷前来巡礼、朝圣，西边的敦煌一带佛教也十分发

① ［唐］韩愈：《与京西节度使邢尚书书》，［宋］李昉等编：《文苑英华》卷六七二，第3459页。
② ［宋］李昉等编：《太平广记》卷三三三《黎阳客》，第2642页。
③ ［清］彭定求等编：《全唐诗》卷二八二，第3209页。
④ ［清］彭定求等编：《全唐诗》卷二六八，第2986页。
⑤ ［清］彭定求等编：《全唐诗》卷三〇五，第3468页。

达,从西域、河陇过来的僧人经常越过灵、盐、夏州,到五台乃至东南,反之亦然。周贺《送分定归灵夏》:"南游多老病,见说讲经稀。塞寺几僧在,关城空自归。"① 诗中的僧人从灵、夏南游,然后北返。有些僧人还撰写了旅行记,敦煌遗书伯三九七三号《往五台山行记》是敦煌一僧人的行程记录,他戊寅年从沙州出发,自晋北入代州,经雁门关到五台山。唐末五代辛卯年,回到沙州。同类作品还有斯三九七号、伯四六四八号《往五台山行记》,亦唐末五代僧人游历五台山行记。三个卷号的行记合起来看,可知唐末五代沙州到五台山的路程,除了灵、邠州、长安、太原这条南道外,还有一条北道,即从灵州北折,经丰、胜、朔、代、忻州,到五台②。主道当然是南道,即灵盐夏太原路。《太平广记》卷三四六引《宣室志》载,元和中,太原董观与僧灵习,偕游吴楚,后来董观又于宝历中归并州,游汾泾,至泥阳郡③。诗僧贯休游边,有《经古战场》《边上行》,另一诗僧栖蟾有《游边》,写他在八九月份到西北边地漫游,这些诗都提到"西行",走的不外乎上述路线。

三

唐后期文人一般循以下三条路线出游京北:

一是东出西还,即沿着长安至丰、胜的两条驿路抵达北疆,然后循着丰、胜或灵盐夏道西至灵武、邠宁、泾原等镇回京,如《太平广记》卷三四九《韦鲍生妓》中的韦生下第,"春初塞游,自廊坊,历乌延,抵平夏,止灵武而回"④。同书卷二四二引《王氏见闻》中的窦少卿,

---

① [清]彭定求等编:《全唐诗》卷五〇三,第 5716 页。
② 郑炳林著:《敦煌地理文书汇辑校注》,甘肃教育出版社,1989 年,第 307—314 页。
③ [宋]李昉等编:《太平广记》卷三四六《董观》,第 2742 页。
④ [宋]李昉等编:《太平广记》卷三四九引《纂异记》,第 6896 页。

"家于故都,素(索)于渭北诸州……历鄜延、灵夏,经年未归"①。卷二八六引《独异志》载,元和初,天水赵云客游京北,过鄜畤,过中部县,经芦子关。此关在鄜、延以北的夏州道,也即长安至丰州天德军驿道上,因而凡是经过芦子关者,都是取夏州、丰州道。杜甫至德二载(757)自长安奔赴行在所,也是循白水,经芦子关抵达灵武。度关之际,作《塞芦子》。上述几位都是东出西还。来自南方的文士"塞游"多走这条路线,马戴、罗隐、黄滔、贯休……人数很多。许棠的事例比较典型,棠为江南文人,前后经历二十余举,犹不第,因此到处客游,范围至于太原、灵、夏,留下《雁门关野望》《五原书事》《塞下二首》《将过单于》《夏州道中》《陇上书事》《隗嚣宫晚望》等边塞行游诗,从中可看出他的行迹是由雁门关、五原、单于府而南下银、夏,还曾辗转至灵、陇,这是一组完整的边塞行旅诗。

　　二是西上东还,历游灵、夏、盐、银、太原而归,如许棠的友人唐末举子张蠙北游,作《过萧关》《边情》《朔方书事》《登单于台》《云朔逢山友》《蓟北书事》,诗歌前后相承,可知他的行迹是由西北的灵夏而至东北的幽州,与许棠北游的方向正好相反。前引《太平广记》卷二八六《中部民》中的天水赵云出塞,为人所害,人已完全变形。几年后,其弟为御史,出按灵州狱回,才获解救,这位御史就是西上灵州,然后自夏州道而还。

　　三是西出西归或东出东归,循着同一条路线往返,唐人谓之"还从旧道归"。有些诗人往返都过萧关、五原,说明他是西出西还。

　　边塞行役诗歌叙述的行旅情况复杂,不同的题材内容与情调也不一样。赴幕者离乡背井,对乡土亲情的怀恋、渴慕与对前程的忧虑成为凸现在其行旅诗中的矛盾,永恒存在、不可克服。武元衡《秋晚

---

① [宋]李昉等编:《太平广记》卷二四二《窦少卿》,第1870页。

途次坊州界寄崔玉（五之讹）员外》："崎岖崖谷迷，寒雨暮成泥。征路出山顶，乱云生马蹄。望乡程杳杳，怀远思凄凄。欲识分麾重，孤城万壑西。"① 这是他建中、兴元间赴鄜坊幕途中的纪行诗，表现的正是这种矛盾复杂的情感。自边幕返回的犹如倦鸟投林，归心似箭。王贞白《晓发萧关》："早发长风里，边城曙色间。数鸿寒背碛，片月落临关。陇上明星没，沙中夜探还。归程不可问，几日到家山。"② 于武陵《秋夜达萧关》："去年为塞客，今夜宿萧关。"③ 两位诗人都是游历了边塞之后，从萧关道返回长安。辗转于京北诸幕者则畏惧边庭之苦，如马戴尝辗转于太原至邠宁诸幕，颇多途中即景抒怀之作，《旅次夏州》："嘶马发相续，行次夏王台。锁郡云阴暮，鸣笳烧色来。霜繁边上宿，鬓改碛中回。怅望胡沙晓，惊蓬朔吹催。"④ 边塞严酷的生存环境使人"霜繁鬓改"，更何况是意志脆弱的文士呢？满身伤痕的他们，是多么渴望亲情的慰藉呀！

　　随大军征行者每每感叹征行之苦，然而其中也不乏抒发边塞豪情之作，李益就以纪从军行旅而知名，其《五城道中》《从军夜次六胡北饮马磨剑石为祝殇辞》《拂云堆》《盐州过五原胡儿饮马泉》《暮过回乐烽》《邠宁春日》，均为经过灵、盐、夏诸州之作。武元衡《单于罢战却归题善阳馆》："单于南去善阳关，身逐归云到处闲。曾是五年莲府客，每闻胡虏哭阴山。"⑤ 此诗跟李益的《度破讷沙二首》一样是一首凯歌，格调高昂朗健。据严耕望《唐代交通图考》第五卷《太原北塞交通诸道》第1355页的考证，善阳馆在单于府金河县南

① ［清］彭定求等编：《全唐诗》卷三一六，第3556页。
② ［清］彭定求等编：《全唐诗》卷七〇一，第8066页。
③ ［清］彭定求等编：《全唐诗》卷五九五，第6896页。
④ ［清］彭定求等编：《全唐诗》卷五五五，第6435页。
⑤ ［清］彭定求等编：《全唐诗》卷三一七，第3576页。

约一百五十里,唐通北荒的驿道上,以驿馆在善阳岭而得名。显然是随军出击北蕃,得胜回军之作。此外还有幕中奉使办理公务的题材,不一一列举。项斯、刘得仁、马戴、许棠、贾岛、罗隐、王贞白、张蠙、黄滔、张泌、杨夔等十余位诗人,都有一些行旅背景无法明确的边游诗,但可以肯定不外乎上述题材。

总结全文,我们认为一个地区的城镇布局、交通网络的形成,都与政治军事因素有因果关系,并会对文学创作题材、主题、思想内涵、艺术风格发生显著的影响。长安至京北诸州交通与唐后期边塞行旅诗歌的形成,就是一个很好的例证。

第七节　唐代水路交通与唐人江行诗

一、唐代水路交通概况

在交通落后的古代,水路的作用是无法替代的,有时甚至起着比陆路更重要的作用。在唐代南方尤其如此,当时这里还很落后,兴修道路的能力相当低,交通远远没有真正达到四通八达、畅通无阻的程度,许多僻远州县没有官道,不能不倚赖水路。南方各地多水,《唐国史补》卷下谓"凡东南郡邑,无不通水,故天下货利,舟楫居多"[1]。故而可行的办法只能是充分利用水路交通,舟楫不仅用于转运钱粮物资,还用于载客往来。黄河、淮河、长江、珠江几大流域间都有高大山脉阻隔,在无法打通高山,开凿陆路的情况下,南北流向的江河如湘江、赣江、韶水、漓江、桂水的作用就变得更重要,沟通南北、西北东南走向的几大运河,成了全国南北交通要路。水陆相接以沟通南北,遂

---

[1] [唐]李肇撰,聂清风校注:《唐国史补校注》卷下,第294页。

成为唐南方交通的一大特色，长安至襄荆驿路通过在湖南、江西境内的两个"T"型水系沟通长江上中下游以及岭南，长安至汴州驿路与运河相接以通东南。而南方各地区之间的交通，尤其是中东西部间的交通，又不能不倚赖长江这一天造地设的大河。再则许多文人畏惧鞍马劳顿之苦，本来可以陆行的，往往也舍陆路取水路。这样，乘船的人就更多了。我们看到，到过南方的唐文人，没有江行经历的很少见，唐诗中的江行诗因此很多。江行经常会遇到风波之险，速度比较慢，耗时颇多。大历、贞元诗人杨凝要从京城东游吴越，其《夜泊渭津》竟说"飘飘东去客，一宿渭城边。……渐觉家山小，残程尚几年"①，说江行日程长达多年，可见长期的江河行役往往能对文人心态产生深刻影响，形诸笔墨，使得他们十分倦怠，以致发出"家山去城远，日月在船多"②的感叹。为研究这些文学作品，有必要了解唐代水上交通大势。

唐代水上交通按其性质与作用可分为政府漕运、公私商贸和公私行旅等类。公私行旅的担当者主要是唐文人，它与唐代文学的关系最密切，是我们关注的重点。常见的有赴任、奉使、赴举、贬谪、游幕等。

唐代水上交通，呈现出明显的区域性，据此分别叙述如下：

一是关中河洛这一政治文化中心与南方各地的水上交通。以贬谪而论，唐代官员流贬最集中的地方是剑南道、黔中道、江南道、岭南道。除贬蜀中、黔中是由秦岭诸谷南下外，其余或由运河—长江至两浙、江西，贬岭南者则由赣水过大庾岭，贬江南的在襄阳改由水路，顺

---

① ［清］彭定求等编：《全唐诗》卷二九〇，第 3303 页。
② ［唐］姚合：《送顾非熊下第归越》，［清］彭定求等编：《全唐诗》卷四九六，第5617 页。

汉水—长江而东下至江西,贬岭南的则还要在岳州溯湘江而上,至湘中,贬黔中的至鄂州、江陵乘舟,溯长江而上。贬岭南者过岭后很多时候仍须由水路至州,宋之问、沈佺期、柳宗元等许多岭表逐臣都是这样南迁北返的。唐代很多文人贬谪过两次以上,如宋之问、张说、张九龄、王昌龄、颜真卿、杨炎、韩愈、柳宗元、元稹、白居易、李涉、李德裕……贬过一次者更多。由于种种政治上的原因,入仕后不被贬者少见,甚至有未登第入仕亦遭贬谪者,如贾岛、温庭筠①。南方文人举进士,赴吏部选调,固然须由水路行一程才能取陆路至关中,而入仕后也常被派到南方去。如张九龄及第后,在开元间,先后两次奉使南方,一次是开大庾岭路,另一次是往南海祭祀。后出为洪州刺史,并由洪州调往桂管,还曾贬荆州长史,开元间,还回家赋闲一段时间,一生在长江、湘、赣、桂水间往返很多次,其江行诗就比一般人多。生活在北方的文人入仕后,大都要到南方宦游。安史之乱以后,国家经济上对东南八道的依赖性更大,文人与南方的联系也比以前密切。查一查中晚唐官员的仕历,没有在南方做过官的已很少见。再看看唐人送别诗,情况也类似,京中文武十之七八是要到山南、剑南、黔南、江南、岭南、闽中去,往北方去的反而不太多。《全唐诗》中的连续性江行诗,都是在这种由北方到南方的行旅中产生的,宋之问、沈佺期、白居易、韩愈、李绅等的南贬北归,都有这种纪行诗。韦应物刺滁州、江州、苏州,白居易刺杭州、苏州,李绅拜寿州、观察浙东,刘禹锡刺苏州,其赴任和罢郡,都留下了引人注目的江行诗。至于游幕、赴举、下第、归觐等原因产生的作品,更是多不可数。安史之乱使得大批文士转徙到南方各地,飘泊客寓多年,其作品中有不少优秀的江行诗,如司空曙、钱起、戎昱、卢纶、窦巩。大历中,卢纶逃难到鄂州,眼

---

① 参见陶敏:《唐人迁谪诗漫议》,《古典文学知识》1999 年第 3 期。

见北方大地狼烟四起，千疮百孔，南方也四处不宁，无限感喟，写下了名作《晚次鄂州》："云开远见汉阳城，犹是孤帆一日程。估客昼眠知浪静，舟人夜语觉潮生。三湘衰鬓逢秋色，万里归心对月明。旧业已随征战尽，更堪江上鼓鼙声！"诗题下自注："至德中作。"① 江行与陆行有什么不同？这首诗以生动而精炼的诗笔，做了最贴切的回答：平旷之地，虽远远可见要去的地方，然而行来仍须一日程。傍晚的江面风平浪静，商客怡然地躺在船上，舟子们窃窃私语，不知不觉间，江潮已上来了。而后两联则表达了一个失去了家园的游子对故园的无限眷恋和逃到南方这陌生之地的巨大失落，《陈寅恪读书札记·旧唐书之部》代宗纪条指出，卢纶此诗"更堪江上鼓鼙声"与《旧唐书》卷一一《代宗纪》大历九年（774）正月壬寅"澧朗两州镇遏使、澧州刺史杨猷擅浮江而下，至鄂州。诏许赴汝州，遂溯汉而上，复、郢、襄等州皆闭城拒之"② 这一史实有关。安史诸将称兵向阙而其余党未得到应有惩罚，天下有不臣之心，跂而欲飞者不知凡几，澧州刺史杨猷即其一也。卢纶诗让我们感受到这一大时代的脉搏，尤觉可贵。

二是黄河、长江、珠江水系内部的江行，这方面也留下不少记载。如长安至洛阳一般走两京道，但有的人为了搬运笨重的行李，遂取道渭河而下，耿沣《渭上送李藏器移家东都》："移家还作客，避地莫知贤。洛浦今何处，风帆去渺然。"③ 船只承载力大，便于搬运笨重行李，比较省力，因此有人愿意这样做。岭南陆路交通不像内地那样发达，流贬岭表的人士过岭后要达贬所，往往顺着韶水、桂江、漓水而下，从而留下纪行诗，沈佺期《度贞阳峡》《夜泊越州逢北使》、宋之问《早发

---

① ［清］彭定求等编：《全唐诗》卷二七九，第 3177 页。
② ［后晋］刘昫等撰：《旧唐书》卷一一《代宗纪》，第 304 页。
③ ［清］彭定求等编：《全唐诗》卷二六八，第 2983 页。

始兴江口至虚氏村作》《入泷州江》都是这样写下来的。不但流贬，岭北与岭南五府之间的官员、使客来往，也是多取水路。有时江面舟船云集，所以许浑《韶州驿楼宴罢》诗，有"檐外千帆背夕阳"[1]之句。

　　长江流域由于水系庞大情况要复杂些。大致说，有长江上游和下游城市之间的来往，大诗人李白几次由蜀中赴吴越、王昌龄由江宁贬龙标尉，都得上下长江，吴蜀之间，各种各样的船只上江下峡，在长江航运中占有很大的分量。成都江面上常有来自吴越的船只，所谓"门泊东吴万里船"[2]，据《大清一统志》卷二九二成都府·古迹，成都府有合江亭，在府城东南二江合流处，唐韦皋建，宋吕大防记。亭为唐人宴饯之地，名士题诗，往往在焉，实一府之佳观。"蜀人入吴者，皆自此登舟，其西则万里桥。"[3]唐时蜀中水运之盛，于此可见一斑。唐扬州、益州，一下一上，为两大镇，频以重臣出镇，地位相当，有时互相移镇，于是或顺流而下，或逆流而上，江行几千里。如大中元年（847），以剑南西川节度使崔郸充淮南节度使。六年，又以剑南西川节度使杜悰为淮南节度使[4]。《北梦琐言》卷三杜邠公不恤亲戚条、《唐语林》卷六、《南部新书》辛卷均载，杜悰移镇时，队伍庞大，以江船千艘顺流而下，时值夏水方涨之际，过三峡而无一损坏，亦一幸事。

　　也有下、中游间或上、中游之间的往来，这也得依靠水路，大和四年（830）段文昌由淮南移镇荆南，乾符五年（878）高骈自西川移镇荆南，都是走长江水路。以《唐刺史考》湖南、江西二镇的任命而言，

---

① ［清］彭定求等编：《全唐诗》卷五三五，第6104页。

② ［唐］杜甫著，［清］仇兆鳌注：《杜诗详注》卷一三《绝句四首》其三，第1143页。

③ ［宋］范成大撰：《吴船录》卷上，孔凡礼点校：《范成大笔记六种》，中华书局，2002年，第187页。

④ 李廷先著：《唐代扬州史考》，江苏古籍出版社，2002年，第315—319页。

部分刺史来自下游的苏、湖、常、润等州。如元和六年（811），以常州刺史崔芄观察江西；开成四年（839），苏州刺史李颖观察江西，二人赴镇即沿江西上。唐时湖南长沙、江西洪州二地，并无驿路直通，其联系主要靠水路。中唐以来，二镇常互相迁转，其中尤以自湖南移江西的居多，贞元中就有裴胄、李巽、杨凭这样移镇江西。永贞元年（805）十月杨凭自长沙移镇洪州时，尝有《早发湘中》诗记录移镇场面："按节鸣笳中贵催，红旌白旆满船开。迎愁溢浦登城望，西见荆门积水来。"[①]即指由潭州下洞庭顺流至洪州。与此相似，还有鄂岳移洪州、湖南移鄂岳、洪州移荆南者，以及自长江中游各地移刺上游的巴蜀诸州者。蜀中等上游地区的刺史幕客除一部分由北方过来外，也有一部分从中下游各地调来、转来，反之亦然。

　　长江与沿江支流之间的水上联系颇多。白居易贬江州，刺杭州，即从襄阳登舟顺汉水而下至江州、杭州。建中四年（783）德宗被围于奉天，形势危急，戴叔伦自江西观察使府押送物资，转运至奉天，其行程即自洪州—九江—安陆—均州—房州—邓州，先水后陆，沿长江支流而上。杜甫自夔州出峡，江行至岳州上洞庭，飘泊于湘水之上。刘长卿奉使扬、润，然后溯江西上，巡按至潭、道、永。戴叔伦大历中督赋巡郴、永，亦过洞庭，上湘江。宝应二年（763）李华、卢象分别奉诏自杭州、吉州赴阙，由长江转汉水北上……诸人都留下了诗文记载，赣水、嘉陵江与长江之间也不时有文士转来转去。

　　最常见的却是第三种情况——诸流域之间的互通往来。有些唐文人自长安至巴蜀、黔中，不由秦岭诸谷道，而取水路，经运河、长江西上。如咸通末年，萧遘贬播州司马，途经三峡，事载《旧唐书》卷一七九《萧遘传》。又《太平寰宇记》卷一四八《归州秭归县》："紫

---

① ［清］彭定求等编：《全唐诗》卷二八九，第3296页。

极宫黄魔神庙。其《记》云：咸通壬辰岁（咸通十三年，872），令（今）翰林兰陵公自右史窜黔南。秋八月二十七日夕，溯三峡，次秭归。时蜀水方涨，横涛蔽日。公积悸而寝，梦神人，赤发碧眸，且云险不足惧。公异之。再寐又梦。公诘其所自，则曰：'我黄魔神，居紫极宫之西北隅，将祐助明公出于此境。'公曰：'吾斥去荒徼，危殆未已，神能惠我……'自是抵于黔，又迁于罗。每陟险难，神恍然如在。洎公迁于朝，梦神告归。公因为设庙，列塑于宫之傍。丁酉岁，公从弟优，自澧阳尹亚西蜀，路出祠下，以囊金致公意，谓前制不专，请别修敞。"①事又见《云笈七签》卷一一九《道教灵验记·归州黄魔神峡水救船验》。《南部新书》癸卷，韦保衡、路岩作相，贬不附己者十司户：崔沆循州，李渎绣州，萧遘播州，高湘高州……所指即此次迁谪，从中也可见出江行之险恶及对文人生活、心理影响之大。韦庄唐末奉使入蜀，舟行过三峡，途中行迹历历可考，后来撰有《蜀程记》《峡程记》，以纪其入蜀途中行程。今二书已佚，仅有佚文数条，见于《太平御览》等书。窦巩自京城赴黔南，取道荆州上峡，见其《自京将赴黔南》诗②。其兄窦群贬黔中，元稹有诗送别，叙及行程。《送友封二首》其一："瘴云拂地黄梅雨，明月满帆青草湖。"诗题下自注："黔府窦群，字友封。"③明言其取水路，经洞庭，由长江西上。文士李少安赴黔中观察使府任职，取道三峡，权德舆《献岁送李十兄赴黔中酒后绝句》："一樽岁酒且留欢，三峡黔江去路难。"④载明了前往路线。马植自安南

---

① ［宋］乐史撰，王文楚等点校：《太平寰宇记》卷一四八，中华书局，2007年，第2879—2880页。

② ［宋］计有功辑撰：《唐诗纪事》卷三一，第485页。

③ ［唐］元稹撰，冀勤点校：《元稹集》卷一八，第204页。

④ ［清］彭定求等编：《全唐诗》卷三二三，第3632页。诗题中李十指李少安，见陶敏著：《全唐诗人名考证》，陕西人民教育出版社，1996年，第480页。

都护除黔南观察使,殊不得意,途经三峡夜泊,遇一白衣文士,对月长吟①。在长江上游仕宦的文士北归,也有不取陆路而取水路者。岑参刺嘉州由陆路,大历三年(768)七月罢任归家,却取道长江,由汴河北归,其《东归发犍为至泥溪舟中作》叙述其北归路线是自峡江经吴楚西上。元稹贬通州司马,由陆路,罢任归京,则取峡江水路。《十年三月三十日别微之于沣上……为他年会话张本也》:"沣水店头春尽日,送君马上谪通川。夷陵峡口明月夜,此处逢君是偶然。"②载明他是陆路来,水路归。原来黔、蜀通两京,本有水路。《通典》卷一七五《州郡五·通川郡》:"去东京,取盛山郡(开州)下水,经三峡,出江陵、襄阳、南阳、临汝等郡,至东京,水陆相承,二千八百七十五里。"③白居易官忠州刺史,经常看到有人这么走,《送客归京》:"水陆四千里,何时归到秦。舟辞三峡雨,马入九衢尘。"④李频自黔中幕府罢职东归,又欲北游京师,却不由襄阳西上而绕道扬州,经淮上,《全唐诗》卷五八八有他的《自黔中东归旅次淮上》。戴叔伦《广陵送赵主簿自蜀归绛州宁觐》:"将归汾水上,远省(自)锦城来。"⑤其归绛州,亦是长江—扬州—洛阳,再由洛阳北上。有些剑南节度使赴镇由陆路,归京则取水路经扬州西上,搬运大量物资回家,杜甫在夔州三年见过不少这种事,其《入宅三首》其二:"相看多使者,一一问函关。"⑥叙大历时人自蜀春归,是很好的概括。他总结这些人的来去规律是"剖符

① [宋]李昉等编:《太平广记》卷一三八引《本事诗》,第994页。
② [唐]白居易著,顾学颉校点:《白居易集》卷一七,第376页。
③ [唐]杜佑撰,王文锦等点校:《通典》卷一七五《州郡五》,第4582页。
④ [唐]白居易著,顾学颉校点:《白居易集》卷一八,第387页。
⑤ [清]彭定求等编:《全唐诗》卷二七三,第3074页。
⑥ [唐]杜甫著,[清]仇兆鳌注:《杜诗详注》卷一八,第1607页。

来蜀道,归盖取荆门"①。杜甫还有《承闻故房相公灵榇自阆州启殡归葬东都有作二首》其一:"他日嘉陵泪,仍沾楚水还。"② 身殁南方的唐官归葬,其旅榇通常由长江、运河而上。为了搬运笨重物资,克服陆路梗阻,唐人多取峡江水路,至扬楚而还,而不在乎耗时之长短。

在黔中、巴蜀宦游的另一部分人北归,则经峡江至襄阳或江陵,取陆路,由蓝田、武关而入京。白居易自忠州召还,就是这么走的,其《商山路有感并序》:"前年夏,予自忠州刺史除书归阙,时刑部李十一侍郎、户部崔二十员外,亦自澧、果二郡守征还,相次入关,皆同此路。今年,予自中书舍人授杭州刺史,又由此途出。二君已逝,予独南行。"③ 作此诗时,为长庆二年(822)七月三十日。南人北去,这种跨流域的行役是常见的。江西、岭南文士通关中,就常顺赣水—长江—汴河—黄河而上,部分文士甚至坐船直溯渭水,在华州乃至渭津上岸,李白《登黄山凌歊台送族弟溧阳尉济充泛舟赴华阴》:"送君登黄山,长啸倚天梯。小舟若鬼雁,大舟若鲸鲵。"④ 他的族弟就随船队直至华阴。吴越文士要西上关中、河洛,更是非这样不可,韦庄《夜泊孟津寄三堂友人》:"解缆西征未有期,槐华又逼桂花时。"⑤《自孟津舟西上雨中作》:"秋烟漠漠雨濛濛,不卷征帆任晚风。"⑥ 其自东南赴关中的几次江行,均泛渭西上,没有在汴、洛舍舟上岸。京中文士游吴越及其他南方州郡,部分人自渭上乘舟东下,《太平广记》卷七四引《慕(纂)异记》描述江南文士陈季卿东归家的路线是"自渭泛于

① [唐]杜甫著,[清]仇兆鳌注:《杜诗详注》卷一五《奉汉中王手札》,第1333页。
② [唐]杜甫著,[清]仇兆鳌注:《杜诗详注》卷一四,第1235页。
③ [唐]白居易著,顾学颉校点:《白居易集》卷二〇,第428—429页。
④ [唐]李白著,[清]王琦注:《李太白全集》卷一八,第868页。
⑤ [唐]韦庄著,聂安福笺注:《韦庄集笺注》卷二,第94页。
⑥ [唐]韦庄著,聂安福笺注:《韦庄集笺注》卷四,第186页。

河,游于洛,泳于淮,济于江,达于家"①,这是自中原从水路南行一般的走法。大部分人则自洛、汴上船。姚合《送刘禹锡郎中赴苏州》:"初经咸(函)谷眠山驿,渐入梁园问水程。"②说他先陆路后水路,沿两京道达汴州上船,轻舟东下。据孟郊《旅次洛城东水亭》及李翱《来南录》,则自洛阳上船的也不少,刘禹锡、白居易晚年自苏、杭归洛阳,沿途留下不少诗篇,都取水路。长安到荆南,本来有驿路直通,但也有由水道到扬州再溯流西上者,钱起《适楚次徐城》:"去家随旅雁,几日到南荆。"③旅行目的地是楚地,却旅"次徐城",即徐城县,属泗州,汉徐县地,隋置徐城县于大徐城。开元末移就临淮县,经过泗州,表明是从京洛到泗州,走运河水路,即不由蓝田—武关道而取汴路之明证。马戴自太原贬朗州,也是由汴河—长江—洞庭—湘江。按一般南贬规律,他是应该从蓝田—武关道而下的,然而却不是如此,表明从中原南行,主要取汴路,而不是洛阳到荆州的陆路。钱珝在唐昭宗朝贬江西抚州,也是这样去的,其《江行无题一百首》叙述了这一行程。唐代地方官迁转频繁,中央往往将他们南北往返调动,跨流域的江行比比皆是。唐后期,幕府僚佐大批流向东南使府,不论累佐使府还是初次入幕,都免不了一次次的东徙西移,南迁北返,有的随幕主移改,有的自寻出路。

由于江行机会多,许多人已"惯从东越入西秦",习惯了走运河北上的走法,见惯了水上风浪。水上行舟,顺水比陆路快,逆流则慢多了,据《唐六典》卷三户部度支郎中条及严耕望《隋唐通济渠在交通上的功能》一文考证,根据水情的不同,汴河顺流日航约七十里,逆水约

---

① [宋]李昉等编:《太平广记》卷七四引《慕(纂)异记》,第462页。
② [清]彭定求等编:《全唐诗》卷四九六,第5616页。
③ [清]彭定求等编:《全唐诗》卷二三八,第2657页。

四十至五十里。黄河顺流约日行百五十里,逆流日三十里,与《唐六典》所载略相符合。但唐人常在中途停留,从事各种活动,延长了旅行时间。因此总体上说江行时间比较长。白居易赴杭州,自襄阳上船,其《夜泊旅望》谓"烟波三十宿,犹未到钱塘"①,实际上作此诗时,船还未出江州境内,因为其文集中,该诗之后的下一首才是《九江北岸遇风雨》。刘沧《下第东归途中书事》:"峡路谁知倦此情,往来多是半年程。"② 叙述往返峡路动经半年。武元衡《江上寄隐者》:"归舟不计程,江月屡亏盈。"③ 由此可见唐文人江行时间之长。他们在漫长的行旅中积累了丰富的江行经验,也增长了见闻,开阔了眼界。他们对南北各主要河流的水情、两岸的民情风俗、江面上多变的情景一般都了然于胸,这就为其文学创作积累了丰富的经验,提供了层出不穷的新鲜活泼的素材,江行诗不断开拓新天地,愈出愈新,唐诗亦因此而增添了无穷魅力。较之于先唐及唐以后,唐人的江行诗既多又好。唐以前,只有陶渊明、谢灵运、谢朓等南朝诗人有过一些零星的江行诗,名篇不多,唐以后的宋人活动空间远不及唐人广阔,江行诗的总体成就不及唐人高。

　　江行经历过程也是一个艺术感悟和艺术体验的过程,是艺术创造的前提。没有长期的江行经历,对事物特征的把握就不准,艺术表现力也会受到局限。唐代诗人李白长期在长江上飘泊,作过许多优秀的江行诗。几百年后,南宋人陆游沿着李白等唐人当年多次走过的路——长江西上,历时数月达夔州。他以自己的亲身经历去体会、验证李白诗歌中的意境,恍然大悟:李白之所以能有那么多述江行的杰作,关键在于他"江行既久",经验丰富,体会深刻。陆游自吴

①［唐］白居易著,顾学颉校点:《白居易集》卷二〇,第 433 页。
②［清］彭定求等编:《全唐诗》卷五八六,第 6797 页。
③［清］彭定求等编:《全唐诗》卷三一六,第 3549 页。

入蜀,撰有行记《入蜀记》,书中讲述自己一边观察船、江、岸的情景,一边回味李白、刘禹锡、王安石、苏轼的名篇佳句,如刘禹锡《晚泊牛渚》的"芦苇晚风起,秋江鳞甲生",王安石《牛渚》诗的"一风微吹万舟阻"(卷一),李白《望天门山》诗的"两岸青山相对出,孤帆一片日边来"、《江上望皖公山》诗的"巉绝称人意"、《下寻阳城泛彭蠡寄黄判官》的"开帆入天镜"(卷二)、《黄鹤楼送孟浩然之广陵》诗的"孤帆远影碧空尽,惟见长江天际流"(卷三)①。诗人对景生情,重睹了前贤当年所见的情景后,马上体会到这些佳句的美妙,认为非亲睹亲历不能知其妙处:卷一两例所叙景点在吴越,卷二所叙在安徽、江西,卷三在鄂州。他在安徽怀宁县境内见到江岸上壁立秀美的山峰,才明白李白的"巉绝"二字太妙了。至宣州当涂县天门山江面,见到天门山云雾缭绕,壁立江面,长江从中流过,才明白什么叫作"天门中断楚江开",又为什么"碧水中流至此回"。到了彭蠡湖口,看到四望无际、宽阔明澈的江面,才深刻体会到李白"开帆入天镜"形容得贴切。在黄鹤楼前见到了平川大江点点帆影,才明白"孤帆远影碧空尽"是怎样得来的。对这些,唐人却不须亲睹,自能道出,因为他们跟李白一样"日月在船多",即使从送别诗中也可看出。卢纶《送魏广下第归扬州》:"淮浪参差起,江帆次第来。"②姚合《送无可上人游越》:"独夜潮声月满船。"③《送崔约下第归扬州》:"日晚山花当马落,天阴水鸟傍船飞。"④李颀《送王昌龄》:"夕阳满舟楫,但爱微波清。"⑤

---

① [宋]陆游撰:《入蜀记》卷一、卷二、卷三,[清]鲍廷博辑:《知不足斋丛书》第一册,中华书局,1999年,第594、597、602页。
② [清]彭定求等编:《全唐诗》卷二七六,第3125页。
③ [清]彭定求等编:《全唐诗》卷四九六,第5623页。
④ [清]彭定求等编:《全唐诗》卷四九六,第5617—5618页。
⑤ [清]彭定求等编:《全唐诗》卷一三二,第1344页。

虽是想象之词,但都是凭自己的生活经验得来的,有别于凭空虚拟。

二、唐人江行诗的艺术成就

严格地说,江行诗只指描写在江河上航行时所见所闻所感的诗,其主要内容有二:一是指江河气象、舟航情景,包括南北河流的水流大小,水色光影变化,水速,波浪,远看近看前后船只行驶的情景,江面上的水气、雾气,江面上盘旋的水鸟,船上各类人物的活动等;二是江河沿岸的自然景观和社会面貌,其中最吸引人的是下面一些内容。

一是早发。水上乘舟早发,与在馆驿早发情景截然不同。陶翰《早过临淮》:"夜来三渚风,晨过临淮岛。湖中海气白,城上楚云早。鳞鳞渔浦帆,漭漭芦洲草。"① 这是叙泗州淮岸河汉早发的情景:雾气升腾,鱼帆片片,天气晴朗,水面粼粼生光,情景逼真。许棠《早发洛中》:"半夜发清洛,不知过石桥。云增中岳大,树隐上阳遥。堑黑初沉月,河明欲认潮。孤村人尚梦,无处暂停桡。"② 全诗景奇境奇,富有动感:洛水奋迅,登舟出发,转瞬就过了石桥,中岳云雾缭绕,更显得奇大,船在前进,隐没在树丛中的上阳宫渐渐退去,从视野里消失,月色沉沉,河水上潮了,孤村里的人们仍在酣睡,大地十分沉静。诗人专从顺流舟行的感觉着笔,通过"过""增""隐""沉""明""梦"等动词绘出动态,显得高妙。白居易《舟行江州路上作》同样是写顺水舟行,水流虽迅急,但风平浪静,行船平稳:"帆影日渐高,闲眠犹未起。起问鼓枻人,已行三十里。船头有行灶,炊稻烹红鲤。"③ 通过帆影变化来反映时间的变化,以问答方式写顺流而下舟船的轻快和人在船上闲适的感觉,平淡中寓含着巧妙。

① [清]彭定求等编:《全唐诗》卷一四六,第 1476 页。
② [清]彭定求等编:《全唐诗》卷六〇三,第 6963 页。
③ [唐]白居易著,顾学颉校点:《白居易集》卷六,第 127 页。

　　二是夜泊。泊宿之时，空寂无聊，文士感于羁旅迁谪，往往即兴挥毫，甚至通宵达旦地苦吟，诗人注意力集中到了某个固定的点上，容易触景生情，创作佳制。祖咏《过郑曲》："路向荣（荥）川谷，晴来望尽通。细烟生水上，圆月在舟中。岸势迷行客，秋声乱草虫。旅怀劳自慰，淅淅有凉风。"① 诗写东归夜泊的情景：晴明的秋日傍晚，圆月当空，江面上水气升腾，远看像"细烟生"，淅淅的凉风，唧唧的秋虫，可慰旅怀。储光羲《泊舟贻潘少府》："四泽兼葭深，中洲烟火绝。苍苍水雾起，落落疏星没。所遇尽渔商，与言多楚越。"② 这里写的是汴河上一个河湾夜泊的情景，芦苇深密，水雾弥漫。虽说已值夜晚，但西去的渔商、东下赴任楚越的官船仍不时经过。杨凝《夜泊渭津》："远处星垂岸，中流月满船。"③ 对星与岸、月与船的空间位置关系表达得清楚，星星似乎低垂到岸边，显出秦川的辽远，月色满船，见出近处的可爱。韦应物《自巩洛舟行入黄河即事寄府县僚友》："夹水苍山路向东，东南山豁大河通。寒树依违远天外，夕阳明灭乱流中。"④ 一远一近，一写岸上的树丛，一写水中的光影，层次分明。《夕次盱眙县》："落帆逗淮镇，停舫临孤驿。浩浩风起波，冥冥日沉夕。人归山郭暗，雁下芦洲白。独夜忆秦关，听钟未眠客。"⑤ 这是诗人出镇滁州途中的作品，诗人乘官船东下，在淮河边一个水驿泊宿，傍晚时分，淮上风浪仍大，江面水色冥冥，夜色中，山村暗下去了，暮归的人们依稀可辨，成群的雁飞落于芦苇丛中，望去一片灰白，在发白的芦洲映

① ［清］彭定求等编：《全唐诗》卷一三一，第1334页。
② ［清］彭定求等编：《全唐诗》卷一三六，第1379页。
③ ［清］彭定求等编：《全唐诗》卷二九〇，第3303页。
④ ［唐］韦应物著，陶敏、王友胜校注：《韦应物集校注》（增订本）卷二，第80页。
⑤ ［唐］韦应物著，陶敏、王友胜校注：《韦应物集校注》（增订本）卷六，第390—391页。

衬下，夜色显得更暗，孤独的主人公在江风中孑然而立，忆念着远在秦中的京城亲故，这是一幅立体感很强的图画，活脱写出诗人对自京城出牧州郡的"非所宜愿"和"惨然不乐"。白居易《浦中夜泊》写的是武昌以东江浦中的夜泊情景："暗上江堤还独立，水风霜气夜稜稜。回看深浦停舟处，芦荻花中一点灯。"① 此时诗人正在赴江州贬所途中，心情压抑痛苦，夜色中暗立江堤，四顾茫茫，江风扑面，河湾深处芦苇中一点灯火发着微光，吸引了诗人，这情景颇能触发诗兴。深夜泊舟又别具一番韵味。张籍《宿临江驿》："楚驿南渡口，夜深来客稀。月明见潮上，江静觉鸥飞。"② 这里没有了来往的官商过客，没有了喧腾，渡口空空，好久不见一人过渡。月色如昼，寒潮初上，江面上鸥鸟还在盘旋，多美的意境呀！类似的名句有韩愈《八月十五夜赠张功曹》："纤云四卷天无河，清风吹空月舒波。"③ 写天空彩云飞渡不正面写，却从水面光影着笔，颇新颖。元稹《宿石矶》写船上夜宿情形："灯暗酒醒颠倒枕，五更斜月入空船。"④ 李益《水宿闻雁》："夜长人自起，星月满空江。"⑤ 韦建《泊舟盱眙》："泊舟淮水次，霜降夕流清。夜久潮侵岸，天寒月近城。平沙依雁宿，候馆听鸡鸣。乡国云霄外，谁堪羁旅情。"⑥ 上述三诗，都是作者贬谪沉沦时期的作品，情调低沉，但无论再现外物还是表现内心，都是"传神写照"，很有艺术感染力。

---

① ［唐］白居易著，顾学颉校点：《白居易集》卷一五，第 316 页。
② ［清］彭定求等编：《全唐诗》卷三八四，第 4307 页。
③ ［清］彭定求等编：《全唐诗》卷三三八，第 3789 页。
④ ［唐］元稹撰，冀勤点校：《元稹集》卷一九，第 215 页。
⑤ ［清］彭定求等编：《全唐诗》卷二八三，第 3223 页。
⑥ ［清］彭定求等编：《全唐诗》卷二五七，第 2874 页。《全唐诗》卷一四四收作常建诗，误。其误承自《文苑英华》卷二九二。据《唐诗纪事》卷二四，此诗实为韦建诗。原因当承此诗唐代抄本，韦、常二字草书形近致误。

航行情景更是变化万端,写夜航的比较多,储光羲《夜到洛口入黄河》:"中宵大川静,解缆逐归流。"① 李白《月夜江行寄崔员外宗之》:"飘飘江风起,萧飒海树秋。登舻美清夜,挂席移轻舟。月随碧山转,水合青天流。杳如星河上,但觉云林幽。"② 写清夜美景,表现了黄河、长江安静可爱的一面,但长江山清水秀,不同于黄河之浑茫混浊,唐人诗表现出这一差别。马戴《楚江怀古三首》其一:"猿啼洞庭树,人在木兰舟。广泽生明月,苍山夹乱流。"其二:"列宿分穷野,寒流注大荒。"③ 写荆楚一带的长江夜景,长江越靠东近海,江面越宽阔,水势愈浩大,在秋夜中看,就是"寒流注大荒"。

白昼航行,视野开阔,诗歌意象繁复多变,韦承庆《凌朝浮江旅思》是他南贬路上的作品:"天晴上初日,春水送孤舟。山远疑无树,潮平似不流。岸花开且落,江鸟没还浮。羁望伤千里,长歌遣四愁。"④ 岸花开落,江鸟出没,长江静静奔流,澄澈的江水伴随这位远客南行。孟云卿《汴河阻风》表现的却是愤怒的汴河:"大河喷东注,群动皆窅冥。白雾鱼龙气,黑云牛马形。苍茫迷所适,危安惧暂宁。"大河东注,风急波沉,黑浪滚滚,大地在战栗,让人充分领略到自然的伟力和人的渺小,所以诗人感叹:"信此天地内,孰为身命轻。"⑤ 骆宾王《渡瓜步江》:"惊涛疑跃马,积气似连牛。"⑥ 都是写江风、波浪、力量。张九龄《江上遇疾风》则岸上、天宇、江面都写到了:"疾风江上起,鼓怒扬烟埃。白昼晦如夕,洪涛声若雷。投林鸟铩羽,入浦鱼曝

① [清]彭定求等编:《全唐诗》卷一三六,第 1379 页。
② [唐]李白著,[清]王琦注:《李太白全集》卷一三,第 667 页。
③ [清]彭定求等编:《全唐诗》卷五五五,第 6430—6431 页。
④ [清]彭定求等编:《全唐诗》卷四六,第 557 页。卷三九又收作马周诗,误。
⑤ [清]彭定求等编:《全唐诗》卷一五七,第 1609 页。
⑥ [清]彭定求等编:《全唐诗》卷七八,第 841 页。

鳃。瓦飞屋且发,帆快樯已摧。不知天地气,何为此喧虺。"①

　　不同季节、不同地域的河流水文气象就不同,这在唐诗中得到了很好的表现。黄河是浊浪排空,淮河、湘水却十分澄明,所以唐人常称为"清淮""清湘",杨谏有《月映清淮流赋》,《文苑英华》卷一八一《省试二》有徐敞和失名文士撰写的省试诗《月映清淮流》二首,杨凭《晚泊江戍》有"清湘急晚流"之句②。汴河处在秦岭—淮河零度温度等温线的北侧,所以每值冬季就有凌汛。杜牧《汴河阻冻》写的正是这个气候特点:"千里长河初冻时,玉珂瑶珮响参差。"③描述冬季汴河中浮冰在水流的冲击下哗哗作响的情景。李白《魏郡别苏明府因北游》:"淇水流碧玉,舟车日奔冲。"④春天的河北平原,河流水势平缓,只有春水方涨之际才快速奔流,舟船竞发,速度加快,从李诗中可以感觉到这点。

　　汴河航运历来繁忙,南北过往船只颇多。李频《东渭桥晚眺》说:"秦地有吴洲(舟),千樯渭曲头。"⑤唐代漕运,江船不入河,河船不入渭,实行分段漕运,然到达终点站的船仍如此之多,途中的船就更多了。《太平广记》卷四四引《河东记》说道士萧洞玄周游天下,贞元中,自浙东抵扬州,"至庱亭埭,维舟于逆旅主人。于时舳舻万艘,隘于河次。堰开争路,上下众船,相轧者移时"⑥。卢纶《泊扬子江岸》:"山映南徐暮,千帆入古津。"⑦《旧唐书》卷六七《李勣传》:

①[清]彭定求等编:《全唐诗》卷四七,第573页。
②[清]彭定求等编:《全唐诗》卷二八九,第3294页。
③[清]彭定求等编:《全唐诗》卷五二三,第5983页。
④[唐]李白著,[清]王琦注:《李太白全集》卷一五,第715页。
⑤[清]彭定求等编:《全唐诗》卷五八七,第6814页。
⑥[宋]李昉等编:《太平广记》卷四四《萧洞玄》,第277页。
⑦[清]彭定求等编:《全唐诗》卷二七九,第3177页。

"宋、郑两郡,地管御河,商旅往还,船乘不绝。"[1] 唐人诗中常可看到千帆竞发、百舸争流的壮观。杜牧《汴人舟行答张祜》:"千万长河共使船,听君诗句倍怆然。春风野岸名花发,一道帆樯画柳烟。"[2] 耿沣《津亭有怀》:"津亭一望乡,淮海晚茫茫。草没栖洲鹭,天连映浦樯。往来通楚越,旦暮易渔商。惆怅缄书毕,何人向洛阳。"[3] 王建《汴路即事》:"千里河烟直,青槐夹岸长。天涯同此路,人语各殊方。"[4] 以上诗句是直陈其事,更多的时候是形象描绘。钱起《早发东阳》:"信风催过客,早发梅花桥。数雁起前渚,千艘争便潮。"[5] 这是河湾早发的情景,舟子争着开船趁潮东下。卢象《永城使风》:"长风起秋色,细雨含落晖。夕鸟向林去,晚帆相逐飞。"[6] 这是写亳州永城县一带的汴河江行情景。傍晚汴河上帆影点点,竞逐如飞,天上一边下着细雨,一边现出夕阳。这是顺风快航。卢纶《送魏广下第归扬州》:"淮浪参差起,江帆次第来。"[7] 则是写江面平静时迎面开来的逆流而上的船只不绝。

与汴河、黄淮不同,唐人笔下的长江却一段不同于一段,各具特色,上游峡江段水势湍急,顺流特快,逆流特慢,适应这种水文地质特点,唐人发明了一种特殊的峡船,其中似乎又有上峡船和下峡船之分。窦常《之任武陵寒食日途次松滋渡先寄刘员外禹锡》有"云际离离上峡船"的诗句[8],写上峡船前后相继的江航情景。《全唐诗》卷

① [后晋]刘昫等撰:《旧唐书》卷六七《李勣传》,第2483页。

② [清]彭定求等编:《全唐诗》卷五二四,第6008页。

③ [清]彭定求等编:《全唐诗》卷二六八,第2979页。

④ [清]彭定求等编:《全唐诗》卷二九九,第3391页。

⑤ [清]彭定求等编:《全唐诗》卷二三七,第2646页。

⑥ [清]彭定求等编:《全唐诗》卷一二二,第1219页。

⑦ [清]彭定求等编:《全唐诗》卷二七六,第3125页。

⑧ [清]彭定求等编:《全唐诗》卷二七一,第3033页。

七六五有王周《志峡船具并序》诗,序言详细记载了峡船的种类、形制、用途、差异,可与唐宋载籍的其他同类资料相映证。其《再经秭归二首》其一,写到他"总角曾随上峡船"①。而陆游《入蜀记》卷三也提到南宋嘉州的赵青船,称为入峡船,这是下峡船。三峡两崖壁立,山岭奇秀,天空显得特别狭窄。卢象《峡中作》"云从三峡起,天向数峰开"②便是文学形象十分逼真的出色描写。写峡中江航情景的更多,孟浩然《入峡寄弟》:"壁立千峰峻,潈流万壑奔。"③沈佺期《十三四时尝从巫峡过他日偶然有思》:"使君滩上草,神女馆前云。树悉江中见,猿多天外闻。"《巫山高二首》其二:"电影江前落,雷声峡外长。"④分别写峡中山峰、石壁、急流、江树、滩声、猿声,抓住了地貌植被特征和江势水情。胡皓《出峡》:"巴东三峡尽,旷望九江开。楚塞云中出,荆门水上来。鱼龙潜啸雨,凫雁动成雷。南国秋风晚,客思几悠哉。"⑤写由峡谷到平野的江景变化,水势由高而低,江面由窄而宽,河滩宽广,故楚塞疑从云中出,凫雁群集,其声如雷。

出峡后自荆门至九江,江面开阔,江水澄碧,水势浩大,李白《渡荆门送别》:"山随平野尽,江入大荒流。月下飞天镜,云生结海楼。"⑥《秋下荆门》:"霜落荆门江树空,布帆无恙挂秋风。"⑦陈子昂《度荆门望楚》:"巴国山川尽,荆门烟雾开。城分苍野外,树断白云隈。"⑧都扣住了这一特点。长江从江陵、武昌城边流过,地势平旷,

① [清]彭定求等编:《全唐诗》卷七六五,第8678页。
② [清]彭定求等编:《全唐诗》卷一二二,第1219页。
③ [清]彭定求等编:《全唐诗》卷一五九,第1618页。
④ [清]彭定求等编:《全唐诗》卷九六,第1038、1032页。
⑤ [清]彭定求等编:《全唐诗》卷一〇八,第1123页。
⑥ [唐]李白著,[清]王琦注:《李太白全集》卷一五,第739页。
⑦ [唐]李白著,[清]王琦注:《李太白全集》卷二二,第1023页。
⑧ [清]彭定求等编:《全唐诗》卷八四,第904页。

视野开阔,不少唐诗都写到这一特点。李白《黄鹤楼送孟浩然之广陵》"孤帆远影碧山尽,唯见长江天际流"① 是顺流航行情景,鱼玄机《江行》"大江横抱武昌斜,鹦鹉洲前户万家"② 则是描写江域大势,二诗皆妙。

　　唐代的洞庭湖要比今天大得多,水势浩大,正如李白所说,是"水天一色,风月无边",行至这里的唐人写出了很多名篇,杜甫的"吴楚东南坼,乾坤日夜浮"③,孟浩然的"气蒸云梦泽,波撼岳阳城"④气盖古今,无人能敌。此外如江为《岳阳楼》:"云中来雁急,天末去帆孤。"⑤ 虽然情辞哀苦,却分外耐人咀嚼,在李白的"孤帆远影碧空尽"之外,另辟一重境界。许棠《过洞庭湖》:"四顾疑无地,中流忽有山。"⑥ 写洞庭湖中的君山。李白《与夏十二登岳阳楼》:"楼观岳阳尽,川迥洞庭开。"⑦ 崔季卿《晴江秋望》:"八月长江万里晴,千帆一道带风轻。尽日不分天水色,洞庭南是岳阳城。"⑧ 描写大湖气象。刘长卿《岳阳馆中望洞庭湖》"叠浪浮元气,中流没太阳"⑨ 写湖面上水气蒸腾,遮没太阳的奇景,道人所未道,各造其极。

　　人们只知道唐人咏洞庭湖多佳句,其实咏彭蠡、九江也多佳句。江西境内长江江面比上游更开阔,窦巩《早秋江行》:"回望浔城远,西

---

① [唐]李白著,[清]王琦注:《李太白全集》卷一五,第 734 页。
② [清]彭定求等编:《全唐诗》卷八〇四,第 9051 页。
③ [唐]杜甫著,[清]仇兆鳌注:《杜诗详注》卷二二《登岳阳楼》,第 1946 页。
④ [唐]孟浩然著,徐鹏校注:《孟浩然集校注》卷三《临洞庭》,第 146 页。
⑤ [清]彭定求等编:《全唐诗》卷七四一,第 8447 页。
⑥ [清]彭定求等编:《全唐诗》卷六〇三,第 6962 页。
⑦ [唐]李白著,[清]王琦注:《李太白全集》卷二一,第 996 页。
⑧ [清]彭定求等编:《全唐诗》卷二九五,第 3354 页。
⑨ [清]彭定求等编:《全唐诗》卷一四七,第 1491 页。

风吹荻花。暮潮江势阔,秋雨雁行斜。"① 一个秋雨蒙蒙的傍晚,诗人乘船东下,暮雨江潮,西风吹拂,荻花飘舞,回望江城似在天际,迷茫中江势显得更阔。李白《下寻阳城泛彭蠡寄黄判官》却是先晴后雨,富于变化:"开帆入天境,直向彭湖东。落影转疏雨,晴云散远空。"② 唐人笔下的鄱阳湖水天空阔。唐人常把大湖比喻成海,张九龄《望月怀远》:"海上生明月,天涯共此时。"《自彭蠡湖初入江》:"江岫殊空阔,云烟处处浮。上来群噪鸟,中去独行舟。"③ 薛据《泊震泽口》:"云开天宇静,月明照万里。早雁湖上飞,晨钟海边起。"④ 三首诗都是动景,早雁、水鸟、云烟、孤舟,声色意态毕具。白居易《题浔阳楼》:"大江寒见底,匡山青倚天。深夜溢浦月,平旦炉峰烟。"⑤ 作于贬谪江州路上,抵达江州之时,寒江、青山、清夜、炉烟互相映衬,体现出南方地域文化特征。

唐人江行诗全方位地反映了南北东西各地的风土气息,如李白《魏郡别苏明府因北游》:"魏郡接燕赵,美女夸芙蓉。淇水流碧玉,舟车日奔冲。青楼夹两岸,万室喧歌钟。天下称豪贵,游此每相逢。"⑥ 所述就很值得注意。诗中谈到,运河开通到河北平原后,魏州这个河北大郡商旅云集,青楼酒馆密集,都夹河而立,经济更加繁荣,为风流文士所向往,然而仍保留了自战国以来的游侠之风,这在唐代南方的任何地方都是看不到的。阎防《与永乐诸公夜泛黄河作》:"烟深载酒入,但觉暮川虚。映水见山火,鸣榔闻夜渔。"⑦ 写黄河下游渔民夜间打

---

① [清]彭定求等编:《全唐诗》卷二七一,第 3049 页。
② [唐]李白著,[清]王琦注:《李太白全集》卷一四,第 681 页。
③ [清]彭定求等编:《全唐诗》卷四八,第 591、589 页。
④ [清]彭定求等编:《全唐诗》卷二五三,第 2854 页。
⑤ [唐]白居易著,顾学颉校点:《白居易集》卷七,第 128 页。
⑥ [唐]李白著,[清]王琦注:《李太白全集》卷一五,第 715 页。
⑦ [清]彭定求等编:《全唐诗》卷二五三,第 2851 页。

鱼的情景,夜渔用的是鸣榔驱鱼的办法,也与南方大不相同。王维《早入荥阳界》:"河曲阎闾隘,川中烟火繁。因人见风俗,入境闻方言。秋晚田畴盛,朝光市井喧。渔商波上客,鸡犬岸旁村。"[1]写玄宗朝国力强盛之时,河南郑州一带农村人户密集,富庶安定,景象宜人,而南方却人烟稀少,野蛮落后,李白、王维诗让人鲜明地看到这种差别。

陈羽《宿淮阴作》:"秋灯点点淮阴市,楚客联樯宿淮水。夜深风起鱼鳖腥,韩信祠堂明月里。"[2]刘禹锡《淮阴行五首》其一:"簇簇淮阴市,竹楼缘岸上。好日起樯竿,乌飞惊五两。"[3]楚州是一个南北交通的中继口岸,旅客无论发自汴州还是扬州,进入千里汴河以后,多在楚州境内泊宿,商旅甚盛,市井生活发达,夜市尤其吸引人,沿岸的簇簇竹楼都是客店、旧家,每当夜幕降临,船客就成群上岸。到过夜市的诗人很多,留下的作品也不少,骆宾王《晚泊江镇》:"荷香销晚夏,菊气入新秋。夜乌喧粉堞,宿雁下芦洲。"据《骆临海集笺注》卷二,此诗是写润州京口镇,隋代开皇中改为延陵镇,诗中所写为润州城江镇夜市[4]。萧遘《成都》:"月晓已开花市合,江平偏见竹簰多。"[5]讲的是成都夜市中的一种——花市,以及江边的成排的大竹筏,也即诗中的竹簰。岑参《巴南舟中夜市》:"渡口欲黄昏,归人争渡喧。近钟清野寺,远火点江村。"[6]这是蜀中长江边上夜市将开时的热闹景象。江西沿江农村城镇有"渔市"等集市,多在临河渔村,李绅《过

---

①[唐]王维撰,[清]赵殿成笺注:《王右丞集笺注》卷四,上海古籍出版社,1984年,第67页。

②[清]彭定求等编:《全唐诗》卷三四八,第3896页。

③[清]彭定求等编:《全唐诗》卷三六四,第4104页。

④[唐]骆宾王著,[清]陈熙晋笺注:《骆临海集笺注》卷二,第34—35页。

⑤[清]彭定求等编:《全唐诗》卷六百,第6935页。

⑥[清]彭定求等编:《全唐诗》卷二百,第2091页。

钟陵》:"龙沙江尾抱钟陵,水郭村桥晚景澄。江对楚山千里月,郭连渔浦万家灯。"① 江西地区洪、江、赣州等交通便利的地方,类似的渔村颇多,集市贸易最先从这里开始。张九龄《候使登石头驿楼作》:"万井缘津渚,千艘咽渡头。渔商多未事,耕稼少良畴。"② 说洪州一带靠近长江,有渔盐之利,农民竞相弃农经商,以捕鱼贩盐为生。"万井"可能是指盐井。江南东西道便水之处都有这种风习,诗人耿湋奉使江西就记述了两个渔市。《发钟山馆》:"匹马宜春路,萧条背馆心。……野市鱼盐隘,江村竹苇深。"③ 这是写袁州江村"野市"鱼盐丰足。《发绵津驿》:"杳杳短亭分水陆,隆隆远鼓集渔商。千丛野竹连湘浦,一派寒江下吉阳。"④ 这是写吉州渔市,以击鼓为开市信号。长江、淮河沿岸都有渔盐之市,而且是每逢亥日开市,白居易《得微之到官后书备知通州之事怅然有感因成四章》其二谓通州"亥日沙头始卖鱼"⑤。张籍《江南行》:"江村亥日长为市,落帆度桥来浦里。"⑥ 这是说江浙的风俗习惯。白居易在《江州赴忠州至江陵已来舟中示舍弟五十韵》中说,江州至江陵一带,也是"亥市鱼盐聚,神林鼓笛鸣"⑦,与耿湋所说的江西渔盐集市基本相同。据白诗,开市之际可能还要进行祭祀,按照惯例,凡祭祀等集体性宗教迷信活动都要击鼓集众,元稹《赛神》说,荆湘赛神开始之际,都"杀牛贯官酒,椎鼓集顽民"⑧,从多个侧面写到赛神的"楚俗"。

---

① [唐]李绅著,卢燕平校注:《李绅集校注》卷二,中华书局,2009年,第124页。
② [清]彭定求等编:《全唐诗》卷四九,第604页。
③ [清]彭定求等编:《全唐诗》卷二六八,第2992页。
④ [清]彭定求等编:《全唐诗》卷二六九,第2999页。
⑤ [唐]白居易著,顾学颉校点:《白居易集》卷一五,第310页。
⑥ [清]彭定求等编:《全唐诗》卷三八二,第4288页。
⑦ [唐]白居易著,顾学颉校点:《白居易集》卷一七,第374页。
⑧ [唐]元稹撰,冀勤点校:《元稹集》卷三,第29页。

　　沿江便水的妓馆酒楼是文人商客的常住之所,最发达的是运河沿岸,张籍、王建都有诗叙述其具体情形,张籍《宿江店》:"野店临西浦,门前有橘花。停灯待贾客,卖酒与渔家。"① 这是家兼营酒肉饭菜的客店,夜深了还在待客。襄阳、鄂州、扬州等水陆要冲也多,钱起《夜泊鹦鹉洲》:"月照溪边一罩蓬,夜闻清唱有微风。小楼深巷敲方响,水国人家在处同。"② 诗中说,这里的临水人家,都做色情生意,房屋简陋,歌女只以清唱佐酒,以竹板打击伴唱,无丝竹管弦。王建《江馆对雨》:"草馆门临广州路,夜闻蛮语小江边。"③《荆门行》又谓江边行客"看炊红米煮白鱼,夜向鸡鸣店家宿。……女儿停客茆屋新,开门扫地桐花里"④。客馆都设在"广州路",即荆南通湘中岭南驿路旁,故生意兴隆,二诗都是写荆鄂。杨巨源《大堤曲》"巴东商侣挂帆多,自传芳酒浣红袖"⑤ 是写襄阳大堤旁边酒家女子停商待客。张籍《江南行》:"长干午日沽春酒,高高酒旗悬江口。娼楼两岸临水栅,夜唱竹枝留北客。江南风土欢乐多,悠悠处处尽经过。"⑥ 刘商《白沙宿窦常宅观妓》:"扬子澄江映晚霞,柳条垂岸一千家。主人留客江边宿,十月繁霜见杏花。"⑦ 是写润、苏、杭、扬,由于交通发达,这一带州郡集镇大量增加,北客、楚客、蜀客都是店中常客,市井生活比其他地方更发达。

　　渔家生活进入了唐文人的视野。张籍写的是江南苏、湖、扬、润等南方江河边上的渔家生活图景。《夜到渔家》:"渔家在江口,潮水

---

① [清]彭定求等编:《全唐诗》卷三八四,第 4309 页。
② [清]彭定求等编:《全唐诗》卷二三九,第 2688 页。
③ [清]彭定求等编:《全唐诗》卷三〇一,第 3431 页。
④ [清]彭定求等编:《全唐诗》卷二九八,第 3385 页。
⑤ [清]彭定求等编:《全唐诗》卷三三三,第 3716 页。
⑥ [清]彭定求等编:《全唐诗》卷三八二,第 4288—4289 页。
⑦ [清]彭定求等编:《全唐诗》卷三〇四,第 3462 页。

入柴扉。行客欲投宿，主人犹未归。竹深村路远，月出钓船稀。遥见寻沙岸，春风动草衣。"① 呈现在我们眼前的是乡村渔家，显得清冷。《江南行》所写集镇上的江村渔家生活则十分热闹："江南人家多橘树，吴姬舟上织白纻。土地卑湿饶虫蛇，连木为牌入江住。"② 其《贾客乐》则写上下长江的船民生活："金陵向西贾客多，船中生长乐风波。欲发移船近江口，船头祭神各浇酒。停杯共说远行期，入蜀经蛮谁别离。金多众中为上客，夜夜算缗眠独迟。"③ 由此可见商人之所以"乐风波""重利轻别离"，是因为入蜀经蛮，长途贩运可以赚到大钱，所以才愿意吃这份苦。但长途贩运，要经受各种风险挑战。所以他们很迷信，最惧怕风浪，常在"船头祭神"。殷尧藩《襄口阻风》也提到舟行若遇大风，总是要去求神，"篙师整缆候明发，仍谒荒祠问鬼神"④。南方人民的江神崇拜比较普遍，他们认为江神神通广大，张、殷二诗，可以印证《太平广记》里的一些记载不虚。白居易《舟行江州路上作》同样是写顺水舟行，水流虽迅急，却显得风平浪静，行船平稳："帆影日渐高，闲眠犹未起。起问鼓枻人，已行三十里。船头有行灶，炊稻烹红鲤。饱食起婆娑，盥漱秋江水。"⑤ 写的却是唐代官员的船上生活图景，待遇比较优厚，既不同于商客，也有别于渔民。

现代交通开启以后，人们再也没有唐人那种舟航生活体验，也就创作不出唐人那种江行诗歌，就是情形与唐代差异不大的宋元，也没有唐代那样又多又好，因而这类诗歌就具有永恒的艺术魅力与价值。

---

① ［清］彭定求等编：《全唐诗》卷三八四，第4306页。
② ［清］彭定求等编：《全唐诗》卷三八二，第4288页。
③ ［清］彭定求等编：《全唐诗》卷三八二，第4287页。
④ ［清］彭定求等编：《全唐诗》卷四九二，第5569页。
⑤ ［唐］白居易著，顾学颉校点：《白居易集》卷六，第127页。

第三章　行旅生活与唐文人心态的变化

　　文人行役心态与他们的仕宦状态息息相关。行旅的人员是已仕还是未仕,未仕者求名顺畅还是不顺畅,入仕者是仕途偃蹇还是春风得意,都会在行进途中敏感地反映出来。得失心特别重的唐人在这方面表现得尤其突出,并且时时刻刻将情感倾诉在诗文中,因此研究水陆交通与文学创作的另一个重要方面就是行旅生活与唐文人心态的变化,本章将分二节讨论这一问题。

第一节　华山崇拜与唐人的文学创作

——行役中的唐文人心态探测之一

　　山川崇拜一般只影响文学创作,而不会影响文人心态的变化,唯独华山,在唐代,因其接近都城长安的特殊位置关系,不但和上层人物的封禅、崇祀等传统仪典活动有关,而且与广大中下层文人的仕途升沉、禄命财运也挂上了钩。从唐人的华山崇拜,可以清楚地看到在山下来来往往的唐文人心态,因此有必要予以探究。

　　一、唐人华山崇拜的形成

　　我国古代对名山的崇拜由来久远,隋唐时期,对五岳的崇拜尤其热烈。值得注意的是,五岳地位常因政治、地理因素而升降变化,是否接近政治中心、交通是否便利,决定着五岳的地位升沉。衡山远离都城,居于蛮境,故最受冷遇。仅由于它先唐就备于祀典,又地当襄荆岭南驿路,才间或遣人祭祀,偶尔有一二唐官或流落不偶之士登临题记。李唐起于太原,恒山离太原最近,故较早受到重视①,连长安至太原驿道侧近处的霍山也沾了光。从《唐会要》卷二二《岳渎》所载史料条文,可以清楚地看到这种地位升降。嵩山则因高宗、武周时以洛阳为政治中心而热闹过一阵,不但封禅,且于垂拱四年封之为神岳中天王,开神岳举,事载《唐会要》卷四七《封诸岳渎》。此后诸帝不再以洛阳为政治中心,它遂又归于沉寂。唯独华山“近压关辅,载枢京国”,“直两都之大道,当三条之正中;偏近日月,高谢纷濛”②。而且“法驾时巡,路直斯地”③,占尽了优势。不但“銮辂常幸”,千乘万骑路过其下,而且一切和政治中心相关的活动,都有可能与此山发生交通上的联系。凡两京士民的各种往来,进士、选人一年一度往京城的赴集往返,两京官道都是必由之路。就是地方官的赴任与回朝、郎官御史的奉使与回京、左降官的迁贬与诏追赴阙、下第文士的游幕、幕客的奉调,十之六七也得经过此道。这样的交通形势也有利于它的神化,正因为华山与这些牵涉到文人前途命运的行役有联系,它才那么敏锐地关涉到文人的行役心态。

再说,华山雄镇关中,李唐又以关中为本位,它就更容易受权者

① 参见[宋]赵明诚撰,金文明校证:《金石录校证》卷六第一千十四《唐北岳碑上》、一千十五《唐北岳碑下》,广西师范大学出版社,2005年,第97页。均开元十五年(727)立,张嘉贞撰。

② [唐]达奚珣:《华山赋并序》,[清]董诰等编:《全唐文》卷三四五,第1549页。

③ [唐]达奚珣:《华山述圣颂序》,[清]董诰等编:《全唐文》卷三四五,第1550页。

重视,故武德二年(619)十月、三年二月,高祖即数次亲往祭祀①。
玄宗继位后,讨好他的文人编造谎言,说华山当玄宗之本命②,它的
运气就更好了。《旧唐书》卷二三《礼仪志三》载:"玄宗乙酉岁生,
以华岳当本命。先天二年七月正位。八月癸丑,封华岳神为金天
王。"③这意味着上天似乎昭示,玄宗不是一般的皇帝,而是天意所
托的真命天子,于是一次又一次的封王、礼祀随之而来:先天二年
(713)八月二十日,封华岳为金天王。至德中,又加金天王。每次加
封,都行册封之礼。并于天宝中,施以"遣使祈福之祀"④,华山崇拜
至此,发展到了顶峰。玄宗以来,每次都是先封华岳,次封其他四岳,
泰山则失去了真正独尊的地位。玄宗本人特别宠遇华山,开元九年
(721),玄宗取天台山道士司马承祯之建议,加五岳神号,各置真君祠
一所,并诏建祠于华山。次年,因幸东都,又诏于岳上置道观,于岳祠
前立《华岳真君碑》⑤,并为之亲撰《华山铭》,"藻翰自天,发挥神化,
建碑于庙,以光宠焉"⑥。《唐文粹》卷五〇《西岳太华山碑铭并序》,题
下注标为唐玄宗御制碑文,张说撰赞辞。天宝以来,分命宰相、中书
门下官员主祀,令华州刺史、华阴县尉常主祭祀⑦,即所谓"以本府都

---

① [后晋]刘昫等撰:《旧唐书》卷一《高祖纪》,第 10 页。
② 贾二强先生认为,说华山当玄宗乙酉本命,是因为十二地支中酉当西,而五岳
　　中华岳为西岳,当本命之说,应由此而来。见其《论唐代的华山信仰》,《中国
　　史研究》2000 年第 2 期。《"本命"略论》,《中国典籍与文化》1998 年第 2 期。
③ [后晋]刘昫等撰:《旧唐书》卷二三《礼仪志三》,第 904 页。
④ [宋]王溥撰:《唐会要》卷二二《岳渎》,第 428 页。
⑤ 详见《旧唐书·礼仪志三》,又有《唐华岳真君碑》,唐华阴丞陶翰撰,韦腾书,
　　作于开元十九年。这年,加五岳神号曰真君,初建祠宇,立此碑。碑文见《宝
　　刻丛编》卷一〇、《宝刻类编》卷三。相关崇祀碑铭,见《陕西金石志》卷一一
　　《华山铭》《述圣颂》、《集古录目》卷三。
⑥ [唐]达奚珣:《华山述圣颂序》,[清]董诰等编:《全唐文》卷三四五,第 1549 页。
⑦ [后晋]刘昫等撰:《旧唐书》卷二四《礼仪志四》,第 910 页。

督敕使充献官者,今合每年一祭……应缘祭事,并令本州府备具"①。又规定,每年于立秋日,祭祀西岳金天王。有了这几项规定,它遂岁有秋祀,香火之盛,冠绝古今,对它的崇拜在中晚唐乃至五代初愈益强化,金天王变得威福无比。

　　唐代的华山崇拜固然隆盛,但也经历了一个渐进过程。上古时期,它只是黄河上游的一座名山,它的高峻奇秀引起过初民的崇拜。魏晋南北朝,东西两京的政治格局尚未确立,没有所谓两京官道,山下来往的人员有限,都城虽有时候在关中,但主要都城是洛阳,而不是长安,这也限制了它的地位作用。长期的分裂与战乱大大削减了政治文化的辐射力,故对它的崇拜虽在扩大,但并不曾扩及全国,它充其量只是一个地区性崇拜中心。隋唐之际,它仍只有地区性影响,吸引关中、洛阳一带士民的崇奉。如唐初名臣裴寂,蒲州桑泉人。隋开皇中,为左亲卫。家贫无以自业,每徒步诣京师,经华岳庙,即祭而祝拜修诚,希望神灵能够暗中帮助自己改变命运。若富贵可期,当有报偿,这代表了隋末唐初民间一般的崇拜形态。唐代建都关中,华岳地当两京官道,而两京行旅又是全国性的,这扩大了华山的影响,使之变为北方广大地区的崇祀中心。当然,在这方面,统治者的人为的抬高起到了关键作用,只有凭借这个,它才能超越"巍然天下仰"的泰山,变为全国民众心目中的"群岳之雄"。

二、唐人华山崇拜的原因与表现

　　山川崇拜以功利性目的为前提。当权者崇拜华山,封之为神,主要是希望它能保佑国泰民安,风调雨顺,能解救旱涝灾害,"兴云

---

① [宋]王溥撰:《唐会要》卷四七《封诸岳渎》,第835页。

播润"①,云兴雨施,使"万物阜成"②,同时警示君臣,"荒淫者神降之凶,圣哲者神授之吉"③。出于这些考虑,玄宗朝屡遣中使、谏议大夫、州刺史、县尉祈祷,旱则祈雨,冬则祈雪④。

但是,如果仅仅对官方治民兴国有用,那么华山的命运远就不会那么隆盛,其地位高的关键在于,民间认为它神通广大,能满足士庶对神灵的种种祷求,往来过客对它很高的诉求欲又反过来扩充了它的神性,促进其神化。尤其是当这些诉求得到某种程度的满足,显出了灵验时,更是这样。因此,民间信仰隆盛在于神的巨大有用性:能预卜吉凶,知道禄命,能对奉调、赴任、迁谪、应举、赴选、游幕者等特别孤立无援的人们提供指导性意见,指导其对吉凶未卜的将来采取针对性措施。在神启示了先机后,尽量避免牺牲,减轻损失或打击。当遭遇挫折与苦难时,能帮助人们逢凶化吉,遇难呈祥,让左降官早日回朝,赴任者全家平安到任,免于风波之险,保佑选人早日得官,举子早日及第,使客出色完成任务,游幕者遇到知音,得到赏拔,总之是早日结束厄运。这些功能,是社会上居于弱势的群体最需要的,也是行役中的唐文人最关切的。神能显示这些功能,地位自然高起来。唐以前的华岳神并不全具备这些功用,唐代的科举、命官、迁贬、铨选、幕府制度实行后,深刻影响着宦游奔波的唐文人心态,宦途险恶,出路艰难,万般无奈之际,往往求助于神灵。华山地当要路,高

---

① [宋]王钦若等编:《册府元龟》卷三三《帝王部·崇祭祀二》天宝六载正月戊子诏,第364页。

② [宋]王钦若等编:《册府元龟》卷三三《帝王部·崇祭祀二》天宝五载正月乙亥诏,第363页。

③ [唐]韩赏:《告华岳文》,[清]董诰等编:《全唐文》卷三三〇,第1477页。

④ 参见《金石萃编》卷七九《苏颋题名》《张惟一等祈雨记》,卷八〇《李贻孙祈雪题记》《李蟾祈雪题名》。

峻雄伟,容易吸引大家的注意力,于是渐渐将对神的这些欲求集中到它身上。上述制度越强化,华岳神的神通就越广大。而这一切,又与玄宗封华岳神为金天王之举有关。如果不一而再地封之为王,不经常祭祀,不停銮息驾,手制碑文,没有他的御制诗,没有他发动群臣唱和①,华岳神——金天王的神通将大减,也不会在唐代士民心目中有那么高的地位。因此,尽管民间有对神性的种种需求,统治阶级的努力提倡崇祀仍是一个很重要的前提。

在实际生活中,唐人仍采用一种原始互惠的办法和神打交道,即以隆重的仪式、丰厚的酬报来换取神的救助。求神祭祀的时候,唐人首先强调"人贵聪而神贵明"②。如果他享尽人们的供奉仍看不到任何灵验,不正直,跟世人一样势利,那他的地位马上会下降,只有那些被证明为强有力的神灵,才会拥有广泛的信仰者。唐人的华山信仰,典型地奉行了互惠这一原则。一方面是神通广大,另一方面是香火旺盛。《唐文粹》卷四五陈黯《拜岳言》云,陈黯自关东随计来阙下,经华岳祠,有巫导以祈谒,乃彻盖整衣,馨炉沥觞,俯拜而前,缄默而退。巫问客是行何为,答云载国祀典,宜人攸宗,惧神之聪,福其善而祸其淫,所云就表现了一种从众心理。王建《华岳庙二首》其一:"女巫遮客买神盘,争取琵琶庙里弹。"③ 张籍《华山庙》:"金天庙下西京道,巫女纷纷走似烟。手把纸钱迎过客,遣求恩福到神前。"④ 女巫为

---

① 见《文苑英华》卷一七○唐玄宗《途经华岳》诗及张说、张九龄等应制诗。《玉海》卷二九唐谒老子庙诗条引《张说集》。玄宗登太行山中言志,途次旧居,过晋阳宫,渡蒲关,经华岳、潼关,过王濬墓,经河上公庙,次陕州成皋,经邹鲁,祭孔子,游温泉,皆有诗,知为乃行幸途中系列作品。

② [唐]韩赏:《告华岳文》,[清]董诰等编:《全唐文》卷三三○,第1477页。

③ [清]彭定求等编:《全唐诗》卷三○一,第3430页。

④ [清]彭定求等编:《全唐诗》卷三八六,第4360页。

什么要"遮客买神盘"？元稹《华之巫》做出了很好的回答："有一人兮神之侧，庙森森兮神默默。神默默兮可奈何？愿一见神兮何可得？女巫索我何所有，神之开闭予之手。我能进若神之前，神不自言寄予口：尔欲见神安尔身，买我神钱沽我酒。我家又有神之盘，尔进此盘神尔安。此盘不进行路难，陆有摧车舟有澜。"① 诗反映出贞元、元和时在华岳庙求神赐福者之众，女巫借此机会"矫神言假神力"，牟取暴利。这种局面，并不始于贞元，至迟在开元间玄宗封华岳神后不久，就已经开始了，《金石录》卷六第一千一百四十九号著有开元廿七年（739）三月张嘉祐《述灵记》，卷七又有第一千二百七十六号《唐金天王庙灵异述》，天宝九载（750）四月卫包撰并正书，两篇石刻文章即反映了这一点。华岳题名也在开元后期兴盛起来，《集古录跋尾》卷六《唐华岳题名》载："右《华岳题名》，自唐开元二十三年，讫后唐清泰二年，实二百一年，题名者五百一人，再题者又三十一人，往往当时知名士也。或兄弟同游；或子侄并侍；或僚属将佐之咸在；或山人处士之相携；或奉使奔命，有行役之劳；或穷高望远，极登临之适。其富贵贫贱、欢乐忧悲，非惟人事百端，而亦世变多故。"② 始于天下极盛之时，终于天下极乱之世。至元和间，岳庙香火之盛已维持了六十年之久，此后直到五代中叶，长盛不衰。从《金石萃编》卷七九、卷八〇看，题名人员构成如下：

一是华州刺史及州县僚佐等本地官员，二是帝王，三是奉敕祭祀，求雨求雪的朝官。共同目的是占卜祈福，如御史、州府判官奉敕点覆办案的，有李憺《华岳题名》《上官沼题名》（卷七九）、《严□题

---

① [唐]元稹撰，冀勤点校：《元稹集》卷二五，第 300 页。
② [宋]欧阳修撰：《集古录跋尾》卷六《唐华岳题名》，上海古籍出版社，2020 年，第 260 页。

名》（卷八〇）。其他情况形形色色，有的是地方官自任所归朝，如《韦□题名》。还有乡贡进士赴举、官员觐省、朝官出牧、奉使藩镇、官员赴贬所、朝官请假赴洛等，总之是"人事百端"，然"人有嗜好，各为私祷"①，求神的动机不尽相同。其中两京使客、御史在两京道往来最多，题记较多，如元和四到五年，元稹为监察御史，往来长安、洛阳间，供职东都御史台，就创作了三首与华山、岳庙有关的诗。据其《庙之神》，他每次经过都是"予一拜而一祝"②。卷七九《韦□题名》："银青光禄大夫、守太常卿、使持节延州都督、侍御史、上柱国、岐阳县开国男韦□，以广德二年二□□七日，越自师旅，将诣朝廷，□□□神，式祈景福，时与□□□□□秀之同谒。"③求神赐福于他本人、家人、亲友，或祈求神助他仕途顺畅。有的是感旧重游，题记以志。如卷八〇《韦公式题名》："公式顷年，佐理斯邑，自后向逾一纪，六变官曹。今者虑以官成，身有所系，奔马到此，追寻旧游，览前题处，岂胜□□。大和四年上元日题。"④作者十二年前，为华州刺史。十二年后，又因出使公务至此，感慨题名。有的是得到神的某种帮助前来谢神，如卷七九郑虔《华岳题名》："开元二十三年四月二十三日，荥泽郑虔、彪乡、道之、智觉，同登华山，回步而谢于神。"⑤《韦公右等题名》："（前缺）郎、行华阴县缺僚吏，以时麦□明神咸列名缺。"⑥是因时麦登而谢神。部分目的不明确的，其题名动机可能是想留名后世，正如欧阳修所论，唐人甘棠馆题名，含有借金石以垂不朽的动机，"至于登高远

---

① ［唐］韩赏：《告华岳文》，［清］董诰等编：《全唐文》卷三三〇，第1477页。

② ［唐］元稹撰，冀勤点校：《元稹集》卷二五，第300页。

③ ［清］王昶撰：《金石萃编》卷七九，第10页。

④ ［清］王昶撰：《金石萃编》卷八〇，第9页。

⑤ ［清］王昶撰：《金石萃编》卷七九，第1页。

⑥ ［清］王昶撰：《金石萃编》卷七九，第11页。

望,行旅往来,慨然寓兴于一时,亦必勒其姓名,留于山石。非徒徘徊俯仰,以自悲其身世,亦欲来者想见其风流"①。

很多人题名是出于一种从众的心理。《金石萃编》卷七九《邱据题名》:"陈郑泽潞等州节度行军司马、殿中侍御史丘据,再随使主赴上都朝谒,往来皆虔拜神祠。时宝应二年六月八日记。"② 有的人送客,路过岳庙也拜谒。同前卷七九《苏敦题名》:"大历中,发任华阴县令,时礼部尚书河东裴公出牧鄱阳,敦与发、彻,同送至此,拜谒金天,便过东驿,不避炎暑,亭午而回。"③再如,权德舆贞元七年(791),除太常博士。元和八年(813),拜东都留守。其往返两京,过岳庙,均停车祝谒④。这种拜神,就看不出明显的目的,主要应该理解为一种中唐以来流行的过岳庙必须拜谒的习俗,反映出一种从众心理。过客题名这么多,香火怎能不盛?

三、从与金天王相关的小说诗文看行旅中的唐文人心态

唐人诗文并从正面揭示他们行旅心态的不多见,倒是在小说中做了充分的展示,以下略做论析。

白居易《悲哉行》:"悲哉为儒者,力学不知疲。读书眼欲暗,秉笔手生胝。十上方一第,成名常苦迟。纵有宦达者,两鬓已成丝。可怜少壮日,适在穷贱时。"⑤ 姚鹄《谒华山岳庙赋》:"余总角之年,每专精于书圃;洎乎既冠之日,亦切磋于文词。谓一飞之摩昊,胡十五

---

① [宋]欧阳修撰:《集古录跋尾》卷八《唐甘棠馆题名》,第 320—321 页。
② [清]王昶撰:《金石萃编》卷七九,第 7 页。
③ [清]王昶撰:《金石萃编》卷七九,第 13 页。
④ [唐]权德舆:《贞元七年……代书却寄》,陈尚君辑校:《全唐诗补编·全唐诗续补遗》卷五,第 382 页。
⑤ [唐]白居易著,顾学颉校点:《白居易集》卷一,第 17 页。

之游悲？"① 这些诗文揭示了一个普遍的社会现象：中晚唐读书人成名很难，"荣名与壮齿，相避如朝暮"②。年轻时十之八九备受科举的摧残，登第后往往淹滞多年，不离穷苦。付出沉重代价后，极少数人换来了晚达，也是"晚遇何足言，白发映朱绂。销沉昔意气，改换旧容质"③，代价是很沉重的。多数人不能得第。世路艰难，成名苦迟，成为唐代每一位求出路的文士最焦心的问题，也是他们行役时最大的心事，备受挫折后向神灵求助，于是占卜行业发达起来。《太平广记》中有关灵验神异的多篇小说，把他们这一心态作了生动展示，告诉我们，举子与选人行役途中，最急于知道的是怎样才能早日得第、得官，低层文官还想知道自己的官运。《太平广记》卷二二四引《定命录》载："任之良应进士举，不第，至关东店憩食。遇一道士，亦从西来，同主人歇。之良与语，问所从来，云：'今合有身名称意，何不却入京？'"④ 依言而行，中书省果然召试，使拟与一官。为李林甫所阻，乃与别敕出身，所说皆一一符验。他们问的对象很广，只要谁能预卜吉凶就奉若神明。卷二一六《车三》谓进士李蒙宏词科及第，入京注官，至华阴，遇术士车三，问以食禄，云可得华阴县尉，但无此禄，所言皆应验。同卷《李老》叙述，开元中，有人姓刘，不得名，假荫求官，数年不捷，乃诣西市，问李老以官运，凡任所、任期、为官之方，注意事项，一一指点，所言皆验。据卷二一七各篇所载，有应举而卜问沿途吉凶者，有累举未捷卜问前途以决弃取者。如果没有大神灵就问小

---

① ［宋］李昉等编：《文苑英华》卷二八，第 130 页。

② ［唐］白居易著，顾学颉校点：《白居易集》卷一一《曲江感秋二首》其二，第224 页。

③ ［唐］白居易著，顾学颉校点：《白居易集》卷一一《曲江感秋二首》其一，第224 页。

④ ［宋］李昉等编：《太平广记》卷二二四《任之良》，第 1724 页。

道士、巫卜或地方小神灵。如卷二七八引《逸史》载,进士皇甫弘,在华州取解,却得罪了刺史钱徽,被逐出。后钱徽自华州召入,知贡举,自知必不中第,乃失意东归。于梦中得神示:有望得第,于是求石婆神相助,这年果然得第。这里所举还只是小神灵,即如此灵验,向金天王这样的大神灵求助的更多。

急于求神的另一类人是出牧的朝官与迁贬者。迁贬者都不愿意远贬,地方官则思进达,都想早日结束不幸的命运,获得擢迁。他们在外常找日者、卜筮问官运,《太平广记》卷二一六《凑(溱)州筮者》载,杜景佺得罪了武后,左授凑(溱)州刺史,"初任凑(溱)州,会善筮者于路,言其当重入相,得三品而不着紫袍。至是夏终,服紫衫而终"①。唐代文人得失心如此之重,就给巫卜之类人员提供了广大市场,两京、同、华、陕、虢诸州的卜筮业最发达。在行进途中若没有巫卜可找,就只好问山川之神。另外,神灵能宰人间事,卜巫毕竟是凡人,本领远不及神灵广大。而金天王在关中、河南至整个北方人民心目中,都是法力无边、无所不能的神,其"暗宰人间事"②是包括举业、官运的。比起他来,人间术士显得逊色多了。因此唐人每次经过岳庙,必礼祀之,祷问之。唐人小说中这方面题材多多,按内容可做如下分类:

一是指导急于成名的举子应举。《太平广记》卷一五七《李君》载,江陵副使李君尝自洛赴进士举,行至华阴,遇一白衣人在旅店,相处甚欢。临别,李恳请以后之事,乃于月下题书三封,写好次第,嘱"甚急则开之"③。后两遭困厄,前后十余举,均不第。赖有神仙指

---

① [宋]李昉等编:《太平广记》卷二一六引《御史台记》,第 1655 页。
② [唐]李山甫:《雨后过华岳庙》,[清]彭定求等编:《全唐诗》卷六四三,第 7366 页。
③ [宋]李昉等编:《太平广记》卷一五七引《逸史》,第 1129 页。

点,每一次危急关头都遇难呈祥。得第后,官至江陵副使,遭心疾而死,与三封书所说丝毫不差,这位"白衣人"是两京道上的仙师,岳神的公子一类人物,在唐人心目中地位颇高,预言十分灵验,因而屡次见于说部。卷三一一《进士崔生》载,进士崔生自关东赴举。早行至潼关东,遇岳神,乃谒以卜身事,神告曰:后年方及第,今年不就试,亦可。又代其丈人求托,岳神也许之。从其言,不复入关,明年果擢第。卷三〇三引《广异记》载,刘可大"以天宝中,举进士,入京,出东都",遇华岳神公子,与之交好,公子谓"相与故人,终令有益,可无惧也……可大求检己簿,当何进达,今年身事复何如。回视黄衫吏为检。有顷,吏云:'刘君明年当进士及第,历官七政。'可大苦求当年,吏云:当年只得一政县尉,相为惜此。可大固求之,少年再为改,吏去,屡回央央,惜其减禄。可大恐鬼神不信,固再求之,后竟以此失职。明年辞去,至京及第。数年,拜荥阳县尉而终"①。岳神的灵验果然不同寻常。金天王已掌握了应举者的"身事",入仕后的"进达"即何时及第,能否得第,入仕后官运,凡人的仕禄前程,全为他所主宰,有明确规定载于书簿,以黄衫吏掌管,下面有一大批人马。有如此本领,无怪乎信者如云。《云溪友议》卷下讯岳灵条载,举子乐坤,本名冲,屡困名场。元和十二年(817)下第东归,绝意举业,欲归耕田里,"乃辞知己东迈,夜祷华岳庙,虔心启祝:'愿知升黜之分,止此一宵,如可求名者,则重适关城;如不可,则无由再窥仙掌矣。'中夜忽寐,梦一青绶人检簿书,报云:'来年有乐坤及第,坤名已到冥簿,不见乐冲也。'冲遂改为坤,果如其说。春闱后,经岳祈谢,又祝官职,曰'主簿',梦中称官历四资,郡守而已。乃终于郓州,神甚灵也"②。神的指

---

①［宋］李昉等编:《太平广记》卷三〇三《广异记》,第2403页。
②［唐］范摅撰,唐雯校笺:《云溪友议校笺》卷下,第149—150页。

导对乐坤此后求名与仕宦的成功起到了关键作用。

二是指点选人。《太平广记》卷八五《华阴店姬》载,庐陵新淦人杨彦伯"天复辛酉岁赴选,至华阴,舍于逆旅。时京国多难,朝无亲识,选事不能如期,意甚忧闷。会豫章邸吏姓杨,乡里旧知,同宿于是。因教己云:'凡行旅至此,未尝不祷金天,必获梦寐之报。纵无梦,则此店姬亦能知方来事,苟获一言,亦可矣。'"明日,店主为其破译神示,谓选事不谐,"京国将有乱,当不可复振。君当百艰备历,然无忧也。子之爵禄,皆在江淮,官当至门下侍郎"①。彦伯百思不得其解,后来的变化一如所料,其灵验到了令人惊服的程度。神的指示就是今后一段时间的指导方针与努力方向,有了神助,更易通向成功的门槛。同卷书卷三百《李湜》讲到,开元中,赵郡李湜谒华岳庙。过三夫人院,为其所诱,备极欢洽,"叙离异则涕零,论新欢则情洽……小夫人姓萧,恩义特深,涕泣相顾,诚湜三年勿言,言之非独损君,亦当损我。湜问以官,云合进士及第,终小县令。皆如其言"②。三夫人与华阴店姬、岳神的公子都是一体化的当地神灵,多多少少都知道人间事,金天王通过他们来显灵,而李湜这类士人则通过他们知道了举业,还知道了选事,比常人幸运。

三是帮助沉迹下僚的地方官决将来穷达,定取舍,穷则去任他适,达则奋力求进。《太平广记》卷三〇四《张光晟》载,张光晟"其本甚微,而有才用,性落拓嗜酒。壮年为潼关卒,屡被主将鞭笞。因奉役至华州,盛暑驱驰,心不平。过岳祠,遂脱衣买酒,致奠金天王",问以富贵贫贱,神示之曰:"光晟拜相则天下太平。"③其后奉天难起,

---

① [宋]李昉等编:《太平广记》卷八五引《稽神录》,第553页。
② [宋]李昉等编:《太平广记》卷三百引《广异记》,第2385页。
③ [宋]李昉等编:《太平广记》卷三〇四引《集异记》,第2411页。

果真位至宰相。唐人自负甚高而成名苦迟,此普遍现象。如诗人畅璀,年六十余,始为河北相、卫间一宰。张柬之年六十三,始为青城县丞,年过七十还是王屋县尉,胸中郁积了太多的慷慨不平,特别需要通过神灵预知将来穷达。能否晚达对他们来说,比什么都重要。他们相信,神的指导有时能起关键作用,唐人小说反映的正是这一点。若有幸登第,他们会来酬谢神灵,如卢纶大历初,数举进士不第,得元载之助,补授阌乡尉。他可能是感谢神灵暗中相助,大历六年(771)二月二日,赴任阌乡,路过华岳,便慨然题名①。

　　然而任何事情都有两面性,如果长期得不到神的帮助,屡次求请仍是冥默不灵,神性就会受到怀疑。元稹最早表达了这层意思。其《庙之神》提到,他每次经过岳庙,都下马虔诚祈祷,可神总是寂然不言,令人失望,于是写道:"今耶古耶? 有耶无耶? 福不自神耶? 神不福人耶?"②他不但对华山巫不满,对金天王也怀疑。屡试不第的求名者、久历了仕途蹭蹬的唐官尤其是这样。李山甫前后三十余举,犹不第,是个典型的名场失意者,其《雨后过华山庙》写道:"华山黑影霄崔嵬,金天□□门未开。雨淋鬼火灭不灭,风送神香来不来。墙外素钱飘似雪,殿前阴柏吼如雷。知君暗宰人间事,休把苍生梦里裁。"③对这位"暗宰人间事"的金天王的灵验表示深重的怀疑。愈到唐末,失意文人愈多,金天王就愈使人不能尽信,他们怒问:"闻至诚之必应,何功名之太迟? 岂媚灶而先获,宁守道之后时? 神乎神乎,莫使心疑。我后之文,思望贤如(知)。调饥砺乃锋刃,以俟鹿鸣之时,收片玉于宗伯,冀神兮无我欺。"④不再相信"神明不欺正直"的

---

① 参见[清]王昶撰:《金石萃编》卷七九《卢纶等题名》,第14页。

② [唐]元稹撰,冀勤点校:《元稹集》卷二五,第301页。

③ [清]彭定求等编:《全唐诗》卷六四三,第7366页。

④ [唐]姚鹄:《谒华山岳庙赋》,[宋]李昉等编:《文苑英华》卷二八,第130页。

谎言。然而这时候,唐室气数已尽,举子们带着这种矛盾痛苦的复杂心情,一直走到唐王朝历史的终点,仍然未能得到解答。

金天王的法力如何,其实是个不言而喻的问题。然而透过这些虚构的情节,我们看到,华岳题名的兴起,金天王的大显神通,唐文人对他的崇信,都发生在中晚唐,而读书人的出路狭窄,成名艰难,也在此时,这绝非偶然的巧合。中晚唐士人尊崇金天王的主要背景,在于他们成名心切,政治诉求甚高。然而官场险恶,竞争激烈,国家多事,一不小心,便致蹉跌。于是大批士人长期生活在失落困苦之中,忧心如焚,沉重的精神压力迫使他们时刻梦想名利,又长期得不到有力帮助,万般无奈,只好求助于神灵。透过唐代华山信仰这一文化现象,我们清楚地看到,科举文化对古代知识分子的摧残之大。

五代至宋,都城东移,泰山的地位再度恢复,不可动摇,华山则又回复到唐建都关中以前的东汉到南北朝,仍只不过是五岳中的普通一岳,昔日喧腾的两京官道行客大减于前,金天王的威灵也只能长存于历史的记忆中,不复往日的荣光,历史好像又兜了一圈,回到原点。那些题过名、留过诗的芸芸众生,无论穷达寿夭,皆与时俱尽,只有阅尽沧桑的华山,仍巍然屹立。历尽盛衰之后,它连同山下的岳庙、道观,都只作为古迹而存在。尽管如此,脱去了那层神圣的外衣,它还是显得更加真实。

第二节 从关津诗看行旅中的唐文人心态

唐都关中,设京城四面关,在关中进进出出的文人,经常要与它们打交道,因而产生了大量关津诗。有唐近三百年,上自帝王,下至庶民,从唐初的来济到唐末的罗隐,一直都在写作,从而形成了这一类题材在唐代的繁盛。多少年来人们对此类诗歌熟视无睹,好像看不出什么特别价值。可是从交通与文学的关系角度着眼,却发现,它们是研究行旅途中唐文人心态的绝好材料,不同身份、不同处境的文人,往往有着不同的度关心态,关津就像一面明亮的镜子,透过它能看到芸芸众生相。

　　　　一

　　关津是唐代重要的交通设施,唐代非常重视关防的建设和管理,不仅将前代古关继承下来,而且新修了部分关津,又将其划分为上、中、下三等。据《唐六典》卷六司门郎中员外郎条,京城四面关,其有驿路相通者为上关,华州潼关、同州蒲津关、岐州散关、陇州大震关之类是也。余关有驿道及四面关无驿道者为中关,中关有京兆府子午、骆谷、库谷,同州龙门,会州会宁,原州木峡,石州孟门,岚州合河,雅州邛莱,彭州蚕崖,安西铁门,兴州兴城、渭津等十三座,此外皆下关。据程喜霖《唐代过所研究》,唐代全国十道置关一百一十二座,原有故关五十四座,新旧共计一百六十六座①。《唐六典》所载,不及此数的六分之一。唐以关中为立国之本,朔方、河东、河西、陇右、幽蓟是战略防御重心,故这些区域置关最多,关内、河东、河南、剑南、河北、陇右六道有关一百四十座,占全国总数的百分之八十四。

　　关一般设置在陆路险要之处,津则置于江河要冲。关有关楼,津则有渡船若干,置津吏负责管理,故又曰津渡、津梁。二者职掌基本相同,所以有些设置在津渡附近道路上的关,常与津互称、易称,如潼关又曰潼津关,蒲津关更多的时候称为蒲关,河北道卫州黎阳县“有白马津,一名黎阳关”②。河州凤林关、滑州白马津等,都存在互相易

①　程喜霖著:《唐代过所研究》,中华书局,2000年,第208页。
②　[宋]欧阳修等撰:《新唐书》卷三九《地理志三》,第1013页。

称的现象。

若把关中比作人的头部，天下四方视为躯干，那么关津就好比是咽喉。陆贽形容关中与天下四方的关系曰："理天下者，若身之使臂，臂之使指，则大小适称，而不悖焉……王畿者四方之本也，京邑者又王畿之本也，其势当令京邑如身，王畿如臂，四方如指。故用则不悖，处则不危，斯乃居重驭轻，天子之大权也，非独为御诸夏而已，抑又有镇抚戎狄之术焉。"① 关津的重要性由此可见一斑。唐朝通过关津来禁暴察奸，维持国防和社会治安，保障国家赋税兵源，稳定编户，防止逃户逃兵，凡有行人车马出入往来，必查验过所，所谓"禁末游，伺奸慝"②。如会昌间反击回纥，雁门关在战略防御上就发挥了很好的作用。德宗、宪宗讨藩，关防担负着禁绝奸细、盗匪的重任。这些职能的实现，主要依靠过所制度的严格执行，国家依靠关津与过所，辨清是良民百姓还是间谍盗匪，是编户还是逃户。关设关官、关卒，京城四面关中的上关还有主将，可见上关受到的重视不同一般。

往返于京城与各地之间的人员均须通过关津，尤其是应举、赴任、迁贬、奉使、游幕的文人，多次出入关中，关津的存在必然影响到他们的行旅生活，并反映到文学创作上来。其中在交通要道上的上关、中关因为有驿路经过，过往尤多。秦汉时期的函谷关、峣关、武关、萧关及通西域路上的阳关，从长安城往东的潼关、往东北的蒲关、通东南的蓝关、通西南的散关，往北或西北的萧关、陇山关，都在他们的文学作品中频频出现。唐人甚至以一些知名度高的关津来指称它们所管领的重要驿道，并相沿成习，成为大家惯用的称谓。如潼关道、蒲关道、壶关道、萧关道、飞狐道、雁门道、蓝田—武关道，皆屡见

---

① ［唐］陆贽：《论关中事宜状》，［清］董诰等编：《全唐文》卷四六七，第 2114 页。
② ［唐］李林甫等撰，陈仲夫点校：《唐六典》卷三〇，第 757 页。

于唐人诗文中。

二

不同地域的关,其作用也相应不同。玉门关、铁门关、陇山关、大震关、萧关、居庸关、雁门关设置在边境地区,介于戎夏之间,是军事要塞,自秦汉以来,其主要作用是"限中外,隔华夷,设险作固",不同于内地诸关,多用来"闲邪正暴"①,"禁绝末游"②。如陇州到秦州之间,横亘着陇坻,古称陇坂,既长且高,山上有著名的分水岭。西汉以来,即于岭上置关,唐设大震关。此山不仅隔阂华夷,而且东西气候亦殊,中原人士行迈至此,未尝不感发兴悲,从汉魏迄隋唐,莫不如是。辛氏《三秦记》曰:"陇,(渭)西关(也),其坂九回,不知高几里,欲上者七日乃(得)越。"③自大震关"(遥)望秦川如带。又关中人上陇者还望故乡,悲思而歌,则有绝死者"。"俗歌曰:'陇头流水,鸣声幽咽;遥望秦川,心肝断绝。'"④天宝乱离,穷愁至极的杜甫欲西游秦州,行至陇山,也为之"心折",而畏惧不前。其《秦州杂诗二十首》其一描述当时的心态曰:"满目悲生事,因人作远游。迟回度陇怯,浩荡及关愁。水落鱼龙夜,山空鸟鼠秋。西征问烽火,心折此淹留。"仇兆鳌注:"首联赴秦之由,次联入秦之难,三联到秦风景,末联客秦心事……吴论:度陇而怯,山之长也。及关而愁,地之阔也。鱼龙川,鸟

---

① [唐]李林甫等撰,陈仲夫点校:《唐六典》卷六,第196页。
② [宋]宋敏求编:《唐大诏令集》卷九九《却置潼关制》,中华书局,2008年,第499页。
③ [宋]李昉等撰:《太平御览》卷五六,第273页;卷一六四,第799页。参见《通典》卷一七三《州郡三》陇州条。
④ [宋]李昉等撰:《太平御览》卷五六,第273页。

鼠谷,秦州地名。水落山空,秋日凄凉之况。问烽火,忧吐蕃也。"①
这些前人笺注,从不同侧面指出了此诗思想内涵的丰富复杂。

　　文人度越边关悲苦畏惧的原因无非两点:一是不适应塞外水土
气候,生活习惯与方式;二是不忍离别故乡,远涉异域,而不仅是由于
山高路远。《后汉书·郡国志五》汉阳郡陇州刺史治条引《三秦记》
曰:"度汧、陇,无蚕桑,八月乃麦,五月乃冻解。"② 足见边境地区的关
与山不仅是地理、气候和物产的分界,而且往往为民族分野所在,只
要度关越山,十之八九会激起旅行者的"中外华夷之思",以及对异
域风土习尚与气候变化的不适应。中间还夹杂着对乡土的眷恋、对
旅行的厌倦,这一系列强烈的情感变化,在唐诗中浑融难辨。如王维
《送元二使安西》:"劝君更尽一杯酒,西出关阳无故人。"③ 短短两句
诗,就包含上述意思。来济在唐高宗朝得罪武后,出贬庭州,惧怕贬
死异地,担忧生还无望,出玉门关之际,乃作《出玉关》诗抒情:"敛
辔遵龙汉,含凄渡玉关。今日流沙外,垂涕念生还。"④ 沈佺期、杨炎
南迁,度岭以后,都写下了十分哀感动人的诗篇。沈诗曰:"昔传瘴
江路,今到鬼门关。土地无人老,流移几客还。自从别京洛,颓鬓与
衰颜。"⑤ 杨诗曰:"一去一万里,千知千不还。崖州何处在?生度鬼
门关。"⑥ 表达了他们对蛮荒之地的惧怕和对贬死异乡的深重担忧,
表现出强烈的生命意识。据《太平寰宇记》卷一六七,杨炎诗所写鬼

---

① [唐]杜甫著,[清]仇兆鳌注:《杜诗详注》卷七,第 572 页。
② [南朝宋]范晔撰:《后汉书·郡国志五》,第 3518 页。
③ [唐]王维撰,[清]赵殿成笺注:《王右丞集笺注》卷一四,第 263 页。
④ [清]彭定求等编:《全唐诗》卷三九,第 501 页。
⑤ [唐]沈佺期、宋之问撰,陶敏、易淑琼校注:《沈佺期宋之问集校注》上册卷二
　《入鬼门关》,第 87 页。
⑥ [唐]杨炎:《流崖州至鬼门关作》,[宋]计有功辑撰:《唐诗纪事》卷三二,第
　504 页。

门关在唐容州北流县南三十里,关外诸州在唐代是最为荒远之处,所以杨炎才作如此表达。在唐人看来,五岭山脉是中原与南蛮的天然地理界限,而鬼门关外则不是一般的"瘴乡",而是更可怕的"万死投荒"之地,凡流至关外的官员生还的机会都很少,故唐宋间的流人迁客每行至此,就无限恐惧。杨炎度关后,行至距崖州百里处,果然被赐死,李德裕、韦执谊等身陷重遣者也未生还,这是关津位置引起文人心态相应变化的几个范例。

　　文人度越边关的心态变化也受时代氛围影响。天宝中,玄宗锐意开边,唐蕃争战异常激烈,这不能不引起文人的反思,陶翰《出萧关怀古》:"驱马击长剑,行役至萧关。悠悠五原上,永眺关河前。北虏三十万,此中常控弦。秦城亘宇宙,汉帝理旌旃。刁斗鸣不息,羽书日夜传。五军计莫就,三策议空全。大漠横万里,萧条绝人烟。"① 诗人出使边地,至萧关、长城,不由引起对历史的追忆与对现实的反思。关、城作为历史的见证,目睹了许多华夷盛衰。自周秦至隋唐,边患不绝,有关御戎的争议也代代都有,然则从没有谁想出过万全之策,胡汉民族依然争战不息,朝朝代代,流血郊原,这正是诗人所叹息的。晚唐国势更衰,华夷之别比以前更加分明,朱庆馀、王贞白、张蠙等人出萧关所作诗歌就充满了戎夏之分。

　　　三

　　唐代关津诗,西北、东北少而西南、东南多,地理分布并不均匀;从作者队伍看,达官贵人少而落魄文人多,登第者少而不登第者多;从单个作家看,登第后所作甚少而未第时甚多。三个方面的一多一少,折射出唐代科举、铨选、贬降制度对文人的不同影响。正是这些

---

① [清]彭定求等编:《全唐诗》卷一四六,第 1475 页。

制度,把一批又一批读书人送上名利场,制造出无数悲喜剧,这些制度的实施,是唐人关津诗繁盛的内在原因。就每一个人来说,其奋斗成功与否,是否得第是一个重要标志,及第表明他取得了阶段性成果。此前,他不得不一次又一次赴京应举,长期处在家园与京师之间的循环旅行中。登第释褐后,又投入一场新的角逐,宦海风波,几经蹉跌,齿落发白,头昏眼花方登台省。几十年宦海浮沉,出入长安四面关不知几度。这些关津环列于京城四周,形成一个以都城为中心的核心文化区域,这里是求名求利的场所,才俊者表演的地方。既是欢乐繁华之地,也是黯然伤神之所。既让许多人欢欣鼓舞,也让许多人梦断魂销。多少人一番争斗之后满身伤痕,无限沮丧地策马东还,绝意名场,流落江湖,甚至转死沟壑。对求名者来说,不论取弃,一出关就都面临出路问题,胜利者轻衣稳马出关觐亲,春风得意,频频参加宴会,广泛结交朋友,到处题名题诗,留作纪念。失败者却不得不暂时离开这个名利场,出关东诣诸侯,觅知音,或回到家园,重整旗鼓。因此,京城四面关的文化意义在于,它把内地其他地区与关陇文化区分隔开来,关内是名利、希望、幸福等美好事物的象征,关外则是天下四方,无休止的行旅。只要唐代科举、铨选、命官、流贬、幕府制度存在,只要唐朝对待士人的政策不变,求名利的循环就会周而复始,关津的象征意义就相应地存在。唐人关津诗的主要作者——举子、选人、使客、游幕者、赴任者创作的诗篇,很好地折射出与他们的生存处境相应的文化心态,这里先以单个作家为例说明这一问题。

唐代诗人关津诗保存得较多的,前期有岑参,后期有韩愈、杜荀鹤、李涉,就以前两人为例。

岑参今存关津诗十三首,其中两次奔赴西域,都经过陇山关、大震关、玉门关、金城关、铁关。而登第和至德以后到安史之乱平定之前,又在凤翔、长安、虢州、潼关等地为官,这些年曾多次经过两京道上的潼关、函谷关以及长安至太原驿道上的蒲津关,都写进诗中。六座上关中唯一没提到的是蓝关,散关虽未明写,但其赴嘉州时经过,有诗可旁证。这些诗分别作于不同时期,反映出不同心境。同绝大多数人一样,他二三十岁以前,仍十分“孤贫”,但“能自砥砺”①。因为求名的关系,常在两京间来往。其《感旧赋》“我从东山,献书西周;出入二郡,蹉跎十秋”②说的正是此时。诗人乃三代相门之后,门第显赫。不料在武后、睿宗朝,连遭大祸,破家灭族。至他这一代,门第已衰,因而他极想得登高第,重振家声,但都以失败告终。一日,过潼关,愤而题诗,题曰《戏题关门》:“来亦一布衣,去亦一布衣。羞见关城吏,还从旧道归。”③出关之后,随即归嵩山旧隐之所。这首诗透出来的是失败后羞见故人的心态。“羞见关城吏”者,是因为他经常出入潼关,与关吏熟识,失败的沮丧使他痛苦,无颜面对故人。吕温《及第后答潼关主人》“一沾太常第,十过潼关门”④也诉说了得第的艰辛。唐潼关关吏老于风尘,与很多唐文人都熟谙,吕温这首诗就是酬赠潼关主将的,主将关心他的举业,每次经过都询问,诗人登第后作诗答之。期间岑参又作《东归晚次潼关怀古》,诗中隐藏着很深的失落感:“暮春别乡树,晚景低津楼。伯夷在首阳,欲往无轻舟。遂登关城望,下见洪河流。”⑤诗中叹息朝内无人汲引。其天宝间出塞所作,则显露出内地文人惧边塞僻远艰苦的心理。《题铁门关楼》:“铁关天西涯,极目少行客。关门一小吏,终日对石壁。桥跨千仞危,路

---

① [唐]杜确:《岑嘉州集序》,[清]董诰等编:《全唐文》卷四五九,第2078页。
② [唐]岑参著,陈铁民、侯忠义校注:《岑参集校注》卷五,第481—482页。
③ [唐]岑参著,陈铁民、侯忠义校注:《岑参集校注》卷一,第13页。
④ [清]彭定求等编:《全唐诗》卷三七〇,第4160页。
⑤ [唐]岑参著,陈铁民、侯忠义校注:《岑参集校注》卷一,第11页。

盘两崖窄。试登西楼望,一望头欲白。"①《玉关寄长安李主簿》:"东去长安万里余,故人何惜一行书。玉关西望肠堪断,况复明朝是岁除。"② 这种想立功封侯又怕苦怕累,一旦出关后又后悔的矛盾心理一直纠缠着他,这在唐前期远出塞外的文人中较常见。岑参开元二十七年(739)前后,两次游河朔,其《宿蒲关东店忆杜陵别业》作于自幽蓟回长安途中:"关门锁归路,一夜梦还家。月落河上晓,遥闻春(秦)树鸦。长安二月归正好,杜陵树边纯是花。"③ 主题则是见关忆家,思家,他的家园意识是近关才联想起来的,在这里,"关津"——"京城"——"家园"前后相连,关在其间起着提示作用。

韩愈两度南迁岭表,两出蓝关,又尝多次出入潼关,度关之际都作了关津诗。元和十四年(819)正月,贬潮州。过蓝田关,作《左迁至蓝关示侄孙湘》:"一封朝奏九重天,夕贬潮州路八千。……云横秦岭家何在,雪拥蓝关马不前。"④ 此诗代表了所有过蓝关赴贬所的唐官度关之际的心态:惧怕被赐死,恋家,畏惧贬谪之苦,后两点容易明白,唯"惧怕赐死"须略做说明。"云横秦岭""雪拥蓝关",牵涉到唐代经常使用的惩罚文臣的一种手段——追赐死。据统计,在长乐驿、蓝田驿、长城驿,都有很多大臣被赐死。单以蓝田驿而论,就有襄州刺史裴茂、京兆尹黎幹、中官刘忠翼、宰相王抟、殿中少监王守一等,事迹分别见《旧唐书》卷二〇上《昭宗纪》、卷一一八《黎幹传》、卷一七七《王抟传》、卷一八三《王仁皎传》。唐蓝田驿有新旧之分,其中旧驿谓之故驿,被赐死于蓝田故驿的有王铁之子王准、王俦,驸马都尉薛锈,御史中丞、襄邓等七州防御使裴茂等四人,见《旧唐书》

① [唐]岑参著,陈铁民、侯忠义校注:《岑参集校注》卷二,第108页。
② [唐]岑参著,陈铁民、侯忠义校注:《岑参集校注》卷二,第201页。
③ [唐]岑参著,陈铁民、侯忠义校注:《岑参集校注》卷一,第66页。
④ [唐]韩愈著,钱仲联集释:《韩昌黎诗系年集释》卷一一,第1097页。

卷一〇五《王锃传》、卷一〇六《李林甫传》、卷一一四《裴茙传》。自蓝田驿以下的沿途诸驿被赐死的也有不少,自商、邓以南至郴、永等州路上,都赐死过大臣,最远的延伸到崖州驿,唐德宗朝宰相杨炎,就于建中二年(781)冬,贬授崖州司马,驰驿发遣。去崖州百里一驿站,被赐死,时年五十五,见《旧唐书》卷一一八《杨炎传》。据严耕望考证,单商山以上路段就有周子谅、薛锈、杨志诚、顾师邕等七位,商岭以南,有陈弘志、韦元素、杨承和。这些都是正史有载的名人,此外史书不载者尚不知凡几。都是在判处流刑,流放岭南的途中被赐死的,仅有少数人是贬官途中被赐死,表明罪大恶极才行此重罚。大部分南贬途中被追赐死的大臣,受刑地点都在商山以北,潼关以西。之所以如此,目的是为了收到惩罚大臣的最佳效果:刚一踏上贬途,还未出关就被赐死,显得罪不容诛,这么做,比不出京被处死更具震慑力。长乐驿在长安东门郊外,为东出京城第一驿。蓝田驿就在蓝田关内,属于蓝田县一驿,在蓝田县西北二十五里,载《长安志》卷一六《蓝田县》。长城驿在华州华阴县。三座驿站都是关辅近驿,要执行追赐死制度,这里无疑是最佳地点。这项制度的实行,使得踏上贬途的唐官每行至此未尝不喑呜流涕,胆落汗流。韩诗中,"云横秦岭""雪拥蓝关"表达了诗人深重的畏惧和犹疑。而且即使不赐死,出关以后也是北归无期,说不定贬死岭外,永无生还之望,"夕贬潮州路八千""好收吾骨瘴江边"即寓有此意。唐蓝田关关吏和沿途驿吏、馆吏见惯了这种丧魂落魄的左降官。这些底层小吏十分势利,对流贬者态度凶狠,毫不留情,左降官与这些人熟识,见了他们羞惧交加。元和四年(809),京兆尹杨凭以贪污等得罪,贬贺州临贺县尉,诏下之日,苍黄南下,即刻驰驿赴贬所,张籍《伤歌行》谓"辞成谪尉南海州,受命不得须臾留。身着青衫骑恶马,中门之外无送者。邮夫防吏急喧驱,往往惊堕马蹄下"。诗题下自注"元和中,杨凭贬临贺尉"① 说明了这首新题乐府诗的写作背景。罪轻者也有这种忧虑，白居易贬江州，其《初贬官过望秦岭》"草草辞家忧后事，迟迟去国问前途。望秦岭上回头立，无限秋风吹白须"② 就十分明显地包含有此意。

同样是韩愈，其过潼关所作诗，格调则显得轻松愉快，集中体现了积极进取的文官心态。他元和十二年从裴度东征淮西，行至陕州硖石驿，即赋诗："数日方离雪，今朝又出山。试凭高处望，隐约见潼关。"③ 从裴度征淮西回朝路上过潼关，有诗两首。《次潼关先寄张十二阁老使君》云："刺史莫辞迎候远，相公亲破蔡州回。"④ 二诗均出征得胜，自蔡州入朝路上作。《次潼关上都统相公》又说："冠盖相望催入相，待将功德格皇天。"⑤ 两诗的呈赠对象都是主帅裴度，讨好他的意思十分露骨。裴度对他很是赏识、器重，选中他入府充幕僚，二人的关系从此更进一步。这层关系是韩愈最重要的社交关系，他非常重视，何况此时他正积极往上爬，其作此语也就可以理解了。

四

中晚唐时期，关津诗的写作重点有两个，一个是京西、京北诸关，游边的文人间或写作几首关津诗；另一个是往东及东南诸关，愈到后来，重心就愈转移到内地，大都以科举文化为对象，作者大部分是来自东南地区的举子。他们多次入关应试，又无功而返，每一次往返都产生很多感触，因而关津诗的比重大增，同一作家有好几首诗，不

① ［清］彭定求等编：《全唐诗》卷三八二，第 4283 页。
② ［唐］白居易著，顾学颉校点：《白居易集》卷一五，第 312 页。
③ ［唐］韩愈著，钱仲联集释：《韩昌黎诗系年集释》卷一〇《次硖石》，第 1070 页。
④ ［唐］韩愈著，钱仲联集释：《韩昌黎诗系年集释》卷一〇，第 1074 页。
⑤ ［唐］韩愈著，钱仲联集释：《韩昌黎诗系年集释》卷一〇，第 1076 页。

仅潼关、蓝关诗多，就是以前诗歌中很少出现的函谷关、武关，也频频
在诗中出现。李涉、杜荀鹤、罗隐，都有好几首诗歌以蓝关、武关为
反映对象。这些人在科举竞争中长期居于劣势，比起初盛唐文人来，
他们的遭际更为不幸，其关津诗反映了他们屡试不第又欲罢不能的
心态。比如杜荀鹤，年近五十岁，犹一事无成，后来靠媚附朱温才及
第。此前入京应举往返途中，创作了六首度关诗，敏感地记录了其求
名过程中的心态变化。其《入关因别舍弟》："莫愁寒族无人荐，但愿
春官把卷看。天道不欺心意是（足），帝乡吾土一般般。"① 表现了初
期应试者的心态：竞争固然激烈，但也不见得自己就没有出路，应该
还是能够得到荐举解送机会的；世胄势要虽占有很大的优势，但也不
见得没有成功的机会。自己虽出身寒族，却是俊才，只要冥冥之中自
有公道，未必就没有希望，因此对自己应当有信心。《辞郑员外入关》
却是初次受挫后心迹的表露："男儿三十尚蹉跎，未遂青云一桂科。
在客易为销岁月，到家难住似经过。帆飞楚国风涛润，马度蓝关雨
雪多。长把行藏信天道，不知天道竟如何。"② 经历了几次失败后，他
就开始怀疑天道、公道了。若是"十上无成"，挫折与失落感会更强，
《出关投孙侍御》："东归还著旧麻衣，争免花前有泪垂。"③《入关寄
九华友人》："无多志气禁离别，强半年光属苦辛。箧里篇章头上雪，
未知谁恋杏园春。"④ 以上都是多次应试期间的作品，诗中充满失败
后的沮丧。在中晚唐，赴考、下第生活与出入关津，逐渐形成敏感的
对应关系，出关意味着眼下这一轮挣扎的彻底失败，面临着出路弃取
问题。是投入下一轮竞争，还是暂时放弃举业，游幕入府？ 或是认定

---

① ［清］彭定求等编：《全唐诗》卷六九二，第 7973 页。
② ［清］彭定求等编：《全唐诗》卷六九二，第 7972 页。
③ ［清］彭定求等编：《全唐诗》卷六九二，第 7967 页。
④ ［清］彭定求等编：《全唐诗》卷六九二，第 7952—7953 页。

自己"无由再窥仙掌"①,遂绝意名场,决心不再入关? 诗人心态是犹疑的。曹邺《出关》:"我独南征恨此身,更有无成出关者。"《入关》:"衡门亦无路,何况入西秦。"② 罗邺《入关》:"出门唯恐不先到,当路有谁长待来。"③ 郑谷《潼关道中》:"秋风满关树,残月隔河鸡。来往非无倦,穷通岂易齐。"④ 叹息自己"身事"无成,身无奥援,穷通不由人计算。晚唐科举竞争更激烈,对唐文人心态影响更大。韦庄《关河道中》:"往来千里路长在,聚散十年人不同。但见时光流似箭,岂知天道曲如弓。"⑤ 叹息十年间荣华异路,科举的公平原则被破坏,自己空有壮志,光阴虚掷,到头来可能只落得归老田园。吴融《出潼关》:"飞轩何满路,丹陛正求才。独我疏慵质,飘然又此回。"⑥ 两诗都是叹息自己多年辛勤举业,劳而无功。

　　有幸得第者虽不再作哀苦之辞,然而抚今追昔,又多了一层感慨,薛逢《潼关驿亭》:"河上关门日日开,古今名利旋堪哀。终军壮节埋黄土,杨震丰碑翳绿苔。寸禄应知沾有分,一官常惧处非才。犹惊往岁同胞者,尚逐江东计吏来。"⑦ 郑谷《送进士吴延保及第后南游》:"吟看秋草出关去,逢见故人随计来。"⑧ 作为旁观者,诗人已深刻体悟到名利害人之深,因而站在对整个科举文化的审视立场上来发论。李涉《题武关》:"来往悲欢万里心,多从此路计浮沉。"⑨ 张祜

① [唐]范摅撰,唐雯校笺:《云溪友议校笺》卷下,第149页。
② [清]彭定求等编:《全唐诗》卷五九二,第6866、6870页。
③ [清]彭定求等编:《全唐诗》卷六五四,第7519页。
④ [清]彭定求等编:《全唐诗》卷六七四,第7718页。
⑤ [唐]韦庄著,聂安福笺注:《韦庄集笺注》卷一,第25页。
⑥ [清]彭定求等编:《全唐诗》卷六八四,第7858页。
⑦ [清]彭定求等编:《全唐诗》卷五四八,第6325页。
⑧ [清]彭定求等编:《全唐诗》卷六七六,第7744页。
⑨ [清]彭定求等编:《全唐诗》卷四七七,第5430页。

《宿武牢关》："行人候晓久裴徊,不待鸡鸣未得开。"[①] 都是叙说"古今名利旋堪哀"的事实。武牢关在洛阳东,是洛阳东边的门户。与其名称相近的武关,则在商州商洛县东九十里,通南阳。出武关,过商山后,马上就要进入关中,多少名利悲欢在此中演出,武关、蓝关、函关、潼关,则是这段辛酸史的见证。

从地理位置看,蓝关、武关、潼关、函关都在距京八百里之内,进了武关、函关,就意味着投入竞争,吉凶未卜的前途在等待着他。而潼关、蓝关更是距京四百里左右的近关。在唐人心目中,"关"与"城"是连在一起的,唐人诗文中常关城并提,这时候,"关"多指潼关,"城"指长安城。因此,唐人诗文常以"入关"指称进京,"出关"代表出京。在关与京建立了这种意义联系之后,唐人入关、出关的诗文内涵自然丰富起来了,各种各样的人、各式各类的行役,都在度关时变得敏感起来。"计浮沉","叹得失"则是这些关津诗的思想底蕴。缺乏了这层意义关系,关津诗就没有任何讨论价值。当然,关津诗值得关注的另一个前提是作者必须"身事未成""未达",作者如果是达官显贵,那么他只会尽情享乐,而不会忧心如焚,对度关决不会那么敏感,关对他来说不过是近京的标志,追逐欢乐即将开始的信号。

五代至宋,都城步步东移,长安由京城沦为天下之一州,关中作为名利场的象征意义已不复存在,人们再也看不到读书人源源不断入京应举又相继下第的盛况,当年京城里上演的一幕幕悲欢已成陈迹,昔日雄关寂然屹立于秋风夕阳中,任人凭吊。关津总数大减,关津诗经历了唐代的繁荣以后也永远地归于沉寂,是幸乎? 不幸乎?

---

① [清]彭定求等编:《全唐诗》卷五一一,第5842页。

第四章　唐代交通与文学传播

　　人员往来与文学传播的关系密切。各种各样的人员在南北东西道路上来往,文学作品也随之宣播到各地,这刺激了创作主体积极性的提高,影响了诗歌风格与体制的变化,促进其脱却贵族文学气息,向通俗易懂、形式活泼多样的大众文学靠拢,促进了作品的流传与保存,影响唐人文集面貌发生变异。所有这些,都是唐代交通与文学传播影响文学的重要表现,本章拟就唐人文书传送、唐诗传播、作品的流传与保存三点展开讨论。

第一节　唐代驿递制度与唐人文书传送

　　驿递制度是唐代馆驿制度的重要组成部分,它与唐人文书的传送及唐诗的流播都有很密切的关系。"驿递"即通过驿站传递投送。传递的对象有二,一是奉命调集的物资钱粮,包括纲典部送的官物,如赐沿边诸镇的冬春衣服,冬至南郊大典,节朔之日赐予诸州的方物等,以及囚徒、畜产、四方贡献之物;二是公、私两类文书。对象不同,内容与方式也不一样。"私"的方面,指官员的私人信件和互赠的物品,多通过驿递;"公"的方面,则指日常公文。这是唐人文书传送的大宗,包括两个大类,第一大类是中央下达到地方的政策命令,它体现为中书诏令制诰和翰林制诏。第二大类是各地上奏到中央的笺奏、章表、疏议等形形色色的文书，皆"群臣之书通于天子者"①，呈赠的对象是皇帝本人及台、省、卿、监、寺等主要行政机关。最常见的文书是表状，凡上尊号、登极、郊礼、封禅、明堂、册封后妃、立储宫、传位、大赦天下、祥瑞见、沿边告捷、破贼回銮、地方官员到任谢上、让官、辞官、受赐谢恩、请朝觐，因公因私的各种陈情奏请，大至军国刑政，小至个人杂事，按照当时制度规章和行事惯例，都要撰写表状，以保证上令及时下行，下情及时上达。至于书疏，则公私杂陈，不可一概而论。

　　文书货物的驿递是经常性事务，我们常在唐人诗文中看到"驿使"指的就是担负驿递的使者，以运送货物居多，刘兼《宣赐锦袍设上赠诸郡客》："十月芙蓉花满枝，天庭驿骑赐寒衣。"② 盛小丛《突厥三台》："雁门山上雁初飞，马邑阑中马正肥。日旰山西逢驿使，殷勤南北送征衣。"③ 这是从后方向前线递送军需品。张氏《寄夫》："驿使今朝过五湖，殷勤为我报狂夫。"④ 这是述普通民间的书信投寄。《新唐书》卷八三《太平公主传》："吴蜀岭峤市作器用，州县护送，道相望也。天下珍滋谲怪充于家，供帐声伎与天子等。"⑤《太平广记》卷四〇五引《剧谈录》："初，德裕之营平泉也，远方之人，多以土产异物奉之，故数年之间，无所不有。时文人有题平泉诗者：'陇右诸侯供语鸟，日南太守送名花。'威势之使人也。"⑥ 这是述地方官员进奉朝廷权要，要求与官物等同，甚至还要高，州县官员竞相以此买宠固位，

────────────

① [宋]李昉等撰：《太平御览》卷五九四引《汉书杂事》，第 2675 页。

② [清]彭定求等编：《全唐诗》卷七六六，第 8692 页。

③ [清]彭定求等编：《全唐诗》卷八〇二，第 9032 页。

④ [清]彭定求等编：《全唐诗》卷七九九，第 8989 页。

⑤ [宋]欧阳修等撰：《新唐书》卷八三《太平公主传》，第 3651 页。

⑥ [宋]李昉等编：《太平广记》卷四〇五《李德裕》，第 3271 页。

成为驿递的沉重负担。

而且进奉之事，还得到了唐代官方的提倡。《旧唐书·食货志上》载："先是，兴元克复京师后，府藏尽虚，诸道初有进奉，以资经费，复时有宣索。其后诸贼既平，朝廷无事，常赋之外，进奉不息。韦皋剑南有日进，李兼江西有月进，杜亚扬州，刘赞宣州，王纬、李锜浙西，皆竞为进奉，以固恩泽。贡入之奏，皆曰臣于正税外方圆，亦曰羡余。节度使或托言密旨，乘此盗贸官物。诸道有谪罚官吏入其财者，刻禄廪。"①《册府元龟》卷一六八《帝王部·却贡献》、卷一六九《帝王部·纳贡献》搜罗有这方面的大量例证，从中可知进奉之风在德宗朝以后愈演愈烈，十分普遍，大大增加了驿传的负担，都是劳民伤财，害国害民的。

随着馆驿、进奏制度的变化，唐人文书传送途径与方式也处在不断发展改进之中。据《唐会要》卷二六《笺表例》，准式递送的文书有三种寄达方式，一是因便使，二是遣差官，三是交邮驿。诏敕说的虽是天宝以前，但此后与此大同小异，以下分别说明。

"因便使"就是委托由地方入京的使客或来自京城的专使投递，或交由驿递，不遣专使，它与"差官"在使用上是有分别的。无论盛中唐，这一办法都常用，《唐会要》卷二六《笺表例》："天宝十载十一月五日敕：比来牧守初上，准式附表申谢，或因便使，或有差官，事颇劳烦，亦资取置。自今已后，诸郡太守等谢上表，宜并附驿递进，务从省便。至十三载十一月二十九日诏：自今已后，每载贺正及贺赦表，并宜附驿递进，不须更差专使。"②卷五九度支员外郎条载，开元二十四年（736），李林甫奏，诏将诸色征调旨符，"编成五卷，以为常

---

① ［后晋］刘昫等撰：《旧唐书》卷四八《食货志上》，第 2087 页。
② ［宋］王溥撰：《唐会要》卷二六《笺表例》，第 506 页。

行旨符,省司每年但据应支物数,进书颁行。每州不过一两纸,仍附驿送"①。可见由上达下的文书附驿送的比较多。出使州郡的"便使"有时指来自京城的中使和其他奉使的朝官。张九岭《送使广州》:"心逐书邮去,形随世网婴。"②诗中出使广州的就是这两类人员。有时指地方上使京者,有时指设在京城的进奏院官,情况复杂。

"差官"即遣专使投送,送的往往是紧急文书,唐初重要文书就采用这一方式投递,《唐会要》卷六一《御史台中·馆驿》:"贞观十九年,太宗亲征辽,发定州。皇太子奏,请飞驿递表起居,又请递敕垂报,并许之。飞表奏事,自兹始也。"③此事原载《隋唐嘉话》卷中。又该书卷上记载,太宗征辽,房玄龄留守西京,两地的联系主要靠飞驿递表来维持。宰相难以处理的事务,乃上表奏请皇帝决断,"飞驿"即遣专使乘驿马飞速传送。不仅中央与地方运用这一方式加强联系,诸州之间也经常采用。如贞元、元和中符载与李巽的联系,符载先后遣府中押衙任进朝,家人楚山,专使孟温朝、朱校书递送文书给李巽,充任专使的人员更为多样化④。

元和以前,多由中使担任"差官"递送文书。文渊阁四库全书本《李相国论事集》卷一《论请驿递赦书状》元和三年三月,宪宗御丹凤楼,大赦天下,"准旧例,散差中使,走马往诸道送赦书,所贵疾速"说的就是这个做法。遭到翰林学士裴垍、李绛等反对,二人以为,以赦书散差敕使专送,目的是求方镇财物,请改付度支盐铁急递发遣。既得疾速简便,又无求取劳扰,帝遂依绛等所奏。这项制度形成于高宗

① [宋]王溥撰:《唐会要》卷五九《度支员外郎》,第1020页。
② [清]彭定求等编:《全唐诗》卷四八,第584页。
③ [宋]王溥撰:《唐会要》卷六一《御史台中·馆驿》,第1059页。
④ [唐]符载:《谢李巽常侍书》《答书》《寄赠于尚书书》,[宋]李昉等编:《文苑英华》卷六七九,第3497—3499页。

至玄宗朝,这一时期,开始实行"文书散差"的办法。陈子昂《为建安王答王尚书书》:"使至辱书,知初出黄龙,即擒白鼠。"[1] 这一做法,被中唐诸帝继承下来,《文苑英华》书奏类部分保存了十多个这样的记载,都是地方节度使、观察使、刺史派出的出使官员。奉使专递者有时叫"送赦书使",有时称为"中使""内侍""内常侍",其实都是宦官。阳(杨)於陵《为崔冀公贺赦表》"臣某言,送赦书使某人至,伏奉月日恩制,大赦天下"[2],独孤及《贺赦表》"臣某言,中使某至,宣示赦书,大赦天下者"[3] 云云,都可证实这一点。代、德宗朝,"赦使崇送"达到了高峰。据《文苑英华》卷五六一至五六七所收表状,德宗在位期间,中使王开谏、李重芝、吴承倩、董秀、杨明义等,经常奉使将军国大事传示天下。当然也有其他人员担任此类任务的,萧颖士《为李中丞贺赦表》载,至德初,玄宗幸蜀,朝中大赦天下,蜀郡的赦书,便是由中书省官马崇分送的。

　　奉使的中官仗着自己出衔制命,横行无忌,沿途不按规定出示券牒,滥索人驴食品,辱骂驿吏,还趁机索取或受纳方镇贿赂,危害很大。元和三年(808),李绛改革了文书投递办法,奏请将散差中使分送改为交付户部新成立的度支盐铁急递发遣,这样,文书传递既得疾速简便,又无求取劳扰,故相沿不改。同时禁止诸道滥给券牒,滥给达到一百二十七道以上者则给予惩处,事载《唐会要》卷六一《馆驿》,这一改革非常有助于邮递文书的快速畅达。至于何时遣专使,何时交度支,《唐大诏令集》卷六五所载诏令做了明确规定:"除事关急切,须遣专使外,其余书诏文牒,一切分付度支入递,发遣制使中使

---

[1] [唐]陈子昂撰,徐鹏校点:《陈子昂集》卷一〇,第228页。
[2] [宋]李昉等编:《文苑英华》卷五五八,第2853页。
[3] [宋]李昉等编:《文苑英华》卷五五八,第2856页。

到行营。"① 末尾注明为长庆二年（822）三月一日颁发的诏书。这对
地方官有直接指导作用，《舆地纪胜》卷二六《隆兴府·官吏目》上
称，元和中，王仲舒镇江西，八州之人，事有不便者，及有愿而不得者，
皆罢行之。事"大者驿闻，小者立变"②，便是灵活运用这一原则处理
军政事务的范例。追查这段话的文献来源，发现源于韩愈，见《五百
家注韩昌黎集》卷一三《新修滕王阁记》，表明出于当时人之手，可信
度极高。不过州镇并无中使可遣，一般择劲健善走者充使。《太平广
记》卷三〇四引《宣室志》载，陈少游镇淮南，遣专使赵某入京，遗公
卿书，赵某是军人出身的专使，这类人员往往是经过挑选的骁健善走
之士。

　　这就不能不说到第三种投递方式——邮驿投递。它也有一个
发展过程，初盛唐时期，一般由邮驿中的驿卒、递夫等夫役担负传递
任务，所送的是一般文书，公私都有。萧颖士《重答李清河书》："名
白：临清传马子远至昌乐奉问及，亦既披缄，慰惨交集……因还骑不
宣名，再拜。"③萧氏收到的那封书信是由来自临清的驿卒送到他手中
的，读后他马上起草了一封回信，交由那位"传马子"带回。杜甫《暮
秋枉裴道州手札率尔遣兴寄递呈苏涣侍御》："久客多枉友朋书，素
书一月凡一束。"④据宋人黄鹤注，裴道州指裴虬，大历五年（770）为
道州刺史，此诗当是大历四年在潭州作。从道州到潭州，书信都要一
月才能收到一次，可见投寄速度之慢，但当时正常的邮寄，都只能通
过这一渠道。缺点是速度很慢，效率不高。白居易《渭村酬李二十
见寄》："百里音书何太迟，暮秋把得暮春诗。柳条绿日君相忆，梨叶

---

① ［宋］宋敏求编：《唐大诏令集》卷六五《叙用勋旧武臣德音》，第363页。
② ［宋］王象之撰：《舆地纪胜》卷二六，中华书局，1992年，第1174页。
③ ［宋］李昉等编：《文苑英华》卷六七八，第3491页。
④ ［唐］杜甫著，［清］仇兆鳌注：《杜诗详注》卷二三，第2016页。

红时我始知。"① 据《元和郡县图志》卷二、《太平寰宇记》卷二九,从
长安城到下邽,不过百五十里路途,李十二寄给他的诗,竟然在六个
月后才收到。唐代境土辽远,邮寄手段落后,文书投递速度之慢,也
就可想而知。杜牧《旅宿》:"远梦归侵晓,家书到隔年。"② 许浑《东
游留别李丛秀才》:"数程山路长侵夜,千里家书动隔秋。"③ 于武陵
《南游》:"旧国寄书后,凉天方雁来。"④ 都说明投递速度慢,明乎此,
也就不难理解为什么唐人得到家书那么激动了。中晚唐时,邮递办
法不断改进。正如黄正建先生所说,唐后期,公文传递更加频繁,驿
的负担过重。这时候,产生了一种叫作"递"的以传递公文或日通
信为主的文书投递组织,以代替驿站所负担的公文传递⑤,所说有
理。"递"可能是隶属于度支的机构,而度支又是一个半独立的机构,
自大历时就开始出现,从户部独立出来,隶属于度支盐铁转运使,供其
驱遣。《旧唐书·刘晏传》载,晏领盐铁使,"自诸道巡院距京师,重价
募疾足,置递相望,四方物价之上下,虽极远,不四五日知"⑥。这是最
初的"递",一种临时性的文书投递组织方式,工作效率颇高。它的出
现,与中唐前期盐铁制度的改革和度支功能的转换有关。里面的工作
人员中,有一种特别善于步行疾走的人,称为健步。《旧唐书》卷一五六
《王智兴传》载,智兴少骁锐,为徐州衙卒,事刺史李洧。李纳谋叛,欲
害洧,洧遂以徐州归国,纳怒,以兵攻徐甚急,智兴健行,不四五日,即
赍表至京师求援,德宗发朔方军五千人随智兴赴之。据《元和郡县

① [唐]白居易著,顾学颉校点:《白居易集》卷一五,第299页。
② [清]彭定求等编:《全唐诗》卷五二五,第6014页。
③ [清]彭定求等编:《全唐诗》卷五三六,第6115页。
④ [清]彭定求等编:《全唐诗》卷五九五,第6891页。
⑤ 黄正建:《唐代的"传"与"递"》,《中国史研究》1994年第4期。
⑥ [后晋]刘昫等撰:《旧唐书》卷一二三《王智兴传》,第3515页。

图志》卷九，徐州西至上都二千八十里，这么长的路程，五天走完，日行五百里以上，表明他就是一个十分突出的"健步"和"疾足"。据《旧唐书·职官志二》，唐之度支郎中、员外郎，"掌判天下租赋多少之数，物产丰约之宜，水陆道途之利"，凡"转运征敛送纳，皆准程而节其迟速"①，其职掌本来就与水陆交通、物资转运有关，可以附带递送某些文书。景龙二年（708）闰九月敕："诸籍（帐）应送省者，附当州庸调车送。若庸调不入京，雇脚运送。"②这种做法，已为中唐由度支递送文书准备了基础。大历、贞元以来，主管权限进一步扩大。《唐会要》卷五九《度支使》谓度支使行文牒，可以"指挥诸州"征收两税榷酒盐铁，其"应合征收诸色钱物，所由官有违程限，致阙军须，请停给禄料"③。

唐制，诸州每年都差州县官，车运庸调等官物入京。《太平广记》卷四八五陈鸿《东城老父传》载张说开元中领幽州，每岁入关，都以车送河间、蓟州庸调缯布入京，藏于府库，他奉行的是初盛唐制度。中晚唐由度支负责调集租税，《唐会要》卷八三《租税上》："贞元二年正月诏，天下两税钱，委本州拣择官典送上都，其应定色目程限脚价钱物，委度支条流闻奏。"④开成中，上贡两税钱物者达百余州，江淮财赋大州，每年差纲多达十余次，小州也有几次，为此，每州都确定专门官员负责押送钱粮物资进京，称为长定纲，每运送五至十万为一纲⑤。频繁的人员来往为兼管文书递送创造了良好条件，诏其负责文书的发遣也就顺理成章了。其具体做法是由役夫担负文书传递任务。《资治通鉴》卷二二六建中元年七月己丑条载，唐代宗宝应、广

---

① ［后晋］刘昫等撰：《旧唐书》卷四三《职官志二》，第1827页。
② ［宋］王溥撰：《唐会要》卷八五《籍帐》，第1559页。
③ ［宋］王溥撰：《唐会要》卷五九《度支使》，第1015页。
④ ［宋］王溥撰：《唐会要》卷八三《租税上》，第1537页。
⑤ ［宋］王溥撰：《唐会要》卷八四《租税下》，第1543页。

德以来,以刘晏为转运使,"以厚直募善走者,置递相望,觇报四方物价,虽远方,不数日皆达使司,食货轻重之权,悉制在掌握"①。这是唐代度支主管文牒发送的开始,后来与馆驿制度逐步结合,共同发送文牒。唐宪宗元和中,以李巽掌钱谷之任,与友朋的文书来往,多通过盐铁递院。中央发动地方招募驿丁、驿卒,负责实际工作,以弥补驿道运输之不足。刘禹锡《管城新驿记》谓,驿中"主吏有第,役夫有区"②,可见他们平时往往在驿中,各有住所,以应不时之需。主吏即负责驿站日常事务管理的驿长、驿将之类官吏,役夫则是供职驿站的投递运送文书物资的专职人员,这两类人就是唐代文书的主要传播者,只要经由驿路,必经其手。白居易《想东游五十韵》:"递夫交烈火,候吏次鸣驺。"③以递夫、候吏对举,说明二者同属于馆驿中的夫役,递夫乘递马投送文书,候吏在驿中主持迎送。有时,递夫也担任特殊任务,如长庆时,浙东明州岁进海物,其中淡蚶非礼之味尤速坏,课其程,日驰数百里。长庆三年(823)八月,元稹自同州刺史除越州刺史、浙东观察使,至越州,未下车,即奏罢此事,自越州抵京师,邮夫获息肩者数以万计,道路歌舞之④。地方上文人书信往还,主要通过这一渠道,卢纶《夜中得循州赵司马侍郎书因寄回使》:"瘴海寄双鱼,中宵达我居。两行灯下泪,一纸岭南书。"⑤即是讲述长安与岭南之间的文人书信往还,一般的方式是通过递使、递夫。刺史、节度使

---

① [宋]司马光编著,[元]胡三省音注:《资治通鉴》卷二二六,第 7285 页。
② [唐]刘禹锡著,陶敏、陶红雨校注:《刘禹锡全集编年校注》卷一七,第 1102 页。
③ [唐]白居易著,顾学颉校点:《白居易集》卷二七,第 607 页。
④ [唐]白居易著,顾学颉校点:《白居易集》卷七〇《唐故……元公(稹)墓志铭并序》,第 1467—1468 页。
⑤ [清]彭定求等编:《全唐诗》卷二七八,第 3158 页。

等地方长官有优先使用的权力。

递院是属于京兆府主管的,《唐会要》卷九三《诸司诸色本钱上》所载贞元十二年(796)御史中丞王颜奏,文中有"京兆府御递院二千五百贯文"字样①,说明至迟在贞元中,就有了递院这一机构。它属京兆府主管。《南部新书》丁卷:"故事:京兆尹在私第,但奇日入府,偶日入递院。"②亦见《唐语林》卷一。此为唐宣宗以前就有之"故事",即办事惯例,盖自代宗朝始,有时以京兆尹兼领度支,递院属京兆府管,由此而来,入递院表明,他是进去处理钱谷文书方面的政务。其下属单位就是递铺,递铺主要是募卒传递文书货物,这是中唐所置盐铁递送机构的发展。晚唐文献中偶尔出现"递铺"。《太平广记》卷三九九引《芝田录》载,李德裕在中书省,"常饮常州惠山井泉,自毗陵至京,致(置)递铺"③,文中称这种递送方式为"水递",表明唐代另有陆递。递铺常募健步、脚力、捷步来完成任务,《太平广记》卷四三二引《北梦琐言》称,唐昭宗大顺、景福以来,蜀路上虎狼成群,侵害行旅。有递铺卒周雄者,臂力心胆过人,日夜行役其间,保护行旅。同书卷三六六引《稽神录》载,唐后期,山南西道驿路上已经有了"步奏官"。马举充山南步奏官,常往来于川陕间,常从间道入蜀。《三水小牍》载:"咸通丁亥岁,陇西李夷遇为邠州从事。有仆曰李约,乃夷遇登第时所使也,愿捷善行,故常令邮书入京。"④可知步卒比较集中于交通不便、道路遥远的山区,地势平坦地方仍多用驿马,所以首先出现在川陕交通中,从山谷走便道,加以所招募之人本来就体力强健,善于行走,所以反而比较快捷。

---

① [宋]王溥撰:《唐会要》卷八三《诸司诸色本钱上》,第1678页。

② [宋]钱易撰,黄寿成点校:《南部新书》丁卷,第53页。

③ [宋]李昉等编:《太平广记》卷三九九,第3208页。

④ [宋]李昉等编:《太平广记》卷三六六,第2907—2908页。

　　但应强调,唐代文献中,"递"一词使用范围广,含义宽泛,容易引起理解上的混乱。"递"有时是指驿馆差役负责的文书递送,这时候,它只是邮驿的一种附属职能,并没有完全独立于驿之外,递还不是一个独立性的交通组织或设施,仍归属于驿站,驿和传仍是合一的。进一步说,虽然在唐代,馆驿合称代替了驿传合称,但馆驿在增强了待客功能的同时,并没有丧失传递的基本职能,因为待客食宿、传递邮件、提供交通工具本来就是唐代驿站的基本职能。有时却是指唐代中央和地方政府组织的人力递送贡物等。有时是指驿马,即速度稍慢的驿马,而非专使急驿的快马,因为唐代驿路上的马匹(军马除外),按照等级区分为载人的驿马、拉车的传马、运物资的递马。元稹《使东川·梁州梦》诗题下自注:"是夜,宿汉川驿,梦与杓直、乐天,同游曲江,兼入慈恩寺诸院。倏然而寤,则递乘及阶,邮使已传呼报晓矣。"[1]这里的"递乘"即驿路上供使客骑乘的递马。元稹元和初为监察御史。奉使东川,按照当时馆驿制度规定,都是乘坐驿马的,递乘也是供他用的。李德裕《条疏应接天德讨逐回鹘事宜状》:石雄"骁勇善战,当今无敌,望授天德军都防御副使,兼马步都知兵马使,助田牟攻讨,仍勒乘递赴天德军"[2],其中的"递"即是指递马。度支发急递绝不是用脚力,而是指以驿马急速上递。《全唐文》卷六三三冯审《谢追赴阙庭表》:"臣某言:某月日,度支急递到,伏奉某月日敕,追臣赴阙庭者。"[3]表明朝廷征召他入京的诏命,是通过度支的急递传递的,他接到紧急诏令后,随即乘坐快马回京。德宗召陆贽入京,也是这样,乘驿递而至。像这样的征召,称为驿召,在中唐以后改

---

① [唐]元稹撰,冀勤点校:《元稹集》卷一七,第195页。
② 傅璇琮、周建国校笺:《李德裕文集校笺》卷一三,第236页。
③ [清]董诰等编:《全唐文》卷六三三,第2830页。

为由度支急递铺传递,这是一种新改革。

遣专使与邮驿递送两项制度,还有一些具体规定。

其一,驿使不许稽程,凡奉使者,视事之缓急,分别给驿或给传,持传符或纸券,注明每天应行的驿数。按照每三十里左右一驿的计算标准,除以驿路全程,即可得出所过驿数;以全程除以驿数,即得每天应行之里程,唐代称为程期,违者治罪 ①。在驿路者须凭符券使用交通工具,享受规定的有关待遇。

其二,不许驿使无故将所持文书委托他人代为传递,此类行为不仅失职,而且直接影响到传递的及时,高效,后果严重,治罪颇重。公文视事势之缓急,分为常行文书和非常行文书两种,凡"军事警急,报告征讨,掩袭救援,及境外消息" 都是紧急的军事文书,谓之"专使之书" ②,必须遣专使乘驿马赍送,不可别寄他人投送。此外的非紧急军事文书,就叫"常行文书",可以"便寄",投递速度没有具体规定,一般交由日常邮驿系统处理,或是交付过驿人员便带过去 ③。

其三,文书应遣而不遣者治罪,依《公式令》,"在京诸司有事须乘驿,及诸州有急速大事,皆合遣驿"。凡乘驿者,在京者由门下省给事中与黄门侍郎共同审核,视其事宜给券,急者给驿,缓者给传,其不应给者,罢之。在外者,由留守及诸军州兵曹负责审核给券 ④。景龙三年(709)二月制:"皇帝践阼及加元服,皇太后加号,皇后、皇

---

① 刘俊文撰:《唐律疏议笺解》卷一〇《职制·驿使稽程》,中华书局,1996年,第814页。

② 刘俊文撰:《唐律疏议笺解》卷一〇《职制·驿使以书寄人》,第816—818页。

③ 刘俊文撰:《唐律疏议笺解》卷一〇《职制·驿使以书寄人》,第818页。

④ 刘俊文撰:《唐律疏议笺解》卷一〇《职制·文书应遣驿不遣》,第819页。参见《唐六典》卷五驾部郎中员外郎条、卷八门下省给事中条、卷三〇诸军州兵曹司兵参军条。

太子立及（赦）元日,则例,诸州刺史都督,若京官五品已上在外者,并奉表疏贺。其长官无者,次官五品以上者贺表,当州遣使,余并附表。"① 规定不在京而出使或任职的五品以上官员,凡遇诏敕中规定的国家大事,皆须"遣使"上表疏,其余情况下"附表",违此者就是"应遣不遣"或"不应遣而遣",会受到惩罚。这既适应于中央遣送文书者,也适应于地方遣使诣阙者。开元《仪制令》重申了这一规定。中唐时,应遣专使的范围进一步扩大。《唐会要》卷二六《笺表例》:"会昌五年八月,御史台奏:应诸道管内州,合进元日、冬至、端午、重阳等四节贺表,自今已后,其管内州,并仰付当道专使发遣,仍及时催促同到。如阙事,知表状判官罚本职一月俸料。发表讫,仍先于急递中申御史台。除四节外,非时别有庆贺,使司便牒支郡取表状,急递至上都,委留后官进奏。"② 所有表状一起付急递,当道遣专使发送,"递"的使用范围和频率大增于前。

其四,下达的文书都明确题署所诣州府,载明具体递送地点。若驿使不依题署,误投他所,或主司题署错误,造成误投或稽留,都将追究责任者的失职之罪,目的是保障传驿的准确迅速,以防稽废公务③。

其五,《公式令》中有具体条文,明确规定了各种官员使客给驿数目,三品至五品职事官,依次乘驿马四、三、二匹,散官、前官及无品者各有不同。皆数外别给驿子,供其驱遣。依《驾部式》,"六品以下前官、散官、卫官,省司差使急速者,给马。使回及余使,并给驴"④。

① ［宋］王溥撰:《唐会要》卷二六《笺表例》,第 505 页。参刘俊文撰:《唐律疏议笺解》卷一〇《职制》。

② ［宋］王溥撰:《唐会要》卷二六《笺表例》,第 506 页。

③ 刘俊文撰:《唐律疏议笺解》卷一〇《职制·驿使不依题署》,第 820—822 页。

④ 刘俊文撰:《唐律疏议笺解》卷一〇《职制·增乘驿马》,第 823 页。

另外,乘驿马者,均应依驿路,以向前驿,不许枉道别行或越至他所。过驿不换马,乘驿马赍私物都有损畜力,不利于传驿的迅速畅通,都将受到法律制裁①。

玄宗朝以来,驿的使用权限逐步扩大。中央与地方的各种官方文件,如诸郡太守谢上表,外官上封事、奏事均以驿递上闻。此后至贞元、元和间,节度大使以下军官家口、诸道按察使家口、新除都督刺史、诸道进奉官回程、请假拜扫的郎官等,以前"不合给驿券人等,承前皆给路次转达牒,令州县给熟食、程粮、草料。自今以后,宜委门下省检勘,凭据分明,给传牒发遣,切加勘责,勿容逾滥。仍准给券例,每月一度具状闻奏"②,有了各级主管部门的路次转达批牒(相当于主管领导签发的条子),很多不合使用驿传资源的人就可无障碍使用。与此同时,中央与地方的联系方式不断更新变化,天各一方的唐文人之间的联系方式也随之多样化,下面的一些制度,都为他们的文字往还源源不断地提供着机会。

首先,贞观以来就有朝集制度,据《旧唐书·职官志二》户部郎中条,每年十月二十五日,诸州朝集使齐集京师。十一月一日户部引见,到户部报告政情,在尚书省应官吏考绩之事,并于元正日朝贺天子,贡献方物。赴集的都督、刺史、州郡上佐,称为朝集使,只有边要州及羁縻州不在朝集之列,其朝集物品,委托都督府贡进。为了办事方便,每州都在京创立了邸第一区,供到京的本州官员居住,详见《唐会要》卷二四《受朝贺》《诸侯入朝》。中唐以来,承袭这一制度,每道都在京城设置了一座进奏院,通过这一机构来发送官私文书,

---

① 刘俊文撰:《唐律疏议笺解》卷一〇《职制·乘驿马枉道》《乘驿马赍私物》,第 825—828 页。
② [宋]王溥撰:《唐会要》卷六一《御史台中·馆驿》,第 1061 页。

加强中央与地方的联系,院址就在京城邸舍。院中负责递送文书者,称为"当道进奏官""奏事官""上都进奏院官",如岭南节度使杨於陵,就曾经担任过鄂岳观察使府判官,其代府主起草的贺表、谢表中,就屡次提到有"当道进奏官高振""上都进奏院官高振""奏事官戴诚""严硖下告捷官严公觊"。令狐楚、李商隐等中晚唐人表章中,也经常看到上述类似字眼,说明进奏官在中晚唐地方政府中十分普遍,经常担负文牒传送。

其次,为了加强全国户口管理,稳定财政支出税收来源,唐朝制定了上计制度。早在武德六年(623),就令"每岁一造帐,三年一造籍",送尚书户部。天宝三载(744)二月二十五日制:天下户籍造四本,京师、东京、尚书省、户部各贮一本,见《唐会要》卷八五《籍帐》、《旧唐书》卷四三《职官志二》。上计的主要是诸州刺史及计吏,每年十二月冬至或元日朝会,诸道差使上表贺正,同时贡献方物,见《唐会要》卷二四《受朝贺》,这也是附带传送文书的好机会。

第二节 水陆交通与唐人诗文的传递

唐诗传播问题一直是学界颇感兴趣的一个问题,讨论也日趋深入,但很少有从交通的角度来讨论唐人诗文传递问题。本文拟结合唐代馆驿、朝集、命使、进奏等制度,对此做一稍为系统的考察,力图解决其中一些关键性问题,如唐人诗文传播的方式、途径,水陆交通与文学传播的关系、影响。

一、水陆交通中的唐人诗文寄送方式

唐诗传播的途径固然多种多样,但交由驿递无疑是最主要的传播方式。唐人诗文,经常通过南北东西的几条主要驿路往返寄送。

不仅京师与诸州之间如此,地方官之间的文字往还也是这样,吴蜀、吴洛、洛蜀、荆潭、荆夔、并汴……莫不如是。长庆中,元稹镇浙东,白居易刺杭州,二人的杭越寄和正是交由驿吏送达的,此事白氏有诗以纪。《醉封诗筒寄微之》:"为向两川(州)邮吏道,莫辞来去递诗筒。"《与微之唱和来去常以竹筒贮诗陈协律美而成篇因以此答》:"拣得琅玕截作筒,缄题章句写心胸。……烦君赞咏心知愧,鱼目骊珠同一封。"①《秋寄微之十二韵》:"忙多对酒樏,兴少阅诗筒。"自注:"此(比)在杭州,两浙唱和诗赠答,于筒中递来往。"②此事还载入《唐语林》卷二,其中记载,白居易长庆二年(822),以中书舍人为杭州刺史,湖州刺史钱徽、苏州刺史李穰皆文学士,白氏生平旧友,每天都以诗酒寄兴。从元稹镇会稽,每以筒竹盛诗来往,说明这几年的寄和并不仅限于元、白之间,还扩大到邻郡,可见影响之大。刘禹锡与李德裕的寄和,较之元、白,毫不逊色。刘禹锡《吴蜀集引》:"长庆四年,余为历阳守,今丞相赵郡李公时镇南徐州,每赋诗,飞函相示,且命同作。尔后出处乖远,亦如邻封。凡酬唱,始于江南而终于剑外。"③提到长庆四年刘刺和州,李镇润州,大和四到六年(830—832)李出镇西川,刘除苏州,均有诗篇寄和。刘禹锡与令狐楚的异地唱和也维持了相当长时间。大和五年,刘禹锡刺苏州,令狐楚镇太原,"常发函寓书,必有章句,络绎于数千里内,无旷旬时"④。其后,大和八年,刘刺汝州,令狐楚在京为吏部尚书;刘转同州刺史,令狐楚在京官左仆射;开成初刘分司东都,令狐出镇兴元,无论出入中外,都有"新韵继至",

---

① [唐]白居易著,顾学颉校点:《白居易集》卷二三,第 505、510 页。

② [唐]白居易著,顾学颉校点:《白居易集》卷二四,第 533 页。

③ [唐]刘禹锡著,陶敏、陶红雨校注:《刘禹锡全集编年校注》卷一八,第 1189 页。

④ [唐]刘禹锡著,陶敏、陶红雨校注:《刘禹锡全集编年校注》卷一九《彭阳唱和集后引》,第 1246 页。

一来一往,率成卷轴,可见无论南北东西,官邮总是文人联络的主要方式。这种驿递制度还传到了南诏等周边民族地区。《册府元龟》卷九八〇《外臣部·通好》载,天成二年四月奏:"黎州伏:云南使赵和,于大渡河南起舍一间,留信物十五笼,并《杂笺诗》一卷,递至阙下⋯⋯续有转牒⋯⋯自鹤枯发递。"[①]南诏的文书投递是从蜀中传过去的。

说到投递的具体过程,大致是先把诗文、信件缄封好,将投递对象题写准确,然后交人送达,白居易《伤唐衢二首》其二"因和三十韵,手题远缄寄。致吾陈杜间,赏爱非常意"[②]就为我们描述了操作细节,即先"手题",后"缄寄"。往往诗书兼寄,白居易《开元九诗书卷》"红笺白纸两三束,半是君诗半是书"[③]是为一证。但一般文人书信、诗稿属"常行文书",非急务,投递速度慢,因此唐人常慨叹书邮困难,一旦收到远方亲友来信,就激动不已。严维《酬耿拾遗题赠》:"掩扉常自静,驿吏忽传呼。"[④]卢纶《夜中得循州赵司马侍郎书因寄回使》:"瘴海寄双鱼,中宵达我居。两行灯下泪,一纸岭南书。"[⑤]生动描述了驿吏送来的远方书信给唐文人带来的惊喜与激动。

各个驿站中担负文书投递的人,唐人称为"驿吏""驿使""传使",郎士元《送陆员外赴漳州》:"驿使多归信,闽溪足乱流。"[⑥]刘禹锡《答饶州元使君书》:"传使至,蒙致书一函,辱示政事与治兵之

① [宋]王钦若等编:《册府元龟》卷九八〇《外臣部·通好》,第11520页。
② [唐]白居易著,顾学颉校点:《白居易集》卷一,第17页。
③ [唐]白居易著,顾学颉校点:《白居易集》卷一四,第289页。
④ [清]彭定求等编:《全唐诗》卷二六三,第2914页。
⑤ [清]彭定求等编:《全唐诗》卷二七八,第3158页。
⑥ [宋]李昉等编:《文苑英华》卷二七二,第1375页。

要。"①他们是馆驿中负责文书投递的夫役,所递一般是公文,私人文书只能便寄。至德以后国家多事,邮驿之务日趋繁忙。为了缓解交通的压力,加强中央与地方的联系,各地节镇纷纷在馆驿之外另设递铺,铺中招募专递文书的差役。唐后期,这些人经常奔走于南北道路上,非常活跃,故屡见于《资治通鉴》《太平广记》,谓之"脚力",也称"急脚""善走者""捷步"。此外,自节度、观察使制度普及以来,地方官的进奏制度也日益完善,诸道都在上都设有邸舍,置进奏院,并安排了负责进奏的专使,谓之"奏事官"或"进奏官",这些人经常奉命投递文书,来往于两京与天下诸州之间。

随着唐朝各项制度的日益完善,中晚唐文人通过种种途径寄达诗文的也日多。这种变化已充分反映到文学创作中,此间文集中,出现了大量的以"寄××""酬××见寄"为题的诗篇,寄和集也应运而生,且为数不少,如《彭阳唱和集》(刘禹锡、令狐楚)、《吴蜀集》(刘禹锡、李德裕)、《汝洛集》(裴度、刘禹锡)、《吴越唱和集》(李德裕、刘禹锡、白居易)、《三州唱和集》(元稹、白居易、崔玄亮)、《荆潭唱和集》(裴均、杨凭)等,均见《新唐书·艺文志四》文史类、《宋史·艺文志八》总集类,共计四十多种。

诗文传播的工具与媒介也不拘一格,最常见的方式是盛以纸制信袋,封题好便投出去。前引白居易诗不止一次提到以竹筒寄送,但这种投寄方式比较少见,不具有代表性。有时缄封寄去的诗很多,《唐摭言》卷一二自负条引王贞白《寄郑谷郎中》:"五百首新诗,缄封寄与谁。"②一次就寄去了五百首,这算多的,也有寄几十首、十几首甚至一首的。齐己《谢虚中寄新诗》:"旧友一千里,新诗五十篇。"③

---

①［唐］刘禹锡著,陶敏、陶红雨校注:《刘禹锡全集编年校注》卷一四,第940页。
②［五代］王定保撰:《唐摭言》卷一二,第137页。
③［清］彭定求等编:《全唐诗》卷八四〇,第9486页。

此外还有一些不太常用的方式,如盛以袋子。羊士谔贬资州剌史,其与京城的文字往还,就盛以布袋,其《都城从事萧员外寄海梨花诗尽绮丽至惠然远及》:"掷地好词凌彩笔,浣花春水腻鱼笺。东山芳意须同赏,子看囊盛几日传。"末句下之作者自注说明是"囊盛为佳,函封多不生"①。也有用竹筐、木瓢的。姚合《谢汾州田大夫寄茸毡葡萄》:"筐封紫葡萄,筒卷白茸毛。"②还有用大木瓢的,如方外之士唐球(一作唐求),就以大瓢盛诗稿,投于水中,让它顺流而下,任人拾取。不过像他这样目的不明确、不通过道路交通的很少见。

可是邮驿的设置主要是为了保证王命的通达和官员、使客往来的畅通无阻,以政治、军事用途为主,文人诗书往来毕竟是其次。官邮既无法满足社会的文书投递需要,人们就只能另想办法。事实上,驿递之外的通信联络确也还有广阔的发展空间,唐人并未为馆驿制度所限,他们在正规的传送方式——官邮之外开辟了许多路径,以满足瞬息万变的日常生活需要。

比较多见的是利用各种各样的机会"便寄"。古代交通不便,人们之间联系的困难之大,是今人所无法想象的,李昌符《别谪者》诉说"一家书绝久,孤驿梦成迟"③。白居易贬官浔阳,在京的元稹苦于无法跟他联系,一日,江西人熊孺登自京城回江西,元稹乃托其顺路捎带书信一封,信封题云"他日送达白二十二郎",内有数帙诗章,可直到两年后白氏才收到这封信,他因此发出"人生几何,离阔如此"的慨叹④。情况如此,充分利用奉使、应举、朝集、贺正、上计等机会托

---

①[清]彭定求等编:《全唐诗》卷三三二,第3711页。

②[清]彭定求等编:《全唐诗》卷五〇一,第5700页。

③[清]彭定求等编:《全唐诗》卷六〇一,第6950页。《全唐诗》卷二九〇又收作杨凝诗,疑莫能明。

④[唐]白居易著,顾学颉校点:《白居易集》卷四五《与微之书》,第972页。

人捎带诗书，就显得特别重要。每逢这样的机会一来，人们总不失时机地向亲故寄送诗文，视为加深友谊、沟通信息的重要手段。由于机会难得，一次所寄不限于一种，通常是诗、文兼寄或诗书同寄，骆宾王《答员半千书》："张评事至止，辱所惠诗及书，把玩无厌，暂如有叙，上言离恨，下勖交情。"①裴度《寄李翱书》："前者唐生至自滑，猥辱致书札，兼获所贶新作二十篇。度俗流也，不尽窥见。"②都是既寄书信，又附诗文。对方收到寄作后，往往马上回寄诗文。薛逢《谢西川白相寄赐新诗书》："某启：伏蒙仁恩，猥垂下顾，兼赐新诗二十首……谨录长句七言诗一首献上。"③出使或回京的官员、使客到达某地后，当地文士往往托他便带诗书转交某人。有时出使一次，带回的诗章很多，刘长卿有《贾侍御自会稽使回篇什盈卷兼蒙见寄一首与余有挂冠之期因书数事率成十韵》诗，从标题及诗句看，这位贾侍御奉使会稽，其使回，就带了好几卷诗，寄与沿途官员，兼寄一首与刘。徐铉《京使回自临川得从兄书寄诗依韵和》所得诗篇，也是由还京的使者顺便带回的。有时托给本州使京者。白居易在忠州，便通过"京使"寄诗给在京的萧祐、韦处厚、崔韶、牛僧孺、庾敬休、李景俭等十五位朝士，其《京使回累得南省诸公书因以长句诗寄谢……》诗有"浮萍漂泊三千里，列宿参差十五人"之句④，知是一首诗同时寄给在朝廷台省的众多僚友。刘长卿《洞庭驿逢郴州使还寄李汤司马》作于出使湖南途中的岳州洞庭驿，是通过自湖南使回入京的郴州使客，顺路送达给在京的李汤司马。

---

① ［宋］李昉等编：《文苑英华》卷六八〇，第 3504 页。参见［唐］骆宾王著，［清］陈熙晋笺注：《骆临海集笺注》卷八，第 279 页。

② ［宋］李昉等编：《文苑英华》卷六八〇，第 3507 页。

③ ［宋］李昉等编：《文苑英华》卷六八一，第 3515 页。

④ ［唐］白居易著，顾学颉校点：《白居易集》卷一八，第 380 页。

　　京城与地方的联系最受重视。自京师而来捎带文书的人,各式各样,有时是幕僚。元和五年(810),张籍在京患眼疾,"家无钱财,寸步不能自致",韩愈同情他,乃作书向浙东观察使李逊求援,适逢李之幕僚李翱自浙东入京将返,乃将书信交李带去①。有的是出使的郎官御史,张九龄《道逢北使题赠京邑亲知》:"岁晏无芳草,将何寄所思。"②沈佺期《寄北使序》:神龙元年(705)"被放南荒,行至安海。五月二十四日遇北使,因寄乡亲"③。所言"北使"是他们南行途中遇到的使回者。有出牧州郡者。刘禹锡在朗州时,京官杜佑即托至京的"本州徐使君"朗州刺史徐镇"奉手笔一函,称谓不移,问讯加剧"④。有过路的官员,柳宗元在永州,与李吉甫等京官一直保持联系。元和五年(810),吕温出刺衡州,道过永州,吉甫托书捎与永州的柳宗元⑤。出使最多的是中使,他们人数多,奉使机会多,出使范围广,托寄的文书也多。刘言史《偶题二首》其二:"得罪除名谪海头,惊心无暇与身愁。中使不知何处住,家书莫寄向春州。"⑥谪宦南中的文人要寄家书,首先想到的是中使,原因就在于此。

　　诸州方镇刺史僚佐间的联系也颇紧密。有时托本州使他州的吏人,如刘禹锡贬朗州,其与西川武元衡的文字往还,据其《上门下武相公启》,多是托"本州吏人"。元和中,柳宗元在永州,其与襄阳李夷

①［唐］韩愈撰,马其昶校注,马茂元整理:《韩昌黎文集校注》卷三《代张籍与李浙东书》,第173页。据此文解题,李浙东指李逊,非李巽。

②［清］彭定求等编:《全唐诗》卷四八,第587页。

③［唐］沈佺期、宋之问撰,陶敏、易淑琼校注:《沈佺期宋之问集校注》上册卷二,第88页。

④［唐］刘禹锡:《上杜司徒启》,［清］董诰等编:《全唐文》卷六〇四,第2704页。

⑤［唐］柳宗元撰:《柳宗元集》卷三六《谢李吉甫相公示手札启》,第920—921页。

⑥［清］彭定求等编:《全唐诗》卷四六八,第5331页。

简的诗书来往,也是通过"当州员外司马李幼清"这类基层官员 ①。
有时委托游方的僧人,白居易《和微之夸越州州宅》:"贺上人回得报
书,大夸州宅似仙居。" ② 元、白这一次的唱和诗,是交给来往于杭越
之间的僧人贺上人送达。

　　刺史、节镇手中有权,只要他们认为有必要,随时随地可派遣专
使传送文书。贞元末,杨凭观察湖南,自编文集,欲索序于当时的文
坛盟主权德舆,乃遣使送至京城,求得一序 ③。宝历元年(825)韩愈
去世,将葬,时刘禹锡牧和州,李翱刺庐州,均自州遣使祭之,使客带
去了他们所作诗文。窦巩与令狐楚唱和,也是遣专使。这里所谓"专
使"可能就是方镇、刺史任命的奏事官或雇请的脚力。《太平广记》
卷三四六引《河东记》中的"送书使者"就属这一类。此外还有仆
人,如《太平广记》卷三六六《李约》中的邠州从事李夷遇,有仆曰李
约,因善走,常替主人送文书至京。

　　上述文书寄送方式都是在正常的邮递之外另辟的,能否实现,得
看机会的有无,不可避免地带有随机性、偶然性。尽管如此,但因其
灵活多样,适应性广,能弥补官邮之不足,故仍然是水陆交通中通行
的文学传播方式。河陇、闽中、岭南、湘中、黔中、云南都位置僻远,
人员来往远不及近州密切。皇甫冉《归阳羡兼送刘八长卿》:"云
梦春山遍,潇湘过客稀。" ④ 于武陵《客中》:"南过洞庭水,更应消息

---

① [唐]柳宗元撰:《柳宗元集》卷三五《谢襄阳李夷简尚书委曲抚问启》,第
　898—899页。

② [唐]白居易著,顾学颉校点:《白居易集》卷二三,第502页。

③ [唐]权德舆:《答杨湖南书》,[宋]李昉等编:《文苑英华》卷六八〇,第
　3505页。

④ [清]彭定求等编:《全唐诗》卷二五〇,第2832页。

稀。"①所引诗句就反映了这一状况,所以抓住各种机会便寄尤其重要,由于闭塞,旅宦南方的文人特别重视"北使"的到来,唐代左降官与流人居贬所写作的诗歌中,"北使"屡见。张说《南中送北使二首》其一:"何日南风至,还随北使归。"②《卢巴驿闻张御史张判官欲到不得待留赠之》:"旅宦南方远,传闻北使来。"③都在叙述唐代洞庭潇湘以南行客稀少,迁谪颇多的交通现状,在此情况下,更显示出"便寄"方式不可替代的作用。

二、水陆交通与文学传播的关系和影响

唐人诗文一般是沿着唐代交通路线传递的,文书传播路线与交通路线基本一致,交通繁忙的驿道同时也是诗歌流播的主要路线。当时,长安至汴州、扬楚、吴越的驿道以及长安至荆襄、湘中、岭南的驿道,是两条最重要的南北交通干道,同时也是唐诗南播的主要路线。自高宗后期至中、睿宗朝,政局变动频繁,流移窜逐者连年不绝,南迁北返者络绎于道,宋之问等著名文士甚至几度南迁岭表,他们的诗歌也随之南播,《旧唐书》卷一九〇中《宋之问传》:"之问再被窜谪,经途江、岭,所有篇咏,传布远近。"④元和、长庆间,白居易先后贬江州,刺杭州,皆取蓝田—武关道南下。其自通州还京,也是取襄荆路北上,其《商山路驿桐树昔与微之前后题名处》云:"与君前后多迁谪,五度经过此路隅。"⑤其诗歌也顺着此道南播到江湘、吴越,其《与元九书》云:"自长安抵江西,三四千里,凡乡校、佛寺、逆旅、行

① [清]彭定求等编:《全唐诗》卷五九五,第6892页。
② [清]彭定求等编:《全唐诗》卷八八,第972页。
③ [清]彭定求等编:《全唐诗》卷八七,第953页。
④ [后晋]刘昫等撰:《旧唐书》卷一九〇中《宋之问传》,第5025页。
⑤ [唐]白居易著,顾学颉校点:《白居易集》卷一八,第396页。

舟之中,往往有题仆诗者。士庶、僧徒、孀妇、处女之口,每每有咏仆诗者。"①元稹《白氏长庆集序》讲到,二人都曾在荆襄、江西、巴蜀间经过或为官,前后酬寄不断,于是出现了二人诗章遍书于寺观、邮候墙壁之上、播于牛童马走之口的现象,而巴蜀、江楚间及长安少年,亦"递相仿效,竞作新词,自谓为元和诗。而乐天《秦中吟》《贺雨》讽谕等篇,时人罕能知者。然而二十年间禁省、观寺、邮候墙壁之上无不书,王公妾妇、牛童马走之口无不道。至于缮写模勒,衒卖于市井,或持之以交酒茗者,处处皆是"②。这些事例,无不表明交通路线与诗歌传播关系之密切。不仅长安至荆襄道是这样,长安至洛汴、吴越道更是这样。白居易《写新诗寄微之偶题卷后》:"未容寄与微之去,已被人传到越州。"③《宣武令狐相公以诗寄赠传播吴中聊用短章用伸酬谢》:"新诗传咏忽纷纷,楚老吴娃耳遍闻。尽解呼为好才子,不知官是上将军。"④所叙唐诗寄和,都在京洛或吴洛间进行。白居易、令狐楚的声名,遂远播吴越。其中令狐楚的事例尤其有代表性,他善作新韵短章,风调轻艳,为楚老吴娃所爱赏,以致人们不知道他还是节度使、上将军,其文学声誉掩盖了政治身份,可见水陆交通对于作品宣播,作家声名传扬的作用之大,可以说"篇章传道路"与"诗名播人间"二者之间存在对应性。

　　那么为什么会出现这一现象呢?最重要的是因为交通通过量大。人是文学传播过程中最活跃的因素,人员来往为文学传播创造了很多机会。长安至洛汴、吴越以及两京通荆襄、湘中、岭南这两条驿道交通最繁忙,每年都会有文人南窜北还,刺史赴任回朝,使客往

①[唐]白居易著,顾学颉校点:《白居易集》卷四五,第963页。
②[唐]元稹撰,冀勤点校:《元稹集》卷五一,第554—555页。
③[唐]白居易著,顾学颉校点:《白居易集》卷二四,第553页。
④[唐]白居易著,顾学颉校点:《白居易集》卷二四,第530页。

来穿梭,举子、选人也沿着这两条道路蚁趋京师,谋取功名,这些人既是诗歌的创作者,也是积极的传播者。他们在南来北往的过程中耗费了大量时间,创作了大量诗篇,文学创作几乎成了这些热爱文学的士人的第二生命。才士型诗人尤其是这样,沈佺期、宋之问、韩愈南贬北还,历州过府,几乎每经过一地都要作诗,白居易、元稹、刘禹锡、杜牧等南迁北返途中,也歌诗前后不绝。元稹《叙诗寄乐天书》讲述,其居通州,即使公务在身也经常吟诗作赋。"昨行巴南道中,又有诗五十一首。"单一次出行就作了这么多,当时制作的数量之大亦可想而知。下文又云:"文书中得(元和)七年已后所为,向二百篇。"①因为过于繁乱冗杂,就没有交给白居易,此后因为贬官,下落不明。其中部分被当地人所得,又会产生新的文学传播。与此同时,文学传播也无时无刻不在进行,饯送、寄赠、题壁、题名、吟诵……这些制作,都将以种种方式"散落人间",因而都可视为文学传播行为,其中既有当面酬赠、异地寄和、题壁、题名等自觉传播,也有其他的不自觉的传播。其中题壁、题名是对文学传播影响最为直接、明显的两种创作方式,如《太平广记》卷二四引《续仙传》中的许宣平,平时喜爱吟诗,文才颇高。一首《庵壁题诗》仙风道骨,富有远韵,"好事者多咏其诗,有时行长安,于驿路洛阳、同、华间传舍,是处题之"②。往来行人争睹,天宝间李白自翰林东出京城,经过传舍,读之,叹为仙诗。由此可见"到处题写"——"播于口耳"——"流传后世"之间前后相承,具有因果关系。《云溪友议》卷中三乡略条载,若耶溪有一女子,随夫应举,赁居京中。后丧夫东归,行至三乡驿,悲痛不已,挥笔题诗,哀感动人,往来两京道路的文士至驿读诗,争相题和,时间一久,和作遍

①［唐］元稹撰,冀勤点校:《元稹集》卷三〇,第354页。
②［宋］李昉等编:《太平广记》卷二四《许宣平》,第159页。

布驿壁,多得"不能遍录"①,范摅作《云溪友议》时,众作尚存,范氏随便选录,即多达十几首。《南部新书》丁卷记载,唐文宗大和中,兵部侍郎裴潾春游长安慈恩寺,有感于寺中牡丹之盛,遂题《白牡丹诗》于佛殿东壁。大和中,车驾出幸芙蓉园,路过此地,"见所题诗,吟玩久之,因令宫嫔讽念。及暮归大内,即此诗满六宫矣"②。采用题壁的办法将自己的作品公开发表,有助于作品的流传和作者声名的播扬。所题若是好诗,更会不胫而走,李群玉经岳州湘阴县二妃庙的留题诗、卢肇的甘露寺题诗,都是这样保存下来的。杨贵妃死后,在马嵬驿、马嵬店、端正树题过诗的唐人不计其数,唯独郑畋的题诗立意高远,拔出众流,因而流传后世,备受称赞③。驿路上过客成千上万,只要谁在沿途客馆、旅店、驿站、桥梁、佛寺、道观、石壁、树木以及车船等交通工具上题了名,留了诗,这些留题的作品和他本人就会面对大众,进入传播层面。《太平广记》卷四三八引《集异记》描述"胡志忠题户"的情形是"还止于馆,索笔砚,泣题其户……题讫,以笔掷地,而失所在"④。他一走,留下的作品就不再只属于他,而属于公众。从这个意义上说,"禁省、观寺、邮候墙壁之上无不书"与"王公妾妇、牛童马走之口无不道"⑤之间,主要是一种因果关系,正是前者为后者准备了条件。

不仅沿途题诗会留下墨迹供人鉴赏,饯送、联句也是如此。京城宴饯、酬寄活动频繁,文学传播速度比外地要快。《太平广记》卷

---

① [唐]范摅撰,唐雯校笺:《云溪友议校笺》卷中,第102页。

② [宋]钱易撰,黄寿成点校:《南部新书》丁卷,第49页。

③ 周祖譔主编:《中国文学家大辞典》(唐五代卷)李群玉、卢肇、郑畋条,第334、125、520页。

④ [宋]李昉等编:《太平广记》卷四三八《胡志忠》,第3568页。

⑤ [唐]元稹撰,冀勤点校:《元稹集》卷五一《白氏长庆集序》,第555页。

四四八《叶法善》：开元时"有名族，得江外一宰，将乘舟赴任，于东门外，亲朋盛筵以待之"①。依照惯例，凡预宴的能诗者都将即席赋诗，被送者也有答作。有时行色匆匆，留下诗稿来不及带走，为人所得，又进入了传播轨道，如《太平广记》卷三三〇《中官》中的四位"古衣冠丈夫"，尝夜至京城东郊的官坡馆中，举酒赋诗联句。事毕，"四人相顾，哀啸而去，如风雨之声"，事后"但见酒樽及诗在"②。同书卷三六九《元无有》所描述的四位文士在维扬空庄联句的情形与此类似。此类记载虽属小说家言，但却反映了唐代社会所特有的文人聚会联句竞技文学的现象，具有"通性的真实"，富有社会认识意义。

通俗易懂的作品进入流传层面后，往往会有转题。如果还涉及情爱等主题，则传播会更广。元稹、白居易的那些"纤艳不逞"之作，自元和间问世以来，就"流于民间，疏于屏壁"③。盖因二人皆"深于诗，多于情"④，"善状咏风态物色"，故其诗"自衣冠士子，至闾阎下俚，悉传讽之，号为元和体"⑤。刘禹锡、张祜等创作的以赠妓、狎游为内容的艳情诗，适合大众审美文化意味，故为"时俗所重"，尽管后来白氏本人认为"不足为多"⑥，但却丝毫不影响公众的欢迎喜爱程度，广泛传唱于两京、扬、楚、荆、益等城市的中下层社会。这里人口集中，流动人口大，聚居于此的民众与那些活跃于驿道沿途酒楼歌馆、僧寺道观的过客主动充当了他们诗歌的传播者。

---

① [宋]李昉等编：《太平广记》卷四四八引《纪闻》，第 3665 页。
② [宋]李昉等编：《太平广记》卷三三〇引《灵怪集》，第 2622 页。
③ [唐]杜牧：《唐故平卢军节度巡官陇西李府君（戡）墓志铭》，[清]董诰等编：《全唐文》卷七五五，第 3472 页。
④ [唐]白居易著，顾学颉校点：《白居易集》卷一二《长恨歌》前附录陈鸿《长恨歌传》，第 237 页。
⑤ [后晋]刘昫等撰：《旧唐书》卷一六六《元稹传》，第 4331 页。
⑥ [后晋]刘昫等撰：《旧唐书》卷一六六《白居易传》，第 4349 页。

第三节　唐代交通与唐人文集面貌的变化

　　我们平常只注意到唐人文集编纂成集以后，会因不断的刊刻而发生变化，事实上，成集之前，还有一个漫长的流传过程，这一时期的文集是不定型的阶段性结集或片段式的抄本，一般称为唐人写卷，其面貌的变化更大，作品数量增减无常，篇第的错乱、题目与诗句文字的变异与错讹等更多，即使通过作者亲自整理，仍然不免舛误，其中部分讹异与交通行旅和文学传播有关。

　　唐人文集面貌变异大，首先是因为纸张难得，作品流传不靠刊印而靠传抄。由于普遍没有定本，人们读到的都是未经刻印的作品杂抄写卷，而不是宋以后那种通过刻印而逐步固定下来的集子。周必大《文苑英华序》云，直到北宋仁宗朝，仍"印本绝少，虽韩柳元白之文，尚未甚传，其他如陈子昂、张说、九龄、李翱等诸名士文集，世尤罕见"[1]。宋代书籍已经可以刻版印刷，文献流传都如此困难，唐人就更难接触到网罗作者全部作品的完整文集了，看到的绝大部分是部分作品的抄卷。刘言史《读故友于君集》："依然想得初成日，寄出秋山与我时。"[2] 明显是其故友于某寄给他的阶段性结集，并非收录全部作品的别集。齐己《白莲集》中提到的时人文集多达十多种，如《谢武陵齐巡官远寄五十字诗集》《谢高辇先辈寄新唱和集》《谢欧阳侍郎寄示新集》《读贾岛集》《孙支使来借诗集因有谢》《谢西川可准上人远寄诗集》《谢人寄新诗集》《谢元愿上人远寄檀溪集》《谢武陵徐巡官远寄五七字诗集》《谢荆幕孙郎中见示乐府歌集二十八字》，从题目到内容都显示，他读到的只是部分作品。文集一般只在

---

① ［宋］李昉等编：《文苑英华》卷首《纂修文苑英华事始》，第 8—9 页。
② ［清］彭定求等编：《全唐诗》卷四六八，第 5327 页。

作者的亲戚朋友僚属之间流传,通过这少数人的抄录再扩展开来,如齐己读到的李白集、李贺集、白居易集、欧阳侍郎新集、西川可准上人诗集,都是通过自己的亲友借阅的,他本人的诗集也只在亲友圈子内流传。作品抄录受传抄者兴趣、爱好、见识、用途等方面因素的制约,总不免使文集面貌发生种种变异。姚合《喜览泾州卢侍御诗卷》:"新诗十九首,丽格出青冥。"《喜览裴中丞诗卷》:"新诗盈道路,清韵似敲金。调格江山峻,功夫日月深。蜀笺方入写,越客始消吟。"[1] 杜牧《献诗启》:"某启:某苦心为诗,本求高绝,不务奇丽,不涉习俗,不今不古,处于中间……今谨录一百五十篇,编为一轴,封留献上。"[2] 提到的都是为了干谒投献或应亲友之需而制作成的临时性写卷,像这样的临时性结集,唐五代大量存在,唐代总集和别集中有很多实例可举。当时名家诗集的流传一直十分散漫。齐己《还人卷》:"李白李贺遗机杼,散在人间不知处。闻君收在芙蓉江,日斗鲛人织秋浦。"[3]《贺行军太傅得白氏东林集》:"百尺典坟随丧乱,一家风雅独完全。常闻荆渚通侯论,果遂吴都使者传。"[4] 反映了唐人作品流播的散乱无序状态。贯休《山居诗二十四首序》所载更为典型:"愚咸通四五年中,于钟陵作《山居诗二十四章》。放笔,稿被人将去。厥后,或有散书于屋壁,或吟咏于人口,一首两首,时时闻之。皆多字句舛错。泊乾符辛丑岁,避寇于山寺,偶全获其本,风调野俗,格力低浊,岂可闻于大雅君子。一日抽毫改之,或留之,除之,修之,补之,却

① [清]彭定求等编:《全唐诗》卷五〇二,第5712页。
② [唐]杜牧撰,吴在庆校注:《杜牧集系年校注》卷一六,中华书局,2008年,第1002页。
③ [清]彭定求等编:《全唐诗》卷八四七,第9588页。
④ [清]彭定求等编:《全唐诗》卷八四四,第9542页。

成二十四首,亦斐然也。"① "字句舛错"的原因除了大家都强调的辗转传抄外,另一个容易为人所忽视的原因是唐人喜欢改诗。改动的目的本来是为了使原作益臻善美,可是有时有意的改动不仅不能提高原作,反而使得它更加拙劣,适得其反,贯休所说的"风调野俗,格力低浊"是包括这点的。

追溯起来,唐人文集致误的关键是文学传播,正是寄赠、投献、题壁、转抄等造成了篇次的错乱、作者的混淆、文字的歧异。而寄赠、投献、题壁等文学传播行为都与交通行旅有关。

最值得注意的是题壁与转抄。题壁有自己题写与别人转抄之分。自己题写是为了诗名远播,别人转抄则纯属爱好。作品到处题写会加速口耳相传,杜确《岑嘉州诗集序》:"其有所得,多入佳境……每一篇绝笔,则人人传写,虽闾里士庶,戎夷蛮陌,莫不讽诵吟习焉。"② 崔子向《上鲍大夫防》:"行尽江南塞北时,无人不诵鲍家诗。"③ 姚合《寄贾岛》:"新诗有几首,旋被世人传。"④ 如若内容轻艳,风格浅近,则流播速度更快,面更广。《云溪友议》卷中辞雍氏条:"崔涯者,吴楚之狂生也,与张祜齐名,每题一诗于倡肆,无不诵之于衢路。"⑤ 不仅名家如此,今天看来很一般的诗人在当时也颇受欢迎。吕温《裴氏海昏集序》:"江左缙绅望之如神仙,邈不可及。每赋一泉题一石,毫墨未干,传咏已遍。"⑥ 据李繁《邺侯外传》,像李泌那样的

---

① [清]彭定求等编:《全唐诗》卷八三七,第9425页。

② [唐]岑参著,陈铁民、侯忠义校注:《岑参集校注》附录,第509页。

③ [清]彭定求等编:《全唐诗》卷三一四,第3537页。

④ [清]彭定求等编:《全唐诗》卷四九七,第5634页。

⑤ [唐]范摅撰,唐雯校笺:《云溪友议校笺》卷中,第93页。

⑥ [宋]李昉等编:《文苑英华》卷七一三,第3681页。

名士,也"常赋诗,必播于王公乐章"①。

以上诗篇传播固然快速,但随之而来的问题也很多,其中许多问题都与题壁和转抄有关。

其一,题壁诗中,有一种方式是先写好诗稿,再誊抄上去。朱庆馀《河亭》:"孤亭临绝岸,猿鸟识幽蹊。花落曾谁到,诗成独未题。"②是先有诗稿,然后题壁,"独未题"表明他准备转题。诗题上壁后,文字可能经好事者改动,作者也会不断修改增删诗稿,这就造成了一首诗同时存在两种以上的版本,壁上诗播于人口,卷上诗传于人手,除非作者手定,否则莫衷一是。如钟离权《题长安酒肆壁三绝句》,题目一致,诗句则均有讹异,第一首尤甚:"坐卧常携一作将酒一壶,不教双眼识皇一作东都。乾坤许大一作世界无名姓,疏散人中一作大丈夫。"③所误之字并非形近,这就排除了抄写或刊刻致误的可能性,两个版本同时流传的关键在于,它是一首题壁诗,读者可以对壁上诗做修改,作者也会随时对手中诗稿做修改。

有时候,一首题壁诗有两个题目,其中一个是题壁时名,一个是卷上题名,这并非讹误,而是两种情境下创制的题目。如《全唐诗》卷二八三李益《幽州赋诗见意时佐刘(总)幕》,令狐楚编《御览诗》又题作《题太原落漠驿西堠》,前者可能是初稿名,后者则是为了突出题壁的时间、位置而别制的新题,因诗题于落漠驿,故曰《题太原落漠驿西堠》。因为不能考明的原因,尾联还有三处异文,应当也是与发表方式有关的。许浑《丁卯诗集》卷下《与裴秀才自越西归阻冻登虎丘山寺》,《文苑英华》卷二三八作《与裴三十秀才自越西归望亭阻冻

①〔宋〕李昉等编:《太平广记》卷三八《李泌》,第239页。
②〔清〕彭定求等编:《全唐诗》卷五一五,第5880页。
③〔清〕彭定求等编:《全唐诗》卷八六〇,第9725页。

登虎丘精舍》,诗中的望亭系指苏州望亭驿,《英华》保存之诗题叙事详细,体现了创作此诗时的行旅特点,显然是原题,前面字数较少的题目则是经作者删削的正稿或后人压缩的题目。

有时候简短的题目往往是经宋人压缩而成,诗句也被篡改。如李德裕大中三年(849)在崖州作的登览诗,《会昌一品集》别集卷四题作《登崖州城作》,应为原题。入宋以后,在小说、地志、类书中都被简化为《望阙亭》,以求合于距崖州城不远处的望阙亭,提高它的知名度,给后人造成此诗确实是题咏此亭的印象,而且改动诗歌原文,首句"高楼"变为"江亭","青山似欲留人住"改为"碧山也恐人归去"①。第三句"犹是",《舆地纪胜》卷一二七《吉阳军·诗目》作"犹用"。第四句"绕郡城",《方舆胜览》卷四三《吉阳军·题咏》作"绕重城",此外还有其他异文,都形成于宋以后。前面三句的异文,谭其骧先生已经指出过,见其《长水集》。《全唐诗》卷三四四韩愈《晚次宣溪辱韶州张端公使君惠书叙别酬以绝句二章》,为保存在唐人文集中的原题,但在《文苑英华》卷一六六中被精简作《晚次宣溪》,宋方崧卿《韩集举正》文渊阁四库全书本卷四特别就此指出:"自此后题,皆以唐本为正,亦多得于谢氏所校阁本,如《寄周随州》《送张彻》等诗,皆未免有误。"盖唐本题目较长,叙述作诗情由,交代背景,不适合编入总集,因而经过简化,这样的题目却已看不出这些基本信息。类似问题如《全唐诗》卷六五六罗隐《衡阳泊木居士庙下作》,在后人拾掇拼合的抄本《罗昭谏集》中被缩短为《题木居士庙》。《全唐诗》卷四七八陆畅《送崔员外使回入京金钩驿逢因赠》,《万首唐人绝句》卷二九无后面六字。《全唐诗》卷八一四皎然《同诸公奉侍祭岳渎使大理卢幼平自会稽回经平望将赴于朝廷过故林不至》,《文苑英

①[宋]王谠撰,周勋初校证:《唐语林校证》卷七,中华书局,1987年,第619页。

华》卷二九七"遗爱在南亭",南亭作西亭,亭字下有"五袴歌仍咏,三碑石重铭。踟蹰问存没,委曲向郊坰"四句,多出的部分显然别有所本,接近原作,标题末六字为"寄故林十二韵"[1],似亦为原题。

其二,与此相关,投寄送别诗也有两个版本,一本在对方,一本作者自带。两个版本同时流传,经过作者修改后的作品与原稿显然有变化,如《全唐诗》卷五〇三周贺集一卷,存诗九十三首,没有文字差异的仅二十三首,仅占四分之一,有问题的正是寄赠、送别等社交诗及行旅、题壁之作。这些差异,并非都出自宋以后的刊刻,部分属于唐代写卷上就存在的问题,这在很大程度上应归结于一诗二本或多本的流播状况。

值得注意的是,唐人有时候将题壁与寄赠结合起来,在制题与内容上都体现和兼顾了寄赠这一社交目的。《全唐诗》卷五二宋之问《途中寒食题黄梅临江驿寄崔融》是驿壁上题了诗,又抄一份寄示崔融。但《文苑英华》卷二九七所收作《初到黄梅临江驿》,无"途中寒食"及"寄崔融"七字,显然是被删去了。《全唐诗》卷四九七有姚合《寄题蔡州蒋亭兼简田使君》,这都是"兼寄"。《全唐诗》卷一九九有岑参《临河客舍呈狄明府兄留题县南楼》,标题显示,他既题诗县楼,又以诗稿呈赠狄明府。两种版本流传、转抄,本身容易造成文字上的错讹歧异,诗人还喜欢改诗,《云溪友议》卷下巢燕辞条载,章孝标《题樟亭驿》后二句,最后定本为"世事日随流水去,红花还似白头人",初成落句却是"红花真笑白头人"[2],写成以后深感不妥,觉得自己老而成名,岂能长久,遂改之。据《唐才子传》卷七《任蕃传》,其绝句《宿巾子山禅寺》最初题于台州寺壁,但题壁不久,就被他人将"一

①［宋］李昉等编:《文苑英华》卷二九七,第 1513 页。
②［唐］范摅撰,唐雯校笺:《云溪友议校笺》卷下,第 174 页。

江水"改为"半江水",且他本人行数十里以后,也欲折回去改为"半江水"。看到他人修改后,深感台州有人 ①。白居易《诗解》:"新篇日日成,不是爱声名。旧句时时改,无妨悦性情。" ② 这样,诗人改,读者也改,今天一首题壁诗有几个题目,原因正在于此。许浑《南邻樊明府久不还家因题林亭》一共有四个不同题目 ③。其《寄房千里博士》,见《全唐诗》卷五三六,《云溪友议》卷上南海非条作《寄房秀才》,《丁卯诗集》卷上作《途经敷水》,《才调集》卷一〇作《客有新丰馆题怨别之辞因诘传吏尽得其实偶作四韵嘲之》,诗句也互不相同。依照题壁与兼寄结合的体例,此诗可能题作《客有新丰馆题怨别之辞因诘传吏尽得其实偶作四韵嘲之兼寄示房千里博士》。《寄房千里博士》一题,或是后人编撰时的简化本,或是诗人为了体现寄赠的目的而别制。一首诗有两个写作目的,相应地也就有两个题目,独孤及《东平蓬莱驿夜宴平卢杨判官醉后赠别姚太守置酒留宴》,《毗陵集》卷一目录作《东平蓬莱驿夜宴平卢杨判官醉后赠别观海》,《全唐诗》卷二四七题下注"题上一无东平二字,题下一作赠别观海" ④,东平二字或系后来漏落,赠别观海四字则显然不是错漏,而是当时或随后诗人就将此诗赠给姚太守,才有这一新题。类似情况不是没有,如《全唐诗》卷一五五崔曙《登水门楼见亡友张贞期题望黄河诗因以感兴》,《国秀集》卷下作《登河阳斗门见张贞期题黄河诗因以感寄》,文字也颇多歧异。《全唐诗》卷三一七武元衡《夏日陪冯许二侍郎与严秘书

① ［元］辛文房撰,傅璇琮主编:《唐才子传校笺》卷七《任蕃传》,第三册第348页。

② ［唐］白居易著,顾学颉校点:《白居易集》卷二三,第511页。

③ ［唐］许浑著,罗时进笺证:《丁卯集笺证》卷九,江西人民出版社,1998年,第248—249页。

④ ［清］彭定求等编:《全唐诗》卷二四七,第2770页。

游昊天观览旧题寄同里杨华州中丞》，又被简化作《夏日陪朝僚同游昊天观》。

其三，唐人制题往往带有叙事性质，多对成诗事由、经过、目的做出交代，在转抄、整理过程中，有意无意间会将原题中的字漏省一部分。如题壁诗中的"题""屋""壁""驿"字，就经常被省略或漏失，导致版本差异，是否题壁，今人也无法判断。《全唐诗》中有许多这方面的例子，如《全唐诗》卷二三八钱起《题玉山村叟屋壁》，《钱仲文集》卷七无屋字；卷二四五韩翃《同题仙游观》，一本题上无同字；卷三四九欧阳詹《睹亡友题诗处》，一本友下有李三十观稥归镇壁八字；卷五七二贾岛《题长江》，一本江下有厅字；卷五一〇张祜《题平望驿》，《文苑英华》卷二九八无题字；同卷《题润州金山寺》，《文苑英华》卷二三八及《众妙集》，均无题润州三字；卷五一四朱庆馀《夏日题武功姚主簿亭》，一本有斋字，一本有厅壁二字；卷五九二曹邺《题舒乡》，一本乡下有驿字；卷八二三含曦《酬卢仝见访不遇题壁》，一本无不遇题壁四字。许浑《将赴京师留题孙处士山居二首》，在《天台前集别编》中无留字。有的题壁诗原来有序，后来弄丢了序文，遂以序为题。如白居易《题裴晋公女几山刻石诗后并序》，一本此篇无此题，序即题。经过以后的反复编纂，错漏更多。

投寄诗制题也比较具体，在抄录整理过程中不时漏字、误字。如《全唐诗》卷六七四郑谷《久不得张乔消息》，《文苑英华》卷二六四题下有有寄二字。卷六七四郑谷《闻所知游樊川有寄》，《云台编》卷上无有寄二字。有时候，人们嫌原题过长，就压缩题目，时间一长，遂变成两个题目。如《全唐诗》卷八一三无可《寄华州马戴》，《文苑英华》卷二六〇作《秋中闻马戴游华山因寄》；同卷《送僧归中条》，《文苑英华》卷二二二作《送觉法师往中条旧隐》；同卷《秋寄从兄贾岛》，《唐诗纪事》卷七四作《秋夜宿西林寄贾岛》；卷四九一朱昼《喜

陈懿老示新制》，《唐文粹》卷一六上作《喜陈懿老自宛陵至示余新制
三十余篇》，标为"一作"之题显然详尽，符合原来创作的情形。《古
今岁时杂咏》卷一一武元衡《寒食下第通简长安故人》，《全唐诗》卷
三一七、《万首唐人绝句》卷一四及席启寓《唐百家诗》改作《寒食下
第》，原来是八句的五七言杂言诗，改动后仅保留前半，变为五言绝
句。《古今岁时杂咏》卷二九熊孺登《中秋夜卧疾思陆太祝崔法曹登
郑评事涉西楼因寄》，《全唐诗》卷四七六却简化为《八月十五夜卧
疾》。投寄诗彼此双方都有稿件保存，转抄之际，容易漏落诗句。如
《全唐诗》卷四九八姚合《酬任畴协律夏中苦雨见寄》，《姚少监文集》
卷六缺"繁声四壁秋"以上四句，一本无"散空烟漠漠，进溜竹修修"
二句；其《书怀寄友人》，仅《文苑英华》卷二六〇有"年来复几日，蝉
去又鸿鸣"等四句，较完整，其余或有或无。

　　其四，寄题（即委托别人将自己的诗篇题写在指定处所）也容易
造成版本歧异，录文入集之际有可能漏写原作诗句，如《全唐诗》卷
五四五刘得仁《和段校书冬夕寄题庐山》首四句下注："一本无此四
句。""长得在希夷"下注："一本止此，无以下十句。"①一首诗有三个
版本，就与当时作品的保存及流传状态有关。

　　最后，诗人自己的反复修改，导致几个版本行世，这在唐人行旅
诗中表现得尤其明显。钱起《宿新里馆》末句下校注："一本作十
句，从迷字下云：每食皆弹铗，归山耐杖藜。叔牙先得路，何日救沉
泥。"②许浑的纪行诗名作《秋日赴阙题潼关驿楼》与《夜行次东关
逢魏扶东归》原来是内容不同的两首诗，后来人们看到二者文字大
同小异，便以为是一首诗的两个版本，其实是中间两联经过了诗人

---

①［清］彭定求等编：《全唐诗》卷五四五，第6300—6301页。
②［清］彭定求等编：《全唐诗》卷二三七，第2629页。

的反复加工。《宝真斋法书赞》卷六《唐许浑乌丝栏诗真迹》此诗后岳珂注:"内'残云''疏雨'两联,原作'远帆春水阔,高寺夕阳条',内'陽'字'易'字不成,上有补绢,已不存,其笔画犹隐然在纸上云。"罗时进先生认为,"盖'残云''疏雨'一联已用过,便拟另撰两句。然'远帆''高寺'联未能胜意,故仍沿用旧作。"① 所说有理。《全唐诗》中间或还保存了一二例既有原稿又有修订稿的作品。如卷六三九张乔《题宣州开元寺》,正本作:"谁家烟径长莓苔,金碧虚栏竹上开。流水远分山色断,清猿时带角声来。六朝明月唯诗在,三楚空山有雁回。达理始应尽惆怅,僧闲因得话天台。"一本题作《谢公亭怀古》,云:"谢家烟径长莓苔,牢落虚檐竹上开。流水不将山色去,闲云时带竹声来。六朝旧迹遗诗在,三楚空江有雁回。达理始应惆怅尽,因僧清话忆天台。"② 后者当是初稿,本为怀谢公而作。为了题壁的需要,作者又润色一番,使之更为凝练精致。

以上只从交通与文学传播方面探讨了唐人文集面貌变化问题,错漏之处颇多,尚祈方家指正。

---

① [唐]许浑著,罗时进笺证:《丁卯集笺证》卷二,第54页。
② [清]彭定求等编:《全唐诗》卷六三九,第7331页。

附篇一　唐人行驿速度问题

唐人行驿速度问题是研究唐文人行役生活所必须解决的问题，这一研究，有助于深入了解唐文人行旅生活状况，本篇拟就此问题展开讨论。

行旅的性质与目的不同，行驿速度也不一样。奉使、赴任、诏追赴阙、任满回朝，事情有缓急，行驿速度各有不同。不仅如此，即使同一种行役，也有出使与使回在速度上的差别，政府对此做出了详细、严格的规定。如奉使，凡使客区分为给驿马和给传车两种情况，"给驿者给铜龙传符，无传符处为纸券。量事缓急，注驿数于符契上，据此驿数以为行程。稽此程者，一日杖八十，二日加一等，罪止徒二年"①。凡发使，皆由遣驿官司根据事情缓急，规定每日应行的驿数，以全程除以应行之驿数，即得出使的程期。规定了每日行驿数与往返程期，就等于规定了每日行驿速度，驿使必须按注明的驿数驰驿，并在规定的程期内到达目的地。日本《养老令·公式令》第三十二条云："事速者，一日十驿以上；事缓者，八驿。还日，事缓者六驿以下。"所保存者为开元《公式令》条文。"依《公式令》：给驿：职事三品以上若王四疋，四品及国公以上三疋，五品及爵三品以上二疋，散官、前官各递减职事官一疋，余官爵及无品人各一疋，皆数外别给驿子。"《驾部式》："六品以下前官、散官、卫官，省司差使急速者，给马。使回及余使，并给驴。"②凡使事紧急者，日行十驿以上，事稍缓者，每日不得过八驿。出使与使回，一急一缓，对行驿速度的规定也不同。长安四年（704）五月二日下敕规定，乘传人使事稍缓，每日不得过四驿。

---

① 刘俊文撰：《唐律疏议笺解》卷一〇《职制·驿使稽程》，第814页。

② 刘俊文撰：《唐律疏议笺解》卷一〇《职制·增乘驿马》，第822—823页。

按照唐代约三十里一驿的里距计算,即每日行三百里以上给驿,日行百二十里以下者,给传车。为了贯彻落实行驿速度方面的规定,着令沿途馆吏、驿长、关吏都视券牒督查,视具体情况,给驴马车船。到达目的地后,地方官有权据券牒,审查行程。凡不依照驿路别行一道,是为枉道,凡枉道、越道而行,或逆行县道,行走于非传置之处,都属违法,将受到惩处①。总之,行驿并不是随意的,行驿速度、行程路线都有规定。在唐代,并不是什么人都可以乘驿、发传的。唐前期,只有中高层官员、使客才有资格乘驿。开元中重申,御史分巡天下,可乘驿传②。对于驿马的使用亦做出严格规定,只有大事才发驿,其稍缓者乘传。驿马皆喂养精良的快马,主要供紧急的军国大事使用,传马次之,使用标准稍宽。景云二年(711)八月四日规定,诸使至京都经一日以后,即停乘传驿传及供给③。凡有改动,须经敕旨特许。开元十五年(727)四月,下令严加访察,两京都亭驿,出使人三品以上,及清要官,驿马到日,不许淹留,过时不发,规定必须就驿进发,令左右巡御史专知访察④。根据上述前提我们可以讨论唐人行驿问题。

　　邮驿本备军速,及时传送军书、上报军情乃唐驿首要职责。唐人置驿,首先是为了保障军情政令传达的快速畅通,凡"有军务要速或追征报告,如此之类,遣专使乘驿,赍送文书"⑤。沿途馆驿首先得保证使节往返,供应无阙,因此行驿速度最快的首推使客,通常速度在三五百里间。唐初就达到了这一速度。《旧唐书》卷三《太宗纪下》载,贞观十四年(640)八月癸巳,交河道大总管侯君集平高昌,

①［宋］王溥撰:《唐会要》卷六一《御史台中·馆驿》,第 1059、1064 页。
②［宋］王溥撰:《唐会要》卷六一《御史台中·馆驿》,第 1059 页。
③［宋］王溥撰:《唐会要》卷六一《御史台中·馆驿》,第 1059 页。
④［宋］王溥撰:《唐会要》卷六一《御史台中·馆驿》,第 1060 页。
⑤ 刘俊文撰:《唐律疏议笺解》卷一〇《职制·驿使以书寄人》,第 816 页。

十一天以后的九月癸卯,捷报即抵达京师,曲赦西州大辟罪,乙卯,即于西州置安西都护府。依《旧唐书》卷四○《地理志三》,西州距京五千五百一十六里,十一天而至,日行五百里以上。盛唐仍在三五百里之间。《明皇杂录》佚文:"哥舒翰常(尝)镇于青海,路既遥远,遣使常乘白骆驼以奏事,日驰五百里。"① 中唐时也一样,《元和郡县图志》卷四新宥州条:"(元和八年冬)李吉甫……请自夏州至天德军,复置废馆一十一所,以通急驿","从天德取夏州乘传奏事,四日余便至京师"②。同卷天德军条载,天德军经夏州至上都一千八百里,天德军尚在夏州北,四日而至,日驰五百里以上。

受此影响,出塞的文人行进速度也很快。岑参赴安西,其《初过陇山途中呈宇文判官》:"平明发咸阳,暮及陇山头。"③ 据顾炎武考证,岑参日行十驿以上④。查《太平寰宇记》卷三二,陇山在陇州汧源县西六十二里,州距长安四百六十五里,二地驿程近五百里,却是一日行程。其《过酒泉忆杜陵别业》云:"昨夜宿祈连,今朝过酒泉。"⑤ 据《元和郡县图志》卷四○甘州张掖县祁连山条:山在"县西南二百里,张掖、酒泉二(县)界上"⑥,而酒泉在肃州,二州相距四百里,一日而至。高适《自武威赴临洮谒大夫不及因书即事寄河西陇右幕下诸公》:"扬鞭发武威,落日至临洮。"⑦ 据《旧唐书》卷四○《地理志三》,武威距京二千零一十里,临洮千五百零六里,一日行近五百里。

---

① [宋]李昉等编:《太平广记》卷四三六《白骆驼》,第 3546 页。

② [唐]李吉甫撰,贺次君点校:《元和郡县图志》卷四,第 106—107 页。

③ [清]彭定求等编:《全唐诗》卷一九八,第 2024 页。

④ [清]顾炎武著,黄汝成集释,秦克诚点校:《日知录集释》卷一○《驿传》,岳麓书社,1994 年,第 374 页。

⑤ [清]彭定求等编:《全唐诗》卷二百,第 2090 页。

⑥ [唐]李吉甫撰,贺次君点校:《元和郡县图志》卷四○,第 1021 页。

⑦ [唐]高适著,刘开扬笺注:《高适诗集编年笺注》,中华书局,1981 年,第 253 页。

盛唐诗人张震尝奉使北疆,其《宿金河戍》云:"朝发铁麟驿,夕宿金河戍。奔波急王程,一日千里路。"① 查严耕望《唐代交通图考》第一卷《长安东北通胜州振武军驿道》第 265 页,铁麟驿、金河戍在大同军以北,二地相距五百余里,一日而至。总之初盛唐时军使行驿速度都比较快,日行四五百里并不少见。岑参《武威送刘(单)判官赴碛西行军》:"火山五月行人少,看君马去疾如鸟。"②《初过陇山途中呈宇文判官》:"一驿过一驿,驿骑如星流。……西来谁家子,自道新封侯。前月发安西,路上无停留。……十日过沙碛,终朝风不休。"③岑参西行所见二人都是幕府军人,以行军速度进发,故一去一回,疾似飞鸟。《南部新书》乙卷:"蕃中飞鸟使,中国之驿骑也。"④《旧唐书》卷一九六下《吐蕃传下》:贞元"十七年七月,吐蕃寇盐州,又陷麟州,杀刺史郭锋,毁城隍,大掠居人……适有飞鸟使至,飞鸟,犹中国驿骑也。云术者上变,召军亟还,遂归之"⑤。蕃中飞鸟使相当于唐朝的"星使",每逢军情紧急,驿道上就"驿骑星流"。《旧唐书·玄宗纪下》载,天宝十四载十一月丙寅,安禄山反于范阳,"壬申,闻于行在所"⑥。《资治通鉴》卷二一七作十一月甲子至庚午,二书所载军使上报时间都是六天。据《旧唐书》卷三九《地理志二》,范阳距京二千五百二十里,则日驰四百余里。《旧唐书》卷一〇《肃宗纪》:至德二载(757)九月癸卯,广平王收西京。甲辰,捷书至凤翔行在所。据《旧唐书》卷三八《地理志一》,凤翔府在京师西三百一十五里,一

---

① [清]彭定求等编:《全唐诗》卷七六八,第 8714 页。
② [清]彭定求等编:《全唐诗》卷二〇一,第 2104 页。
③ [清]彭定求等编:《全唐诗》卷一九八,第 2024—2025 页。
④ [宋]钱易撰,黄寿成点校:《南部新书》乙卷,第 25 页。
⑤ [后晋]刘昫等撰:《旧唐书》卷一九六下《吐蕃传下》,第 5259 页。
⑥ [后晋]刘昫等撰:《旧唐书》卷九《玄宗纪下》,第 230 页。

日而至。

奉使速度也因人而异。韩愈《镇州路上谨酬裴司空相公重见寄》记其赴镇州抚王庭凑的行程："衔命山东抚乱师,日驰三百自嫌迟。"《奉使镇州行次承天行营奉酬裴司空相公》："旋吟佳句还鞭马,恨不身先去鸟飞。"① 据此,则唐人凡日驰三百里以上即谓高速度。事稍缓则速度慢。白居易《奉使途中戏赠张常侍》："早风吹土满长衢,驿骑星轺尽疾驱。共笑篮舆亦称使,日驰一驿向东都。"原来白氏出使东行,至稠桑驿,所乘小白马死改乘肩舆,日行三十余里至东都②。唐末五代,违法稽程者越来越多,使客速度仍然与初盛唐相仿,《册府元龟》卷一九一《闰位部·立法制》载梁开平元年(907)九月敕:"近年文武官诸道奉使,皆于所在,分外停住,逾年涉岁……自今后,两浙、福建、广州、南安、邕、容等道,使到发许任一月。湖南、洪、鄂、黔、桂,许任二十日。荆、襄、同、雍、镇、定、青、沧,许任十日。其余侧近,不过三五日。凡来往道路,据远近里数,日行两驿。"③ 仍旧根据所统州郡驿程远近确定行程日期,与上文所考的程途速度大致相近。

唐制:凡使事稍缓者乘传车。传车笨重,传马亦劣于驿马,只适合稍缓行者。《唐会要》卷六一《御史台中·馆驿》:"长安四年五月二日(敕):乘传人使事闲缓,每日不得过四驿。"④ 即日行百二十里上下。《资治通鉴》卷二二二宝应元年五月庚辰条《考异》引《汾阳

---

① 二诗分别见[唐]韩愈著,钱仲联集释:《韩昌黎诗系年集释》卷一二,第1234、1236页。

② 白居易:《有小白马乘驭多时奉使东行至稠桑驿溘然而毙足可惊伤不能忘情题二十韵》《出使在途所骑马死改乘肩舆将归长安……》,[清]彭定求等编:《全唐诗》卷四四八,第5043、5045页。

③ [宋]王钦若等编:《册府元龟》卷一九一《闰位部·政令》,第2303—2304页。

④ [宋]王溥撰:《唐会要》卷六一《御史台中·馆驿》,第1059页。

家传》云,郭子仪奉诏抚绛州乱军,五月十一日,发上都。二十七日,至绛州,七百余里行程,花去半个月,日行百余里。一般唐文人出使,其速度与此相仿,卢照邻使蜀,还京途中所作《至陈仓晓晴望京邑》:"拂曙驱飞传,初晴带晓凉。"[1] 每日行驶速度不过百里,亦称为"飞传"。张说、苏颋使蜀,皆驰传车。由于速度不太快,二人一路上从容赋咏,篇章相继,苏颋《晓发方骞驿》、张说《再使蜀道》都是出使蜀中途中留下的著名纪行诗。

以下再说大队人马奔驰的速度。《旧唐书》卷一〇《肃宗纪》载,天宝十五载(756)六月,肃宗在马嵬与玄宗分手后北上,为避敌追击,"昼夜奔驰三百余里,士众器械亡失过半,所存之众,不过一旅"[2]。玄宗南幸则慢多了,《旧唐书》卷九《玄宗纪下》:天宝十五载六月"乙未,凌晨,自延秋门出……壬寅,次散关"[3]。历时七天。据《元和郡县图志》卷二凤翔府宝鸡县条,散关在宝鸡县西南五十二里,而县又在凤翔府西南九十里,凤翔府距上都三百一十里,三数相加,四百五十二里,历时七天,日行六十余里。这种慢速度在和平年代,适于沿途作诗唱和。

再次则左降官赴贬所也要求速度快。盛唐以前,并未对此做出明文规定。《唐会要》卷四一《左降官及流人》:"长寿三年五月三日敕:贬降官并令于朝堂谢,仍容三五日装束。"并未明令日驰多少驿。天宝"五载七月六日敕:应流贬之人,皆负谴罪,如闻在路多作逗遛,郡县阿容,许其停滞。自今以后,左降官量情状稍重者,日驰十驿以上赴任。流人押领,纲典画时,递相分付。如更因循,所由官当别有

---

① [唐]卢照邻著,祝尚书笺注:《卢照邻集笺注》卷二,第121页。

② [后晋]刘昫等撰:《旧唐书》卷一〇《肃宗纪》,第241页。

③ [后晋]刘昫等撰:《旧唐书》卷九《玄宗纪下》,第232—233页。

处分"①。规定行重贬者日驰十驿即行三百里以上。《资治通鉴》卷二一五天宝六载秋七月丙辰条所载诏令，并未区别是否只适应于重贬者，而是说："自今左降官日驰十驿以上。"且提到此项政策的出笼是因为"流贬人多在道逗留"，实则为李林甫打击不附己者的一项措施，它的实行使自此以后许多流人，命"多不全"②，累死于道。这项政策为后代皇帝所沿用。建中初，杨炎贬道州司户，"自朝受责，驰驿出城，不得归第……其日，炎夕次蓝田（驿）"。一天就走到了蓝田驿。想请假一日以候病妻，驿吏以"敕命严迅"而不许③。张籍《伤歌行》记元和中杨凭以重罪贬临贺县尉事："辞成谪尉南海州，受命不得须臾留。身着青衫骑恶马，中门之外无送者。邮夫防吏急喧驱，往往惊堕马蹄下。"④窜逐文士的备受摧残，于此可见一斑。韩愈《赴江陵途中寄赠……三学士》记其永贞元年（805）出贬连州阳山县尉时的情景是"中使临门遣，顷刻不得留。……悲啼乞就别，百请不顾头。……俛偻不回顾，行行诣连州"⑤。《祭女挐女文》记其元和十四年（819）正月远贬潮州，情形也是"苍黄分散，使女惊扰"⑥，终于病死商山南层峰驿。唐后期党争激烈之时，当权派利用盛唐沿袭下来的制度，严程摧迫获重谴者，必欲置之死地而后快，唐代贬谪制度，至此已变为党争中

---

① ［宋］王溥撰：《唐会要》卷四一《左降官及流人》，第 734—735 页。

② ［宋］司马光编著，［元］胡三省音注：《资治通鉴》卷二一五，第 6872 页。

③ ［宋］李昉等编：《太平广记》卷一五三《崔朴》，第 1098 页。此处记事年月错乱，据《旧唐书》卷一一《代宗纪》，杨炎贬道州司马，事在大历十二年（777）四月癸未。十四年八月德宗即位之初，则自道州司马召入，为门下侍郎平章事，事情正好相反。其贬崖州司马，乃在建中二年（781）十月。德宗初被贬官的是黎幹、刘晏，而且只隔了一年多，由此亦可见唐人小说记事之不可信。

④ ［清］彭定求等编：《全唐诗》卷三八二，第 4283 页。

⑤ ［唐］韩愈著，钱仲联集释：《韩昌黎诗系年集释》卷三，第 288 页。

⑥ ［唐］韩愈撰，马其昶校注，马茂元整理：《韩昌黎文集校注》卷五，第 344 页。

打击对方的最有力工具,这一点对唐文人影响很大,被逼死的文人不少。《全唐诗》卷六〇八皮日休《三羞诗三首序》谓咸通七年(866),诗人下第东归,"出都门,见朝列中论犯当权者,得罪南窜,卯诏辰发,持法吏不容一息留私室,视其色,若将厌禄位,悔名望者"。诗谓:"宪司遵故典,分道播南越。苍惶出班行,家室不容别。玄鬓行为霜,清泪立成血。乘遽剧飞鸟,就传过风发。"① 据此,则日驰十驿的故典直到晚唐仍在推行,并未稍减。如果情节稍轻,则行驿速度略慢,中途可以作诗。如白居易贬江州,有诗云"草草辞家忧后事,迟迟去国问前途"②,处置似乎十分严厉,然其《初出蓝田路作》云:"朝经韩公坂,夕次蓝桥水。浔阳仅四千,始行七十里。"③ "七十里"即长安至蓝桥驿的驿程。其当天由韩公驿行至蓝桥驿,仅一驿之程,约三十里④。由于较舒缓,诗人一路作诗。元稹元和五年(810)春左转江陵士曹掾,尽管诏下之日就已即路,然而还是和白居易邂逅于街衢,自永寿寺南抵新昌里北,马上话别。是夕,次于山北寺。南迁途中作诗十七首,到江陵后寄给白居易⑤。白居易《和思归乐》记载元稹贬江陵行驿速度:"获戾自东洛,贬官向南荆。……荆州又非远,驿路半月程。"⑥ 查《旧唐书》卷三九《地理志二》,荆州距京一千七百三十里,半月而至,日行近一百一十里。其后元稹于长庆二年(822)六月贬同州,其《同州刺史谢上表》载,当月三日,诏书责授同州刺史,惧为"台府迫逐,不

---

① [清]彭定求等编:《全唐诗》卷六〇八,第7014—7015页。
② [唐]白居易著,顾学颉校点:《白居易集》卷一五《初贬官过望秦岭》,第312页。
③ [唐]白居易著,顾学颉校点:《白居易集》卷一〇,第198页。
④ 参见王文楚著:《古代交通地理丛考·唐代长安至襄州荆州驿路考》,第142页。严耕望撰:《唐代交通图考》第三卷《蓝田武关驿道》,第641页。
⑤ 见[唐]白居易著,顾学颉校点:《白居易集》卷二《和答诗十首序》,第39页。
⑥ [唐]白居易著,顾学颉校点:《白居易集》卷二,第41页。

敢徘徊阙廷,便自朝堂葡匐进发",于当月九日到州①。据《旧唐书》卷三八《地理志一》,同州距京二百五十五里,六天而至,比较慢。令狐楚元和十三年,迁河阳节度使,情形类似,据《文苑英华》卷五八四令狐楚《河阳节度使谢上表》,前月二十七日诏授,今月十四日到本镇上任。《太平寰宇记》卷五二载,河阳治所孟州西至长安九百一十里,用了十七天,日行五十余里,同一般刺史赴任速度差别不大。

　　实际情况与政府规定的速度仍有出入。很多时候并未达日驰十驿的标准,如杨炎贬道州,驰驿发遣,中使押领,当天行至长安城南第五驿——蓝田驿,仅行百余里②。韩愈元和十四年贬潮州,正月十四日诏下,即日上道。其《泷吏》云:"南行逾六旬,始下昌乐泷。"③据《旧唐书》卷四一《地理志四》,韶州距京师四千九百三十二里(《元和郡县图志》卷三四作三千六百八十五里,《旧志》所载较可信)。六旬行四千九百余里,日行不过八十余里。本条注释引王元启曰:六旬盖四旬之误,"公以正月十四日贬潮州,即日上道,至三月二十五日至治所。八千里地,以七旬余赴之,殊为不过"④。潮州西北至上都取郴州路七千四百里,七十多天走完,每天仍然只有数十里,故他南贬途经岳、潭、衡、郴、韶,还有时间一路逗留,交游作诗。

　　依唐律,奉诏赴阙属于"追征报告"之类的紧急事务,要求有较快的行驿速度,高适《答侯少府》:"漆园多乔木,睢水清粼粼。诏书下柴关,天命敢逡巡。赫赫三伏时,十日到咸秦。"⑤曹州至西京一千四百五十三里,十日而至,日行近百余里。元和元年(806),韩

---

① [唐]元稹撰,冀勤点校:《元稹集》卷三三,第383页。
② [宋]李昉等编:《太平广记》卷一五三《崔朴》,第1098页。
③ [唐]韩愈著,钱仲联集释:《韩昌黎诗系年集释》卷一一,第1109页。
④ [唐]韩愈著,钱仲联集释:《韩昌黎诗系年集释》卷一一,第1110页。
⑤ [唐]高适著,刘开扬笺注:《高适诗集编年笺注》,第223页。

愈自江陵掾召为国子博士，"自幕府至邓（州）之北境凡五百余里，自庚子至甲辰，凡五日"①。日行百余里。

刺史赴任速度在四五十里之间，日行约二驿。速度如此慢，其因有三。一是唐代重内轻外，官员不乐外任，敕下之日，多"妄称事故不发"②，故意违反条例，途中多逗留。为此规定："应正衙引辞官，当日不发，委御史台察访闻奏。"③ 有些人因此而受到惩罚。《旧唐书》卷一四《宪宗纪上》：永贞元年（805）十月壬申，"贬剑南西川节度使袁滋为吉州刺史，以其慰抚三川，逗留不进故也"。《旧唐书》卷一七下《文宗纪下》：大和五年十二月"甲申，贬新除桂管观察使裴弘泰为饶州刺史，以除镇淹程不进，为宪司所纠故也"④。这两人都是赴任途中逗留不发而受到惩罚。宪司持法虽严，但仍有许多人违越，愈到晚唐愈是这样。会昌中，除授刺史"多经半年已上，方至本任"。大中时，新授远官"动经三四个月不到任，便从近处，亦或一两个月不到"⑤。二则赴任途中枉道而行，过州历府，停留饮宴。为此，政府规定，凡"外官授命，皆便道之官"，而众人"不顾京国，越理劳人，逆行县道，或非传置"⑥，人为延长了时间。三则如果有水陆两道可供选择，则多取水路，甚至有"使头陆路，则随从船行"⑦的。独孤及由京城赴刺濠州，据其《文苑英华》五八六《濠州刺史谢上表》，五月一日敕授，闰六

① ［唐］韩愈：《至邓州北寄上襄阳于相公书》，［清］董诰等编：《全唐文》卷五五一，第 2472 页。

② ［宋］王溥撰：《唐会要》卷六八《刺史上》宝历元年九月御史台奏，第 1203 页。

③ ［宋］王溥撰：《唐会要》卷二五《杂录》天宝十三载七月敕，第 474 页。

④ ［后晋］刘昫等撰：《旧唐书》卷一四、卷一七下，第 413、543 页。

⑤ ［宋］王溥撰：《唐会要》卷六九《刺史下》会昌四年八月中书门下奏、大中四年五月中书门下奏，第 1209、1210 页。

⑥ ［宋］王溥撰：《唐会要》卷六一《御史台中·馆驿》，第 1064 页。

⑦ ［宋］王溥撰：《唐会要》卷六一《御史台中·馆驿》，第 1066 页。

月十二日到任所,二千一百五十里路,用去七十一天,日行不过三十里。洛阳以东,一般是取水路。如果去任所只有水路,则乘驿船赴任,如白居易自江州司马移忠州刺史,详见《全唐诗》卷四四〇《江州赴忠州至江陵已来舟中示舍弟五十韵》。取水路经行速度更慢。元结《元次山集》卷八《谢上表》载,他广德元年(763)十二月,自鄂州赴任道州刺史。由于战乱,直到次年五月十二日才到州。仅千二百里路,用去五个月时间。除去在道路待恩命者三月,行驿仍用去两个月,日行六十里左右。据《白居易集》卷六一《杭州刺史谢上表》,其赴刺杭州,先年七月十四日除授,因汴路未通,改由蓝田—武关道,次年春方到州,历时七个多月。除在京准备花去约十天时间外,其余时间都在路上。水陆七千余里(因改走蓝田—武关驿道,绕道之故。实际上长安至杭州官路仅三千五百余里),走了二百余天,速度亦慢。他自襄阳乘舟东南行,其《夜泊旅望》谓"烟波三十宿,犹未到钱塘"①。杭州距京三千五百五十六里,襄阳距京一千一百八十二里,两数相减,知杭州距襄阳二千三百七十四里。可是走了三十天,船还在九江以东不远处,可见即使是顺流而下,日行也只有六七十里。

　　唐文人中,除举子无资格乘驿只合乘驴外,乘驿机会最多的是刺史节镇,赴任、回朝、诏追赴阙,一般都取驿路。政府并未明确规定日行几驿,只是限期赴任,故速度变化大,三四十里、百余里都有。以两京道为例。《旧唐书》卷三八《地理志一》载二地相距八百三十五里。白居易《送河南尹冯学士赴任》:"石渠金谷中间路,轩骑翩翩十日程。"② 此当为正常行程。《洛下送牛相公出镇淮南》:"北阙至东京,

---

① [唐]白居易著,顾学颉校点:《白居易集》卷二〇,第433页。
② [唐]白居易著,顾学颉校点:《白居易集》卷二六,第584页。

风光十六程。"① 如此,则日行五十里。二诗之"程"都是指驿程。权德舆《东都留守谢上表》:"伏奉今月三日制命……以今月二十四日至东都上讫。"② 除去三五日准备,在道十六天,日行不过五十里。白居易《送元八归凤翔》:"莫道岐州三日程,其如风雪一身行。"③ 凤翔距京三百一十五里,称三日程,则日行百里以上。

速度最慢的是封禅、巡幸。《册府元龟》卷一一三《帝王部·巡幸二》及《旧唐书》太宗、高宗、玄宗纪所载征伐、封禅、行幸的平均速度,都只有四五十里。如齐州距东京一千六十九里,高宗东封,麟德二年(665)十月丁卯发东都,十二月丙午至齐州,历时四十天,平均每日行二十余里④。又据《册府元龟》卷一一三《帝王部·巡幸二》,显庆四年(659)十月戊寅,帝幸东都。戊戌,至东都,两京相距八百三十五里,用去二十天,日行四十余里。太宗征辽速度相同。这类大型集体游行,仪典多,沿途停留次数多,是唱和诗创作的良机。唐前期大量君臣唱和诗中,封禅、巡幸途中唱和占一定比例。

最适宜作诗的行驿速度无疑是日行四十到一百里,这样的速度不会使人太疲累,有精力作诗。白居易罢苏州还洛阳,其《自问行何迟》曰:"前月发京口,今辰次淮涯。二旬四百里,自问行何迟。"⑤ 这是逆水而行,速度自然慢。期间他又在杭州、楚州以文会友,耗去若干天。他晚年常在洛阳为官,多次往返于两京道。其《华州西》曰:"每逢人静情多歇,不计程行困即眠。"⑥《赠皇甫宾客》写其行进时的

① [唐]白居易著,顾学颉校点:《白居易集》卷三一,第693页。
② [唐]权德舆撰,郭广伟点校:《权德舆诗文集》卷四六,第706页。
③ [唐]白居易著,顾学颉校点:《白居易集》卷一四,第275页。
④ [宋]王钦若等编:《册府元龟》卷三六《帝王部·封禅》,第393页。
⑤ [唐]白居易著,顾学颉校点:《白居易集》卷二一,第467页。
⑥ [唐]白居易著,顾学颉校点:《白居易集》卷二五,第574页。

样子是"轻衣稳马槐阴路,渐近东来渐少尘"①,所述为他两京间赴任、罢任行役情形。无王程之迫,官高心懒,显得悠闲。这种行驿速度适合于一般中老年高官,很多唐人行旅诗都是在此速度范围内写的,速度过快不适宜作诗。

唐人行役往往昼夜兼程。温庭筠《商山早行》:"鸡声茅店月,人迹板桥霜。"② 韩偓《早发蓝关》:"关门愁立候鸡鸣,搜景驰魂入杳冥。"③ 张祜《宿武牢关》:"行人候晓久裴徊,不待鸡鸣未得开。"④ 王贞白《商山》:"商山名利路,夜亦有人行。"⑤ 为便于行人掌握饮食起居时间,开元二十五年(737)五月监察御史郑审检校两京馆驿时,于每驿门前十二辰堆。后来这一制度扩大到天下诸驿,令每一传舍皆立十二辰堠。从此以后,诸道馆驿均有了计时的"辰堠",立于每驿门前⑥,计程之外,还多了计时的功能,这给行人带来了方便。

长期的行役使唐人养成了计算驿程的习惯。张籍《送安西将》:"计程沙塞口,望伴驿峰头。"⑦ 周贺《送陆判官防秋》:"算程淮邑远,起帐夕阳曛。"⑧ 这是写内地军官赴前线的行役。元稹《西归绝句十二首》其一:"双堠频频减去程,渐知身得近京城。"其四:"只去长安六日期,多应及得杏花时。"⑨ 王建《过喜祥山馆》:"夜过深山算驿

---

① [唐]白居易著,顾学颉校点:《白居易集》卷二七,第 610 页。

② [清]彭定求等编:《全唐诗》卷五八一,第 6741 页。

③ [清]彭定求等编:《全唐诗》卷六八二,第 7816 页。

④ [清]彭定求等编:《全唐诗》卷五一一,第 5842 页。

⑤ [清]彭定求等编:《全唐诗》卷七〇一,第 8061 页。

⑥ 详见《唐会要》卷六一《御史台中·馆驿》、《太平广记》卷三三九引《博异记》、《太平御览》卷一九四《传舍》引《传载》。

⑦ [清]彭定求等编:《全唐诗》卷三八四,第 4319 页。

⑧ [清]彭定求等编:《全唐诗》卷五〇三,第 5721 页。

⑨ [唐]元稹撰,冀勤点校:《元稹集》卷一九,第 219—220 页。

程,三回黑地听泉声。"① 说明唐人无论文武,只要出行,对驿程就有一个明确的了解。一般根据驿程远近和行役性质来决定行驿速度。白居易《从陕至东京》:"从陕至东京,山低路渐平。风光四百里,车马十三程。"② "十三程"就是根据驿距计算出来的。若在两驿之间,则根据堠堆数目来计算。元稹《华岳寺贞元二十年正月二十五日,自洛之京。二月三日春社,至华岳寺,憩窦师院。曾未逾月,又复徂东,再谒窦师,因题四韵而已》:"暝驱羸马频看堠,晓听鸡鸣欲度关。"③ 白居易《华州西》"不计程行困即眠"④ 从正反两面说明,平时一般是计程而行的。不过计程应用得最多的是傍晚或天黑以后,或者是在人烟稀少的沙漠荒野,前引张籍、周贺、元稹、王建诗都说明了这一点。雍陶《路中问程知欲达青云驿》还具体描述了行进中的唐文人"问程"的情形,诗中说时值傍晚,诗人还在匆匆行路,不知前面有没有馆驿,问了路人,才知道前方有青云驿,如释重负。

　　驿程远近是通过堠子(土堆)了解的。韩愈《路傍堠》:"堆堆路傍堠,一双复一只。迎我出秦关,送我入楚泽。千以高山遮,万以远水隔。"⑤ 殷尧藩《旅行一作金陵道中》:"堠长堠短逢官马,山北山南闻鹧鸪。"⑥ 是水陆皆有堠子,行人通过它们来计算驿程。计程的习惯,一方面是长期的旅行中自然养成的,另一方面也是受政府对行驿速度规定的影响。驿使所持传牒上都注明了过驿数、路线,无论华夷,

---

① [清]彭定求等编:《全唐诗》卷三〇一,第 3429 页。诗题"喜"当作"嘉",指两京道嘉祥驿,孟迟、卢渥有《题嘉祥驿》诗。

② [唐]白居易著,顾学颉校点:《白居易集》卷二五,第 574 页。

③ [唐]元稹撰,冀勤点校:《元稹集》卷一六,第 181—182 页。

④ [唐]白居易著,顾学颉校点:《白居易集》卷二五,第 574 页。

⑤ [清]彭定求等编:《全唐诗》卷三四一,第 3824 页。

⑥ [清]彭定求等编:《全唐诗》卷四九二,第 5569 页。

凡"授馆"住驿者"传吏奉符而阅其数,县吏执牍而书其物"①,驿数、行程、供给物资,时时查实。凡诸文书"应遣驿而不遣驿,及不应遣驿而遣驿者,杖一百。若依式应须遣使诣阙而不遣者,罪亦如之"②。这就保证了有限驿马的正确使用。同时政府交通工具的配备也比较好。规定了各驿驿马、驿船数,佚文保存于《唐令拾遗》辑录的开元《厩牧令》,并想方设法填补,发动地方官竭尽全力备办驿马、传马。交通枢纽上的州郡长官,如汴州刺史令狐楚、李绅,魏州刺史苗晋卿,鄂州刺史穆宁,河南府尹刘彤等,都因交通建设有绩而垂名青史。正是由于这样自上而下的严厉督责与严格管理,唐代馆驿才基本做到了供应"无阙",这是唐人行驿速度快的主要原因。另一原因是馆驿距离设置合理,约三十里一驿,利于保护人力畜力。置驿密可以随时换马,减少消耗,凡交通频繁的驿道基本做到了这一点。故能达到很高速度。唐代驿递荔枝日行八九百里,宋代最快的邮递——持金字牌的"递夫"日行仅五百里,用急脚递者不过四百里③。宋孝宗时,驿传文书传递效率更差。乾道(1168)"四年正月二十四日,兵部侍郎王炎言,邮传之乖违,无甚于近时……行在(临安)至襄阳府三千一百里,合行六日二时,稽十日方至;荆南二千六百四十里,合行五日三时,稽九日方至。余类此,不可悉陈"④。去唐远矣。楼钥《北行日录》卷上载,金国行驿速度最快的是持木牌的军使,"木牌最急,日行七百里,军期则用之"⑤。是马上之国交通效率方可比肩于唐。

①［唐］柳宗元撰:《柳宗元集》卷二六《馆驿使壁记》,第704页。
②刘俊文撰:《唐律疏议笺解》卷一〇《职制·文书应遣驿不遣》,第819页。
③朱瑞熙等著:《辽宋西夏金元社会生活史》,中国社会科学出版社,1998年,第99页。
④［清］徐松撰辑:《宋会要辑稿·方域》十一之二十,中华书局,1957年,第7510页。
⑤［宋］楼钥撰,顾大朋点校:《楼钥集》卷一一九,浙江古籍出版社,2010年,第2091页。

附篇二　唐代驿递速度问题

驿递制度是通过驿传递送货物、文书的一种制度，是唐代馆驿制度的重要组成部分，它形成于秦汉，完善于唐。递送对象一是货物，包括纲典部送的官物（如赐予军镇的冬春衣服、赐予诸州的方物）、囚徒、畜产以及四方贡献；二是公私两类文书，日常公文包括中央下达到地方的政策命令和各地上奏到中央的笺表章奏疏等，私人文书如官员的信件、物品也通过驿递。

王建《水运行》云："县官部船日算程，暴风恶雨亦不停。"[1] 唐代驿递跟官员、使客行驿一样是有严格程期的，程期通过法律形式体现。法律根据公务的性质、事务的繁简及路途远近等情况，对送达诸事规定时限，以防拖拉懒散，延误事机，提高行政办事效率，驿递速度也被明确规定。法律指出"公事有限"，凡"诸公事应行而稽留，及事有期会而违者，一日笞三十，三日加一等；过杖一百，十日加一等，罪止徒一年半"[2]。凡受命部送物品应行而辄稽留，或诏令有期限而违期不到，均予惩处。事有期限则依所定期限而行，无期限则依《公式令》规定的行程为准，《令》曰："凡陆行之程，马日七十里，步及驴五十里，车三十里。水行之程，舟之重者，溯河日三十里，江四十里，余水四十五里。空舟溯河四十里，江五十里，余水六十里。沿流之舟，则轻重同制，河日一百五十里，江一百里，余水七十里。其三硖、砥柱之类，不拘此限。若遇风、水浅不得行者，即于随近官司申牒验记，听折半功。转运、征敛、送纳，皆准程而节其迟速。"[3] 这是针对公事公文传送

---

① ［清］彭定求等编：《全唐诗》卷二九八，第3380页。
② 刘俊文撰：《唐律疏议笺解》卷一〇《职制·公事应行稽留》，第836—837页。
③ ［唐］李林甫等撰，陈仲夫点校：《唐六典》卷三，第80页。

而制定的法规。对使人传送程限也有明确规定,乘驿使人稽留官方文书,"加官文书稽罪一等"①,这就保证了较快的驿递速度。这些法规只适用于一般物品,如《新唐书·地理志》所载的四方贡献之物、各种各样的"常行文书"的驿递,就不适用于紧急情况。如遇特殊任务,对驿递速度的要求必发生变化,重要贡品和制书的传递就是如此,这两者充分反映出唐代交通的发达程度和驿递的高效率。其驿递速度之快不仅度越前古,而且令后世难以企及,因此首先予以讨论。

众所周知,唐代驿递以荔枝、淡蚶、柑橘等贡品的传递速度最快。这些南方特产都是北方社会所稀见的珍品,但都是"速朽之物",如荔枝,白居易《荔枝图序》谓其"若离本枝,一日而色变,二日而香变,三日而味变,四五日外,色香味尽去矣"②。为了保鲜,中途不能停留过长时间,一般在一周之内。荔枝不产于北方近州而产于南方远郡,就给搬运带来了巨大困难。驿程远,路况差,人力畜力消耗大,要在规定的期限完成任务,显然不是一二特使所能胜任的,需要发动沿途驿道上许多差役,协同完成任务。以天宝荔枝运送为例,《太平御览》卷九七一荔支条引《唐书》:"杨贵妃生于蜀,好荔支。南海荔支胜蜀者,故每岁飞驰以进。然方暑而熟,经宿辄败。"③ 这是关于此事最原始的记载,以后宋人所修史书,如《资治通鉴》《新唐书》均本于此。《旧唐书》无此文,《太平御览》所引《唐书》是唐代国史,"皆不知之"谓皆不知递送过程与方法。天宝上贡荔枝产地有二,一是涪州,二是岭南。《舆地纪胜》卷一七四《涪州·古迹目·妃子园》谓该州贡

---

① 刘俊文撰:《唐律疏议笺解》卷一〇《职制·用符节稽留不输》,第833页。
② [唐]白居易著,顾学颉校点:《白居易集》卷四五,第974页。
③ [宋]李昉等撰:《太平御览》卷九七一,第4306页。《唐国史补》卷上杨妃好荔枝条末,多"后人皆不知之"六字。

荔枝,产地在州西荔枝园,去城十五里。"当时以马递驰载,七日七夜至京,人马毙于路者甚众,百姓苦之。"①卷一八三《兴元府·景物目下·子午谷》载,生荔枝自涪陵入达州,由子午谷路三日至长安,凡三日。卷一九〇《洋州·景物目》所记傥谷、褒斜谷,亦天宝荔枝道。据《元和郡县图志》卷三〇,涪州通上都有水陆两路,贡荔枝取陆路,由万州北,经开州、通州宣汉县及洋州路,至上都二千三百四十里。三日至京,则日行七百里,七日到京,则日行三百里。在南方荔枝众多产地中,涪州距京最近,因而诏其驿贡必最多。直到咸通中,东川仍每年进蜜浸、荔枝,道路遥远,劳费至多。咸通八年五月十八日,下令停进,见《文苑英华》卷四四一《疏理囚徒量移左降官等德音》。

岭南荔枝上贡则水陆兼程。杜甫《病橘》:"忆昔南海使,奔腾献荔支。百马死山谷,到今耆旧悲。"②鲍防《杂感》:"五月荔枝初破颜,朝离象郡夕函关。雁飞不到桂阳岭,马走先过林邑山。"③杜甫、鲍防、李肇皆生活在天宝以后不久,所说必有据。"桂阳岭""林邑山"说明产地在岭南中南部。查《元和志》《旧唐志》《寰宇志》,其距长安水陆驿程都在五六千里以上,若七日左右送到,则日行八百余里。其运送方法,是紧急动员大量驿卒、邮夫,换人换马接力传递,昼夜飞驰以进。唐代置驿密,驿站多,畜力储备充足,敕旨一下,沿途州县紧急动员,想办成此事亦不是不可能。《全唐文》卷六七九白居易《唐故……元公(稹)墓志铭》具体介绍了南方州郡上贡方物的办法:"(元和时),明州岁进海物,其淡蚶非礼之味,尤速坏。课其程,日驰数百里。公至越,未下车,趋奏罢。自越抵京师,邮夫获息肩者

① [宋]王象之撰:《舆地纪胜》卷一七四,第4534页。
② [唐]杜甫著,[清]仇兆鳌注:《杜诗详注》卷一〇,第854页。
③ [清]彭定求等编:《全唐诗》卷三〇七,第3485页。

万计,道路歌舞之。"①卷六五一元稹《浙东论罢进海味状》谓:"右件海味等,起自元和四年,每年每色令进五斗……臣昨之任,行至泗州,已见排比递夫……每十里置递夫二十四人,明州去京四千余里,约计排夫九千六百余人。"又谓:"假如州县只先期十日追集,犹计用夫九万六千余功,方得前件海物到京。"②可知日驰八九百里原来是成千上万人共同协作的结果,并非一二人所能达到。据此文,元和四至九年(809—814)岁进五斗。九年,停进。十四年,诏荆南贡荔枝。十五年,又诏明州供进。若论驿递速度,据《旧唐书》卷三八《地理志一》、卷三九《地理志二》,明州去京四千一百里,荆南距京一千七百三十里,七天左右运送到京,日行在五六百里以上。

唐人这种运送方法乃是效法东汉。《后汉书》卷四《和帝纪》元兴元年(105)十二月辛未条称:"旧南海献龙眼、荔枝,十里一置,五里一候。奔腾阻险,死者继路。"临武长唐羌上书陈状,帝乃下诏停进。同条引《谢承书》曰:临武"县接交州,旧献龙眼、荔支及生鲜,献之,驿马昼夜传送之,至有遭虎狼毒害,顿仆死亡不绝。道经临武,羌乃上书谏……帝从之"③。则汉代已开临时置驿之先例。然"十里一置,五里一候"实乃临时性建置,正常的制度仍是三十里一置。置即驿,有驿马的交通机构曰置。此法起于汉代,而为唐人所承袭。唐代开凿了驿道,组织严密,办事效率高,故速度更快。

其次以赦书的发送最快。唐代赦令多,凡新帝即位、改元、立太子、复辟、南郊大典、群臣上尊号之际,都例行大赦,以布德泽,甚至有一岁再赦的。发布的赦令中包含许多方面的重要政策,不能稽延,

①[清]董诰等编:《全唐文》卷六七九,第3077页。

②[清]董诰等编:《全唐文》卷六五一,第2933页。

③[南朝宋]范晔撰:《后汉书》卷四《和帝纪》,第194—195页。

须尽快誊写，分送天下诸州。如承制草拟过程中有所稽缓，就构成最严重的犯罪，惩罚加重："诸稽缓制书者，一日笞五十，一日加一等，十日徒一年。"[①] 同时要求尽快传递，日驰五百里，行十六驿以上。陆贽《再奏量移官状》云："伏以国之令典，先德后刑。所后者法，当舒迟……所先者体，宜疾速，故赦书日以五百里为程。"[②]《唐大诏令集》中有十一条 "赦书日行五百里" 的记载，《册府元龟》六条，《文苑英华》二十条，从唐初直到唐末。韩愈《八月十五夜赠张功曹》："昨者州前锤大鼓，嗣皇继圣登夔皋。赦书一日行万里，罪从大辟皆除死。迁者追回流者还，涤瑕荡垢清朝班。"[③] 形象说明了赦书传递的神速。全国州郡百余，散布四方，要及时送达，非动用众人不可。据载，唐代赦书的分遣有两种方式，一是散差中使走马往诸道送，此为开元至元和初的旧例；另一种是付度支盐铁急递发遣，为元和新政之一，见《李相国论事集》卷一《论请驿递赦书状》及《新唐书》卷一五二《李绛传》。据《资治通鉴》卷二三七元和三年（808）春正月癸巳条，此新政为翰林学士裴垍、李绛奏改而成。同样是为了传递疾速，但后者不靠中使，而用邮夫，无劳扰求取，州县获安，效率也高。《五百家注韩昌黎集》卷三九《袁州刺史谢上表》谓元和十四年（819）七月十三日，恩赦到潮州。查《旧唐书》卷一五《宪宗纪下》，赦令下达于是年七月辛巳群臣上尊号之日，即七月一日。《太平寰宇记》卷一五八载，潮州距京师七千六百里，十二日而达，日行六百余里。

　　私人书信、物品往往随邮驿递进，这也是 "驿递" 任务之一。但书邮非公务，连 "常行文书" 都不是，更非紧急文书，不必遣专使送

① 刘俊文撰：《唐律疏议笺解》卷九《职制·稽缓制书官文书》，第 770 页。
②［清］董诰等编：《全唐文》卷四七五，第 2148 页。
③［清］彭定求等编：《全唐诗》卷三三八，第 3789 页。

达,只能是顺便捎带,邮递速度自然慢。杜牧《旅宿》:"远梦归侵晓,家书到隔年。"① 老家邮来的家书似漫漫无期。杜甫《暮秋枉裴道州手札率尔遣兴寄递呈苏涣侍御》:"久客多枉友朋书,素书一月凡一束。"② 据此诗黄鹤注,诗是大历四年(769)潭州作,时杜甫与苏涣同在潭州。刺史裴某自道州寄书潭州,竟然要一月才寄到,两地相距不过百余里,竟需如此之久。物资邮寄速度也特别慢,白居易《闻微之江陵卧病以大通中散碧腴垂云膏寄之因题四韵》:"凭人寄向江陵去,道路迢迢一月程。"③ 长安至荆州一千七百三十里,一般人路上只要半月,元稹贬荆州,也只花了"半月程"④,而寄送货物则需一月,慢一倍。这些都是附驿寄送的,并不严程促迫。像为李德裕自毗陵运送泉水入京这种事,属于官府布置的公务,有明确的程限,不能有任何稽延,速度自然快得多。

---

① [清]彭定求等编:《全唐诗》卷五二五,第 6014 页。
② [唐]杜甫著,[清]仇兆鳌注:《杜诗详注》卷二三,第 2016 页。
③ [唐]白居易著,顾学颉校点:《白居易集》卷一四,第 276 页。
④ [唐]白居易著,顾学颉校点:《白居易集》卷二《和思归乐》,第 41 页。

第五章　唐代交通与唐人创作方式的新变

　　唐代发达的交通行旅给文学形式和创作方式带来了相应变化。适应行旅生活流动不定的特点,唐人灵活运用题壁、题名、联句、吟诵等创作方式,以及送别、留别、两地寄和、纪行组诗等文学形式叙事抒怀,形式既不拘一格,内容也变化有致,充分表现了唐人的创造与智慧。本章选择上述创作方式与艺术形式作为研究对象,考察其发展、变化、特征及其丰富的文化涵蕴,探讨了其与文学作品的内容和艺术风格之间的关系。

第一节　唐人题壁诗诸问题

　　唐人题壁诗数量巨大,作家众多,有着很高的文学价值与文化价值。人们十分珍视这份丰厚的文学遗产,海峡两岸学者就此展开了探讨,取得了丰硕成果。大陆学者李彬从新闻传播的角度研究,其《唐代文明与新闻传播》第八章专论唐人题壁。台湾地区学者罗宗涛、严纪华贡献最大,《中华文史论丛》总第47辑、《唐代文学研究》第3辑有罗宗涛《唐人题壁诗初探》;严纪华有台湾文化大学1995年博士学位论文《唐人题壁诗之研究》,《唐代文学研究》第7辑有严纪华《试论两组与历史事件相关的谪贬题写诗——"端州驿题壁"

与"玄都观题壁"》,解决了大量基本问题。然而仍有不少值得进一步研讨的余地。事实上,大部分题壁是唐人在行旅中留下的,从交通角度入手,结合行旅生活背景来谈,会发现许多新问题,并纠正某些似是而非的结论,二则题壁本质上是一种文化现象,从唐代文化这个大背景,来全面考察题壁内容、性质、目的很有必要。

一、唐人题壁诗概况

以前人们只是笼统地感觉到唐人题壁多,究竟多到什么程度?似乎无法估计。从唐人记载看,今天人们所见到的,大概不及当时十分之一。即使这样,今存唐诗中以题壁的方式发表过的作品,总数仍相当庞大。这里可以举出两个事例,以利人们了解唐人题壁发达的程度。《云溪友议》卷上巫咏难条载,至长庆时,唐秭归县神女祠①粉壁上,已有题壁千余首,大部分皆庸诗,刘禹锡罢郡经过,悉去之,唯留沈佺期、王无竞、李端、皇甫冉四首"古今之绝唱"②。此书卷中三乡略条载,两京道上的三乡驿,自从会昌中若耶女子题诗以后,往来文士就追和不绝。至五代,题壁的作品已"不能遍录"③,略举一二,仍得十一篇。《唐摭言》卷一三惜名条载:"蜀路有飞泉亭,亭中诗板百余,然非作者所为。"④ 后薛能入蜀佐李福,经过此亭,愤于诸人题诗之率意,悉打去诸板,唯留李端《巫山高》一篇。又《诗话总龟》前集卷一五引《鉴诚录》载,长安慈恩寺浮屠,前后题诗多。唐文宗朝,元微之、白乐天到塔下,见章八元所留诗,悉令除去诸家诗牌,唯留章

---

① 神女祠即神女馆,乃峡江水驿,见严耕望撰《唐代交通图考》第四卷《成都江陵间蜀江水陆道》,第1115—1116页。

② [唐]范摅撰,唐雯校笺:《云溪友议校笺》卷上,第12页。

③ [唐]范摅撰,唐雯校笺:《云溪友议校笺》卷中,第102页。

④ [五代]王定保撰:《唐摭言》卷一三,第149页。

诗。这些记载不一定都合实,但也说明寺、驿、馆、亭等交通量大的地方,也是唐人留题集中的处所。许浑《冬日宣城开元寺赠元孚上人》:"层塔题应遍,飞轩步不慵。"[1]《王秀才自越见寻不遇题诗而回因以酬寄》:"晴阁留诗遍,春帆载酒回。"[2] 诗中所述,都是晚唐寺院题诗极多之明证。姚合《酬卢汀谏议》:"杯觞引满从衣湿,墙壁书多任手顽。"[3] 贾岛《题皇甫荀蓝田厅》:"任官经一年,县与玉峰连。"[4] 充分说明中晚唐时期题壁已成为一种文士喜尚的习气。

题壁发达的重要原因是文人雅士出行机会多。《唐才子传》卷七《任蕃传》谓蕃游天台巾子峰,题一七言绝句于寺壁间,"既去百余里,欲回改作'半江水',行到题处,他人已改矣"[5]。《芝田录》载,郑綱为御史,出巡荆南,于商山道上歇马亭见佳景,欲题诗于亭,"顾见一绝,染翰尚湿,綱大讶其佳绝。时南北无行人,左右曰:但向来刘景在后行二三里"[6]。诗即刘景所题。由此可知,行人前后相续是题壁风气大盛的原因之一。佛寺、道观多,习业山林的读书人多,这些人也爱题壁。大和中,李骘将归浐阳,路出无锡县,寓居该县惠山寺,读书三年,期间著歌诗几百篇,"其诗凡言山中事者,悉记之于屋壁"[7]。寺院风景优美,游客众多,也促进题壁诗的发展,凡游客盛的寺观,如鄂州头陀寺、润州甘露寺、扬州法云寺、杭州灵隐寺、庐山东林寺,题诗都多。风气所及,京师及外地官员也不甘寂寞,宴会之际,

① [清] 彭定求等编:《全唐诗》卷五三七,第 6129 页。
② [清] 彭定求等编:《全唐诗》卷五三一,第 6070 页。
③ [清] 彭定求等编:《全唐诗》卷五○一,第 5699 页。
④ [清] 彭定求等编:《全唐诗》卷五七二,第 6630 页。
⑤ [元] 辛文房撰,傅璇琮主编:《唐才子传校笺》卷七《任蕃传》,第三册第 348 页。
⑥ [宋] 李昉等编:《太平广记》卷一七○《郑綱》,第 1243 页。
⑦ [唐] 李骘:《题惠山寺诗序》,[清] 董诰等编:《全唐文》卷七二四,第 3302 页。

一时兴起,也会题壁。武元衡与台省同僚饯送韦绶致仕,十余人一齐题壁于京西望苑驿壁,见《全唐诗》卷三一七《韦常侍以宾客致仕同诸公题壁》,把唱和方式移到了题壁上。这一方式延续到了晚唐,《唐诗纪事》卷五三载,大中七年(853)前后,于兴宗为绵州刺史,暇日登郡楼,题诗抒怀,兼寄朝中亲故,朝士十四人继和。李汶儒和作曰:"剑峰当户碧,诗韵满楼清。"刘璩和诗曰:"雅韵征朝客,清词写郡楼。"①表明原诗及和作全部题写上壁,于氏原唱为《夏杪登越王楼临涪江望雪山寄朝中知友》。而官闲也题壁,因而有"官壁题诗尽"②的说法。

　　唐代题壁诗发达,还反映在作者队伍构成上的高度社会化。今即以唐人馆驿题壁为例予以说明。

　　帝王,唐玄宗有《三乡驿望女几山诗》,见《刘宾客文集》卷二四《三乡驿伏睹玄宗望女几山诗小臣斐然有感》。

　　公主,宜芬公主《虚池驿题屏风》,题写于两京官道虚池驿。

　　太后,如前蜀徐太后《题天回驿》,题写于成都府东天回驿。

　　宰相,如武元衡《题嘉陵驿》,系其出镇西川途中所作。

　　刺史,如白居易《赴杭州重宿棣华驿见杨八旧诗感题一绝》,乃赴任途中所作。

　　使客,如权德舆《丰城剑池驿感题》,系诗人奉使江西所作。

　　左降官,如郑常《谪居汉阳白沙口阻雨因题驿亭》,作于郑常谪居汉阳之时。

　　幕僚,如杨巨源《题范阳金台驿》,作于从事田弘正幕之时。

---

① [宋]计有功辑撰:《唐诗纪事》卷五三,第804—806页。
② [唐]项斯:《赠金州姚合使君》,[清]彭定求等编:《全唐诗》卷五五四,第6412页。

下层文官,如张籍《使至蓝溪驿寄太常王丞》,作于官微处使之时。

举人,如罗邺《春夜赤水驿旅怀》,作于唐华州郑县赤水驿。

新进士,如唐彦谦《春捷西蜀题沱江驿》,作于西蜀。

下第进士,如《文苑英华》卷二九八薛能《下第后夷门乘舟至永城驿题》,作于薛能下第东游之际,《全唐诗》卷四九九误收为姚合诗。

樵隐之士,如殷潜之《题筹笔驿》,题写于京西筹笔驿。

无名文士,如《湘山野录》卷上载,《菩萨蛮》("平林漠漠烟如织"),被人题写在鼎州沧水驿楼上,复不知何人所撰,襄阳魏泰见而爱之。后至长沙,得古集于曾布家,乃知为李白所作。

青年妇女,如若耶女子《题三乡诗》,题写于两京道三乡驿。

民女,如《才调集》卷二吴融《富水驿东楹有人题诗笔迹柔媚出自纤指》中吴融所见女子题诗。

另外,中官、僧人、道士、香客都有题驿之作,举不胜举。

二、几个相关问题

严、罗二家涉及的有些问题尚有待于进一步讨论,以促进对唐人题壁现象认识的深化。

(一)行旅生活发达是否足以构成题壁繁荣的唯一关键原因? 不见得。并不只有唐代一朝行旅生活发达,所不同的是唐人出行的次数稍多,在外漂寓的时间更长。笔者以为另一个重要原因是唐代造纸术落后,纸张不易得,价格高,无法满足文士题诗的需要。既特爱作诗又无处得纸,抑制不住创作冲动,就采取变通的办法题壁。文士在行旅中,一般只携诗卷古书等随行,文献记载中很少见到有携纸张的。行役的文士中寒士居多,不可能备有大量纸张,有限的纸张,常被用来装成卷轴,以事干谒。其他下层人士也一样,诗僧寒山与其友拾得过从甚密,每当灵感爆发,得一篇一句,即题于树间石上,不让佳句溜走,既潇洒又显得风雅。当时纸张难得,故辄如是。顾陶《唐诗类选序》提到,有几十位著名诗人,均因身殁后文集未行,正集难见而无法收录。齐己南游湘中,还得靠他的亲友从江西远寄纸笔过来,见《全唐诗》卷八四六齐己《谢人自钟陵寄纸笔》。而韩愈贬阳山,过郴州,谒李使君,明年,李寄以纸笔,韩愈作诗以谢,见《五百家注韩昌黎集》卷九《李员外寄纸笔》,可见其时纸张的不易得。客观条件限制了在纸上草拟诗稿,而促成了利用自然条件题写诗篇的风气。只有入仕的官员常携纸笔同行,元稹贬江陵,白居易贬江州,韩愈贬潮州,一路作诗,今天可见者仍各有十余首,仅极少数题上了壁。

　　其次,题壁诗的繁荣与文士表现自我、露才扬名的心理动机有关。不难看出,凡题壁集中的地方多在交通路线侧近处的名胜古迹、宫观寺庙、岩洞,在这些游客多的地方留下痕迹供人们瞻仰,是十分惬意的事,于是借此来显示文采风流,几乎变成了一种唐代习气。《太平广记》卷三三《马自然》:"又南游霍桐山,入长溪县界,夜投旅舍宿……所游行处,或宫观岩洞,多题诗句。"[1] 像这样累积起来的题壁盛景,在唐代不知凡几,从塞北的荒原废馆到江南的寺观楼阁,从一般的邮堠乡校、逆旅行舟之上到巴山蜀路上栈阁内侧悬崖绝壁,乃至瘴乡蛮境深处,都有唐人题刻,布满岩壁,连成一片。如荆门蒙泉,襄阳孟亭,永州朝阳岩、澹山岩、浯溪石壁,衡岳合江亭,饶州干越亭,端州石室、桄榔亭……都有唐人留下来的题名题诗,触手皆是,一不小心便碰到一处。姚合《题山寺》:"为爱青桐叶,因题满树诗。"[2] 白

---

① [宋]李昉等编:《太平广记》卷三三引《续仙传》,第212—213页。
② [清]彭定求等编:《全唐诗》卷四九九,第5677页。

居易《送王十八归山寄题仙游寺》:"林间暖酒烧红叶,石上题诗扫绿苔。"① 说明唐人性情放旷,兴趣所至,不拘一格,保存到今天,成为永恒的文化景观。

（二）罗宗涛等以为,诗题中的"题××"之"题"往往相当于"咏""过""宿",可能只是写在纸上,未必都题了壁,如《题新雁》之类。其实不尽然。要判断是否题壁,关键要看对象的性质,若题的对象是动物、植物、自然景观等不具备题写条件的东西,则"题"就不是指题写而是指题咏;若题的对象是墙壁、门楣、屏风、楹梁、竹树、岩石等可以题诗的物质材料,则"题"即相当于"留题""题写"。如李益《题太原落漠驿西堠》、许浑《行次潼关题驿后轩》、伊用昌《题茶陵县门》、张祜《题临平驿亭》,都落实了具体题写对象,"题"与"××"所代表的对象之间构成动宾关系,表明成诗形式与过程,语意明确,无疑是题诗上壁。唐人有时省去了对象名称,如"壁"字之类。有时却直接写明,如吕群《题寺壁二首》、温宪《题崇庆寺壁》。有时省去"留"字,其实这种"题"即"留题",即临走之前留诗一首,题写上壁。如岑参《临河客舍呈狄明府兄留题县南楼》、韦瓘《留题桂州碧浔亭》、元晦《除浙东留题桂郡林亭》、李中《留题胡参卿秀才幽居》。这里"题"相当于"书",如贯休《书倪氏屋壁三首》、齐己《书匡山隐者壁》、王氏《书石壁》,都是书写的意思。唐人对题壁的表述方式不拘一格,富于变化,如《太平广记》卷四〇七引《抒情诗》所载贞元文士《题端正树》:"题诗逆旅,不显姓名。"② 诗题在长安西的一座旅馆壁上,题咏的对象却是端正树。由此看来,即使"题"相当于"咏",也可能同时还是一首题壁诗。齐己《题玉泉寺》:"高韵双悬张曲江,联

① [清]彭定求等编:《全唐诗》卷四三七,第4843页。
② [宋]李昉等编:《太平广记》卷四〇七《端正树》,第3292页。

题兼是孟襄阳……时移两板成尘迹,犹挂吾师旧影堂。"① 其中"题"即指书于诗板上,而且是张九龄和孟浩然联题。卢渥有《题嘉祥驿》,初看不知此"题"是题壁还是题咏,但《唐阙史》卢左丞赴陕郊条谓此诗书于板,"诗版后为易定帅王存尚书碎之"②,故"题"即题于驿中诗板上。又齐己在道林寺四绝亭,看到宋之问、杜甫寺中题诗的诗板,当是宋、杜二公去后,当地人制作成诗板以为宣传,见《白莲集》卷三《游道林寺四绝亭观宋杜诗版》。元和十年(815),刘禹锡自京城赴刺连州,途中作《题淳于髡墓》,不知此"题"是否题壁。然柳宗元有《善谑驿和刘梦得酹淳于先生》,诗人随刘之后南行,在善谑驿,见到刘的这首题诗而追和,可见这种"题"有时不但是题咏,而且是以题壁形式出现的。朱庆馀《河亭》:"孤亭临绝岸,猿鸟识幽蹊。花落曾谁到,诗成独未题。"③ 说明他在纸上将诗写成后,还想把诗稿转题到河亭壁柱上去,这是转题。《云溪友议》卷下巢燕辞条:"(章)孝标及第,正字东归,题杭州樟亭驿云:'樟亭驿上题诗客,一半寻为山下尘。……'"④ 诗作于元和十四年(819)春进士擢第,授正字东归之后。据此,则不但章孝标的作品题了壁,且驿中许多唐人《题樟亭驿》诗,都可能是留题。薛能《重游德星亭感事》:"舟沉土岸生新草,诗映纱笼有薄埃。"⑤ 其所"笼"的诗,即其从前所作的《许州题德星亭》,乃其为许州刺史时所作。据《太平寰宇记》卷七,亭在许州州治长社县城西北一里处,显然是官闲之际至此题壁,此"题"也是题写上壁。因此,结论是:若题的对象是驿、馆、亭、店、寺、观,大致可以

---

① [清]彭定求等编:《全唐诗》卷八四六,第9579—9580页。
② [宋]李昉等编:《太平广记》卷二百《卢渥》,第1501页。
③ [清]彭定求等编:《全唐诗》卷五一五,第5880页。
④ [唐]范摅撰,唐雯校笺:《云溪友议校笺》卷下,第174页。
⑤ [清]彭定求等编:《全唐诗》卷五五九,第6486页。

断定是题壁,若单曰"题××"则不能轻易下判断。如果按罗宗涛的判断标准,则许多唐人题壁将被摒弃于外。他确认的唐人题壁诗仅四五百首,就是因为这个缘故,这并不符合今存唐诗的实际,更与唐代题壁诗实际情形相去甚远。

（三）题壁诗所用的笔墨来源问题值得进一步讨论。一般文士常自携笔墨而行,如柳宗元的朋友文郁师,自幼专一于文儒之事,"背笈篋,怀笔牍",目的在于"挟海溯江,独行山水间,翛翛然模状物态,搜伺隐隙"[1],主要就是用于即兴创作。《唐摭言》卷一三敏捷条谓,起居郎郑仁表经过两京官道沧浪峡,"憩于长亭,邮吏坚进一板,仁表走笔曰:分陕东西路正长……"[2] 这里只是说驿吏向他提供诗板,走笔的则是仁表,他显然是自携笔墨。中上层官员则更齐备,《太平广记》卷三五〇引《纂异录》载会昌初白衣叟题诗的情形:"(至喷玉泉)再经旧游,无以自适,宜赋篇咏,以代管弦,命左右取笔砚,乃出题云《喷玉泉感旧游书怀》,各七言长句。"[3] 这是唐代高官做派。僧人如齐己等,到处游历,也是"到处琴棋傍,登楼笔砚随"[4]。白居易《令狐尚书许过弊居先赠长句》"不矜轩冕爱林泉……应将笔砚随诗主"[5],描绘的是唐代文人出游的一般状态。如果没有携带,那么唐代官衙、馆驿,也常备笔砚以供人索用,事例多见。《太平广记》卷四三八引《集异记》载,处州小将胡志忠,"旬余,乃还止于馆,索笔砚,泣题其户

① [唐]柳宗元:《送文郁师序》,[清]董诰等编:《全唐文》卷五八〇,第2593页。

② [五代]王定保撰:《唐摭言》卷一三,第147页。

③ [宋]李昉等编:《太平广记》卷三五〇《许生》,第2770页。

④ [唐]齐己:《赴郑谷郎中招游龙兴观读题诗板(坂)谒七真仪像因有十八韵》,[清]彭定求等编:《全唐诗》卷八四三,第9526—9527页。

⑤ [唐]白居易著,顾学颉校点:《白居易集》卷二七,第613页。

曰……题讫,以笔掷地,而失所在,执笔者甚怖"①。武将一般不会以笔墨随身,只能向他人索借,索笔的对象当然是客馆的主人。

(四)并不是所有题壁诗都是诗人当时直接题上去的,题壁诗产生的情况复杂,大致可以做如下区分。

1. 即兴直题上壁,像《唐摭言》卷一三敏捷条所记的尚书左丞韦蟾题长乐驿壁、郑仁表走笔沧浪峡驿馆,都是直题。《太平广记》卷四三八中的处州小将胡志忠题户,卷三五四中的汉州崇圣寺朱衣人、紫衣人题绝句,将唐人即兴题诗的情形写得活灵活现。直题往往是才性所至,一挥而就,题罢掷笔而去。虽然潇洒,但诗未必都佳胜,郑仁表的《题沧浪峡榜》、韦蟾《长乐驿谑李汤给事题名》就显得过于粗糙,缺乏韵味。只有才华特别出众的诗人写成的作品才像样。如《云溪友议》卷下艳阳词条载,元稹镇浙东七年,结识不少妓女,在频繁接触中产生了感情。临别不忍,挥笔题诗东武亭曰:"役役闲人事,纷纷碎簿书。功夫两衙尽,留滞七年余。病痛梅天发,亲情海岸疏。因循未归得,不是恋鲈鱼。"②巧妙地借"恋鲈鱼"之典侧面表达了对妓女的眷恋。

2. 先写好诗稿,再誊抄上去。经过修饰,诗的文辞韵律都高出一筹。朱庆馀《河亭》:"孤亭临绝岸,猿鸟识幽蹊。花落曾谁到,诗成独未题。"③白居易《宿张云举院》:"棋罢嫌无敌,诗成愧在前。明朝题壁上,谁得众人传。"④都是先有诗稿,认为诗还可以,故想题壁,"独未题"表明他准备转题。白居易在先天夜宿张云举院成诗,次日转题上壁,像这样题写上壁的可能还不少。这就造成了一种情况,

①［宋］李昉等编:《太平广记》卷四三八《胡志忠》,第3568页。
②［唐］范摅撰,唐雯校笺:《云溪友议校笺》卷下,第165页。
③［清］彭定求等编:《全唐诗》卷五一五,第5880页。
④［清］彭定求等编:《全唐诗》卷四六二,第5260页。

即壁上诗播于人口，卷上诗传于人手，同时存在两种以上的版本，宋之问《途中寒食题黄梅临江驿寄崔融》是先驿壁上题了诗，然后又抄一份寄崔融，这是"兼寄"。岑参有《临河客舍呈狄明府兄留题县南楼》，标题显示，他既题于县楼，又以诗稿呈赠狄明府。两种版本流传、转抄，本身容易造成文学上的错讹歧异，诗人还喜欢改诗，《云溪友议》卷下巢燕辞条载，元和末，章孝标进士及第，授秘书省正字东归，题一绝句于杭州樟亭驿。初成落句是"红花真笑白头人"，后改为"红花还似白头人"，言其将老成名，似花芳艳，岂能久乎[①]！任蕃题写在台州寺壁的七言绝句《宿巾子山禅寺》则是经人改后而成，且他本人也欲折回去改诗。其第三句原文为"前峰月照一江水"，题写上壁后，"既去百余里，欲回改作'半江水'，行到题处，他人已改矣"[②]。《怀麓堂诗话》引《唐音遗响》据此就说：任蕃"既去，有观者取笔，改一字为半字"[③]。《太平广记》卷一四四引《河东记》谓进士吕群，元和十一年（816）下第游蜀，冬至之夕，作《题寺壁二首》于眉州城西正见寺东壁曰"路行三蜀尽……"，"题讫，吟讽久之，数行泪下"[④]。他作为题壁的第一个读者，在思考是否要改动，没想到反而为自己的诗所打动。这样，诗人改，读者也改，以致今天一首题壁诗有几个题目，诗句也互不相同，如《全唐诗》卷五〇三周贺《晚题江馆》，《文苑英华》卷二六五作《晚秋江馆书事寄姚郎中》，异文甚多；卷八六〇钟离权《题长安酒肆壁三绝句》题目没有变异，而诗句却讹异甚多，就是因为这个缘故。

　　3. 继题，如冯少吉《山寺见杨少卿书壁因题其尾》："少卿真迹满

① ［唐］范摅撰，唐雯校笺：《云溪友议校笺》卷下，第 174 页。
② ［元］辛文房撰，傅璇琮主编：《唐才子传校笺》卷七《任蕃传》，第三册第 348 页。
③ ［明］李东阳撰：《麓堂诗话》，丁福保辑《历代诗话续编》下册，第 1380 页。
④ ［宋］李昉等编：《太平广记》卷一四四《吕群》，第 1034 页。

僧居,只恐钟王也不如。为报远公须爱惜,此书书后更无书。"①

4.转题,也就是传抄,这在唐代最普遍,无须说明。

5.寄题,即委托别人帮自己将诗篇题写在他想要题写的地方,如徐铉《又绝句寄题毗陵驿》、李德裕《寄题惠林李侍郎旧馆》、齐己《荆门寄题禅月大师影堂》,都是由于本人无暇亲至,故托友人题写,这一方式在中晚唐颇为常见。

(五)罗宗涛说,只有在声誉隆盛的名胜或交通要冲,题壁的人多了,无处可题,才作诗板。所说也不尽然。之所以出现"官壁题诗尽"②的现象,是因为官舍、郡楼条件好,墙壁较平整光洁,利于引发诗兴走笔成诗,时间一久,题诗、题名连墙满壁,鲍溶《宣城北楼昔从顺阳公会于此》:"诗楼郡城北,窗牖敬亭山。……凭师看粉壁,名姓在其间。"③姚合《早夏郡楼宴集》"城中会难得,扫壁各书名"④都说明条件好的处所是文人题诗的首选之地。两京道上的驿是"大路驿",等第最高,条件最好,故沿线灞桥驿、长乐驿、敷水驿、三乡驿、潼关驿、甘棠馆、临都驿的题诗特别多,文士随时取笔留题。反之,地方僻远,条件差,馆驿破败不堪,人们就不题在壁上而题于较光洁的柱上,如元稹《见乐天诗》:"通州到日日平西,江馆无人虎印泥。忽向破檐残漏处,见君诗在柱心题。"⑤通州僻郡,馆驿年久失修,于是人们把白居易诗题在厅柱上。由此看来,是否题壁,还得看壁的情况,是否便于书写。《洛阳搢绅旧闻记》卷一少师佯狂条载,太子少师杨

---

① [清]彭定求等编:《全唐诗》卷七七〇,第8739页。

② [唐]项斯:《赠金州姚合使君》,[清]彭定求等编:《全唐诗》卷五五四,第6412页。

③ [清]彭定求等编:《全唐诗》卷四八五,第5515页。

④ [清]彭定求等编:《全唐诗》卷五百,第5687页。

⑤ [清]彭定求等编:《全唐诗》卷四一五,第4586页。

凝式诗名大,洛阳寺观到处求他题诗,僧人知道他爱在光洁处题壁,乃于"少师未留题咏之处,必先粉饰其壁,洁其下,俟其至。若入院,见其壁上光洁可爱,即箕踞顾视,似若发狂,引笔挥洒,且吟且书,笔与神会,书其壁尽方罢"①。《云溪友议》卷上巫咏难条载,秭归县令繁知一为了吸引白居易,让他在神女祠壁题诗,事先粉刷好墙壁,以候其至,并先题一绝,以为导引。又白居易《江楼夜吟元九律诗成三十韵》:"暗被歌姬乞,潜闻思妇传。斜行题粉壁,短卷写红笺。"②《西省北院新构小亭……与李常侍隔窗小饮各题四韵》:"题诗新壁上,过酒小窗中。"③此四例,前一例说的是晚唐五代风气,后三例则反映了元和年间宫廷、官府、民间的题壁风气,既有自题,也有转题,其中一个共同点是题的处所不能太粗糙,必须是光洁的粉壁,并不是所有墙壁都可以题诗,题光了才另悬诗板。壁上不好题诗,另悬诗板的情况也多。有时,为了醒目,偏偏不题壁,而另悬诗板,如长沙岳道林寺有"四绝亭",分悬四板,大书宋之问、沈传师、杜甫、裴怀古四名公诗于板上。齐己《题玉泉寺》:"高韵双悬张曲江,联题兼是孟襄阳。"④张九龄乃襄阳名宦,孟浩然则是本郡大诗人,其手迹乃当地奇宝,为了突出它们的价值,特制诗板以悬之,用以表彰先贤,并使成为地方上一景,吸引游客。

(六)题壁时还有一个怎样题名落款的问题,最当注意。首先,题名有男女之别。女子题诗,除了有身份地位的皇后、皇妃、公主落

① [宋]张齐贤撰:《洛阳缙绅旧闻记》卷一,[清]鲍廷博辑:《知不足斋丛书》第二册,第73页。
② [清]彭定求等编:《全唐诗》卷四四〇,第4896页。
③ [清]彭定求等编:《全唐诗》卷四四二,第4935页。
④ [清]彭定求等编:《全唐诗》卷八四六,第9579—9580页。五代又以沈传师、裴休笔札,宋之问、杜甫诗章为四绝,然此乃齐己身后之事。

款书姓名外,民间女子一般不具姓名、字号。两京道三乡驿若耶溪女
子题诗,就不显姓名,只留下一个"二九子,为父后;玉无瑕,弁无首,
荆山石,往往有题"① 的隐语让人猜测,《彤管遗编》猜成"李弄玉",
见《御定全唐诗录》卷九九。许浑《寄房千里博士》所嘲弄的新丰馆
怨妇,也不曾留下芳名。吴融《富水驿东楹有人题诗笔迹柔媚出自
纤指》一诗所咏的女子,也未留。《全唐诗》卷八〇一收录的女子
诗,大半不知真实姓名。其原因正如若耶溪女子所说,是因为当时
社会普遍认为"翰墨非妇人女子之事,名字是故隐而不书"②。其次,
在男性世界里,通例应是既题名又书字,不书字被认为是不合通例。
《唐摭言》卷三:"李汤题名于昭应县楼,韦蟾睹之,走笔留谑曰:'渭
水秦川拂眼明,希仁何事寡诗情? 只因学得虞姬婿,书字才能记姓
名。'"③ 给事中李汤题名时只署了名,未书"希仁"之字,便被韦蟾嘲
笑了一通。王播《淮南游故居感旧酬西川李尚书德裕》:"更见桥边
记名姓,始知题柱免人嗤。"④ 张乔《浮汴东归》:"羞将旧名姓,还向
旧游题。"⑤ 白居易《重过秘书旧房因题长句》:"应有题墙名姓在,试
将衫袖拂尘埃。"⑥ 都说明题诗必书姓名。有的跟题名一样还书上了
族望。如《全唐诗》卷七九九王氏《书石壁》小注:"题诗石壁,末署
太原族望,岁久诗漫灭,独太原二字入石,邑人因以名其滩。"⑦ 唐人
重族望,轻官职,故题名必皆以族望。唐代的岁慈恩寺题名就是咸以

---

① [清] 彭定求等编:《全唐诗》卷八〇一,第 9020 页。
② [唐] 范摅撰,唐雯校笺:《云溪友议校笺》卷中三乡略条,第 102 页。
③ [五代] 王定保撰:《唐摭言》卷三慈恩寺题名游赏赋咏杂纪条,第 43 页。参
　见同书卷一三,第 147 页,所载题诗处所及诗句略异。
④ [清] 彭定求等编:《全唐诗》卷四六六,第 5302 页。
⑤ [清] 彭定求等编:《全唐诗》卷六三八,第 7310 页。
⑥ [清] 彭定求等编:《全唐诗》卷四三八,第 4862 页。
⑦ [清] 彭定求等编:《全唐诗》卷七九九,第 8987 页。

族望题毕的。有的还记上年月。《八琼室金石补正》卷七六萧珙《河东节度高壁镇新建通济桥记》:"粤兹雄镇,实河东军之要津……至若驲骑星驰,华轩云凑……中朝名士,悉憩驾于雁归亭,未尝不题藻句,纪年代也。"[①] 年月、姓名、族望毕具,便于故友寻览,也便于异日自己重游时寻找,郑谷《送进士吴延保及第后南游》:"得意却思寻旧迹,新衔未切向兰台。……胜地昔年诗板在,清歌几处郡筵开。"[②]《唐诗纪事》卷五三高璩忠州题诗:"公斋一到人非旧,诗板重寻墨尚新。"[③] 说自己经过忠州,追寻白乐天遗迹,诗人已去而题诗之遗墨尚新。诗人常凭借题名来确认旧迹。白居易《蓝桥驿见元九诗》:"每到驿亭先下马,循墙绕柱觅君诗。"[④] 是讲寻找友人题诗。留题既多,处所面积有限,不题写清楚则难找,写上名字,一目了然。白居易《游大林寺诗序》谓其元和十二年(817)四月九日,与十七位文士同游大林寺,见萧存、魏弘简、李渤等三人同题屋壁,姓名年月俱在,感旧游之盛,因追和。许多人正是在馆驿、寺观看到故旧笔迹,才怆然感动成诗,这是继和的题壁赖以产生的前提,韦应物《东林精舍见故殿中郑侍御题诗追旧书情涕泗横集因寄呈阆澧州冯少府》:"仲月景气佳,东林一登历。中有故人诗,凄凉在高壁。"[⑤] 皇甫冉《洪泽馆壁见故礼部尚书题诗》,杜牧《三川驿伏览座主舍人留题》及武元衡、刘禹锡、白居易等人在游宦中,都读到大量故旧题壁,因而继和。

　　但也有例外。其一,有些不羁之士,狂傲无伦,以为自己诗名大,即使不写姓名天下人也自然知道,于是不书姓、字,但署其名,《云溪

① [清]陆增祥撰:《八琼室金石补正》卷七六,第1262页。
② [清]彭定求等编:《全唐诗》卷六七六,第7744页。
③ [宋]计有功辑撰:《唐诗纪事》卷五三,第808页。
④ [清]彭定求等编:《全唐诗》卷四三八,第4870页。
⑤ [唐]韦应物著,陶敏、王友胜校注:《韦应物集校注》(增订本)卷六,第416页。

友议》卷上四背篇条："刘长卿郎中……每题诗,不言其姓,但长卿而已,以海内合知之乎? 士林或之讥也。"①这样的人不会止于一个。其二,由于留题者众,其中必然产生为人所爱赏,广为传诵的名作。一优一劣,相形见绌,自知技不如人,技痒之时,即使乘兴题了诗也不留名以免讥讽,这是惜名的表现。《唐才子传》卷七《任蕃传》载,任蕃的题壁诗《宿巾子山禅寺》成后,成为技压群芳的佳作,"后复有题诗者,亡其姓名,曰:'任蕃题后无人继,寂寞空山二百年。'才名类是"②。这里的继题者便自愧技不如人而不留名。其三,为避仇家迫害,有时题了诗也不留名。这样既广收讽刺之效,又保护了自己。如《太平广记》卷三五〇《许生》中的白衣叟所见甘棠馆亭西楹七言律诗,"有其题而晦其姓名"③,小说据说是托讽甘露之变,四相被杀,宦官专横,天下文士扼腕痛愤,面对宦官淫威,敢怒而不敢言,于是采取题诗而匿名的方式以泄愤恨。

第二节　唐人题壁的社会文化功能

　　题壁只是对唐代盛行的一种文学作品题写方式的统称,依照题写内容的不同,有题诗与题名之分。这一方式与一般文学创作不同的地方在于,并不一定是为了抒情遣兴,采用这种创作方式,往往有着具体针对性与目的性。题诗的处所不同,其文化效应就不同。部分文人欲藉题诗于公共场所这一方式,通过熙来攘往的读者媒介来实现其他方式、手段难以达到的目的。这样,题壁、题名就带有明显

---

① [唐]范摅撰,唐雯校笺:《云溪友议校笺》卷上,第33页。
② [元]辛文房撰,傅璇琮主编:《唐才子传校笺》卷七《任蕃传》,第三册第348页。
③ [宋]李昉等编:《太平广记》卷三五〇《许生》,第2769—2770页。

的社会文化功能,而不仅仅具有审美娱乐功能,以下择要述之。

示警戒。《云溪友议》卷上江都事条载,大和中,元稹镇浙东时,尝主持"修龟山寺鱼池,以为放生之铭,戒其僧曰:'劝汝诸僧好护持,不须垂钓引青丝。云山莫厌看经坐,便是浮生得道时。'"后李绅到镇,往游此寺,见到元诗,乃戒曰:"僧有渔罟之事,必投于镜湖……复为二绝而示之。"[1]不准僧人在放生池钓鱼,以诗示之,言简意赅,生动形象,效果要比直接警告好。

示劝惩。许浑《寄房千里博士》:"春风白马紫丝缰,正值蚕眠未采桑。五夜有心随暮雨,百年无节待秋霜。重寻绣带朱藤合,更认罗裙碧草长。为报西游感离恨,阮郎才去嫁刘郎。"[2]此诗一题作《途经敷水》,一题作《客有新丰馆题怨别之词因诘传吏尽得其实偶作四韵嘲之》,题目说明了作诗缘由,原来他在新丰馆读了怨妇题诗,了解到她因夫君远适他乡耐不住寂寞而改嫁,无心守节,于是题此诗以嘲讽之,兼醒世人,这里强调的是宣导教化效果。

示不满。《太平广记》卷一九九引《闽川名士传》载,闽中举子周匡物,漳州人,家贫。元和中,自家中徒步应举,"落魄风尘,怀刺不偶。路经钱塘江,乏僦船之资,久不得济,乃于公馆题诗云:'万里茫茫天堑遥,秦皇底事不安桥?钱塘江口无钱过,又阻西陵两信潮。'郡牧出,见之,乃罪津吏。至今天下津渡,尚传此诗讽诵,舟子不敢取举选人钱者,自此始也"[3]。通过这首题壁诗,既帮助自己渡了江,又以此事而得大名,无意中还帮了许多寒士的忙,一举三得。

通名流。《南部新书》辛卷载:"章八元尝于邮亭偶题数言,盖激楚之谓也。会严维至驿,问元曰:'汝能从我学诗乎?'曰:'能。'少

①[唐]范摅撰,唐雯校笺:《云溪友议校笺》卷上,第23页。
②[清]彭定求等编:《全唐诗》卷五三六,第6127页。
③[宋]李昉等编:《太平广记》卷一九九《周匡物》,第1494页。

顷遂发，元已辞家。维大异之，乃亲指喻。数年间，元擢第。"① 靠一首题驿诗得以结识了名流严维，并因前辈名家严维的指点而加速了成名。

　　暗示事机。一些有识之士，能预见某些重大变故，往往题诗于壁，希望引起世人注意。《太平广记》卷三五引《仙传拾遗》载成真人传舍壁上题诗："蜀路南行，燕师北至。本拟白日升天，且看黑龙饮渭。"② 卷三一《李遐周题壁》："燕市人皆去，函关马不归。若逢山下鬼，环上系罗衣。"③ 题写于天宝末，都是向世人预示天下将乱，虽皆文士杜撰，然安禄山政治野心勃勃，路人皆知，有意代唐，非止一日，天宝末这种诗未必没有。直到唐末还有，《全唐诗》卷八七五唐末越中狂生《题旗亭诗》，南唐末孙咸《题庐山神庙诗》都是同类作品。

　　联络朋友。如元稹、刘禹锡元和十年（815）自江湘召回，均留题诗于馆驿，以示后续而至诸公。元稹自江陵召回，行至蓝桥驿，作《留呈梦得子厚致用》，诗题下自注："题蓝桥驿。"行至韩公驿，作七绝《小碎》。《小碎》："小碎诗篇取次书，等闲题柱意何如。诸郎到处应相问，留取三行代鲤鱼。"④ 以诗代书，留呈后续而至的"梦得、子厚、致用"，让他们知道自己的行踪。此后，刘禹锡行至都亭驿，作《元和甲午岁诏书尽征江湘逐客余自武陵赴京宿于都亭有怀续来诸君子》诗题壁。或造访朋友不遇而归，留诗一首表明己意，如齐己《临行题友生壁》："殷勤题壁去，秋早此相寻。"⑤ 这些都是唐代文士联络友人所惯用的方式。

① ［宋］钱易撰，黄寿成点校：《南部新书》辛卷，第 133 页。
② ［宋］李昉等编：《太平广记》卷三五《成真人》，第 221 页。
③ ［宋］李昉等编：《太平广记》卷三一《李遐周》，第 197 页。
④ ［唐］元稹撰，冀勤点校：《元稹集》卷一九，第 221 页。
⑤ ［清］彭定求等编：《全唐诗》卷八三九，第 9458 页。

邀时誉。有些人有意以题壁来造成影响,如元稹、白居易各自将对方的"小碎篇章"亦即轻松艳丽的绝句题写在屏障上,宣扬对方。另一部分人题壁本身并无明显的功利目的,但由于诗好,无意中带来声誉,《南部新书》丁卷记载,长安三月十五日,两街看牡丹,奔走车马,独慈恩寺元果院牡丹先半月开,万人争看,兵部郎中裴潾游而感题《白牡丹》诗于佛殿东壁。"大和中,车驾自夹城出芙蓉园,路幸此寺,见所题诗,吟玩久之,因令宫嫔讽念。及暮归大内,即此诗满六宫矣。其诗曰:'长安豪贵惜春残,争赏先开紫牡丹。别有玉杯承露冷,无人起就月中看。'"① 以此大获时誉。

以诗及第。一些久困名场的举子,下第后愤气难平,奋笔为诗,往往哀感动人,当权者读了,不由生出恻隐之心,而擢其登第。《唐诗纪事》卷七〇《温宪传》载,文士温宪,以其父庭筠,在世时多以诗文刺时政,傲毁朝士,主司郑延昌抑而不录。"既不第,遂题一绝于崇庆寺壁。后荥阳公登大用,因国忌行香,见之,悯然动容。暮归宅,已除赵崇知举,即召之,谓曰:'某顷主文衡,以温宪庭筠之子,深怒嫉之。今日见一绝,令人恻然,幸勿遗也。'于是成名。诗曰:'十口沟隍待一身,半年千里绝音尘。鬓毛如雪心如死,犹作长安下第人!'"② 这种功效,可遇而不可求。又《唐才子传》卷七《贾驰传》谓驰"初负才质,蹭蹬名场……尝入关,赋诗云:'河上微风来,关头树初湿。今朝关城吏,又见孤客入。上国谁与期?西来徒自急。'主司得闻,有怜才之意,遂放(及)第"③。又见《唐诗纪事》卷六。此诗佳胜,传至京中,为主司所知,怜其才,放其及第。这不属于有意为之,但无意中收

① [宋]钱易撰,黄寿成点校:《南部新书》丁卷,第49页。
② [宋]计有功辑撰:《唐诗纪事》卷七〇,第1042页。
③ [元]辛文房撰,傅璇琮主编:《唐才子传校笺》卷七《贾驰传》,第三册第256页。

到了好的效果。因文才出众而受到重视,这在唐代也常见,有的文人还差一点以诗得官。《唐诗纪事》卷七〇《张蠙传》载,张蠙,唐末进士登第。王蜀时为金堂县令,题诗大慈寺。后王衍与徐太后游寺,见壁间张诗,有"墙头细雨垂纤草,水面回风聚落花"句①,极赏之,为衍所重,召为知制诰,不幸为内侍宋光嗣所阻,未成,以县令终。

　　最常见的是以诗讽刺、嘲弄人。题诗于公共场所,让其播于众口,收到的嘲讽效果往往极好。其中又有幽默诗与讽刺诗之别。幽默诗只对日常生活中可笑的事物略加嘲弄,并不带攻击性质。如《云溪友议》卷下杂嘲戏条载,岭南节度掌书记张保胤,喜作诗戏弄同僚。一日,作诗一首,书于榜子,嘲弄诸妓:"绿罗裙上标三棒,红粉腮边泪两行。叉手向前咨大使,遮回不敢恼儿郎。"②嘲笑乐营妓女的醉歌之态,是善意的取笑,不同于恶意的讥讽。再如阎敬爱《题濠州高塘馆诗》:"借问襄王安在哉?山川此地胜阳台。今朝寓宿高塘馆,神女何曾入梦来!"误把淮南道濠州高塘馆当成荆南高唐神女馆,而不知是驿馆同名。文士李和风经过,看出来了,作《题敬爱诗后》题于其后:"高唐不是这高塘,淮畔荆南各异方。若向此中求荐枕,参差笑煞楚襄王。"此诗一出,读者"莫不解颐",阎诗成了笑料③。有些人题壁,追求的是喜剧式的轻松幽默效果,并不作人身攻击,《南部新书》戊卷记载,唐睿宗为太子时,在滋水驿厅西壁画上,见一胡头画像,乃题诗嘲之:"唤出眼,何用若深藏;缩却鼻,何畏不闻香。"④嘲其深目高鼻,读后给人轻松感。

---

① [宋]计有功辑撰:《唐诗纪事》卷七〇,第1040页。
② [唐]范摅撰,唐雯校笺:《云溪友议校笺》卷下,第193页。
③ [唐]封演撰,赵贞信校注:《封氏闻见记校注》卷七《高唐馆》,中华书局,2005年,第69页。诗题录自《全唐诗》卷八七一。参见《南部新书》庚卷。
④ [宋]钱易撰,黄寿成点校:《南部新书》戊卷,第72页。

讽刺诗却针对性强,火力足,讽刺范围广。如:

刺主司。主司偏颇会激起举子的不满,抱屈含恨者有时作诗以讽,《云溪友议》卷下巢燕辞条载,元和十三年(818)春,章孝标进士下第,时辈多以诗刺主司礼部侍郎庾承宣,独孝标为《归燕诗》以献,略申请托依恋之情。来年,庾主文,果擢第。

刺权门。权门任人唯亲,寒士不满也作诗以刺,进士姚嵘《题大梁临汴驿》:"近日侯门不重才,莫将文艺拟为媒。相逢若要如胶漆,不是红妆即撒灰。"① 就有此意。

刺方镇。文士干谒方镇,不为所礼,每怒而题诗讽刺,这类诗传扬出去影响很坏,方镇害怕,往往改变态度,前倨后恭。平曾谒华州刺史李固言,不遇,怒其傲慢,"吟(留)一绝而去"②。薛苹镇浙西,平曾谒之,礼稍薄,即留诗以讽:"梯山航海几崎岖,来谒金陵薛大夫。髭发竖时趋剑戟,衣冠俨处拜冰壶。……"薛闻之,遣吏追还,縻留数日③。

讥贪官。《全唐诗》卷六九七韦庄《官庄》小注:"江南富民,悉以犯酒没家产,因以此诗讽之,浙帅遂改酒法,不入财产。"④《云溪友议》卷下杂嘲戏条载,刺史郑愚至广州,作诗题于广州使院,讽刺他的前任:"数年百姓受饥荒,太守贪残似虎狼。今日海隅鱼米贱,大须惭愧石留黄。"⑤ 咸通十三年(872),杜荀鹤往潭州依王凝。经马当山,见官商贪残害民,十分愤怒,作诗曰:"贪残官吏虔诚谒,毒害商人沥胆过。只怕马当山下水,不知平地有风波。"⑥

① [唐]范摅撰,唐雯校笺:《云溪友议校笺》卷下杂嘲戏条,第194页。
② [五代]王定保撰:《唐摭言》卷一〇海叙不遇条,第106页。
③ [唐]范摅撰,唐雯校笺:《云溪友议校笺》卷中白马吟条,第126页。
④ [清]彭定求等编:《全唐诗》卷六九七,第8019页。
⑤ [唐]范摅撰,唐雯校笺:《云溪友议校笺》卷下,第192页。
⑥ [唐]杜荀鹤:《将过湖南经马当山庙因书三绝》其二,[清]彭定求等编:《全唐诗》卷六九三,第7983页。

　　刺执政者,最有名的例子是刘禹锡的两首玄都观题壁。《旧唐书》卷一六〇《刘禹锡传》、《本事诗·事感》有刘禹锡的《再游玄都观》自序,系据《刘宾客文集》卷二四《再游玄都观绝句并引》,谓其元和十年(815)自朗州征还,游玄都观题诗,假托题咏玄都观盛开的桃花,讥讽当时朝列中得意小人。旋即出牧连州。十四年后,始入朝为主客郎中,"重游玄都,荡然无复一树,唯兔葵燕麦,动摇于春风耳。因再题二十八字,以俟后游。时大和二年三月"。据此,则其原题《元和十一年自朗州承召至京戏赠看花诸君子》确为题壁,其中"玄都观里桃千树,尽是刘郎去后栽"① 历来被公认为是讽刺执政新贵,用意颇深,语气辛辣。诗题壁后,游人如织,效果良好。刘禹锡长期谪处南荒,所谓"二十三年折太多"②,积愤很深,诗歌托兴也深,生动形象,允称唐代第一讽刺诗。《贾氏谈录》载,邺侯李泌为相,吴人顾况游长安,拜谒之邺侯卒,况题《白鸟诗》寄怀:"万里飞来为客鸟,曾蒙丹凤借枝柯。一朝凤去梧桐死,满目鸱鸢奈尔何!"诗出,大为权贵所嫉,贬饶州司户③。这些不羁之士,虽以讽刺诗为当路者所斥,然其战斗精神始终不懈,唐末五代,时时可见,《鉴诫录》卷一〇《归生刺》记载,吴人归处讷,文宗朝翰林学士归融曾孙,喜作计嘲谑他人,多游秦陇,言足是非,当权者无不以金帛酒食弥缝之,畏其讥也。游秦蜀间,曾以诗刺杨复恭所养义儿,题壁诗成为他们与恶势力战斗的手段。

　　政敌势炽则先题壁后逃走。《十国春秋》卷四三《前蜀九·蒲禹卿传》、《鉴诫录》卷七《陪臣谏》记载,成都人蒲禹卿,忠于王蜀。王

---

① [唐]刘禹锡著,陶敏、陶红雨校注:《刘禹锡全集编年校注》卷四,第202页;卷七,第442页。
② [唐]白居易:《醉赠刘二十八使君》,[清]彭定求等编:《全唐诗》卷四四八,第5039页。
③ [宋]张泊撰:《贾氏谈录》,《宋元笔记小说大观》第一册,第240页。

衍将降于后唐庄宗,上表极谏。及后主被诛,禹卿痛哭,题诗于驿门而遁。雍州刺史遣吏追捕之,禹卿已还蜀。时禹卿为秦州节度判官,所题之驿即王衍被害的秦川驿。《旧五代史》卷七二《张居翰传》、《新五代史》卷六三《前蜀世家》、《资治通鉴》卷二七四载,后唐同光四年(926)三月,前蜀后主王衍既降,诏迁其族于洛阳。四月,行及秦川驿,时关东已乱,庄宗虑衍为变,遣中官向延嗣驰骑赍诏杀之,诏云"王衍一行,并宜杀戮"。其诏已经印画,时枢密使张居翰在密地,覆视其诏,即就殿柱,揩去行字,改书家字。及衍就戮于秦川驿,止族其近属而已,其伪官及从行者尚千余人,皆免枉滥。禹卿诗怒斥:"我王衍璧远称臣,何事全家并杀身!汉舍子婴名尚在,魏封刘禅事犹新。非干大国浑无识,都是中原未有人。独向长安尽惆怅,力微何路报君亲。"[1]诗意悲愤,打动读者,敌人的残忍、被害者的无辜、人臣的悲愤,皆见于纸上。《太平广记》卷三五〇引《纂异录》所载无名氏《白衣叟甘棠馆西楹诗》:"浮云凄惨日微明,沉痛将军负罪名。白昼叫阍无近戚,缟衣饮气只门生。佳人暗泣填宫泪,厩马连嘶换主声。六合茫茫悲汉土,此身无处哭田横。"疑本为一与甘露四相有关的士子所作,以讥讽仇士良等宦竖,为了避免遭到迫害,"晦其姓名"[2],诗中的"门生"就透露了信息。

也有题诗泄私愤者,《本事诗·怨愤》:"吴武陵虽有才华而强悍激讦,为人所畏。尝为容州部内刺史,赃罪狼藉,敕令广州幕吏鞫之。吏少年科第,殊不假贷,持之甚急。武陵不胜其愤,题诗路左佛堂曰:'雀儿来逐飓风高,下视鹰鹯意气豪。自谓能生千里翼,黄昏依旧入

---

[1] [五代]何光远撰:《鉴诫录》卷七,[清]鲍廷博辑:《知不足斋丛书》第八册,第37页。

[2] [宋]李昉等编:《太平广记》卷三五〇《许生》,第2770页。诗题据《全唐诗》卷五六二。

蓬蒿。'"①《唐诗纪事》卷四三《吴武陵》载其寻贬潘州司户,卒,事在
大和八年(834),可能就与他的这种傲慢贪婪品性有关。诗谓小人
得志且莫张狂,下场亦不会好,以形象说话,效果很好。

在文学创作上,题壁的效果表现在以下几方面。

慰人解人,即能给读者带来审美愉悦,如阎敬爱的《题濠州高塘
馆诗》写成以后,"轺轩来往,无不吟讽,以为警绝"②。杜牧批评元、白
诗纤艳不逞,"流于民间,疏于屏壁"③,正好从反面表明其不可抗拒
的审美魅力,像白居易赠长安妓人阿软的绝句"绿水红莲一朵开,千
花百草无颜色"就是雅俗共赏,对读者有强烈吸引力的。

吸引读者进行艺术再创造。诗一旦题壁便不由作者独有,只能
让大家共品。读者中不乏高手,如若觉得字句不妥帖,便径自动手修
改,无须征得作者同意。如前面所说的任蕃题壁诗《宿巾子山禅寺》,
刚题写上壁,就有读者替他改"一江水"为"半江水"。这种改动有
助于提高原作,改动后的作品属于作者与读者共同的创造。也有出
于私心对原诗曲意篡改,甚至改得与原作旨趣大相径庭者,《南部新
书》戊卷:"大中元年,魏扶知礼闱。入贡院,题诗曰:'梧桐叶落满庭
阴,锁闭朱门试院深。曾是昔年辛苦地,不将今日负前心。'及榜出,
为无名子削为五言以讥之。"诗删削后,变成"叶落满庭阴,朱门试院
深。昔年辛苦地,今日负前心。"④寓意恰好相反,成了一首绝妙的风
尘不偶者讽刺主司不公的诗。

引来转题。有些诗本非题壁,但经人转写后则成了题壁,不胫

---

① 〔唐〕孟棨(启):《本事诗·怨愤》,《唐五代笔记小说大观》下册,第1248页。

② 〔唐〕封演撰,赵贞信校注:《封氏闻见记校注》卷七《高唐馆》,第69页。

③ 〔唐〕杜牧:《唐故平卢军节度巡官陇西李府君(戡)墓志铭》,〔清〕董诰等编:
　《全唐文》卷七五五,第3472页。

④ 〔宋〕钱易撰,黄寿成点校:《南部新书》戊卷,第72页。

而走。白居易《与元九书》谓自己的诗,被民众转题于官衙、乡校、邮驿、寺观、舟船之上,而元稹诗也因为风格浅俗,书写爱情而"暗被歌姬乞,潜闻思妇传。斜行题粉壁,短卷写红笺"[①],就是因为诗风轻艳,符合底层民众欣赏口味。白氏并没有到过通州,贬通州司马的元稹到州,却见其"十五年前初及第时赠长安妓人阿软绝句"[②]被人转抄于通州江馆柱上,就是一证。李端《巫山高》,据《云溪友议》卷上巫咏难条,本来题于三峡水驿神女馆,与皇甫冉、王无竞、沈佺期诗并称杰作,但《唐摭言》卷一三惜名条却载,此诗又见于蜀路上的飞泉亭,属于亭中百余诗板题写的诗篇之一。薛能入蜀,佐李福,将亭中百余诗板都砸了,唯留这首《巫山高》,显然是被转写于此。又如《太平广记》卷一八三引《摭言》载,咸通十二年,礼部侍郎高湜知贡举,榜内孤贫者公乘亿,有赋(此赋当指赋诗,非辞赋文体之赋)三百首,人多书于屋壁,皆佳作,好事者处处题之,公乘亿的名气就更大了。《北梦琐言》卷二放孤寒三人及第条作诗三百首。这显然是一种转题,作为作品流传的一种方式,有利于保存诗作,也有利于扩大作者的知名度,对于宣播作品、普及文化作用也大,同一首诗句能被到处题写。《太平广记》卷二四引《续仙传》载,许宣平《庵壁题诗》被认为是好诗,因此好事者"于驿路洛阳、同、华间传舍,是处题之"[③]。

　　最突出的作用当然是引起续作。有时是继和他人的题壁,题在原作之后,如刘禹锡《途次华州陪钱大夫登城北楼春望因睹李崔令狐三相国唱和之什翰林旧侣继踵华城山水清高鸾凤翔集皆忝夙眷遂

① [唐]白居易:《江楼夜吟元九律诗成三十韵》,[清]彭定求等编:《全唐诗》卷四四〇,第4896页。
② [唐]白居易著,顾学颉校点:《白居易集》卷一五《微之到通州日授馆未安见尘壁间有数行字读之即仆旧诗其落句云……因酬长句》,第310页。
③ [宋]李昉等编:《太平广记》卷二四《许宣平》,第159页。

题是诗》《碧涧寺见元九侍御和展上人诗有三生之句因以和》。这是追和亡友之作,出于旧日交情而续作。当时即和的也不少,李德裕在集贤院题壁,当时即有和者五人,见《全唐诗》卷四七五《仆射相公偶话于故集贤张学士厅写得德裕与仆射旧唱和诗其诗和者五人……》。有的是重游旧地、重睹旧题产生感触而继和己作,如白居易《桐树馆重题》及《商山路有感》,就是继和自己几年前自忠州召回时留下的旧作《商山路驿桐树昔与微之前后题名处》。《白居易集》卷二○《商山路有感并序》将前因后果交代得清清楚楚。载明旧作作于"前年夏",也即元和十五年(820)自忠州刺史除书归阙时;继和的新诗作于长庆二年(822)自中书舍人授杭州刺史又由此途出之际,诗于七月三十日题于内乡县南亭。用意之一在于后来有读者见此短什如未忘情,请为继和。其在庐山所作《重题》,也是由原作《香庐峰下新卜山居草堂初成偶题东壁五首》触发的。有时和作不一定是题壁,如薛涛《续嘉陵驿诗献武相国》是因武元衡《题嘉陵驿》而写成的,但无任何证据可以断定此诗也是题壁。湛贲《伏览吕侍郎渭丘员外丹旧题十三代祖历山草堂诗因书记事》系其读了吕渭、丘丹的题壁而作,然则是否继题无法判断。有的则从诗序中可以找到线索,如王铤《登越王楼见乔公诗偶题》,单从题目难以确定其是否题写于壁,但诗中有"谬将蹇步寻高躅,鱼目骊珠岂继明"之句[1],可证其为继题。大和七年(833),李绅出镇浙东,到越州之日,引家眷登郡中新楼,读到前任观察使元稹的题壁诗"我是玉京天上客,谪居犹得小蓬莱"云云,久欲追和,未能书壁,移官九江之后,乃为《新楼诗二十首》以遂前愿[2],据此可知其诗已经书壁。有时,一首题壁诗还会引起身在异

---

① [清]彭定求等编:《全唐诗》卷二七二,第3056页。
② [清]彭定求等编:《全唐诗》卷四八一,第5475页。

地的文人追和。如元和八年（813），武元衡诏征还京，途经百牢关，作《题石门洞》，全名《元和癸巳余领蜀之七年奉诏征还二月二十八日清明途经百牢关因题石门洞》，朝士郑馀庆、赵宗儒有和作，均见《全唐诗》卷三一八，题为《和黄门相公诏还题石门洞黄门，武元衡也》。徐铉《和王庶子继题兄长建州廉使新亭》、无可《寄和蔡州中丞题蒋亭》，都是这样写成的。所有这些都是题壁繁荣文学创作的重要表现。

不仅题壁诗会引起别人追和，题名也会带来新作。如《全唐诗》卷八七二无名氏《题房鲁题名后》："姚家新婿是房郎，未解芳颜意欲狂。见说正调穿羽箭，莫教射破寺家墙。"[1] 便含有很浓的讽刺意味，有一位文士游敬爱寺，见山亭壁画上有进士房鲁的题名，感到内容可笑，于是作诗嘲笑。据《唐语林》卷八、《太平广记》卷二一二引《卢氏杂说》，此诗题写于长安城内怀仁坊敬爱寺山亭院。贯休《禅月集》卷四有《续姚梁公座右铭并序》，据序，他是读了姚崇、卞兰、张说、李邕等人的座右铭，认为不但文字奥妙，而且做法可法，因而续作古体诗一首以志其事。特别是读了白居易所作《续崔子玉座右铭》一首，感于其词旨典雅，意可警策，乃抽毫作诗，以续白氏，命曰《续姚梁公座右铭一首》，书于屋壁。

同一个地方题壁诗多了，就见出高低来。因此，这种形式又引发创作竞赛。《诗话总龟》前集卷一六引《青琐集》云，岳州境内汨罗江，屈原沉沙之处，正庙以渔父配享。唐末有洪州衙前军将，忘其姓名，题一绝云："'苍藤古木几经春，旧祀祠堂小水滨。行客谩陈三酹酒，大夫元是独醒人。'自后，能诗者不敢措手。"[2]《云溪友议》卷

---

[1]［清］彭定求等编：《全唐诗》卷八七二，第 9885 页。

[2]［宋］阮阅编，周本淳校点：《诗话总龟》前集卷一六，人民文学出版社，1987年，第 187 页。

中钱塘论条载,张祜游润州甘露寺,"观前卢肇先辈题处,曰:'不谓三吴经此诗人也。'祜曰:'日月光先到,山川势尽来。'肇曰:'地从京口断,山到海门回。'因而仰伏"①。两位诗人都题咏甘露寺,题诗于壁,张祜见卢肇诗而仰服。后来张祜又以其甘露寺、金山寺题诗与徐凝争解元,徐凝以"千古长如白练飞,一条界破青山色"②而压倒对方,并令一座尽为倾倒,说明题壁诗先后相继,无形中在进行着一场诗人之间的竞赛,名作从中脱颖而出,劣作被淘汰,刘禹锡、薛能毁庸诗的传说,正体现了这一过程。部分爱惜声名者,则知趣地把自己的诗板撤回,《鉴诫录》卷四《四公会》载,文宗朝,元稹、白居易、刘禹锡唱和千百首,传于京师,诵者称美,凡所至寺观台阁林亭或歌或咏之处,向来名公诗板,潜自撤之,自愧弗如也。《唐摭言》卷一三惜名条还记载,文士李建州早年游明州慈溪县西湖,题诗而去。此后为朝官,自知诗不如人,托人把自己从前题诗的诗板砸掉。这又从反面表明了创作的繁荣。有些作品是在流传中自然淘汰的,如女子杨德麟《题奉慈寺》,乃其年十三时,"以六韵题之,今存警句二韵"③。

第三节　题名、吟诵与联句

　　题名、吟诵与联句是文人在旅行中经常运用的文学创作方式,在唐代,像这样形成的文学作品不在少数,因而也有讨论的必要。

　　题名的形式千差万别,有的很简单,仅记录了姓名、年月及旅途往来,没有文学意味,绝大部分唐人题名属于此类。有的却写得流连感怆,用意匪浅。尽管也是行旅往来,慨然寓兴于一时,但仔细推

---

① [唐]范摅撰,唐雯校笺:《云溪友议校笺》卷中,第89页。
② [五代]王定保撰:《唐摭言》卷二争解元条,第18页。
③ [清]彭定求等编:《全唐诗》卷七九九此诗题下小注,第8990页。

敲,动机也是借以勒姓名于山石,欲来者想见其风流,非徒徘徊俯仰以自悲其身世,如《集古录跋尾》卷八所载的韦夏卿、高元裕《甘棠馆题名》,就流连感怆,意兴不浅。有的题名文字质朴,相当于一篇简短的旅行记,如《南部新书》乙卷所载卢弘正《柳泉驿题名》,记载其两次过永济渡,宿湖城县,日期都是八月十七日、六月十四日,作者以为"事虽偶然,亦冥数也"①,因而题记。

　　题名的文学意义在于它与题壁有着密切关系。题名、铭刻也能引起追和之作,韦蟾的《长乐驿谑李汤给事题名》已经为大家所熟悉。唐人登第授官后,非常想做的一件事就是寻找昔日题名,再来个继题之类,这时候不再是"羞将旧名姓,还向旧游题"②,而是"得意却思寻旧迹"③。《唐摭言》卷三载,神龙以来杏园宴后,皆于慈恩寺塔下题名。及第后知闻者,或遇未及第时题名处,则为添一"前"字,故有"曾题名处添前字,送出城人乞旧诗"之谚④。如若名位显达时见到自己寒苦时候留下的题名,更会感慨万分,挥笔题诗,如李德裕《重过列子庙追感顷年自淮服与居守王仆射同题名于庙壁……因书四韵奉寄》:"曳履忘年旧,弹冠久要情。重看题壁处,岂羡弃繻生。"⑤据诗题,初题名时,作者尚是一介布衣,重游旧地之际,已位居左揆,甚荷恩宠,感慨题诗。王播《题木兰院二首》序云:"播少孤贫,尝客扬州惠照寺木兰院,随僧斋餐。僧厌怠,乃斋罢而后击钟。后二纪,播

---

① [宋]钱易撰,黄寿成点校:《南部新书》乙卷,第20页。

② [唐]张乔:《浮汴东归》,[清]彭定求等编:《全唐诗》卷六三八,第7310页。

③ [唐]郑谷:《送进士吴延保及第后南游》,[清]彭定求等编:《全唐诗》卷六七六,第7744页。

④ [五代]王定保撰:《唐摭言》卷三慈恩寺题名游赏赋咏杂纪条,第42—43页。"旧诗",《太平广记》卷一七八引《摭言》《唐音癸签》卷一八引作"旧衣",或是。

⑤ [清]彭定求等编:《全唐诗》卷四七五,第5395页。

自重位出镇是邦,因访旧游,向之题名,皆以碧纱幕其诗,播继以二绝句。"①《唐摭言》卷七起自寒苦条、《太平广记》卷一九九引《摭言》有更详细的记载。这个事例更有名,而且李德裕诗题中标明"题名"实际上同时附有一首题壁诗,这是比较少见的。

行进途中不断出现的新鲜事物开阔了诗人的审美视野,使他们的艺术思维始终处在高度活跃状态。这时候往往伴随着文学创作活动,吟诵与联句就是通常见到的两种。这里的"吟诵"不同于文学欣赏上的吟诵,它是一种艺术创作活动,即一边在头脑中构思连缀,一边口中吟唱,马背上、水陆亭子旁、馆驿中,都产生过这类文学作品。孙逖、郭向的同名诗《途中口号》、李商隐《鄠杜马上念汉书》都是这样写成的。吟诵成诗不同于书斋里的寻章摘句,它往往是先有情绪冲动,然后才思爆发,是感情的自然流露,语言清新自然,流畅活泼。如武昌妓《续韦蟾句》:"悲莫悲兮生别离,登山临水送将归。武昌无限新栽柳,不见杨花扑面飞。"诗成之后,"座客无不嘉叹。韦令唱作《杨柳枝词》,极欢而散,赠数十笺,纳之,翌日,共载而发"②。即凭着过人的才性与诗思口占而成,收效极好。即兴吟诗主要用来表达瞬间情兴,常常不假修饰,带有口语特点。《太平广记》卷三四五《刘方玄》所载巴陵江岸古馆东屋柱上题诗:"爷娘送我青枫根,不记青枫几回落。当时手刺衣上花,今日为灰不堪著。"③系一年轻士子,二更后于巴陵江岸古馆月下行吟而成。在馆驿中月下行吟,最易引发诗思,很多外出的文士都喜欢这样。韦应物也爱月下吟诗,《太平广记》卷二〇四引《甘泽谣》载:"贞元初,韦应物自兰台郎出为和州

---

① [清]彭定求等编:《全唐诗》卷四六六,第5302页。

② [宋]李昉等编:《太平广记》卷二七三引《抒情诗》,第2155页。诗题录自《全唐诗》卷八〇二。

③ [宋]李昉等编:《太平广记》卷三四五引《博异记》,第2732页。

牧,非所宜愿,颇不得志。轻舟东下,夜泊灵璧驿。时云天初莹,秋露凝冷。舟中吟瓢(讽),将以属词。"①生动描写出文人对月吟诗的情景。有的是步月长吟,风度潇洒,如《本事诗·征异》中的峡中白衣。有的见风景优美而沿步高吟,如《全唐诗》卷八六三所载张郁吟诗。有的是对月朗咏,通宵达旦,声音凄厉,激昂悲怆,如《太平广记》卷三二八引《纪闻》中的巴峡人,乃唐高宗调露年中,有人行于巴峡夜泊舟,忽闻有人朗咏诗,反复数十遍。有的在驿馆庭院吟诗,如大历进士窦裕《洋州馆亭夜吟》:"家依楚水岸,身寄洋州馆。望月独相思,尘襟泪痕满。""且吟且嗟,似有恨而不舒者"②,即其旅宿洋州馆中月下行吟而成。诗人本家淮海,大历中下第,自京之成都,途中客居洋州驿馆,病客思家,可是东楚西蜀相隔万里,万般无奈只好对月吟诗倾吐乡思。有的边吟边歌,歌音清细,不绝如缕,吟声切切,含酸和泪③。有时路遇佳景,驻马吟诗,"久不能续"④,遂无下文。独行无友则对月吟诗,结伴而行或馆中遇友,则"青衫白袴,连臂踏歌"⑤,总之千汇万状,各具情态。

　　联句也是唐文人经常运用的一种创作方式,其基本特点正如吕温所说,"乃因翰墨之余,琴酒之暇,属物命篇,联珠迭唱,审韵谐律,同声相应,研情比象,造境皆会。亦犹众壑合注,浸为大川。群山出云,混成一气"⑥。其要素一是属物命篇,咏物为主,共咏一题;二是联

①［宋］李昉等编:《太平广记》卷二〇四《许云封》,第1554页。
②［宋］李昉等编:《太平广记》卷三三八引《宣室志》,第2683页。
③［宋］李昉等编:《太平广记》卷三四五引《博异记》,第2732页。
④［宋］李昉等编:《太平广记》卷三五四引《郑郊》,第2807页。本条原阙出处,库本作出《述异记》。
⑤［宋］李昉等编:《太平广记》卷三四六引《河东记》,第2739页。
⑥［唐］吕温:《联句诗序》,［清］董诰等编:《全唐文》卷六二八,第2807页。

珠叠唱;三是审韵谐律。众作汇集,成为一篇,其佳妙之处又是个人创作所不可替代的。在行迈途中,只要遇到工诗能文之士,就有可能举题连缀,组成篇章,在竞赛活动中完成创作,其审美愉悦也不同于独自行吟。有时候对月联句,以打发时间驱遣寂寞。如韩愈从裴度出征淮西,清夜无聊,与幕中诸公联句,这样写成的诗有好几首,其《晚秋郾城夜会李正封联句……》以及他夜宿神龟驿作的七绝《宿神龟(驿)招李二十八冯十七》,都是这样产生的。有时候是灯下联句,崔玄亮《和白乐天》"几人樽下同歌咏,数盏灯前共献酬"①,将唐人即席联句的情形生动描绘出来了。联句的地点一般在僧房、道观、寺院、官舍等文人经常游处之所,主题多种多样,这从《全唐诗》及《酉阳杂俎续集》卷五保存的数十个唐人联句例子可见一斑。形式也不拘一格,一般是先由一人提议,拟定诗题,虽然强调字句与用韵相同,但若有不一致也未尝不可,这从《全唐诗》所载看不出,倒是在唐人小说中得到了生动的反映。《太平广记》卷四七四《滕庭俊》、《全唐诗》卷八六七《浑家门客联句》就是这样,或五言或七言,韵部各自不同,大家却认为只要都能"自为一章亦不恶"。小说描写联句的情形十分生动,如《太平广记》卷三三〇《中官》官坡馆联句,云有三古衣冠丈夫,与崔常侍先后而至,皆凄凄然有离别之意,举酒赋诗,联句已毕,起身相顾,哀啸而去。如果风清月朗,心情舒畅,则佳句脱口而出。如《太平广记》卷三六九《元无有》所载《维扬空庄联句》,即系唐代宗宝应中,四衣冠甚异的行客于月下谈谐吟咏而成。有时还有美人相伴,轻歌曼舞佐酒助兴,大家到齐以后先是"环席递酬",然后以一人倡议,举题联句,主题不离自然景物、名物典故之类,当时就品评优劣,才思捷滞,立见分晓,如《太平广记》卷三四九《梁璟》中的

①[清]彭定求等编:《全唐诗》卷四六六,第5301页。

商山馆联句,分别以山、月为题,四人依次联属,咏月曰:"秋月圆如镜;秋风利似刀;秋云轻比絮;秋草细同毛。"以诸葛长史所作最后一句最拙,续句也最迟,惹得众人嘲笑。复咏山曰:"山树高高影;山花寂寂香;山天遥历历;山水急汤汤。"四人所赋不相上下,遂"泛言赏之"①。吟咏的时候还一边敲打着某种器具,一边歌唱,如《太平广记》卷三二九引《玄怪录》所载《夷陵空馆夜歌》"明月秋风,良宵会同。星河易翻,欢娱不终"②等三首诗,亦是四女郎于夷陵空馆月下击筑弹琴,更迭唱和而成。新林驿女子诗亦是击盘吟诵而成,接近口语,淡雅可歌。

　　这些记载集中在唐志怪、传奇之中,由于其文体本身的性质所决定,其中多数人物事件都是不真实的,虽然艺术虚构的成分居多,但这并不等于说它们没有史料价值,相反,由于其所反映的唐代社会风气、思想观念、心理状态是那个时代的真实产物,故又是极为真实的。这种真实不是单个的事实的真实,而是如同陈寅恪先生所说,是"通性的真实",是对唐代社会风尚的高度概括,带有浓厚的时代气息与时代特征,是更高层次上的一种真实。透过上述唐人小说中虚幻的描绘,我们看到的是那个文学艺术高度发达的时代酷爱诗歌的文士们丰富多彩的旅途生活。再看两个实例,张九龄《旅宿淮阳亭口号》:"日暮荒亭上,悠悠旅思多。故乡临桂水,今夜渺星河。"③权德舆《徐孺亭马上口号》:"湖上荒亭临水开,龟文篆字积莓苔。曲江北海今何处?尽逐东流去不回。"④都是即兴创作,带有口语特征,与坐在书斋里构思出来的诗相比,风格迥异。

---

① 〔宋〕李昉等编:《太平广记》卷三四九引《宣室志》,第 2766—2767 页。
② 〔宋〕李昉等编:《太平广记》卷三二九引《玄怪录》,第 2612 页。
③ 〔清〕彭定求等编:《全唐诗》卷四八,第 591 页。
④ 〔清〕彭定求等编:《全唐诗》卷三二六,第 3657 页。

总之，表达的真率自然、语言的浅俗明白、内容的不避世俗构成题壁、吟诵、口号诗的基本特征，这些都是有助于唐诗俗化的。

第四节　唐人送别诗研究

唐诗中送别、留别之作甚多，《文苑英华》有诗二百卷，其中送别诗就有二十三卷（含留别诗三卷），占百分之九点一，绝大部分是唐人作品。送别题材在唐代得到了很大的开拓，不仅别集中送别诗比重大，而且有多种送别诗专集。过去对这些诗不甚重视，偶有所论，都是附带性的。可是送别留别诗的繁荣的前提、背景是发达的交通行旅。从唐代文化背景来考察这些作品、研究唐人对送别题材的不同处理方式，及其不同的艺术表现，发掘其独特审美文化价值，即是本文的主要目的。

一、先唐时代送别诗的发展及其艺术特征

送别、留别统称离别。离别是中国古典诗歌的重要题材，早在先秦诗歌中就有所开掘，《诗·大雅·韩奕》第三章："韩侯出祖，出宿于屠。显父饯之，清酒百壶。其殽维何？炰鳖鲜鱼。其蔌维何？维笋及蒲。其赠维何？乘马路车。"写韩侯来朝，受王命而归，王使显甫饯之，送以车马，尊其所往[①]。这里无论是送别场面的铺叙，还是对这种题材的表述角度、层次、主题的安排，都已经很经典了，即：正面铺叙送别场面，烘托气氛，强调友情，所谓"赠厚意也"。但也为先秦诗歌开了一个不好的头，即太过于就事论事，对离情别意的表述方式太单一无变化，缺乏飞腾的想象和高度的艺术概括力。以后各代诗

---

① ［宋］朱熹集注，赵长征点校：《诗集传》卷一八，中华书局，2011年，第287页。

歌,基本沿着这一路线发展,不断为离别题材做出规范,使它显得愈益古旧无生气。《楚辞·九歌·河伯》:"子交手兮东行,送美人兮南浦。"① 江淹《别赋》:"春草碧色,春水渌波。送君南浦,伤如之何!至乃秋露如珠,秋月如珪。明月白露,光阴往来。与子之别,思心徘徊。"② 这表明至迟从齐梁始,"南浦"作为别所的代名词,已被当时文人接受,用于构建典型的送别意境,其实际内涵已经虚化,用法虚拟象征化,其经典性至此得到确立。人们可以根据写作目的和需要,以"南浦"为中心,附丽以其他意象,象征悲悲戚戚的各种离别,组构成一个似曾相识的悲美情场。经六朝文人的反复加工和唐人的努力,许多象征着伤别、永恒、绵邈不断等意义的,能寄寓送者与被送者之间情谊的意象,如杨柳、青山、流水、歧路、夕阳、片帆、孤蓬、浮云、离人、征马等轮廓鲜明,能引发丰富联想的意象,开始组合在一块,凝练成离别的经典意境。只要诗篇中出现了这些意象,读者头脑中就会自然而然地浮现出一幅离别的画面,从而产生共鸣。无疑,如此经典的场面,离不开唐人的努力。汉魏六朝离别诗发展缓慢,离这一经典意境尚有一定距离。先后参与写作的有王粲、邯郸淳、曹植、孙楚、陆机、陆云、潘尼、王浚③、陶渊明、谢灵运、孔广渊、鲍照、谢朓、江淹、吴均、萧琛④、刘孺、张缵、萧纲、庾肩吾、王褒、阴铿、张正见⑤等二十三位作家。在这漫长的几百年内,离别诗的内容表达,经历了由民间到

---

① [宋]洪兴祖撰,白化文等点校:《楚辞补注》卷二《九歌》,中华书局,1983年,第78页。
② [梁]江淹著,[明]胡之骥注,李长路、赵威点校:《江文通集汇注》卷一,中华书局,1984年,第39—40页。
③ 逯钦立辑校:《先秦汉魏晋南北朝诗》上册,中华书局,1983年,第357—774页。
④ 逯钦立辑校:《先秦汉魏晋南北朝诗》中册,第998—1569页。
⑤ 逯钦立辑校:《先秦汉魏晋南北朝诗》下册,第1850—2470页。

宫廷,由私人交往、单独送别到宫廷设宴、君臣共饯的变化,情感抒发则由个人的、单独的对离愁别恨、绵绵友情的真挚表达一变为形式的、礼仪的、社交的场面中的必有应酬中的公式化表达。因此出现了两种写法、两条路子:

一条路子沿着《九歌》《恨赋》所开辟的注重抒情的创作倾向走下去,在营造悲美情感氛围上惨淡经营,不断使离别场面悲情化、典型化,其间经历了王粲—陶渊明—鲍谢—阴铿的变化,其实际生活内涵则被抽去,有意淡化,而加强了象征虚拟色彩,以利于激发读者想象和激发情感共鸣。王粲《赠蔡子笃诗》:"翼翼飞鸾,载飞载东。我友云徂,言戾旧邦。舫舟翩翩,以溯大江。"《赠文叔良诗》:"翩翩者鸿,率彼江滨。君子于征,爰聘西邻。临此洪渚,伊思梁岷。"①二诗一写被送者乘舟东行,一写西聘巴蜀,本来有具体的背景,但出发的地点,送行的人员,行役的目的、过程被略去,传统的比兴手法成了树立形象、表达别情的关键,以征鸿、飞鸾、江滨等象来比喻友人的孤征,但都是用叙述之笔,背景模糊。而且不是唐宋那种惯见的"送某某之某地"的命题格式,而都采用了赠别诗的命题方式。陶诗仍然沿用比兴,但场景鲜明,意境阔远,如《赠长沙公族孙》:"言笑未久,逝焉西东。遥遥三湘,滔滔九江。山川阻远,行李时通。"《与殷晋安别》:"飘飘西来风,悠悠东去云。山川千里外,言笑难为因。"②所引都是带有概括和象征意味的环境描写,对于离别场所和征行道路的描写虚实相生,而重在虚拟,重叠形容词的使用对渲染离情、烘托场面起了画龙点睛的作用。云彩和流水较有暗示性,使人联想到山川

---

① 俞绍初辑校:《建安七子集》卷三,中华书局,2005 年,第 80、82 页。
② [晋]陶潜著,袁行霈笺注:《陶渊明集笺注》卷五,中华书局,2003 年,第 18、155 页。

辽远,征途阔远。后一诗描绘出一个行踪无定的飘泊者形象,而境界和诗意也是飘忽不定的。至鲍照、谢灵运,则又趋于程式化。直到南齐谢朓仍然如此,描写重于抒情,不能打动读者。《临溪送别》诗:"怅望南浦时,徙倚北梁步。叶下凉风初,日隐轻霞暮。荒城迥易阴,秋溪广难度。沫泣岂徒然,君子行多露。"①诗的构思与层次无非是"别所场景＋沿途情景＋别情＋目的地",虽然工于描写,然则形象缺乏暗示性。尽管中间写景的句子也含有感情,情景也有一定程度的融合,但并不是寄意象外,对别情的表达欠深刻,无独到之处,仅就送别诗而言,此诗写作并未达到成熟境地。齐梁作家写法与此大同小异。唯陈代诗人阴铿在这方面有所突破。其《广陵岸送北使诗》:"亭嘶背枥马,樯转向风乌。海上春云杂,天际晚帆孤。"以岸上别所与渐行渐远的江上行舟对比,岸上人与舟中人对比,拉开距离,动静相形,显示依依不舍的别情,构思巧妙。《江津送刘光禄不及诗》:"依然临送渚,长望倚河津。鼓声随听绝,帆势与云邻。泊处空余鸟,离亭已散人。林寒正下叶,钓晚欲收纶。如何相背远,江汉与城闉。"②事件和场面的选择别具匠心,不写送别之时,而写别后的情景,客已远走,我犹怅望,离亭空旷,全在一"不及"上出新,中间对偶句的结撰亦颇见功力,十分新颖。

　　第二种写法产生于梁陈间的宫廷文学活动中。宫廷生活本来很枯寂无聊,于是一些常见社交活动被纳入文学创作领域,成为集体创作的重要题材。每当公卿大臣离京外任的机会到来,君臣就共同设宴饮饯,赋诗唱和。然而优秀送别诗是以深情厚谊为基础的。君

①〔南齐〕谢朓著,曹融南校注集说:《谢宣城集校注》卷三,上海古籍出版社,1991年,第249页。
②〔唐〕欧阳询撰,汪绍楹校:《艺文类聚》卷二九,上海古籍出版社,1999年,第526—527页。

臣共饯则无论亲疏,无论交谊的深浅有无,例须应令作诗,于是送别诗失去了抒情本色,变成了一种空洞无物之作。从梁代刘孺、张缵、庾肩吾、萧纲到陈代张正见,都作过数量不等的应令送别诗,标题中都有侍宴、饯别、应令、送行等字眼。《艺文类聚》《文苑英华》《古诗纪》等类书总集中,有大量这样的作品,都集中在南齐以后,从梁武帝起到隋炀帝、唐太宗、唐高宗,延续二百余年,并未产生名作精品。这是一种带有礼仪社交性质的文学活动,本身不具有开拓诗歌表现艺术的可能性,但却为宫廷所常有,一旦出现了好文的君主,这种场面又会重演,唐代武后、中宗、玄宗时期就延续并发展了这种集体创作活动。

二、唐代送别诗的发展及其流别

文学传统并未因朝代的更迭而被割断,进入唐代,送别诗的现实土壤非但没有被铲除,而且获得了更为丰厚的生长土壤,唐人丰富多彩的行旅生活给送别诗带来的不但是数量上的剧增,而且是艺术成就的跃升。

首先是内容的开拓。可以看到,先唐送别诗题材单调,涉及的行旅范围也狭窄,魏晋时主要是送人到荆州等南方地区避难,南朝以朝官赴任回朝、离京外任、文臣使北为主,内容少变。唐代则出现了许多新品种,举凡贬谪、赴阙、赴选、应举、下第、觐省、游幕、护边、巡边、赴镇、入京朝正、公主入藩、僧道还山、漫游归家,都有送别诗,这些交通活动基本上是前代所没有的,却是唐代送别诗的主要类别,体现了广阔的政治经济文化背景和复杂的人际关系。由于行旅发达,发别频繁,驿馆密集,民间还有众多的私营客馆和旅舍,因而各地陆续出现了许多著名送别场所。两京郊外最多,长安东郊春明门、兴化亭、浐水店、长乐坡、长乐驿、霸桥驿,西郊沣水店、开远门、通化门、临皋驿、望苑驿、马嵬驿,都是常见别所。洛阳西门外临都驿、城北河阳桥、城东水亭的使用频率也高。并汴、扬益、襄荆、魏镇等地方性交通中心,各水陆交通路口,都不时有人饯送。汴州、洛阳居天下之中,像两座巨大的馆驿,二州的长官就像主驿的驿长,不时要迎来送往,应酬繁多,而文士凡在此二州为官者的送别机会也多,送别诗由此增加不少。白居易、刘禹锡晚年都分司东都,送别诗就比一般人多。汴东水亭、潼关河津、太原都亭驿、扬州水馆、饶州干越亭、扬州扬子驿、成都万里桥、襄阳汉阴驿、潭州长沙驿、广州广江驿,都有唐人留下了送别诗,是重要的别所。只要行旅还在进行,文人还在四处飘寓,他就会到处送人或被人饯送。久处朝列的京官对两京郊外的宴饯场面已司空见惯,因为这里几乎每天都可以见到送别场面,所谓"落日荒郊外,风景正凄凄。离人席上起,征马路傍嘶。别酒倾壶赠,行书掩泪题"①,送别的场所被固定化,情感基调和写法也趋于一致。李峤此诗在唐人送别诗中尚属上乘,但仍给人以雷同之感。白居易《长乐坡送人赋得愁(字)》诗说,长安城东郊外长乐坡的情形是"行人南北分征路,流水东西接御沟。终日坡前恨离别,谩名长乐是长愁"②。灞桥则成了"销魂桥",这些地名都是别所的代名词,人际关系因此而得到维系。送别之际一般都有妓乐相伴,白居易《及第后归觐留别诸同年》:"时辈六七人,送我出帝城。轩车动行色,丝管举离声。"③丝管指歌妓演奏的饯行乐曲。《云溪友议》卷上饯歌序条载,崔元范自府幕召赴阙庭,授侍御史,浙东观察使李讷连夜于镜湖光候亭设

---

① [唐]李峤:《送李邕》,[清]彭定求等编:《全唐诗》卷五八,第695页。此诗《文苑英华》卷二六七作《送李安邑》,是,李峤乃武后时人,和李邕年辈相差近四十岁,时代悬隔,无相送之可能。

② [唐]白居易著,顾学颉校点:《白居易集》卷一八,第399页。

③ [唐]白居易著,顾学颉校点:《白居易集》卷五,第103页。

宴饯行,"屡命(妓盛)小丛歌饯,在座各为一绝句赠送之"①。艳歌丽人相配,充分反映了晚唐以来士大夫间的享乐之风。初盛唐时社会安定,助长了这种风气,皇帝不时举行大规模宴饯活动,中、睿二帝对此尤为热衷。比较有名的,如圣历元年(698),道士司马承祯归天台,敕李峤饯于洛桥东,李峤、宋之问、薛曜均以七绝相送,见《旧唐书》卷一九二《司马承祯传》、《太平御览》卷三八引《唐书》。景云二年(711)睿宗再召之入京。后返天台,上亲以诗送之,朝士李適、沈佺期等三百余人送之,常侍徐彦伯撮其美者三十余篇,为制序,名曰《白云记》,见《太平广记》卷二一引《大唐新语》、《旧唐书》卷一九〇中《李適传》。长安三年(703),韦安石出为东都留守,群臣于张昌宗园池赋诗饯送,最后由张说合为一卷,并作序,见《张燕公集》卷一六《邺公园池饯韦侍郎神都留守序》。景龙三年(709)七月,中宗率李峤、李適、刘宪、苏颋、李乂、郑愔至长安东北通化门外,送张仁愿赴镇朔方,并亲自制序赋诗,群臣同和,见《旧唐书》卷七《中宗纪》、《唐诗纪事》卷九《李適》。四年正月,中宗率崔日用、崔湜等二十一人送金城公主入蕃,远送至长安西郊第六驿——马嵬驿,作诗成集,徐彦伯为序,见《旧唐书》卷七《中宗纪》、《唐诗纪事》卷九。

继武后、中宗时期文馆学士掀起了制作送别诗歌的高潮之后,盛唐时期,这一题材又因玄宗的提倡而继盛,开元十三年(725),玄宗自择刺史十一人,命宰相诸王、诸司长官、台郎御史饯于洛滨,供张甚盛,帝赐诗十韵,应制诗很多,见《资治通鉴》卷二一二、《册府元龟》卷六七一、《新唐书》卷一二八《许景先传》。十四年,张嘉贞刺定州,诏百官祖饯于洛阳上东门,有应制诗若干篇,张说为序,见《旧唐书》卷一二一《张嘉贞传》、《张燕公集》卷一六《送工部尚书弟赴定州

①[唐]范摅撰,唐雯校笺:《云溪友议校笺》卷上,第48页。

序》。天宝三载（744），贺知章致仕归越，唐明皇率领朝士为其饯行，并赋《送贺秘监归会稽诗并序》，数十人皆作同题应制诗，《会稽掇英总集》卷二还保存着这次盛会的三十七首诗。经此百余年酝酿，送别遂成了京城文人交游的最重要机会之一，送别诗获得了大的发展，人们都有一套手笔。从盛唐起，迎送饯行就被制度化，岳牧出镇回朝，京中文武迎送，亦听。天宝三载三月敕：中书门下及两省五品以上，并三品以下正员长官、诸司侍郎御史中丞，于鸿胪亭子祖钱朝集使及范阳节度使安禄山。永泰元年（765）正月，宰臣王缙等奏：今后有大臣入朝，百僚宴饯，准故事，于鸿胪亭集会，从之。时帝优宠大臣，入觐之日，行相见之礼。政府的诏令使得这一既有礼仪合法化，中唐前期诗人，如"大历十才子"及以权德舆为代表的贞元文士，争胜于京中，以擅制序作诗而得名，李端、钱起、韩翃、郎士元就以能在送别场面技压群芳而擅场，见《唐国史补》卷上。在送别场所争奇斗艳，成为大历、贞元京城诗风的重要表现。大历初，归崇敬出使新罗，作诗送别者很多，便成为一诗风会，《全唐诗》中保留了皇甫曾、皇甫冉、耿沣、李益、李端、苗发六人的送别诗，皆题《送归中丞使新罗册立吊祭》。送别机会更多，郎官、御史奉使，文士自幕中入京朝正、返幕府，都有群官钱送。贞元十五年（799），杨凝自汴州入京朝正，旋返汴，群公饯送成集，崔群、许孟容、柳宗元作序，见《柳宗元集》卷二二《送杨凝郎中使还汴宋诗后序》，前序为工部郎中崔公作。而贞元十二年，韩愈在汴州宣武节度使幕，也有《天星送杨凝郎中贺正》。时杨凝以户部郎中为宣武军判官，韩愈同佐董晋幕。凝自汴入京朝正，韩以诗送之，见《五百家注韩昌黎集》卷三。长庆二年（822）四月，秘书监严謩出任桂州观察使，群臣祖送，王建、张籍、白居易等作《送严大夫赴桂州》，而以韩愈诗《送桂州严大夫》最工。此诗不写沿途行迈情景，转而对目的地作工笔描绘，其中"江作青罗带，山如碧玉簪"已

成为久相传诵的名句,末联"远胜登仙去,飞鸾不暇骖"亦佳①。宋人
范成大出任广西经略安抚使,撰写的旅行记就以《骖鸾录》为名。大
和三年(829),令狐楚以户部尚书出为东都留守,白居易、刘禹锡、张
籍以诗饯别。后白居易由刑部侍郎改授太子宾客、分司东都,朝贤悉
会兴化亭饯别,令狐楚、王起、韦式、魏扶各为一字至七字诗,见《唐诗
纪事》卷三九韦式条。张籍不仅作诗,而且制序记录此事,见《全唐
诗》卷三八六张籍《赋花并序》。尽管此诗后来被学者考证为子虚乌
有,纯属文人杜撰,但谁都无法否认唐代公卿间送别风气的浓厚。整
个中晚唐,每逢大臣出镇回朝,京城郊外就热闹非凡,人头攒动,所谓
"出饯倾朝列,深功仁帝台"②"万人东道送,六蠹北风驱"③,都是对两
京郊外宏大迎送场面的形象描写。两京及天下诸州零星饯送不断,
所不同的是,这种行为只在私人之间进行,体现的是私交。白居易南
贬江州,其好友杨虞卿闻讯从城西赶来饯别,行至昭国里,白氏已出
城,竟追至浐水"执手悯然而诀"④。永泰元年(765),文士蒋晃入京
奏事,吴楚文士以诗送之,李翰、薛弁有序,见《毗陵集》卷一六《送
蒋员外奏事毕还扬州序》。韦蟾廉问武昌,罢任时群僚饯于江亭,武
昌妓的《续文选诗》就作于饯席上。贞元中,李逸自幽州幕府还洛省
亲,旋出游,群公饯送,逸为此作《洛阳河亭奉酬留守群公追送》以答
谢。总之,送别的场面到处可见。形势如此,唐人文集中送别诗的比

①［唐］韩愈撰,［宋］魏仲举集注,郝润华、王东峰点校:《五百家注韩昌黎集》
　卷一〇,第664页。《全唐诗》卷三四四此诗题下,尚有"同用南字"四字,盖
　当时朝士分韵赋诗。

②［唐］郑严:《送韦员外赴朔方》,［宋］李昉等编:《文苑英华》卷二七四,第
　1386页。

③［唐］元稹:《奉和权相公行次临阙驿逢郑仆射相公归朝……》,［清］彭定求
　等编:《全唐诗》卷四〇七,第4530页。

④［唐］白居易:《与师皋书》,［宋］李昉等编:《文苑英华》卷六九二,第3567页。

重也相应增加,呈现着一个初、盛、中、晚平稳增长的势头。为了描绘这一大势,笔者选取初、盛、中、晚四个时期十八位代表作家,对他们的作品中送别诗与全部作品进行数量统计与比较,求得的送别诗在其现存诗作中所占百分比,粗略计算后为:

初唐	王勃11.5%	卢照邻2%	骆宾王8%	李峤20%	
盛唐	高适8%	王昌龄36%	李白15.5%	杜甫8.5%	王维7.5%
中唐	刘长卿34%	钱起40%（《江行无题一百首》未计入,非钱作）	韩愈7.8%	白居易6.5%	
晚唐	贾岛39%	许浑9%	姚合5%	张祜2%	马戴6%

依上面所得数据,统计出唐代各时期送别诗在全部唐诗中所占百分比,绘成下面的简图:

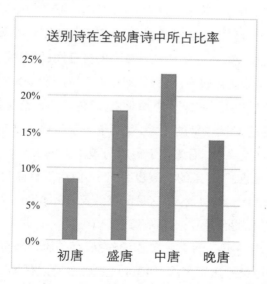

上表显示,由初唐至盛唐,送别诗发展得最快,中唐进一步高涨。

至晚唐五代,由于时代乱离,国势不振,又略降。这种态势,与唐人行旅在初盛中晚的变化大致对应,大致能反映唐代送别诗发展变化的态势。

三、唐人送别诗的写法探讨

依照唐人共同遵循的惯例,写作送别诗时,送别对象、行程路线都是必须考虑的写作规范。送别诗又是抒情性很强的诗,情感内核是离情别意。因而诗歌怎样对待送别对象及其行旅、怎样表达离情别意,就成为判别其艺术个性与特色的标准。试以此三点为标准入手分析,可以看出,唐人送别诗有两种创作倾向:

一是着重对离别这一事件本身作形象化描写,特别是着力于运用比兴、象征等能激发想象、联想的手法,对别情、别意以及行旅飘泊情景进行比况,运用情景交融的方法,致力于营造离别的情感氛围,从而使得离别场面、氛围、人物、情感都形象化,转化为亲切可感的文学形象。由于诗中出现的大多是读者熟悉的意象与场景,就比较容易产生认同,引起共鸣,激发联想,在读者脑中形成一个预期的场景,帮助读者体会离别,所写的离别有较高的概括性、经典性。

另一种写法则比较专注,只针对一时一人一事,扣住具体的离别人事,作细节性描写,常详写送别对象、事件、过程,想象其沿路征行的情景,有的还交代送别的原因,等同于一篇诗体写成的送别序,而不是抒情诗。这么写,用意在于突出与被送者的关系。送者与别者的关系是写清楚了,二人的友谊也突出了,但由于具体化,重对象,而分别的背景、目的、经过、行旅区域与路线又各不相同,故所写只有个别性,缺乏艺术概括力。

唐诗中,运用第一种写法创作的作品,都是唐诗乃至整个中国古典诗歌中较经典的送别名作,如王勃《送杜少府之任蜀川(州之误)》《秋江送别二首》、骆宾王《于易水送人》、李峤《送李安邑》、高适《别董大》、杜甫《奉济驿重送严公四韵》、李白《送友人》《灞陵行送别》、李颀《送魏万之京》、王昌龄《芙蓉楼送辛渐》、王维《送元二使安西》《送别》《郑梓州李使君》《送秘书晁监还日本国》《送沈子福之江东》、许浑《谢亭送别》、温庭筠《送李亿东归》等，数量少，所占比例不到十分之一，但却能代表唐人送别诗的艺术成就和所达到的艺术水准。运用第二种写法创作的诗值得一提的少，量却极大，代表着唐人送别的主流。

在长期的积累中，这两类诗歌在体式、写法上形成了一系列的特色。

首先，前一种写法多为近体律绝（除七律外），多短制，后一种写法多用古体和五七律，唯独绝句少，愈到中晚唐表现得愈明显。

其次，前一种写法诗题比较简短，能点明大意即止，后一种写法诗题往往较长。在制题上，通常的格式是《送××之（归、还、赴、入、返、迁、下第、归觐）××地》，有时"送"字前面还有对节令的交代，饯行对象的身份如进士、举子、官员、僧道、使客、迁客流人都写清楚，行旅性质与目的、到达地点，一一写明，人名多注明官职、郡望、行第，行旅性质与方向，则以（　）中的动词来体现，前去的地点多用唐人惯用的人文地理常见称呼，如河陇、朔方、河朔、幽蓟、江东、江外、江左、吴中、岭南、岭外、巴蜀、湘中；或用唐以前古地名，如钟陵、会稽、桂阳、琅琊等，一般都是回避使用本名的；或以唐后期节镇名，如荆南、鄂岳、剑南、淮南、江西、浙西、宣歙之类，唐代的州名反而不太常用，天宝时则惯用郡名。有的一诗寄几人，于是在题尾加上兼寄、兼示、兼呈等字眼，如杜甫《送孔巢父谢病归游江东兼呈李白》、苏颋《春晚送瑕丘田少府还任因寄洛中镜上人》、张九龄《广陵送别宋员外佐越郑舍人还京》、朱湾《送李司直归浙东幕兼寄鲍行军持节大夫初拜东平郡王》、崔峒《秋晚送丹徒许明府赴上国因寄江南故人》、刘禹锡《送湘阳（襄阳之误）熊判官孺登府罢归钟陵因寄呈江西裴中丞二十三兄》。

其三,不同的制题方式体现了不同的写作目的,与此相应,读者对它们的接受也不一样。诗题制得越详细,其规定性、针对性、个别性就越强,诗的用途就越多,读者阅读的障碍也就越多。反之,如果诗题简洁,省略的东西多,其针对性、个别性就少,对生活的概括性和作品的艺术感染力也强些。将笔力集中到送别这一题材本身上来,对其进行形象化、典型化的描写,这样的诗歌更能与读者沟通,激起读者共鸣。

最后,在时代上,用前一种写法创作出来的名篇集中在初盛唐,是初盛唐经典作家奠定了那种优美的抒情格调,为万代不易之法。后一种写法中晚唐更多见。然而这也是相对而言,即使在唐前期,同一个作家身上同时存在两种创作倾向,盛唐时用第二种写法的也有不少。以下试举王勃、李峤、李白、杜甫、许浑、温庭筠为例来说明两种写法的各自特点及区别,前一写法在上,后一写法在下,以示对比。

例一,王勃二首:

江亭夜月送别二首其二

乱烟笼碧砌,飞月向南端。寂寂离亭掩,江山此夜寒。①

送卢主簿

穷途非所恨,虚室自相依。城阙居年满,琴尊俗事稀。开襟方未已,分袂忽多违。东岩富松竹,岁暮幸同归。②

---

① [唐]王勃著,[清]蒋清翊注:《王子安集注》卷三,上海古籍出版社,1995年,第99页。

② [唐]王勃著,[清]蒋清翊注:《王子安集注》卷三,第82—83页。《文苑英华》卷二六六"送"下有"临卢"二字,为"林虑"之误,当为原文,今脱。

　　第一首着力刻画离别后的场景,诗中出现的乱烟、离亭、寒月、远山都没有具体化,只把它们作为人类一般审美客体纳入诗境,由于撇开了背景知识,一下拉近了与读者的距离,读者能想象到,烟笼月移,显示别后夜色之深沉;亭寂夜寒,暗示人去后周围的冷寂。"飞月"很有形象的暗示性,既可象征人南下,又容易使人想到明月普照,千里相思,友谊不断。第二首却明确规定送别的对象是林虑卢主簿,他是什么人,他为何"穷途",诗人为何与其"分袂","琴尊""虚室"指什么读者都茫然无知,只有诗人清楚。显然,这首诗的基本信息只有作者与它唯一的读者——卢主簿清楚,后代读者却缺乏相关的具体背景知识,因而无法和作者沟通,引不起共鸣。送别诗叙事性强,密切联系到读者的情感体验,写得越具体越难沟通。但在唐代送别场面上,制题如果太简单,不依照大家的习惯写,就会被认为不合式,不重视对方。送别诗中的长题目需要很高的唐代文化修养才能基本看懂,但当时在场的人全明白。诗的赠送对象是当时的被送者,他的同僚戚友,这首诗的用途止于此,他并没有想以此诗与后代读者沟通,因而差别就这样保持下去。

　　例二,李峤二首:

送李安邑

　　落日荒郊外,风景正凄凄。离人席上起,征马路傍嘶。别酒倾壶赠,行书掩泪啼。殷勤御沟水,从此各东西。①

饯薛大夫护边

　　荒隅时未通,副相下临戎。授律星芒动,分兵月晕空。犀皮

---

① [宋]李昉等编:《文苑英华》卷二六七,第1348页。诗中"啼"为"题"之误,《全唐诗》卷五八即作题。

拥青橐,象齿饰雕弓。决胜三河勇,长驱六郡雄。登山窥代北,屈指计辽东。但见燕然上,抽毫颂武功。①

　　李峤是武后、中宗朝著名的文馆学士,熟悉京城交游诗的写作规范。但他的第一首诗却一反常态,不依照当时流行的送别诗的程式写,偏要创新,因此别具一格,颇为引人注目。第一首诗四联都着力于描写离别场景,略去了许多背景交代,如荒郊的具体位置、李安邑到哪里去、干什么,都不交代,重点落在"送"上,而不是"别李安邑"这件事上,因此诗中的荒郊、落日、离人、征马、别酒、流水,都具有了普泛意义,有情境交代,有分别时的动态场面。诗歌以形象的语言,再现了令人难忘的离别情景:离人离席准备上路,征马嘶鸣,诗人掩泪题诗相赠,最后以流水意象,象征两人情如山水永不断绝,这些生活经验一般读者都具备,因而很容易就产生共鸣,诗歌因概括了人类普遍经验而具有经典性。第二首则是典型的应制诗,运用的是大家都习惯用的铺叙写法,立意不再是"伤别",而在"薛大夫护边"五字上,于是,护边的原因与背景,薛大夫的武将模样,由代北直指辽东巡边历程、行程路线,全写进去,末联附以文人诗常见的夸饰语调来掩饰情感的空虚,诗中堆砌典故,笔调浮夸,显然属于形式的、礼仪应酬生活圈的产物,无可深责。

　　例三,李白二首:

送友人

　　青山横北郭,白水绕东城。此地一为别,孤蓬万里征。浮云游子意,落日故人情。挥手自兹去,萧萧班马鸣。②

---

① [清]彭定求等编:《全唐诗》卷六一,第726页。
② [唐]李白撰,[清]王琦注:《李太白全集》卷一八,第837页。

送范山人归泰山

　　鲁客抱白鹤,别余往泰山。初行若片雪,杳在青岩间。高高至天门,日观近可攀。云生望不及,此去何时还。①

　　第一首中,送别对象的一切细节都被略去,作者采用概括的集约的笔法,精择了人们最熟悉的具有象征意义的四组离别意象:连绵起伏的青山、绿水环绕的城郭,是典型的别所;孤蓬、浮云比喻四处飘泊的友人;落日、征马象征依依不舍、凄凄而别的双方,青山流水使人联想到友谊的久长,情感联系的不可阻断。由于扬弃了对象的个别特征,离别这一事件本身给人的印象更鲜明。前半诗意盖从鲍照《芜城赋》孤蓬自振、惊砂坐飞、浮云一往无迹化出,以比游子之意。后半落日衔山不去,以比故人之情,尾联马鸣暗示主客将分道,而萧萧长鸣亦若有离群之感。第二首则正好相反,"鲁客"及归所"泰山"占去两联,云的意象出现了两次,但都是在比喻征行而不是形容别情,中间两联在描述"归泰山"的情景,感情缺乏深度,语言的形象性也不够,其意义仅止于此次送别,部分句意还只是切合对方的山人身份,并不能适合于其他场面、其他人,出于友谊的需要,就只能创作这种平庸无奇的应酬诗。

　　例四,杜甫二首:

奉济驿重送严公四韵

　　远送从此别,青山空复情。几时杯重把?昨夜月同行。列郡讴歌惜,三朝出入荣。江村独归处,寂寞养残生。②

---

① [唐]李白撰,[清]王琦注:《李太白全集》卷一七,第833页。"片雪"为"片云"之误,《全唐诗》卷一七六作"片云"。
② [唐]杜甫著,[清]仇兆鳌注:《杜诗详注》卷一一,第916页。

送舍弟颖赴齐州三首其二

　　风尘暗不开,汝去几时来? 兄弟分离苦,形容老病催。江通一柱观,日落望乡台。客意长东北,齐州安在哉? ①

　　第一首上半叙送别,下半说别后情事,诗意前实后虚。虽是针对严武,叙二人私交,但诗人并没有详写被送者,而是通过连绵起伏的青山、"杯重把"的探问、月同行的回忆,及今日与昨夜的对比来形容怅别生离之悲。下四句言后会无期,往事难再,想象友人一去自己寂寞无依、彷徨独去的情景,句式富变化,语意有顿挫,写出了别情的真挚、沉郁。这种情感力度,使作品超越了"送严公"这一事件本身,读者无不为之所动,而不再去细究奉济驿在哪、严公去干什么、两人何时分别。第二首诗意单调简单,仅仅叙述别后之思,没有融入深切的感情,物象也不能召唤情感。原因就在于诗人关心的重点是人而不是事,是舍弟颖赴齐而不是两人的别情。"一柱观""望乡台""齐州"等需要一定的文化地理背景知识才能理解,作者为何这样写也颇费心思,其实是从彼此两个角度,描写舍弟经过的路线和到达齐州后望乡的情景,这样就只突出了战乱中骨肉离散这一现象,与读者关于离别的生活经验不能对应,难获好评。

　　中晚唐诗人继承了王维、李白所开创的借景抒情、情景交融的路子,不时创作出离别诗中的逸响之作。许浑《谢亭送别》:"劳歌一曲解行舟,红叶青山水急流。日暮酒醒人已远,满天风雨下西楼。"②诗写醉中送别,见红叶青山,景象可爱,必不瞻望涕泣。日暮酒醒,行人已远,不能无惜别之怀,兼之满天风雨,离思又当何如耶。诗人巧妙

① [唐]杜甫著,[清]仇兆鳌注:《杜诗详注》卷一四,第1182—1183页。
② [清]彭定求等编:《全唐诗》卷五三八,第6136页。

地把江楼送别这个背景暗含在诗中。前半写送别情景,行人乘舟急去,唱歌以别,色彩明丽;后半色调暗淡,即景寓情,别出心裁地写别后凄然情状,益见难舍难分,别有一番情味。格调虽略嫌低沉,但流畅而不凝重,还是比较完美。温庭筠《送人东游》:"荒戍落黄叶,浩然离故关。高风汉阳渡,初日郢门山。江上几人在,天涯孤棹还。何当重相见,尊酒慰离颜。"①亦为名作,格调苍凉,晚唐风味,《才调集》卷二、《文苑英华》卷二七九选入。诗人只描绘了一个萧索的离别背景:深秋一个黄叶飘零的早晨,朋友与诗人诀别,江风呼啸,舟儿顺风疾驶,此际离思浩荡,就像滔滔不绝的江水,渐远渐无穷。待他从沉思中惊醒,但见天际孤帆,迎面开来,故人已不可见。诗人想,什么时候才能重聚呢?烘托手法在这里起了很好的作用。诗中被送的对象只作为一个起因而存在,立意重点始终是别情,在艺术效果上情景交融。重抒情不重叙事的写法,被许多诗人成功借鉴。如徐月英《送人》:"惆怅人间万事违,两人同去一人归。生憎平望亭前水,忍照鸳鸯相背飞。"②也是写江畔送别的情景,唯一具体的地点就是平望亭,即平望驿,在苏州,见《方舆胜览》卷二《平江府·馆驿》。但这个具体化的地名并未构成抒情和理解的障碍。作者送行的对象也不是一般的朋友,而是自己至亲至爱的丈夫,所以情思怫郁,最后两句突出了夫妻分别的场景:丈夫乘舟远去,妻子站在平望驿边深情目送,绵绵的别恨仿佛无穷无尽,全诗以"惆怅"领起,采用概括性笔调,以适应七绝这一体式的写作要求。在中晚唐,这样的作品并不少。

至晚唐,古典离别诗在叙述别情方面已难有超越前人的大发展,

---

① [清]彭定求等编:《全唐诗》卷五八一,第 6742 页。
② [清]彭定求等编:《全唐诗》卷八〇二,第 9033 页。诗辑自《北梦琐言》卷九鱼玄机条。

送别却仍在无休止地进行,送别诗愈来愈变成文人以文会友、发展友谊的手段,艺术上的开拓与出新被置于次要地位,表达上趋于程式化。这些诗虽然在艺术上显得平庸,但对研究唐文人的行旅,研究唐代水陆交通及各地人文地理却是极重要的第一手材料。因为唐文人写这些诗时,交代了行旅性质、行程路线、沿途景点、目的地的情形。比如往蜀中的涪州,就会写到蜀路情形,取哪一道南下,涪州的方位、特产;往两浙,就会写到先陆后水,淮汴江行,两浙风物等;往江西,就会叙述其自蓝田—武关道南下,自襄汉而扁舟东下,至于九江,南方距京辽远,音信难通等,因此又变成了研究地域文学与南北文化交流与地域经济文化发展的宝贵材料。

第五节　异地唱和诗研究

一、异地唱和的起源与发展概况

异地唱和是基于唱和诗发展而来的文学酬唱的高级形态,唐以前由于唱和诗还处在发展中,故而并没有异地寄和,它是直到唐代中后期才盛行的一种文学创作方式。其产生和盛行,与唐代政治文化制度有莫大的关系。唐代社会,公平合理的竞争机制还远远未确立,政治体系的运转、文化制度的推行,都缺乏透明度与公平性,到处充满了黑暗与不平,广泛开展交游对个人仕宦的成功,将起到重要的作用。政治风波的险恶、人主的喜怒无常,使得谁都无法保证自己不致身蹉跌。应举、铨选、授官方面的残酷竞争,使得大部分文士仕进艰难,然而又特别渴望成功,到处求请干谒成了他们经常性的事务,人际关系像一张无形的巨网,影响着形形色色的求名求利者。进入这张网后,对文采风雅的爱好又促使很多文人或主动或被动地投入以酬寄赠答为主的交游诗的创作,越到后来,它越是成为士大夫娱情遣兴之具。

酬寄赠答统称唱和。二者在联络方式与制题上有区别。赠答都发生在当面,赠诗的一方题作《赠××》,答作则曰《酬×× 见赠(示、贻、召)》;酬寄则在不同地点之间进行,文士天各一方,仍要维持文字往还,就得通过邮递以及顺路捎带等方式,寄作曰《寄××》,有的在人名前后,还有族望、行第、官职、地名等习惯性称呼,答作曰《答××见寄》,有寄有答,统谓之寄答。准确地说,应简称为异地唱和。原唱者从甲地寄诗到乙地,对方收到诗后,又将答作寄回来;有时甲方收到乙方和答后又寄诗过去,引起新的一轮和答,如此往复,往往形成文集。

异地寄和发端于初盛唐,极盛于中唐,晚唐时仍颇有声势。初唐时寒微之士力量薄弱,文坛主流是聚集在京城的中高层文人,他们作得最多的是应制、赠答,异地寄和只偶尔有一二文士为之。如宋之问南贬途中,作《途中寒食题黄梅淋江驿寄崔融》,崔时贬官袁州,收到诗后,与胡皓都有和答。盛唐仍然如此,从张说、王维等文坛领袖到王昌龄、李白、杜甫等大诗人,都不大写作此类诗歌。中唐以来,文人出路日益狭窄,对权力的依靠日重,往往聚会两京,倚附权门,互通声气,岁月滋深,形成了错综复杂的人际关系,文学创作成为维系这种关系的重要手段,即使外出也不忘寄诗酬答,异地唱和风气逐渐形成。影响所及,地方文士也不甘落后。大历以来,这类作品数量日增,刘长卿、钱起、卢纶、顾况、严维、章八元都有。自贞元、元和至长庆、开成,异地唱酬达到了极盛。先有杨巨源、武元衡、李吉甫、裴均、杨凭,继以李逢吉、令狐楚、元稹、白居易、崔玄亮,殿以刘禹锡、李德裕。以白居易、令狐楚、刘禹锡三位文坛领袖为中心,以两京、并汴乃至京城至吴蜀荆楚驿路为联络线,形成了异地酬寄诗潮。这些人不是地方官就是京官,诗篇通常通过邮递寄达,每有所感触,辄"飞函相示,且命同作"①,哪怕千里万里,北胡南越,总是"章句络绎",无旷旬时,而"新韵继至"②,作品规模可观,陈尚君《唐人选编诗歌总集叙录》第五部分考得唱和集四十六种,其中属于寄答的有《荆潭唱和集》《荆蛮唱和集》《元白往还诗集》《三州唱和诗》《杭越寄和诗》《因继集》《刘白唱和集》《吴越唱和集》《吴蜀集》《彭阳唱和集》等,都是很重要的异地唱和结集,绝大部分在中唐。之所以产生了这么多唱和文集,主要是因为唱和双方"往复循环,有唱斯和,搜奇抉怪,雕镂文字",并因此而引起京官或州府僚佐群起而和,如裴均、杨凭的荆潭唱和,"两府之从事与部属之吏,属而和之"③。地方诸州之间常有此种文字往还,地方与两京之间的文字来往更多,诗篇一到,群臣争和,如元和八年(813),武元衡离蜀回京,其继任者为李夷简。夷简自蜀中作《西亭暇日书怀十二韵献上相公》寄给武,武收到后,答以《酬李十一尚书西亭暇日书怀见寄》。武氏镇蜀时,尝有《四川使宅有韦令公时孔雀存焉暇日与诸公同玩座中兼故府宾妓兴嗟久之因赋此诗用广此意》,传到京中,韩愈、白居易、王建等朝士有和作。其间武氏又作《春晓闻莺》,韩愈、李益、王建、许孟容、杨巨源、皇甫镛争和之,颇极一时之盛。由此可窥元和、长庆诗坛风气的一个侧面。晚唐局势纷乱,慢慢减少,然而直到唐亡,仍不时有人创作,如杜牧与张祜,陆龟蒙与皮日休、王驾,罗隐与朱瓒、臧贲等。

---

① [唐]刘禹锡著,陶敏、陶红雨校注:《刘禹锡全集编年校注》卷一八《吴蜀集引》,第1189页。

② [唐]刘禹锡著,陶敏、陶红雨校注:《刘禹锡全集编年校注》卷一九《彭阳唱和集后引》,第1246页。

③ [唐]韩愈撰,马其昶校注,马茂元整理:《韩昌黎文集校注》卷四《荆潭唱和集序》,第263页。

寄和都源于娱情遣兴的需要,内容则以叙写闲情逸趣、表达思念问候为主,棋逢对手时特别来劲,如元白、刘白、刘令狐三对。少数作品兼有功利目的,如贬逐在南方的左降官与朝中显达交往,不无求请其为援助之意,柳宗元、刘禹锡在南方,仍与李吉甫、武元衡等权势人物来往,献文请为援引 ①,名位卑下者与先达也有往还。

二、寄和诗研究

酬寄作为双向交流的文学活动,选择性很强,不是和自己相匹敌的诗友、多年故友或敬重的前辈就不会随便与之有文字交往,身居异地尚往还不断,体现的是很深的私交。王贞白《寄郑谷郎中》:"五百首新诗,缄封寄与谁? 只凭夫子鉴,不要俗人知。"② 将缄封寄与的对方引为知己,十分信任,这是寄和产生的重要前提。由此而形成了唱和活动的文人匹配关系,如李逢吉与令狐楚,白居易与元稹、崔玄亮、刘禹锡,刘禹锡与白居易、令狐楚、牛僧孺,都有这样的关系,而这又是基于平时的相互认同及密切交往。但这种关系一般说来属于私交,与政治保持了一定距离,它固然体现了中晚唐文人之间复杂的社群关系,但并不可以视为大臣结党营私之举。

酬寄诗歌的发生比即席唱和复杂。大致说有两种情况,一是有酬有答,如令狐楚有《寄礼部刘郎中》,刘禹锡则以《酬令狐相公见寄》作答。这是常态。有时原唱并不带"寄"之类字眼,实则寄给了对方。如元稹《空屋题(诗)》,标题中并没有"寄"字,但白居易却有和篇《答骑马入空台》,标题完全不同,颇疑白氏所见为元稹此诗原

①《柳宗元集》卷三五《上西川武元衡相公谢抚问启》、卷三六《上扬州李吉甫相公献所著文启》,均作于元和四到六年永州。
②[五代]王定保撰:《唐摭言》卷一二自负条,第137页。"寄与谁",《全唐诗》卷七〇一作"寄去时"。

稿,编入《元氏长庆集》的为后人所见之本,故不同。二是没有寄作也会有人和答。有些诗写作目的并非寄送朋友,但后来让对方看到,于是发兴追和。如刘禹锡《有所嗟二首》,以追忆口气和比兴手法,写对驿馆鄂州歌姬的伤悼,诗成以后,并没有寄给白居易。但白氏见诗后,即有和作《和刘郎中伤鄂姬》,可见即使不是寄送诗也可能引起和答。刘氏原作为七绝二首,白氏和诗却仅一首,可见唱和的实际情形之复杂多样,非今人所能想见。

酬寄诗一般采用近体律绝,古体较少,但到了长庆、大和时,篇幅愈来愈长,武元衡、李吉甫、元稹、白居易、刘禹锡、李德裕等,不时使用古体长篇唱和,争奇斗艳的意味很浓。寄赠对象也由一人而发展到两人。如牛僧孺《李苏州遗太湖石奇状绝伦因题二十韵奉呈梦得乐天》与刘禹锡的答作《和牛相公题姑苏所寄太湖石兼寄李苏州》、白居易《奉和思黯相公以李苏州所寄太湖石奇状绝伦因题二十韵见示兼呈梦得》,都是二十韵的五言古体诗,排比声韵,极夸张形容之能事,文学价值反而不高,只能反映当时文坛风尚。

寄作有"和"与"答"之分,其区别是"同者谓之和,异者谓之答"。"同者固不能自异,异者亦不能强同。"① 强调有异同。同者在用韵上表现为次韵,表述时既要做到"韵同而意殊",又要注意照应对方的诗意;异者则别为新韵,另创新意 ②。可见唐人创作这类诗歌时很强调自己的艺术个性,崇尚艺术创新,总是力避雷同。这使得寄和之作成为"智慧的技巧的文学"③,所以说这类作品并不因其缺乏重要的

---

① [唐]白居易著,顾学颉校点:《白居易集》卷二《和答诗十首并序》,第40页。

② [唐]白居易著,顾学颉校点:《白居易集》卷二二《和微之诗二十三首并序》,第477页。

③ 见〔日〕前川幸雄著,马歌东译:《智慧的技巧的文学》,《日本白居易研究论文选》,三秦出版社,1995年,第194页。

思想内涵而无价值,恰恰相反,它从侧面反映了唐文人的智慧与理念,是了解他们的精神生活与艺术旨趣的一个重要窗口。以下以刘禹锡、白居易为考察重点,抽取几组唱和诗来窥探他们的智慧与技巧所在。

（一）原唱：

令狐楚 春思寄梦得乐天

　　花满中庭酒满樽,平明独坐到黄昏。春来诗思偏何处？飞过函关入鼎门。[1]

答作：

刘禹锡 （酬）令狐相公春思见寄

　　一纸书封四句诗,芳晨对酒远相思。长吟尽日西南望,犹及残春花落时。[2]

从答作"西南望"、原唱"飞过函关入鼎门"可知,此时刘、白正同在洛阳为官,故一诗两投,令狐楚时镇兴元,时当开成初[3]。其时他已老迈,几经宦海风波。诗人感叹,在山南兴元府为官,没有诗友,十分无聊,平时唯有独对春残,终日枯坐,能引发诗思又棋逢对手的,只有洛中故知刘、白二公,于是飞函相示,诗将由山南西道兴元府—骆谷道—长安—函谷关而寄达洛阳,故曰"飞过函关入鼎门"。他向对方倾诉了自己出镇方面的孤寂,刘的和作不次韵,是"答",立意重点是思念对方,重视友谊,这是情感上的回应。其第一句对应原唱的第四

---

① ［清］彭定求等编：《全唐诗》卷三三四,第 3752 页。
② ［清］彭定求等编：《全唐诗》卷三六五,第 4123 页。
③ 参见卞孝萱：《刘禹锡与令狐楚》,《中华文史论丛》1981 年第 1 辑。

句,表明收到寄作,第二句答原唱的第三句,第三句对原唱的二句,你"平明独坐到黄昏",我也是"尽日西南望",并未忘记你,诗意显豁,用的是直接抒情方式。刘氏与令狐楚二人贞元中即订交,元和末刘贬连州,令狐贬衡州,长庆中都北归,旋又出为外任。刘刺苏州,令狐镇太原;刘分司洛阳,令狐镇兴元。相似的生活经历、相近的政治立场为两人的深情厚谊奠定了坚实基础,在此艰难困苦时节,只能通过诗篇来互相慰藉对方。

（二）原唱：

元稹　空屋题十月十四日夜

　　朝从空屋里,骑马入空台。尽日推闲事,还归空屋来。月明穿暗隙,灯烬落残灰。更想咸阳道,魂车昨夜回。[①]

答作：

白居易　答骑马入空台

　　君入空台去,朝往暮还来。我入泉台去,泉门无复开。鳏夫仍系职,稚女未胜哀。寂寞咸阳道,家人覆墓回。[②]

　　元稹原唱是一首悼亡诗,《元氏长庆集》编入卷九"伤悼诗"。"空台"指东都御史台,丧妻以后,唯有一人独居,故曰空台。时当元和四年,白居易在长安为官,元稹为监察御史,奉使东川回,劾奏严砺等高官,严砺籍没衣冠等八十余家,由是操权者大怒,令以监察御史分司东台,有诗《东台去》《酬乐天闻李尚书拜相以诗见贺》以纪此

---

① [唐]元稹撰,冀勤点校:《元稹集》卷九,第97页。
② [唐]白居易著,顾学颉校点:《白居易集》卷一四,第285页。

事,诗中自注简略交代了事情因由。元和四年,他正在东台忙碌,其妻韦丛却病故于京师,陈寅恪先生《元白诗笺证稿》据元稹此诗及白诗"家人覆墓回""鳏夫仍系职"句,谓韦丛葬咸阳时,稹尚在洛阳,为职务所系,未能亲往操办丧事,仅遣家人营葬,良是①。稹此诗二、三联紧扣一"空"字来表现丧妻后内心的伤痛,一、二联写自己仍羁于公务而爱妻已亡,而今独对空台。又以白天忙碌夜晚空虚对比,以明无限痛悔,末联的想象强化了对亡妻的思念。白的和作首联对原唱的首联,同中有异的地方在于颔联荡开一笔,谓自己已老迈,想赴泉台而仍羁留尘世。颈联加进了"稚女",写到元稹的家庭情况。末联对应原唱末联,元诗想象亡妻魂车夜归,白则想象营葬事仍由家人覆墓的情景以照应"复还来",既合朋友身份,又表达了对友人深婉的同情,颇能引起对方的共鸣。

（三）原唱:

刘禹锡　白舍人见酬拙诗因以寄谢

虽陪三品散班中,资历从来事不同。名姓也曾镌石柱,诗篇未得上屏风。甘陵旧党凋零尽,魏阙新知礼数崇。烟水五湖如有伴,犹应堪作钓鱼翁。②

答作:

白居易　答刘和州禹锡

换印虽频命未通,历阳湖上又秋风。不教才展休明代,为罚诗争造化功。我亦思归田舍下,君应厌卧郡斋中。好相收拾为

---

① 陈寅恪著:《元白诗笺证稿》,上海古籍出版社,1978 年,第 102 页。
② [唐]刘禹锡著,陶敏、陶红雨校注:《刘禹锡全集编年校注》卷六,第 361 页。

闲伴,年齿官班约略同。①

　　这是刘、白一次唱和的第二个轮回。第一轮原唱由白发动,这一轮刘酬作,白又作答,二诗均作于长庆末宝历初。时白刺杭州,刘牧和州。刘诗抒发了胸中郁积多年的愤懑不平之气,充分表现了诗人顽强不屈的性格。诗一开篇即谓自己虽然现在与白氏同处三品,但从一开始,官资仕历遭遇就不同。自己从元和初起,就一直被充置于南荒,而白氏被贬前,还有数年的翰林学士经历,更为刘氏所无。而今旧党凋零殆尽,唯他独存,白则比他幸运,虽然南贬,然而六年以后即回京,仕途顺畅,且根本未涉入永贞革新,非元和旧党,唯一相同的是二人都是尚书省郎官,姓名被题写上唐代的尚书省郎官石柱,但总体是异多于同,故曰"资历从来事不同",强调二人多种差异。白诗末句即与此句相应,强调二人年齿官班略同,已是多年老友,不要过于生分,计较太多。原唱颔联说自己虽也粉署为郎,但诗名不及白大,以补足"不同"。白巧妙地避开,转以"为罚诗争造化功"夸赞刘诗佳妙之至。白诗"我亦思归田舍下"则是回应刘的"烟水五湖如有伴","好相收拾为闲伴"对"魏阙新知礼数崇",承认自己为刘的"新知"。总之,刘胸中郁积了怨愤牢骚,不肯轻易放弃自己的原则,即使是好友还不时强调二人之异,当然也巧妙地推崇了对方。白则尽力抚慰对方,拉近两人的距离,欲引以为知交,寄予同情,表达对刘的敬重,刘、白晚年友谊取得长足进展,其间虽以白氏取主动姿态居多,但刘也积极回应。

　　(四)原唱:

裴度　傍水闲行

　　闲余何处觉身轻? 暂脱朝衣傍水行。鸥鸟亦知人意静,故

---

① [唐]白居易著,顾学颉校点:《白居易集》卷二四,第529页。

来相近不相惊。①

答作：

刘禹锡　和裴相公傍水闲行

为爱逍遥第一篇，时时闲步赏风烟。看花临水心无事，功业成来十二年。②

由"功业成来十二年"顺推，裴度诗当作于大和初。时在京高居相位，而刘则可能在长安任礼部郎中，兼任集贤学士（刘诗很多版本都作"功业成来二十年"，若如此，则时当开成年间。裴在太原，刘分司东都，二人不再同在京城，没有机会展开唱和，故"二十年"无疑是"十二年"之误）。此诗涉及长庆、宝历史事。此时穆、敬二宗无知荒淫，信任奸臣李逢吉，任其百端构陷裴度。至大和间，逢吉奸谋早已败露，连年出居外任，由襄阳而汴州，由汴州而洛阳，其势早已不比当年，裴度则名位已固，既著平淮西之勋业，又翊赞文宗登极，有匡扶之大功，名位已固，难以撼动。官高事简，恩仇渐泯，心境不禁泰然，故云暂脱朝衣，鸥鸟不惊。而刘也步入晚达阶段，官至礼部郎中、集贤学士，二人同在京城，因而接近起来。刘、裴之间在人事关系复杂的长庆、大和间，算比较纯净的了，裴年事略长，乃政坛前辈，并未参与过打击元和旧党的行动，二人之间没有龃龉，故频有酬唱。刘的和作第二、三句回应原作首句与第二句，"逍遥""闲步"对"觉身轻""傍水行"。第三句扣原唱第三句，以"心无事"扣"人意静"，都是从旁

---

① ［清］彭定求等编：《全唐诗》卷三三五，第3757页。
② ［唐］刘禹锡著，陶敏、陶红雨校注：《刘禹锡全集编年校注》卷七，第448页。"十二年"，原倒误作"二十年"，陶敏先生据裴度仕历校改为十二年，甚是。

观者的角度描述其悠闲得意的情态。末句称颂对方,并进一步回应第三句,而以开端一句总领,巧点"赏风烟"的起因,全诗诗意呈现"总—分—总"的转折,十分巧妙,出语平实,毫无谄媚之迹,比较得体。

（五）原唱：

韩愈　早春与张十八博士籍游杨尚书林亭寄第三阁老兼呈白冯二阁老

墙下春渠入禁沟,渠冰初破满渠浮。凤池近日长先暖,流到池时更不流。①

答作：

白居易　和韩侍郎题杨舍人林池见寄

渠水暗流春冻解,风吹日炙不成凝。凤池冷暖君谙在,二月因何更有冰？②

这一组诗作于长庆二年（822）,时韩任刑部侍郎,白则刚由忠州召回京中转中书舍人,回朝不久。韩、白虽同在长安,却未见面,所以仍然是异地唱和。韩、白二诗,实际上在打笔仗,原因在于二人本不属于同一个阵营。韩愈是裴度旧僚,而裴度与白的好友元稹,早在长庆中就结了仇,二人不能同处朝列,几乎到了水火不相容的地步,此必白不喜欢韩的原因之一。韩愈为人特别固执,政治立场趋于保守,不偏不党,并不认同永贞革新,对柳宗元、刘禹锡等新进的改革措施

---

① [清]彭定求等编：《全唐诗》卷三四四,第3863页。
② [清]彭定求等编：《全唐诗》卷四四二,第4941页。

持否定态度,而白则与刘禹锡交好,同情和赞成革新。有了这些难以消除的疙瘩,韩、白因此一直比较疏远。长庆中,二人同处京师,互不通好。韩以此诗相召,白却不肯同游。韩诗"渠冰初破"暗指欲为二人关系解冻,"凤池先暖"暗指白氏近来步入晚遇阶段,做了中书舍人。末句是试探白还记不记恩仇。白的答作也毫不含糊,以第三句答原唱第三句,第四句反驳原唱第二句,意谓我的荣枯你还不清楚?有冰无冰,还不在你?末句说早春二月了,本不应有冰,早该解冻,表明态度。后来,韩又有《同水部张员外曲江春游寄白二十二舍人》,白答以《酬韩侍郎张博士雨后游曲江见寄》,也是诗中隐含微意,韩取主动,白被动。

(六)原唱:

窦常 之任武陵寒食日途次松滋渡先寄刘员外禹锡

> 杏花榆荚晓风前,云际离离上峡船。江转数程淹驿骑,楚曾三户少人烟。看春又过清明节,算老重经癸巳年。幸得柱山当郡舍,在朝长咏《卜居》篇。①

答作:

刘禹锡 酬窦员外使君寒食日途次松滋渡先寄示四韵

> 楚乡寒食橘花时,野渡临风驻彩旗。草色连云人去住,水纹如縠燕差池。朱轮尚忆群飞雉,青绶初县左顾龟。非是溢城鱼司马,水曹何事与新诗? 时自水部郎出牧。②

---

① [清]彭定求等编:《全唐诗》卷二七一,第3033页。
② [唐]刘禹锡著,陶敏、陶红雨校注:《刘禹锡全集编年校注》卷二,第127页。

　　这一组作于元和八年（813）春,时窦常自水部员外郎授朗州刺史,刘禹锡任朗州司马,在任已经七年。窦常想到马上就要到朗州任所,与刘禹锡这位当朝名士朝夕相处,因而写成此诗先寄去,取得联系。原作先叙行旅,首联云,正值春深而自己受命南行,先陆后水,几经风波方到得松滋渡,马上要到州了,然而楚地人烟稀少,心情不畅。刘的答作首联以"寒食橘花时"直接点明原作"杏花榆荚晓风前"之意,写楚地节令。"野渡"句是对原诗所叙行程的回应。颔联从原作"楚曾三户少人烟"生发新意,进一步描绘松滋渡口楚乡寒食之际的荒凉冷寂,暗中表示我与你同是北人,同样不习惯南方风土,因而感受也接近。原唱颈联嗟叹年华老大,还得在此蛮荒之地度过几年光阴,万般无奈,只得与你一样卜居吟诗度日,不乐居处之意,溢于言表。答作仍然照应对方诗意,回忆早年窦家诸子奋飞的情景。而今持印前来刺郡,本人又非鱼司马,为何蒙水部郎殷勤寄诗? 向对方对自己的信任表示谢意,不过出语俏皮,体现出才子本色。

　　（七）原唱:

李德裕　招隐山观玉蕊树戏书即事奉寄江西沈大夫阁老

　　　　玉蕊天中树,金闺昔共窥。落英闲舞雪,密叶乍低帷。旧赏烟霞远,前欢岁月移。今来想颜色,还似忆琼枝。①

答作:

沈传师　和李德裕观玉蕊花见怀之作

　　　　曾对金銮直,同依玉树阴。雪英飞舞近,烟叶动摇深。素萼

_____

①［清］彭定求等编:《全唐诗》卷四七五,第5391页。

年年密,衰容日日侵。劳君想华发,近欲不胜簪。①

　　这一组诗作于大和三年(829)春,时德裕镇浙西,沈传师观察江西。玉蕊树本系京城一大胜景,沈传师在翰林学士院时,内署门前即有,他在翰林草诏之月,尝邀德裕一同赏玩。但浙西观察使驻地润州也有,吴人不识,德裕此诗就是写润州玉蕊花,沈传师在洪州江西观察使府遥和。两诗四联,诗意一一对应。两诗首联都是对过去的美好回忆。元和十五年到长庆元年(820—821),李德裕在朝,充翰林学士,沈传师则自元和十二年到长庆二年(817—822),一直在朝充翰林学士,屡任知制诰、中书舍人等要职,资历比李更老,二人同事将近两年,李诗以同在禁中看花为话题,重提这段旧事,引起了对方的热烈反应,答诗也提及夜值观花之事。颔联都描绘玉蕊花的美丽姿态。颈联回到现实中,李诗说岁月更变,昔日情事已成陈迹,谁知更激起沈的无穷感慨。沈氏比李德裕年长十岁,他比李对岁月的迁逝更为敏感,由“岁月移”自然联想到花容如故而自己已日益衰老。原唱末联想象对方这几年来的变化,答作以“不胜簪”做直接回答。二诗工力悉敌,都很巧妙,因而被刻石,流传后世②。《宝刻丛编》卷一四《润州·唐玉蕊花诗》:“唐润州刺史李德裕、洪州刺史沈传师赠答《玉蕊花诗》二首,皆传师书。《集古录目》。”③ 盖沈氏本为书法名家,善楷隶行草,以书自名,故得诗后一起书碑刻石。

　　上举七组诗,代表了唐人寄和的一般情形,有同辈挚友兼诗侣的

---

① [清]彭定求等编:《全唐诗》卷四六六,第 5304 页。

② 见[宋]欧阳棐撰:《集古录目》卷五《唐玉蕊花唱和诗》,上海古籍出版社,2020 年,第 616 页。

③ [宋]陈思编著:《宝刻丛编》卷一四,浙江古籍出版社,2012 年,影印十万卷楼丛书本,第 886 页。

唱和,如第一、二、三组;有前辈与后辈的交往,如第四组;有关系微妙人士的交往,如第五组;也有年齿有别但官班相近者之间的交往,如第六、七组。

我们也可以从中总结出寄和诗特定的写作规范,其最重要的因素是表述得体,对象不同、人际关系不同,措辞用语就不一样,总是相应变化。对于可以亲近的长辈,除了表示关切问候外,还应注意恰到好处地表达对对方的推重、赞誉。对于相知甚深的好友,除了表示一般的亲切友好外,还应视不同事体,表示理解、关心、同情、劝慰、鼓励等友好情感。对于交情不深的朋辈,则应想方设法接近对方,让他体会到自己的善意和诚意。原来关系比较疏远的,矛盾尽量化解,隔阂可以消除。而无论哪一类,都是尽量多找共同点以激起对方的情感共鸣,从而收到期待的效果,所有这些都体现在措辞用语上。

总之,寄和诗作的方式是身居异地的唐文人维系友谊、联络感情、增进了解、消除隔阂的必要手段,又兼沟通信息,以诗代书,能起到种种有益的功效,寄和因此也是唐文人精神生活中的重要内容,不可轻易地以文字游戏视之,那样只能使我们永远地对这份文学遗产陌生。

第六节　纪行组诗研究

一、唐人纪行组诗概况

纪行组诗即以联章组诗的形式,将一次行旅经过完整记录下来形成的诗篇。这样做,保持了行旅的连续性与完整性,作品中有较清晰的行役路线,完整的纪行内容。同一组诗字数、句数变化不大,形式匀称,结构严整。同时,连续性地用同一体式创作同一类别题材的诗,写景叙事总免不了雷同、单调,为了避免这些缺点,文士往往开动脑筋,追求变化,因此在写法上也有可取之处。

　　唐以前主要是叙述行旅的单篇诗章,还没有发展到普遍以组诗纪行的程度,仅鲍照有《还都道中三首》,何逊有《渡连圻二首》,乃偶尔有之,非普遍现象。纪行赋却高度发达,较早就有。魏晋以来,开始出现纪行赋,基本做到了前后连贯,经历完整。但纪行赋以叙事为主,重视铺叙经历,描绘场面,不重主观抒情,艺术效果远逊于纪行组诗。虽有纪行诗但由于都是单篇,内容上各写一事,互不关联,体式各异,如谢灵运、谢朓的有关作品,不能视为一种新的创作方式。唐代纪行诗发达但组诗少。与组诗相近的是一次行旅中留下来的连续性纪行诗,它与纪行组诗有相似之处,即时空连续、路线清晰、经历完整,不同点在于不用组诗形式,体式或近或古,不受限制,这种情况最多。初唐卢照邻奉使益州,苏颋到益州为官,陈子昂出峡赴洛、两次出塞,盛唐岑参赴安西、北庭,张九龄奉使岭南、赴任洪州,王维贬济州,李白贬夜郎,杜甫大历、贞元中出峡旅江湘,戎昱出峡赴卫伯玉府,吕温使吐蕃,羊士鄂贬资州,元和至大和间韩愈、元稹、白居易、刘禹锡的南贬北还,白居易、刘禹锡在吴洛之间的往返,晚唐李商隐游东川幕、赴桂林,许浑奉使岭南,韦庄入蜀,都有连续性的记述行役的篇章,都不采用组诗纪行。即使作了组诗的人,其多数纪行诗仍是独立成篇。

　　这只能说明两个问题:一是没有强烈的现实需要,只要单篇即可满足一般需求。如果要以组诗纪行,那么这次行程一定是有特别价值的或值得纪念的;二是创作纪行组诗有较大困难,比如说材料的选择与剪裁,章法、句法的求新求变,避免单一,诗意的力避雷同,都得煞费苦心。想一首诗一个面貌,都是佳构是不可能的,只要能有所突破即有成就。正因为如此,纪行组诗才能体现唐人的艺术创造性与艺术追求。考之全唐,纪行组诗有以下十三组:

（一）总章二年（669）五月，王勃自长安游蜀，作《入蜀纪行诗》三十首。今存《始平晚息》《散关晨度》《晚留凤州》等九首，含五律六首、五绝三首。从组诗看，其入蜀路线是长安—始平—扶风（凤翔府）—宝鸡—散关—凤州—剑州普安郡—成都。其《入蜀纪行诗序》谓入蜀原因是游览山水，开阔眼界，"躬览胜事，足践灵区；烟霞为朝夕之资，风月得林泉之助"①。这组诗的字数、句数并非完全一致，间或有出入，所谓纪行诗可以视为其入蜀纪行诗的最后总题，其内部各篇仍是独立的，跟只有总题，没有单篇标题的纪行组诗还是有区别的。

（二）高适三组。天宝四载（745）秋，高适自东平至汶阳，有五古《东平路作三首》，字数、句数划一。此行是诗人求名过程中的一个环节，但行动指向模糊，诗只是纪漫游经历。六载，高适往游蓟北，自卫、滑南归，有五古《自淇涉黄河途中作十三首》，篇幅有长短，但诸篇前后关联，故他仍命名为组诗。九载，诗人出塞送兵至青夷军，使回度居庸关，作五律《使青夷军入居庸三首》。

（三）乾元二年（759），杜甫为了寻觅出路，自陇右游蜀，途中创作了两组纪行诗，其自秦州至成州、自成州同谷县至成都，各有纪行诗十二首，五言古体，后人亦视为纪行组诗。

（四）大历二年（767）春，道州刺史元结自道州赴当时的湖南观察使治所衡州计事，还州途中，遇春水上涨，舟行不进，遂作七绝体组诗《欸乃曲五首》，见《元次山集》卷三《欸乃曲五首序》。

（五）大历六至八年，刘长卿为转运判官，分务鄂岳，督运钱粮，南巡郴、永，有《湘中纪行十首》，不仅有总标题，单篇也各有标题，如《湘妃庙》《班竹岩》《洞阳山》《云母溪》等，每首写一景点，均为五

---

① ［唐］王勃著，［清］蒋清翊注：《王子安集注》卷七，第227页。

律,从中可知,其行程是岳州—湘阴—潭州—郴—永—道州。

(六)元稹二组。元和四年(809),元稹以监察御史奉使东川,往来鞍马间,成诗三十二首,经秘书省校书郎白行简为其手写为东川卷,录为二十二首,总题《使东川》。《南秦雪》《江楼月》《惭问囚》为七律,其余为七绝,且有多首诗标题下或诗句间有作者自注,见《元稹集》卷一七、《全唐诗》卷四一二《使东川并序》,显系有意为之,以助读者理解。其入蜀路线是长安—骆谷—兴元府—百牢关—西县驿—利州嘉陵驿、望喜驿。其时骆谷已置驿,为官道,故稹由此道南下。十年稹与其他江湘逐客均被征还,稹自唐州前线西归长安,途中喜不自禁,作《西归绝句十二首》,均七绝。

(七)《全唐诗》卷五一〇有张祜《江西道中作三首》,五律,作于大和后转徙东南及魏博、徐许戎幕间。

(八)乾宁二年(895)夏,吴融由侍御史坐贬荆南,诗人上商山,过七盘岭,度武关,一路上不断作诗,除了单篇外,另有《南迁途中作七首》,均七绝,见《唐才子传校笺》卷九《吴融传》。

(九)光化三年(900),宰相王抟在同宦官的斗争中失败,贬溪州,途中赐死蓝田驿。投靠他的中书舍人钱珝因此被贬江西抚州司马,其贬逐行程路线是长安—襄阳岘山—沔州—武昌—岳阳—匡庐—鄱阳湖—浔阳—抚州,以《江行无题一百首》纪之,均五绝,见《文苑英华》卷七〇七钱珝《舟中录序》、《唐才子传校笺》卷九《钱珝传》。

上述组诗中,初盛唐古体多,体式还存在古近杂陈,不太整齐划一的状况,从王勃、高适到杜甫都是如此。中晚唐则绝大多数是近体,形式严整,辞藻修饰,这基本能说明唐代纪行组诗的发展趋势。

唐代诗歌艺术的高度发达大大激发了诗人艺术创造的激情,创作组诗的也越来越多。发展到盛唐,呈现出百花齐放的局面,王维等以组诗描绘田园风光,王昌龄、高适以组诗写边塞,元结以组诗作《系乐府》来反映民生疾苦,争妍斗丽。但纪行组诗的发展却相对滞后。不过其他题材的组诗写作为他们积累了丰富的创作经验,这是其获得成功的重要保证。

二、唐人纪行组诗的艺术处理与艺术特色

纪行组诗是文学史上的新生事物,以组诗纪行所带来的一个突出问题,是有限的形式容量与无限多样的题材之间存在尖锐矛盾,在题材处理与艺术表现上会遇到一系列问题。

首先是对行程的记录与山水审美的关系。纪行组诗主要叙述行程经历,山水不可避免地要成为其中部分内容,但毕竟是次要的,行役始终是这种组诗的内容与主题,也是其有别于山水诗的主要标志。作品中,山水并不一定成为作家的主要描述对象,山水的有无,一要看行程经过的地域山水有无足以吸引人的显著特点,二要看诗人取材时的审美偏向和立意重点。如果是重在言志,则可能无意于山水,山水可能只作点染;如若重客观表现,而述说对象又有审美价值,山水的描绘便会相应增多,作品内容和主题既受制于审美客体,更取决于创作主体。所以我们在刘长卿、元结诗集中,就可看到对山水的集中描写,而在高适诗中却极少看到,更多的是言志述怀之笔,山水只是作为背景而时隐时现。同样是身奉王命南巡湘中,办理盐铁使务,刘长卿有纪行组诗,戴叔伦却没有。唐代那么多人南贬,都没有作组诗纪行,吴融、钱珝却都有。在山水审美与纪行的关系上,王勃、杜甫、元稹、钱珝的写法颇有典型示范性,即行旅始终是贯串始终的红线,较好地处理了叙述、即景、议论、述怀的关系。

其次是题材的剪裁。自然景观千变万化,而组诗的容量有限,这时候,剪裁功夫就显得十分重要。唐人的做法是只记载途中的重要

经历,而决不有闻必录,这么做,同样完整地讲述了一次有特色的连续性的行役经历,组诗与其中单篇的关系是整体与部分的关系,这是纪行组诗区别于常见的单篇行役之作的主要标志。刘长卿写作《湘中纪行十首》,就只精心选择了能反映湖南地域文化特征的十个景点,其余都被略去。前后两年湘中行役,记录到诗中的却只有十个,显然经过精心挑选。唐人出行的机会很多,诗人一生行旅绝不止于一次。像杜甫,一生除在长安待过几年外,四处飘泊,他为什么单单在乾元二年(759)游蜀途中作纪行组诗? 再如,元稹一生曾多次使蜀,其《遣行十首》其七说"七过褒城驿,回回各为情。八年身世梦,一种水风声"①,表明他八年内至少有四次游蜀,为何单单在元和四年(809)这次奉使入蜀采用了组诗形式? 为什么他元和五年南贬江陵途中不作组诗,而在元和十年诏追赴阙时,却有《西归绝句十二首》? 其中原因,一是行旅重要值得写,在他看来,逐臣征还意味着命运发生了重大转折,抚今追昔,感触特深,郁积在胸中不吐不快,一二首意犹未尽,于是干脆写成组诗;二是山水奇丽、险绝,吸引力大,故王勃、杜甫以组诗描绘蜀路山水。另外诗人情绪特别激动时,也撰组诗。元和四年元稹丧妻,伤痛不已,其《答友封见赠》谓"荀令香销潘簟空,悼亡诗满旧屏风"②。他有《三遣悲怀》《六年春遣怀八首》《遣行十首》等组诗悼亡,由此而养成了创作组诗的爱好和创作习惯,越写越顺手。兴致高时酬别友人,也有组诗以达未尽之意,如《通州丁溪馆夜别李景信三首》《别李十一五绝》。由此看来,诗人的情绪意兴是否浓厚,是组诗产生与否的先决条件之一。

　　三是叙事与抒情的关系,这也不容易处理好。诗中既必须叙述

---

① [唐]元稹撰,冀勤点校:《元稹集》卷一五,第172页。
② [唐]元稹撰,冀勤点校:《元稹集》卷九,第104页。

行程,又不能将笔墨过多地花在叙述上,诗歌"缘情"的审美特征要求作者能以情动人,以形象传情。在这方面唐人的处理也很得当。他们虽然述行役,但不像行程记或旅游记那样只突出行程,它在写法上的独特之处在于,通过景点来侧面交代行程,正面则以写景抒怀为主,有浓厚的抒情色彩,对叙事要素只作简略交代,而不像创作叙事诗那样,去按事理逻辑剪裁材料,组织故事情节。如元稹的使东川组诗,核心内容是感旧,进行今昔对比,留恋京中旧游的欢娱,叹息在外奉使的辛苦无奈,表达内心的苦闷:既无法拒绝名利的诱惑,羁于世务,又怕苦爱乐,留恋欢乐帝乡,这似乎是一对永远克服不了的矛盾。诗人这种心态很能代表下层文官心理,二十二首诗中不少后面都隐藏着这个意思。诗人一方面时时怀旧,不但利用小注来提示读者:自己是因恋旧游而起兴,而且也在诗中正面宣泄这种浓重的"追昔游"之情。《嘉陵驿二首》其一:"嘉陵驿上空床客,一夜嘉陵江水声。仍对墙南满山树,野花撩乱月胧明。"[1] 诗的情感内核是宿驿的"空寂",空寂无归的内心,独卧空床,独听江水,独对山树野花,诗人很晚不能入睡。又如《江上行》:"闷见汉江流不息,悠悠漫漫竟何成? 江流不语意相问,何事远来江上行?"[2] 诗意集中在"竟何成"三字上,诗人借江流自问,这几年来有何成就? 这种追问,要表达的是对自己目前仕宦状态的不满,正是这种不满使诗人牢骚满腹。由此看来,《使东川》组诗的情感内核是盼望早达而未能早达的焦躁、怕苦与向乐的矛盾,诗中搏动着一颗躁动不安的内心。情感作为作品灵魂决定着诗的风格,抑郁、感伤、兴奋、沉痛……都由此而起。同样是行役,元稹在元和十年诏追赴阙,结束了贬谪生活,就喜不自禁,其《西归绝句

---

① [唐]元稹撰,冀勤点校:《元稹集》卷一七,第 197 页。
② [唐]元稹撰,冀勤点校:《元稹集》卷一七,第 196 页。

十二首》首首格调欢快,诗人越接近长安,就越按捺不住喜洋洋的情绪。在他看来,回京等于结束谪籍,升迁有望,政治生命从此有了转机,这是最大的喜事,因此沿路作诗。

　　此外还有其他的对叙事要素的处理方式,或以序言交代时间,或在诗中作相关记载,或在诗句下偶作自注,让读者有线索可寻,也更便于理解诗意。地点串成一线,人物、事件固定,对出行的原因、经过、结果都间或做出交代。有些组诗本身的叙事要素不齐全,但所缺部分仍有线索可寻,如高适的三组纪行诗,只是其天宝时期在梁宋、河北漫游行役众作中的一部分。诗人这几年的行踪历历可考,诗中也交代行踪。《东平路作三首》所述行踪,是自西向东,自宋州入郓州境内,故曰"东平路",诗人在向东行进,寻找遇合者。《自淇涉黄河途中作十三首》从标题到内容都可看出诗人由北而南,渡河南归,记载的是涉淇水渡黄河的一段见闻感触。刘长卿大历中,在刘晏转运使府中担任使务,转运漕粮,乃心王室,足迹遍及峡江以东长江南北十几州,其《湘中纪行十首》完整记录了历湘中七郡的经历,感于湘中山水之奇秀,以诗笔纪行。

　　为了弥补诗歌语言形式约束所带来的背景交代的不足,诗人有时候采用诗序结合的方式,在序中简略交代行旅的起因、时间、行程、成诗经历,诗篇则集中笔力写景抒情,突出重点。因此,诗序结合也可以视为叙事与抒情结合,如王勃《入蜀纪行诗序》、元结《欸乃曲五首序》、钱珝《舟中录序》都很好地起到了交代背景的作用。元稹的《使东川并序》则不但组诗前面有总序,而且在《骆口驿》《清明日》《亚枝红》《梁州梦》等十首诗题下,附有自撰小注,这样诗题可以更简洁、醒目,诗的抒情意味更浓,背景进一步明晰,如《清明日》诗题下自注:"行至汉上,忆与乐天、知退、杓直、拒非、顺之辈同游。"再结合诗中"常年寒食好风轻,触处相随取次行。今日清明汉江上,一身骑马县官迎"①的描写，才明白诗人是今昔对比，慨叹身奉王事，独行川陕山路中的孤寂无聊，怀念与京中游侣的寒食欢游。如果没有小序，诗中第一、二句就难以深入理解。一般来说，组诗中的每一个景点都先后相承，每一首诗反映的是这次行旅中的某个片断，都记录着诗人的情感变化、心路历程。脱离了这一整体，诗意就难以理解，尤其是重主观抒情的组诗，其单篇如若抽出更无法理解。

最后一个问题是结构安排。一律平铺直叙显得过于平板少变，想要变化百出又不可能，能做到的是努力在二者之间寻找一种平衡。唐人纪行组诗结构安排上，有平列与总分结合两种形式。平列的结构如元结、张祜、钱珝的纪行诗，各篇之间不相统属，各有侧重点，以诗题统属之，表明其是一个整体。诗序结合的形式，以及既有总题又有单篇题目的组诗，都是总分结合，序或题目是总领，以下各诗分写自己在沿途的经历。如元稹《使东川并序》以序言交代："元和四年三月七日，予以监察御史使东川，往来鞍马间，赋诗凡三十二章……起《骆口驿》，尽《望驿台》，二十二首云。"②以下分叙其在骆口驿、南秦岭骆谷中、褒城驿、汉川驿、嘉川驿、百牢关、望喜驿等十八个地点落脚时的见闻感触。既有总题又有单篇题目的例子，如王勃、杜甫、刘长卿之作，单篇题目是为了突出重点，使组诗眉目清晰。但这样一来，又向诗人提出了更高的艺术要求，总不能老是从同一个角度，运用同样的手法来描摹山川景物，叙述征行艰险，而应当变换模式，变化层次，造成气象万千、引人入胜的艺术效果。在这方面，唐人的做法值得借鉴。比如杜甫、刘长卿、元稹，就匠心独具，各有不同。总的来说，既有概括也有具体，既有比较又有鉴别，既有虚写又有实写，完

---

① ［唐］元稹撰，冀勤点校：《元稹集》卷一七，第194页。
② ［唐］元稹撰，冀勤点校：《元稹集》卷一七，第193页。

全突破了谢灵运以来的南朝山水诗首联叙事,中间数联继言景物,而结之以情理的固定套路。

　　在没有序的组诗中,总分结合的结构仍内在地存在着,第一首往往交代行役背景、目的、心情。高适《东平路作三首》其一发端就自陈:"南图适不就,东走岂吾心? 索索凉风动,行行秋水深。蝉鸣木叶落,兹夕更秋霖。"[①] 告诉人们,自己是因为志不得展,在南边未有所遇,出游梁宋而一无所获,不得已才东觅诸侯,以求遇合。在这种时候,心情既不畅快,诗风也显得苍凉,颔联说自己在索索凉风中不停地东行,十分辛苦,在一个深秋之夜,诗人作了这首诗,这就是背景。"不就""东走"奠定了组诗的基调。其《自淇涉黄河途中作十三首》的结构与立意也与此相近。元稹《西归绝句十二首》其一:"双堠频频减去程,渐知身得近京城。春来爱有归乡梦,一半犹疑梦里行。"[②] 陈述他此时已接近京城,踏上"归乡"之路,梦寐以求的东西一旦真的降临,却恍然若梦。钱珝《江行无题一百首》首篇:"倾酒向涟漪,乘流欲去时。寸心同尺璧,投此报冯夷。"[③] 交代他此行是蒙冤被贬,将乘舟东适。有序有分题的就更是这样,杜甫《发秦州》《发同谷》两首诗,分别充当了概述行旅的序言角色,交代了其发秦州、发同谷的背景缘起、当时的考虑,用的是叙述语言,相当于序。以下各篇以十一个地名为诗题,集中写了二十二个景点的观感。陇右到蜀中并非唐人行旅的中心,用诗笔来摹状这一带山川的万千气象,而且写得那么有声有色,首尾毕具,杜甫无疑是第一人。《发同谷》一组中的行旅路线是金牛成都道,元稹、薛能、薛逢等众多的唐文人一般以馆

---

① [唐]高适著,刘开扬笺注:《高适诗集编年笺注》,第152页。
② [唐]元稹撰,冀勤点校:《元稹集》卷一九,第219页。
③ [清]彭定求等编:《全唐诗》卷七一二,第8190页。

驿生活为题材纪行,唯独杜甫专写人们不写的栈阁、渡口、山岭等奇壮险绝之处,内容又较诸家为新颖①。即使有序第一首诗也有背景交代,如元结的《欸乃曲五首》其一:"偶存名迹在人间,顺俗与时未安闲。来谒大官兼问政,扁舟却入九疑山。"说明他此行目的是"来谒大官兼问政",已经到达九疑山,以下全部是"还州,逢春水,舟行不进"②时的所见所闻。

　　纪行组诗的制题有两种方式。第一种方式以王勃为开端,杜甫、刘长卿、元稹予以发展,其做法是不但有一个主题,而且每一首诗单独制题,大部分以地名命名,如王勃、杜甫、刘长卿。少数诗人以景物、馆驿、山川命名,如元稹。以地名命名意味着地域特色和山水之美将成为内容的核心之一,铺叙描摹的成分会增加而主观抒情的意味减少,杜甫的《发秦州》《发同谷》两组诗、刘长卿《湘中纪行十首》正是这样。王勃的制题稍有不同,每一首诗题都以一个完整的句子形式出现,地名包含在诗题中,如《始平晚息》《散关晨度》《易阳早发》《深湾夜宿》,诗题是描述性的,内容自然也以纪行为主,而不是以景观为主。分别制题表明的行迹更清楚,一地一诗,成诗过程更清晰。

　　第二种方式是只标总诗题不分别制题,如前举高适《东平路作三首》、元结《欸乃曲五首》、钱珝《江行无题一百首》,这样做,就只突出了总体行役过程,而淡化了旅行途中的各个细节,淡化了山水作为审美客体的特性,而诗人的主观情绪则得到更充分的宣泄。单独制题受到的限制更多,必须围绕诗题写,不能随意发挥。笼统地将一次

---

① 程千帆等著:《被开拓的诗世界·崎岖的道路与伟丽的山川——读杜甫纪行诗札记》,上海古籍出版社,1990年,第189—205页。

② [唐]元结著,孙望校:《元次山集》卷三,第46页。

行程见闻归于一个总题之下，而不分别制题，受到的限制很少，诗中可以叙述、议论、抒情，自由挥洒，如高适的《自淇涉黄河途中作十三首》或借古喻今，或托物起兴，寄寓"有志难图"的苦闷与压抑。诗人写景时用笔笼统，景物轮廓不清晰，特征不鲜明，但这些都不妨碍其作品的成功。只有总题不标分题的组诗，其先后顺序不会因不断翻刻而发生错乱，但当时的成诗过程是不清晰的，比如像张祜《江西道中作三首》是在途中分别成诗，还是行旅结束后一次成诗？十分模糊。从高适《东平路作三首》看，似乎是一次性的。从钱珝《舟中录序》看，诗人是沿途江行一路写下来，因诗多，就不分别制题，只归于一个总题下。

纪行组诗的立意不同，体式也不同。如果重铺叙经历，摹状事象，则往往用古体，古体没有对偶和平仄的严格限定，遣词造句比较自由，便于驰骋笔力，可以更多地使用叙述性语言。杜甫一向注重写实，故其陇右纪行用古体。如若以抒情为主，则多用近体，律诗讲究对仗，描述性语言成分较多，适于写景，故刘长卿、元稹采用这种体式。刘长卿《湘中纪行十首》全部用五律写湘中十景，这时，律句就派上了用场。绝句适宜发挥一时感兴，既不专主叙事，也不只重写景，写成的作品情景交融，体制玲珑可爱，所以元稹、钱珝就偏重于绝句。

第六章　唐代交通与文学母题的拓展

在唐代,文人无论已仕未仕,都曾因种种原因而置身羁旅行役。举子在求名的漫长岁月,常在京城与家园间循环旅行,入仕官员出入中外,地位待遇随之升降,心情也大起大落,感触良深,形于歌咏,文学飘泊母题、恋阙母题因此得到深化。贬谪是与许多唐文人有紧密联系的一种行旅,在南迁北移的漫长路途上,唐文人有了丰富深刻的生命体验,这必然敏感地反映到文学创作上来,本章就上述三大母题的某些方面做了较为深入的论证。

第一节　唐代文学中的飘泊母题

唐代文学中出现了一批值得注意的飘泊者形象,他们既包括这类诗歌的创作者,也是诗歌中的文学形象。这种互为映照的关系,生动体现了传统文人自古以来浓重的乡土情结和心理积淀,也体现出唐诗作者与诗中人物的对应关系。唐代政治制度的规定性,以及城市文化的日益繁荣与城市生活不可抗拒的感召力,形成一股巨大的合力,极大地影响和改变了当时绝大部分读书人的生活方式,使得更多的人离开故乡,到城市去寻求发展,实现理想,旅途飘泊在其生活历程中占有很大比重,反映在文学作品及其创作主体上,便有了唐代诗人的离乡与还乡——首先是在现实中离乡,然后又通过梦境,实现精神上的"还乡",飘泊母题的内涵变得异常深刻和丰富。

一、飘泊母题产生的前提与机制

飘泊母题是一个古老而传统的母题。它以反映古代知识分子命运为旨归,最能体现古代士人的精神境界与品格。知识分子的命运与地位的升降,决定了这一母题开拓的深浅度。唐以前寒士阶级无缘进入主流社会,诗歌创作队伍是步入了中上流社会的贵族文人,描写的是贵族士大夫生活,表达的也是贵族心理与感情,只有少部分低微的士人陷入奔窜羁旅。贵族士大夫的审美趣味、生活方式妨碍了这一母题的开拓。唐代则士大夫的命运为之一变,政府多方取士,为寒俊开路。有许多寒族子弟甚至无依无靠的平民都依靠科举而踏入仕途,九族荣光。读书能得官,彻底改变自己乃至整个家族的命运!因而各地士子无不云趋京洛,雾委咸秦,视进士为士林之极选,又以宰相为仕途之极致。寒俊的进取心从没有如此强烈,温宪《题崇庆寺壁》"鬓毛如雪心如死,犹作长安下第人"① 的直陈,道出了科举的无穷魅力。科举考试把四方士人聚拢到中央,官员调遣、贬降、铨选、命使、置幕等政策,却像一只只巨手把他们遣散到四方,一次又一次地无情粉碎他们的名利梦,使之长期处于奔窜羁旅之中,生活,变得分外不安定。州郡刺史在任长的一年二年,短的三月五月,即予迁改,身携百口之家,风雨兼程,奔赴任所,频繁的迁移使他们发出"将厅事为逆旅,以下车为传舍"② 之叹。虽然出路拓宽,吸引力增大,但政治斗争日益激烈,政坛风波迭起。每值新旧交替之际,党争激烈之

---

① [宋]计有功辑撰:《唐诗纪事》卷七○,第 1042 页。
② [宋]王溥撰:《唐会要》卷六八《刺史上》,第 1198 页。

时,驿道上常可见有中使押领左降官与流人分道播迁。至中晚唐,科举竞争白热化,公平原则被破坏,寒士的出路变得空前狭窄。身事未成,隐退又不甘,生活无着落,最后竟有许多人转死沟壑,不知所终。面对这种局面,人们已无法把握自己的命运,许多文人处于哀哀无告的境地,他们对羁旅生活的体验从未达到如此深刻、细致的程度。其中不少人产生人生如寄的幻灭感,产生了一种"羁旅心态"或曰"客寓心态",感到自己总为行旅之人,总有飘寓之感,漫长的求名之路上,没有一个归宿,所渴求的东西永远渺若星辰,归属感和亲情慰藉的缺失,使他们感到自己就像长空奋飞的孤雁。正是这种心态,使唐文人将飘泊母题同时朝深、细、广三个维度作了大的开拓,形成了这一母题在唐代的繁盛。

　　总之,对唐文人来说,无论个人兴趣如何,仕途命运怎样,性格急躁还是温和,重主观表现还是客观再现,几乎都经历过漫长的孤独行旅,几乎都在自己心弦上奏响过游子的离歌。从唐初的宋之问、韦承庆到五代的罗隐、徐铉,无论时代风云如何变幻,人们始终对生命不息、跋涉不止的飘泊精神,保持着普泛而持久的体验、亲近乃至喜爱。白首为功名、致君尧舜上乃是他们的共同理想。为了这一理想,虽南迁岭峤,北至极边,西达轮台,东穷滇海,白发幡然而不悔。"求名"产生的无穷动力,使得唐文人这种生存空间的迁徙变得分外普泛而持久,也决定了"飘寓"将是他们的诗思之中心内核。这一理念贯穿一生,直接影响其行为举止和诗歌创作的构思、联想,使之具有独特鲜明的个性特征。

　　浓郁的感伤色彩是唐代文学飘泊母题的主调。每个行役者都郁积着强烈的感情。左降官辞亲别友,涕泪潸然。离开欢乐的帝乡,奔赴那充满毒雾、瘴气、飓风、鳄鱼、伏弩的陌生的令人恐惧的南方,听着那鸟言夷面、啼而似笑的南音,一切都令人难以忍耐,度日如年。

因此一达贬所就翘首望赦,盼皇恩早降,"北归"——生入帝王州对他们来说,简直比梦还美。赴任的地方官挈妇将雏,离开京中,脱离了那熟悉的生活圈,皆惨然不乐朝廷沙汰,情思怫郁。只有早日回京,才能重新找回那种如鱼得水的感觉,因此他们又翘心望徙。奉使者风尘仆仆,公务繁忙,举子则多年不第,选人赴京,十落七八,一切都显得那么不尽人意,生活中充满了失望与困苦。一句话,对于唐文人而言,长期安定舒泰的生活是没有的,无论为高官还是中下层官吏,无论你考进士还是明经,只要想仕进,想追求美好生活,就会四处飘泊,就得忍受长期的失败、失望的痛苦煎熬,挫折感就会长期笼罩你。因此,盘旋在他们头上的,常常是因生存空间的迁徙带来的与亲友的疏隔、对亲情的渴望、政治生命的没有归宿、个人与家族生计的无着落,这是双重的飘泊,精神上的与现实生活上的,这正是唐文人羁旅心态产生的前提与机制。它的实质内容,因而就是个体生命的悬浮无根感、前途命运的渺茫感、政治失意的愤悱感、奋斗失败的无告感,此外还有经济上的压力,独处时浓郁的乡思和挥之不去的孤独感⋯⋯这一切,无不为飘泊母题的开拓与深化创造着机会,蓄积着力量,提供着素材。正是这些紧系个人前途命运的东西,使诗人情感复杂化,使他变得更敏感,留意羁旅生活中发生的一切,而不只是官场生活中的陈腐俗套。对生命体验越深细,经历越丰富,作品中感于哀乐而呈现的艺术境界就有可能越新鲜,越有吸引力,可见精神生活在馆驿诗创作中,始终处在关键位置。家园意识与羁旅之思,是飘泊母题的两个核心内容,这两方面集中体现了唐人的艺术开创。

二、飘泊母题的内涵拓展与艺术表现

家园意识就是乡思。唐人行旅诗中的家园意识主要由两个层面组成,一是表达在外奔波的疲惫和对家园的思恋;二是因前途未卜,身与家都没有一个依恃点而产生的惶恐与焦虑,这是一种双重的悬浮无根之感。古人安土重迁,非不得已不会离乡背井远游他乡。处在文化中心区的文人尚且这样,对边远地区如湘中、岭南文人而言就更是如此。离家就意味着陌生与困难,意味着与亲人的暌隔,与亲情的疏隔,生活规律的被打破,意味着似乎无休止的旅途劳顿,更意味着吉凶未卜。奔波劳累尚且不说,精神上还得备受煎熬。因此,诗人的飘泊是双重的,既是个体生命的奔波劳累,又是精神上的备受煎熬,前者还可以忍受,后者却不堪承受。双重的悬浮无根之感在诗中交叠出现,前者常暗含后者,只是表现角度有变化。有些诗人从正面落笔,许棠《旅怀》:“终年唯旅舍,只似已无家。”[①] 雍陶《旅怀》:“自从为客归时少,旅馆僧房却是家。”[②] 正面表达了离家已久的飘泊感。旅舍僧房毕竟不是家,现在为了求功名不得不长住于此,它竟成了“家”,而真正的家园却很少回去,即使回归也如同住客店,真是“客舍似家家似寄”! 长期的客居生活造成了对亲情的缺失感,使他发出这般困苦的呼喊。许棠为“咸通十哲”之一,是个典型的失意文人。作此诗时他仍是一介乡贡进士,并未入仕,因此只能住旅舍,“唯旅舍”不为无因,雍陶情况也类似。入仕的唐官发出人生如寄的慨叹,却是表达久仕后对宦游生活的无奈与厌倦。试看杜牧《重题绝句一首》:“邮亭寄人世,人世寄邮亭。何如自筹度,鸿路有冥冥。”[③] 此诗题于筹笔驿。谓“重题”者,因前有《和野人殷潜之题筹笔驿十四韵》。诗人感叹,邮亭遍布于世间,人世好像寄于邮亭,它竟反客为主,代替了

①［清］彭定求等编:《全唐诗》卷六〇三,第 6973 页。

②［清］彭定求等编:《全唐诗》卷五一八,第 5923 页。

③［清］彭定求等编:《全唐诗》卷五二三,第 5984 页。

家，见出邮亭与旅人的密切关系。长期在外为仕途奔波，升迁似乎漫漫无期，故曰"如何自筹度，鸿路有冥冥"。张祜《〈平原路上题〉邮亭残花》："云暗山横日欲斜，邮亭下马对残花。自从身逐征西府，每到花时不在家。"① 见花思家，引起这种条件反射似的敏感想法，可见其离家之久，"每到"言其对这种生活方式无可奈何又摆脱不了，这正是张祜、杜牧们最痛苦的事：欲罢不甘，前途渺渺，不知如何是好。再看薛宜僚《别青州妓段东美》："经年邮驿许安栖，一会他乡别恨迷。今日海帆飘万里，不堪肠断对含啼。"②《南部新书》庚卷载：会昌中，薛宜僚为太子左庶子，充新罗册赠使，由青州泛海，船舶阻于风浪，滞于青州邮传一年，爱上饮妓段东美。后出发海行，临走，于饯宴即席赋诗，以叙别恨。"经年邮驿许安栖"，分明让人感受到对邮驿生活的厌倦与无奈，这是大家的共同感受，虽然按照唐代馆驿制度，凡是王命在身的官客都有权利入驿、住驿（"许安栖"的含义正在于此），但谁又愿意长期住在这种地方呢？

丰富复杂的飘寓感使诗人时时萌发创作冲动，通常借助比喻和联想，构成生动的喻象来传达丰富细腻的内心世界。张祜《题弋阳馆》："一叶飘然下弋阳，残霞昏日树苍苍。"③ 黄昏时刻，诗人乘一叶扁舟，自赣江南下，宿泊弋阳江边，多年的萍踪浪迹使诗人感到自己分外像一片飘零的叶子，像随波逐流的孤舟。这种联想是那么自然、贴切。薛能《中秋旅舍》："云卷庭虚月逗空，一方秋草尽鸣虫。是时兄弟正南北，黄叶满阶来去风。"④ 随风乱舞的黄叶很像行无定止的兄弟俩，通过"黄叶"意象恰到好处地传达了飘泊无根之感：不能主

---

① ［清］彭定求等编：《全唐诗》卷五一一，第 5842 页。
② ［清］彭定求等编：《全唐诗》卷五四七，第 6314 页。
③ ［清］彭定求等编：《全唐诗》卷五一一，第 5837 页。
④ ［清］彭定求等编：《全唐诗》卷五六一，第 6511 页。

宰自己的命运,弱小的人们就像随风飘舞的叶子,叶已黄落,迟暮之感逼人而来。此外,南迁北徙的大雁、飞鸟意象也为诗人所青睐。刘长卿《使还至菱陂驿渡浉水作》:"清川已再涉,疲马共西还。何事行人倦?终年流水闲。孤烟飞广泽,一鸟向空山。愁入云峰里,苍苍闭古关。"① 这里用上了三重对比:东使与西还,一去一回,是方向对比;行人倦与流水闲,是自然与人、忙与闲、自由与拘束的对比;一鸟归巢与疲马西还的"我",是有家与无家、归栖与行役的对比。李逸《洛阳河亭奉酬留守郡(群)公追送》:"离亭饯落晖,腊酒减征衣。岁晚烟霞重,川寒云树微。戎装千里至,旧路十年归。还似汀洲雁,相逢又背飞。"② 从戎十年,好不容易归家,与洛中诸公短暂一聚后,又将轻舟东下,各奔东西,那情形真似汀洲宿雁。这些含蕴丰富的比喻让人佩服唐人想象力之丰富。

　　唐文人经常在外度过上巳、寒食、冬至、除夕等唐人最看重的节日,这些节日题材也以表达离思羁情为主题。来鹏《寒食山馆书情》:"独把一杯山馆中,每经时节恨飘蓬。侵阶草色连朝雨,满地梨花昨夜风。蜀魄啼来春寂寞,楚魂吟后月朦胧。分明记得还家梦,徐孺宅前湖水东。"③ 全诗运用烘托渲染手法,写出举子特有的孤寒心态,传达深重的失落感与焦灼感。来鹏乃江西举子,南方文士想打进北方文人占据主流的上流社会,难度倍增,所以他连年不第,最后竟客死扬州。此诗情辞凄苦、哀怨,"侵阶草色"喻节序迁移,年光不驻;"满地梨花"让人联想到诗人的不禁风雨,势力孤单;"每经"见出在外时间之长,离家之久;"还家梦"点出对家园的无限渴慕。全诗以精

① [清]彭定求等编:《全唐诗》卷一四七,第1503页。
② [清]彭定求等编:《全唐诗》卷七七〇,第8746页。
③ [宋]计有功辑撰:《唐诗纪事》卷五六,第846页。《全唐诗》卷六四二误收入来鹄名下。

心选择的三组意象,把这种身世飘萍、命途不偶的客恨写得如密雨弥天,秋风入隙,使人凛然而生寒意,意境深沉杳渺。千载之下,还不禁让人为这位客死他乡的文士寄以深婉的同情。全诗并不正面写寒食,只以寒食为触发点。这是一种借题发挥的写法,被广泛运用。如高適《除夜作》:"旅馆寒灯独不眠,客心何事转凄然?故乡今夜思千里,愁鬓明朝又一年。"①全诗只写"客心",所要表达的不仅是一般的羁愁客恨,而且有对前途的忧虑。除夕之夜万家团聚,灯火通明,自己却远离亲人,客居旅舍,为了功名,不得不忍受分离之苦。可是岁月迁易,自己已两鬓微霜,奋斗多年仍不离一尉,过了今夜又是一个新年,明年结果怎样还不得而知,怎教人不心急如焚!

　　唐人诗中,乡思与羁情常糅合一块,如同交替出现的二重奏,"回家"与"求仕进"似乎是一对永远无法解决的矛盾。任何行旅,总包含着飘泊与回家这对基本矛盾。孟郊《游子吟》经典地概括了家园意识对游子无所不在的束缚,说明飘泊与回家之间千丝万缕的联系。对于锐意进取、自视甚高的唐人而言,不是无家可归,而是"身事未成归未得"②,若是功业无成,宁可"一醉任天涯"③!为了功名,决不轻易还家,而须坚忍地前行。张祜《书愤》"三十未封侯,颠狂遍九州"④,生动、传神地刻画出中晚唐孤寒才俊之士的飘泊精神与游子品格——为功名而拒绝还家,执着而专一;是那样意志坚定,奋然前行;又如此地犹疑不决,敏感多思。杜荀鹤久举不第,一日又踏上应试的路途,过黄梅县,作《秋宿临江驿》,说:"身事未成归未得,听猿

---

① [清]彭定求等编:《全唐诗》卷二一四,第2244页。

② [唐]杜荀鹤:《秋宿临江驿》,[清]彭定求等编:《全唐诗》卷六九二,第7951页。

③ [唐]李频:《蜀中逢友人》,[清]彭定求等编:《全唐诗》卷五八七,第6817页。

④ [清]彭定求等编:《全唐诗》卷五一一,第5836页。

鞭马入长关。"① 此诗表达的就是下第文士这样一种精神面貌：咬咬牙后挺身前行。

　　家园可亲而不可恃，远乡困阻而时常游，其自我彷徨与犹疑是深重的。风雨飘萍之中，家园就像一个远不可及的梦！尽管如此，家仍是那痛苦灵魂的归憩之所，当他到处迁徙，生活中似乎一片空白，什么也抓不着时，家总会作为一个支撑点而出现，使意志脆弱的旅人重新变得坚强，并重新审视自我。左降官由于对南荒无文化上的认同，家又成为可以退守、梦想的唯一去处，这时候他会深切体会到，只有家园才是最亲切的。正是这种家园意识使作品深刻而具体地切入现实，体现在主体意识中，与羁情结合，成为构思的两极。

　　乡思与功名心两不可弃，又谁也克服不了谁，于是，许多诗人不约而同地转入对梦境的描写。温庭筠《碧涧驿晓思》："香灯伴残梦，楚国在天涯。月落子规歇，满庭山杏花。"② 香灯、残梦，回味无穷。如果不是梦到几千里外的故乡，就不会觉得灯是"香灯"，也不会在被子规惊醒了后，依然久久沉浸在对刚刚消逝的梦境的回味中。梦回故乡，似乎是很有魅力的题材。韦庄《含山店梦觉作》："曾为流离惯别家，等闲挥袂客天涯。灯前一觉江南梦，惆怅起来山月斜。"③ 此诗从构思造境到表达顺序，都略同于前诗，但韦庄表现得更为洒脱、决绝，更有唐代士子气度。"等闲挥袂客天涯"，唐人的胸襟、气度与抱负尽出，毫无悲悲切切之感。韦庄的行迹走遍大半个中国，是晚唐时代典型的飘泊者，他发此语，既是豪语、壮语，又是肺腑之言。

---

① ［清］彭定求等编：《全唐诗》卷六九二，第 7951 页。
② ［清］彭定求等编：《全唐诗》卷五八一，第 6740 页。
③ ［唐］韦庄著，聂安福笺注：《韦庄集笺注》卷三，第 187 页。

　　对比与衬托是表达乡思的常用手法。《太平广记》卷三三八窦裕《洋州馆亭吟》:"家依楚水岸,身寄洋州馆。望月独相思,尘襟泪痕满。"① 窦裕为大历进士,下第游蜀,客死于洋州馆中。小说作者代他拟的夜吟诗,情调十分凄苦。诗的意脉在家与身之间跳动,家居楚水而身客洋州,又暗含了今昔对比。生存空间的位移,时间的流动,一纵一横,让人感到窦裕内心深重的痛苦。雍陶《宿嘉陵驿》:"离思茫茫正值秋,每因风景却生愁。今宵难作刀州梦,月色江声共一楼。"② 其意脉、意象与前诗相似,都运用了时空双重对比,空庭朗月、家山千里,总是与下第客游的进士或赴京应举的乡贡秀才相伴随。这些印象,正是上述唐人诗歌、小说帮助读者建立的。托名为崔常侍的《官坡馆联句》通过烘托手法描绘出一个经典的清夜征行离别意境:"床头锦衾斑复斑,架上朱衣殷复殷,空庭朗月闲复闲,夜长路远山复山。"③ 没有对行旅的真切体验,怎能写出如此动人心弦的诗篇!

　　象征、烘托手法常用来表达岁月流逝的迁逝感、独行的孤寂感。这些,都可以统称为"旅思""羁情"。张九龄《旅宿淮阳亭口号》:"日暮荒亭上,悠悠旅思多。故乡临桂水,今夜渺星河。暗草霜华发,空庭雁影过。兴来谁与晤? 劳者自为歌。"该诗熊飞先生考定为开元十五年(727)自京城赴任洪州刺史途中作④,可从。诗人从大运河南下,前往洪州,心思却在桂水边的老家,他遥想,那儿必定也像淮阳亭一样星河满天吧? 抬头看,大雁从头顶飞过,于是联想到自己这

---

① [宋]李昉等编:《太平广记》卷三三八引《宣室志》,第 2683 页。诗题依《万首唐人绝句》卷二二。

② [清]彭定求等编:《全唐诗》卷五一八,第 5923 页。

③ [宋]李昉等编:《太平广记》卷三三〇《中官》,第 2622 页。

④ [唐]张九龄撰,熊飞校注:《张九龄集校注》卷三,第 274—275 页。

几年也像候鸟一样南迁北徙，几度轮回，不知不觉中，白发暗增。这种迁逝感，是通过中间两联"星河""雁影"来暗示的。象征手法运用得最集中的，是行役诗中对馆驿的环境描写。我们看到，在涉及馆驿的诗篇中，有不少荒驿、僻驿、山邮、孤馆、空馆、荒馆、废馆意象，与此相关的还有寒灯、远灯、孤灯，时代多集中在中晚唐。这一时期的唐文人常与这些废馆、荒驿打交道，很多时候是独宿其间，寒灯相伴，这正是唐代辛苦求名的举子生活的逼真写照！只有他们才会有这种生活经历。稍加比较，便会发现，命途稍微显达的文人，如武元衡、李德裕，其馆驿诗中的这类意象就不多见。而像贾岛那样不幸的士人，其诗中就分外多见。贾岛《宿悬泉驿》："晓行沥水楼，暮到悬泉驿。林月值云遮，山灯照愁寂。"[1]《泥阳馆》："客愁何并起？暮送故人回。废馆秋萤出，空城寒雨来。夕阳飘白露，树影扫青苔。独坐离容惨，孤灯照不开。"[2] 破败的驿馆中，微茫的灯火有着丰富的暗示性，它象征着个人力量的渺小和不禁风雨，以及希望的渺茫。闪烁不定又放着微光的驿灯，象征着心灵的备受煎熬，也暗示着微微的温暖。空馆则既是当时空荡情形的写实，也是诗人空荡无着落的心灵的外化。借助空馆、孤灯意象，最能表达孤寒心态。贾岛久困场屋，最终客死西蜀一传舍。结合他的身世可知，孤馆、寒灯意象是他那悲苦命运的真实反映。而放眼整个唐诗，则孤馆与寒灯连用，并不是他个人的审美取向，而是时代性的艺术趋向。

　　对唐文人来说，迁逝感主要是因担心年华老大，事业无成，亲族陷于饥馁而产生的焦虑，它与功名成就感恰好相对立而存在。翁承赞《奉使封王次宜春驿》开头就说："微宦淹留鬓已斑，此心长忆旧林

---

[1] ［清］彭定求等编：《全唐诗》卷五七一，第 6620 页。

[2] ［清］彭定求等编：《全唐诗》卷五七二，第 6650 页。

泉。"① 显然对现实很不满足,薄有微宦,鬓已斑白。这里不仅仅是焦虑,而且有焦虑过后对自己、对社会的失望,对生活的厌倦。李中《宿山店书怀(兼)寄东林令图上人》:"一宿山前店,旅情安可穷。猿声乡梦后,月影竹窗中。南楚征途阔,东吴旧业空。虎溪莲社客,应笑此飘蓬。"尽管一事无成,可是旧业已空,征途尚阔,诗人进退维谷,处于两难境地,因此所谓"旅情"除了飘蓬的客恨外,就是成就感的缺失。他有时候从反面作变态的发泄,其《江馆秋思因成自勉》说:"声名都是幻,穷达未能忧。"② 其《宿临江驿》"干禄已悲凋发鬓,结茅终愧负烟萝"③ 则是正面直说,表达进退两难的心境。

　　总之,表达这种飘泊精神的都是受挫折受打击的文人,包括名位未达的中下层文官、屡举不第者。他们为了生计与前途,到处寻找依靠,行无定踪,哪里有利于自己就往哪里去,下第漫游,辗转戎幕是大家的必修课。即使应举也是长途跋涉。崔峒《客舍书怀寄赵中丞》精炼地概括了这种飘泊生活:"东楚复西秦,浮云类此身。关山劳策蹇,僮仆惯投人。孤客来千里,全家托四邻。生涯难自料,中夜问情亲。"④ 策蹇驴,携书袋,以一二僮仆自随,到处求人托人,寓宿于破馆荒驿寺观之中,这就是唐代举子的形象。聚学数十年才邀得一名位,好不容易爬上中高层,一不小心又陷于蹉跌,一言忤旨,一事差错,即有可能远贬数年,甚至贬死不归。更有修行历学数十年而一无所成者。无所成就者既无可告语,捞到一二名位者也备受摧残,代价沉重。白居易《悲哉行》:"悲哉为儒者,力学不知疲。读书眼欲暗,秉笔手生胝。十上方一第,成名常苦迟。纵有宦达者,两鬓已成丝。可

---

① [清]彭定求等编:《全唐诗》卷七〇三,第 8089 页。
② 李中二诗,分别见[清]彭定求等编:《全唐诗》卷七四七,第 8501、8513 页。
③ [清]彭定求等编:《全唐诗》卷七四九,第 8533 页。
④ [清]彭定求等编:《全唐诗》卷二九四,第 3341 页。

怜少壮日,适在穷贱时。"① 这是那个时代知识分子的共同的悲苦命运,功名与年龄、荣誉与幸福,总是相背反,难齐备。由于得第艰难,故而有不少人得第之后,心力交瘁,不久即死。另一些人即使成功登第,却因看惯了名场利钝,对仕途与官场灰心失望,弃而归隐。正是唐代奉行的一系列对待知识分子的政策,使得唐文人长期处于"羁旅草野之中",辛苦备尝,从而为文学创作提供了永恒不竭的动力。唐人对羁旅飘泊母题的最成功开拓,就在于它极为真实、深刻地反映了那个时代知识者对名利的执着追求、对家园的热切想往,突出表现了他们在名利与亲情之间的犹疑与徘徊,他们为此而矛盾的内心世界,从而对生命的体验方面达到了前所未有的高度。

其实这些飘泊者绝大多数只是微不足道的小人物。但是通过唐人的努力,他们已经作为一种带有独特时代特征与时代气息的文学形象而存在,贯穿于中晚唐诗歌创作的始终,被赋予了自身独立的审美价值,也具有深刻的社会认识价值。正是通过这些曾经充满青春活力、奋发昂扬的执着求名者的群像,通过他们在飘寓途中的不幸遭遇,通过他们的血泪控诉,我们才了解到那个黑暗社会的巨大吞噬力,以及生存环境的严酷、窒息、压抑,感同身受地认识到科举制度对人性的扼杀和践踏。唐人的行旅诗歌对飘泊者的描写,时时可以与唐代文献中记载的他们的生活与精神状态相映照,使这些求名的人物成为唐人诗歌、小说文本中永恒存在的"飘泊者",成为时代的投影与社会的象征,体现了唐代文学贴近现实的倾向及深沉的感染力。

---

① [唐]白居易著,顾学颉校点:《白居易集》卷一,第 17 页。

第二节　怨与恋的二重奏——唐人对 贬谪文学母题的拓展

《沧浪诗话·诗评》云："唐人好诗,多是征戍、迁谪、行旅、离别之作,往往能感动激发人意。"[①] 方回也注意到这点,其编《瀛奎律髓》,感于"迁客流人之作,唐诗中多有之。伯奇摈,屈原放,处人伦之不幸也。或实有咎责而献靖省循,或非其罪而安之若命"[②],而于卷四三别立"迁谪"一项,选出唐人迁谪诗多首以为示范,这表明迁谪文学题材在唐代文学创作中占有突出地位,具有很大的独立性。作品占有量之大,分布面之广,已经足以说明迁谪文学母题在唐代的繁盛。但是迁谪并不自唐始,唐人的迁谪文学究竟为我们提供了什么新的东西? 比如,在贬谪文学母题的内涵上有何拓展? 透过纷繁复杂的迁谪现象,我们发现,最突出的贡献表现在"怨"与"恋"二字,在江湖与廊庙间的漫长回归之路上,唐人演奏了一曲曲悲凉的"怨"与"恋"的二重奏。

一、唐代贬谪的特点

与先唐各代相比,唐代的贬谪表现出一系列自有特色。

一是打击的高频率。次数多,打击面广。每当太子废立,便有一批春宫宫僚被废弃,唐朝许多文人遭逢此厄,坎壈终生;每逢旧君弥留,新帝即位,往往有许多先朝文武被诛遭贬,圆仁《入唐求法巡礼行记》卷二开成五年二月二十二日条记载,文宗于这年正月初三驾崩,

---

① [宋]严羽著,郭绍虞校释:《沧浪诗话校释》,人民文学出版社,1961年,第198页。

② [元]方回选评,李庆甲集评校点:《瀛奎律髓汇评》卷四三,上海古籍出版社,2005年,第1537页。

武宗上台后几个月内,大肆诛贬先朝旧臣。圆仁一行入长安城,正巧碰上高潮,几天之内,"城中煞却四千余人,先帝时承恩者也"①。即帝侧的乐工、内侍。这还是正史不载的,像这样的情况绝不是一两次,而是普遍存在。激烈的宫廷斗争与大臣党争,使得驿路上窜逐的文人络绎不绝,成批播迁。但相比之下,人臣以一事过错、一语过差而"忤旨",得罪当国的权臣、横行的宦竖而陷身贬逐者,因贪赃枉法而被贬者似乎更多。由此,唐史上出现了八次贬降高潮:第一次是册立武则天为皇后的永徽末显庆初;第二次是武氏临朝篡唐,任用酷吏的那十几年,奉旨南巡按狱的酷吏之间展开屠杀流贬人的竞赛,所杀流人三百、六百到九百不等;第三次是自神龙复辟到开元元年(713),其间大小政变七次,打击面最大的是开元初玄宗穷治太平公主枝党,史云百官"或黜或陟,终岁不尽"②,用刑连年不定,流贬相继;第四次是至德初对陷贼官六等定罪,但经推按,不死则流,"动逾千计",流贬人散在诸道,黔中道尤多,"从至德至宝应,向二千人"③。及承恩放还者,十才二三;第五次是代、德两朝杨炎、刘晏党争;第六次是永贞、元和之际,惩罚"二王八司马"集团;第七次是宪宗到宣宗朝的牛李党争;第八次是懿、僖之际以韦保衡、路岩、刘瞻、杨修为代表的大臣党争。中间中小规模、零零星星的贬降无时不有,"路足羁栖客,官多谪逐臣"④是唐代立国数百年来共有的现象。

---

① 〔日〕圆仁著:《入唐求法巡礼行记》卷二,广西师范大学出版社,2007年,第69页。

② 〔宋〕司马光编著,〔元〕胡三省音注:《资治通鉴》卷二一〇开元元年七月乙丑条,第6685—6686页。

③ 〔唐〕郭湜撰:《高力士外传》,丁如明辑校:《开元天宝遗事十种》,第122页。

④ 〔唐〕白居易著,顾学颉校点:《白居易集》卷一七《送客春游岭南二十韵》,第353页。

　　二是打击的沉重性。被贬逐者若为皇帝或权臣所不喜,将长期废弃不用,罪大者甚至特诏永远禁锢,不在量移之限。若执政者挟私恨,则打击报复会接踵而至,必欲置之死地而后快,流贬人将永无生还之望,除非政局发生逆转,该派倒台。有时候即使有量移政策也不按例移近州,而让他东移西徙,备受流离之苦,就像元和、宝历间宰相对待刘禹锡那样,连刺三郡然后才让他回到洛阳。像他那样顽强的人是活下来了,病苦缠身,意志脆弱者说不准早就熬不过来,埋骨南荒,这种情况极多。此外大臣出京后,还有可能被"赐死于道",或被赐死于贬所。总结起来,正如傅璇琮先生所说,官员一旦得罪了人主或权臣,或陷身党争,鲜有善终者①。

　　三是打击的突发性。身为朝臣,总不能不过问政治,更何况唐文人参政议政的意识特别强烈,尤其是那些初仕者,常以"士以道为己任"的姿态出现,对于自己对政治的介入不仅有一种崇高感,而且有一种使命感。可是一旦想要忠君报国,仗义执言,说不定就会惹来飞天横祸。韩愈《左迁至蓝关示侄孙湘》"一封朝奏九重天,夕贬潮州路八千"②,虚中《送迁客》"倏忽堕鹓行,天南去路长"③都充分说明政治斗争的激烈,人主的喜怒无常时刻威胁着士人,命运变得越来越不可预料,贬谪成了踏入仕途者的必修课。白居易深有感触地说:"若不九重中掌事,即须千里外抛身。"④只有这两种选择,舍此无他。沈既济创作的唐传奇《枕中记》描述典型的唐官仕历是子孙满堂,通姻天下名族,"凡两窜岭表,再登台铉,出入中外,回翔台

---

① 傅璇琮著:《李德裕年谱·原序》,河北教育出版社,2001年,第1—2页。
② [唐]韩愈著,钱仲联集释:《韩昌黎诗系年集释》卷一一,第1097页。
③ [清]彭定求等编:《全唐诗》卷八四八,第9606页。
④ [唐]白居易著,顾学颉校点:《白居易集》卷二四《岁暮寄微之三首》其三,第540页。

阁……前后赐良田甲第、佳人名马,不可胜数"①,高寿而终。这两例表明在唐代,贬谪是仕进者的必由之路,谁也无法避开,晚达仅是少数。

二、"怨"与"恋"的意蕴的多重性以及书写侧重点的转移

贬谪是文人政治生涯中的重大事件,会引起文人情感的深刻变化。尽管由于逐臣具体遭际的不同,个人出身、教养、审美情趣的差异,他们的创作会呈现不同的艺术风貌,被贬逐后各自的情感落差与处世态度也不尽相同,但曾经得志,曾获得过施展抱负、显露才华的机会,后来突然遭受贬谪,人生道路急转直下的经历却是相同的。贬逐使他们的心灵受到摧残,人格受到侮辱,愤懑不平而又无可奈何,在一段时间内痛苦挣扎过的生存状态也基本相同,这就决定了他们有着相通或相近的逐臣心理。这种心理反映在文学作品中,不约而同地表现为某些相似的情愫意识和文化精神,即我们所说的"怨"与"恋"。

"怨"与"恋"是逐臣矛盾复杂心态的两种典型表现,各有其丰富复杂含义。"进退出处的骤变,哀乐生死的无常,人生前景的飘忽,现实苦难的重压,无时无刻不在搅扰着众多贬谪士人的心境,并使得他们的观注对象由社会转向自我。"② 这是"怨"与"恋"产生的心理机制。

可是"怨"与"恋"并不是什么新东西,早在先秦这一逐臣文学的发端阶段,这两者就开始萌芽。以屈、贾为代表的楚辞汉赋,早就奠定了"怨"与"恋"的基调,比如,怨恨君王之不明,谗诌之害公,黑

---

① [宋]李昉等编:《太平广记》卷八二引《异闻集》,第 528 页。
② 尚永亮著:《元和五大诗人与贬谪文学考论·从执着到超越(代前言)》,台北文津出版社,1993 年,第 6 页。

白颠倒,党人偷乐,眷恋祖国、人民,对君昏臣佞的局势怀有深重忧患等。那么,历史发展到唐代,唐人究竟为迁谪文学提供了什么新东西? 我以为,这突出表现在"怨"与"恋"的侧重点的转移以及意蕴之多重性上,表现在怨之深与恋之切、怨之广与恋之博,这一点最有唐代特色。

　　最值得注意的是侧重点的转移。在屈、贾那里,怨与恋的重点都围绕在国家大事、民族兴亡上,都是先国家而后私人,可是到了唐人那儿就不是这样,其"怨"与"恋"的侧重点都是个人得失与荣辱,而不是国家兴亡、民生疾苦。他们也有济苍生、扶社稷的壮志,然而这种壮志主要是为了实现个人理想与价值,而不是儒家那种"以天下为己任",为了正义事业"虽九死而未悔"的道义精神。人们已很难看到感天地、动鬼神的拳拳赤子之心,常见的是对个人升沉的斤斤计较,无穷幽恨。以下几点都表现突出:

　　首先是含冤负屈的怨恨。通观唐史,没有一个被流遭贬者说自己是罪有应得,几乎都异口同声地声称自己是含冤负屈。在唐代,像屈原那样坚持真理、执着现实、抨击黑暗、效忠君国的磊落士人并不太多,类似阳城、韩愈、白居易那样犯颜直谏,为正义事业而遭到打击的值得赞美之士也不占主流,绝大多数是封建专制暴力和大臣党争的牺牲品,他们的遭遇值得同情,但不值得赞美;有的人在任赃污狼藉,因而被奏劾下狱治罪,这是罪有应得。部分文人沉醉于对名利的追求,未及第之时到处干谒,"伺候于公卿之门,奔走于形势之途……处秽污而不羞,触刑辟而诛戮,徼幸于万一,老死而后止"①。入仕以后,千方百计投机钻营,趋炎附势,见风使舵。遭到惩罚,又都声称自己如何忠孝、正直、有功于国,如何遭谗被谤,一味为自己曲意辩解。

---

① [唐]韩愈:《送李愿归盘谷序》,[清]董诰等编:《全唐文》卷五五五,第 2487 页。

人们已经很难按照爱国思想、抗争意志等积极肯定的词语来评价这些人了。崔湜因参与逆谋而遭到流贬,却说是为"嗷嗷路傍子"所谤,称"余本燕赵人,秉心愚且直。群籍备所见,孤贞每自饰"①。宋之问、沈佺期人品卑劣,媚附二张,遭到沉重打击。二张被杀,沈氏长流驩州,在流所,却作诗说:"一朝贻厚谴,五宅竟同防。凶竖曾驱策,权豪岂易当? ……身犹纳履误,情为覆盆伤。"② 先反过来骂昔日主子,接着又说自己是冤狱。宋氏作诗说:"安谓衅潜构,退耕祸犹起。"③说是退耕期间为仇家所构,并一再强调自己怎样"忠信""忠孝"。杨凭在江西观察使及京兆尹任上大肆贪污,还违反法令,在长安永乐里之别宅广蓄妓妾,触犯唐朝禁止蓄养"别宅妇"的禁令,又于东都大治府第,颇为奢侈,宪宗震怒,数罪并罚,贬贺州临贺县尉。其女婿柳宗元却作诗,一再为他鸣冤抱屈,留下的相关诗篇多达好几首。不仅亲戚如此,连送行的朋友也这样,郑谷《迁客》:"雪冤知早晚,雨泣渡江湖。"④ 总之,很少有像宋人那样从加强品行修养入手砥砺名节的,出了问题后都把过错归咎于别人,这是唐代士人的通习。

与此相关,很多被贬的文人都以贾谊自许,而不以屈原自况。在他们看来,尽管屈原名悬日月,但那种高洁的人格、耿介的个性,并不值得效法,可敬而不可亲,倒是贾谊年轻得志,才华出众,深明王道,且为君王所礼,这种际遇千载难逢,特别令人羡慕。自己也曾一展襟

---

① [唐]崔湜:《景龙二年……赴襄阳途中言志》,[清]彭定求等编:《全唐诗》卷五四,第 661 页。

② [唐]沈佺期、宋之问撰,陶敏、易淑琼校注:《沈佺期宋之问集校注》上册卷二《答魑魅代书寄家人》,第 108 页。

③ [唐]沈佺期、宋之问撰,陶敏、易淑琼校注:《沈佺期宋之问集校注》下册卷二《自洪府舟行直书其事》,第 423 页。

④ [清]彭定求等编:《全唐诗》卷六七五,第 7725 页。

抱,又都以高才被屈,以壮盛之年而废锢遐荒,将大好时光白白抛掷,与他有相似之处,视他为异代知己,能带来一种光荣感,一份慰藉,于是大家都来哀挽。宋之问《新年作》:"已似长沙傅,从今又几年?"①李白《与史郎中钦听黄鹤楼上吹笛》:"一为迁客去长沙,西望长安不见家。"②刘禹锡《咏史二首》其二:"贾生明王道,卫绾工车戏。同遇汉文时,何人居贵位?"③吴融《南迁途中作七首·登七盘岭二首》其一:"才非贾傅亦迁官,五月驱羸上七盘。"④类似诗句可以举出几十例。长沙城内的贾谊旧宅,经常有南来北往的迁客骚人赋诗凭吊,刘长卿、戴叔伦等都有诗。汨罗屈原庙同样在这条"迁客南征"的路上,可是他们很少作诗,只有使客与地方官作过几篇修庙的文章,仅有题为李德裕的《汨罗》一首,也是托名的伪作,德裕南迁并不经过湘中汨罗,而是从洛阳到两浙、江西南下。

其次是被放逐于蛮荒之地的悲怨与苦闷。在唐代,南方尽管物产丰富,但社会经济文化极为落后,生存环境恶劣难居,与北方距离遥远。在北人看来,这里一直是作为一个异质文化区而存在,南方的"远恶"有如下数端:

信息闭塞。李昌符《别谪者》:"此地闻犹恶,人言是所之。一家书绝久,孤驿梦成迟。"⑤皇甫冉《归阳羡兼送刘八长卿》:"云梦春山遍,潇湘过客稀。"⑥

地域僻远。杨炎《流崖州至鬼门关作》:"一去一万里,千知千

① [清]彭定求等编:《全唐诗》卷五三,第657页。
② [清]彭定求等编:《全唐诗》卷一八二,第1857页。
③ [清]彭定求等编:《全唐诗》卷三六四,第4106页。
④ [清]彭定求等编:《全唐诗》卷六八六,第7879页。
⑤ [清]彭定求等编:《全唐诗》卷六〇一,第6950页。卷二九〇又收作杨凝诗。
⑥ [清]彭定求等编:《全唐诗》卷二五〇,第2832页。

不还。"① 韩愈《武关西逢配流吐蕃》："我今罪重无归望,直去长安路八千。"②

言语怪异难懂。元稹《酬乐天东南行诗一百韵》："夷音啼似笑,蛮语谜相呼。"③ 韩愈《县斋有怀》："夷音听未惯,越俗循犹乍。指摘两憎嫌,睢盱互猜讶。"④

民性愚顽,装扮怪异。元稹《酬乐天东南行诗一百韵》："椎髻抛巾帼,镖刀代辘轳。当心鞈铜鼓,背弤射桑狐。"⑤ 韩愈《赴江陵途中……》："远地触途异,吏民似猿猴。生狞多忿很,辞舌纷嘲啁。"⑥

生活条件艰苦。元稹《叙诗寄乐天书》："邑无吏,市无货,百姓茹草木,刺史以下,计粒而食。"⑦

风俗卑陋,异于中原。沈佺期《岭表逢寒食》："岭外无寒食,春来不见饧。"⑧ 张籍《送南迁客》："海国战骑象,蛮州市用银。"⑨

威胁生命安全的有毒动植物多。袁不约《送人至岭南》："度岭春风暖,花多不识名。瘴烟迷月色,巴路傍溪声。畏药将银试,防蛟避水行。知君怜酒兴,莫杀醉猩猩。"⑩ 韩愈《赴江陵途中……》："有蛇类两首,有虫群飞游。穷冬或摇扇,盛夏或重裘。飓起最可畏,訇

---

① [宋]计有功辑撰:《唐诗纪事》卷三二,第 504 页。

② [清]彭定求等编:《全唐诗》卷三四四,第 3860 页。

③ [清]彭定求等编:《全唐诗》卷四〇七,第 4531 页。

④ [清]彭定求等编:《全唐诗》卷三三七,第 3776 页。

⑤ [清]彭定求等编:《全唐诗》卷四〇七,第 4531 页。

⑥ [清]彭定求等编:《全唐诗》卷三三六,第 3768 页。

⑦ [唐]元稹撰,冀勤点校:《元稹集》卷三〇,第 353 页。

⑧ [清]彭定求等编:《全唐诗》卷九六,第 1038 页。

⑨ [清]彭定求等编:《全唐诗》卷三八四,第 4304 页。

⑩ [清]彭定求等编:《全唐诗》卷五〇八,第 5771 页。

哮簸陵丘。雷霆助光怪,气象难比侔。"①

地多水弩山魈,令人恐惧。张祜《寄迁客》:"万里南迁客,辛勤岭路遥。溪行防水弩,野店避山魈。"②白居易《送人贬信州判官》:"溪畔毒沙藏水弩,城头枯树下山魈。"③

瘴毒入骨,终生难愈。韩愈《潮州刺史谢上表》:"州南近界,涨海连天,毒雾瘴氛,日夕发作。"④元稹《酬乐天见寄》:"三千里外巴蛇穴,四十年来司马官。瘴色满身治不尽,疮痕刮骨洗应难。"⑤

人口稀少,人多短命,满目荒凉。元稹《叙诗寄乐天书》:"通之地湿垫卑褊,人士稀少,近荒札,死亡过半。"⑥沈佺期《入鬼门关》:"土地无人老,流移几客还?"⑦

所有这些都特别令人恐惧,难以忍受,人"闻犹恶",更何况长期居住?韦执谊平时就连"崖州"这个名字都极不愿听到。一旦真正要面对这一残酷现实,其内心的震动和苦痛可想而知。人生苦短,要在这穷乡僻壤之中虚耗数年光阴,无疑是巨大的浪费。宝贵的生命在可怕地缩短,可是因为疾病与精神折磨,身体一天比一天老弱。同僚中有的迅速进达,令人羡慕,自己却是白发皤然的"天边一老翁",甚至将埋骨穷荒。生命的浪费感一方面激起沉重的焦虑,另一方面引起强烈的补偿心理,可是"天意从来高难问",翘首盼赦,但雨露何时而及?说不准又特诏"纵逢恩赦,不在量移之限",或者"州家申名

---

① [清]彭定求等编:《全唐诗》卷三三六,第3768页。
② [清]彭定求等编:《全唐诗》卷五一〇,第5803页。
③ [清]彭定求等编:《全唐诗》卷四三八,第4865页。
④ [唐]韩愈撰,马其昶校注,马茂元整理:《韩昌黎文集校注》卷八,第618页。
⑤ [清]彭定求等编:《全唐诗》卷四一六,第4592页。
⑥ [唐]元稹撰,冀勤点校:《元稹集》卷三〇,第353页。
⑦ [唐]沈佺期、宋之问撰,陶敏、易淑琼校注:《沈佺期宋之问集校注》上册卷二,第87页。

使家抑,坎轲只得移荆蛮"①。更何况"一经贬官,便同长往;回望旧
里,永无还期"②! 强烈的功名心与补偿欲之间,始终存在不可克服
的矛盾,可见生命的荒废感与焦虑感是怨恨愁苦之情的主要内涵。
此外还应包括尚永亮先生所说的"被弃感"与"拘囚感"③。

　　南方如此野蛮落后,不能不生出极度鄙视。这种心态使他们与
当地人难以沟通,只与北人联系。然而音信难通,这又加重了内心的
孤寂。柳宗元居永州,日夕自放于山水间,人称是与猩鼯为群,魑魅
为邻。张说贬岳州,只与南来北往的北方人打交道,此外有空则纵情
湖山,显然是厌弃南方,拒绝同化。尽管如此,对贬所既极为厌恶又
无法摆脱的状态将维持相当长时间,灵魂得忍受多重痛苦的煎熬,这
也加重了怨苦之情,使文学作品情辞哀苦,分外动人。

　　愁怨、苦怨固然深切动人,但不能忽视的是,二者都是以个人名
利得失为中心的情感体验。反复审视由屈原到沈、宋、刘、柳为代表
的唐代逐臣行为出处及其文学创作,你会发现,唐人对君主的依赖性
在减轻,对权利的追逐却在加重;关心民瘼的义不容辞的使命感和
"岂余身之殚殃兮,恐皇舆之败绩"④ 的牺牲精神渐渐淡漠,日夜梦想
的是希图复振,再展宏图,实现个人理想的欲望,对出将入相的憧憬
却随时可见。君权虽然威严无比,但唐文人都有自己思想上与人格
上的独立性,他们不再把个人理想价值的实现与君主贤愚、国家治乱
一一挂钩,而是特别珍惜生命,留恋名利。一旦失志,很少从自己身
上找原因,都把愤怒的矛头指向别人,怨天尤人,赋诗作文"多讽骂

---

① [唐]韩愈著,钱仲联集释:《韩昌黎诗系年集释》卷三《八月十五夜赠张功
　　曹》,第257页。
② [唐]陆贽撰,王素点校:《陆贽集》卷二〇《三进量移官状》,第662页。
③ 尚永亮著:《元和五大诗人与贬谪文学考论》,第126、145页。
④ [宋]洪兴祖撰,白化文等点校:《楚辞补注》卷一《离骚》,第8页。

之意"，像屈原那样尽管自己备受冤屈却仍拳拳于君王，怨而不恨的人很少见，只有杜甫还"一饭未尝忘君"，但毕竟曲高和寡。沈佺期《初达驩州》诗口口声声说"思君无限泪，堪作日南泉"，可实际上是关心"雨露何时及"①。其另一首同名作《初达驩州》诗，前面刚说"搔首向南荒，拭泪看北斗"，好像十分瞻恋君王，后面紧接着又说"何年赦书来，重饮洛阳酒"②，明显自相矛盾。宋之问诗中类似表达更多，如《早发始兴江口至虚氏村作》："南中虽可悦，北思日悠哉。"③《早发大庾岭》："踌蹰恋北顾，亭午晞霁色。"④ 但真正忧念的是兄弟妻子、乡关故园，这才是他所关心的，这样的话许多唐人都说过，不仅仅是沈、宋而已，可见这是一种带有普遍性的逐臣心理，其所谓怀君恋阙不过是沿用传统语汇的一种习惯性表达，与屈原式的"夫唯灵修之故也"⑤ 形同质异。在部分人那儿，梦想早日北归，不仅是想回到熟悉的生活圈，更主要的恐怕还是重整旗鼓，找回失去的一切。有的懂得吸取教训，变得谨小慎微，得以免祸，安然度过晚年，如沈佺期、张说；有的却不知收敛，变本加厉地拼命向社会索取，向权力靠拢，最终落了个身死族灭，宋之问、窦参可为代表。张说在南中，还只是渴望生入帝乡，归老田里，得一善终。窦参却不同，他在党争中失势，贬郴州司马，心里特别不甘心，时刻想要反戈一击。其《迁谪江表久未归》露骨地表达了这种心理："一自经放逐，裴回无所从。便为寒山云，不得随飞龙。名岂不欲保，归岂不欲早。苟无三月资，难适千里道。离心与羁思，终日常草草。人生年几齐，忧苦即先老。谁能假羽翼，使

① ［清］彭定求等编：《全唐诗》卷九六，第1038页。
② ［清］彭定求等编：《全唐诗》卷九五，第1025页。
③ ［清］彭定求等编：《全唐诗》卷五三，第652页。
④ ［清］彭定求等编：《全唐诗》卷五三，第623页。
⑤ ［宋］洪兴祖撰，白化文等点校：《楚辞补注》卷一《离骚》，第9页。

我畅怀抱？”①几乎每句都包含贪利贪名的利己主义思想。他的理想是保位全名，不离欢乐帝乡，像郭子仪那样“富贵寿考，繁衍安泰，哀荣终始”②。无法摆脱被拘囚的困境，又梦想生出飞天羽翼，早日畅此怀抱。可以说，无论哪一类遭到贬逐的文人，都不同程度地存在这一心态。

当然，“恋”的主要内涵是因对惩罚的恐惧感与对生存环境的愁苦怨恨而产生的对失去的美好事物、熟悉的生活环境的无限依恋，对京城的欢乐、家园的温暖与亲情之慰藉的思慕。

三、相反相成的艺术表达

“怨”与“恋”相反相成，互相激发。多重的“怨”激起无穷的“恋”，而当这种依恋无法变成现实，只能是一种梦想之时，又会反过来增添悲怨愁苦。这一矛盾不仅使得“怨”与“恋”的意蕴异常丰富，而且有助于艺术表现的多样化。

最常见的是对比与联想。放逐路上的歌吟徘徊怨切，常常是南迁与北还的方向对比。有时候是直接对比。如宋之问《发端州初入西江》：“人意长怀北，江行日向西。”③《早发韶州》：“炎徼行应尽，回瞻乡路遥。”④杜审言《渡湘江》：“独怜京国人南窜，不似湘江水北流。”⑤贾至《送陆协律赴端州》：“越井人南去，湘川水北流。……岭峤同仙客，京华即旧游。”⑥刘商《送人往虔州》：“莫叹乘轺道路

---

①［清］彭定求等编：《全唐诗》卷三一四，第3534页。

②［唐］裴垍：《郭子仪传论》，［清］董诰等编：《全唐文》卷六一六，第2757页。

③［清］彭定求等编：《全唐诗》卷五三，第654页。

④［清］彭定求等编：《全唐诗》卷五三，第654页。

⑤［清］彭定求等编：《全唐诗》卷六二，第740页。

⑥［清］彭定求等编：《全唐诗》卷二三五，第2595页。

赊,高楼日日望还家。人到南康皆下泪,唯君笑向此中花。"① 有时候
是旅雁与逐客、北返与南迁的双重对比,意蕴更为丰富。如韦承庆
《南中咏雁诗》:"万里人南去,三春雁北飞。不知何岁月,得与尔同
归?"② 宋之问《晚泊湘江》:"路逐鹏南转,心依雁北还。"③《题大庾
岭北驿》:"阳月南飞雁,传闻至此回。我行殊未已,何日复归来?"④

　　久居贬所的诗人都渴望早日结束厄运,回到北方社会,重新找到
自己的位置,都有一种强烈的归宿感。这时候心灵变得异常敏感,满
目乡愁,触手皆是,他们时时进行对比,浮想联翩。如宋之问《江行见
鸬鹚》:"江畔鸬鹚鸟,迎霜处处飞。北看疑是雁,南客更思归。"⑤ 沈
佺期《骦州南亭夜望》:"昨夜南亭望,分明梦洛中。室家谁道别,儿
女案尝同。忽觉犹言是,沉思始悟空。肝肠余几寸,拭泪坐春风。"⑥
韩愈《宿龙宫滩》:"梦觉灯生晕,宵残雨送凉。如何连晓语,一半是
思乡?"⑦ 刘禹锡《南中书来》:"旅情偏在夜,乡思岂唯秋? 每羡朝宗
水,门前尽日流。"⑧ 浓烈的乡思震荡心灵,痛楚、执着而又难以化解,
深蕴着放逐者椎心泣血的悲伤。

　　北返路上创作的诗歌,也有路线和方向的南北对比,摄取的意

---

① [清]彭定求等编:《全唐诗》卷三〇四,第 3458 页。
② [清]彭定求等编:《全唐诗》卷四六,第 557 页。《国秀集》卷下作于季子《南
　　行别弟》,撰人或刻作杨师道,或刻作韦承庆。作者或即于季子,武后大足中预
　　修《三教珠英》的四十七位文馆学士之一。
③ [清]彭定求等编:《全唐诗》卷五二,第 639 页。
④ [清]彭定求等编:《全唐诗》卷五二,第 640 页。
⑤ 陈尚君辑校:《全唐诗补编·全唐诗续拾》卷八,第 764 页。
⑥ [清]彭定求等编:《全唐诗》卷九六,第 1039 页。
⑦ [清]彭定求等编:《全唐诗》卷三四三,第 3839 页。"是思乡",《五百家注韩
　　昌黎集》卷九作"说家乡"。
⑧ [清]彭定求等编:《全唐诗》卷三五八,第 4043 页。

象常常带有比兴意味,属于赋物中兼用比兴的曲折写法,名为写景叙事,实则抒情写心。如宋之问《初承恩旨言放归舟》:"去国云南滞,还乡水北流。泪迎今日喜,梦换昨宵愁。"① 沈佺期《喜赦》:"还将合浦叶,俱向洛城飞。"② 王昌龄《卢溪主(别)人》:"武陵溪口驻扁舟,溪水随君向北流。"③ 李德裕《盘陀岭驿楼》:"明朝便是南荒路,更上层楼望故关。"④ 诗人将自己比作流水、流云与落叶,说自己的乡思如同流云、流水,连绵不断,与云水共长。其北归,好比百川归海,落叶归根。白居易《自河南经乱关内阻饥兄弟离散……兼示符离及下邽弟妹》:"吊影分为千里雁,辞根散作九秋蓬。"⑤ 刘长卿《重推后却赴岭外待进止寄元侍郎》:"白云从出岫,黄叶已辞根。"⑥ 言语之间,透露出强烈的"根"的意识。京洛之地有这些曾经宦达者家族的百年基业,亲族、坟墓、祠庙都在中原,这些都是北人最看重的。而且从家族发展史看,也许他本人只是整个家族官宦系列长长链条上的一环,回到那儿,就等于接续了那已中断了的链条,一切运转如故;放逐不归,这一链条将从此断裂,难以接合。放逐对家族的破坏性是极为严重的,人们看到的是亲戚离散,宗属凋零,百口之家,嗷嗷待哺,高堂老母,随己南迁,他因此而倍感罪孽深重。戎昱《送辰州郑使君》"谁人不谴谪?君去独堪伤。长子家无弟,慈亲老在堂"⑦ 是对此情形的高度概括和泣血控诉,所以我们说,南迁的北客与他的家族的关系是

---

① 陈尚君辑校:《全唐诗补编·全唐诗续拾》卷八,第 764 页。

② [清]彭定求等编:《全唐诗》卷九六,第 1040 页。

③ [清]彭定求等编:《全唐诗》卷一四三,第 1449 页。

④ [清]彭定求等编:《全唐诗》卷四七五,第 5416 页。

⑤ [清]彭定求等编:《全唐诗》卷四三六,第 4839 页。

⑥ [清]彭定求等编:《全唐诗》卷一四七,第 1494 页。

⑦ [清]彭定求等编:《全唐诗》卷二七〇,第 3018 页。

落叶与大树的关系,部分与整体的关系。

　　通常见到的还有时空双重对比,极力形容空间的遥远与时间的漫长。如元稹《寄乐天》:"二十年来谙世路,三千里外老江城。"① 柳宗元《别舍弟宗一》:"一身去国六千里,万死投荒十二年。"②《诏追赴都二月至灞亭上》:"十一年前南渡客,四千里外北归人。"③ 诗人用意在于形容离京之遥远,生命白白消磨的可惜,经历的磨难之久且深。刘长卿《苕溪酬梁耿别后见寄》:"白云千里万里,明月前溪后溪。惆怅长沙谪去,江潭芳草萋萋。"④ 谪情与别情交织,恬淡容与,怨而不迫,读之令人惨然不乐。

　　此外其他方式的对比尚多,复合在唐诗中,使之分外耐人咀嚼,耿沣《送张侍御赴郴州别驾》:"一帆随远水,百口过长沙。明月江边夜,平陵梦里家。"⑤ 形容家族百口,一同南迁,遭受厄运。于鹄《送迁客二首》:"得罪谁人送?来时不到家。白头无侍子,多病向天涯。""上帆南去远,送雁北看愁。遍问炎方客,无人得白头。"⑥ 描述放逐者本人境况之凄惨,意苦思深,不能多读。

　　这些对比,表面上看是时间与空间的二维对比,南与北的方位对比,实则包含过去与现在、苦与乐的对比。对比突出了放逐者遭受人生磨难的长度与深度,典型概括了他们的生存状态,丰富了迁谪文学的情感内涵。

① [清] 彭定求等编:《全唐诗》卷四一七,第 4599 页。
② [清] 彭定求等编:《全唐诗》卷三五二,第 3938 页。
③ [清] 彭定求等编:《全唐诗》卷三五一,第 3933 页。
④ [清] 彭定求等编:《全唐诗》卷一五〇,第 1556 页。
⑤ [清] 彭定求等编:《全唐诗》卷二六八,第 2978 页。
⑥ [清] 彭定求等编:《全唐诗》卷三一〇,第 3505 页。

第三节　唐代望京楼与唐人望京诗文
——唐代文学恋阙母题的内涵拓展

一、唐代望京楼的来历与制度特征

　　唐宋时期,随着地方的经济文化的发展,南北各地相继出现了一批名楼,蒲州鹳雀楼、鄂州黄鹤楼、洪州滕王阁、湖州消暑楼、润州芙蓉楼、岳州岳阳楼……都是"一郡伟观",墉基高大,重楼复阁,气象恢宏,皆有大名,正如宋人滕宗谅《上范文正公书诗岳阳楼记》所说,"名与天壤齐"①。然而,大约在盛、中唐时,却出现了一种比较独特的楼,唐人称为望京楼。它并不以景致胜,也不以制度规模胜,却因与众不同的文化内涵而吸引着众多的文士前来登临题咏。

　　首先是名称、来历独特。一般唐宋名楼,"有以位名之者,以氏名之者,以景名之者,以意名之者。取近而言,以位名之,于洪州滕王阁是也;以氏名之,于江州庾楼是也;以景名之者,于鄂州黄鹤楼是也"②。更多的则因风景佳胜、楼阁高耸而另取美名,如多景、齐云、清晖。或因名家题咏而制名,如婺州八咏楼,在婺州子城西,乃梁沈约为东阳郡太守日所创,原名元畅楼,在金华县。宋仁宗至道间,郡守冯伉更名"八咏"。沈约于此首作八咏诗,此后严维、崔颢、李易安均有诗,见《方舆胜览》卷七《婺州·楼观》。望京楼的创制与命名,与这些全无关系,而源于古已有之的人臣恋阙之思。《庄子·让王》:"身在江海之上,心居乎魏阙之下,奈何?"③较早地表达了士人对京阙的向往,原意则指士人有嘉遁之情而无高蹈之德,身在江海之上隐

---

①〔宋〕王象之撰:《舆地纪胜》卷四《安吉州·景物目下·销暑楼》,第226页。

②〔唐〕杨夔:《题望春亭诗序》,〔清〕董诰等编:《全唐文》卷八六六,第4024页。

③〔清〕郭庆藩撰,王孝鱼点校:《庄子集释》卷九下,中华书局,1961年,第979页。

遁,内心却仍然贪恋魏阙的荣华富贵。然则唐以前人们只是偶尔在诗文中倾吐一下这种情思,并无特别的表达方式,只有到了唐代,人们才开始兴修望京楼,以寄托恋阙之思,如同宋人田锡《咸平集》卷六《望京楼赋》所述:"云成宫阙,似瞻丹禁之间;吾岂瓠瓜,久恋沧江之上。"并使之成为带有普遍性的表现方式。楼台本为眺望之所,借之以凭眺向往京师,寄托恋阙之思,则是唐人的独特之处,望京楼因此成了唐宋时期普遍存在的文化现象。

其次,制度独特。一般的名楼,出于"完整壮邑"的命意,讲究外形高大,结构精巧,造型独特。望京楼则不然,以寄意为主,不以形状制度取胜。由于着意于"望京",楼址不一定在郡治的中心,而多择址于州城外郭或城中某个便于登眺之处,常以朝向京师的一座城楼为望京楼,楼不一定高大巧丽,哪怕是无名小楼,只要适合寄寓"望京"之意即可,亦可以改建、改名;可以是楼,也可以是台、亭、门、阙,也不一定都名望京,也可以称为望阙、北望,类别、名称虽异,在命意上却是相通的。

二、唐代望京楼的地理分布

借助修筑楼台亭馆的方式来表达人臣的恋阙之思,确属唐人创举,不过,最初的望京楼出现在京师而不在四方,始建于玄宗朝,楼在临潼县骊山华清宫西山岭上。《长安志》卷一五《临潼县》温汤条:"(华清宫)西面曰望京门,宫之西面正门也。门外近南有御交道,上岭,通望京楼。南面曰昭阳门。"①《类编长安志》卷三《馆阁楼观·望京楼》:"《明皇十七事》:'明皇岁幸华清宫,发冯翊、华阴丁夫,筑罗城、缭

---

① [宋]宋敏求纂修:《长安志》卷一五,《宋元方志丛刊》第一册,第159页。

墙,南开辇道,上骊山,以通望京楼。'"① 据此可知,楼在山岭之上,当时主要供玄宗宴乐。而据《旧五代史》卷三《太祖纪》,后梁都城洛阳城西门,也曾名为望京门,盖取其瞻望西京长安之意。《太平御览》卷五八四引《明皇杂录》:"至德中,车驾复幸华清宫。从官嫔御,多非旧人。上于望京楼下,命(张)野狐奏《雨霖铃》。曲未半,上四顾凄凉,不觉流涕,左右感动,与之歔欷,其曲今传于法部。"② 可以推知,玄宗修望京楼、望京门,主要是为了方便他在骊山上眺望京城,与人臣的望京显然不同。但这种建筑制度及命名方式对恋阙思京的地方官是有启发的。一个明显的事实是,至德以后,文献中所见望京楼就多起来,此前则地方上并无一例。唐代望京楼的发展方向是由中央而四周,由北到南,分布重点在西南、东南,以下依次考出。

　　汴州望京楼,大和二年(828)置,《太平寰宇记》卷一开封府浚仪县条:"望京楼,城西门楼。本无名,唐文宗太和二年,节度使令狐绚重修。"③ 京师长安在汴州西,故重修后以朝西的新门楼为望京楼,使名实相符。

　　幽州望京楼。李益《(又)献刘济》:"草绿古燕州,莺声引独游。雁归天北畔,春尽海西头。向日花偏落,驰年水自流。感恩知有地,不上望京楼。"④ 益于贞元十三年(797)前后,入幽州节度使刘济幕为从事。后刘济擢为营田副使,为表感激而有此作,后被举为不忠于唐朝的证据,宪宗雅闻其名,自河北召还,用为秘书少监、集贤殿学

<hr />

① [元]骆天骧纂修:《类编长安志》卷三,《宋元方志丛刊》第一册,第294页。
② [宋]李昉等撰:《太平御览》卷五八四,第2631页。
③ [宋]乐史撰,王文楚等点校:《太平寰宇记》卷一,第8页。令狐绚当作令狐楚,绚镇宣武乃在咸通中,事在三十多年后,此诗则题写于大和二年。详岑仲勉:《唐人行第录·读全唐诗札记》,中华书局,2004年,第262—263页。
④ [清]彭定求等编:《全唐诗》卷二八三,第3217页。

士,见《旧唐书》卷一三七《李益传》、《唐诗纪事》卷五八。刘济则忠心向唐,在镇二十余年,最称恭顺,累输忠款,而他以前的节度使李怀仙、朱滔等,则都是沾染了河朔气息的桀骜之辈,有意割据,无心归唐,疑此楼即成于刘济之手。

梓州望京楼。李逢吉《望京楼上寄令狐华州》:"祗役滞南服,颓思属暮年。闲上望京台,万山蔽其前。落日归飞翼,连翩东北天。涪江适在下,为我久潺湲。"① 《唐诗纪事》卷四七作望京台。而从诗句及诗意看,其所登临的也是一座土台,而非楼阁,用于士大夫登临,知作望京楼乃后人所改。据《元和郡县图志》卷三三梓州郪县条,涪江流经唐梓州州城之侧,在郪县城东四里,楼在外郭,正合于"涪江适在下,为我久潺湲"之载。据《旧唐书》卷一六七《李逢吉传》,逢吉于元和十一年四月拜相,与裴度不协,宪宗欲用裴度平淮西,遂出之为剑南东川节度使。据此,则梓州望京台的命名,至迟不晚于元和间。

益州望京楼。武元衡《春日偶题》:"山川百战古刀州,龙节来分圣主忧。静守化条无一事,春风独上望京楼。"② 贞元以前未见益州有此楼之载,疑其成于贞元、元和间。《记纂渊海》卷二四引本诗,末句作"东风独上夕阳楼",注云武元衡题保大楼。据此,则此楼原名保大楼,后改名望京楼。

苏州望京楼。许浑《南游泊松江渡》:"漠漠故宫地,月凉风露幽。鸡鸣荒戍晓,雁过古城秋。杨柳北归路,蒹葭南渡舟。去乡今已远,更上望京楼。"③ 查《元和郡县图志》卷二五苏州吴县条,松江在唐苏州吴县城南五十里,经昆山入海,则许浑所说的望京楼在苏州

① ［清］彭定求等编:《全唐诗》卷四七三,第5364页。
② ［清］彭定求等编:《全唐诗》卷三一七,第3578页。
③ ［宋］李昉等编:《文苑英华》卷二九四,第1499页。

吴县。

除望京楼外，又有望阙台、望阙亭之类建筑，亦盛于唐。

崖州望阙亭。《唐语林》卷七："李卫公在珠崖郡，北亭谓之望阙亭。公每登临，未尝不北睇悲咽。题诗云：'独上江亭望帝京，鸟飞犹是半年程。碧山也恐人归去，百匝千遭绕郡城。'"① 此诗《会昌一品集》别集卷四、《全唐诗》卷四七五题作《登崖州城作》，或为原题，崖州城则为崖州城楼之简称。《舆地纪胜》卷一二七《吉阳军·诗目》改题作《望阙亭》。据此，则城楼名之曰望阙亭，跟称望京楼并无不同。

赣州望阙台。《舆地纪胜》卷三二《赣州·景物目下》："郁孤台，在郡治，隆阜郁然孤起，平地数丈……唐李勉为虔州刺史，登临北望，慨然曰：'余虽不及子牟而心在魏阙也。'改郁孤为望阙。"② 知郁孤本是赣州城中一座山名，自李勉命名为台后，就称之为台。据《大清一统志》卷二五四《赣州府·古迹》，郁孤台在府治西南，即贺兰山，平地隆阜，郁然孤起，故名。唐郡守李勉登临北望，改名望阙。宋郡守曾慥增筑二台，南为郁孤，北为望阙。赵抃、苏轼皆有诗。此二台早在唐代，就有人登临，起子牟恋阙之思。肃宗朝，李勉以不附李辅国而被放外任，几度出入中外，后又出为江西观察使，郁郁寡欢，有子牟之叹。

襄阳北顾亭。据《湖广通志》卷七七《襄阳府临汉县》，汉广亭在县南，群山环绕，汉水映带，平陆万里，使人感慨，一名北顾亭，唐襄州刺史徐商建，李骘记。

滁州望日台。据《大清一统志》卷九〇《滁州·古迹》，望日台在州西南琅琊山，宋王禹偁有诗。据《小畜集》卷五《八绝诗序》，望日台系唐大历中李幼卿领滁州刺史时，才有其名，乃州中"八绝"之

---

① ［宋］王谠撰，周勋初校证：《唐语林校证》卷七，第619页。
② ［宋］王象之撰：《舆地纪胜》卷三二，第1421—1422页。

一。宋至道初,王禹偁自翰林学士出官滁州,作古诗八章。其中《望日台》云:"荒台隐层碧,云磴逾百尺。攀萝试一上,依然有遗迹。掌舒旧砌平,屏卓诸峰直。凭高聊寓望,孤怀念乡国。长安不可见,但对金乌赤。倾盖葵藿心,庶免浮云隔。"① 表达出宋代地方官强烈的望京恋阙心态。《舆地纪胜》卷四二《滁州·景物目下》:"日观亭,在琅邪山巅。"②

有的建筑,看似时代不明,实则仍有线索可寻。如宋盱眙军有北望亭,在郡之东山,见《舆地纪胜》卷四四《盱眙军·景物目上》。又,兴元府府城西北子城上,有北顾亭,见同书卷一八三《兴元府·景物目》。"北顾""北望"即望京、恋阙,它所反映的是唐代文化观念。皇甫冉《同温丹徒登万岁楼》:"高楼独立思依依,极浦遥山合翠微。江客不堪频北顾,塞鸿何事复南飞。"③ 韩愈《从潮州量移袁州张韶州端公以诗相贺因酬之》:"明时远逐事何如? 遇赦移官罪未除。北望讵令随塞雁,南迁才免葬江鱼。"④ 都是写唐代士人身在南国,翘首北望,都有此意。唐时都城在长安,长安在兴元、盱眙以北。而北宋时首都已经东迁,汴京不在兴元正北,盱眙与汴京纬度位置相差不远,亭若是宋人所修,无论在兴元还是在盱眙,称"北望"都不妥帖,故这里"北望"之"北"指长安,此北望亭、北顾亭可能系唐人所置。

很显然,唐代望京楼等建筑分布重心在南方而不在北方,这一发展态势,从侧面展示出隋唐时期中原文化不断南输,南方经济文化迅速发展的动态过程,与此时文人的流向也是一致的。唐中后期,由于避地、奉使、为官、贬谪、游幕、下第、铨选等原因,越来越多的北方文

---

① [宋]王禹偁撰:《小畜集》卷五,《四部丛刊初编缩本》第175册,第24页。
② [宋]王象之撰:《舆地纪胜》卷四二,第1730页。
③ [清]彭定求等编:《全唐诗》卷二五〇,第2814页。
④ [清]彭定求等编:《全唐诗》卷三四四,第3861页。

人旅宦于南方。宦游既久,抑制不住对家乡、对京城的思念,于是作楼望京,这是唐代望京楼南方多北方少的主要原因。

三、唐代望京楼兴起的社会文化背景

无论世之治乱,"京"对士人的吸引力都永恒存在。但望京楼在唐代之所以会成为令人瞩目的文化现象,却有着更为重要的社会文化背景。这一背景,就是唐代士族乃至整个士阶层的中央化、城市化与精英化[①]。这一问题,台湾地区学者毛汉光论述得最为系统深入,他的《从士族籍贯迁移看唐代士族之中央化》等专论,系统阐述了这个问题,其论述有助于我们深入认识唐代望京楼现象。根据笔者的理解,唐代士族的中央化主要有两层内涵。

一是指社会生活方式上的城市化。具体说,就是生活区域由两晋以来的地方社会为主,转变到隋唐的以城市生活为主。隋唐一统之前,士族分散于南北各地,北方士族多聚居于乡里,形成宗族,南方士族多聚居于金陵、江陵等地方性中心城市。这一点,陈寅恪、唐长孺二先生曾多次指出过。在隋唐一统的历程中,南北士族一次又一次地被迁徙到关中。入唐以来,其徙地由关中而河洛,直到中唐还在继续,士人徙贯两京,成为突出的文化现象。隋唐墓志、史传中,这方面的记载随处可见。如徐文远,其先自东海徙家洛阳,此后,文远一支遂为洛阳人。萧德言,本兰陵人,其先陈亡徙关中,后世遂径称其为雍州长安人,见《旧唐书》卷一八九上《儒学传上》。孔绍安,本越州山阴人。其先在陈亡入隋时,徙居京兆,遂家于此。袁朗,其先世仕江左,世为冠族。陈亡之际,徙入关中,唐史遂称之为雍州长安人,见《旧唐书》卷一九〇上《文苑传上》。

[①] 毛汉光著:《中国中古社会史论》,上海书店出版社,2002 年,第 234—251 页。

　　以上所说只是隋唐士族城市化的两种情况之一——因改朝换代而引起的移民，往往通过强力而发生作用。世局安定的时候，则主要是因文人入仕而引起的徙贯两京，不再是通过强制，而是靠制度保证，在崇重"今朝冠冕"的原则之下，不论通过什么途径，只要仕至五品，就获得了士族成员的起码资格，就能登录到官修的士族总谱——姓氏书上。如果能三代仕至五品，就会获得社会的广泛承认，成为一个真正的士族。在这一模式作用下，士族阶层逐渐脱离地方社会，把生活场所迁移到城市中来，久而久之，社会上形成一个城市型的，以仕宦为职业的官僚家族社群或阶层。以官为业，食禄为生，主要生活场所是城市，地方社会不再是主要的关心对象，王朝政权成为大家关注的中心目标，政治生活变得十分重要，上朝退朝，京洛欢游充实了日常生活。所有这些，构成这一阶层的主要社会生活特征。一个家族入唐后的仕宦史愈久，其家族与农村的关系就愈疏远，反之则愈紧密。根据这层关系，郭锋博士将唐代士族细分为城市型、农村—城市双家型、城市—农村双家型和农村型四种类型，认为"四种类型，分别反映了一个士族家族的形成时间和作为士族家族停留在政治社会中的久远程度，以及士族兴衰的过程和社会流动方向"①。这一分析，有助于我们认识唐代士族城市化、中央化的历程。

　　王朝对士族的种种优礼，大大增添了两京文化圈的魅力，八代古都长安焕发出亘古未有的活力，一批又一批官员，随着入仕，在长安建立家庭，逐渐脱离农村老家，实现了"家"的位移。后来关中地狭，又转向河洛，至盛唐，已是"王侯第宅皆新主，文武衣冠异昔时"②，长

---

① 郭锋著：《唐代士族个案研究》，厦门大学出版社，1999年，第121页。
② ［唐］杜甫著，［清］仇兆鳌注：《杜诗详注》卷一七《秋兴八首》其四，第1489页。

安、洛阳城内郊外,大僚府第,鳞次栉比,豪奢相竞。

根据上述,移居关中、河洛,就并不仅仅是生活场所的迁移,更主要意味着生活方式的改变和文化视角的转变,所以,唐代士族的中央化,就其最深刻、最本质的意义上说,应当是政治文化活动的精英化和文化心态的精英化,这,就是笔者想要强调的第二层内涵。

所谓政治文化活动的精英化,有两个含义:一是指参加活动的人员精英化,主要由一群身份相同、志趣相近的士族或准士族(即官阶未达到五品但有潜力擢至五品以上者)组成。他们一般是清资官,是行政金字塔之内的"流内官"。据《旧唐书》卷四三《职官志二》,凡台省卿寺监的主要官员仆尚丞郎、给舍遗补、博士助教之类,都是"清官",即官宦之家出身,以门荫或以科举入仕者,而不是凭书、算、历等特长,由吏道进身者,出自士族之家,又凭文才或学问进身,是出身正,入仕之途也正。这样的士人,当然为社会所看好,在十分看重出身的唐代,他们既有资本自我认定为精英,也理所当然地被社会公认为精英。入仕之后,大家自然互相承认,互相尊重。

二是指活动方式与内容的高雅化,反映和体现士族情趣,不具有平民意味。依唐代官制,五品以上官员,包括了中央各主要行政机构的大部分重要职位,主要的学术文化机构以及最重要的地方行政职位,京官尤其是京清要官占绝大多数,地方官不能随便进京。可以想象得到,这样一群人怎么会有平民心态?其文化活动,怎么会有平民意味?他们的生活内容,高雅而又富于变化,漫游、探险、斗鸡、走马、击球、蹴鞠、角抵、博弈、击壶、品茗、纵酒、谈禅、炼丹、弹琴、击剑、观伎……无所不包。

文化心态的精英化,则表现为精英的身份意识。士族拥有令人称羡的出身、悠久的历史和美好的过去,政治制度由他们制定,文化传统靠他们接续,伦理标准由他们确立。他们管理国家,领秀群伦,享受优厚的待遇,享有美好的声誉。尤其应强调的是,他们掌握了文学创作这项表达人类思想的最复杂的技能,创作出典雅的作品,能运用恰当的形式、相适应的体裁、精练的语言来抒情写怀。要做到这样,很不容易。文学作品好,无非是恰到好处。要做到恰到好处,不单靠广博的学问,更得靠独创性的艺术思维。掌握了文明生活中最复杂的样式,本身就是文化修养达到了很高程度的标志,这不是什么人都能做到的。所以说,士族这个概念是有着强烈排他性和严格选择性的,最起码得身份和才能相近。

四、唐人"望京"的内涵和实质

根据上述,我们就可以探究唐人"望京"的内涵了。

唐地方官与迁谪者登楼作诗是因为他们不乐外任,不堪贬谪之苦,因而盼望早日北归。而这又与唐代重内轻外的命官制度和贬谪制度有关。初唐,凡清要之职均由京官担任,其官缺,先从朝中有声望者择补,不从州牧中精择。一个人只要表现出色,运气好,几年之后,就有望擢至给、舍、丞、郎。十几年后则侍郎、宰相,得大位,成为万人瞩目的人物。刺史、县令则用人常轻,多遣不称职者,声望下者,身有微累者乃至武夫担任。除京辅近处雄望之州刺史犹择其人,其地方县令或备员而已。江淮、陇蜀、三河诸处除大府之外稍稍非才者即出为州县。或是缘身有累在职无声,用为牧宰,以为斥逐之地。总之是不称京职者才出为刺史,详见《旧唐书》卷七四《马周传》及《唐会要》卷六八《刺史上》。任命官员时也充满内外轻重之分,贵近州而贱远州,重大郡而轻小郡。流贬则视罪之轻重而定流贬之所的远近。令狐楚宠于宪宗,元稹宠于穆宗,即只贬同、华二州。杨炎、李德裕被认为有大罪,即贬至崖州这种穷僻之地以示惩罚,永不召回,直至贬死。遇赦量移近处也表现出这种区分,若是得罪了权要,则当移五百里者只移三百里,反之则格外开恩。贞元二十一年(805),宪宗即位,大赦天下,韩愈遇赦,只因得罪了湖南观察使杨凭(柳宗元岳父),仅移江陵,他愤而作《八月十五夜赠张功曹》,说:"州家申名使家抑,坎轲只得移荆蛮。"[1] 所有这些都反映出唐人以距京远近为美丑轻重的文化观念。

唐人最惧怕到荒远之处为官。贞元时,远州刺史大半见阙,远州上佐多是贬人。州刺史缺,有时由节度使分命判官,权理州务,详见《文苑英华》卷六七六张九龄《上封事书》、《唐会要》卷六八《刺史上》。不少游幕的唐文人权摄刺史,领州务。其实统治者也竭力想扭转这一态势,自玄宗以下诸帝,多次下制,硬性规定京官必用守、令,《唐会要》卷六八《刺史上》一节,保留了不少相关条文。玄宗开元中,曾几次自择刺史;宣宗大中初,敕以谏议大夫、中书舍人、给事中等京职专待刺史、县令为政之无阙者,又规定县令五考,方得改移,见《全唐文》卷八二唐宣宗《大中改元南郊赦文》,企图扭转这种内外轻重之分,这又从反面表明平时这些好官全没地方官的份。这样,几百年下来,唐人特重内官,"自宰相外,最重翰林,次则尚书,尚书以吏部为重","自员外出为下州刺史者为极贬……乃终唐世刺史之轻如此"[2]。内外官分量轻重分明,各有定价。贬居外州意味着"弃""逐"甚至是"永居谴责之地",将你从政治文化中心赶出来,让你到穷恶的丑地去受苦,因此,他们就比任何人都盼早日结束谪籍,重交好运。出牧州郡被视为"沙汰",故凡刺郡者皆"惨然,不乐朝廷沙汰"[3],盼望早日调回京。京官有许多机会接近皇帝、权臣,可利用种种人际

---

[1] [唐]韩愈著,钱仲联集释:《韩昌黎诗系年集释》卷三,第257页。

[2] [清]李慈铭撰,由云龙辑:《越缦堂读书记》三·历史《唐六典》条,中华书局,2006年,第302页。

[3] [宋]李昉等编:《太平广记》卷四八五《东城老父传》,第3995页。

关系往上爬,而一离京则与这一切无缘。可见为京官有更好的政治前景,更易实现个人的宏大抱负,对整个家族的前途命运、幸福享乐都关系重大,居外官则东移西徙,多年不迁,擢入朝中困难甚大。所谓尊官重禄,人之所好,于是所有官员都恋京职,惧外任。贬逐出京的想方设法回京,在外的唐官无心为政,治绩平平,"或云来岁入朝,必应改职;或道今兹会计,必是移藩。既怀苟且之谋,何假循良之绩"①。左降官每天都翘心望赦,盼时来运转,早日召回,重新追逐权力,地方官盼早登台省,备朝列,这就是他们"望京"的实质内容。说穿了,与其说望京是恋阙爱君,倒不如说是恋京职,恋名利,恋幸福,是对自己前途命运的深切关注,怀君恋阙在部分人那里只是一个托词,出于政治伦理的需要而竖起的一块遮羞布,皇帝如果不对他们有用,不能给他们幸福,那么他们不但不会怀君,而且会恨之入骨。

　　地方官恋阙实质是思为京官,京官之美,又非官阶高下所可衡量。开元时,班景倩由扬州采访使征为大理少卿,由从三品而至从五品下,汴州刺史倪若水犹以为无异于登仙,甘心为之设宴钱送,见《明皇杂录》卷下。元和十年(815),刘禹锡、柳宗元自诸司员外郎诏追赴都,旋又出为远州刺史,官阶由从六品上至正四品下,却是极贬。可见官位高低并不是衡量仕宦理想与否的标准,关键是能否为京职。左降官也一样,柳宗元诏追赴都,就喜不自胜,其回京途中所作《诏追赴都二月至灞亭上》形容归途所见,是"驿路花开处处新"②。李涉三遭贬逐,一日回长安,恍然若梦,作《再至长安》诗曰:"今日九衢骑马望,却疑浑是刹那身。"③ 可见内外、升降对唐文人的影响之大。

----

① [宋]王溥撰:《唐会要》卷六八《刺史上》,第 1198 页。

② [清]彭定求等编:《全唐诗》卷三五一,第 3933 页。

③ [清]彭定求等编:《全唐诗》卷四七七,第 5428 页。

　　左降官身处谪籍,无法摆脱被弃的感觉,万般无奈中,他们也会寻求一些宣泄贬谪之苦的方式,建望京楼、登楼赋诗即其方式之一。比如令狐楚,及第后凭着文才,加上同年皇甫镈的帮助,擢居翰林学士、中书舍人等内职,为宪宗所重。穆宗朝,因党同李逢吉构陷裴度,而出居外任,镇河阳。自宪宗去世后,他的命运似乎一直不好,一贬宣歙,再贬衡州,长庆四年(824)九月,镇汴州。大和二年(828)九月,方征为户部尚书,在外一直郁郁不乐。回京那年,他改建汴州城楼曰望京楼,常来登临,有《登望京楼赋》:"夷门一镇五经秋,未得朝天不免愁。因上此楼望京国,便名楼作望京楼。"[1] 自己由昔日的禁近之地出为外任,仕途从此蹉跌,四处奔波,重新崛起的希望似乎杳杳难期,真是前尘似梦,每忆及此,不由焦心如焚,诗中透露出很浓的痛苦与压抑情绪。李逢吉是个奸诈的老京官,一直与裴度不协,亦因此而两度出居外任,其《望京楼上寄令狐华州》即其首次罢相出镇东川时寄令狐楚之作。楚时被挤出朝,刺华州,二人同病相怜,故寄诗唱酬,诗中充满挥之不去的愁思与感伤,"落日归飞翼,联翩东北天"一联,人鸟对比,形象地表达出他谪居东川的困苦无奈及对归京的渴望,这个心思藏得很深。《旧唐书》卷一六七《李逢吉传》载,穆宗即位后,逢吉仗着自己于帝侍读有恩,遣人密结倖臣求还京师,遂于长庆二年三月召为兵部尚书,如愿以偿。令狐楚、李逢吉被挤出朝,未行重贬,尚有生还之望,李德裕贬崖州则是政敌欲置之死地而后快,生还无望,所受打击更大,痛苦也更深重,其《望阙亭》诗因此而成为唐宋望京楼诗中最动人的一首。

　　朝官出牧,总不免郁郁。武元衡代高崇文镇蜀,乃是受宪宗信任,身荷重寄,并非贬谪。治蜀六年,《旧唐书·武元衡传》谓其在任

---

[1] [清]彭定求等编:《全唐诗》卷五六三,第6531页。误系于其子令狐绹名下。

三年后,公私稍济,抚蛮夷,约束明具。然其在成都所作《春日偶题》仍包含着离京远宦的失落感,"春风独上望京楼"① 句表明他想早日回京。元和八年征还,行至骆谷,拜相,方遂大愿。

　　与上述高官不同,李益、许浑的望京楼诗表达的是多年沉迹下僚、周旋江海的底层文官对个人前途命运的深切关注与忧思,只是表达方式一正一反。许浑《南游泊松江渡》:"杨柳北归路,蒹葭南渡舟。去乡今已远,更上望京楼。"② 正面表达了一个小官僚希望仕途顺利的愿望。羁旅江湖的士人,总担心老而无成,盼望早日实现自己的理想抱负,因此行役诗中常表达对京师的向往,孟浩然《南归阻雪》:"我行滞宛许,日夕望京豫。"③ 刘复《夕次襄邑》:"客心犹向北,河水自归东。"④ 客心向北犹若河水归东,显见京师的巨大吸引力,那里是光荣与梦想所在,自有公道在,正如杜荀鹤《入关因别舍弟》所说,"天道不欺心意是(足),帝乡吾土一般般"⑤。许浑诗表达的也是这种归宿感、期待感。而李益《献刘济》"向日花偏落,驰年水自流。感恩知有地,不上望京楼"⑥ 则是愤激的反说,意谓自己本是有心为国效力的,怎奈君恩寡薄,多年不迁,徒使自己虚度年华,现在主帅刘济对我青眼有加,反而成了恩主,不能不对他生出由衷的感激。由于作愤激语,被谏官抓住,视为心怀怨望不可重用的证据,楼与诗俱因此举而名声大振。

---

① [清]彭定求等编:《全唐诗》卷三一七,第3578页。
② [宋]李昉等编:《文苑英华》卷二九四,第1499页。
③ [清]彭定求等编:《全唐诗》卷一五九,第1628页。诗题《孟浩然集》卷一、《文苑英华》卷一五五作《南阳北阻雪》,或是。
④ [清]彭定求等编:《全唐诗》卷三〇五,第3470页。
⑤ [清]彭定求等编:《全唐诗》卷六九二,第7973页。
⑥ [清]彭定求等编:《全唐诗》卷二八三,第3217页。

　　唐人望京诗文也包含士大夫对中原文化区域的归宿感和家园意识。一个人迁贬至南荒,即自认为被主流文化所弃,常怅怅。每值春时,京洛盛游之际,谪居南州的唐官就生出不能与游的无限怅恨。元和十二年春,谪居江州的白居易感春作诗,题曰《春来》:"春来触动故乡情,忽见风光忆两京。金谷蹋花香骑入,曲江碾草钿车行。谁家绿酒欢连夜? 何处红楼睡失明? 独有不眠不醉客,经春冷坐古溢城。"① 活写出北方士族贬处南方的怅恨与失落感。失落中,对京师的渴慕倍增。《全唐文》卷二九四王泠然《论荐书》谓张说"昔在南中……思欲生入京华,归老田里,脱身瘴疠,其可得乎? "② 刘长卿《恩敕重推使牒追赴苏州次前溪馆作》:"天南一万里,谁料得生还? "③ 都反映了贬居外地的痛苦。唐代在两京安家的官员很多。俸禄有余,又置别业,几百年下来,遍布京洛。李浩《唐代园林别业考论》考出关内、河南园林别业二百余所,其中名气最大、档次最高的都在关内、河南、河东三道④。这些园林别业,就是他们的乐园,在京中不时与同僚旧友游宴酬唱,就是他们最憧憬的生活图景、最习惯的生活方式。久仕关中的,其亲族皆安葬于此,并在长安城内街坊设置私庙,岁时祭祀,香火不绝。北人"根"的观念特别强,关中既是祖宗坟墓所在,一旦左降离京,被割断了这种联系,就痛苦无比。柳宗元一族,世仕关中,由西魏、北周而隋唐,代有其人。元和年间,柳贬永州,不能祭扫祖宗坟墓,就"每遇寒食则北向长号,以首顿地"⑤,这从另一

① ［唐］白居易著,顾学颉校点:《白居易集》卷一七,第355页。
② ［清］董诰等编:《全唐文》卷二九四,第1318页。
③ ［清］彭定求等编:《全唐诗》卷一四七,第1493—1494页。
④ 李浩著:《唐代园林别业考论》(修订版),西北大学出版社,1996年,第136—249页。
⑤ ［唐］柳宗元:《寄许京兆孟容书》,［清］董诰等编:《全唐文》卷五七三,第2564页。

角度说明关中、洛阳为何那么令人魂牵梦绕。左降官与旅宦南中的唐文人北归，就像百川归海，倦鸟投林。神龙二年（706），宋之问遇赦北归，作《自湘源至潭州衡山县》，有句曰："纷吾望阙客，归桡速已惯。"① 竟自称"望阙客"，露骨地表达出对北方文化的归宿感。吕群不过一普通进士，也非关中人，只不过是要到关中去图前程，然而他下第游蜀思京，却挥毫题寺壁曰："社后辞巢燕，霜前别蒂蓬。愿为蝴蝶梦，飞去觅关中。"② 岭南文士曹邺下第南游，过岳阳，作诗《旅次岳阳寄京中亲故》："身逐片帆归楚泽，魂随流水向秦川。"③ 他投身科举以来，显然也是安家京城，因此才有这种归宿感。文士要奔前程，自然而然地对以京洛为中心的主流文化区域生出无限向往，早早就有了认同感和归宿感。"辞巢燕""别蒂蓬""流水"等意象，形象而准确地揭示出这层关系，说明着精英文化的巨大感召力。一个文士，只要踏入北方社会，步入仕途，就会自觉不自觉地为此种文化所熏染，而具有士族式的精英心态，比如元稹，元和四、五年间，官监察御史，职位虽美，品阶却低，不过正八品上，照理说还不是士族营垒的一员，可是由于世居北方，长期生活在士族文化圈中，其心态就早早地士族化了。一到外州，就对两京生出无限眷恋。元和四年春，他奉使按察山南、剑南，沿途风景虽美，然他总有挥之不去的孤寂，无法排解，乃作纪行组诗《使东川》，二十二首之中，有三分之一左右，或明或暗地表达了对欢乐帝乡的忆念，《梁州梦》写夜宿汉川驿，梦中还在与乐天、杓直同游曲江，入慈恩寺诸院赏花。《清明日》《江楼月》《嘉陵驿》也是外州与京城、苦与乐的两两对比，倾向鲜明。元稹的例子最能说明精英文化

---

① ［清］彭定求等编：《全唐诗》卷五一，第620页。

② ［唐］吕群：《题寺壁二首》其二，［清］彭定求等编：《全唐诗》卷五〇五，第5740页。

③ ［清］彭定求等编：《全唐诗》卷五九二，第6871页。

的巨大感召和同化力,这是这种文化五六百年来保持旺盛生命力的关键。

　　总之,唐人的望京意味着惧怕贬谪,思为京职,不乐外任,忧念前途,也含有对中原文化的思恋、对家园的渴慕、对祖宗坟墓的牵挂,望京楼的修建、命名和登临,体现的是这一套文化观念。

第七章 南北交通与唐南方落后地区文学的发展

——以唐代湖南文学为例

整个先唐,我国广大南方地区经济文化一直处于非常落后的状态。秦汉时期,南方地区刚刚纳入中原版图,地域文学还谈不上大的发展。汉末至唐初长达四百余年的动乱,又大大减缓了这一地区地域文学的发展进程。只有到了隋唐一统这样一个千载难逢的历史时期,南方地区经济文化才获得了较大发展,南方文学才开始自具面目,并与北方文学逐步走向融合,而融合的主要途径,就是各种各样的人员来往,也即本书所谓的“交通”。唐朝通过命官、铨选、贬谪、科举、置幕等手段来加强对南方的统治,保持与南方的密切联系。这五个方面,同时也是北方文化南输,南方广大落后地区受容先进的北方文化,形成地域文学的动态历程。本章即从这五个方面着手,考察北方文化影响作用于南方文学的途径、方式、效果,论述南方人才的成长历程与地区开发进程的同步性,展示地域文学与主流文学在双向交流中的差异性发展图景。主要以湖南为重点,兼及江西、岭南、黔中等地,由点及面,说明交通的开启对于地域文学发展的重要性。

第一节　北人的南来与唐代湖南地域
文学的发展

　　愈是偏僻落后的地区,交通的发展和文化交流对该地区文学发展的作用就愈大,这一点在唐代湖南文学的发展上,表现得尤为典型。在唐代南方落后文化区域中,湖南文学的发展状况,要逊色于荆襄、江西,而与黔中、岭南、闽中三个全国最落后地区相近。荆襄在魏晋隋唐,就是仅次于吴越的南方次发达地区。江西虽然与湖南同样落后,但中唐以来,发展速度明显快于湖南,江南西道治所设在洪州而不在潭州,到过江西、在江西居住过的著名人士也要比湖南多,江西考取进士的也比湖南多。尽管如此,却并不意味着这几个地区缺乏可比性,相似点仍然颇多,在必要时我们仍将做出比较。

　　今天的湖南省在唐代分别属于江南西道、山南东道、黔中道,主体是湖南观察使所领潭、衡、郴、连、道、永、邵七州,其他诸州分散在鄂岳(岳州)、荆南(澧、朗)、黔中(叙、辰)。这事实上是四个不同的风俗文化区,但它们都在今湖南省境内,本文研究的湖南文学,自然是兼指分散在上述三道的今湖南省区内文学。

　　依据创作主体来源与文学质性的不同,湖南文学创作自然地分三部分:一是由北方来的州刺史与使府僚佐所作的作品,这可以称为旅寓文学或流寓文学;二是湖南本地作家的创作,亦即湖南乡土文学;三是经过湖南的文人创作的作品,大部分属于刺史、使客、迁客、流人、举子南来北返之作,是一种行旅文学。第一、三部分是北人在湖南的创作,第二部分作品与一、三部分有关,相关情况,参见陈书良等《湖南文学史》上册。可以说,南北文化双向交流在湖南是不对等的交流,是北方文化的强势输入和本地的全盘接纳。整个唐代,湖南地域文学建设的担当者仍然不得不暂时由北方作家充当。没有大量北人的南来,唐代湖南文学将更落后和微不足道。

湖南在唐代的落后程度令人吃惊。张伟然《湖南历史文化地理研究》指出,据《隋书·地理志》所载户口统计,大业五年(609),全省人口才二十八万。依《旧唐书》卷四〇《地理志三》统计,贞观十三年(639),全省人口才三十一万。即使发展到百余年后的天宝元年(742),户口也仅九十五万。近二十一万平方公里省境内,仅有三十至九十余万人,足以显示开发程度之低,经济文化水平之落后。安史之乱,使得北方人口大量南迁,但葛剑雄《中国移民史》、周振鹤《安史之乱和北方人民的南迁》的研究显示,湖南只是这次迁徙高潮的余波,南迁到中部地区的人口,集中在荆湘以北。很多事实表明,唐时湖南地区南蛮种落杂居,尚未完全汉化,风俗文化十分愚陋、落后,每为北人所鄙。《唐会要》卷六二《谏诤》、卷八六《奴婢》载,荆、益、黔中、闽中、岭南州县,都属于奴隶买卖区域,唐朝每年在这几个地区"市奴婢",称为"南口"。买来的奴婢在北人看来,形同牲畜,地方官也岁贡"奴婢"。白居易《道州民》就提到,贞元中,道州刺史以道州矮人岁贡京师供人取乐。洪、潭等州僧寺内也多奴婢。这些事例,侧面反映出唐时湘中地区存在亲近繁殖、人种蜕化问题,人口整体素质低。天宝十载,道州刺史元结所作《系乐府十二首·思太古》诗,进一步证实了这一点:"东南三千里,沅湘为太湖。湖上山谷深,有人多似愚。婴孩寄树颠,就水捕鳠鲈。所欢同鸟兽,身意复何拘。吾行遍九州,此风皆已无。吁嗟圣贤教,不觉久踟蹰。"① 风俗愚顽、未被教化的情景可见一斑。唐代湖南被视为汉文化的南部边缘,真正夷夏分界线在五岭,湖南则是夷夏结合部,体现着中原文化与南蛮文化的混一状态,且蛮族文化占据主导地位。韩愈《送廖道士序》谓

---

① [唐]元结著,孙望校:《元次山集》卷二,第18页。

至衡阳、郴州,则"中州清淑之气,于是焉穷"①。宋之问《度大庾岭》:
"度岭方辞国,停轺一望家。"② 张说《喜度岭》:"宁知瘴疠地,生入帝
皇州。"③ 戎昱《送张秀才之长沙》:"虽云桂岭北,终是洞庭南。"④ 都
暗含此种种族文化的畛域之分。大约在澧、朗、岳、荆州以北属于汉
化区域,以南则进入瘴乡蛮境,地理分界即在洞庭湖。岳州是全省交
通最便利之处,然而张说贬此时,也常郁郁不乐,时人也以为是"沦滞
于遐方"⑤。赖宰相苏颋在帝前进言,方迁荆州长史,一大批左降官也
因谴逐岁久而加甄收。澧州由于"风俗夷獠"⑥ 而为北人所轻。澧州
在湘西北,靠近长江,接近中原,地理位置并不是特别差,所以柳宗元
也说:"自汉而南,州之美者十七八,莫若澧。"⑦ 然而仔细察看,却发
现他这是安慰人的话,是为送南涪州量移澧州,并非实话、真话。宋
人以为,汉字或误,意思是,柳宗元说的或者不是汉江的汉。其实并
非字误,而是柳氏故意为之。在北人心目中,澧州照样不堪居住。宰
相杜悰位极人臣,贵达无比,平生不称意的只有三件事,排第一的就
是曾为澧州刺史,以此而感到耻辱,见《北梦琐言》卷三杜邠公不恤
亲戚条,后《南部新书》辛卷、《唐语林》卷六、《太平广记》卷二六五
又加引用。长沙为一省都会,而韦迢《潭州留别杜员外院长》却说这
里是"小郡海西偏",北人南行至此而"去留俱失意"⑧。至于郴、永、道、
连等州则更甚。连州在湖南观察使管内七州中,位置最偏僻,为"天下

---

① [唐]韩愈撰,马其昶校注,马茂元整理:《韩昌黎文集校注》卷四,第 256 页。
② [清]彭定求等编:《全唐诗》卷五二,第 641 页。
③ [清]彭定求等编:《全唐诗》卷八八,第 976 页。
④ [宋]李昉等编:《文苑英华》卷二七三,第 1382 页。
⑤ [宋]李昉等编:《太平广记》卷二三五引《明皇杂录》,第 1803 页。
⑥ [唐]戎昱:《澧州新城颂并序》,[清]董诰等编:《全唐文》卷六一九,第 2768 页。
⑦ [唐]柳宗元撰:《柳宗元集》卷二三《送南涪州量移澧州序》,第 614 页。
⑧ [清]彭定求等编:《全唐诗》卷二六一,第 2908 页。

之穷处",居民皆"鸟言夷面"①,"夷音啼似笑"②,地皆卑湿,是不堪忍受的"丑地",凡中原士人没有愿意在此居住的。柳宗元概括说:"过洞庭,上湘江,非有罪左迁者罕至。"③岳州虽然交通便利,但去长安尤僻远,在当时虽名贤辈出,然至此为官者率自迁谪而来。洞庭以北的安陆虽近中原,然北宋以上守臣多自迁谪而来,率多时之闻人,至此则无所作为,精神委顿。正因为这样,通过命官、遣使、迁贬、开府置幕等强力手段使北人南来,就成为带动唐代湖南文学发展的首要条件。

事实上,唐宋时期湖南一直是政治犯谪放的重点区域,在唐尤多。今天已无法彻底弄清唐代湖南左降官及流人数。柳宗元谓"永州多谪吏"④,刘禹锡《武陵书怀五十韵》谓朗州贬所"邻里皆迁客,儿童习左言"⑤,则当时贬逐至此的外地文士,绝不止于今天的常人所知的十多位州刺史,还有正史不书的刺史以下文武官吏,二者相加,总数必大。以下据郁贤皓《唐刺史考》,将唐湖南、江两两省刺史与左降官总数做一比较,制表如下:

表7-1-1　唐代湖南刺史与左降官人数表

州名	刺史数	左降官数	州名	刺史数	左降官数
岳州	49	5	澧州	52	12
潭州	94	11	洪州	106	7
衡州	54	7	江州	88	8

①[唐]韩愈撰,马其昶校注,马茂元整理:《韩昌黎文集校注》卷四《送区册序》,第266页。

②[唐]元稹:《酬乐天东南行诗一百韵》,[清]彭定求等编:《全唐诗》卷四○七,第4531页。

③[唐]柳宗元撰:《柳宗元集》卷二三《送李渭赴京师序》,第618页。

④[唐]柳宗元撰:《柳宗元集》卷二三《送南涪州量移澧州序》,第614页。

⑤[清]彭定求等编:《全唐诗》卷三六二,第4087页。

州名	刺史数	左降官数	州名	刺史数	左降官数
郴州	34	12	饶州	66	11
道州	31	8	抚州	52	3
永州	46	10	吉州	69	4
邵州	25	6	虔州	56	7
朗州	45	12	袁州	116	7

据上表，湖南刺史与左降官身份的刺史之比为四百二十比八十三，略等于五比一，而江西地区则为五百五十三比四十七，约等于十一点七比一，湖南的左降官比重是江西的十多倍。

以下据周祖譔《中国文学家大辞典》（唐五代卷），考出湖南、江西观察使府及其下属州郡上佐中的左降官。

湖南 潭州：谢偃、阎防。岳州：崔成甫、贾至、韦嗣立、赵冬曦。澧州：柳晟、潘炎、冯涯、蔡京、李善夷。朗州：刘禹锡、卢景亮、马戴。郴州：窦参、程异、郑馀庆、朱朴。永州：卢象、柳宗元、郑叔则。衡州：李迥秀、赵颐贞、牛僧孺、令狐峘、孙偓、张祎。邵州：鲜于向、徐仲雅。道州：王琚、王翰、杨炎。连州：韩愈、刘师服、房孺复、薛巽。叙州：王昌龄。

江西 洪州：许敬宗、李泌。江州：狄仁杰、郑愔、崔湜、白居易。饶州：郭元振、归崇敬、顾况。袁州：赵彦昭、李揆、李德裕。吉州：杜审言、颜真卿、孟简、令狐峘、苏冕、郑还古。信州：魏謩、柳璟。抚州：刘秩、卢慧、阳济、乔匡舜、钱珝。虔州：李夷简、韩泰、沈亚之。

通计以上，湖南、江西左降官之比为三十六比二十七，即四比三。

若进一步对《中国文学家大辞典》（唐五代卷）所载南方诸道左降官及流人进行统计，则会发现，按照人数多少排序，依次为岭南、湖南、巴蜀、江西、荆南鄂岳、两浙淮南、闽中。湖南是仅次于岭南的左降官集中之地,愈往湘南,左降官比重愈大。这意味着逐臣文学在唐湖南文学中占很重要的位置,愈到湘南僻远之地愈是这样。

分析刺史与僚佐的身份可知,凡自平调或擢升而来湖南的刺史,大都是两《唐书》无传、声望低、文学才能不高的文士。或来自朝中,或由幕僚擢升,或自他州他镇转来,多在职无能者、不称职者,既乏文才,又无治术,仅靠史传、碑志、方志散载,才得为后人所知。如岳州最有名的刺史,恰恰是自贬降而来的张说、韦斌、张建封、程异,全部正史有传,为盛中唐名臣,其余几十位都是无人知晓之辈,但却不是责授,很好地证实了唐人用人重内轻外的说法,及以远州刺史为左迁之职的做法。而左降官的情况则正好相反,十之八九皆当朝文化名人,文才声望俱高,史书有传,记载颇多,如衡州李敬玄、王琚、令狐峘、齐映、吕温、令狐楚,道州元结、阳城,永州徐坚、戎昱、柳宗元,朗州窦常、刘禹锡、温造、李翱都是如此。他们被贬前皆处于政治文化中心,或官位显赫,或升迁有望,有广泛的人际关系和政治背景,才华富赡,颇负声誉。正因为这样,他们在南方最能代表先进文化。因个人能量颇大,又利于带动地方文学发展,其在南北文化中所发挥的作用,又非一般刺史可比。唐代湖南四百二十二名刺史,无一人由本地人升任。就连本地人才崛起的五代十国时期,州刺史绝大部分也是外地人,不比江西,晚唐五代还有袁皓、卢肇、邓璠等本地文人擢升刺史,说明湖南本地人才的缺乏。本地人才少,成长慢,对外地(主要是北方人)人才的依赖就重,北方人才对湖南本地文化发展与人才成长作用就愈大。

除刺史外,幕僚是湖南的另一大文人群体。据戴伟华《唐方镇文职僚佐考·湖南》,自代宗广德元年(763)始设湖南观察使至唐末,自李舟至韦埙,共有文职僚佐八十二人。查其籍贯,再结合陈尚君《唐诗人占籍考》、周祖譔《中国文学家大辞典》(唐五代卷)湖南文人小传看,可知八十二人都不是本地人,而是外地人。而江西使府有僚佐百一十八人,有彭伉、陈象等为江西本省人。这说明,无论按朝廷规定征辟还是通过非正常途径征辟,湖南本地都缺乏人才,既乏刚释褐的有声誉的进士,也无负高名、有文才的隐士以吸引幕主。这样,唐后期北方中下层文士,就大量流向湖南等一般使府,他们与府主、左降官共同组成南来的北方文人群体,主持湖南文坛,主导文坛风气,互相唱和援引,把流行于北方的文风士风带到湖南,从方方面面促进本地人才的成长。

外地人才之外,也可以看看湖南本地人才的基本情况,这可以从以下两表看出来。

表7-1-2 唐代湖南诗人分布表

州名	诗人数	进士数	时代	州名	诗人数	进士数	时代
岳州	1		五代末	道州	4	2	贞元后
潭州	12	2	唐五代	郴州	2	1	元和后
衡州	6		五代	邵州	1		咸通中
永州	8		开元后	澧州	4	1	贞元后

上表三十八位诗人中,唐初有欧阳询;开元、天宝时,有怀素、史青;贞元、元和时,有段弘古、孟琯、何坚、刘师服;其余三十一位都在会昌、大中后至宋初。贞元、元和以后,人才开始较多地涌现,唐末五代才逐渐在南方文学上占有一席之地,稍能引起时人的注意。这与代、德以来北方人才的大量南来有关系。此时朝廷对于湖南,用人稍重,著名文人纷纷前来刺郡,刘禹锡、柳宗元、吕温、凌准、令狐楚等一流人才贬居于此,大大促进了湖南整体文化水平的提高。在不但要凭才学而且得靠门第、出身、声望以及他人援引提携的唐代,没有大量北方文人的帮助,湖南本地人才将更难成长和显露头角。

下面将湖南地区进士情况列成简表,并将其与江西对比,将有助于显示北人南来的促进作用。

表7-1-3　唐代湖南、江西两省进士分布表

州名	中唐前	中唐后	州名	中唐前	中唐后
信州		1	江州	4	5
潭州		2	洪州		5
道州		2	虔州	1	1
郴州		1	饶州		1
澧州		1	袁州		26

表7-1-4　唐五代湖南进士情况一览表

姓名	及第时代	籍贯	存世诗文	曾任官职
何坚	贞元中	道州	诗二首	不仕
孟珺	元和五年	郴州		殿中侍御史
李宣古	会昌三年	澧州	诗五首、残句二	毕生未仕
刘蜕	大中四年	长沙	文五十余篇、诗二	中书舍人、商州刺史
潘纬	咸通中	湘潭	诗二、残句二	不仕
何仲举	长兴二年	道州	诗一、残句三	全、衡州刺史

由前面四表可知,湖南无论诗人数还是进士数,都远逊于江西,诗人仅三十八人,只比江西袁州稍多,袁州有诗人三十三人;进士仅六人,不到江西的七分之一。文士中诗人多,进士少,诗人、进士数在全国排名都极靠后。从表7-1-4可看出,湖南仅有的六名进士中,五名出生于湘江流域的潭、道、郴州,澧水流域仅一名,可知交通的便利对人才发育作用之大。六位进士全部产生在中唐以后。再结合其他非进士出身的诗人之背景资料考察,发现唐五代湖南人才成长有以下特点。

最突出的特点是及第而不知名,知名者却未得第。江西地区也有类似情况,该地区四十四位进士,仅舒元舆、袁皓名气大一点,进入了权力中心又负文名,刘眘虚、綦毋潜、郑谷、熊孺登、刘轲、卢肇、刘驾、王贞白次之,皆负有时名,有一定文才,文献记载较多。而湖南地区的文人,名气最大的是进士刘蜕,以他官位最显,仕至五品以上,进入了以长安为中心的主流文化圈,因此留下的作品最多,仕历较清晰。不第者中,以李群玉诗名最高。刘蜕与李群玉相比,显然不及群玉名气大,湖南诗人的全部作品,仅他的《题二妃庙》《黄陵庙》堪称千古传诵的名篇,负有盛誉。然而这个盛誉主要产生于宋元以后,在当时也不甚知名,唐人笔记中仅《唐摭言》和《云溪友议》有两条简短记载。前者且曰:"李群玉,不知何许人,诗篇妍丽,才力遒健。咸通中,丞相修行杨公为奥主,进诗三百篇,授麟台雠校。"五代以韦庄奏请,才追赠及第,奏疏中称:"前件人俱无显遇,皆有奇才,丽句清辞,遍在时人之口;衔冤抱恨,竟为冥路之尘。但恐愤气未销,上冲穹昊。伏乞宣赐中书门下,追赠进士及第,各赠补阙、拾遗。"① 其仕宦状况可见一斑。及第的进士仕历不清晰,记载少,作品少,都是无影响的表现,他们反而不如不第者有名,何坚、孟琯、潘纬、何仲举就不及怀素、胡曾、李群玉、齐己、王璘有名。三十八位湖南诗人中,仅长沙欧阳询为名臣、书法名家,而在两《唐书》中有传。永州张文宝,历知制诰、中书舍人、刑部侍郎、左散骑常侍、知贡举,以官至吏部侍郎,官位最显而在《旧五代史》卷六八立专传。文宝父张颜在昭宗时任左司郎中、谏议大夫,以其子贵,而附见于其子之专传中。孟琯因文宗朝担任侍御史,与韦绶、罗立言有关,而得以载名于《旧唐书》卷

---

① 〔五代〕王定保撰:《唐摭言》卷一〇韦庄奏请追赠不及第人近代者条,第117—119页。

一六二、卷一六九韦、罗本传。其他人均不见于正史。史家不著录、不立传说明，他们并未达到公认的全国知名的水准，这与他们未能进入权力核心、未打进核心文化圈的仕宦状态相符。仕至五品以上的也仅刘蜕、何仲举、张颛、张文宝、欧阳彬五人。除李群玉、刘蜕、胡曾交游稍广，认识不少北方名人外，其余三十七位诗人的活动范围大都在荆湘、江西、岭南，较少到北方去。其作品只有时名，博得人们的一时称誉，并不能建立全国性声誉，影响有限。如长沙才子王璘，与李群玉同时，咸通中，显才学于湖南使院，湖南观察使崔某表荐于朝，举日试万言科，最终却被朝廷遗落，未能录用，见《唐摭言》卷一一、卷一二、卷一三，《太平广记》卷一八三。零陵才子史青，开元初年上表自荐，玄宗试以《除上元观灯竹火笼》等诗，旋授左监门卫将军，见《诗话总龟》前集卷一一、《全唐诗》卷一一五。澧州李宣古，会昌三年（843）礼部侍郎王起下进士及第。以诗才敏捷，为杜悰所赏识，并得以在张为《诗人主客图》中列为"高古逸主"之升堂者，见《云溪友议》卷中澧阳宴条、《唐诗纪事》卷五五、《唐才子传》卷七。此外，胡曾长于章檄，周缄善辞赋，李韶爱苦吟。以一诗一联而获时誉的有李涛、蒋密、蒋维东、张子明、潘纬、徐仲雅，他们只有地区性声誉，即使齐己，也是"诗名大著湖湘间"，与当地文人交游。

至于知名而未得第，原因有二：一是出身孤寒，家财有限，不能支持举业；二则身无奥援。中晚唐时士子登第，考试之外的人为因素往往更关键，得第与否，在很大程度上靠时望、门第与过硬的社会关系，需要公认的社会名流称引。而唐代政治中心一直在北方，北方士子更容易因利乘便。他们在其中游刃有余，如鱼得水，而缺乏这种资源与背景优势的南方士子要打进这个北人生导的主流文化圈，却处处受制，寸步难行。即使具有同等才力，南人仕进的难度也偏大。李群玉得名臣裴休延誉，令狐绹力荐，勉力一试，最后却无功而返，据史载是衔冤抱屈,受阻于当路者,见《唐才子传校笺》卷七《李群玉传》。其诗友方干《过李群玉故居》即称他"讦直上书难遇主,衔冤下世未成翁"[①],可见也是由于性情原因及孤立无援。而日试万言的王璘,据《唐摭言》卷一一荐举不捷条,其实也是受阻于宰相路岩。胡曾为权要所抑,咸通中,久举不第,愤而赋诗云:"上林新桂年年发,不许平人折一枝。"[②] 澧州处士段弘古,曾干谒御史大夫何士幹、节度使于頔,不合旨,铩羽而归,年至五十仍未获仕禄。李群玉、胡曾行止狂放,"多狎酒徒"[③],仕宦无成,终老于荆湘间。长沙诗人卢承丘,隐居吴中芙蓉山,"常著文为《芙蓉集》,作落韵诗,虽一时讽骂,闻者亦可为戒"[④]。之所以如此,或许就与这种不公平的遭际有关。

　　湖南诗人的另一显著特点是不乐仕进,多隐逸当地。李群玉本来"散逸不乐应举"[⑤],裴休力劝,亲友强之,勉强一试而止。郴州李韶"固穷不仕"。湘阴诗人任鹄,也是有学问而不仕,称为逸人,与衡山廖融交游,终老当地。有的北方文人移居湘中也不乐仕进,如徐仲雅,唐末自秦中迁长沙,有俊才,隐而不仕,见《十国春秋》卷七三。出现这种情况的原因,一是如前所说南人仕进困难重重,难以打进文化中心;二是经济上缺乏有力支持。及第本来困难,一般要好几次十几次才考上,湖南经济落后,人民贫困,缺乏维持举业的经济基础。而据《唐摭言》卷二海叙解送条,刘蜕如果没有崔铉以破天荒钱七十万资助,就不可能得进士第。潭州诗人王仲简因家贫,虽少修进士业,却未谐随计,直到后周显德中才摄长沙县丞,见《诗话总龟》前

①[清]彭定求等编:《全唐诗》卷六五三,第7501页。
②[宋]孙光宪撰,贾二强点校:《北梦琐言》卷七高蟾以诗策名条,第166页。
③[宋]孙光宪撰,贾二强点校:《北梦琐言》卷六李群玉轻薄事条,第133页。
④[宋]阮阅编,周本淳校点:《诗话总龟》前集卷一,第11页。
⑤[宋]孙光宪撰,贾二强点校:《北梦琐言》卷六李群玉轻薄事条,第133页。

集卷三五引《郡阁雅谈》；三是因为湖南地僻，没有北方社会那种"唯门调户选，征文射策以取禄位……父教其子，兄教其弟"，以此为"行己立身之美"① 的风气，靠读书求进达、荣门第的文化观念未能深入人心，读书业儒，苦学自励以求闻达尚未蔚然成风，大都习于风土，安于乡里，自甘贫贱。刘蜕进京应进士举，然而其先人却告诫他："任汝进取，穷之与达，不望于汝。"② 对于此事很不热衷，也不抱希望，祖宗坟墓却看得极重。其结果是文士虽能吟咏，能属文，足迹却很少踏进京师，终于功业无成，老死乡里。

正因为这样，北方衣冠士族的南迁北返对当地人业儒入仕成才所起的作用大。很多湖南诗人正是得到了北方文人官吏的扶持，才走上业儒入仕的生活道路，与时代精神合拍。贞元中道州文士何坚，应进士试，入太学，韩愈为国子四门博士作《送何坚序》，谓其识坚也十年，将其喻为人中龙凤，称扬其为人。韩愈贬连州，认识了衡湘间进士刘师服。后来韩愈回京做官，刘氏径直到长安找到他，韩愈为此先后写作了五首诗赠送给他。孟琯曾携文谒韩愈于郴州，又随之至江陵，韩愈有《送孟秀才序》送其应举，琯遂于元和五年（810）较顺利地及第。韩愈有大名于时，其称引无疑帮了不少忙。李宣古为杜悰所赏识。刘蜕得到过崔铉鼎力相助。裴休、令狐绹推荐过李群玉。而据《全唐文》卷七五九令狐绹《荐处士李群玉状》，宰相令狐绹就曾极力称赞李群玉，谓其苦心诗篇，屏迹林壑，佳句传于众口，芳声籍于一时，守道安贫，远绝名利。由于令狐绹等人的推荐，群玉才得以授弘文馆校书郎。何仲举在道州，得到过刺史李宏皋的开导，才锐意就学。后唐天成时，又游洛阳，获得秦王李从荣的"力荐"，遂于长兴二

①［唐］沈既济：《词科论》，［清］董诰等编：《全唐文》卷四七六，第2156页。
②［宋］孙光宪撰，贾二强点校：《北梦琐言》卷三刘蜕山人不祭先祖条，第58页。

年（931）及第。永泰二年（766），元结刺道州，发现了当地处士张季秀，为之延誉于朝，称其"介直自全，退守廉让，文学为业，不求人知。寒馁切身，弥更守分。贵其所尚，愿老山林"①。柳宗元在永州，曾指导过不少慕名而来的南方青年，如李渭，"弃美仕，就丑地"，追随其在永州、柳州问学，然后"读书为诗有干局……以是入都干丞相，益国事"②。最典型的是连州文士邵安石的事例。据《唐摭言》卷九好知己恶及第条、卷一〇海叙不遇条，咸通中，礼部侍郎高湘贬高州司马，后北还归阙，途次连州，安石以所业投献，遇知，遂挈至辇下。湘知贡举，遂放安石擢第，却把吴越文士章碣驳落，因赋《东都望幸诗》刺之。没有这些名官的帮助与指点，湖南文士成名将更困难，地方人才将更少。

　　北方文人不但成为孤寒的湖南文士最重要的社会关系，而且带来了北方文坛风气。北方文士在湖南常题壁、唱和、寄赠，当地文士亦模仿。岳麓寺有宋之问、沈传师等名人的诗板高悬厅内，令文人无限神往，见《全唐诗》卷八四〇齐己《游道林寺四绝亭观宋杜诗版》，往来过客，和作如云。唐扶出使岭外，过寺，作《使南海道长沙题道林岳麓二寺》，见《湖广通志》卷八五。李建勋、曹松、裴说路过，也挥毫题壁。北方文士刘山甫父官于岭外，侍从北归，过青草湖，至天王庙，即兴题一绝于寺内诗板上，见《北梦琐言》卷九刘山甫题天王条。连文化程度不高的武将也即兴题诗，《诗话总龟》前集卷一六载，唐末，有洪州衙前将军，从汨罗江畔的屈子庙路过，一时兴起，挥笔题诗一首，竟使操笔之士不能措手。在这种风气影响下，屈子祠、岳阳楼、道林寺、岳麓寺、杜甫墓、南岳寺的题壁大增，通岭南路的湘江沿线若干景点，唐人题名、题诗遍满石壁，其中部分是当地人所题。《云溪友

---

① ［唐］元结著，孙望校：《元次山集》卷九《送处士张季秀状》，第134页。
② ［唐］柳宗元撰：《柳宗元集》卷二三《送李渭赴京师序》，第618—619页。

议》卷中云中命条载,李群玉的名作《题二妃庙》,即其从京城长安解秘书省校书郎之任,归涔阳过庙时的题壁。廖齐之父爽直,尝为永州刺史。后齐游永州,于民间见父题壁,感而挥笔追和,见《诗话总龟》前集卷二五引《青琐后集》。连道士伊用昌也有《题茶陵县门》,题壁成为唐代湖南文学的一道亮丽的风景。

　　唱和风气被引进湖南,其发端者是张说。他是唐前期最早在湖南为官的著名文人,开元三至六年(715—718),他先后与赵冬曦、王琚、王熊、萧璿、姚绍之、宋璟、梁知微等人唱和,其中仅赵是贬岳州的僚属,其余皆南迁北返的过路人。期间还与其他人唱和,自成《岳阳集》,见《唐摭言》卷六、《全唐文》卷二九四王泠然《论荐书》。贞元十八年至永贞元年(802—805),杨凭观察湖南,与荆南节度使裴均唱和往还,成《荆潭唱和集》,所成之书,即《新唐书》卷六〇《艺文志四》总集类之《荆潭倡和集》一卷。韩愈《荆潭唱和诗序》谓裴均、杨凭两位府帅"往复循环,有唱斯和,搜奇抉怪,雕镂文字……两府之从事与部属之吏,属而和之,苟在编者,咸可观也"①。由此可窥中唐以来聚于潭州的北方文士唱和风气之一斑。这种幕府文学活动,对带动当地文学发展有一定作用。马殷霸楚,开天策府,极力网罗人才,下令搜访草泽,由是士无贤不肖参谒,皆延客之。共得十八学士,能诗者有如徐东野、廖凝、刘昭禹之徒,莫不声名籍甚,见《五代史补》卷三欧阳彬入蜀、僧齐己条。其中南方文士尤多,这样,滞后闭塞的湖南文坛开始有了一些活泼之气,本地文士唱和往还渐盛,如《唐摭言》卷一一王璘与李群玉在岳麓寺相会,以诗结交。齐己、刘蜕、李群玉之间经常有文字往还。

①〔唐〕韩愈撰,马其昶校注,马茂元整理:《韩昌黎文集校注》卷四《荆潭唱和诗序》,第263页。

　　北方文人是湖南青年研文习诗的榜样，他们经常给予当地青年以程式法度与学问器局的指点。如吕温的文章得自家学，比较有名。元和三年（808）温贬道州，澧州段弘古、道州何元上即追随问学，段弘古还跟随柳宗元学习，元和九年去世后，柳宗元还为其撰写祭文，见《柳宗元集》卷四〇《祭段弘古文》。但晚唐五代湖南文士，文章主要学韩、柳。元和后期，韩愈文名很大，他又喜奖擢后进，好几次经过湖南，因而湖南、江西宗韩者颇多。刘蜕工古文，风格近似韩派皇甫湜、孙樵，为韩派后劲，受他指点过的孟瑈、何坚更不必说是宗韩的。柳的影响似不比韩小。柳居永州十年，结识了不少湖南文士，当时俨然为南方文坛领袖，"衡湘以南为进士者，皆以子厚为师，其经承子厚口讲指画为文词者，悉有法度可观"[①]。连柳宗元的章草体书法也成为当地人学习的榜样，《因话录》卷三载，元和中，湖湘以南童稚习学其书，颇有能者。诗则宗贾岛，爱苦吟，齐己《酬洞庭陈秀才》对此做了生动的概括："何必要识面，见诗惊苦心。此门从自古，难学至如今。青草湖云阔，黄陵庙木深。精搜当好景，得即动知音。"[②]表明苦吟成诗是不少湖南诗人的共同爱好。周祖譔《中国文学家大辞典》（唐五代卷）考出的三十几位湖南诗人中，不少人爱苦吟，性耽佳句。李群玉苦心为歌篇，屏迹林壑，通过这种苦吟觅句的创作方式赢得文学声誉，有佳句流传于众口。郴州李韶，苦吟闻名，固穷不仕，宋初仍在世。长沙文士李涛，"篇咏甚著，如'水声长在耳，山色不离门'，又'扫地树留影，拂床琴有声'，又'落日长安道，秋槐满地花'，皆脍炙人口。温飞卿任太学博士，主秋试，涛与卫丹、张郃等诗赋，皆榜于

①　[唐]韩愈撰，马其昶校注，马茂元整理：《韩昌黎文集校注》卷七《柳子厚墓志铭》，第512页。

②　[清]彭定求等编：《全唐诗》卷八三九，第9467页。

都堂"①,即悬榜于尚书省都堂,以为示范。但这些都是佳句,不是名篇,有句无篇的现象比较普遍,作者也只有一时诗誉,无法在文学史上占有地位。隐居不仕又性耽文学,姚、贾诗风遂派上了用场,于是苦吟诗人多起来。

　　除迁谪与命官外,移民对湖南文学也有贡献。晚唐五代北方战乱,田园荒残,不少文士避乱南迁。在湖南,迁居的重点是交通较便利的潭州,其次是澧州,最远到郴州、道州。因北人南来,常由湘、澧二道入。省内三十八位诗人中,就有七位是外地迁来的,因贬谪而来的有李宏皋、路洵美。宏皋乃晚唐左降官李善夷之子,后为马氏所网罗入湘。路洵美是宰相路岩的三世孙。岩贬死岭外,子孙避地湖湘间。因避乱而来的有李骘、徐仲雅。骘自陇西移居澧州,卒于江西观察使任上。徐仲雅自秦中徙长沙,为马楚政权天策府十八学士之一。因避祸而来的有廖匡图、匡济、凝。廖氏本江西虔州赣县人,其族为地方强宗,为刺史钟章所嫉,乃举族徙长沙,仕马氏。

　　值得一提的还有旅寓和诗僧两个群体。唐末五代湖南战乱较少,社会安宁,风景秀丽,恰在此时不第文士又空前增多,故流寓湘中的人士较多。如沈彬、刘昭禹、曹松、李洞、方干,停留期间,都有过文学活动。诗僧的活动更为频繁,贯休、虚中、齐己堪称代表,活动范围主要在衡、湘二州,一个是地区性政治文化中心,一个是佛教胜地,他们的活动已经引起了学者的注意。张伟然《湖南历史文化地理研究》考证,此时驻锡湖南的高僧有二十七人,附见者十三人,另有五位来湘求法,这些人中,仅一人属本省,其余分别来自福建、江西、陕西、江苏、湖北、山西、广东、山东、四川,其中不乏精诗文者。僧诗在唐代湖南诗歌中所占比重大,就是因为诗僧多。应当指出,僧诗作者及其创

---

①〔五代〕王定保撰:《唐摭言》卷一〇海叙不遇条,第112页。

作同样与湖南经济文化的落后状况相应。戴伟华指出,诗僧多出生于南方贫穷落后地区,因为他们没有条件接受良好的教育,落发寺院为僧研究佛经不失为一条活路。出生在贫困人家,文化修养不高,作品多是宣扬佛教,内涵单纯,诗风也比较浅俗[1]。他们在湖南创作的诗歌就有这一特色。

第二节　湖南通岭南道交通与文学创作

　　湖南地当北方通岭南之要冲,运河开通以来,虽有很多北方文人沿着淮、汴南下,过江西,溯赣水度岭,但京城南面的蓝田—武关道、东都洛阳通襄阳的驿路均直指荆鄂,再往南行,便是湖南省的北大门——岳州,且有湘江水路纵贯南北,北面又有长江水路沟通上下,横贯东西,因而大陆中、北部许多省区与岭外的交通,仍不得不取道湖南,湖南在唐代交通格局中的地位上升了。唐朝在湖南省内,沿着湘江辟有通岭表的驿道,此道北面直当河洛关中这一文化中心,北方文化得以不断南输。近三百年来,游历湘中的北方文人,在沿线重要景点,留下了许多诗章题记,成为唐代湖南文学的重要组成部分。其数量之多,诗篇之佳,远胜于东面的江西通岭南水道,实为中古南北交通史上之奇观。从这个意义上说,此道在唐代交通上的作用不在军事上,而在经济文化上,岭南、湖南的士子必循此道蚁趋京师,谋取功名,遨游湘中岭外者每每过洞庭,上湘江,至潭、衡,到衡阳以后分路,至岭南东西二道,到广东、广西赴任的节度使、观察使等地方官,经常率领大队人马南行,道上往返的使臣、左降官更多。耿沣《送张

① 戴伟华:《唐代文学研究中的文人空间排序及其意义》,《唐代文学研究年鉴》2000年辑,广西师范大学出版社,2001年,第121页。

侍御赴郴州别驾》："一帆随远水，百口过长沙。"① 张籍《送严大夫之桂州》："旌旆过湘潭，幽奇得遍探。"② 即分别描述了迁谪和赴任取水路南行这两种行旅状况。

　　由于湖南地方僻远，经济文化落后，先唐各代朝廷始终不重视道路建设，境内始终没有一条纵贯南北的驿道，只有地方官在任时修建了几条地区性驿道。唐朝所做的工作是将断断续续的道路连接起来。尽管如此，境内陆路交通还是不够发达，南北交通主要利用了洞庭湖向心水系，尤其是南北流向的湘江。据杨衡《送人流雷州》："地图经大庾，水驿过长沙。"③ 姚合《送林使君赴邵州》："驿路算程多是水，州图管地少于山。"④ 张谓《道林寺送莫侍御》："薜萝通驿骑，山竹挂朝衣。"⑤ 都提到湖南境内有驿路经过，表明唐朝把湘江当成了水上驿道，沿线置水驿，且其中有陆上驿路相通，路线是岳州—汨罗—湘阴—潭州—衡州。由衡州分路，东道由衡州—耒阳—郴州—经武水，达韶州；西道由衡阳—永州—漓水到桂州。全程可分为三段：一为湘北至湘中段，即岳州—潭州段；二为湘中段，即潭州—衡州段；三为衡州通岭外的郴韶道、衡永桂道。余靖《武溪集》卷五《韶州真水馆记》谓凡广东西与中原之通道有三：出零陵，下漓水者由桂州；由豫章，下真水者由韶州；出桂阳，下武水者亦由韶州，其中第一、第三道皆经湖南，此交通之大势。

---

① ［清］彭定求等编：《全唐诗》卷二六八，第 2978 页。
② ［清］彭定求等编：《全唐诗》卷三八四，第 4318 页。
③ ［清］彭定求等编：《全唐诗》卷四六五，第 5288 页。
④ ［清］彭定求等编：《全唐诗》卷四九六，第 5624 页。
⑤ ［清］彭定求等编：《全唐诗》卷一九七，第 2018 页。此诗《唐诗纪事》卷二五作《麓山精舍送莫侍御归宁》，或是。《文苑英华》卷二七一诗题同《全唐诗》。

　　左降官及流人经常路过本省。唐代左降官政策规定,凡得罪者即刻上路,由中使押领,驰驿发遣,不许取水路贪图安适,也不许沿路逗留,一般贬逐至湘中、岭南等遐荒之地,于是此道成了最有名的左降官通道,《唐刺史考》《舆地纪胜》所载贬岭外的刺史、州上佐至少百余人,三分之二以上得经过湘江水道。其中不乏朝中重臣、文坛名宿。在这条伤心的"入瘴乡之路"上,这些苍颜白发的唐官感于屈、贾以来湖湘文化的流风余韵,诱于湘山楚水之幽奇秀丽,留下了不少迁谪纪行诗,包括部分与沿途州郡文士交游之作,以下结合陶敏、傅璇琮、李一飞《唐五代文学编年史》初盛唐卷、中唐卷有关部分所考,作一综合性叙述。

　　神龙元年(705),张易之败,沈佺期流驩州,江行至郴州,有《神龙初废逐南荒途出郴口北望苏耽山》,为唐代湖南文学中最长的五古纪行诗。同时南贬的杜审言南行,作《过湘江》,是经过湖南的北方文人诗中最优秀的七言绝句。同年,张说在钦州流所被召还,有《喜度岭》《赦归在道中作》。

　　神龙二年,宋之问遇赦,自泷州贬所取道江西、桂水、湘水北归,在湖南有《自湘源至潭州衡山县》,谓:"纷吾望阙客,归桡速已惯。"①顺流而下,心情畅快,故有此语。

　　神龙三年八月,沈佺期在驩州,遇赦北归,有《自昌乐溯流至白石岭下行入郴州》诗纪行。途经潭州,遇刺史裴怀古,得知故友苏味道、崔融亡故,作《哭苏眉州崔司业二公》哭之,见《文苑英华》卷三二沈佺期《哭苏眉州崔司业二公并序》。

　　景龙四年(710),宋之问坐交通韦、武,由越州流钦州,取道湘江。行至长沙,有《晚泊湘江》:"五岭恓惶客,三湘憔悴颜。况复秋

————————

① [清]彭定求等编:《全唐诗》卷五一,第620页。

雨霁,表里见衡山。"①游岳麓山道林寺,有诗题壁,与杜甫的《岳麓山道林二寺行》及后来作牧潭府的沈传师、裴怀古书,并称"四绝",中唐以来人们十分珍视,作四绝亭以贮之,以诗板高悬寺内,四绝诗、书成为潭州一胜迹,韦蟾《岳麓道林寺》诗称:"沈、裴笔力斗雄壮,宋、杜词源两风雅。"②可见后人之无限仰慕。四绝亭周围的景致极美,文人诗兴因此更高,齐己《怀道林寺道友》云:"四绝堂前万木秋,碧参差影压湘流。闲思宋杜题诗板,一日凭栏到夜休。"③像这样写成的诗颇多,后来成集,《新唐书·艺文志四》总集类载有"《袁皓集道林寺诗》二卷",即其部分作品的结集。

　　开元二十七年(739),王昌龄以谤议沸腾,再贬岭外。在岳州,遇李白,有《巴陵送李十二》。至衡州,作《奉送张荆州》,赠张九龄。其《出郴山口至叠石湾野人室中寄张十一》也是这次赴贬途所作。将抵岭南,有七绝《听流人水调子》,谓:"孤舟微月对枫林,分付鸣筝与客心。岭色千重万重雨,断弦收与泪痕深。"④系因夜色听船歌而引起共鸣。

　　中宗、玄宗时,李邕两次南贬。今《全唐诗补编·全唐诗续拾》卷一二收其《秋夜泊江渚》:"夜闻木叶落,疑是洞庭秋。……朝夕泛孤(舟)。"⑤疑为其北返过岳州诗。

　　建中二年(781),于邵贬桂州长史,过湖南,作诗寄包佶,佶有《酬于侍郎湖南见寄十四韵》答之。

　　大历十三年(778)九月,李舟、李当、牛噭过朝阳岩,题诗各一

①〔清〕彭定求等编:《全唐诗》卷五二,第639页。
②〔清〕彭定求等编:《全唐诗》卷五六六,第6557页。
③〔清〕彭定求等编:《全唐诗》卷八四六,第9581页。
④〔清〕彭定求等编:《全唐诗》卷一四三,第1447页。
⑤陈尚君辑校:《全唐诗补编·全唐诗续拾》卷一二,第833页。

首,见《金石录》卷八第一千五百三十七《唐题朝阳岩诗》。

贞元二十年(804),韩愈南贬连州,经洞庭、汨罗,作《湘中》诗。其《祭河南张员外文》描写贬途行旅曰:"洞庭漫汗,粘天无壁……南上湘水,屈氏所沉。二妃行迷,泪踪染林。山哀浦思,鸟兽叫音。余唱君和,百篇在吟。"①虽云百篇,可考的篇什却不多。

贞元二十一年,韩愈在连州,遇赦,徙掾江陵,经过湖南,纪行诗作得既多又好,有《八月十五夜赠张九曹》《题木居士二首》《谒衡岳庙遂宿岳寺题门楼》等佳作。其《上兵部李侍郎书》载其献诗文于李巽,有"旧文一卷""南行诗一卷"②,即此次南迁北返所作。

元和三年(808),吕温以欲倾李吉甫事,贬道州,作《岳阳怀古》《道州途中即事》。

元和十年,柳宗元奉诏赴阙,旋即远贬柳州,在湘北,有《汨罗遇风》《长沙驿前南楼感旧》《诏追赴都回寄零陵亲故》等诗。自潭州南行赴柳州,一路作《再上湘江》《寄韦珩》《界围岩水帘》《过衡山见新花开却寄弟》。《汨罗遇风》是唐诗中为数极少可信的关于汨罗的诗。《再上湘江》谓"好在湘江水,今朝又上来。不知从此去,更遣几年回"③,他似乎预料到这次远贬生还无望。时刘禹锡同行至衡阳分路,刘赴连州,柳赴柳州,二人作诗唱酬,今天可见的有两组,全部附见刘集中。柳诗有《衡阳与梦得分路赠别》,刘有《再授连州至衡阳酬柳柳州赠别》。

元和十五年,令狐楚在党争中被挤出朝,由宣歙再贬衡州。过潭州,有《发潭州寄李宁常侍》,据陶敏先生考证,所寄李宁实乃李

①[唐]韩愈撰,马其昶校注,马茂元整理:《韩昌黎文集校注》卷五,第313页。
②[唐]韩愈撰,马其昶校注,马茂元整理:《韩昌黎文集校注》卷二,第144页。
③[清]彭定求等编:《全唐诗》卷三五一,第3934页。

益①。诗云："更过长沙去，江风满驿船。"②盖刺史取水路赴任须乘驿船。

长庆四年（824），李绅为李逢吉所构，贬端州司马，过湖南，有《涉沅潇》《至潭州闻猿》等诗纪行旅，见其《追昔游集》。

宝历元年（825），李涉坐事流康州，今《全唐诗》卷四七七有《中秋夜君山台望月》《湘妃庙》等作，均为此次南迁途中纪行诗。

会昌中，牛僧孺南贬循州，随后量移，授衡州长史。其子牛丛随父南行，经道州朝阳岩，有《题朝阳岩》诗题于石壁，见《全唐诗》卷五四二。

大中三年（849），马戴以正言被斥，自太原贬朗州龙阳尉，有《楚江怀古三首》《湘川吊舜》等湘中纪行诗。

乾宁四年（897），孙偓坐贬衡州司马，有《南迁至衡岳赠全玭诗》，见《全唐诗补编·全唐诗续拾》卷三四。

唐时上湘江，流贬岭外者极多。孟浩然《江上别流人》："以我越乡客，逢君谪居者。分飞黄鹤楼，流落苍梧野。"③王建《荆门行》："向前问个长沙路，旧是屈原沉溺处。谁家丹旐已南来，逢著流人从此去。"④是贬死者灵柩北归，新贬者又南去。张祜《伤迁客殁南中》："白须才过海，丹旐却归船。肠断相逢路，新来客又迁。"⑤刘言史有《闻崔倚旅葬》诗，告诉人们，中晚唐间流贬者仍络绎不绝。这些人在流贬途中备受摧残，成为唐文人笔下的重要书写对象，由此，唐人

① 陶敏、李一飞、傅璇琮著：《唐五代文学编年史》中唐卷，辽海出版社，1998年，第806页。
② ［清］彭定求等编：《全唐诗》卷三三四，第3750页。
③ ［清］彭定求等编：《全唐诗》卷一五九，第1622页。
④ ［清］彭定求等编：《全唐诗》卷二九八，第3386页。
⑤ ［清］彭定求等编：《全唐诗》卷五一○，第5818页。

送别诗、逢遇诗、纪行诗,经常出现迁客流人形象,多在荆州到湘中、岭南道路沿途。戎昱《送辰州郑使君》:"谁人不谴谪?君去独堪伤。长子家无弟(第之误),慈亲老在堂。惊魂随驿吏,冒暑向炎方。未到猿啼处,参差已断肠。"① 张籍《送南迁客》:"去去远迁客,瘴中衰病身。青山无限路,白首不归人。"② 这样的描述绝不是夸张,而是精辟的总结。湖南人李群玉就不时看到迁客,其《湘阴县送迁客北归》描写他们:"瘴染面如虋,愁熏头似丝。"③ 可见贬谪对人的摧残之大。贾至《长沙别李六侍御》:"月明湘水白,霜落洞庭干。放逐长沙外,相逢路正难。"④ 罗隐《郴江迁客》:"毒雾郴江阔,愁云楚驿长。"⑤ 都是说迁客经过湖南的情形,描写他们在湖南水路与文人相逢。原来每逢政局有重大变动之际,流贬者就分道播迁,荆湘岭南道作为重中之重,更是窜逐者络绎于道,故此常有江上相遇的事。《中朝故事》卷上载,咸通末,宰相刘瞻为韦保衡、路岩所挤,贬为驩州司户。不久僖宗即位,韦保衡南贬,路岩出为西川节度使,召还刘瞻。韦保衡南窜,行至湘江,遇到北归的刘瞻,瞻家人一齐登舟,痛骂韦保衡,保衡力戒家人,切勿对骂,自己也无言以对。这是唐代发生在湘江上的特有文化现象,上述史料仅钩稽了其中极少一部分。

其次叙地方官的南迁北返。

如果湖南通岭南驿路沿途州县来了某个地位重要的人物,则往返的北人十之八九要与他唱和。比较典型的是开元初张说贬岳州,

---

① [清]彭定求等编:《全唐诗》卷二七〇,第 3018 页。
② [清]彭定求等编:《全唐诗》卷三八四,第 4304 页。
③ [清]彭定求等编:《全唐诗》卷五六九,第 6590 页。
④ [清]彭定求等编:《全唐诗》卷二三五,第 2596 页。
⑤ [清]彭定求等编:《全唐诗》卷六五九,第 7564 页。

此时他不仅是文坛领袖,而且是政坛名臣,想与他交往的人很多,因而其居岳州所作大部分是酬唱赠答之作。如开元四年(716),王琚自泽州移衡州,过岳州,与张说游宴唱和,有《奉答燕公二首》。其冬入朝,再会张说,作《奉别燕公》,张有《赠赵公》。其年十一月,广州都督宋璟自岭南入朝,过岳州,张说赠诗。潭州都督王熊解职北归,经岳州,有《奉答张岳州》。以后还有贾至、张谓、元结、杨凭等在湖南,其唱和也与张说在岳阳类似。

若是独自行进,则往往写作纪行诗。下面一些都是值得一提的。

开元五年,张九龄自京城南归,有《南还湘水言怀》《将至岳阳有怀赵二》。

十九年,张九龄由桂州都督入京为秘书少监,有五古《湘中作》。

永泰元年(765),元结罢道州任北归。在衡州,遇诗人刘湾,有《刘侍御月夜宴会》诗及序各一篇,又作《题孟中丞茅阁》诗。

二年,元结复授道州刺史,巡县至江华,撰《寒亭记》《华阳岩铭》。

大历二年(767),元结自道州赴衡州计事,归途中途江涨,作《欸乃曲五首》及序,叙说行旅经过。

贞元四年(788),戴叔伦刺容州,有《湘中怀古》《泊湘口》《宿灌阳滩》,见蒋寅《戴叔伦集校注》卷一。

贞元二十一年,湖南观察使杨凭自潭州移镇江西,有《早发湘中》诗,纪其下洞庭沿长江东下的过程。

大和四年(830)十月,李谅赴桂管观察任,行至永州,作《湘中纪行》诗。

大和中,李郃曾历贺州刺史,有《过九疑山有怀》:"云飘上苑叶,雪映御沟花。行叹戍塵远,坐令衣带赊。"[1]可证为其赴任所作。

---

[1] 陈尚君辑校:《全唐诗补编·全唐诗续补遗》卷六,第410页。

　　奉使的文士也不少，我们经常在唐诗中看到某某侍御、盐铁转运使奉使湘中、岭南的记载。如张说诗中有朱使欣，元稹有《送崔侍御之岭南二十韵》，这些人也留下了一些作品。

　　景龙二年（708），张九龄自校书郎奉使南归。开元十四年，又曾奉使南海，其《使还湘水》《耒阳溪夜行》乃奉使诗。《全唐诗》卷九八有朱使欣《道峡似巫山》，岑仲勉《读全唐诗札记》以为当作朱欣，使字当是称呼其官职。朱与张说交游，张有《和朱使欣道峡似巫山之作》，朱欣诗似为开元间使岭南所作。

　　大历六年至七年，刘长卿为鄂岳转运留后，祗役潭、郴，作《湘中纪行十首》。此间戴叔伦任湖南转运留后，大历七年，南巡郴、永、道州，有《湘川野望》《游道林寺》《湘南即事》《过三闾庙》《将巡郴永途中作》《过郴州》等十多首诗纪行。

　　大中元年（847），李商隐从事于桂林郑亚府。其冬，奉使江陵，途中削笔衡山，洗砚湘江，编纂骈文别集《樊南四六集》，以类相从，得四百三十三篇，分为二十卷，见《玉谿生年谱会笺》卷三。二年，郑亚罢府，商隐亦北归，滞留潭岳，有《潭州》《岳阳楼》诗。

　　此外，盛唐以来因各种情况而来游湖湘者日多，留下的诗歌与相关记载也多。

　　有的是避祸。《云溪友议》卷中衡阳遁条载，天宝中，徐安贞避李林甫迫害，迁居衡山岳寺，喑哑不言者数年，为僧所辱。李邕游衡岳，过寺，见其题处，知其在此，与之欢会，同载北归。

　　有的是避乱，如杜甫、郎士元大历中的湖南之游。唐末裴说避战乱，旅泊于湘中，有《题岳州僧舍》《游洞庭湖》《过洞庭湖》《道林寺》《旅次衡阳》《经杜工部坟》。

　　有的是无明显功利目的漫游，如李白乾元间，曾自岳州游零陵。贾至有《洞庭送李十二赴零陵》：“今日相逢落叶前，洞庭秋水远连天。"① 表明李白此行在秋天。李颀有《二妃庙送裴侍御使桂阳》,孟浩然有《武陵泛舟》《宿武陵即事》《夜渡湘水》,他们都有过湘中之行,不过行动的目标难以明确。

有的是游幕。大历中,戎昱欲入湖南使幕,后尝入桂州李昌夔府。其间曾因军乱而流寓湘中,有《衡阳春日游僧院》《宿湘江》等。其《宿湘江》有"九月湘江水漫流……一夜纷纷满客舟"之句②,而张九龄《耒阳溪夜行》亦有"岚气船间入,霜华衣上浮"之句③,二诗路线相连,节候一致,表明所经路线相同。杨衡贞元中,曾随齐映到桂管观察使府;熊孺登长庆间曾游湖南幕,二人皆有诗。贞元以后,为寻找进身机会羁游湘桂间的人士越来越多。贞元中,皇甫湜为了仕进,曾游岭峤,其《题浯溪石》即此间留下的题壁之作。此时陈羽亦游桂州幕,自桂州起解,应进士试,往返途中,留下了《湘君祠》诗。晚唐五代北方陷入持久的战乱,湖南地方偏远,比较安静,于是士人纷纷流向南方,除了奔走于淮南、两浙、山、剑等盛府外,潭、桂、洪州府也有一定的吸引力,过湘中的游宦文士大增于前。许浑、李频、于武陵、许彬、曹松、杜荀鹤、韦庄、罗隐、李建勋、孟宾于、张祜、张泌、黄文、李节都留下了纪行诗,他们大都是名场失意或仕进受阻而来游湖南、岭南幕,然而十之八九无功而返,还有客死湖南者,范阳卢献卿累举不第,游湘中,竟客死郴州。

湖南不仅以山川形胜著称,而且多名胜古迹,文士往来旅泊,自然把眼光集中在这些目标上。岳阳楼、洞庭、湘妃庙、汨罗屈子祠、岳

---

① [清]彭定求等编:《全唐诗》卷二三五,第 2598 页。

② [清]彭定求等编:《全唐诗》卷二七〇,第 3017 页。

③ [清]彭定求等编:《全唐诗》卷四八,第 589 页。此诗《全唐诗》卷二七〇收作戎昱诗,误。《文苑英华》卷一六六、二九一均作张九龄诗,且已收入《曲江集》卷四,其为张诗无疑。

麓道林寺、耒阳杜甫墓、浯溪都堪称热点，连贯起来看仿佛是一条湘中文化走廊。每一个都颇具吸引力，都有人题咏。其中岳阳楼、洞庭湖、黄陵庙、道林寺写得还比较多。湘妃庙又名黄陵庙，在巴陵县西南君山祀尧二女，《楚辞·湘夫人》有过出色的描写，因此只要路过的都会停留甚至赋诗。晚唐李群玉有诗，五代后梁萧振有《重修黄陵懿节庙记》，说明地方官比较重视它。齐己有《吊汨罗》，刘长卿有《长沙过贾谊宅》，韦庄有《湘中作》。岳州洞庭"风月无边"，讽咏的诗篇最多，杜甫诗才高盖代，名悬日月，晚唐景仰他的人士颇多。浯溪有元结、颜真卿等前贤胜迹在，又景致佳胜。屈子为唐文人所仰。湘妃庙与舜帝南游的神话传说有关，北方文人对此颇感兴趣，本地土人更深信不疑，韩愈《黄陵庙碑》称唐时，二妃早已成为当地最著名的神灵，"今之渡湖江者，莫敢不进礼庙下"[1]，则连北人也礼敬这些地方神灵，以求风平浪静，旅途平安。韩愈元和十四年（819）春贬潮州，过此，亦祈祷神灵保佑。岳麓道林寺更是湘中第一胜迹，题诗寺壁者极多，除宋、杜外，罗隐、裴说皆有僧舍题诗，而以韦蟾的歌行《岳麓道林寺》最有名，诗云："广殿崔嵬万壑间，长廊诘曲千岩下。静听林飞念佛鸟，细看壁画驮经马。暖日斜明蟏蛸梁，湿烟散幂鸳鸯瓦。北方部落檀香塑，西国文书贝叶写。坏栏迸竹醉好题，窄路垂藤困堪把。"[2] 说明这两个寺庙环境清幽，壁画神奇，有一种异样的美，故瞻礼游玩者日多。

从城市布局与交通网络的关系看，如果都城立在长安，湘江水路因北接两京驿路，其在南北交通上的作用就比较大，湖南在交通地理上的地位也提高了；如果都城在东部平原上的汴州、临安、

---

① ［唐］韩愈撰，马其昶校注，马茂元整理：《韩昌黎文集校注》卷七，第497页。
② ［清］彭定求等编：《全唐诗》卷五六六，第6557页。

北京,则这条水路的地位会立刻下降,沿线城市也要受到影响。宋都汴京、临安,两座城市都在运河沿线,故宋时沿着运河,取道江西过岭者反而比唐代多,只有湖南、广西境内的来往才不得不通过湘江。唐都长安,故沿着湘江水道开辟驿路,水陆相接,直达岭外,无远弗届,这条唐人的"乘驿旧途"因为北接都城的位置关系,而热闹了近三百年。《元和郡县图志》载,自京都南行,长安至韶州间驿路,全长三千六百八十五里。《元和郡县图志》卷三四称为郴州路,从江西虔州、吉州过岭的称虔州吉州路,四千六百八十里。其中至郴州路的湖南段为江陵—岳州—长沙—衡阳—郴州至粤境韶关,全长千七百九十里,沿线共十五个景点:洞庭、君山、岳阳楼、湘阴屈子祠、二妃庙、岳麓山、岳麓寺、道林寺、长沙贾谊宅、南岳、岳庙、合江亭、郴州耒阳杜工部墓、永州舜庙、浯溪。其中三分之二以上的景点从产生到成名,都直接导源于唐人在省内的历史文化活动。

　　十五个景点可分三类:

　　君山、岳麓道林二寺、舜庙、二妃庙(湘君祠)、屈子祠为一类,是先唐历史遗存,然而只有经过了唐人的营建、维修、题咏,才更为知名。君山在先唐,只有始皇南巡驻足的传说,凭着唐人刘禹锡、雍陶等的题咏,才名闻遐迩。屈子祠有唐人营建,不但有诗,而且有著名文人蒋防所撰的《汨罗庙记》,萧振的《重修三闾庙记》。此庙大和以前,一直"有碑无文",郡守徐希仁托蒋防撰记,另有元和中王茂元撰的《楚三闾大夫屈先生祠堂铭》。王茂元为名将,蒋防有史笔,擅作小说,二人的文章扩大了祠的知名度。湘阴二妃庙有韩愈撰、沈传师书的《黄陵庙碑》,后韩愈的《祭湘君夫人文》亦刻石,而韩愈作碑文之前,只有刘表残碑在,韩碑沈字乃千古胜迹,又为湘中添一景。永州二妃庙有柳宗元《湘源二妃庙记》刻石,舜庙有张九龄《祭舜庙文》、元结《舜祠表》《舜庙状》、吕温《祭舜庙文》均刻石,宋以下碑记代代有记载。没有唐人的努力，这些景点将大部分湮没无闻。

　　第二类是洞庭湖、岳麓山，它们本颇有名气，而唐文人的诗文则锦上添花，扩大了它们的知名度。

　　第三类是岳阳楼、南岳庙、合江亭、浯溪、杜工部墓，这类景点形成于唐代。岳阳楼直到开元中张说刺郡修楼，才渐知名。查《舆地纪胜》诸州景物目，唐时南北许多名楼名气都不比岳阳楼小，鹳雀楼、黄鹤楼、滕王阁、庾楼名满天下，就是婺州八咏、湖州清晖、润州多景也名震东南。岳阳楼成为江南三大名楼，乃宋以后的事。是唐人的诗咏大大提高了此楼的知名度，在这方面起了关键作用。比较特殊的是岳麓、道林二寺及南岳寺，它们虽创制于先唐，但真正具有影响还是在唐代，前面已说过唐人题咏颇多，当时就已成集流传，沈传师长庆间题诗，还被刻石，见《集古录》卷九、《金石录》卷一〇。《集古录》卷九称，沈传师游道林、岳麓寺诗，作于长庆中，题为《酬唐侍御姚员外》，沈传师撰并书，而二人之诗不见，独此诗以字画传世，而诗亦自佳。传师书非一体，此尤放逸可爱。寺内有名满天下的大书家李邕撰写并手书的《岳麓寺碑》。衡州有赵颐贞开元中撰的《南岳真君碑》及元结《茅阁记》、柳宗元《唐南岳弥陀和尚碑》，这些新添的唐代景观，又成为新的旅游资源，吸引游客。耒阳有了杜甫墓后，凭吊者也渐多。湘南郴、永、道州，最值得一提的是以元结《大唐中兴颂》为代表的石刻诗文。据《舆地纪胜》《集古录》《金石录》《金石萃编》《八琼室金石补正》五书所载，道州有元结《永泰二年题名》《九疑图记》《阳华岩铭》《洼樽铭》、刘禹锡《含晖岩记》，永州有元结《朝阳岩记》《大唐中兴颂》。尤以后者备受关注，引起的争议最多。《颂》为元结大历六年（771）刺道州所撰，颜真卿书。元结老于文章，颜则为唐代第一书家，《颂》据欧、赵以下著录，被公认为是颜体字的代表作，苍老遒劲，于是"结撰真书"成为后代无限羡慕的胜迹，加上浯溪山水奇秀,南来北往的行客莫不驻步徘徊,流连忘返,因而就有了"浯溪形胜满湘中"① 的说法。此说出自元结之手,元结的品题对于浯溪的出名无疑起了关键作用。至宋代,《颂》被黄庭坚等宋人认为是成功运用"春秋笔法"的名篇。宋孝宗乾道中,范成大赴任广西,将此事写进其行记《骖鸾录》。文中提到,黄氏以为序文中"天子幸蜀,太子即位于灵武",铭文中"宗庙再安,二圣重欢"② 寄寓了很深的褒贬,说元结语中深讥肃宗不能注意于君臣父子之际,内制于张后,外制于李辅国,忙于夺位,不能尽孝道,深所不取。此论一出,应者云集,立论各持一端。几乎所有赴广西为官奉使、漫游者往返都题名或题诗。《萃编》《八琼》著录宋以下诗词题名凡一百余方,浯溪成为湘南最负盛名的景点。范成大的诗与行记,黄庭坚、张耒、李清照、米芾诗为宋代诗词的代表作。唐则"结撰真书"以后,产生了三类作品:一是文,有吕温《祭舜庙文》,刻于大中元年五月。韦辞《修浯溪记》,刻于宝历元年(825)。见《金石录》卷九。二是诗,有李舟《题朝阳岩》,正书于大历十三年。还有《金石录》卷一〇皇甫湜《浯溪诗》,《金石萃编》卷一〇八元友让《复浯溪旧居》诗、李谅《湘中纪行诗》、李当《题朝阳洞》诗。魏深《奉和左丞八舅题朝阳洞》诗,题于咸通十四年(873)十一月二十五日,见《八琼室金石补正》卷六〇《题朝阳洞》。唯《云溪友议》卷中买山谶条载蔡京有浯溪题诗,不见著录。元结子元友让《复游浯溪》,从内容看,已经刻石。郑谷诗《浯溪》,不知是否刻石。三是题名,则有永州刺史冯叙题名、衡州石鼓山西谿唐人题名,见《潜研堂金石文字目录》卷二。韦瓘《峿溪题名》,见叶奕苞《金石录补》卷二〇、《全唐文》卷六九五。柳宗元、柳宗直

① [唐]元结著,孙望校:《元次山集》卷三《欸乃曲五首》其四,第47页。
② [宋]范成大撰:《骖鸾录》,孔凡礼点校:《范成大笔记六种》,第57页。

《华严岩题名》,见《金石萃编》卷一〇五、《八琼室金石补正》卷六〇
及六一,共有唐人浯溪题刻十九段,其中韦武、邱抗、王轩、卢钧、马
植、房鲁、李行修的作品为题名。

　　以上题刻,其实只是唐人留题的极小一部分,因宋人著录才为
今人所知。宋人所见远不止于此,韩愈《题合江亭寄刺史邹君》诗
魏仲举注本引孙汝听注:"亭在衡州负郭,今之石鼓头即其地也……
旁有朱陵洞,亦谓之朱陵仙府,唐人题刻散满岩上。"① 这些题刻到清
代就字画漫漶,至今更无一篇文字著录者。《舆地纪胜》卷五六《永
州·景物目下·淡山岩》:"澹山岩,在零陵县南二十五里。《旧经》云,秦
人周正实肥遁之地……黄山谷有二诗。又岩中石壁所锓先贤题识,高下鳞次,
穷日之力,乃能尽阅。"② 南宋人王象之所见如此之多,今欧、赵、王三家
著录的淡山岩题名中,唐人石刻却极少,绝大多数都是宋以下。单这
两条材料就让我们看到自元结、齐映、柳宗元在湘南题名题诗撰记刻
石之后,湘南水道沿线题刻增加的幅度之大。以碑刻形式出现的各
种体式的文学作品,大大丰富了唐代湖湘文学的内容与形式。没有
唐人的南来北往,想要有这么多的景点,这么多优秀的诗文题记,简
直是不可能的,湘山楚水的独特神韵也将长期不为外人所知,寂然
无闻。

　　唐以后,首都东移,湘江水道的地位不比以前,行旅既远不如唐
盛,景点也再未能有所增加。千余年来湖湘古迹,人们所见的仍然是
唐代的规模制度,仍然是那十几个景点,直到今天仍如此,湘江上左
降官相值、客帆点点的盛况再也没出现过。

---

① [唐]韩愈撰,[宋]魏仲举集注,郝润华、王东峰点校:《五百家注韩昌黎集》
　　卷二,第123页。

② [宋]王象之撰:《舆地纪胜》卷五六,第2046页。

第三节　唐代湖南文学的二重性

湖南文学在唐南方文学中扮演过重要角色,其中刘禹锡、柳宗元、吕温等左降官的创作,还是唐代乃至整个中国逐臣文学的重要组成部分。唐前期湖南虽缺乏有分量的本土作家,但贞元、元和以来,在先进的北方文化哺育下,一批年轻的诗人茁壮成长,逐渐在全国崭露头角,有了一定的知名度。以胡曾、刘蜕、李群玉为代表的新一代作家在全国群体性地亮相,此三人各有特长,独树一帜,胡曾工咏史,刘蜕长古文,李群玉工律绝,人们终于感受到了湖南文学的分量与独特审美魅力。湖南作家成为人们关注、评论的话题,李频、令狐绹、段成式、方干、范摅等晚唐五代有名的作家、大僚给予李群玉及其诗以很高的评价①。胡曾的咏史诗在晚唐咏史诗潮中占据了一席之地,专门制成诗卷,各以地名为题,自共工不周山迄于隋汴水,凡一百五十首,问世后咸通中即有人评注,见《四部丛刊三编》影宋抄本胡曾《咏史诗》陈盖、米崇吉注。与晚唐文学风会各异、众流交汇的浩荡潮流相比,湖南文学可能不怎么起眼,虽有优秀之作但缺乏整体优势,因而在文学上总是处于边缘位置,多为文学史家所忽视。但是被遗忘的文学中仍有值得重视的东西,地域文学特征及其与主流文学的关系,便是值得讨论的话题之一。以往的评论不免有这样那样的偏颇,要么只注意了地域文学的独特性,要么只强调其共通性,不注意地域性,认为与主流文学无甚差别,要么只抓住一个侧面,只讲贬谪文学。这种非此即彼的评判,无疑失之于表面化、简单化。像湖南文学这种具有丰富地域内涵的文学,其价值值得重新探索,这种努力,能帮助我们发现其中一些微妙、重要却常被忽视的东西,比如湖南文学作为

---

① [唐]范摅撰,唐雯校笺:《云溪友议校笺》卷中,第113页。

地域文学的二重性——其地域性及其与主流文学的共通性和差异性,比如地域文学传统对乡土作家和流寓作家及其文学创作的影响,就是非常值得注意的重要问题。

　　唐代文学中一些代表北方文化主流的创作派别与团体,比如边塞诗派、山水田园诗派、大历十才子、元和三舍人、韩孟、元白、姚贾诗派、咏史怀古诗派、隐逸诗派,都是突出并代表共通性追求的。湖南文学由于湖南被边缘化,处于与中原文化相对隔绝的半封闭状态,独立于这些创作倾向之外,属于另一个封闭性的系统,而带有鲜明的地域特色。湖南山川地貌,像一个马蹄形盆地,东、西、南三面都大山环绕,只有正北一个大缺口,绾结于洞庭湖的“T”型水系构成全省交通骨架,在地理大势上已呈半封闭状态。境内山脉丘陵广布,地处亚热带,南方的暖湿气流与北方的冷气团常在此交汇对撞,降水丰沛,气候温暖,植物繁茂,在自然景观上迥异于北方的秦晋、齐鲁、河朔文化区,而且有典型的南方特征,尤其是山水景观明丽诱人,且山水之美以奇丽、清秀为特征,接近广西。因此无论生于斯的本土作家,还是贬处湘中的外地作家,都有山水情结,湘中山水不仅是他们审美观照的对象,而且还是其作品的灵魂,其诗文无不渗透着三湘四水的灵秀清逸韵味,又是那样清晰地透射出这种地理环境和文化区位所造成的狭隘与封闭。虽然这种山水之美未必盖过了其他地区,其成就未必有巴蜀、吴越山水诗那么高,但毕竟表现了地域文学最可贵的本质——深深植根于地域土壤中的本土文化韵味。

　　湖南文学的这种地域性,集中体现为南方乡村的古朴风情和田园情调。作家们着眼的是与北方各文化区有所不同的古朴、原始的湖南乡村风情。湖南本土作家李群玉在塑造人物形象和表现湖湘山水农村风情方面,堪称代表。人物形象方面,他最喜爱、最熟悉、最肯用力也塑造得最好的是女性形象。这里有湘中农家女儿,有湘江边

上的渔家女儿,有妓女。无论其身份地位如何不同,其底色却是古代
湖南农村姑娘的本色——尤其是江畔田家、渔家女儿的本色,体态
婀娜,妩媚动人,轻灵活泼,经过作者美化,读之令人心旌摇曳。他的
二首《题黄陵庙》是这方面的代表作。七绝《黄陵庙》题咏的是庙的
崇祀对象——舜帝二妃娥皇、女英,实际上却不是写这两位古人,诗
人着力描绘的是一位朴素大方的船家姑娘:"黄陵庙前莎草春,黄陵
女儿茜裙新。轻舟短棹唱歌去,水远山长愁杀人。"①春光明媚、绿草
如茵的季节,庙前一位身着红裙的湘中女子从茅檐下走出来,上船解
缆,两岸莎草闪着葱绿的亮光,在湘水清波映衬下,她唱着船歌撑划
着短桨顺流而去,消失在远水长山之中。这里的景色之明丽、人物之
倩丽,只有在湖南、广西等相近的地理环境中才能见到。

　　山的狭长与水的明丽,总是使人联想到唐诗中常见的"清湘"意
象。湘水不宽,由众多水泉汇成,水色清亮,绿色植被环拥,水量丰
沛,先唐就有记载。《太平御览》卷六五引罗含《湘川记》云:"湘水
至清,虽深五六丈见底,了了然石子如樗蒲矣,五色鲜明,白沙如雪,
赤岸如朝霞,绿竹生焉。"②可见湘水的特点是清、急、窄,与吴越的山
水是不同的。湖南河流两岸多起伏的山地,山岭奇秀,水的清急又常
与山的奇秀相映,沅江就是如此,《太平御览》卷六五引《水经》曰:
"沅水之北有奇山,山有秀峰,上枝绿萝濛幕,颓岩临水,实钓渚渔咏
之胜也。"③李群玉的诗中所涉山水正是这样的山水。《沅江渔者》:
"倚棹汀洲沙日晚,江鲜野菜桃花饭。长歌一曲烟霭深,归去沧江绿
波远。"④诗中的沅江同湘江一样狭长、清丽,植物繁茂,这里"江鲜野

①[清]彭定求等编:《全唐诗》卷五七〇,第6610页。《全唐诗》卷五一九误收
　作李远《黄陵庙词》。《文苑英华》卷三二〇作李群玉诗,是。

②[宋]李昉等撰:《太平御览》卷六五,第311页。

③[宋]李昉等撰:《太平御览》卷六五,第311页。

④[清]彭定求等编:《全唐诗》卷五七〇,第6613页。

菜桃花饭""绿波""烟霭深"表现的是湖南河流的自然环境特征，"长歌"是地区民情。柳宗元在永州所作《渔翁》："渔翁夜傍西岩宿，晓汲清湘燃楚竹。烟销日出不见人，欸乃一声山水绿。回看天际下中流，岩上无心云相逐。"①再现的湘江风情，极似李诗。"欸乃一声山水绿"一联，指湖南多山多雾，江流曲折，江面水雾更浓，渔夫撑船行进于烟水之间，转瞬间从雾中走出，水流清急，雾散云开，山水碧绿，"岩上无心云相逐"则让人感知沅江在山岭间蜿蜒。诗中"晓汲清湘燃楚竹"是写湖南农村引山泉的民俗，李群玉《引水行》有更详细的描写，写的是湖南农民以竹筒引水的民俗："一条寒玉走秋泉，引出深萝洞口烟。十里暗流声不断，行人头上过潺湲。"②是说湖南农民从远处山上溪洞深涧中引出泉水，打通竹子相接，跨涧过沟，悬空而过，引自来水入户。湖南降水丰沛，地势起伏大，冈峦纵横，便于引水，今天在较僻远的湖南山村仍可见这种土法引水。

　　湖南水乡的地域风情另一重要特色是渔歌发达，李群玉、柳宗元都写到了这一点，他们写的是湘水、沅水。小河流区域农民又善"溪讴"。王昌龄《出郴山口至叠石湾野人室中寄张十一》："野人善竹器，童子能溪讴。"③《箜篌引》："卢溪郡南夜泊舟，夜闻两岸羌戎讴。"④"羌戎讴""溪讴"的特点是用湖南少数民族方言演唱，跟打山歌略近，腔调固定，唱词则不固定，随口编成，可以随时改换，听起来楚声蛮语，声音清亮。刘禹锡《武陵书怀五十韵》："照山畲火动，踏月俚歌喧。拥楫舟为市，连甍竹覆轩。披沙金粟见，拾羽翠翘翻。"⑤

①［清］彭定求等编：《全唐诗》卷三五三，第3957页。
②［清］彭定求等编：《全唐诗》卷五七○，第6610页。
③［清］彭定求等编：《全唐诗》卷一四○，第1424页。
④［清］彭定求等编：《全唐诗》卷一四一，第1436页。
⑤［清］彭定求等编：《全唐诗》卷三六二，第4087页。

只有亲自到过这些地方听过当地人夜讴的人,才会找到王昌龄、刘禹锡夜听时的那种感觉。

洞庭沅湘一带是屈原放逐行吟之所,《楚辞》中常见的植物也常见于当地文人诗中。如李群玉诗中,就有兰、蘅、萍、藻、辛夷、薜芷等十余种湘北常见植物,这并不是他抄袭了《楚辞》,而是生活环境相同。实际上李群玉作为当地人,比屈、宋更熟悉。李诗中还出现了洞庭湖区常见的水鸟如鹤、鹭、野鸭等,这些水鸟有的是当地鸟类,有的是候鸟。湖区自然资源丰富,生物种群密集,冬季温暖。每值冬季,常有许多候鸟自北方飞临此地过冬,成为湖区一景,诗人对此再熟悉不过了。只有长期生活在此的人才能如得山水之神韵,写出它的方土气味。从李群玉等本地作家的诗看,湘中山水确实凝成了他们作品的灵魂,题材、意境、风格韵味都得其神髓。

然而浓郁的地域性并不会阻碍湖南作家追求文学的共通性。由于省外各地区尤其是北方作家的南来,水平相对落后的湖南作家有了可以请教受益的机会,接受他们的创作观念,模仿他们的创作方式,学习他们的艺术技巧。这种南北文化的对话,已为打破地域文化的闭锁、视界的狭隘并追求交融和共通,进入宏通境界提供了可能。而且湖南文学上述地域特征本身就兼有共通性,有普遍意义:它虽古朴却是那样清新,虽特殊却也普遍——在山水的美学韵味上,在诗歌体式格调上仍具有广泛的可接受性,仍被理解并获得广泛认同。审美价值上的普遍意义使湖南文学超出了自身的地域性而且具有共通性、可理解性。

在地域文学作品中,共通性只是内在地存在着,它与地域性并不是泾渭分明,一目了然的,二者常常以相互渗透交叉的形态出现。无论于诗于文,其内容、形式、风格都与北方主流文学既有差异,又有对应。既有文化特征上的自异性,又存在创作方式、风格、流派上与主流文学的亲近、调和。地域性与共通性孰重孰轻,则有本地作家与外地作家的不同。对于本地作家来说,总受两种力量的制约:一方面,土生土长的生活经历使之摆脱不了湖湘地域文化心理与审美偏好的制约,本地的山水人情之美仍然是触发灵感的源泉和取材的沃土;另一方面,又不可能游离于主流文学之外,一点也不受文坛风气的影响,文坛上的种种风格流派、不同的文学观念和诗歌作法,仍然影响着他们的艺术表现。受制于客观环境和传统观念,在两种力量对峙中,常常是前者占上风,文学主潮的影响若隐若现。他们的创作,总有着浓浓的地域文化情结,李群玉诗歌之所以地域风格那么鲜明,自谓因"居住沅湘,宗师屈宋,枫江兰浦,荡思摇情。芜颣之余,过于乔野。天津不到,徒窥星汉之高;沧海攸归,岂阻潢污之陋"[1]。承认其文风主要受屈、宋以来迁谪文学传统和湖湘地域山川双重因素的影响,末尾的自谦遇语透露出一种在中原文化面前的自卑感,但也客观指出其乡土作家文学的山野拙朴一面。刘蜕生长于长沙,受方士气息所熏染,其古文中有些篇章专学《楚辞》,风格奇崛峻洁,《古渔父四篇》《吊屈原辞三章》是这方面的代表作,后者含《哀湘竹》《下清江》《招帝子》三篇,文中夹用兮字,辞气句读学《楚辞》,有神似者,在音节措辞上参差不齐,下字古怪,多了一份怪异的韵味。刘熙载《艺概·文概》谓刘蜕"文意欲自成一子",此三章"辞若僻而寄托未尝不远,学《楚辞》尤有深致","虽止三章,颇得《九歌》遗意"[2],很有见地,判断准确。而胡曾的近体律绝也"哀怨清楚,曲尽幽情,擢居中品不过也"[3],表明哀怨和幽情仍是其主导风格。

---

① [唐]李群玉:《进诗表》,[清]董诰等编:《全唐文》卷七九三,第3687页。
② [清]刘熙载撰,袁津琥校注:《艺概注稿》卷一《文概》,中华书局,2009年,第129页。
③ [元]辛文房撰,傅璇琮主编:《唐才子传校笺》卷八《胡曾传》,第三册第482页。

　　楚骚式的句式音顿辞藻固然标志着湖南文学悖异于主流文学的形式上的审美表征，而隐士情怀的存在则是这种背离在风格上的表现。大历中，张谓镇湖南，以旁观者的角度，看出了湖南文人隐士情结的根源。其《长沙土风碑铭》从天文、地理、物产这三方面对比做了分析，略谓"天文长沙，一星在轸，四星之侧。上为辰象，下为郡县。《遁甲》所谓沙土之地，云阳之墟，可以长往，可以隐居者焉。其山麓山，其水湘水，其畜宜鸟兽，其谷宜粳稻，厥草惟蒤兰杜若荃蘅留荑蒮车出焉，厥木惟乔椅桐桂柽贞松文梓生焉"①。位置既僻，又总是地多芳草，郁郁葱葱，烟雨冥冥，风霜凄凄，柯叶沃沃，人民耽于此中烟景与丰富物产，容易产生陶然自足的心态。南人出身寒微，非北方世族高门，仕进受挫后容易退回此中产生遁世思想，从而影响到文学创作。胡曾《剑门寄上路相公启》自称为"荜户庸人，荷衣贱子"，"失路肠回，迷邦足刖"②，依傍他人，终老无成。李群玉《进诗表》自叹"宗绪凋沦，邱山贱品；幽沉江湖，分托渔樵"③，无路可通，只好退隐湖山，自适于烟水茫茫的沅湘间，其诗多失意隐沦之叹。《雨夜呈长官》："借问陶渊明，何物号忘忧？无因一酩酊，高枕万情休。"④《大云池泛舟》："游鳞泳皎洁，洞见逍遥情。渔父一曲歌，沧浪遂知名。未知斯水上，可以濯吾缨。"⑤诗境清幽，使人感到主人公的落落寡合。《湘西寺霁夜》："雨过琉璃宫，佳兴浩清绝。松风冷晴滩，竹路踏碎月。"⑥《山中秋夕》："抱琴出南楼，气爽浮云灭。松风吹天箫，竹

---

①［宋］姚铉撰：《唐文粹》卷五四，《四部丛刊初编缩本》第 409 册，第 381 页。

②［宋］李昉等编：《文苑英华》卷六五四，第 3363 页。

③［清］董诰等编：《全唐文》卷七九三，第 3687 页。

④［清］彭定求等编：《全唐诗》卷五六八，第 6570—6571 页。

⑤［清］彭定求等编：《全唐诗》卷五六八，第 6574—6575 页。

⑥［清］彭定求等编：《全唐诗》卷五六八，第 6576 页。

路踏碎月。"① 意境的雷同固然是由于诗路之狭窄,但也说明生活环境对诗思的影响之深,在松风、竹路、碎月之下醉归,是他的隐居生活的写照。追查诗人的身世,更能体会到清冷的诗境后深蕴着失意后的无望与愤懑,他在《自澧浦东游江表途出巴丘投员外从公虞》诗中自叙:"小子书代耕,束发颇自强。艰哉水投石,壮志空摧藏。十年侣龟鱼,垂头在沅湘。"②《始忝四座奏状闻荐蒙恩授官旋进歌诗延英宣赐言怀纪事呈同馆诸公二十四韵》云:"冥默楚江畔,萧条林巷空。幽鸟事翔翥,敛翼依蒿蓬。一饭五放箸,愀然念途穷。孟门在步武,所向何由通?"③ 可见诗人钟情于乡土风情和隐士题材并非天性使然,而是对仕进无望后失意痛苦的一种消解。前面那些托兴遥深的言志诗向人们袒露,失意而归后在相对安静幽雅的环境中与酒朋诗侣唱酬往还,是无奈的选择。这种生活图景与生活道路,在晚唐湖南诗人中有普遍性。本章第一节举出的长沙诗人李涛为人称道的那些佳句,全是对隐居生活的真切表达。

　　但是过于强调地域文学对主流文学的背离、差异,文学的地域性就变得狭隘和不可理解。事实上,湖南虽环境闭锁,但不是世外桃源,且不说北方流行的唱和、题壁等创作方式为湖南作家所效法,就是各个时期流行的创作思潮,也不时影响着湖南作家的创作。刘蜕为文学韩、柳,成为韩派在咸通间的后劲,与孙樵齐名。大中、咸通以来,社会普遍喜爱骈文,讲究藻绘,成为时尚。但同时在散文创作领域,功利生义文学创作主张不断被强调。刘蜕的朋友孙樵就明确提出,为文应"上规时政,下达民病",而不能追求尖新,"取媚一

---

① [清]彭定求等编:《全唐诗》卷五六八,第6572页。
② [清]彭定求等编:《全唐诗》卷五六八,第6578页。
③ [清]彭定求等编:《全唐诗》卷五六八,第6582页。

时"①。罗隐、黄滔也发出过同样的呼声。面对万方多难的时世和腐败黑暗透顶的时政,每一个有良心有正义感的作家不能不做出回应,或痛世,或骂世,刘蜕也是代表之一,创作了不少针对性颇强的作品。其《山书》便是一组刺世嫉邪的"恚愤"短文,文中痛斥贫富不均、贵贱悬殊、君昏臣佞、诛求无度,希望草除暴政,改良政治。骚体短文《悯祷辞》痛诉京县官吏腐败,弄得民不聊生,"吏不政兮,胥为民蚕;政不绳兮,官为胥醻。彼民之不能口舌兮,为胥之缄。进不得理兮,若结若绀。阴戾阳返兮,民之不堪"②。这些揭露控诉,都是对韩、柳关心现实精神的发扬,其诗则富于现实批判精神,有受陈子昂影响的痕迹,保存在《全唐诗补编·全唐诗补逸》卷一三的刘蜕《览陈拾遗文集》,便是这种有意学习留下的痕迹,与同卷的牛峤《登陈拾遗书台览杜工部留题慨然成咏》互为映照。据前诗诗题下自注,刘蜕的诗作于东川观察判官任上,显然与任职之地有关系,因陈子昂是东川人,其故宅在东川。

在诗歌创作领域,功利主义创作主张——美刺兴比、风雅比兴被不断重提,成为重要创作倾向。这在李群玉、胡曾诗中有所体现。胡曾有《咏史诗》一百五十首,其咏史的指导思想却是当时颇为流行的"诗教"说,《四部丛刊三编》的《咏史诗序》重申了古老的诗教,谓诗者,盖美盛德之形容,刺衰政之荒怠,非徒尚绮丽瑰奇而已。故言之者无罪,读之者足以自戒,因而在题材选择上,有别于晚唐咏史诗主流作家小李杜、温、韦、许式的六朝烟水,古今兴亡,专选"古君臣争战、废兴尘迹。经览形胜,关山亭障,江海深阻,一一可赏"③,帝王将

---

①［唐］孙樵撰:《孙可之文集》卷一〇《骂僮志》,上海古籍出版社,2013年,第88—89页。

②［宋］李昉等编:《文苑英华》卷三五八,第1839页。

③［元］辛文房撰,傅璇琮主编:《唐才子传校笺》卷八《胡曾传》,第三册第482页。

相、风流文士所占的比重不大。其诗虽则讥讽古人,实欲裨补当代,庶几与大雅相近。由于立意不同,题材处理方式也不同,重在指陈"前王得失",呈现着冷峻客观的现实批判性,没有温、韦、许、李、杜那种浓厚的感伤色彩,也不"绮丽瑰琦",诗风清怨。

在李群玉那里,这种影响表现为对古体诗的偏爱。李诗今存三卷,其中古体占去一卷,篇幅则超过了三分之一,皆刻意模仿汉魏古诗,不为对偶,不谐声律。他还喜作仄韵绝句,也许仄韵清亮,适于表达隐逸题材。诗人较多地使用对比手法,诗中名物常被赋予象征意义。高古奥逸的格调、刺世愤世的倾向在徐仲雅、路洵美、李宣古的创作中,也表现出不同程度的影响,可见湖南文学与主流文学的对话始终未停止过,与时代精神是相通的。

在来本省的外地作家那里,文学地域性是次要的,共通性占主要地位。刘禹锡的《竹枝词》、柳宗元的山水游记与寓言、吕温的道州诗、元结的《欸乃曲》和众多的铭、记,无疑深深烙上了湖湘方土气味,染上了湖湘山水的秀丽清奇,从而显示出地域文学无所不在的影响。但总体上看,则与主流文学有更多的共通。他们都是从北方来的作家,进入本省以前,已经形成了成熟的风格,有自己熟悉的艺术题材与表现方式,其创作本身就是非常能够体现和代表北方文坛的流行风尚的,元结、柳宗元的散文,从题材选取、立意表达到章法结构都代表着大历以来散文创作的主导倾向和主要成就,成为时人评骘的中心和学习的榜样。刘禹锡是元和、长庆诗坛最负盛名的主流作家,与白居易、令狐楚、李德裕等名流相唱和,主导着文坛风气。他们贬居湖南后所作的众多的酬寄诗、祭文、序、书、记,都是与外地的交往,都指向具体的人事,时时刻刻是与主流文学保持联系的具体表现,其在湖南的交游对象,仍是京中及散处各地的僚友,而不是湖南作家。大历以来的时代潮流,时局的每一重要变化,无不敏感地反映到创作中。代宗上台，天下渴望安宁，元结即在永州，作《大唐中兴颂》，表明自己的态度。宪宗平刘闢，杀李锜，擒吴元济，刘禹锡即作《城西行》《平齐行》《平蔡州》，场面真切，有如亲睹。顺宗去世，即作诗哀悼。永贞、元和政坛的每一次重大变动，都被记录下来，作家心灵的脉搏时刻保持着与时代的共振，他们对政局变化天然地比湖南作家敏感，机会一旦成熟，他们仍将重归朝列。

　　然而，无论本地作家还是外地作家，共通性意义无疑体现了其创作价值所在。乡土作家积极参与主流文学的创作，外地作家自觉参与和带动乡土作家投身到文学主流的共建。在主流文学与地域文学的关系上，不是前者消解了后者的个性，淹没了后者的声音，而是彼中有我，我中有彼，共生共存。胡曾、刘蜕、李群玉等代表作家的创作表明，这种成功，并不仅仅是出于对主流的认同或趋附，而恰恰在于对主流有所疏离、悖异。无论题材处理还是创作方法上，都与主流保持一些不对应，不一致。李群玉的仄韵绝句，胡曾对咏史诗的独特处理，刘蜕讽刺短文中文辞的楚骚韵味，都显示着在对主流文学的认同中的同中之异。这种疏离的根源，还在于作家对地域文化传统和审美观照方式的自觉传承，以及相对僻远的位置和半闭锁的生存环境。正是这两点保持了唐代湖南文学的原始生命力，使之显得既古老又年轻，既熟悉又陌生。

　　湖南文学与主流文学存在共通的事例说明，任何地域文学，总不可能完全游离于时代之外。作为反映时代生活的手段，地域文学总内在地有趋近主流的要求。地域文化固有的区域特性使之呈现特殊性，文学发展的内在要求则使之趋向普遍，追求共通，只有这样才能有全民性，并被广泛接受。愈是僻远，其文学自有的文化特征就愈顽强，就愈难被主流同化；同时，再僻远的地区，其文学也恒久具有超越自身的狭隘，而走向共通的倾向，这也许就是唐代湖南文学的二重性及其关系的意义所在。

外地作家与本地作家有着不同的创作心态,本地作家往往有着更浓的山水情结。李群玉、刘蜕就十分钟情于沅湘山水,山水几乎使他们忘却了失意的痛苦。李群玉《送人隐居》诗云:"鹏鷃喻中消日月,沧浪歌里放心神。平生自有烟霞志,久欲抛身狎隐沦。"[①] 刘蜕陶然于"清江之上兮心夷犹,清江之下兮烟波浮。风软雨丝兮湘波高,云昏竹暗兮鬼神愁"[②] 的湖湘山水冥濛之美,怅怅而至于不能去。当他处于这种环境时,他是封闭的。当他走出湖南,目睹了社会上的种种丑恶不平时,他刺世嫉邪,大声疾呼,显得那样开放。因此,本地作家的心态特征是封闭中显出开放。外地作家则正好相反,他们四处游宦,视野宏通,见识宽广。只有当他们在朝市中受了挫,暂时屈居于澧、朗、郴、道、永等相对闭锁的环境时,其心态才闭锁起来,寄情山水。柳宗元居永州,日夕与猩鼯为群,魑魅为邻,深抑厌苦之思,以落拓风度达观于宇宙之表,铺叙山水奇胜,以为丰镐鄠杜,有所不及,以独造的心灵发露造化之秘,以娱其耳目,其文虽不能与永州山水争奇胜,而文气之瑰奇,境界之清幽,则古今无匹。在这种山水灵气熏染下,地域性分外鲜明。可是当他与刘禹锡一同被诏追赴阙时,他又像一个枕戈待发的战士,意态昂扬,重新找到了回归到主流的感觉。因此外地作家居湘中,是开放之中显出封闭。蔡京从京中来,"假节邕、交,道经湘口",行至浯溪,诱于山水奇秀,"俋勉不前,题篇久之,似有怅怅之意"。作诗曰:"停桡积水中,举目孤烟外。借问浯溪人,谁家有山卖?"[③] 竟欲买山卜居,终老于此,这也是开放中显得封闭的生动体现。

---

① [清]彭定求等编:《全唐诗》卷五六九,第 6600 页。

② [唐]刘蜕:《吊屈原辞三章·下清江》,[清]董诰等编:《全唐文》卷七八九,第 3663 页。

③ [唐]范摅撰,唐雯校笺:《云溪友议校笺》卷中买山谶条,第 80 页。

第八章　唐代交通的发展与文学风格的变化

我国幅员辽阔,各地区的风俗习尚差异一直比较明显。魏晋隋唐,南北东西之间的地区差异甚至十分显著,即使是文明开启的今天也难以消泯,表现出顽强的生命力。这种区域文化的差异性,是文学存在地域性的基础。然而文学毕竟是由人创造的一种艺术,人是一切自然和社会因素中最积极、最活跃的因素,人员来往不断地为打破文学地域性,促使其走向共通创造条件。所以地域文化虽有稳定的特征,但地域文学风格却并非一成不变,随着交通的开启,它与主流文学之间、诸地域文学之间都在互相融通。封闭一旦被打破,文学的地域性、差异性就会淡化,而共通性、共同点则会增强。唐代在这方面表现得特别明显,本章着重论述了交通的发展与唐代文学的内容、风格等方面的发展变化,并以南方地域文学作品——竹枝词为例,说明古代交通的发展对文学作品风格变化的影响。

第一节　交通的发展与文学地域风格的淡化

古人研究唐代文学,眼光主要集中在作家、作品上,对文学地域风格缺乏宏通的观照,只有吉光片羽式的点评。近代及民国时期学者这方面的论述很少。谭其骧先生最早注意到这个问题,他在《复旦学报》1986年第2期发表了题为《中国文化的时代差异和地区差异》的专论,指出了中国文化时代差异和地区差异在各个历史时期的不同表现、成因,后面还指出了研究这一问题有重要意义,所说发人深思,后此文收入其论文集《长水粹编》。最近三十年来,文学研究在这方面的力作,是《文学评论》1990年第2期吴承学的《江山之助——中国古代文学地域风格论初探》,作者对影响文学地域风格的主客观因素做了精到的分析,给人教益颇大。本文打算研究因唐代交通的发展而带来的唐代文学地域风格的淡化与融通这样一个问题。

一、文学地域风格的淡化

唐代文学地域风格的淡化,可以从以下两个方面看。

一是地域文化差异的淡化。文学地域风格的形成,主要取决于创作主体审美思维与情趣的地域性,而审美情趣的地域性则植根于地域文化特征,包括自然地理特征,如某地气候、温度、水土、物产、山川形势及其审美特征等,以及政治、经济、文化、社会民情等人文地理方面的特征。但是纵观先秦至隋唐的文学发展史,却分明使人感到文学地域性正在越来越快地消泯,各文化区域的地域性因各种来往的增多而日益淡化。以《诗》《骚》为代表的上古文学地域性还那样鲜明。《诗》有十五国风,所涉地区以黄河流域为主(尤其上中游),只有"周南""召南"涉及河南南阳、湖北江陵,范围不出江汉流域。一般认为,"风"诗是反映不同地方民俗风情的乐歌,与"风"诗配合的音乐,同文辞一样有明显的地域性[1]。仅黄河中上游及江汉地区产生的诗歌,风调就有如此众多的不同,可见差异之大。春秋战国

---

[1] 见褚斌杰、谭家建主编:《先秦文学史》,人民文学出版社,1998年,第77—79页。

纷争并未改变文学的地域面貌,单楚国就有"三楚",《离骚》也只反映南楚民俗,与西楚、东楚不同。《汉书·地理志下》将北方地区划分为三辅、河内、周、韩、赵燕、齐、鲁、中山等区域,南方分为楚、吴、粤等地域。秦汉时期文献称蛮、越等南方民族为"百蛮""白越"。分类颇细,分得越细,说明地区差异越大。南北朝时期,文化区域变大了,这在这一时期史书中得到鲜明的反映,《隋书·地理志》与中唐史书《通典·州郡典》开始按《禹贡》九州分别叙述,相应地,人们对文学的地域性做区分时开始按南北文化区做划分,不再将一个地区细分为多少"风"。唐初史家也只标出以"贞刚"为质素的河朔风格和以"清绮"为特征的江左风格,作者以为,"河朔""江左"可以分别代表北方与南方的文学风格,分类标准的放大说明区域差异在缩小,只是大的文化区域内部仍保持着差异。随着国家的统一,社会的发展,各地交往的加强,地域文化特征对文化的影响在减弱。

然而这其中也有区别。在现代文明开启之前,人类改造自然的能力有限,自然环境、景观的变化相当慢,高山大川,终古如斯,因而自然地理环境对文学地域性的影响显得相对恒久稳定,而人文地理诸因素却一直变动不居,其对地域性的影响也更直接、明显。诸因素在变动中也有趋同的倾向。比较一下《史记·货殖列传》《通典·州郡》《隋书·地理志》《太平寰宇记》《舆地纪胜》关于地域风俗文化的记载,可以看到一个明显的现象,即从商周到唐宋,地域社会风俗特征相近的地区越来越多,河朔、并州、灵、凉等游牧民族与农业民族交界地带的居民皆尚武,西南蛮皆鸟言夷面,荆湘诸蛮皆悍勇善斗,外人已经看不出他们有什么大的习俗不同。虽然其中关于地域风俗的记载是承袭自前代文献,是因袭旧材料而不一定均为纪实,所叙或许与作者编撰此书之时的地域风俗物产有较大差异,但至少也表明随着交往的加强,开发的加快,区域之间相近处越来越多的基本事实。唐代，全国可以根据地形、气候、土壤、物产、社会风习的不同，划分为东北、西北和北方以游牧为主的风俗文化区，以及黄河、长江流域的农耕风俗文化区。滇黔、岭南是少数民族聚居区，风俗文化自为一区域。各文化圈内，人们的生活方式、民族习性乃至民族心理方面大体相近，并各有其鲜明特征。越到中心区，交通越频繁，内部文化的差异性越小。黄河上游的关陇、中游的河洛、下游的齐兖之间的地域差别，已远不如上古时代明显，人们很难按《诗经》时代的分类标准将其细分为十五类或二十类。黄河流域的文化已被中心化、全国化，作为华夏文化的主体，向四周强力辐射，同化外族。长江流域发展偏慢，有上游的巴蜀、中游的荆楚、下游的吴越之分，但上、中、下游内部及诸流域之间的相近点越来越多，截然相异的只是各自的本质的东西。可以看到，无论是巴蜀的雄奇，还是荆楚的奇秀，抑或是吴越的明丽，都具有清丽、温润、明媚的南土特质。山明水秀、气候温和的风格自不同于北地的刚厉、粗犷、质朴。湖南及吴头楚尾的江西，由于人文地理、自然地理诸因素相近，两地文学作品风格也比较接近，尤其是山水诗。晚唐五代时，两地文人交往密切，文学风貌也相近。只是省内各地文化特征有差异，难以消除。如湖南省在唐代，分属湖南、荆南、鄂岳、黔中四个政区，这四个政区，实际上是省内四个风俗文化区，唐人的划分就照顾了各地风俗文化上的相异之处。而经过文人创作的过滤，差异又显得小些。

二是地域文学创作队伍的外地化。一方面，地域文学的作者队伍中大部分是外地人；另一方面，本地作家也外地化，其活动范围、作品的描写对象都不以本地为主，而以外地为主，这是一个问题的两个方面，反映了唐代文学因交通发达文人活动空间广阔，有全国化的趋势，宏放、开阔的文学创作格局在形成。熟悉唐代文献的人都知道，求名的文士"才游岭表，又向梁州"，今年游蜀，明年游吴，后年游京北,已经不是唐人小说里的虚构,而是现实的活写真。如果以地域文化为视角来研究唐代文学,会发现,越是边缘地区,本地作家越少,乡土文学的分量越轻,外地作家的参与越多;另一方面,越是文化中心区域,文学的纯本地成分越少,都是外地人士的共建和交融,其文士的阅历和视野也越广。从作品质量上看,地域文学的代表作也呈现着非本地化的趋势,越是交通便利的中心地区,其作品越呈现非本地化趋势,唐代陕西、山西、河南、山东、河北五省的文学作品,其地域性就远远没有边缘地区那么强。分析一下作品的作者队伍构成,会发现外地作家的作品占多数。如果按《舆地纪胜》的编排方法,将五省的"纪胜"诗逐一排比,便会得出以上结论。研究一下《纪胜》《胜览》二书四六、诗赋、碑记目的作者作品,会发现,无论扬州、鄂州、剑南还是僻远的湖南、闽中、岭南,所录诗赋、骈文、碑记的作者大都是外地人。《纪胜》官吏目、《胜览》名宦目所录的唐官大都成了当地文学的代表作家,他们却大部分不是本地人。两书人物目所录应该是著录土生土长的本地作家,可是在南方,所谓"人物"却有相当一部分是因战争灾荒、避祸而来的侨寓作家,并非当地人,仙释等门目也存在类似现象。若不计侨寓,则真正的南方本地作家更少,湖南、江西、岭南、蜀中在这方面表现比较突出。如果依次把《纪胜》诗目举出的诗按籍贯的本地与外地归类,二者之比约在五比一左右。越到有名的风景区,本地人的作品越少,《纪胜》卷六九《岳州·诗目》,"诗上"部分共录存二十一家二十七例唐诗,其中仅李群玉为本地人。《岳州·官吏目》中的李峄、张说、柳公绰、张建封、柳公绰、贾至、韩注和《人物目》中的刘长卿、王昌龄、郑谷、李频都是外地人。《纪胜》卷三〇《江州·景物目》《诗目》列出的宋之问、韦应物、来明、白居易、李白、李嘉祐、张祜、刘禹锡等十几人,都是外地人。江西除袁州、江州举出的本地作家稍多外,其余庐、吉、虔、赣、信五州,外地作家占绝对优势。类似例子极多。本地作家不以本地山川风土为主要描写对象，在唐代很常见。除了不乐仕进，性好隐逸遁于一方的作家，因生活面狭窄而所涉地区有限外，其余都东西南北，不专于一地。像欧阳詹、其子欧阳澥以及周匡物，都来自偏僻的闽中地区，可是他们一生客走天涯，甚至客死他乡，欧阳澥就病死于蜀中。即使像蜀中这样的盆地环境，其文人如前期的陈子昂、李白、苏涣，后期的符载、雍陶、薛能，都不以巴蜀为主要描写对象，他们自踏上游宦之途以后，就以天下为家，"乐不思蜀"，甚至回去得很少，主要与外地作家交游，毫无盆地心态、盆地意识。可以说"一生好入名山游"是唐文人的共性，不管第及与否，身份地位高低都是如此。《太平广记》卷四〇《许碏》载其"少为进士，累举不第，晚学道于王屋山。周游五岳名山洞府，后从峨眉山经两京，复自襄汴，来抵江淮。茅山、天台、四明、仙都、委羽、武夷、霍桐、罗浮，无不遍历"[1]。所到之处，皆于峭壁题名题诗，笔踪神异，使得后人特别仰慕。这类人在唐代不在少数，唐人这种以天下为家、四处游宦旅寓的生活方式，是突破文学地域性的最重要基础。

二、作家风格的强化

文学地域风格的淡化与作家个人风格的强化是有因果关系的，因为地域风格的淡化意味着参与创作的外地作家增多，作家有了更多机会吸纳各地风土气味，为自己的创作提供艺术营养，纠正自己的审美偏向，使风格趋于健全、鲜明。当然，从道理上说，自然地理环境诸因素对作家风格的影响更大，更直接，因为它不但影响人的体质，也影响人的气质、感觉、情绪、意志乃至个性。《淮南子·墬形训》直接说出了这种对应关系，认为"轻土多利，重土多迟。清水音小，

---

① [宋]李昉等编:《太平广记》卷四〇引《续神仙传》,第255页。

浊水音大。湍水人轻,迟水人重。中土多圣人。皆象其气,皆应其
类……是故坚土人刚,弱土人肥,垆土人大,沙土人细,息土人美,耗
土人丑"①。指出各地人民的体貌、音声、品性之异,取决于居住地的
土地山川性质,认为环境塑造人的形貌气质。但同样不应忽视,只有
当一个人生于斯长于斯,或虽非生长于斯,但至少在该地生活过较长
时间时,他才会真切细微地感受到山川风土的神韵,受到潜移默化的
影响。

　　然而唐文人的生活方式却决定了地域文化的这些特征不可能对
他们影响特别深远,而极有可能特别广泛。贬谪、为官、游幕、奉使、
下第客游,一个作家到过全国十几个地方是常事,大部分情况下在一
地待的时间不太长,三年五载、一年半载、一月二月、短暂停留都有,
像刘禹锡那样在南方三州待过二十三年的作家毕竟极少见,若非政
府诏令规定"不与量移",强制他居此地,则他决不会长期在一个地
方不动。因此,基本情况是很少有文人终生困守一地,地域文化视野
被打破,界限正在消泯,作家社会阅历相当丰富,对自然景观的感悟
力、表现力比较强。南方文人也常常在下第后塞游,领略雄阔的北地
风光。唐后期的边塞游历诗,作者反而不是本地人,而是外地人,其
中来自江西、吴越的文士居多。反之,北方的文士在下第或铨选落选
之后,也以南方为主要趋向,有更多的机会饱览南方的秀色,从而大
大丰富其审美感受,扩大其见闻阅历。但是,除极少数作家外,他们
对地域风俗文化的感知是零散的,局部的,表象的,主要在于写形貌,
而不是状气质。一方水土的精神气息作为内在的东西,过路者或寓
居者短期内是难以获取的,所以也就不能构成他们作品的灵魂,他们

---

① 刘文典撰,冯逸、乔华点校:《淮南鸿烈集解》卷四,中华书局,1989 年,第 141—
　142 页。

的作品像一个五彩斑斓的万花筒,杂有五方风土,但哪一方都难以得其神髓。如果研究某地的地域文学风貌,你必须把所有与该地相关的诗文一一拼合,才能拼成一幅粗具规模的图景,单个地看则形形色色,散落在各种题材中,选择到的诗例只能从某个角度反映诗人对地域文化的感知。仍以岳州为例。唐人岳州诗按照作者籍贯来历,可以区分为三部分:一是外地作家的作品,涉及面很广,他们多集中笔墨模山范水,表现大自然,一看就知道是过路人的作品,对当地风俗如人民穿着服饰、言语民居及生活习俗的表现较少,因为要捕捉这些题材不那么容易;二是经过岳州,上下长江、湘江的文人,其作品多叙交游,纪行旅风景,这些浮光掠影之作,不可能把握到地域文化的神髓;三是当地作家,只有他们才真正做到了这一点。任鹄、李密思、李群玉等本土作家,其诗总有一股不同于其他诗文的韵味,原因就在于此。另外张说在岳州待过三年,看过当地的龙舟竞渡,熟悉当地的动植物种类,了解当地气候变化、物候特点,其《岳州观竞渡》《岳州作》《岳州行郡竹篱》《岳州城西》《岳州山城》《岳州晚景》《岳州夜坐》等诗,从多个方面写岳州,颇能传其神,当地人读了也首肯。

　　这说明要写出形神俱备、元气淋漓的地域文学作品,在游荡不定的生活方式占主流的唐代是很难的。但这并不妨碍作家得江山之助,不影响作品内涵的丰富性和作家风格的健全,只要比较一下初唐与盛唐作品就可以知道。初唐九十多年,文馆学士、文学侍从主导了文坛,他们宫廷生活经验丰富,但无差别,因此其唱和应制诗也风格近似,内容雷同,难以分辨,缺乏个性。开元以来,许多寒士通过自己的努力进入政坛,创作队伍构成发生了变化。但更多的寒士身无门第资历官品可恃,无缘进入朝廷上层,只好长期飘寓。政坛风波十分险恶,人主喜怒无常,得以及第入仕者也难以久处朝列,经常会因为频繁的政坛变故而致身蹉跌。僧虚中《送迁客》:"倏忽堕鹓行,天南去路长。片言曾不诏,获罪亦何伤。"①告诉人们,以片言获罪的在唐代很普遍。入仕官员常难以掌握自己的命运,经常性的变化使命运充满变数,不可逆料。白居易《岁暮寄微之三首》其三甚至说在官场周旋之士"若不九重中掌事,即须千里外抛身"②。另一诗人柳曾将唐代社会那些努力往上爬的名利之徒比喻为险竿儿,其《险竿行》专门揭发这批人的丑态,云:"山险惊摧辀,水险能覆舟。奈何平地不肯立,走上百尺高竿头。……始以险技悦君目,终以贪心媚君禄。百尺高竿百度缘,一足参差一家哭。险竿儿,听我语,更有险徒险于汝。重于权者失君恩,落向天涯海边去。险竿儿,尔须知,险途欲往尔可思。上得不下下不得,我谓此辈险于险竿儿。"③用比兴手法揭出了唐代文官贪利贪名、流贬不断的时代共相及其制度根源。频繁的迁谪量移使得唐文人出入殊俗,周旋江海,对生命的体验异常丰富。许多人南迁北返,东移西徙,到处为官奉使,在两京及扬、洪、荆、鄂、山剑等地,与知交一番相聚后,又各奔东西,一次又一次的聚散离合使得他们的情感大起大落。饱经风霜后,部分人客死他乡,部分人归隐山林,部分人回朝,重登台省。唐朝的科举、命官、开幕、置府、遣使、贬谪等政治文化政策像一只只巨手,不停地把他们推向各地,功名富贵的巨大诱惑力却又一次次地把他们聚拢。中晚唐寒士阶级固然在政坛占据了相当席位,从而说明个人奋斗取得一定程度的成功,然而更多的是失败。唐朝一日不亡,这种令人心酸的聚散离合就时刻在不停地上演。这对他们个人的命运来说是不幸的,对文学创作却是大幸。作家的社会阅历从没有像这样广泛,审美感悟力从未如此强。

①［清］彭定求等编:《全唐诗》卷八四八,第 9606 页。
②［唐］白居易著,顾学颉校点:《白居易集》卷二四《岁暮寄微之三首》其三,第 540 页。
③［清］彭定求等编:《全唐诗》卷七七六,第 8793—8794 页。

各地的山水、民情、风俗、物产丰富着作品的思想内涵,内化为作家风格的一个个侧面。这主要体现在以下两个方面。

首先,游历利于培养奋发扬厉之气,养成壮逸之气。清人宋湘《黔阳江上》指出:"诗不发扬因地小。"长期生活在狭小空间,作品气局必小。司马迁周行天下,"周览四海名山大川,与燕、赵间豪俊交游,故其文疏荡,颇有奇气"①。在唐代,这样的例子俯拾即是。诗人常建,由于长期隐居林下,"其旨远,其兴僻"②。胡应麟甚至说他"语极幽玄,读之使人泠然如出尘表,然过此则鬼语矣"③。同时诗人储光羲诗也有这种清幽玄妙气息。这种风格与兴趣显然是他在长期的南方生活中养成的。然而一朝出塞,诗风一变,其《吊王将军墓》《塞下曲》诗风朗健。其《塞下曲四首》其二:"北海阴风动地来,明君祠上望龙堆。髑髅皆是长城卒,日暮沙场飞作灰。"其三:"龙斗雌雄势已分,山崩鬼哭恨将军。黄河直北千余里,冤气苍茫成黑云。"④善于概括,境界开阔,气韵沉雄,情怀慷慨,景致中还含有理性沉思。正是亲睹了壮阔的塞上风景,其胸襟才开阔起来,作品的气象也变得宏大。祖咏的经历也与常建相似,其《长乐驿留别卢象裴总》《终南望余雪》风格隽秀,韵味悠长。然而其《望蓟门》却豪爽明快,壮气飞动。开篇"燕台一望客心惊,箫鼓喧喧汉将营"⑤已道出诗风转变的原因在于游燕台,感觉到边地的"杀气""虏气",下面两联出现了寒光、积

---

① [宋]苏辙著,陈宏天、高秀芳点校:《苏辙集》卷二二《上枢密韩太尉书》,中华书局,1990年,第381页。

② [唐]殷璠撰:《河岳英灵集》卷上,傅璇琮等编:《唐人选唐诗新编》(增订本),中华书局,2014年,第165页。

③ [明]胡应麟撰:《诗薮·内编》卷二,第36页。

④ [清]彭定求等编:《全唐诗》卷一四四,第1463—1464页。

⑤ [清]彭定求等编:《全唐诗》卷一三一,第1336页。

雪、曙色、危旌、烽火、云山等壮大物象,正是这些极富阳刚之美的物象使"客心惊",感发出奋厉之气。汴州诗人崔颢长期在吴越、荆鄂旅寓,其诗有南土的明艳素净,尤长于妇女题材,组诗《长干曲四首》写水乡美女、船家生活与爱情,有民歌风味。自从他游历了东北边塞后,为诗就"忽变常体,风骨凛然,一窥塞垣,说尽戎旅",其中风格遒劲者,可与鲍照、江淹比肩①。其《赠王威古》活绘出边地军民集体射猎的生活图景,富有游牧生活气息。《古游侠呈军中诸将》写边地侠客形象,颇能传其神。诗题是古游侠,刻画的却是一个英迈刚健的胡汉混血儿形象,不类古游侠,却极似幽并一带尚武的胡人。马戴本是江苏曲阳人,熟悉吴越风光,其《落日怅望》《夕次淮口》格调闲远。后来他佐大同军幕,有过几年北塞军旅生活,诗歌格调变得壮丽。《夕发邠宁寄从弟》《边城独望》《出塞词》《塞下曲二首》雄壮昂扬,在诗史上被目为晚唐而似盛唐者。自从他贬朗州后,诗风又变,《夜下湘中》《楚江怀古》《湘川吊舜》等诗,竟染上了湖湘山水的清丽柔婉,游历三地,诗风三变。江西诗人善写河朔风景,吴越文士善状关中山川,河南士人工于巴山楚水,游历总是不断丰富着诗人的风格。游历既可以补知识见闻之不足,又能改变人的天资习性、审美倾向,使秀媚者不至于过于软媚,豪雄者不至于过于粗粝。

其次,不同的地域文化景观可以促进作家风格的个性化。作家生活环境的转换,为诗风的转换、内容的多样化提供了可能。对于那些既阅历丰富,又敏于感悟、长于表现者来说尤其是这样。卢照邻显庆中出使天山弱水,作《陇头水》《关山月》《上之回》,铿然有金戈铁马之音。后来他又三次入蜀,感于蜀地风景、人事,有《相如琴

---

① [唐]殷璠撰:《河岳英灵集》卷下,傅璇琮等编:《唐人选唐诗新编》(增订本),第219页。

台》《文翁讲堂》《十五夜观灯》等作，较早地描述了巴蜀景观。其自蜀还秦，作《入秦川界》，诗云："陇坂长无极，苍山望不穷。石径萦疑断，回流映似空。花开绿野雾，莺啭紫岩风。春芳勿遽尽，留赏故人同。"①诗境与秦川的雄丽之质相应。几经锻炼，终于建立了自己的独特风格。李峤尝安辑岭表，到过邕、严二州，又尝奉使朔方，其《奉使筑朔方六州城率尔而作》颇能状出朔方之地苍茫悲慨的"大荒"之气。使蜀途中写成的《早发苦竹馆》却很细腻，以传神的笔触描绘蜀道的奇险，诗中烟雾蒙蒙，猿鸣鸟集，山路萦转，境界逼真。张说尝贬居岳州三年，宋祁和计有功都说，这段生活对文学创作的好处是带来诗风的转变和诗境的拓展，使得其"诗益凄婉，人谓得江山助云"②。北归后他出入中外，历镇朔方、幽州、太原，熟知边地风情，其《幽州夜饮》《幽州新岁作》颇能写出东北边疆的民俗风情。此前尝两次出使蜀中，其纪行诗是较早描写褒斜道风景的作品之一。然而李峤、张说笔下的边塞与蜀路各有特色，并不雷同。王昌龄的诗歌内容也变化大，他尝两度出塞，东北、西北边疆都游历过。任江宁县丞那几年，使他领略了吴越风光。后自江宁丞贬龙标尉，又尝谪居岭外，所以他的诗中既有塞外的奇壮与苍莽，又有"荷叶罗裙一色裁，芙蓉向脸两边开"③式的细腻柔婉明丽，清水芙蓉的画面，荷叶罗裙的羞涩少女写活了吴越风情，《龙标野宴》《箜篌引》及贬岭南途中诸诗则染上了沅湘、岭南山水的清奇。李益是位社会风俗画的高手，他的边塞诗是最能"说尽戎旅"之作，然而他关于楚越风情的作品丝毫也不

① ［唐］卢照邻著，祝尚书笺注：《卢照邻集笺注》卷二，第110页。
② 详见［宋］欧阳修、宋祁撰：《新唐书》卷一二五《张说传》，第4410页。参见《唐诗纪事》卷一四《张说》。
③ ［唐］王昌龄：《采莲曲二首》其二，［清］彭定求等编：《全唐诗》卷一四三，第1444页。

逊色于张籍、王建,其《汴河曲》《莲塘驿》与王建的诗风格接近,整个唐代,描写汴河民俗风情最成功的就是他们两位。李益曾南游扬州,其扬州诗共六首,李廷先《唐代扬州史考》认为首首俱佳,是唐代扬州诗中的上乘之作。

社会生活是创作的源泉。白居易《题浔阳楼》云:"大江寒见底,匡山青倚天。深夜溢浦月,平旦炉峰烟。清辉与灵气,日夕供文篇。"① 大自然的奇丽风光为文学创作提供了取之不尽用之不竭的养料。自然环境与生活阅历为作家的风格个性化准备了前提,他们总竭力表现自然界的种种美,总是力图使自己的文笔能传其神,而不是得其形。这时,"养气"很重要,自然景观和地域风情给作家灌注逸气、壮气、秀气、清气,阴柔与阳刚之气相互作用,促使诗人艺术思维更加活跃灵动,通过潜心观照,求得心物相应,传神写照。从诗学原理上说,由自然、社会的美到作品的地域风情之美,是一个艺术转换过程,这一过程,依赵昌平先生所说,就是诗人由"原初朦胧直觉中的潜在意念伴随着精选的物象而逐渐趋向意旨化"的取境过程,到"片断的景象在图画中是平面地展开,而以意韵为灵魂"的组合过程,此时"诗人不断以自己的个性感知着背景因素,并在动态的过程中对之做个性化的建构而积淀于意识深处"②。这就是说,生活经历只是一个背景因素,影响着诗人的取境与诗人的意境,境界的大小、性状。"意兴""个性化建构"是指作家的个性化处理,生活实境对意境虽有启发作用,但作品会因作家个性的不同而呈现出不同的风调,因此,生活经历既能使风格多样化,又能使之个性化,这都是强化的表现。

---

① [清]彭定求等编:《全唐诗》卷四三〇,第 4740 页。
② 赵昌平著:《赵昌平自选集·自序》,广西师范大学出版社,1997 年,第 6—7 页。

第二节　唐代南方水路交通与竹枝、
巴歌的流播

——地域文化影响文学创作的一个范例

　　竹枝、巴歌是带有浓郁地域文化特征的一种民间文艺样式,它的研究历来很受重视。姑且不说元明清人的零星评论,单是近代以来就成果累累,刘毓盘、夏承焘、萧涤非、王运熙、王小盾诸先生都做出了贡献。任半塘先生《唐声诗》的竹枝《杂考》堪称集大成之作,该文系统梳理了竹枝的起源与发展,解决了一些关键问题,将其在唐代的发展分为三个阶段,提出了竹枝分“精唱”与“野唱”的独到见解,极富开创性和启发性。但竹枝、巴歌流播面遍及整个南方,它是通过什么途径和路线传播的? 其传播过程怎样? 各地区竹枝、巴歌是风调相近还是有所区别? 这些问题,如果从交通与文学角度入手,或许能获解。无论竹枝、巴歌还是荆歌,都不产生于唐代,但其著有声名,对文学创作发生显著影响,则是唐代才有的事,发生影响的媒介正是交通。因此,结合唐文人的行旅宦游研究它的传播,它的不同地域文化特征,并进而研究其“从露天踏歌到华筵独唱”(任半塘语)的具体过程,揭示交通在其雅化过程中作用,就不是毫无意义的。

　　一、竹枝、巴歌的传播路线、方向、区域

　　竹枝是长江上游久已存在的古老民歌,其传播主要靠长江水路。它最初流行的地区不仅仅是任半塘先生所说的巴南地区,而是巴东、巴西、巴南整个三巴地区。《蜀中广记》卷五七云：“夫竹枝者,闾阎之细响,风俗之大端也,四方莫盛于蜀,蜀尤盛于夔……《万州图经》云：正月七日乡市,士女渡江南,蛾眉碛上作鸡子卜,击小鼓,唱竹枝歌。《开州志》云：俗重田神,男女皆唱竹枝。《巫山志》云：琵琶峰下女子,皆善吹笛。嫁时,群女子治具吹笛,唱竹枝词送之,则夔俗比比如是矣。"①《蜀中广记》卷二二引本条后段,云出《水经注》,今本无此文。据此,则齐梁以前巴东峡江地区就有竹枝,伴奏用笛。白居易《听芦管》:"幽咽新芦管,凄凉古竹枝。似临猿峡唱,疑在雁门吹。调为高多切,声缘小乍迟。……云水巴南客,风沙陇上儿。"② 此乃白氏忠州诗,"古竹枝"云云,是说先唐时期巴南即有竹枝,音调凄凉。然则竹枝、巴歌最流行的地区还是巴东,包括整个长江三峡乃至峡江以东的朗州,为其主要区域。刘禹锡《竹枝词九首并引》谓夔、峡等州,"里中儿联歌竹枝,吹短笛,击鼓以赴节。歌者扬袂睢舞,以曲多为贤……昔屈原居沅湘间,其民迎神,词多鄙陋,乃为作《九歌》,到于今,荆楚歌舞之"③。夔峡—朗澧—荆楚,自上而下流播。李涉《岳阳别张祜》:"巫峡洞庭千里余,蛮陬水国何亲疏。"④ 此诗提示人们,荆、澧、朗、峡、夔、忠、万、归等州乃至岳州,属于同一风俗文化区域,其民"蛮俗好巫,每淫祠鼓舞,必歌俚辞"⑤。司空曙《送夔州班使君》:"晓樯争市隘,夜鼓祭神多。"⑥ 许棠《寄黔南李校书》:"公筵饶越味,俗土尚巴歌。"⑦ 俗尚巴歌的地域文化氛围是竹枝流行的沃土。从地域环境说,都是南方蛮族聚居之地,诸州又同为"水国",习俗相近,交通便利,来往密切,方方面面都为这种民歌的流播提供了方便,因此,唐荆南节度辖区八州是古竹枝的发源地。经常化的宗祀迷信活动提高了歌曲

---

① 此据文渊阁四库全书本。
② [清]彭定求等编:《全唐诗》卷四六二,第 5254 页。
③ [清]彭定求等编:《全唐诗》卷三六五,第 4112 页。
④ [清]彭定求等编:《全唐诗》卷四七七,第 5427 页。
⑤ [后晋]刘昫等撰:《旧唐书》卷一六〇《刘禹锡传》,第 4210 页。
⑥ [清]彭定求等编:《全唐诗》卷二九二,第 3310 页。
⑦ [清]彭定求等编:《全唐诗》卷六〇三,第 6965 页。

的使用频率,也促进了歌词的孕育。结合文献记载,再结合唐代南方水路交通大势,可知竹枝在先唐的传播路线,大致分为两路:一路自巴中合州到巴东的通、万、夔、峡,再扩展到荆、鄂地区,沿长江干道自西向东传播;一路在荆鄂地区,沿着沅湘水路,转向湘南、粤北传播。

唐代沿着这个趋势继续发展,一路自西向东,路线为荆南—鄂岳—江饶—苏、杭、润、湖、扬等吴越地区;一路在江汉地区自北向南,由长江中游向湘南、岭南渗透,发端点是湖南、江西两省北境的两个T形水系。西边的T形水系以岳州、朗州为结合部,溯湘、资、沅、澧四水,传至岭外,走向为江陵—朗岳—潭衡—郴道—武水桂水地区,其覆盖范围包括了荆南、鄂岳、潭州、桂管四镇。东边的T形水系以江、饶二州为绾结点,循赣水向南传播,路线是江饶—洪吉—虔韶。

唐以前,竹枝、巴歌已在自生自灭的天然状态中生存了好几百年。元和、长庆以来,经过唐文人的雅化,它才过渡到有固定唱词的阶段。如同它的文词有野唱、精唱之分一样,其传播也相应地分为两个层次:一个层次是民间的,其传播主体由上下长江的船夫、舟子、拉船的纤夫、商客等经常上江下峡的人士,和客居在外的巴儿、巴童等青少年组成,这些常年流动人口,在竹枝流播过程中起了关键作用;另一个层次则由南迁北返、东移西徙的刺史、使客、州郡僚佐、迁客流人及下第漫游的文士组成。在长期的南方水上行旅生活中,他们通过的不同方式,同南方人民打交道。在夜泊时、航行中以及市镇生活中,多次听到南人唱巴歌,歌竹枝。这种雅俗文化层的交往在中晚唐达到了高潮,文人着迷于它那奇特的声调、楚俗的韵味,模仿它的韵调,填写曲词,交给声伎习唱,用于种种社交场合。正是通过奔走江湖的唐文人之手,它们才逐渐走上雅化之路,变得精致、规范,结束了有声腔无固定唱词或歌词鄙陋的阶段。同时,部分交通闭塞地区的竹枝仍处于未加工的状态,十分朴拙。由于交通闭塞,有声无词,宋以后渐渐湮没无闻。以下试对上述两条传播路线、两个传播层次予以简要说明。

从东西方向看,传播得力于长江江航。长江头的巴蜀和长江尾的吴越、中游的鄂岳江西之间,官私商旅特别发达,从事珠宝、茶叶、鱼盐及其他地方特产贩运的商客长年不断,成都—江陵—江州—苏、杭、扬州,成为各地商旅物资的聚散中心。商客旅泊得最多的地方,也是文士最经常的聚散之所。沿江流域农耕不太发达,商业却繁荣,张九龄《候使登石头驿楼作》:"万井缘津渚,千艘咽渡头。渔商多末事,耕稼少良畴。"[①] 耿沣《发绵津驿》:"杳杳短亭分水陆,隆隆远鼓集渔商。"[②] 这是写江西洪州、吉州地区水边乡镇的集市贸易情景:沿江盐井万口,渡口泊船千艘,其物资定期集市。张籍《江南行》云"江村亥日长为市"[③],即每月以亥日为市,开市时击鼓为号。这是地方商贸图景,另有长途贩运。早在盛中唐之际,由于客商众多,长江上就出现了"舟航恶少年",专劫行旅,唐人笔记小说不时提到沿江劫杀商旅的"江贼",杜甫《滟滪》诗有"舟人渔子歌回首,估客胡商泪满襟。寄语舟航恶年少,休翻盐井掷黄金"之句[④],抢劫过路商人的鱼盐,在船上聚赌,这就是他们的生活图景。中晚唐,南方不少地方经济发展起来了,南北贸易也随之增加。江淮地区交通便利的地方形成了"草市",据杜牧《樊川文集》卷八《上李太尉论江贼书》及李德裕《会昌一品集》卷一二《请淮南等五道置游弈船状》,文宗、武宗朝以来,自荆襄鄂岳至江南淮南宣润,活跃着多支专劫茶盐鱼商的"劫江贼",专门攻击江淮沿线草市及江航商客,"沉舟灭迹""婴孩不

---

① [清]彭定求等编:《全唐诗》卷四九,第 604 页。

② [清]彭定求等编:《全唐诗》卷二六九,第 2999 页。

③ [清]彭定求等编:《全唐诗》卷三八二,第 4288 页。

④ [唐]杜甫著,[清]仇兆鳌注:《杜诗详注》卷一九,第 1650 页。

留"，威胁到江淮赋税国用根本，成为晚唐江航的心腹大患。会昌时，其活动达到了高峰，州郡无力对付，池州刺史杜牧上书李德裕，乃下诏于淮南等五道置游弈船实施联防。杜牧上书称，其时长江五千里，来往百万人，商队连绵。彭蠡湖一带，常有商船百数，在游弈船保护下航行，可知长江商旅之盛。客商主要来自几个地区：一是长江上游的巴东、巴南便近长江区，李白《江上寄巴东故人》："瞿塘饶贾客，音信莫令稀。"① 杨巨源《大堤曲》："巴东商侣挂帆多，自传芳酒浣红袖。"② 这是写来自巴蜀或出入巴蜀的商船；二是襄阳、鄂州、江西；三是下游的吴越地区。张籍《贾客乐》："金陵向西贾客多，船中生长乐风波。欲发移船近江口，船头祭神各浇酒。停杯共说远行期，入蜀经蛮谁别离。……年年逐利西复东，姓名不在县籍中。农夫税多长辛苦，弃业长为贩宝翁。"③ 提到为了逃避苛酷的租税，江南地区许多人弃农经商，从事长途贩运，逐利谋生，入蜀经蛮，西而复东，商人、船夫晓行夜宿，长期在长江—运河间来往。航行或泊船之际，常常唱些船歌、渔歌解闷遣愁，用的是他们本乡本土的民歌调子，一般每曲四句，唱词随时变化，内容粗俗鄙俚，能唱者多来自夔峡忠万澧朗鄂岳地区，用的是"夷音蛮语"，音调高亢清亮，韵味悠长，听起来怪怪的，北方来的文人对此特别着迷，他们常为听不懂曲词而犯愁，听了这种抒情的调子也起客愁。皇甫松《浪淘沙二首》其二："蛮歌豆蔻北人愁，松雨蒲风野艇秋。"④ 这位船民在小艇上唱歌，文士听了印象很深，故

---

① ［清］彭定求等编：《全唐诗》卷一七三，第 1775—1776 页。

② ［清］彭定求等编：《全唐诗》卷三三三，第 3716 页。

③ ［清］彭定求等编：《全唐诗》卷三八二，第 4287 页。

④ ［清］彭定求等编：《全唐诗》卷三六九，第 4154 页。此诗《乐府诗集》卷八二、《万首唐人绝句》卷四三作皇甫松诗，是。《全唐诗》卷二五〇误收作皇甫冉诗。

记载下来。最常见的唱歌地点在峡江,崔涂《夷陵夜泊》:"家依楚塞穷秋别,身逐孤舟万里行。一曲巴歌半江月,便应消得二毛生。"① 李涉《秋夜题夷陵水馆》:"凝碧初高海气秋,桂轮斜落到江楼。三更浦上巴歌歇,山影沉沉水不流。"② 王周《再经秭归二首》其二:"独有凄清难改处,月明闻唱竹枝歌。"③ 白居易《竹枝词四首》其一:"唱到竹枝声咽处,寒猿暗鸟一时啼。"④ 从这些诗看,峡江一带竹枝最盛,音调凄清感人,成群的船夫商客夜唱竹枝,对月高歌,声动岩谷,听者泪下。峡江以下,汉江襄阳一带竹枝成为渔歌。韩偓《汉江行次》:"牧笛自由随草远,渔歌得意扣舷归。"⑤ 这是汉江渔夫扣舷而唱。蒋吉《闻歌竹枝》:"巡堤听唱竹枝词,正是月高风静时。独向东南人不会,弟兄俱在楚江湄。"⑥ 这是江面上夜航者在唱竹枝。白居易《竹枝词四首》其四:"江畔谁人唱竹枝,前声断咽后声迟。"⑦ 这是诗人自江州赴任忠州时在巴东江面上听到舟子在唱。

　　文士们在江行时对竹枝的种种唱法有所了解,有时是江航独唱,如白诗所说的讲究唱法的变化,"前声断曳后声迟",即在运气吐词时每句前几个字发音压抑、斩截,收调时迟缓,延长许多拍。前引李涉诗"三更浦上巴歌歇"是船夫齐唱,唱得"山影沉沉水不流",放船出航时也齐唱。《太平寰宇记》卷一三七开州风俗记载,巴之风俗皆重田神,春则刻木虔祈,冬则用牲解赛邪巫,击鼓以为淫祀,男女皆唱竹

①［清］彭定求等编:《全唐诗》卷六七九,第 7783 页。
②［清］彭定求等编:《全唐诗》卷四七七,第 5434 页。
③［清］彭定求等编:《全唐诗》卷七六五,第 8678 页。
④［清］彭定求等编:《全唐诗》卷四四一,第 4922 页。
⑤［清］彭定求等编:《全唐诗》卷六八一,第 7813 页。
⑥［清］彭定求等编:《全唐诗》卷七一一,第 8755 页。
⑦［清］彭定求等编:《全唐诗》卷四四一,第 4922 页。

枝。这是清唱。卷一四九万州风俗载,万州正月七日乡市,士女渡江南娥眉碛上作鸡子卜,击小鼓,唱竹枝歌,这则是以乐器伴唱。无论何种唱法,都音声嘹亮,但吐词含糊不清,纯用本音。柳宗元《渔翁》:"烟销日出不见人,欸乃一声山水绿。"① 元结《欸乃曲五首》其三:"停桡静听曲中意,好是云山韶濩音。"② 皆谓其音清亮,曲调流畅,词意却颇费猜测。渔夫有时荡桨扣舷而歌,自度节拍。刘禹锡《洞庭秋月行》:"荡桨巴童歌竹枝,连樯估客吹羌笛。"③ 韩愈《湘中》:"萍藻满盘无处奠,空闻渔父扣舷歌。"④ 有的是脚踏地而歌,如刘禹锡《阳山庙观赛神》:"日落风生庙门外,几人连蹋竹歌还。"⑤

　　上面所说都是野唱,不经常用伴奏,唱词随口编成,不固定,随意性大,适应面广。只有在文人宴会或祭祀婚丧仪式上才以乐声伴奏,刘禹锡《竹枝词九首并引》就说夔州民祭祀时,"里中儿联歌竹枝,吹短笛击鼓以赴节"⑥。齐唱方式应用得比较普遍,不但常见于仪式上,其他时候也常见。顾况《早春思归有唱竹枝歌者坐中下泪》:"渺渺春生楚水波,楚人齐唱竹枝歌。"⑦ 白居易《竹枝词四首》其二:"蛮儿巴女齐声唱,愁杀江楼病使君。"⑧ 有时是对唱,刘禹锡《堤上行三首》其二:"江南江北望烟波,入夜行人相应歌。"⑨ 唐文人很注意模仿学习这些歌唱方式,尉迟偓《中朝故事》载,懿宗朝,刘瞻贬驩州司户,

---

① [清]彭定求等编:《全唐诗》卷三五三,第 3957 页。
② [唐]元结著,孙望校:《元次山集》卷三,第 47 页。
③ [清]彭定求等编:《全唐诗》卷三五六,第 3996 页。
④ [清]彭定求等编:《全唐诗》卷三四三,第 3841 页。
⑤ [清]彭定求等编:《全唐诗》卷三五九,第 4057 页。
⑥ [清]彭定求等编:《全唐诗》卷三六五,第 4112 页。
⑦ [清]彭定求等编:《全唐诗》卷二六七,第 2971 页。
⑧ [清]彭定求等编:《全唐诗》卷四四一,第 4922 页。
⑨ [清]彭定求等编:《全唐诗》卷三六五,第 4111 页。

期间学会了竹枝,歌唱节拍都会。僖宗上台,刘瞻复登大用,自骦州召还,行至潭州,时李庾典郡潭州,兼湖南观察使,闻而"出迎于江次竹牌亭,置酒,瞻唱竹枝词送李庾:'蹑履过沟竹枝恨渠深女儿。'庾慑怒"①。刘瞻演唱时用了和声,且会用南方方言,踏节而歌,能自度曲词,李庾则一点也不会,因为他刚到任不久。

　　唐中后期,竹枝自巴东传至江西地区。白居易《曲江感秋二首》其一:"元和二年秋,我年三十七。长庆二年秋,我年五十一。中间十四年,六年居遣黜。……夜听竹枝愁,秋看灩堆没。"②记叙江州夜听竹枝。《江楼偶宴赠同座》:"望湖凭槛久,待月放杯迟。江果尝卢橘,山歌听竹枝。"③诗中的湖即彭蠡湖,江楼即江州江楼,所写的是江州竹枝,山民会唱,故曰山歌。其来源则是江陵、荆州地区。其《江州赴忠州至江陵已来舟中示舍弟五十韵》:"亥市鱼盐聚,神林鼓笛鸣。壶浆椒叶气,歌曲竹枝声。"④记载江陵至江州亥日集市,开市时吹笛击鼓齐唱竹枝的情况。上下通航,就流传至此。

　　通过歌妓、船夫的演唱,竹枝还流传至闽中、吴越。李涉《竹枝词》四首其四:"十二峰头月欲低,空聆滩上子规啼。孤舟一夜东归客,泣向东风忆建溪。"⑤诗中的"东归客"是建州客商,闻巴歌而起乡思,深受巴歌影响。方干《赠赵崇侍御》:"却教鹦鹉呼桃叶,使遣婵娟唱竹枝。"⑥张籍《江南行》:"长干午日沽春酒,高高酒旗悬江口。娼楼两岸临水栅,夜唱竹枝留北客。"⑦杜牧《见刘秀才与池州妓

①《唐五代笔记小说大观》下册,第1783页。
②[清]彭定求等编:《全唐诗》卷四三四,第4808页。
③[清]彭定求等编:《全唐诗》卷四三八,第4874页。
④[清]彭定求等编:《全唐诗》卷四四〇,第4913页。
⑤[清]彭定求等编:《全唐诗》卷四七七,第5429页。
⑥[清]彭定求等编:《全唐诗》卷六五三,第7498页。
⑦[清]彭定求等编:《全唐诗》卷三八二,第4288—4289页。

别》:"远风南浦万重波,未似生离别恨多。楚管能吹柳花怨,吴姬争唱竹枝歌。"[①] 三首诗都是写吴越歌妓会唱竹枝,以习唱竹枝为技能,她们是从商客、船夫那里学来的。长干在江宁,属润州,池、润二州皆在江东。黄庭坚有句曰:"竹枝歌是去思谣。"宋史容注曰:"山谷尝云:竹枝歌本出三巴,其流在湖湘耳。"[②] 湖南既是支流,江西、吴越更是流亚。

竹枝的流传,大体沿着精唱、野唱两个方向发展。"吴姬争唱竹枝歌",长干妓女"夜唱竹枝留北客",说明在交通便利的地区,行客众多,娱乐业发达,对乐曲的需求量大,遂流入娱乐场所,成为歌舞酒妓所习的一种伎艺。由于富有声情之美,对文士、商客吸引力大,能留住客人,故它能迅速进入"华筵独唱"的正式场面,广泛用于佐酒助兴,文士填词,妓女演唱,伴以丝竹,是谓精唱。另外江南的渔夫、牧竖、舟子也习唱竹枝,野唱同时在民间流行,保持着旺盛的生命力。袁郊《甘泽谣》载,唐末"葛洪川畔,有牧竖歌竹枝词者,乘牛叩角……乃圆观也……又唱竹枝,步步前去,山长水远,尚闻歌声。词切韵高,莫知所谓"[③]。这种牧歌与巴楚竹枝并无大的不同,声音清亮,韵调凄切,语义含糊。基本特征仍未变,只不过用吴音。《苕溪渔隐丛话》后集卷一二载宋人胡仔语:"予尝舟行苕溪,夜闻舟人唱吴歌,歌中有此(指刘禹锡诗《竹枝歌》'杨柳青青江水平')后两句,余皆杂以俚语,岂非梦得之歌,自巴渝流传至此乎?"[④] 舟子唱竹枝时只

① [清]彭定求等编:《全唐诗》卷五二二,第 5967 页。

② [宋]黄庭坚著,[宋]任渊等注,黄宝华点校:《山谷诗集注·山谷外集诗注》卷一七《送曹黔南口号》,上海古籍出版社,2003 年,第 1046 页。

③ [宋]李昉等编:《太平广记》卷三八七《圆观》,第 3090 页。

④ [宋]胡仔纂辑:《苕溪渔隐丛话》后集卷一二,人民文学出版社,1962 年,第 91—92 页。

是杂用文人诗,与自编的唱词相配合,这种唱法恐怕有普遍性。

从南北方向看,虽然竹枝顺着湘、赣二水南传,但赣水商客不及湘水多,因此传播面不及湘江流域广。据殷尧藩《送沈亚之尉南康》:"暮烟葵叶屋,秋月竹枝歌。"[①] 则中唐时竹枝已传至赣南。南康在虔州,大庾岭在境内,殷尧藩的诗句写的是贬所情形。

二、竹枝的传播媒介

唐中叶,竹枝在荆湘地区的流行程度已不亚于巴东。巴楚地势邻接,水系贯通,语言风习无大的不同,两地联系密切,因此竹枝在荆襄朗岳,一直传至郴、道、永州乃至桂州以南。传播竹枝、巴歌者有四种人。

一是在长江、湘江间来往的舟子、渔夫。李群玉《沅江渔者》"长歌一曲烟霭深"[②],郎士元《夜泊湘江》"月明只自听渔歌"[③],韩愈《湘中》"空闻渔父扣舷歌"[④],元结《欸乃曲五首》其二"唱桡欲过平阳戍,守吏相呼问姓名"[⑤],四诗地点分别在澧、潭、衡、道州,诗人听到的渔夫所唱,已是本乡本土早已流传的歌曲,竹枝早已本土化。

二是旅居楚地的巴人和旅居巴蜀的荆楚人,以及四方旅巴楚者。四方旅楚者如顾况《湖中》:"丈夫飘荡今如此,一曲长歌楚水西。"《竹枝曲》:"帝子苍梧不复归,洞庭叶下荆云飞。巴人夜唱竹枝后,肠断晓猿声渐稀。"[⑥] 是写旅居湖湘一带的巴人,他们中有船

---

① [清]彭定求等编:《全唐诗》卷四九二,第 5565 页。
② [清]彭定求等编:《全唐诗》卷五七〇,第 6613 页。
③ [清]彭定求等编:《全唐诗》卷二四八,第 2792 页。
④ [清]彭定求等编:《全唐诗》卷三四三,第 3841 页。
⑤ [唐]元结著,孙望校:《元次山集》卷三,第 47 页。
⑥ 顾况二诗,分别见彭定求等编:《全唐诗》卷二六七,第 2968、2970 页。

工、纤夫。孟浩然《同曹三御史行泛湖归越》："秋入诗人意，巴歌和者稀。"①诗中之湖即洞庭湖。刘禹锡《洞庭秋月行》："荡桨巴童歌竹枝。"②可见盛唐时洞庭湖区就十分流行巴歌，诗人在泛湖归越时，听到的正是过路的船夫舟子唱的巴歌。巴人中另一部分是中青年男女，他们集中在襄阳、江陵等地置店营生。王建《江陵即事》："蜀女下沙迎水客，巴童傍驿卖山鸡。"③蜀中一些地区人户稠密，经济不活跃，青年男女就东下到襄荆一带谋生，王建诗中写的是襄阳客店的巴童蜀女。襄阳过路商旅特别多，子兰《襄阳曲》："千帆万帆来，尽过门前去。"④出峡后，第一个大的交通中心是襄阳，因而襄阳巴人多。民歌也带到这里，渐为楚人所习。楚人旅巴者如刘商《秋夜听严绅巴童唱竹枝歌》："巴人远从荆山客，回首荆山楚云隔。思归夜唱竹枝歌，庭槐叶落秋风多。"⑤楚人旅巴，有更多机会接触巴歌。然而最多的却是四方旅巴后转至湖湘者，由北方各省客游巴蜀然后东游的唐人很多。杜甫客居巴峡数年，就久习巴歌，其《暮春题瀼西新赁草屋五首》其二："万里巴渝曲，三年实饱闻。"⑥"万里巴渝曲"指这种曲调在万里长江上流行，不止于巴蜀一地。刘禹锡《竹枝词九首》其一："白帝城头春草生，白盐山下蜀江清。南人上来歌一曲，北人莫上动乡情。"⑦温庭筠《西江贻钓叟骞生》："晴江如镜月如钩，泛滟苍茫送客愁。夜泪潜生竹枝曲，春潮遥上木兰舟。"⑧写北客、吴客旅居

---

① ［清］彭定求等编：《全唐诗》卷一六○，第 1645 页。
② ［清］彭定求等编：《全唐诗》卷三五六，第 3996 页。
③ ［清］彭定求等编：《全唐诗》卷三百，第 3402 页。
④ ［清］彭定求等编：《全唐诗》卷八二四，第 9288 页。
⑤ ［清］彭定求等编：《全唐诗》卷三○三，第 3448 页。
⑥ ［清］彭定求等编：《全唐诗》卷二二九，第 2498 页。
⑦ ［清］彭定求等编：《全唐诗》卷三六五，第 4112 页。
⑧ ［清］彭定求等编：《全唐诗》卷五七八，第 6716 页。

巴中,闻南人巴歌,而后东归,成为巴歌的传播者。沈佺期、卢纶、蒋吉、郑谷等文人由巴旅楚,上江下湖过程中,不但学习巴歌,而且传播巴歌。

三是从事长途贩运的商贾。主要来自巴蜀、荆襄,一般情况下在长江贩运,有时也沿湘江过岭。李端《荆州泊》:"桂水舳舻回,荆州津济闹。"① 《宿洞庭》:"沙上渔人火,烟中贾客舟。"② 卢纶《晚次鄂州》:"估客昼眠知浪静。"③ 陈羽《湘君祠》:"商人酒滴庙前草,萧索风生斑竹林。"④ 都表明唐中后期,辗转于湘江、长江之间的商人比较多,其物资聚散地则在荆州江陵。

四是经过湘江的迁客流人、宦游文士,这些外乡人经过湖南时常接触到渔歌、竹枝。姚合《夏夜宿江驿》:"渚闹渔歌响,风和角粽香。却愁南去棹,早晚到潇湘。"⑤ 这是讲宦游者,他们南行途中听到竹枝。张籍《送枝江刘明府》:"向南渐渐云山好,一路唯闻唱竹枝。"⑥ 枝江在江陵府,这是说襄荆驿路上时时可听到竹枝。李益《送人南归》:"无奈孤舟夕,山歌闻竹枝。"⑦ 于武陵《客中》:"楚人歌竹枝,游子泪沾衣。"⑧ 这是说荆州以南至湘中,随处可见楚人歌竹枝。三诗相连,正好从襄阳至岭南构成竹枝南播路线。唐时,由湘江过岭的迁客流人很多。孟浩然《江上别流人》:"以我越乡客,逢君谪居者。分

---

① [清] 彭定求等编:《全唐诗》卷二八四,第 3234 页。
② [清] 彭定求等编:《全唐诗》卷二八五,第 3268 页。
③ [清] 彭定求等编:《全唐诗》卷二七九,第 3177 页。
④ [清] 彭定求等编:《全唐诗》卷三四八,第 3894 页。
⑤ [清] 彭定求等编:《全唐诗》卷五百,第 5690—5691 页。
⑥ [清] 彭定求等编:《全唐诗》卷三八五,第 4335 页。
⑦ [清] 彭定求等编:《全唐诗》卷二八三,第 3214 页。
⑧ [清] 彭定求等编:《全唐诗》卷五九五,第 6892 页。

飞黄鹤楼,流落苍梧野。"① 流人迁客居南中既久,染于风土,亦能歌竹枝。王昌龄《听流人水调子》:"孤舟微月对枫林,分付鸣筝与客心。"② 记叙开元末一位流人弹筝独唱当地水调子的情景。竹枝就是通过以上四类人传到岭外的,《舆地纪胜》卷一〇八《梧州·诗目上》郑畋《白鹤观水阁题诗》:"松阴如幄水如罗,秋尽山青白鸟过。独坐一庵心正寂,数声何处竹枝歌。"③ 是写梧州流行竹枝。刘禹锡《阳山庙观赛神》"几人连蹋竹歌还"④ 是述连州竹枝。其《插田歌并引》:"农妇白纻裙,农父绿蓑衣。齐唱郢中歌,嘤伫如竹枝。"⑤ 说在连州,竹枝风格发生了变异,被用来编配插田歌,只套用了竹枝的套式唱腔,内容有所变化。刘瞻贬驩州,驩州在南安府,今天越南境内,极僻远之地,然而他也学会了竹枝,说明竹枝流行到驩州。其在岭南是沿着水路下传的。

三、地域文化特征与竹枝、巴歌的相应风格

　　竹枝、巴歌最显著的地域特征是用方言土语演唱,凭方言可以分辨出文化区域,呈现出与地域文化特征对应的地方特色。

　　竹枝凭方言可以分辨,连州竹枝其音"嘤伫",用岭南方言歌唱。孟浩然《夕次蔡阳馆》:"听歌知近楚,投馆忽如归。"是以楚声唱,孟浩然是楚人,听了亲切的乡音,故有"知近楚""忽如归"之感。其《夜渡湘水》:"露气闻芳杜,歌声识采莲。"⑥ 也是听声辨调,识别文化

---

① [唐]孟浩然著,徐鹏校注:《孟浩然集校注》卷一,第48页。
② [清]彭定求等编:《全唐诗》卷一四三,第1447页。
③ [宋]王象之撰:《舆地纪胜》卷一〇八,第3299页。
④ [清]彭定求等编:《全唐诗》卷三五九,第4057页。
⑤ [清]彭定求等编:《全唐诗》卷三五四,第3962页。"郢中",《刘宾客文集》卷二七作"田中",是。
⑥ 孟浩然二诗,分别见[清]彭定求等编:《全唐诗》卷一六〇,第1653、1654页。

区域。沈佺期《入卫作》："采蘩忆幽（幽）吹，理棹想荆歌。"① 荆歌与楚歌风调相近，同属南楚民歌。

竹枝并非无差别的整体，各地竹枝、巴歌，有与其地域文化特征相应的风格，然而黄庭坚也只说竹枝所状者乡土，所抒者乡思，这实际上是叙说文人听竹枝引起的普遍感觉，江行舟子唱的竹枝确实是这样表达乡思。但并不能一概而论，说这是所有竹枝的基本内容与基本风格，它实际上会随着所歌唱的不同事件和情境变化，插田、祭祀、婚丧等场面，没有一处是表达乡思的，酒楼妓馆、庙会赛神时也不会以乡思为主。竹枝的音调韵味也并非都悲哀怨切，其地域风格至少有峡江、荆楚、吴越之分，文人竹枝词亦然。

峡江地区竹枝受地域文化特征影响，其音怨切，徘徊感怆。峡江地域特征反映在三方面：

其一，峡谷狭窄、陡峭、高峻、绵长，这些都给人以压抑感、孤寂感。沿途森林密布，猿猴栖息，引声长啸，其音悲切，白居易《送萧处士游黔南》："江从巴峡初成字，猿过巫阳始断肠。"② 道出了其中奥妙，因为"巴东三峡巫峡长"，猿声本不堪卒听，到巫峡，猿声在长峡间久久回荡，不由人不生悲。刘禹锡《竹枝词九首》其八进一步解说道："巫峡苍苍烟雨时，清猿啼在最高枝。个里愁人肠自断，由来不是此声悲。"③ 指出上下峡江者多外乡人，久客他乡，思乡情切，加上过路文人也多穷愁失意者，故易生悲切之感。巴东商客上下万里长江，常歌竹枝以抒发乡思，加上他们传习的古竹枝曲调，本来就"鼓吹裴回，其声伧伫"④，不胜清怨悲切，令闻者不能堪，这样，唐文人笔下的

---

① ［清］彭定求等编：《全唐诗》卷九五，第 1024 页。
② ［清］彭定求等编：《全唐诗》卷四四一，第 4921 页。
③ ［清］彭定求等编：《全唐诗》卷三六五，第 4112 页。
④ ［宋］欧阳修等撰：《新唐书》卷一六八《刘禹锡传》，第 5129 页。

峡江竹枝似乎就成了典型的悲音,乡思的触媒。

其二,江狭水深,水势浩大、湍急,使人惊惧。戴叔伦《巫山高》:"巫山峨峨高插天,危峰十二凌紫烟。瞿塘嘈嘈急如弦,洄流势逆将覆船。"① 刘叉《入蜀》:"峡色侵天去,江声滚地来。"② 白居易《初入峡有感》:"上有万仞山,下有千丈水。苍苍两崖间,阔狭容一苇。"③ 都突出了这一地理特征。

其三,人烟稀少,荒凉冷寂。《太平广记》所记神异故事中,有不少是写唐三峡地区的,把这里写成鬼魂出没、虎豹成群、盗匪出没之地,这些可怕的东西经常侵害行旅,其中往来文士所吟诗篇,风格凄怨。《太平广记》卷三二八引《纪闻》载,调露年中,有巴峡鬼,于夜月下朗吟:"秋迳填黄叶,寒摧露草根。猿声一叫断,客泪数重痕。""其音甚厉,激昂而悲。"④ 同书卷三二九引《玄怪录》所载刘讽《夷陵空馆夜歌》,卷一三八引《本事诗》中的峡中白衣赠马植诗,都有类似特点。偶尔经此地的文人诗尚如此悲切,当地民歌染于巴东山川凄怆的韵致,就更加"裴回""苦怨""含思婉转"。正因为如此,人们才说"巴歌不可听,听此益潺湲"⑤,文人对峡江地区的文化体验,当然就与此对应了。

洞庭湖地区水质澄明,江阔水深;湘江水势清急,山明水秀,周围地势平旷,文人旅行至此,心胸顿开。江为《岳阳楼》:"晚叶红残楚,秋江碧入吴。云中来雁急,天末去帆孤。"⑥ 杨凭《送客往荆州》:"巴

① [清]彭定求等编:《全唐诗》卷二七三,第 3071 页。
② [清]彭定求等编:《全唐诗》卷三九五,第 4447 页。
③ [清]彭定求等编:《全唐诗》卷四三四,第 4797 页。
④ [宋]李昉等编:《太平广记》卷三二八《巴峡人》,第 2608 页。
⑤ [唐]刘希夷:《巫山怀古》,[清]彭定求等编:《全唐诗》卷八二,第 882 页。
⑥ [清]彭定求等编:《全唐诗》卷七四一,第 8447 页。

丘过日又登城,云水湘东一日平。"① 都是极写洞庭湖湖面开阔、烟波浩渺;湘江江水迅急、清绿。杨凭《晚泊江戍》:"旅棹依遥戍,清湘急晚流。"② 整个湖湘地区都是"山幽而灵,水深而清;松竹交映,云萝杳冥"③。这里的渔歌与这种地域文化特征相对应,李群玉《湖阔》:"棹响来空阔,渔歌发杳冥。"④ 渔歌从大湖远处隐隐传来,又向远处扩散。其《沅江渔者》描写沅江渔民唱歌的情形是"长歌一曲烟霭深,归去沧江绿波远"⑤,让人仿佛看到江面上烟霭沉沉,沧江绿波,一渔夫击棹高歌,荡舟远去的情景。这种渔歌风调轻快明朗,记载湖南渔歌的名作如元结《欸乃曲五首》、柳宗元《渔翁》,风格也与此相近,与峡江竹枝迥异其趣。而用于节令、祠神的竹枝则蒙上了很浓的神秘文化色彩,显得诡异。刘禹锡《阳山庙观赛神》:"荆巫脉脉传神语,野老娑(婆)娑起醉颜。日落风生庙门外,几人连蹋竹歌还。"⑥ 所绘情景就显得神秘不可解。唐人诗文中常有"荆巫"出现,她们装神弄鬼,传神传语,吐词本来就不欲清,蹋歌者也随之歌唱,发音含糊不清。

　　吴越一带远离竹枝发源地,其竹枝有南朝民歌的清丽,别具一格,用途也广,有的用来表达爱情,皇甫松《竹枝》其一:"槟榔花发鹧鸪啼,雄飞烟瘴雌亦飞。"其二:"木棉花尽荔支垂,千花万花待郎归。"⑦ 措辞闲雅,风格婉丽。皇甫松善状江南风情,他写出这种歌

---

① [清]彭定求等编:《全唐诗》卷二八九,第 3296 页。
② [清]彭定求等编:《全唐诗》卷二八九,第 3294 页。
③ [宋]李昉等编:《太平广记》卷四三《薛玄真》,第 272 页。
④ [清]彭定求等编:《全唐诗》卷五六九,第 6586 页。
⑤ [清]彭定求等编:《全唐诗》卷五七○,第 6613 页。
⑥ [清]彭定求等编:《全唐诗》卷三五九,第 4057 页。
⑦ [清]彭定求等编:《全唐诗》卷八九一,第 10068 页。

词,是出于现实需要。吴越地区交通便利,商旅云集,沿江上多有旅店、酒楼,青楼歌妓争着习唱竹枝以挽留南北过客。过往文人常来游历,与青楼女子厮混,并为之谱写曲词,因此吴越竹枝"精唱"颇多,风格柔曼绮丽。在该地流传的"野唱""辞切韵高",歌以吴音,杂以俚语,被当地化,风格亦与峡江竹枝有一定距离。

第三节　论纳异心态与唐诗"胡气"

依照传统说法,所谓"胡"是对散居在祖国大陆北部地区各游牧民族的统称。在唐代,指吐蕃、突厥、铁勒、党项、回纥、契丹、奚及甘、凉以西的西域民族,"胡气"是指游牧民族所特有的异于中原文化的文化因子,既可以指胡人的性格气质与生活习性,也兼指胡族聚居地的游牧生活环境与氛围,前者为人之精神气质,后者为地域环境气韵。唐诗"胡气"则是指唐代作为胡汉民族融合的大时代,其诗歌所表现出的异质文化韵味与气蕴,应该视为唐诗的美学特质之一。这一现象已引起学界关注,胡大浚先生在纪念李白诞生一千三百周年国际学术讨论会上,撰文论述了李白诗文的"文气"与"胡气",他注意到诗人品性中的胡文化因子与其艺术表现的关系。应当指出,民族大融合只为唐诗"胡气"的形成提供了一个基础,关键在于唐人审美文化心理上有着纳异心态,这是胡文化特质转换为诗中"胡气"的关键,本文试图从纳异心态入手,解剖"胡气"的形成及其美学特质。

一、性格气质上的葆异:胡人强梁之气与游侠气度

魏晋南北朝时期,胡汉各族经历了持久反复的冲突,而隋唐一统则标志着民族重构和种族的翻新。国家统一和民族融合使得先后内迁的胡族进一步化解,带来的是血统重组和人种的混血化、优异化。

唐朝吸纳的种族之多,体现了有容乃大的宏大气魄。据王桐龄《中国民族史》研究,汉族系统除先唐混入鲜卑、羯、氐、羌外,在唐代,有突厥、铁勒、吐蕃、契丹、回纥、高丽、百济等十几个胡族血统加入。此后,一个极有生气的新汉族出现了。李唐皇室徙胡的目的是使"百万胡虏,可得化为百姓,则中国有加户之利,塞北可常空虚"①。其实施的客观效果却是整个血统的重组与一个新的大汉族的形成,这一新汉族中许多人血统不纯,在民族文化心理上、气质上亦与后代不断同化、蜕化的老大汉族不同。姚薇元《北朝胡姓考》已考出,《魏书·官氏志》上所列众多虏姓及该志所不载的胡姓,大部分传衍到唐代,唐代众多的汉姓作家就是他们的后代。他们中有的有四分之一的胡族血统,有的是八分之一、十六分之一……父系母系,总有一方是异族后代,所以直到晚唐,令狐绹、白敏中还被人嘲笑为十姓胡后代,甚至有人耻与同列,见到近日中书省内宰相尽是蕃人,毕、白、曹、罗四大蕃姓后代都为宰相,就说可以归矣。血统的驳杂必然影响到性格气质,使之不纯,这又决定着生活方式与行为方式的胡汉兼备。史籍中的唐代北方人,不太像今天的汉人,常见到他们身骑快马,臂鹰背箭,原野驰骋,呼卢赌博,充满着奔窜不羁的原始野性。皇室青少年中这种人最多,唐玄宗就是这样长大的,其为潞王时,整天戎服臂小鹰,驰猎郊原。《陈寅恪读书札记·旧唐书之部·承乾传》指出,承乾乃李渊孙,来自代北胡性,本来种族血统不纯,太宗又以突厥、铁勒诸北蕃为宫卫,承乾在宫中长大,日夜受胡族生活方式熏习,大有胡性。这一事例说明胡汉杂交、胡汉杂居会对青少年思想气质与行为方式产生直接影响。北方社会接近胡族的区域在这方面表现得尤其突出,人民表现出鲜明的胡人气息,比如河北道深州,并不是什么"戎

---

① [唐]杜佑撰,王文锦等点校:《通典》卷一九七《突厥上》,第5414页。

马地",但五胡十六国时期有胡族内徙,故人民也颇有胡性。乔潭《饶阳县令厅壁记》就说这里"多奇士,好带剑,侈服,多佳人,善弹弦跐蹋"①。在这里成长的人,如李栖筠之父李载,为燕、代豪杰,"常臂鹰携妓以猎,旁若无人,方伯为之前席"②。这种民风民性就与今天有很大不同,体现了鲜明的胡汉浑融特色。由此可推知,唐代北方社会的胡汉融合,表现为两个层面:

在形而上的层次上,表现为胡族在文化观念、意识形态上的"汉化",即普遍接受儒家教化,且汉化越久,业儒习诗书者越多;在形而下的层面,即生活方式与习性上是"汉化于胡",即汉族接受和模仿来自胡族的这些东西。就胡族本身来说,其民族文化心理并不可能轻易汉化,在统一后的相当长历史时期仍表现出顽强的生命力。从唐代史传中可以看到这样一个普遍现象,唐代皇室诸帝诸王,多仪表壮伟,盛唐以上的北方名臣,多身材高大,声若洪钟,性格粗豪,颇似形容魁健、负力怙气、天性忿鸷的匈奴、鲜卑等强悍北族。而据魏颢《李翰林集序》,诗人李白相貌也类似胡人,牟子炯然,哆如饿虎,气质也颇有胡性。少任侠,尝手刃数人,被唐人目为飞扬跋扈的豪雄。王维兄弟少时的生活方式是"读书复骑射,带剑游淮阴"③。李颀《别梁锽》描写他的好友梁锽的气貌曰:"梁生倜傥心不羁,途穷气盖长安儿。回头转盼似雕鹗……"④ 而据卢藏用《陈子昂别传》,陈子昂始以豪家子驰猎使气,年十七八时,仍未知书。《旧唐书》卷一一一《高适传》云,高适少时潦落不事生业,年过五十始留意诗什,杜甫描写其客游

---

① [宋]李昉等编:《文苑英华》卷八〇四,第4253页。
② [唐]李肇撰,聂清风校注:《唐国史补校注》卷中,第197页。
③ [唐]王维撰,陈铁民校注:《王维集校注》卷一《送从弟蕃游淮南》,第97页。
④ [清]彭定求等编:《全唐诗》卷一三三,第1352页。

河西幕时的神态是"高生跨鞍马,有似幽并儿"①。即使平稳老成的杜甫,青年时也"心不羁",失意时尝"冯陵大叫呼五白,祖跣不肯成枭卢"②。元结、韦应物,一个有老儒习气,一个被认为高古闲淡。然而《新唐书》卷一四三《元结传》载其少不羁,年十七,乃折节向学。而据韦应物诗自叙,他也"少事武皇帝,无赖恃恩私。身作里中横,家藏亡命儿。朝持摴蒲局,暮窃东邻姬"③。其他名臣如严武、郭元振、桓彦范、姚崇、张守珪,都有着类似的外貌、气质与生活道路。由这条生活道路走过来的文武官员,为人都豪爽大度,脾气性格也胡汉兼容,既有胡人的强梁之气,又有北方人的豪侠气度,为人处事刚强果决,融合为一股气盖万夫的不可遏制的雄刚之气。气质性格上与胡人相近之处使他们容易从心理上贴近胡族少年,对其尚武的习性多了一层了解与体认,在艺术表达上不但能状其形而且能得其神,从而在人物塑造上取得成功。

因此,唐诗"胡气"第一个表现是一批充满"胡气"的沙塞少年形象的群体性亮相。沙塞少年指长期生活在边塞的、以游猎战斗之事为主的少年,他们有的是纯正的胡族,有的是胡化程度高的汉胡混血儿,其中最典型的是东北、朔方、河陇的"城旁少年",如高适《营州歌》中的营州城旁,王昌龄《城旁曲》《城旁》《观猎》、李益《城旁少年》中的幽州城旁,令狐楚《少年行》(少小边城惯放狂)中的河曲六州突厥城旁。这些作品中的城旁,均是奚、契丹、突厥、铁勒部落少年,胡性纯正。而王维《少年行》、韩翃《送孙泼赴云中》、张祜《观徐

---

① [唐]杜甫著,[清]仇兆鳌注:《杜诗详注》卷二《送高三十五书记十五韵》,第127页。

② [唐]杜甫著,[清]仇兆鳌注:《杜诗详注》卷一《今夕行》,第59页。

③ [唐]韦应物著,陶敏、王友胜校注:《韦应物集校注》(增订本)卷五《逢杨开府》,第361页。

州李司空猎》,三首诗所描写的唐代军中英雄少年则是胡汉混血儿,既武艺高强,有胡性,又狂纵有侠气。唐室将内附蕃族置于沿边军镇城旁,因自小"生长边城傍,出身事弓马"①而得"城旁"或"城傍"之名,都是武勇绝伦的蕃兵,广泛分布于河陇、朔方、幽州沿线。置之城旁既顺应了他们逐水草居处,自由放纵的游猎生活方式习性,又可获得良好兵源,利于国家安边御敌,所以唐朝政府做出如此处置。城旁少年战斗力很强,《资治通鉴》卷二二二上元元年三月条《考异》引《蓟门纪乱》载,营州城旁,由奚、契丹、室韦、靺鞨等族少年组成,骁勇劲捷,驰射如飞,用以临敌则摧枯拉朽,以一当百。王昌龄的诗歌塑造"城旁"少年,主要突出了他们那股沙塞少年的刚猛悍勇、所向无前的"猛气"。《城傍曲》:"秋风鸣桑条,草白狐兔骄。邯郸饮来酒未消,城北平原掣皂雕。射杀空营两腾虎,回身却月佩弓弰。"②诗人用概叙之笔,描写了邯郸城旁少年生活的一个侧面:酒后在城北平原纵马射狐兔,搭箭射虎,动作干净利索,百发百中。此诗给人印象仍嫌笼统,他的另一首诗《城旁□□》却以逼真的场面描写,状出城旁少年的勇猛无前之气:"降奚能骑射,战马百余匹。甲仗明寒川,霜□□□□。□□煞单于,薄暮红旗出。城旁粗少年,骤马垂长鞭。脱却□□□,□剑沦秋天。匈奴不敢出,漠北开尘烟。"③这是一支小型而精悍的战斗部队,薄暮之际,由红旗引出,百余奚族少年身骑快马,手执长鞭,甲仗鲜明,闪电般冲向远方,粗猛之气干云,对面的劲敌匈奴见了也为之胆落,不敢出城。王昌龄先后几次游边,见过这种激动人心的场面,他感受到这股粗猛之气,全表现在出猎出巡的动态中,

①[唐]李益:《城傍少年》,[清]彭定求等编:《全唐诗》卷二八二,第3209页。
②[清]彭定求等编:《全唐诗》卷一四一,第1437页。
③陈尚君辑校:《全唐诗补编·补全唐诗》,第29页。

故以动态出之,胡人气象就写出来了。

　　唐人笔下的河陇、朔方城旁,又不同于东北城旁。《全唐文》卷三七玄宗《答张九龄贺破突厥批》谓"驰骋之骑,突厥颇强;弓矢之功,契丹称劲"[①]。这就是说西北突厥精于骑术,马上驰突,回风闪电,利于突阵,东北契丹骑兵在冲锋陷阵时表现出的力量与速度稍逊,但弓矢更精,前面所说的王昌龄笔下的东北城旁以及下面要说的李益笔下的朔方城旁,就有这种区别。李益《塞下曲》四首其一:"蕃州部落能结束,朝暮驰猎黄河曲。燕歌未断塞鸿飞,牧马群嘶边草绿。"[②]这里写的是唐初安置在河曲六州的突厥残胡后代,他们在河套平原上骤马飞驰,只见草原上万马嘶鸣,诗人笔下的突厥骑兵有的是飙风闪电般的速度,凌厉无前的冲击力,这正是突厥的雄盛之处和他们民族骄人之处。诗人如果不"久在兵间",就抓不住突厥不同于契丹、奚的独特之处。高适也看到了这种区别,其《睢阳酬别畅大判官》谓"降胡满蓟门,一一能射雕。军中多宴乐,马上何轻趫"[③],诗文中的降胡就是指长于弓矢射猎的东北民族契丹、奚等,赞其弓矢技艺之高,冠于群胡。

　　另一类值得讨论的人物形象是唐诗中的古游侠。其实,唐人笔下的"古游侠"不过是披着游侠外衣的"边城儿",与城旁少年并无本质上的不同。

　　唐人写古游侠,以李白、崔颢两位写得最好,但他们笔下的古游侠却与真正的古游侠形质俱异。崔颢《古游侠呈军中诸将》:"少年负胆气,好勇复知机。仗剑出门去,孤城逢合围。杀人辽水上,走马

---

①[清]董诰等编:《全唐文》卷三七,第172页。

②[清]彭定求等编:《全唐诗》卷二八三,第3225页。

③[清]彭定求等编:《全唐诗》卷二一二,第2203页。

渔阳归。错落金锁甲,蒙茸貂鼠衣。还家行且猎,弓矢速如飞。"① 这位古游侠胆气过人,武艺高强,仗剑杀出重围,一身胡儿穿戴,弓矢如飞,他任侠使气,随便杀人。这几点哪一点都不像古游侠。古游侠怒则杀人,但决不随便动手。李白笔下的游侠更为意气用事。《白马篇》:"酒后竞风采,三杯弄宝刀。杀人如剪草,剧孟同游邀。"②《结客少年场行》:"由来万夫勇,挟此生雄风。托交从剧孟,买醉入新丰。笑尽一杯酒,杀人都市中。"③ 性情暴躁,使气杀人,视生命如儿戏,这两个人物的行为体现的是典型的胡族的文化观念。纵酒使气、凭意气杀人的社会风气只在胡族社会中流行,凡事以武艺决雌雄,不快意拔刀便斫,所谓"健儿须快马,快马须健儿。跰跋黄尘下,然后别雄雌"④,李白、崔颢表达的正是这种胡族特点和胡文化心态。他们心目中的古游侠就是这个样子。这种大有胡气的游侠,无疑有他们早年游侠生活的影子,融入了他们自己任侠使气的性格,也符合他们生活的那个时代边地少年的共性。李白《行行游且猎篇》塑造的那位"边城儿"便融入了他对游侠的理解:"边城儿,生年不读一字书,但将游猎夸轻趫。胡马秋肥宜白草,骑来蹀影何矜骄。金鞭拂雪挥鸣鞘,半酣呼鹰出远郊。弓弯满月不虚发,双鸧迸落连飞髇。海边观者皆辟易,猛气英风振沙碛。"⑤ 这是一个典型的游猎骑士,不识一字,精于骑射,追风蹀影,百发百中,劲捷强悍,集中体现了边地胡族的虎虎生气,充满了纯任生命奔窜的气势。其与古游侠的本质不同

---

① [清]彭定求等编:《全唐诗》卷一三〇,第 1321 页。

② [清]彭定求等编:《全唐诗》卷一六四,第 1699 页。

③ [清]彭定求等编:《全唐诗》卷一六三,第 1694 页。

④ 佚名:《折杨柳歌辞》五首其五,[宋]郭茂倩编:《乐府诗集》卷二五,中华书局,1979 年,第 370 页。

⑤ [清]彭定求等编:《全唐诗》卷一六二,第 1683 页。诗题中游且乃且游之倒误。

在于,古游侠如《史记》《汉书》所记,有比较明确的行为指向与道德约束,有明显的自律意识,同时有严格高尚的行为规范,都重义气,匡扶正义,急于私义,重然诺,讲信任,济困扶危,不收报偿。唐人笔下的游侠与传统道德约束根本不沾边,胆气十足,凭意气用事,"以目为水鉴,以心作权衡"①,免不了滥杀无辜,且杀人不偿命,对自己的行为不承担任何道义责任。其次,古游侠并不精于骑射,生活方式也是"游猎夸轻趫",但诗人认为,只有这样的人才是真正的英雄少年。显然,这类"边城儿"与城旁少年大同小异,都是"少小边城惯放狂",他们出现在唐诗中,折射出胡人种族文化心理对唐人的深刻影响。

二、地域文化上的状异:边地气韵与边塞豪情

地理环境、气候物产决定了游牧区域的文化特征迥异于内地的农耕民族,地理文化上的差异使内地文士对塞外始终保持着神秘与陌生,好奇心驱使他们有边游之举。边塞壮游使文士开张胸胆,开阔眼界,有助于诗境的发扬与诗气的奋厉。通过游边,有机会了解漠北不同的山川风土物产,了解边疆民族游猎尚武的生活习性,对其保持亲近,给自己偏于文弱阴柔的性格灌注入阳刚勇敢之气。游边不仅利于培养自己性格中朴野刚强的一面,也使任侠气概与边塞豪情产生了紧密联系。通过游历,他们渐渐感悟到边地文化特征的神髓,特别能状出朔野之气,此即地域文化特征上的胡气。

朔野沙塞之气有什么特征?汉魏六朝古人作了极为精辟的概括,大致说,一是民族居住饮食不同,"韦韝毳幕,以御风雨;膻肉酪浆,以充饥渴";二是气候上穷阴积雪,"胡地玄冰,边土惨裂",整个看则悲风萧条,塞草黄衰,"胡笳互动,牧马悲鸣;吟啸成群,边声四

①[唐]邵谒:《少年行》,[清]彭定求等编:《全唐诗》卷六〇五,第6997页。

起"①。气候和环境上,秋冬则"穷阴凝闭,凛冽海隅;积雪没胫,坚冰在须;鸷鸟休巢,征马踟蹰"。胡汉拼杀时"野竖旌旗,川回组练……利镞穿骨,惊沙入面:主客相搏,山川震眩;声折山河,势崩雷电"②。如此鲜明的地域文化特征,往往给文人以强烈的心灵震撼和审美刺激,产生"惊""异"的审美效应。唐文人以惊人的艺术表现力,写活了这种荒寒绝塞之气,它在唐诗中表现为黑气沉沉、阴云惨雾、朔风扑面、荒凉无边,具有突出的玄阴肃杀特征。李颀《古从军行》:"白日登山望烽火,黄昏饮马傍交河。行人刁斗风沙暗,公主琵琶幽怨多。野云万里无城郭,雨雪纷纷连大漠。"③崔融《从军行》:"漠漠边尘飞众鸟,昏昏朔气聚群羊。"④王昌龄《从军行二首》其一:"向夕临大荒,朔风轸归虑。平沙万里余,飞鸟宿何处?虏骑猎长原,翩翩傍河去。边声摇白草,海气生黄雾。"⑤都着力突出描绘西北边地沙漠地带"大""荒""昏""寒"等区域特征,给人心理上造成沉重的压迫感,读后产生悲凉之感,阅读之际,紧张不安。广大、荒寒、昏沉,是与细小、热闹、繁华、明丽等令人愉快的外在审美特征相对立的,它们只能使人恐惧悲伤,然而这正是"胡气"在自然地理方面的外在审美特征。

"胡气"在人文地理上的特征表现为"戎马地"特有的肃杀之气,高适《燕歌行》"山川萧条极边土,胡骑凭陵杂风雨""大漠穷秋塞草腓,孤城落日斗兵稀"⑥,王昌龄《从军行七首》其五"大漠风尘日色

①[汉]李陵:《答苏武书》,[梁]萧统编,[唐]李善注:《文选》卷四一,第1847—1848页。
②[唐]李华:《吊古战场文》,[清]董诰等编:《全唐文》卷三二一,第1439页。
③[清]彭定求等编:《全唐诗》卷一三三,第1348页。
④[清]彭定求等编:《全唐诗》卷六八,第765页。
⑤[清]彭定求等编:《全唐诗》卷一四〇,第1421页。
⑥[清]彭定求等编:《全唐诗》卷二一三,第2217页。

昏,红旗半卷出辕门"①等唐诗名句,着力表现的就是这样的古战场氛围:塞草连天,一望无际,又枯又白;或者是黄沙扑面,漫天昏黑,一座孤城,孑立塞上,两支军队拼死搏杀,尸横遍野,汉军奄奄一息,强胡却还凭陵杀气,以相剪屠,截获辎重,横攻士卒,最后全部战死,极为惨烈,这是对中古时期胡汉激烈争战场面的浓缩的概括。"戎马地"氛围又表现为胡汉军队的紧急出动,边尘四起,使客飞驰。高适《塞上》:"东出卢龙塞,浩然客思孤。亭堠列万里,汉兵犹备胡。边尘涨北溟,虏骑正南驱。"《蓟门行五首》其五:"黯黯长城外,日没更烟尘。胡骑虽凭陵,汉兵不顾身。古树满空塞,黄云愁杀人。"②这里呈现的是紧张对峙的战争气氛,这些都与安宁秀丽的农业民族生存环境迥然不同。

上述"胡气"只是唐人从边塞景象中感受到的,其意境是通过夸张与集中概括组合而成的,带有典型化的痕迹,又不太全面,都只反映了胡地气韵的一个侧面,并不是它的全部本质所在。事实上,那些对胡族社会生活图景的描写,更能深刻生动地表现胡族的民族精神习性,展示其民族生命力所在,因而更有"异类"气味,是更典型的"胡气"。胡族在唐代,无论突厥、吐蕃还是回纥、契丹,都先后达到了极盛,他们的生活也就表现出更集中的"胡气"。这种"胡气"在唐诗中,表现为部落集体游牧生活图景,生动、壮阔、流动感强,激动人心,充满"天苍苍,野茫茫,风吹草低见牛羊"③式的勃郁生命力,大部分是边塞游牧生活图景的动态描写。如王昌龄《箜篌引》:"碧毛毡帐河曲游,橐驼五万部落稠。"④李益《暖川》:"胡风冻合鸊鹈泉,牧马

---

①［清］彭定求等编:《全唐诗》卷一四三,第1444页。
②［清］彭定求等编:《全唐诗》卷二一一,第2190页。
③［宋］洪迈著:《容斋随笔》卷一《敕勒歌》,上海古籍出版社,1996年,第6页。
④［清］彭定求等编:《全唐诗》卷一四一,第1436页。

千群逐暖川。"《塞下曲》四首其一："燕歌未断塞鸿飞,牧马群嘶边草绿。"① 有的诗人通过写胡族骑兵来表现其种族的强盛,如杜甫《前出塞九首》其五："隔河见胡骑,倏忽数百群。"② 戎昱《塞下曲》六首其二："上山望胡兵,胡马驰骤速。黄河冰已合,意又向南牧。"③ 有的写唐代边镇屯田区放牧的景象,如卢纶《送饯从叔辞丰州幕归嵩阳旧居》："边城贵者李将军,战鼓遥疑天上闻。屯田布锦周千里,牧马攒花溢万群。"④ 胡族种落繁盛的主要标志是牧业发达,牛羊万群,因而特马群嘶、原野驰骤最能状出其民族的原始生命力。

　　有时,诗人通过巡边、会猎等壮观场面来表现胡族强盛时的雄武之气,如马逢《部落曲》："蕃军傍塞游,代马喷风秋。老将垂金甲,阏支著锦裘。雕戈蒙豹尾,红旆插狼头。日暮天山下,鸣笳汉使愁。"⑤ 诗人照相机一样准确地把蕃军游边图景绘出来,仿佛让人看到老将阏支,锦裘金甲,领着一支队伍飞驰而过的情景。他们吹着笳,举着狼头旗,马群嘶鸣,好不威风! 传说狼与突厥兴起有关,诗中又有"代马"字样,故所写为漠北突厥游骑。李益久在北塞,也有类似的描写,其《登夏州城观送行人赋得六州胡儿歌》："沙头牧马孤雁飞,汉军游骑貂锦衣。"⑥ 不过写的是汉军。王维《出塞(作)》则是写吐蕃出猎："居延城外猎天骄,白草连山野火烧。暮云空碛时驱马,秋日平原好射雕。"⑦ 这里呈现的是吐蕃健儿的劲捷强悍,暮云低垂,大火熊

① [清]彭定求等编:《全唐诗》卷二八三,第3225页。
② [清]彭定求等编:《全唐诗》卷二一八,第2292页。
③ [清]彭定求等编:《全唐诗》卷二七〇,第3006页。
④ [清]彭定求等编:《全唐诗》卷二七六,第3136页。
⑤ [清]彭定求等编:《全唐诗》卷七七二,第8761页。此诗《全唐诗》卷二一四误收作高适诗,据《御览诗》,此诗作者为马逢。
⑥ [清]彭定求等编:《全唐诗》卷二八二,第3211页。
⑦ [清]彭定求等编:《全唐诗》卷一二八,第1297页。

熊,马队在空旷的大碛中东西飞驰,壮气飞动。

独猎的场面正面展示了朔野少年的壮勇豪迈气势。马戴《射雕骑》:"蕃面将军著鼠裘,酣歌冲雪在边州。猎过黑山犹走马,寒雕射落不回头。"① 李益《观骑射》:"边头射雕将,走马出中军。远见平原上,翻身向暮云。"② 王昌龄《观猎》:"角鹰初下秋草稀,铁骢抛鞚去如飞。少年猎得平原兔,马后横捎意气归。"③ 第一首诗写冲雪飞猎,第二、三首写军前出猎,只用几个临阵出马、抛鞚抽箭、翻身仰射的连贯动作,便把射猎的神气意态活绘出来。诗人笔下的人物弓矢如神,动作干净利索,是技压万人的军中英雄,没有亲身的体验,没有对朔野少年的亲近感就写不出他们的这种气势。

三、风俗文化的赏异:殊方乐舞的异质文化韵味

作家的种族文化心态是开放还是闭塞,是文学作品有无"胡气"的决定因素。只有民族异己心态淡漠,才能活绘出胡人气质,传其形神;只有地域异己心态淡漠,不自甘闭塞,才能摹状出塞北烟尘与大漠之气;同样,只有文化异己心态淡漠,对异族的东西不鄙夷拒斥,才能写出异族文化韵味。这三者既是态度问题,也是器局、胸襟问题。而态度开明,胸襟开阔都与文化心态——纳异心态有关。而纳异心态的形成,又导源于他们的种族与血统的不纯。陈寅恪先生在《唐代政治史述论稿》中郑重指出,在种族文化上,唐人一般不严于种族血统之分、汉胡之别。在北朝时代,文化重于血统,凡汉化之人,即目为汉人;胡化之人,即目为胡人,血统如何,在所不论,此乃理解我国中古史尤其唐代文化历史至为重要的一点。陈先生此语,为我们

---

① [清]彭定求等编:《全唐诗》卷五五六,第6452页。
② [清]彭定求等编:《全唐诗》卷二八三,第3222页。
③ [清]彭定求等编:《全唐诗》卷一四三,第1446页。

理解唐文人的纳异心态提供了极重要的一把钥匙。我们看到,在唐代,由于大家种族血统都不纯,在汉胡问题上,反而显得比较开明随便,民族异己心态、文化异己心态都比较淡漠。尤其是在唐前期,华夷之别、夷夏之分不那么严,这绝不仅仅是文化态度问题,而是文化心态问题。所以唐太宗对臣僚说:"自古皆贵中华,贱夷狄,朕独爱之如一,故其种落皆依朕如父母。"① 虽以人主之尊而志在君临四海,含育万类,又称"夷狄亦人耳,其情与中夏不殊。人主但患德泽不加,不必猜忌异类"②。在这里,种类的界限分别被淡化,视之如一。无论皇室成员还是台阁大臣,对待降胡夷都主张全其部落,甚至还诏其举族内徙,以示无猜,在历史上首次以开明态度纳戎,平等对待。在授官上亦如此,任用蕃将为宫卫,充边将,没有蕃汉之分。民族上既不视为异类,其文化异己心态必淡漠。唐太宗以人主之尊,而大倡"声无哀乐论",不同意传统的礼乐系乎政教盛衰之论。在这一开明的文化政策指引下,国门大开,胡人乐舞如潮而入,连大飨之类庄重仪式也用上倡优胡舞胡乐,上流社会借之以供逸乐,皇室诸王见了蹈舞称善,中下层文人也耽此不疲,精神生活大大丰富。至盛唐,乐舞在部分汉化了的同时,仍保持着浓浓的胡文化韵味,宴会上"座参殊俗语,乐杂异方声"③。传统的雅乐却令人昏昏欲睡,元稹《立部伎》说:"太常雅乐备宫悬,九奏未终百僚惰。"④ 异方乐虽受批评,但"异

① [宋]司马光编著,[元]胡三省音注:《资治通鉴》卷一九八贞观二十一年五月庚辰条,第6247页。

② [宋]司马光编著,[元]胡三省音注:《资治通鉴》卷一九七贞观十八年十二月甲寅条,第6215—6216页。

③ [唐]岑参:《奉陪封大夫宴得征字时封公兼鸿胪卿》,[清]彭定求等编:《全唐诗》卷二百,第2083页。

④ [清]彭定求等编:《全唐诗》卷四一九,第4618页。

曲新声"仍大受青睐,成为一个无法拒却的巨大诱惑。元、白虽批评胡乐,但内心无法抑止对其精妙音声舞容的爱赏,陈寅恪在《元白诗笺证稿》中也认为,元、白《华原磬》一诗中提出的是古非今的乐论,"实则对外之宣传,未必合于其衷心之底蕴也"①。其论元、白《法曲》,又谓"元白诸公之所谓华夷之分,实不过今古之别"②。可见唐人只是在礼乐文化上批评其不合传统规范,在娱情方面则拒绝不了其"淫声冶态"流风回雪般的魅力。尤其是中唐,从上到下,享乐之风愈演愈烈,文人活动范围日益地方化,南北各地使府如林,宴会频频,朝中公卿僚佐也时常会宴,胡乐胡舞的用场更广阔。文人置身其中,目迷心醉之余,大受启发,产生灵感,以诗的形式传达出千余年前的"殊方乐""异方声"的异质文化韵味。其"异"表现在三方面:

一是器用节拍不同。跳舞时多击鼓为节,繁声促节,激动人心,如柘枝舞用大鼓,杨巨源《寄申州卢拱使君》:"大鼓当风舞柘枝。"③表演者出场之际,连鼓三次,"平铺一合锦筵开,连击三声画鼓催"④。同时,伴舞的音舞,也曲遍繁声,曲终必遽。先唐时期,宫廷雅乐并不用鼓,节奏舒缓,胡乐击鼓,令人昂奋,这一差别显然是在胡汉两种文化背景中形成的,反映了不同的民族共性,一阴柔,一阳刚。

二是乐舞姿态妖冶多变,表情丰富,动作、造型繁复,富于变化。如柘枝舞,据宋代陈旸《乐书》卷一八四《柘枝舞》,均用舞童,衣五色绣罗宽袍,胡帽,银带。其中《五天柘枝》用二童舞,衣帽施金铃,拚转有声。始为二莲华,童藏其中,华拆而后见,对舞相占,实舞中之雅妙者,见者莫不称善。《乐府诗集》卷五六《柘枝词》解题《乐苑》谓

---

① 陈寅恪著:《元白诗笺证稿》,第 162 页。
② 陈寅恪著:《元白诗笺证稿》,第 144 页。
③ [清]彭定求等编:《全唐诗》卷三三三,第 3741 页。
④ [唐]白居易:《柘枝妓》,[清]彭定求等编:《全唐诗》卷四四六,第 5006 页。

此二童乃二女童,可见不但着装奇特,造型美妙,而且用女性表演,姿态曼倩,感官刺激强烈。胡人乐舞,显出开放爽朗、热情的民族性,西域传来的柘枝舞一开始就是袒胸露臂。薛能《柘枝词三首》其三:"楼台新邸第,歌舞小婵娟。急破催摇曳,罗衫半脱肩。"① 沈亚之《柘枝舞赋》:"益肆于态,诚足以赋其容","差重锦之华衣,俟终歌而薄袒"②。这种舞吸引人的地方正是上述二位文人所写的舞者多种多样的美丽姿态:姿态绮曼,罗衣半举,香汗淋漓,舞毕要袒衣露臂,使人目迷心跳。舞女边舞,边以眼波相送,辅以柔曼的姿态。刘禹锡《观柘枝舞二首》其二:"体轻似无骨,观者皆耸神。曲尽回身处,层波犹注人。"③ 面部表情丰富。沈亚之《柘枝舞赋》:"骛游思于情杳兮,注横波于秋睇。顾巧度之无穷兮,将多变而若云。"④ 眼波流盼,顾眄回环,又轻躯摇荡,进退屈伸其态,风格冶荡。所以看的人多,写柘枝的唐诗也多起来。写到柘枝舞蹈的唐诗少说有二十篇以上,其中以章孝标的《柘枝》写得最好:"柘枝初出鼓声招,花钿罗衫耸细腰。移步锦靴空绰约,迎风绣帽动飘飘。亚声踏节弯形转,背面羞人凤影娇。"⑤ 演员着装华丽,体态婀娜,动作娴熟,即使以现代舞的眼光衡量,都可说达到了较高的水平,何况千余年前的古代呢?

　　三是西域乐舞的魅力还在于各具风格,多种多样的风格增加了它的适应面。胡旋舞就不同于柘枝,它的魅力主要在"旋"中展现,在高速旋转起舞的动作中隐藏许多变化,节奏分明,干净利索,正如白居易《胡旋女》形容的"心应弦,手应鼓,弦鼓一声双袖举,回雪飘

① [清]彭定求等编:《全唐诗》卷五五八,第6476页。
② [清]董诰等编:《全唐文》卷七三四,第3355—3356页。
③ [清]彭定求等编:《全唐诗》卷三五四,第3972页。
④ [清]董诰等编:《全唐文》卷七三四,第3356页。
⑤ [清]彭定求等编:《全唐诗》卷五○六,第5755页。

飘转蓬舞。左旋右旋不知疲,千匝万周无已时。人间物类无可比,奔车轮缓旋风迟"①。舞蹈演员也长相漂亮,体型优美,正如岑参《田使君美人舞如莲花北铤歌》所说:"美人舞如莲花旋,世人有眼应未见。……慢脸娇娥纤复秾,轻罗金缕花葱茏。"②元稹《胡旋女》连用六个比喻形容其"旋":"蓬断霜根羊角疾,竿戴朱盘火轮炫。骊珠迸珥逐飞星,虹晕轻巾掣流电。潜鲸暗噏笡波海,回风乱舞当空霰。"③原来此舞着装奇异,动作动静相间,有快有慢,静若海波,动若轻虹流电,舞姿轻盈,有如飞雪当空,起伏变化多,增加了它的吸引力。

与胡旋舞强调节奏变化快慢相间不同,胡腾舞强调"腾",腾挪闪展、蹲、转、踢、踏,讲究腰部、脚部动作的多变,动作要求高,难度大,但训练有素者表演仍相当成功。刘言史《王中丞宅夜观舞胡腾》有细致描写:"石国胡儿人见少,蹲舞尊前急如鸟。织成蕃帽虚顶尖,细叠胡衫双袖小。手中抛下蒲萄盏,西顾忽思乡路远。跳身转毂宝带鸣,弄脚缤纷锦靴软。四座无言皆瞪目,横笛琵琶遍头促。乱腾新毯雪朱毛,傍拂轻花下红烛。"④诗人聚焦于表演者的手脚动作:只见他紧扎袖衫,手执蒲萄盏,先是蹲身起舞,继而旋转跳跃,舞至高潮,伴奏的横笛、琵琶节奏加快,腾展生风,锦靴闪动,令人眼花缭乱,人也是内地少见的石国胡儿。人物、动作、着装、音乐都新颖奇特,难怪"四座无言皆瞪目"。可以说,正是胡人乐舞在以上诸方面的异质文化韵味,激发了唐文人的艺术创造力,古典乐舞诗的描写艺术才达到了如此的高度。

---

① [清]彭定求等编:《全唐诗》卷四二六,第 4692—4693 页。
② [清]彭定求等编:《全唐诗》卷一九九,第 2057 页。
③ [清]彭定求等编:《全唐诗》卷四一九,第 4618 页。
④ [清]彭定求等编:《全唐诗》卷四六八,第 5324 页。

第九章　唐代交通与唐人行记

　　行记是旅行记的简称，以行旅为述说对象。由于绝大部分汉唐行记已亡佚，存世文献太少，今天的人们对它已十分陌生，其实它是一种起源于魏晋且在南北朝隋唐时期空前发达的散文文体。唐代是我国行记的发展期，不仅种类多样，而且写法多变，它与游记之间的差别还很明显。至两宋，行记与游记开始融合，但仍然没有合二为一。本章研究行记这一文体的起源，它在唐五代的发展、流别、存佚以及其文体特征、职能演变，它与抒情散文的区别和联系，史传文学及其他文体对它的影响，它与宋元明清以来越来越发达的游记之间的联系和区别。

第一节　先唐古行记研究

一、先唐古行记的研究现状

　　行记是古代旅行者行役于祖国各地或西域、天竺、南海等异域所留下的旅行记。由于行役范围远涉异域，所述为国内一般人没有生活经历的行旅，为一般载籍所稀见，境界奇绝，或虽在境内而年代久远，人们对其十分陌生，故史料价值颇高。旅行记多为当事人亲撰，目的是以备自己或时人日后参考，并不是留给后人看的，因此所叙极真实，反较官书为可信。先唐古行记所述时代古远，存世稀少，难得一见，加之又是初创时期之作，其价值又在唐宋之上。然而正是这些原因，使得最重视行记的都是史家。行记虽说是古代叙事散文，但文学研究者认为古拙无文，文学价值不高，加之存世无多，研究难以深入，故置于视野之外，古行记的文学研究遂无人问津。从目录学史看，自《隋书·经籍志》以下公私著录，都视之为地理书或杂传，各人依着眼点的不同，将其归入不同的部类，没有统一的分法。类似这种对行记性质认识的歧异，也妨碍研究的深入。史家虽研究行记，但只把它当成一种史料，先唐古行记中的西域、南海行记有特殊史料价值，是稀世之宝，尤为史家所重，其他各类行记则被弃置一边，顾此失彼。即使研究得最为深入细致的古西行记也不无缺憾，只是由于它涉于殊域，可据以补正史中的西域、回纥、高车等周边民族传或外国传之阙，于是群起而据以补史、证史、笺史，各取所需，因此在文献引用上都是节录、删述，破坏了作品的完整性。这在南北朝时期就有先例。杨衒之著《洛阳伽蓝记》，只是在叙及洛阳闻义里宋云宅时，感于宋云西行求法巡礼事迹可嘉，遂顺便述及其行记，用的是转述方法，并未严格照录原文。今人所见者皆名曰《宋云行记》，然实非宋云原书。唐人贾耽著《皇华四达记》，杜佑作《通典》，采用前人或时人行记时的处理方法与此类似，或掐头去尾，或予以转述。此后欧阳修作《新五代史》，元人修《宋史》，范成大作《吴船录》，纷纷效法，以节录形式，摘录《使于阗记》《使高昌记》《西域行程》等唐宋人西行记，经摘录后，原书则无人传抄，这是造成行记残缺亡佚的主要原因之一。另外也与行记作者的身份地位有关。晋唐间许多行记的作者都不是高官显宦，名不彰闻，财力又乏，加上书籍的内容也比较偏僻，徒述异闻，与时人对文学的爱好相悖，故世人并不怎么重视其书，他们本人也无力刊布，因而众多僧人、寒士行记亡佚殆尽。清嘉、道以来，学风丕变,治学重点由一般经史转移到西北史地,行记派上用场了。丁谦据僧人西行记以笺证晋唐八史,以后各家顺着此路走下去,主要围绕《法显传》《宋云行记》《大唐西域记》作笺释,丁谦、王国维、罗振玉、岑仲勉、冯承钧、张星烺、季羡林、范祥雍、章巽、周连宽、杨建新、郑炳林,都有著作,常见的多达三十余种,海外有足立喜六《法显传考证》《法显传——中亚、印度、南海纪行之研究》、沙畹《宋云行记笺证》等代表作。前贤在史地笺证、文辞释义方面用力极深,成果累累,今天这方面可做的工作不多。虽说不属于文学研究,但这些都是今人研治古行记的极重要基础。今天要做的工作是全面考察先唐古行记的类别、存佚及各种行记的起源、流变,探讨其文学特征,发掘其文学价值。

二、先唐古行记的起源、分类、存佚、写作背景

行记的写作不凭借想象模仿,都以实实在在的生活为基础。先唐古行记是行记的发端,是文士、僧人从事政治、军事、宗教文化活动的记录,有的是事后所作,有的是沿途顺便记载。事后所作的更多,或经人敦促,或自己主动动笔记载。不同的行旅有不同的作者、背景、目的与任务,所经地域有中外之别,在国内也有南北东西的不同,因而它绝不是无差别的整体,而是有着不同流别、侧重点和文体特征的。

然而唐宋以上书志对它的归类却是笼统的,《隋书·经籍志》《旧唐书·经籍志》《新唐书·艺文志》将其著录于史部地理类,比诸书更古的《七录》第十类土地部笼括当时所有地理书,行记必在其中。《隋书·经籍志》承此而来。宋以下《崇文总目》、晁公武《郡斋读书志》、陈振孙《直斋书录解题》《宋史·艺文志》由于着眼点不同,将行记分别著录于史部杂史类、伪史类、传记类、地理类,且不

论部居安否,其中尚不乏互相矛盾之处。这些分类的最大问题是只抓住作品的一个侧面,而没有照顾到其叙述行旅的根本特征,更无暇分辨其内部流别。至郑樵作《通志略·艺文略》,始明辨其类例流别。郑氏又著《校雠略》,其中《校雠略第一·编书不明分类论三篇》谓:"凡编书惟细分难,非用心精微,则不能也。"① 他感于刘向、班固校录诸书,部居冗杂,不明伦类,剖判失当,乃究心分类剖析,将古地理书分为十小类,其后三类曰朝聘、行役、蛮夷,基本上都是行记。三分法是他的独创,这一分类照顾了不同行旅的文化背景,利于我们分析其各自特征。所可议者,朝聘与蛮夷对象都是古代中国的周边民族政权,概念内涵上有交叉,行役与前两类不是按照同一标准做出的分类,具体作品归属亦未尽当。今名称依郑氏所分,在归属上略加调整,严格按照地域,将古行记分为三类:凡涉及唐代域外者称为外国传志;记载南北通聘的曰交聘类;其他在国内的旅行统称行役类,依次叙述其起源流别。

依时代先后,最先问世的应是郑氏所说的蛮夷类,他所说的蛮夷不仅包括与中原王朝毗邻的东夷、西戎、南蛮、北狄,而且指西域、中亚、南海诸殊域国家,作品从《交州以南外国传》始,至平居诲《于阗国行程记》、薛向《边陲利害》止,共四十七部,涉及二十余个国家。今天看来,无论西行求法巡礼还是征战被俘,只要是外国行程记都属此类。汤用彤《汉魏两晋南北朝佛教史》改称为外国传志②,既名实相符,突出了作品的地域文化特色,又没有郑氏那种中外夷夏之分,很精当,本文采用这一名称。杨建新先生考虑到该类作品以

---

① [宋]郑樵撰,王树民点校:《通志二十略·校雠略》,中华书局,1995年,第1821页。

② 汤用彤著:《汉魏两晋南北朝佛教史》,北京大学出版社,1997年,第413页。

西行为主的特点,遂称之为西行记,有《古西行记选注》,宁夏人民出版社 1987 年出版。这种名称只适合西域行程,不能全面概括各体行记。《隋书·经籍志》共著录晋宋周隋间西行记十一种,依次是佚名《日南传》、法显《佛国记》一卷、智猛《游行外国传》一卷、《张骞出关志》一卷、昙景《外国传》五卷、法盛《历国传》二卷、《交州以南外国传》一卷、慧生《慧生行传》一卷、程士章《西域道里记》一卷、佚名《大隋翻经婆罗门法师外国传》五卷、《诸蕃国记》十七卷。依姚振宗《隋书经籍志考证》,上述诸书均为西行记,记西域、天竺、南海诸国事。另有《北荒风俗记》二卷、《诸蕃风俗记》二卷、《突厥所出风俗事》一卷。姚振宗所考,较《隋书·经籍志》有所增补,然仍欠完备。汤用彤《汉魏两晋南北朝佛教史》第十五章南北朝释教撰述丁部史地编著第六类外国传志共考得晋人撰述七种、北凉四种、刘宋四种、北魏三种,共十八种。但不录晋宋以后著作。综合以上三家,去其重复,共得二十四种,大多能找到多少不一的佚文。实际上数目远不止此,当时外国传志品种繁多,有道里记、风俗记、游方记、异物志之类,重点不同,然都以行役为背景。慧皎《高僧传序录》中提到有僧宝《游方沙门传》,这样的著述绝不止一种。上述诸书中,《游行外国传》等几种在唐宋载籍中有一二佚文,其余只存书名,有的连卷数、作者皆不详。存世的《法显传》《宋云行记》虽有简本或节本行世,但问题尚多。《法显传》一书,共有四种书名,学者疑其本为二书,汤用彤、章巽对此做了详细考证。汤氏考证的结果认为,法显的行记原有详略二种,详者出后略者不行,又谓《祐录》所引、《隋书·经籍志》著录的《法显传》二卷系小说,非显自述行程之原作[①]。根据汤、章两家所考,疑宋以下诸家目录所著录的名为《法显传》的二卷本与《佛国记》《佛游天竺记》

①　汤用彤著:《汉魏两晋南北朝佛教史》,第 414 页。

《历游天竺记》为同一书，这个二卷本是后人对法显原作的加工。一卷本的《法显行传》为略本，是法显本人的撰述，较粗糙。但今天二书已混为一卷，不可辨别[①]。至于《宋云行记》，则乃是《隋书·经籍志》著录的旧名，今见于《洛阳伽蓝记》卷五的由杨衒之记录的行记，系采自《惠生行记》《宋云家记》《道荣传》三书，由杨氏作删改转述，而且在辑录文字的末尾交代一笔："《惠生行记》事多不尽录。"[②]据此可知他只摘录了其中一部分，非宋云、惠生之旧。此书又有《惠生使西域记》《魏国以西十一国事》等书名，其文字与《伽蓝记》《太平御览》所载不尽相同，其是否为一书数名抑或一书数本，皆已不详。

　　《隋书·经籍志》著录《张骞出关志》一卷，是书崔豹《古今注》有称引，《册府元龟》卷五六〇《国史部·地理》："张骞为郎，使月氏（氏），撰《出关志》一卷。"[③]认为《出关志》就是张骞作的。《通志略·艺文四》地理部·行役类著录是书，一卷，其余称引是书的著作有好几种。此书无疑魏晋时已问世，问题的核心在于此书以及署名班超的《西域风土记》是否真的系其本人所作的汉代作品。若此书果为张骞所作，而非六朝文士杜撰，则无疑为最早的古行记，目前尚无法确证此事，仅据一二记载还难以凭信，因此，比较可靠的结论是：行记的真正起源背景是晋宋间的西行求法运动，最早的行记应当是僧人西行记。晋宋齐梁以来，佛法正深入中华文化，具有前所未有的魅力，不仅许多僧俗甘心皈依这个空中楼阁，民间也拥有许多狂信者，都想亲往西域，瞻礼圣迹，佛教信徒欲作忘身之誓。有志于佛

---

① ［晋］法显撰，章巽校注：《法显传校注》卷首《序》，中华书局，2008 年，第 5—8 页。

② ［北魏］杨衒之著，周祖谟校释：《洛阳伽蓝记校释》卷五，上海书店出版社，2000 年，第 224 页。

③ ［宋］王钦若等编：《册府元龟》卷五六〇《国史部·地理》，第 6729 页。

学发展、教派繁荣者则欲亲往西天,搜寻经律论,或亲从天竺高僧问学,以解决种种理论争端与歧异,纠正传译的许多错误。上述种种因素,促成了一个颇有声势的西行求法运动,自西晋至北宋相沿不绝,尤以晋宋间西行人数最多。西行具体人数,据梁启超《佛学研究十八篇·中国印度之交通》(亦题为《千五百年前的中国留学生》)列表统计,不计梁陈以下,从曹魏朱士行到北齐僧律,共得一百五人,佚名多达八十二人。梁陈间声势减退,至唐复盛。这些人大部分未能遂愿,或意志脆弱,中道而返,或中途病死、渴死、冻饿而死,生还机会很少,正如初唐高僧义净《题取经诗》所述:"晋宋齐梁唐代间,高僧求法离长安。去人成百归无十,后者安知前者难。"[1] 真正亲历了天竺南海,陆去陆回或陆出海回,全功而返者极少。他们都是伟大的旅行家,魏晋南北朝,以法显最著名,宋云、慧生次之。西行者九死一生,回国后回忆仍时时心动汗流,感慨良深,纷纷撰作旅行记以述闻见。

　　僧人行记是外国传志的主体,此外其他官私人员也有撰写,写法各异,有专记道里者,如程士章《西域道里记》;有专记风俗者,如《诸蕃风俗记》;有综述者,如《法显传》。据《高僧传序录》,慧皎曾见过晋宋齐梁西行的游方僧人传,亦记道里闻见,可见当时西域天竺旅行记的撰作颇成风气。

　　紧承外国传志之后的是行役记。行役记所述既不指蛮夷外国,也不指与周边民族政权的奉使交聘,专指文人从驾巡狩、随军出征、迁谪游历等行程,范围在中国王朝政区内。郑樵著录三十部,自《张骞出关志》至宋朝李用和《游蜀记》都是这类作品。姚振宗《隋书经籍志考证》对此做了全面深入考证,备述古今存亡与写作背景,今

---

[1] [清]彭定求等编:《全唐诗》卷七八六,第 8864 页。按此诗作者及内容不无疑义。

据以述存亡于下。晋宋之间,有郭缘生《述征记》《续述征记》,戴祚《西征记》《宋武北征记》,裴松之、徐齐民、孟奥、伏滔四种《北征记》,伍缉之《从征记》,丘渊之《征齐道里记》。南北朝,有刘宋沈怀文《随王入沔记》、梁薛泰《舆驾东行记》、北周姚最《序行记》。隋代,有诸葛颍《北伐记》《巡抚扬州记》、卢思道《西征记》。又《册府元龟》卷五六〇《国史部·地理》:"诸葛颍(颖)大业中为著作郎,撰《銮驾北巡记》三卷、《幸江都道里记》一卷。"① 疑为《隋书·经籍志》所录《北伐记》《巡府扬州记》二书之别名。《巡抚扬州记》在两《唐志》中,又讹作《巡总扬州记》。这样,先唐共有从征、从驾行记十七种,其中郭缘生、戴祚、孟奥、伍缉之、姚最、薛泰、卢思道的著作,有多少不等的佚文见于唐宋地理志、类书、史注、笔记中,聊胜于无,其余只字无存。

　　这类著作的写作背景不是宗教文化活动,而是朝廷的政治军事行动,具体说,是刘裕、萧衍、刘诞、隋炀帝几位帝王发动的征伐、巡幸活动。这些行动都声势浩大,有大批朝士、幕客随从征行,都留下了行役见闻记录。如东晋义熙间,鲜卑慕容氏立国于青州,号南燕,都广固,屡为边患,侵扰淮北。义熙五年(409)二月,慕容超大掠淮北,刘裕乃抗表北伐,次年二月大获全胜,擒斩超于建康,是为平齐之役,见《宋书》卷一《武帝纪上》、《晋书》卷一〇《安帝记》。郭缘生、戴祚、裴松之、徐齐民、孟奥、伍缉之、伏滔、丘渊之等文职人员,充职于刘裕军府,事后奉诏撰写从征记。义熙十二年,西秦主姚兴死,子泓继立,兄弟相杀,刘裕从京口起兵西征,郭缘生、戴祚、裴松之等从征撰记。《随王入沔记》为宋沈怀文随竟陵王刘诞北伐北魏的记录。《舆驾东行记》述薛泰随梁武帝幸兰陵事。《序行记》记姚最从北周齐王宇文宪东讨北齐的经见。《北伐记》《巡抚扬州记》述诸葛颍在

---

① [宋]王钦若等编:《册府元龟》卷五六〇《国史部·地理》,第6731页。

开皇、仁寿初,随杨广北伐突厥、巡抚东南的经历。作者都是文学侍从或一般文臣,文学修养比僧人高,故文风夸饰,记述详细,不同于西行记的质朴简短。

第三类行记——交聘记包括外使来朝与双方交聘两小类,晋以前很少见,南北朝时期,我国南北各地先后出现了许多政权,几乎都经历了由对立走向通和的过程,朝聘记则是南北双方互遣使节交聘等外交活动的记录。《隋书·经籍志》视为地理书,两《唐志》因之,入史部地理类,郑樵始单独立为朝聘类,自梁刘师知《聘游记》至宋人佚名《轺车事类》,共三十七部。结合姚氏《隋书经籍志考证》卷二一地理类,依时间先后,见于《隋书·经籍志》的北朝行记有佚名(姚振宗疑为李绘作)《魏聘使行记》六卷、东魏《李谐行记》一卷、北齐李绘《封君义行记》一卷、北周蔡允恭《并州入朝道里记》一卷。另有《江表行记》不见于《隋书·经籍志》,不著撰人。此五种所记皆北使聘南。另有南使入北,如陈江德藻《聘北道里记》三卷、刘师知《聘游记》三卷,陈吏部尚书姚察《西聘道里记》一卷。后者不录于《隋书·经籍志》,见《册府元龟》卷五六〇,系其使隋所作。《陈书》卷二七《姚察传》谓其著"《西聘》《玉玺》《建康三钟》等记各一卷,悉穷该博,并《文集》二十卷,并行于世"。前文又说其"著《西聘道里记》,所叙事甚详"①。然《新唐书·艺文志》不载,疑亡于唐。又清代学者丁国钧《补晋书艺文志》考出《隋书·经籍志》所载《朱崖传》为伪燕聘晋使盖泓所记,属于此类。

交聘盛行于南北朝中后期。此时南北双方已经过了多年的互相杀伐,都看到使用战争手段除了两败俱伤外什么也得不到,于是开始讲和通好。《宋书》卷九五《索虏传》谓,晋义熙十三年,"高祖西伐长

————————

① [唐]姚思廉撰:《陈书》卷二七《姚察传》,中华书局,1972年,第349、354页。

安"，虏主拓跋嗣"遣使求和，自是使命岁通"①。《南齐书》卷五七《魏虏传》:"宋明帝末年，始与虏和好。元徽、昇明之世，虏使岁通。"②既然是"岁通"，次数必多。据《册府元龟》卷一四二《帝王部·和好》，从公元417年始通至隋平陈的589年，一百七十二年间，双方共通聘、来贺一百二十八次，平均不到两年有一次。这么多交聘活动，留下的行记仅寥寥数种。《魏聘使行记》为北齐李绘所记聘梁事，《李谐行记》述东魏使李谐聘梁武帝事，《封君义行记》记北齐使封述等人聘梁事，《并州入朝道里记》记北周蔡允恭国亡入陈、陈亡入隋的经历。《聘北道里记》《聘游记》的作者江德藻、刘师知，在天嘉三、四年（562—563）先后聘北齐，二书分记其道里经见。姚察仕陈时，亦聘周隋，他的行记是其外交活动的记录。

　　聘使的整体素养比僧侣与文学侍从都要高。当时南北双方十分重视交聘，精择聘使。北魏高允弟推，早有名誉。太延中，以前后南使不称，妙简行人。游雅荐推应选，诏兼散骑常侍，使刘义隆，南人称其才辨。《北史》卷四三《李谐传》:"初通梁国，妙简行人……既南北通好，务以俊义相矜。衔命接客，必尽一时之选，无才地者，不得与焉。梁使每入，邺下为之倾动，贵胜子弟，盛饰聚观，礼赠优渥，馆门成市。"③而南朝宋齐梁与北魏也"岁通聘好，特简才学之士，以为行人"④。聘使代表着国家形象，选择要求高，必门第、才望、人品俱佳者。北魏北齐李浑、子湛、弟绘、纬，为北朝高门，共有四人聘梁。李浑子李湛"涉猎文史，有家风"，湛又尝聘陈，北人目为"四使之门"⑤。

①［梁］沈约撰:《宋书》卷九五《索虏传》，中华书局，1974年，第2322页。
②［梁］沈约撰:《南齐书》卷五七《魏虏传》，中华书局，1972年，第986页。
③［唐］李延寿撰:《北史》卷四三《李谐传》，中华书局，1974年，第1604页。
④［唐］姚思廉撰:《梁书》卷四八《范缜传》，中华书局，1973年，第664—665页。
⑤［唐］李百药撰:《北齐书》卷二九《李浑传》，中华书局，1972年，第394页。

浑弟绘,亦为聘梁使主。北朝另一名士李谐,文辩为当时所称。天平末,魏欲与梁和好,朝议将以崔㥄为使主,㥄以为文采、口辩不及李谐,乃以谐兼常侍,卢元明兼吏部郎,李业兴兼通直常侍聘。梁武使朱异对接。"异言谐、元明之美。谐等见,及出,梁武目送之,谓左右曰:'朕今日遇勍敌,卿辈常言北间都无人物,此等何处来?'……是时邺下言风流者,以谐及陇西李神儁、范阳卢元明、北海王元景、弘农杨遵彦、清河崔赡为首。"① 而这些人都出使过南朝,表明出使一事对于维系门第、声望有帮助。封述老于经史,有干用,天平中聘梁。陈代文臣江德藻,好学善属文,美风仪,天嘉四年(563)兼散骑常侍,与中书郎刘师知出使北齐,著《聘北道里记》三卷。刘师知、姚察也是一朝秀杰,颇为人主所重,以此被任命为交聘北朝使节。他们的文才、人品、个人好尚决定了其行记风格与僧人行记、文士从征记不尽相同。《太平广记》载南北使互相逞口辩,以压倒对方为快,由此可知其风采之一斑,交聘经历必定是重要内容之一。

三、先唐古行记的著作体例与文体特征

在重视记述行踪方面,三类行记是一致的,但具体写法因体裁而异。著者身份、地位的差异,行旅的不同性质、目的决定了内容各有侧重,因而在著作体例、文体特征上不尽相同,直到唐代,这种差异仍然存在着。

外国传志的撰者绝大多数是僧人。他们有很高的宗教热忱,但不一定有很好的文学修养,其西行的目的是巡礼朝圣、学习梵语、通晓教义、传译经律。因此记载的重点不离沿途佛教流行情况、寺庙僧众、各地圣迹及灵异传说等。作者生活在闭锁的东方古国,对殊域特

---

① [唐]李延寿撰:《北史》卷四三《李谐传》,第 1604 页。

别缺乏了解,怀着既恐惧又好奇的心理踏上征途,一路上注意的是他们所不熟悉但又特别感兴趣的东西。他们一旦度流沙,越葱岭,便时时经受一次全面的西域南海文化巡礼。作者受文化观念的限制,凡事总习惯用中国传统文化的眼光来打量,做比较,凡是与中国不同的,足以构成一国一地文化特色的内容必记,因此,佛教内容、殊方风土就是西行记的两个重点。其著作体裁一般是采取游方僧传的传记体形式,写成连续性纪行的旅行传记;或用笔记体,写成内容不连贯的旅行片段资料记录。叙述行旅的僧传与笔记体在写法上大同小异,都是当事人所记,都以作者行踪为线索,都按时间顺序和空间方位排比材料,以从甲地到乙地的一段行程或经历过的一国一地为一个叙述单位、内容单元,采用第一人称,运用叙述方法叙行旅,记闻见,叙述方法用得最多,一般不抒情议论,极少掺杂主观情绪或见解。只有遇到重要之处,如圣迹、灵异、佳景之类,才改用描写之笔以摹状细节。这种叙事方式不但为西行记所采用,从征、从驾、交聘记也兼用,具有普通意义。这样,此类行记的记事纲领与细节则为:

一是叙述行程。以《法显传》《宋云行记》为例,大约包括从甲地出发的时间、前进方向与路线、中途经历时间、到达乙地的时间、乙地概况,以行程为单位而不是以日期为单位,中间经历的时间一句带过,如《宋云行记》:"发赤岭,西行二十三日,渡流沙,至吐谷浑国。路中甚寒,多饶风雪。飞沙走砾,举目皆满,唯吐谷浑城左右暖于余处……从鄯善西行一千六百四十里,至左末城。城中居民可有百家,土地无雨,决水种麦,不知用牛,耒耜而田。城中图佛与菩萨,乃无胡貌,访古老,云是吕光伐胡时所作。"[1]像这样的概述性文字,代表了汉唐古行记纪行的一般风格,都是描写少,概述多,每地只选择几个

---

① [北魏]杨衒之著,周祖谟校释:《洛阳伽蓝记校释》卷五,第183—184页。

重要方面简略叙述,两点之间的中间路段用纪行文字简略连接。这种写法,为晋宋西行记所普遍采用。唐人作品则逐日记事或择日记事,详细到"天",先唐西行记还未发展到这一程度。

二是描述佛祖在沿途留下的印迹,即所谓圣迹,记载佛教流行情况。圣迹最令僧人激动,传说则吸引人,涉及当地佛教发展史,作者比较重视,常改用描写方法记叙。佛教流行情况亦有闻必录。《法显传》在这方面表现突出,其记圣迹多用叙述之笔。《宋云行记》则描写比较详明,其篇幅比《法显传》小,但却记载了自赤岭、于阗以西至乌场国的十一条圣迹、八个传说,其中一处云:"捍麼城南十五里有一大寺,三百余僧众。有金像一躯,举高丈六,仪容超绝,相好炳然,面恒东立,不肯西顾。父老传云:此像本从南方腾空而来,于阗国王亲见礼拜,载像归。"[1] 笔致生动,描写手法使得信息量大增,至《大唐西域记》则更发展为用韵文来铺排形容,文风发生显著变化。

三是记叙地理、物候、户口、人民相貌、服饰、言语音声、民性民风、土地肥瘠、物产品类、城市或寺院建筑、经济制度,以此来反映社会发展面貌,主要记其不同于"中国"之处,而不是有闻必录。

笔记、日记体平铺直叙,可以无所不包,加之叙述体例越来越详细,作品内容显得更加驳杂,既非一般传记,也非地理专著,更不是文学著作,放在四部中的哪一个部居小类都显得不合适。但这一体式吸纳文学创作常用的叙述、描写手法,间或采用议论、抒情,篇幅虽短小但时空跨度大,作品容量大,因而它极有可能发展成优秀的文学著作,《大唐西域记》《大唐西域求法高僧传》正是这一历史发展的必然结果。

西行求法是亚洲大陆东西方的文化交流,而从征交聘则是中国

---

① [北魏]杨衒之著,周祖谟校释:《洛阳伽蓝记校释》卷五,第185—186页。

国内的南北文化交流。前者在民间进行，比较散漫；后者由官方主导，比较集中，通过战争与外交手段来实现。南北朝时期，战争与交聘的路线大体一致，大都是沿着南北双方都城之间那条西北—东南走向的路线往返，具体说，一是长安—洛阳—陈留—徐州—淮泗—建康，二是邺都—济州—徐州—建康，三是广固—彭城—淮泗—建康，此三道是中古南北交通的主线，三条路线自西向东延伸，蜿蜒于东部平原区，交聘使与从征从驾的文人，就在此三道频频往返。其所著行记原书均亡佚，仅有佚文分见于《水经注》《史记》三家注（《正义》《索隐》尤多）、《后汉书》李贤注、《初学记》《北堂书钞》《艺文类聚》《太平御览》《元和郡县图志》《太平寰宇记》《文选》李善注及《酉阳杂俎》等唐人笔记中，其他宋元明清地理总志、类书、子书、别集、总集间或有佚文，多数承袭前代，极少新见。笔者取戴祚、郭缘生等人的从征记为考察对象，将散见诸书中的佚文逐条排比后发现，无论从征还是交聘，其著述方式都与西行记大体相同。著作体例则不同，突出特点是详写对方的经见，略写本国，晋宋行记的作者对于久陷敌手的中原故土无限神往，大量记载汉魏以来在北方广泛流行的名胜古迹、神话传说。如《封氏闻见记》卷一《道教》引郭缘生《述征记》曰："老子庙中有九井，汲一井，八井皆动。"①《太平寰宇记》卷一二亳州真源县李母祠条引《述征记》，文字略异。查其来源，发现乃作者义熙中从刘裕西征后秦姚泓途中所记。所记老子庙在亳州真源县，楚苦县濑乡。《艺文类聚》卷三八引周庾信《过老子庙》诗也曾提到，《初学记》卷七亦云老子庙中有九井，汲一井，余井水皆动，可见所记为当地民间传说。交聘使所写同样令人真伪莫辨，有时对同一陈述对象的解说都十分歧异，说明当时作者都竞相采集异说，无意

---

① ［唐］封演撰，赵贞信校注：《封氏闻见记校注》卷一《道教》，第 2 页。

考证,《酉阳杂俎》续集卷四《贬误》引江德藻《聘北道(里)记》云:
"自邵伯埭(埭)三十六里,至鹿筋(驿),梁先有逻。此处足白鸟,故
老云,有鹿过此,一夕为蚊(蚋)所食,至晓见筋,因以为名。"①《太平
寰宇记》卷一三〇淮南道泰州海陵县露筋驿条所引不同,云出陈代
江德藻《聘北道里记》,云江淮间有露筋驿,今有祠存,一名鹿筋驿,云
昔有孝女,为蚊蚋所食,唯存筋骸而已。《方舆胜览》卷四六、《明一
统志》卷一二等又记作高邮军事,可见乃是对同一地同一古迹的不
同传闻的记载。北使聘南者则写两淮、吴越,《太平寰宇记》卷一〇
五太平州芜湖县鳖洲条云:"鳖洲,按《江表记》云:'江中有鳖洲,长
三里,与芜湖相接。'"②所引《江表记》出自北朝交聘使节之手,专写
南朝境内的新鲜事物。作者最感兴趣的是真假参半甚至纯属子虚乌
有的神异传说,这些内容使其行记闪烁着奇光异彩,反映了南北朝人
特有通脱、好奇、迷信,其中尤以戴祚《宋武北征记》《西行记》、郭缘
生《述征记》《续述征记》表现得最突出,唐宋古籍引戴氏书近百条,
郭氏书八十余条,引文在南北朝行记中是最多的。若将引文按由南
到北的地理方位排列,会发现记叙得最详尽的是自淮泗西北至关中
一段,也即南北国境交界不远处,作者刚刚出境之际,因此成为重点
记载对象。交聘记如《封君义行记》《魏聘使行记》则详写淮泗以南
至建康的经见。征伐交聘路线在洛阳—汴宋—淮泗以南的路线是重
合的,刘裕的军府文士从征,周隋与陈、梁与魏交聘,杨广东巡扬州都
要经过这条路线,于是沿线河流、关隘、城堡、古庙、要塞、古丘、古坟、
碑刻、古树以及沟谷、坡坂、馆驿都成为重点记叙对象,保留了大量唐

---

① [唐]段成式等撰,曹中孚等校点:《酉阳杂组》续集卷四,上海古籍出版社,
　2012年,第149页。
② [宋]乐史撰,王文楚等点校:《太平寰宇记》卷一〇五,第2084页。

宋载籍中难得一见的珍贵材料。南朝文人久处东南一隅，都只熟悉南朝历史地理文物，对沦入敌手的秦汉旧境非常好奇，因此成为落笔的重点。《述征记》中的众多地名，如冶板城、泗水、广固、蠡台、老子庙、下邳城、潍水、齐桓公冢、女水、济水、函谷关、鸿门、定城、亳蒙间成汤、伊尹、箕子冢、华岳、首阳、秦梁、广武城，都在黄河流域，因此郦道元《水经注》多据以笺证黄河水系及重要地理景观。此外如少室山袁术固、白谷坞、白超垒、下坏城、嵩高山、中牟台，都是汉魏遗迹，山川险要。它们集中在陕西、河南、山东境内，这里是华夏民族的心脏地带，历史悠久的中原文物之邦，秦汉以来都城密集，人才辈出，活动纷繁。南朝文士入北，将这些山河险要名胜古迹网罗殆尽，且备载古老神话奇异传说，从三皇五帝、许由、老子、战国君臣到汉晋诸帝，凡文武名臣遗烈事迹，有闻必录，琳琅满目，记叙时往往实实虚虚，先实后虚，通常做法是先记叙一个景点的方位形势，后附上一段相关的传说。作者的好奇心重，揣其行文口气，似不在于探究真伪，而在于志异，如《封氏闻见记》卷七蜀无兔鸽条引戴祚《西征记》云："开封县东二佛寺，余至此，见鸽大小如鸠，戏时两两相对。"封演发现作者好奇心重，于是进一步说："祚，江东人，晋末从刘裕西征姚泓，至开封县，始识鸽，则江东旧亦无鸽。"[1]《太平御览》卷九引本条作至雍丘，无论雍丘还是开封，都在中原，地域文化的巨大差异是形成此类作品神异风格的关键所在。再看《水经注》卷二六巨洋水注引郭缘生《续征记》："逢山在广固南三十里，有祠，并（石人）石鼓。齐地将乱，石人辄打石鼓，声闻数十里。"[2] 其实这只是当地的民间传说，齐地的祸

---

① ［唐］封演撰，赵贞信校注：《封氏闻见记校注》卷七，第66页。

② ［北魏］郦道元著，陈桥驿校证：《水经注校证》卷二六，中华书局，2007年，第618页。

乱未必与石人石鼓有关。卷二四汶水注引《从征记》:"泰山有下、中、上三庙,墙阙严整。庙中柏树夹两阶,大二十余围,盖汉武所植也。赤眉尝斫一树,见血而止,今斧创犹存。"①《初学记》卷五华山神开条引《述征记》:"华岳与首阳山本一山,河神巨灵析开为二。"② 相似的记载亦见《太平寰宇记》卷二九华州华阴县及《水经注》卷四,更详细,作者显然是采集了当地民间传说,而予以简化。《初学记》卷五嵩高山登仙台条引戴延之(祚)《西征记》:"汉武帝于太室山作登仙台及万玉浆,所食者龙穴石髓。"③ 作者感兴趣的是这些传说,不惜笔墨详写,有时改用描写手法,而不在乎是否真有其事。这种著述体例,不但为此前的《汉志》所无,在后出的地理总志、方志、笔记中也难找到近似例子,实为晋宋人所创,且有点接近晋人地志。《隋书·经籍志二》史部地理类小序谓:"晋世,挚虞依《禹贡》《周官》,作《畿服经》,其州郡及县分野封略事业,国邑山陵水泉,乡亭城(郭)道里土田,民物风俗,先贤旧好,靡不具悉……学者因其经历,并有记载,然不能成一家之体。"④《畿服经》的体例显然比《汉志》更驳杂,已突破了正宗地理志的著述体例,乃晋宋人学风所致。《隋书·经籍志》所谓"学者因其经历,并有记载"正是指时人各种行记、笔记所载,内容杂乱,随意性大,故谓其"不能成一家之体"。晋宋时私家撰述风气很盛,体现在子、史两部,则各标一格,不主故常。佛、道二教对时人社会文化心理影响很大,士人好谈狐说鬼,采辑神异。作者身为南人,却多著汉晋诸史,言北方故实,故以实录精神绳之则多不可取。然而,晋宋文人行记却揭示了这样一个值得注意的事实,从而

①［北魏］郦道元著,陈桥驿校证:《水经注校证》卷二四,第580页。
②［唐］徐坚等著:《初学记》卷五,中华书局,2004年,第99页。
③［唐］徐坚等著:《初学记》卷五,第104页。
④［唐］魏徵等撰:《隋书》卷三三《经籍志二》,中华书局,1973年,第988页。

彰显出其行记的另一重价值：在南北对立时代，秦汉魏文化仍在中原故地发挥着深远影响，成群的石人石马碑刻、数不清的关于秦皇汉武的传说，在不断说明着中原人民对前代英主及其煌煌功业的无限敬仰与追慕，说明着汉魏文化的巨大魅力。清理秦汉文化在北朝的流行情况，晋宋陈隋文士所撰行记又成为第一等材料。他们的著述也使先唐地理著作品类更纷繁，别有一番风味。《广弘明集》卷三梁阮孝绪《七录序·古今书最》：记传录第十种，曰"土地部，七十三种，一百七十一帙，八百六十九卷"①。行记在其中肯定占有一定分量。姚振宗《隋书经籍志考证》卷二一地理类最末考按云："案《七录序目》记传录第十曰土地部，七十三种……本志增著六十七种，梁后新出者为多焉。"②表明梁代以后，行记的撰写愈来愈多，发展加快，考察诸书作者时代，发现确实梁陈居多。挚虞以后，陆澄、任昉、顾野王三家地理书，著录部帙一部比一部多，至《隋书·经籍志》，地理书扩大到百三十九部，千四百三十二卷，通计亡书，合一百四十部，一千四百三十四卷，若无行记加盟，则种类将减去不少。

第二节　唐人行记的类别与著述概况

进入唐代以后，行记获得了更好的发展机遇，唐人开放的文化心态、唐代文化的总体发展水平、发达的交通为这一文体的繁盛创造了条件，而文学内部的前后承续、文体自身的进化，势必也会带来行记文体的变化和撰述的加快。从内容看，唐人行记仍然沿着晋隋以来

---

① ［唐］道宣撰：《广弘明集》卷三，上海古籍出版社，1993年，第98页。
② ［清］姚振宗撰：《隋书经籍志考证》卷一二，《二十五史补编》第四册，中华书局，1955年，第5414页。

的传统道路发展,大致分为西行、交聘、行役三大类别,但无论文学作品数量、种类、质量还是创作水准都度越前古,且为宋以后各代的发展创造了条件,其中《大唐西域记》等名著所达到的艺术高度,令后人难乎为继。

一、外国传志类行记

经过魏晋南北朝三百多年的初始阶段的发展,到了唐代,行记进入了全面繁荣时期,无论作品数量、种类还是创作水准,都度越前古。外国传志的创作,更取得了骄人的成就,无论从数量上还是质量上看,都足以代表唐人行记的水平,堪称中国古行记史上的顶峰。

外国传志高度繁荣的显著标志是类别的多样性与内容的丰富性。除先唐常见的僧人外国求法行记外,又出现了唐官奉使西域南海记、域外僧人来华行记、国内僧人往五台山行记等三个新类别,通计新旧共四个小类,以下分别说明。

西行巡礼求法运动随着唐代佛教的空前兴盛而进入了一个持续高涨时期。这种形势,也给佛教的自身发展带来很多理论与实际问题。为了佛教事业的发展,很多僧人亲赴西域,寻访名师。玄奘等远赴西域求法,回京时受到规格很高的接待,唐太宗并且对他西游的经历表现出很浓的兴趣;后来义净自西域回国,至京城,受到的礼遇更高,皇帝武则天亲自出迎于洛阳东郊,这种罕见的礼遇,对欲忘身求法的僧人无疑是巨大的鼓励,他们信心倍增,西游人数陡增,据义净《大唐西域求法高僧传》,贞观十五年(641)到天授二年(691)仅五十一年,就有五十七人西行。僧人回国后为了备录经见,保存材料,也为了满足君臣上下的好奇心,纷纷撰作记传,为传播异域文化服务。

此类唐人行记的创作高潮在唐中叶以前。今天可知的有下面八种。最早也最有名的是玄奘、辩机《大唐西域记》。其次为义净《大慈恩寺三藏法师传》，此书虽属僧传，用的却正是典型的行记写法，行文典雅，情节生动，故事性强，在唐人同类作品中文学意味最浓，历来被公认为我国传记文学的杰作，也是行记文学的名作。再次有道宣《释迦方志·遗迹篇》，系据"大唐往年使者"所经，以及留下的"前后传录"撰写的行记，以综述形式对唐通印度三道做了全面描述，重点记载道里程途，与蔡允恭《并州入朝道里记》、程士章《西域道里记》等先唐作品性质和体例相近。僧人常愍《历游天竺记》，佚，今有佚文三条。悟空《入竺记》，系由僧人悟空口述，圆照手录而成。书中讲述长安章敬寺沙门悟空等人往游天竺事迹。作者天宝十载（751），奉敕随中使张韬光取道安西，赴罽宾国进行交聘活动。后因病长住此地，遂落发为僧，拜师学法，遍游天竺。贞元六年（790）回国，陆去陆回，在外国飘寓长达四十年。书中所载与其他西行记详略不同，部分可补正史之阙。新罗僧慧超《往五天竺国传》，属游方僧人行记，叙其开元间历游天竺的经历。其行程一反众人路线。晋唐僧人西行，一般是陆去海回，西去东归，他却是海去陆回，东去西归，即南海—东天竺—中天竺—南天竺—西天竺—北天竺—中亚—安西。开元十五年（727）十一月抵安西，受到了安西副大都护赵颐贞的接见；过葱岭、疏勒，见到了唐朝在此设置的兵马守捉；至龟兹，看到唐朝兵马云集此处，见识了丰富的安西物产。是书内容充实，唯敦朴有余而文采不足，风格颇似日僧圆仁《入唐求法巡礼行记》。敦煌遗书伯三九二六号《印度地理》，原系一无名僧人留下的西行记残卷，仅三行，记其游中印度、东印度之闻见，其所记与《法显传》《宋云行记》《大唐西域记》《往五天竺国传》所载的印度地理不同。最后一种是海云《大法师行记》，今见《全唐文》卷九〇四，乃一残碑，记载北魏太和二十二年（498），天竺优迦城法师勒那么提赴东土传法的经历，略写其东来行旅，详写其在洛、定、邺等州的宗教活动，系以唐人追述先唐事。

第二小类曰奉使外国记,主要记载唐五代官员出使西域、南海等外国的经过,与游方僧传、僧人行记一样,都是兼叙异域风土。据考,有如下三种:

王玄策《中天竺国行记》,述其太宗、高宗朝前后出使天竺的经过,原十卷,内容、规模接近《大唐西域记》,今佚,《法苑珠林》录该书佚文十八条,皆述天竺的灵踪圣迹与神话传说。据《旧唐书·太宗纪》《新唐书·天竺传》,玄策出使时,适逢中天竺国王死,其臣阿罗那顺自立,并发兵攻劫唐朝使节,乱中又乘机抢劫诸国贡物,玄策从骑尽没。乃返回,至吐蕃西境,檄召吐蕃、泥婆罗国兵共约八千余人,大败之,获其王阿罗那顺及王妃、王子等,掳男女万二千人,其经过惊心动魄,乃贞观末的一件大事,这应当是书中讲述重点,若这一推测为真,则它原乃一奇书,与今天仅存于《珠林》者异。由于这一点,它问世后就受到中外各方面的注意,有研究著作若干种。

《新唐书·艺文志二》“地理类”著录达奚通《海南诸蕃行记》一卷。据《玉海》卷一六引《书目》解题,此书又名《西南海诸蕃行记》(《宋史·艺文志三》“地理类”又著录达奚洪《海外三十六国记》一卷,以一书为二书,重复著录,撰人名亦误),系达奚通以大理司直出使海外时所著,记赤土国以下三十六国事。作者达奚通,唐玄、肃宗时人。唐肃宗上元中,尝为唐州刺史,奉命出使东南沿海,所记经历及传闻,凡三十六国。

南唐章僚《海外使程广记》三卷,载其出使高丽所经“海道及其国山川、事迹、物产甚详。史虚白为作序,称己未十月,盖本朝开国前一岁也”[①]。《十国春秋》卷二八《章僚传》、《演繁露》卷一〇有征引。

---

① [宋]陈振孙著,徐小蛮、顾美华点校:《直斋书录解题》卷八,上海古籍出版社,1987年,第266页。

据此,是书虽题曰"海外",叙述对象却是高丽这样的唐代周边政权,而不是中亚、天竺等不接壤的"远国"。程大昌《演繁露》续集卷一引作《海外行程记》,当为意引。程氏考其作年,在南唐后主之末。《通志·艺文略四》"地理·朝聘"亦云"昇元中录",二书所记合。该卷还提到,章僚此书,叙及保大初徐弼使事,据此,则徐弼也可能是五代南唐行记的作者。

第三小类为外国僧人所撰来华行记,叙其在中土的巡礼求法经过,虽撰人为外国人,但专记唐朝事,内容、风格亦同前述作品,从本质上看,仍属唐人行记。计有三种,皆日僧所撰。一是真人元开的《唐大和上东征传》。作者原名淡海三船,乃日本著名文学家。鉴真在日本去世后不久,他即动手撰是书。书中详述唐代名僧鉴真在玄宗天宝间与几位日本僧五次未遂的东渡行动,叙述范围涉及唐淮南、江南、岭南三道,路线和经历都十分曲折。其中最值得一提的一次是第五次未遂的东渡行动,鉴真一行,由扬州泛海东渡,结果漂流至海南岛,又由海南经广西、广东,过大庾岭,至于虔、吉、江、润诸州,最后回至扬州,所述自岭南北归路线与韩愈量移袁州的路线及李翱赴岭南使府路线、宋之问南贬路线、许浑使岭南路线部分吻合,内容则丰富得多。二是圆仁的《入唐求法巡礼行记》,四卷,今存,基本完整,记载圆仁一行,唐文、武宗朝来华巡礼求法的经过,叙及作者一行在今浙江、江苏、河北、河南、山西、陕西六省的行程,历时九年七个月,绝大多数内容为中国本土载籍所无,记载特别真实可信,叙事翔实,文风质朴。三是日本僧人圆珍的《行历抄》。此书原名《在唐巡礼记》,又名《入唐求法巡礼行记》或《行历记》,系其在唐巡礼求法日记,规模与圆仁书相近,原书早已不传,后人从中录出重点,编成二书,一名《行历抄》,一卷;一名《在唐日录》,二书内容部分相同,其中许多内容亦为中国载籍所无。《行历抄》叙其大中七至十二年(853—858)

在两浙、山西、长安等地求法的经过。

唐中叶以来,佛教发展到了很高水平,五台、峨眉等佛教圣地名满天下,不仅唐朝僧人在本国的巡礼活动增多,来华的西域、日本、新罗、天竺僧人也络绎不绝,记载僧人在中土巡礼求法活动的行记随之增加。其中,最引人注目的当属往五台山行记,数目之多,已经构成一个作品系列,都是敦煌残卷,作者也中外兼备。如伯三九三一号《印度普化大师游五台山启文》,系摩揭陀国普化大师所作。原文是一份表章,韵文,略述其自中印度来游五台山诸寺的经过,时代约在后唐时。先唐时期也有外国僧撰写的行记,如晋代支僧载《外国事》①,但系外国人述外国事,此文却是西域僧在中土的行记,内容独特。伯二九七七号《五台山志残卷》,系一僧人游五台山记,被编入唐《五台山志》,今存三段文字均系优美的韵文,讲述五台山的得名,描写中台、东台景色。伯三九七三号《往五台山行记》,讲述一敦煌僧自晋西北入代州,经雁门关到五台山的经过,路线是瓜州—沙州—肃州—灵州—丰州—胜州—代州—五台。这条塞外要路,为中晚唐僧俗所常经行,中晚唐文人出游京西、京北诸镇,最北的一条路线就是此道。作者戊寅年,自沙州出发至五台山,辛卯年十一月,返回沙州。郑炳林先生认为作者生活在晚唐五代②。伯四六四八号《往五台山行记》,在唐耕耦、陆宏基主编的《敦煌社会经济文献真迹释录》中题作《巡行记》。乃晚唐五代一僧人的游记,日记体,行程是怀州—天井关—泽州—潞州—太原,历述沿途州郡、关隘、馆驿、村落、寺院、僧

---

① 叙其游历五天竺的经过,今存佚文所叙则都在北印度。《水经注》及《太平御览》均有称引,只因支僧载系来华沙门,才算作中国作品,但无论如何,毕竟与一般中国僧俗所作不同。参见向达著:《汉唐间西域及海南诸国古地理书叙录》,《唐代长安与西域文明》,河北教育出版社,2001年,第569—570页。

② 郑炳林著:《敦煌地理文书汇辑校注》,第307—308页。

尼、香火情况，所记路线与圆仁《入唐求法巡礼行记》部分相同，方向相反。斯三九七号《往五台山行记》是五代一僧人的旅行日记，路线是北京（太原）—忻州—五台，主要记载的，一是作者在山西太原一带的沿途巡礼情况，二是其在五台、太原诸寺参拜时的闻见，详写二地的寺院盛况。斯五二九号《诸山圣迹志》，篇幅长达数千字，记叙一僧人历游中国南北佛教胜地的经见，文中描述了全国六十个佛教兴盛的州郡、名山状况，包括佛教发展、城镇规模、辖区广狭、经济物产、社会风俗，文笔优美。

内容比较特殊的有两种，一是杜环《经行记》，佚，《通典·边防九》引录一千一百五十一字。作者天宝十载从事于安西高仙芝幕府中。这年，仙芝统兵讨伐石国，与大食军在怛逻（或作恒罗）斯城相遇，为其所败，杜环被俘，在中亚、西亚、地中海一带流落十二年，代宗广德初（763），方随商船回至广州。在唐人行记中，此书受重视的程度仅次于《大唐西域记》。一般的西行记叙至葱岭后，往往笔锋一转，转述东南的五天竺事，很少涉及葱岭以西的中亚、西亚、地中海一带，是书则专记大家不写的上述地方。如石国、拔汗那国、康国、波斯、大食、朱禄、苦国、佛菻等"绝远之国"，大部分篇幅放在对土地、物产、风俗、民情、伊斯兰教流行状况的叙述上，而不是佛教异闻上，采用"实录"之笔，扼要记载，这就比那些以佛教流行、异闻传说为重点的僧人行记更为难得，更可作为史料依据。一般史家作外国传，多得自传闻，杜环却是亲身经历，故备受重视，专治此书或论及此书的中外史地著作多达几十种。二是贾耽《四道志》，贾耽并未出使过绝域，其研治唐代中外交通，凭借的除一般地理书外，还有时人行记。《新唐书·地理志七下》保留了其记唐边州入四夷道的部分，其最紧要者如营州入安东道、登州东北海行入高丽渤海道、夏州塞外通大同云中道、中受降城入回纥道、安西入西域道、安南通天竺道、广州东南海行通海夷道，都是唐蕃使节经常往返的道路，唐人记述颇多。贾耽吸收这些作品的精华，转而以综述方式，记载路线走向，"山川聚落，封略远近"①。

又《崇文总目》卷二"地理类"著录《西域行记》一卷，叙释、撰人均佚，他书亦不见征引，疑为唐人某西域行程记之简称。

二、交聘类行记

第二大类是唐人奉使边疆四裔诸国的旅行记，因所载多为通使交聘，故可简称为交聘记。它的基础与记述的对象都是外交通聘活动。唐朝与四裔诸国的往来之多，远迈前代。以《册府元龟·外臣部》所载为例，这些活动有封册、继袭、朝贡、助国讨伐、褒异、和亲、降附、通好、纳质等项，其中多数需要遣使持节，深入异域以达使命。由于出使时间长，范围广，故派遣的使节总量颇大，或文或武，成百上千，其中文臣居多。仅以《册府元龟》卷九六五《外臣部·封册三》所记为例，自至德至唐末（五代不计），史有明文记载曾充使封册的就有汉中王瑀、王翊、归崇敬、源休、孟昌源、康锬、袁滋、殷志瞻、张荐、韦丹、季方、孙杲、段平仲、柳晟、崔延、李重旻、李锐、韦审规、源寂、李业、李彦图、张光邺、张澄、张季凝等二十四人，除殷志瞻、李重旻为内侍以外，其余皆文臣。上面所列的，还只是正使，还有副使、判官以下人员，少则数人，多则十余人，其中亦以文士居多。除上述两类以外，另有《册府》不载，而散见于两《唐书》《唐会要》《资治通鉴》及其他唐宋笔记、野史之类著述者，亦为数不少。三数相加，有过出使经历的唐五代文人，为数就更多了。大批记载通聘的行记，就在这样的社会文化环境中孕育出来。所纪行役范围，大都在唐帝国与周边民

① ［宋］欧阳修等撰：《新唐书》卷四三下《地理志七下》，第1146页。

族政权之间。综合唐宋书志、史传，共得十五种。原书多亡，少数几种有佚文或节录，留存于唐宋元明著述中，多数只有书名、解题或其他旁证材料，散见于唐宋书志及其他子史著述之中，通过此类史料，人们得以窥其崖略。

此类作品，较早出现的是韦弘机的《西征记》，首见《新唐书·艺文志二》"杂传记类"，卷亡。据《旧唐书·韦机传》《旧唐书·突厥传下》，弘机贞观八年（634），以左千牛胄曹参军充使，往西突厥，册立同俄设为可汗。遇石国反叛，道路阻塞，三年不得归，乃裂衣裾，"录所过诸国风俗物产名，为《西征记》。及还，太宗问蕃中事，机因奏所撰书"①。除此而外，其他唐前期的作品很少见。大历以后，作品渐多，《新唐书·艺文志二》"地理类"著录顾愔《新罗国记》一卷，张建章《渤海国记》三卷、《戴斗诸蕃记》一卷，袁滋《云南记》五卷，窦滂《云南行记》一卷，徐云虔《南诏录》三卷。《郡斋读书志》卷七"伪史类"、《宋史·艺文志三》"地理类"著录韦齐休《云南行记》，二卷。《直斋书录解题》卷七"传记类"著录赵憼《北征杂记》一卷，卷八"地理类"著录章僚《海外使程广记》三卷。名将李愬之子李宪也撰有使蕃行记，《新唐书》卷一五四《李宪传》载其穆宗长庆初，尝"副金吾大将军胡证为送太和公主使。还，献《回鹘道里记》"②。又《册府元龟》卷五六〇《国史部·地理》载，田牟"文宗时为入吐蕃使。太（大）和八年四月，进《宣索入蕃行记图》一轴，并《图经》八卷"③，出现了"行记图"这一新体式。"行记图"即旅行记配以地图，地图系根据使蕃行记所载的出使路线绘制而成的出使路线图，专门为后续

①［后晋］刘昫等撰：《旧唐书》卷一八五上《韦机传》，第 4795 页。

②［宋］欧阳修等撰：《新唐书》卷一五四《李宪传》，第 4874 页。

③［宋］王钦若等编：《册府元龟》卷五六〇《国史部·地理》，第 6733 页。

而至的使臣提供行程路线指南。它的文献依据，应当就是田牟这次出使吐蕃时所撰的行记。田氏武将出身，其行记当系随同出使的文人撰写，奏上时署田牟之名。田、李二书均不见唐宋书志，原文不存。五代作品有后晋彰武军节度判官平居诲《于阗国行程录》一卷，《宋史·艺文志三》"地理类"著录，佚文散见《新五代史》卷七四《四夷附录·于阗传》、《演繁露》卷一、《游宦纪闻》卷五、《研北杂志》卷下等。

　　上述作品以外，现仍稍完整者为刘元鼎《使吐蕃经见纪略》。今见《全唐文》卷七一六，文题亦系《全唐文》编者代拟，非原名。是书载其长庆初赴吐蕃会盟的经见，在绝大部分入蕃行记都已亡佚的情况下，据此文所述，仍能对唐朝通吐蕃的陆路交通概况有一个粗略了解。然《全唐文》所录仍不完整，《旧唐书》卷一九六下《吐蕃传下》传末叙刘元鼎使事，有一段关于黄河河源及入吐蕃驿道的记载，其文不见于《全唐文》，而见于《册府元龟》卷六六二，当系据《唐穆宗实录》所载刘元鼎上疏编成，可补刘书之阙。更丰富的引文保存在《册府元龟》卷九八一、六六二、六六〇，三处引文合计数千字，可以辑录到原书的绝大部分。另《新唐书》卷四二《地理志六》嶲州目、姚州目注文保存了贞元十四年（798）内侍刘希昂等入南诏的使程，自清溪关一直讲述到羊苴咩城，历叙所经州郡、行程，其所据即唐代某位使臣所撰的云南行记，《志》中注文即此行记之梗概。

　　诸书都撰成于至德以后。据《旧唐书》卷一四九《归崇敬传》及《新唐书·艺文志二》小注，顾愔《新罗国记》记述的是其唐代宗大历初，从归崇敬奉使新罗吊祭册立之事。其书久佚，《旧唐书》卷一四九《归崇敬传》叙述其出使新罗事，云其使至海中，遇风船坏，几至漂没。又称颂其使新罗，不贪财取货，谋取私利，为新罗所称重，这些内容皆他书不载，当系据《新罗国记》。赵憬《北征杂记》记载的是贞元四年咸安公主下降回纥之事。时回纥求和亲，乃以赵憬副刑部尚书关播为册礼使。事后，憬作此书纪行，见《直斋书录解题》卷七"传记类"。张建章《渤海国记》乃其大和中为幽州从事时撰，见《东都事略》卷一八、《册府元龟》卷七九八、《太平广记》卷七〇、《石林燕语》卷一、《宋史》卷二四九《王溥传》。《北梦琐言》卷一三张建章泛海遇仙条、《南部新书》丙卷载，建章尝赍府帅之命，往使渤海国，渡海遇风涛，乃泊船，遇一青衣女子，随至一大岛，见一女仙，侍卫甚盛，女仙赞其为君子，使青衣女往来导之。及回，果免风涛之苦。至西岸，经太宗征辽碑，半没水中，乃以帛包麦屑摸而读之，不欠一字，此类趣事当出其所著行记。其《戴斗诸蕃记》则不是单叙某人的使事，而是综述诸蕃概况，兼言唐蕃交通。《玉海》卷一六唐《戴斗诸蕃记》引《书目》解题云，系"唐幽州（节度）判官张建章撰，一卷，载朔漠群蕃回鹘等族类本末及道里远近"①，据此得知此书用的仍是行记体例。韦齐休、袁滋、徐云虔、窦滂四种行记，皆载四人奉使南诏事，时间在贞元至唐末。袁滋奉使最早，据《旧唐书》卷一三《德宗纪下》、《新唐书》卷四二《地理志六》戎州条注，贞元十年六月，滋以祠部郎中兼御史中丞，与内给事刘贞谅取石门路，出使南诏，册封异牟寻，次年夏，使还。当时唐诏绝交已久，现在复交，就显得格外引人注目，故这次出使在当时是轰动一时的重大事件，两《唐书·袁滋传》《资治通鉴》卷二三五均有载。权德舆作为京城文坛名宿，还特地为其制《送袁中丞持节册南诏五韵》诗赠别，另制送序一篇②。使还以后，"因使行，著《云南记》五卷"③。据《唐会要》卷三六《修撰》，

①［宋］王应麟辑：《玉海》卷一六，广陵书社，2007年，第302页。
②《权载之文集》卷三六、《全唐文》卷四九一，此序题作《送袁中丞持节册回鹘序》，内容则是使南诏，滇池昆明，"西南之册命"，知编者误南诏为回纥。
③［后晋］刘昫等撰：《旧唐书》卷一八五下《袁滋传》，第4831页。

此书直到元和十三年（818）六月袁滋在宰相位上，方奏上。韦齐休《云南行记》二卷，系其长庆三年（823）从韦审规使云南所作，重点是"往来道里及其见闻"，书前有《序》文，表示了作者对大历、贞元以来国事和时政的某些看法，如谓"云南所以能为唐患者，以开道越巂耳。若自黎州之南、清溪关外，尽斥弃之，疆场可以无虞，不然，忧未艾也"①，这种论调，就与宋人所见甚为相合，故晁公武、赵希弁对此深表赞同。徐云虔乃唐邕州节度使辛谠从事，乾符六年（879）春正月②，受府主辛谠之托，于邕州奉使，复命南诏通和。使还，著《南诏录》三卷，上卷记山川风俗，后二卷纪行③，详见《直斋书录解题》卷七"传记类"。《资治通鉴》卷二五三叙述此事，文笔生动，经过完整，约四百字，无疑系据此书改写而成。唯窦滂书的作年及内容均不能详考。窦滂于咸通十年（869），代李师望为定边军节度使。到任后，为南诏所败，又以贪婪，次年贬康州司户，疑此书撰于咸通前后。考窦滂曾任定边军节度使，定边军据《资治通鉴》卷二五一、二五二正文及胡注，乃咸通九年，分西川巡属邛、巂、眉、蜀、嘉、黎、雅等州别立，统押诸蛮，军号定边。滂赴任之前，曾在朝为官，据此，则滂书所载出使路线，或是自京城经成都至南诏，或是自邛、巂使往南诏，路

---

① ［宋］晁公武撰，孙猛校证：《郡斋读书志校证》卷七，第288页。

② 此据《资治通鉴》卷二五三乾符六年春正月条。若《唐会要》卷九九《南诏蛮》，则作乾符五年七月。疑《会要》所记为诏敕初下之时，《通鉴》所载则是实际出发的时间，似当以《通鉴》为是。

③ 唐人以"一程"为一个行程单位。"一程"指唐代两驿之间里距，但不同地区路段所指里距不一。置驿密者如两京驿道，约三十里有一驿。如此，则三十里左右为一程。白居易《从陕至东京》"从陕至东京，山低路渐平。风光四百里，车马十三程"，以三十余里为一程。其他驿道交通量都不如两京驿道大，故置驿稍稀，一程即不止三十里。白居易《洛下送牛相公出镇淮南》："北阙至东京，风光十六程。"据《旧唐书·地理志二》，太原府距洛阳八百八里，知洛阳至太原驿路约五十里为一程，其余依此类推。

线与韦齐休、刘希昂同。向达《唐代长安与西域文明·唐代纪载南诏诸书考略》《蛮书校注》，对上述唐人云南行记作了精当考述。严耕望《唐代交通图考》第四卷山剑滇黔区则从陆路交通的角度，对诸书所记路线详加考辨，详见其《唐代交通图考》第四卷《川滇西道：成都清溪通南诏驿道》，台湾"中央研究院"历史语言研究所专刊之八十三，第1209—1210页。据《旧唐书》卷一九五《回纥传》、《唐会要》卷六《杂录》，李宪行记写的是长庆元年至二年护送太和公主出降回纥一事。当时以左金吾大将军胡证为正使，光禄卿李宪加兼御史中丞，充副使，太常博士殷侑改殿中侍御史，兼判官，取道邠州、丰州、天德军驿路入回纥。这条路，即《旧唐书·回纥传》所谓"邠州旧路"①，乃唐与北蕃交通之主线。吐蕃闻之，发兵侵扰，唐与回纥双方都发大兵接应。公主出发之日，京城士女，倾城以观，回纥的迎与送也都是千乘万骑。总之，此次和亲的规模之盛，牵涉面之广，礼节之繁，为历代入蕃公主之最，《旧唐书》卷一九五《回纥传》对于此事有详尽记述，疑其所据，中有李宪等人的行记，这也应当是李宪行记的主要内容。平居诲《于阗国行程记》，《崇文总目》卷二"地理类"著录，《宋史·艺文志三》"地理类"作《于阗国行程录》，今人整理本多作《使于阗记》。此书仅一卷，在唐人同类著作中篇幅最简短，范围最狭小。因其简要，被欧阳修摘入《新五代史》卷七四《四夷附录·于阗传》，后程大昌《演繁露》卷一、张世南《游宦纪闻》卷五、唐慎微《证类本草》卷三、陆友仁《研北杂志》卷下等又加引用，赖诸书引录，人们遂得以窥其大略。史虚白序今亦佚。《十国春秋》卷二八《章僚传》摘录一段，载高丽州郡设置、官员服色、民间习俗器用等，此即章氏此书的大致内容。陆游《南唐书》卷一八《高丽列

---

① ［后晋］刘昫等撰：《旧唐书》卷一九五《回纥传》，第5205页。

传》更将此书大部吸收,加以改写。

三、行役类行记

既不写巡礼求法,也不记交聘,专载唐人在国内游幕、贬谪、奉使等旅行活动的作品,属于行役记。遍查载籍,共得十四种。较早的为韩琬《南征记》,十卷,《新唐书·艺文志二》著录于"杂传记类",《通志·艺文略四》则著录于"地里·行役",从所居部类判断,为记述使事的著作。尽管宋代书志有著录,但宋元载籍不见称引,知此时已佚。文渊阁四库全书本《刘宾客外集》卷七《浙西李大夫述梦四十韵并浙东元相公酬和斐然继声》诗中自注引韩浣(为韩琬之误)《南征记》云:"旧说润州城形如铁瓮,事见韩浣《南征记》。"则所谓"南征"是指出使江南。据《通典》卷四〇、《唐会要》卷六二,韩琬景云中,官监察御史。景云二年(711),还据其出使所见上疏言事。结合刘诗所引,疑此《南征记》所记,为其担任监察御史时奉使按察江南的经见。唐前期唯一可以考知的此类著作即韩琬此书,然原文几乎只字无存。唐后期,同类著述日多,最有名且最完整的,则是李翱《来南录》,记其元和四年赴岭南节度使杨於陵幕的经历,文中兼用编年体史书以干支日月系事的写法,和纪传体正史本纪的简练笔法,扼要记载其由两京经运河、长江、赣水抵岭南的路线、距离,对于沿线城镇景观则记述甚少。此文所写是赴幕职,房千里《南行录》(一般宋元书志题作《投荒杂录》)则是写贬谪之地地理风俗物产,一卷,据《文献通考》卷二〇五引《直斋书录解题》,书系房氏大和中贬高州北归后所撰,书中备载岭南山川物产之奇、人民风俗之异,今存佚文颇多,但受限于风俗杂录的著述体例,并无纪行的文字,知原书本无纪行文字,并非被后人删去。裴旦《李太尉南行录》,《资治通鉴考异》《资治通鉴》卷二五〇有著录和引文,当为原名。《崇文总目》卷二"传记类上"著录,作《李德裕南行录》,四卷;《通志·艺文略四》"地里·行役"作《南迁录》,一卷,内容不详,载其大中初南贬事。王仁裕《南行记》,《宋史·艺文志二》"传记类"著录,一卷;《郡斋读书志》卷八"地里类"则作三卷,解题谓仁裕后晋天福三年(938)(据《文献通考》卷二〇四,三年为二年之误)被命使荆南高季兴作,"记自汴至荆南道途赋咏及饮宴酬倡,殆百余篇"①。张氏《燕吴行役记》二卷,见《新唐书·艺文志二》"地理类",注曰:宣宗时人,失名。刘攽《中山诗话》《诗话总龟》前集卷二九又称唐元和中《燕吴行役记》,似为误记。《直斋书录解题》卷八"地理类"称"不著名氏。大中九年,崔铉镇淮南,诸镇毕贺。为此记者,燕帅(《文献通考》卷二〇四二字下有'张允伸'三字)所遣僚佐,道中纪所经行郡县道里及事迹也"②。其书《嘉定镇江志》等书略引数条。韦庄《蜀程记》《峡程记》,《崇文总目》卷二"传记类下"、《通志·艺文略四》"地里·行役"、《宋史·艺文志二》"地理类"均著录,一卷,各有数额不等的佚文。《方舆胜览》卷六九所引又作《入蜀记》,疑即《蜀程记》。韦庄乾宁四年(897),受昭宗之命,与李洵宣谕两川,因奉使入蜀;天复元年(901),又入蜀依王建,遂留蜀不归,上述两书即此两次行程的记录。王仁裕《入洛记》,《通志·艺文略四》"地里·行役"作十卷,《宋史·艺文志二》"传记类"作一卷,今亡。《郡斋读书志》卷六"杂史类"谓"蜀王仁裕撰。仁裕随王衍降,入洛阳,记往返途中事,并其所著诗赋"③。《直斋书录解题》卷七"传记类"亦谓系国亡入洛记行,知为行记。史载王衍降后唐,率文武及宗族数千人,取褒斜道北上秦陇,经长安达洛

---

① [宋]晁公武撰,孙猛校证:《郡斋读书志校证》卷八,第349—350页。

② [宋]陈振孙著,徐小蛮、顾美华点校:《直斋书录解题》卷八,第244页。

③ [宋]晁公武撰,孙猛校证:《郡斋读书志校证》卷六,第258页。

阳。行至秦川驿,衍及其宗族全部被害,余官抵洛阳,仁裕所记就是此事,宋明载籍有佚文数条。胡峤《陷虏记》,述其后晋时被俘入契丹的沿途见闻感受。其书二见《宋史·艺文志》,卷二〇三"传记类"作《陷辽记》,三卷;卷二〇四"地理类"作《陷虏记》,一卷;《崇文总目》卷三"杂史类"作《陷蕃记》,四卷;《通志·艺文略三》"杂史类"作《陷边记》;《全唐文》卷八五九引作《陷北记》,皆后人改名,原名当为《陷虏记》。是此书宋时已有数本流传,佚文散见《资治通鉴》胡注者较多,另《新五代史》卷七四《四夷附录》《辽史·地理志一》等各引数段。又《通志·艺文略三》"杂史类"著录范质《晋朝陷蕃记》四卷、《陷蕃记》四卷(此系以一书为二书,重复著录)。据《郡斋读书志》卷七"伪史类",是书在北宋,改名《石晋陷蕃记》,载石晋末契丹入寇、出帝降北之事。时范氏居翰林,撰此记。此外还有两种"记列道路"的作品,一是《新唐书·艺文志二》"地理类"署名韦述的《两京道里记》,据佚文,内容不外两京道路、名胜古迹、馆驿程途之类;二是孙樵《兴元新路记》,这篇驿路记系作者根据其在汉中兴元府至长安道上的行役经见写成,从内容与写法判断,属行记体。

除上述而外,《崇文总目》卷二"传记类下"有《王氏东南行记》一卷,叙释、撰人均佚,他书亦不见征引,内容无考,疑为另一书,非王仁裕《南行记》之全称。

第三节 内容、形式的创变与思想的时代性

一、形式的创新

随着文学的不断发展,唐人行记形式与思想内容的变化很显著,形式变化的显著标志是著述体例的变化。

　　首先是日记体的出现与繁荣。我国记载风土方物的古地理书都是私家著作,通常采用的著述体例有三种,第一种是综述式,即既不分条陈述,也不像记日记那样详细记录,而是对想要叙说的内容作综合概括,将各种叙事要素糅合在一个整体中,这种写法也常用来撰行记,中唐以前行记用得更多,其组织材料的常见方法是以国度为单位,以从甲地至乙地的一段行程为过渡,衔接前后两个地域,过渡句一般只交代了两地之间行程及花费的时间,具体日期、每一天的情况则不清楚。现存文献中,最早运用这一方式的是《法显传》《宋云行记》。《法显传》:自沙河"行十七日,计可千五百里,得至鄯善国,其地崎岖薄瘠……住此一月日,复西北行十五日,到焉夷国"①。中间表示方向、距离的词语作用在于记载行程路线、走向、远近,为以后的出行提供参考,有时不写出时间,只以路程远近来表示。如《宋云行记》:"从鄯善西行一千六百四十里,至左末城,城中居民可有百家。"②《大唐西域记》《中天竺国行记》《往五天竺国传》《经行记》等继承发扬了这一写法,所述国家越来越多。从慧皎《高僧传》、道宣《释伽方志》看,晋宋齐梁间,就出现了大量的游方僧传,其"记列道路"用的正是这种写法,《法显传》绝不是首创。时间跨度越大,综述的内容越多,略去的细节也越多。这么做也是客观事实的必然要求,西行游历时间一般都在七八年乃至十几年以上,有的甚至长达几十年,可以写进去的内容不是太少,而是太多,分别主次,去粗取精地筛选组织材料,显得特别重要。如果逐日记事,势必卷帙庞大,在书籍靠抄写的唐代,卷帙过大会给保存与流传造成重重困难,何况没有这种必要呢? 采用这种方式也与作者的写作目的、文化程度有关。如

---

① [晋]法显撰,章巽校注:《法显传校注》,第7—8页。

② [北魏]杨衒之著,周祖谟校释:《洛阳伽蓝记校释》卷五,第184页。

果作者为人朴素，文化不高，写作要求低，只是为了简明扼要记载信息，他就会采用综述写法。

第二种是笔记体，其特点是以一个大题目为总纲，下面分列众多条目，条目的独立性强，各条之间并不存在必然联系。如先唐朱应《扶南异物志》、郭缘生《述征记》，有时标明条目名称，有时不标明。如同是记述岭南风土，唐段公路《北户录》与莫休符《桂林风土记》就标明条目，前者有"通犀""孔雀媒""鹧鸪"等五十一条，后者有"桂林""舜祠""双女冢"等四十二条，之所以如此，就是为了突出岭南物产之异样和丰富。而刘恂《岭表录异》却不分条，标明条目是为了醒目，不写也无妨。既然不是讲述同一事件，就只能将文字连缀为一个整体，尽管如此，仍然没有一个中心，内容松散。

第三种就是我们所要说的日记体，它是唐中叶才逐渐繁荣起来的一种体式，记载的是时间相对短、距离不太长的旅行。我们知道在魏晋隋唐，促使行记繁荣最直接的外在推动力，始终是西行求法运动，日记体的出现也与此相关。中唐以来，西行求法的僧人日益减少，而在国内巡礼的僧人却与日俱增，同时其他类别的旅行也受到重视，如游幕、贬谪、下第、赴任都可以运用行记来述说，但行程都不及西域、南海漫长。想要陈述的内容相对少，目标相对集中，人们就有条件运用日记体，逐日叙事或择日记事。时间单位详细到"天"，意味着陈述目标的更加细化，叙事条理的更加清楚和有条理，这正好满足了一些人的写作要求。于是一些长于叙事、有史才的作家首先开始尝试使用。李翱在元和四年正月，应岭南节度使杨於陵之召，自长安取道运河，赴岭南府任掌书记，就写成了我国第一部日记体行记——《来南录》。他选取六个多月行程、一百天左右的行迹扼要叙述，不多下一字，行文严谨，有似史笔。李翱曾充史馆修撰，尤善叙事，他将史家撰写本纪和编年体史书的叙事方式借用到行记中来，以干支标明日期,如元和四年二月"丙辰,次泗州,见刺史,假舟,转淮上河,如扬州。庚申,下汴渠,入淮,风帆及盱眙"①。条理分明,文从字顺,这样写下来的就是一篇文章而非一种专书,容易保存和流行,适应面广。游方僧人需要对某些重要经历做出简短、清楚的记载,也采用这种体式。敦煌遗书中发现了六个卷号的往五台山行记,其中有两种采用了日记方式,不过是标明农历日期次第,而不像史家那样纪干支,比较通俗。伯四六四八号《往五台山行记》,作者是一位僧人,采用逐日记事的方法,记载了他自太原西南天井关—泽州—潞州—石会关—太原城的巡礼经过,重点是在沿途诸寺巡游的情况,从二月六日记到三月十七日,留有日记记录的共二十二天,反映了唐代山西境内佛教高度发达的盛况,黄永武《敦煌宝藏》定名为《旅行日记》。斯三九七号地理文书,黄永武《敦煌宝藏》亦定名为《五台山行记》,据郑炳林研究,作者是后唐僧,约作于长兴二年(931)以后②。文中说,他某年五月二十一日,从北都(唐代太原建为北都)太原向北出发,行经忻、代二州,至五台山,参拜众多寺院及圣迹,从五月二十一日记到二十九日,为了突出重点,还专篇记述了著名寺院——大安寺、佛光寺的盛况,为研究唐五代山西境内佛教流行情况提供了极为宝贵的资料。不仅单篇作品用日记体,纪行专著如圆仁《入唐求法巡礼行记》、圆珍《行历抄》叙述几年的行旅也用日记体,真人元开《唐大和上东征传》是综述与日记两种方式结合,有所变通,一般的经历采用综述的写法,重点则采用日记方式,如重要东渡行动的时间、江行海行的过程、来到日本的经过,都按日期记载。圆仁的《入唐求法巡礼

---

① [唐]李翱撰,郝润华、杜学林校注:《李翱文集校注》卷一八,中华书局,2021年,第315页。

② 郑炳林著:《敦煌地理文书汇辑校注》,第313页。

行记》四卷内，记载了好几百天的行踪，事无巨细，有闻必录，是典型的"流水账"，虽然从外表上看显得过于平板呆滞，但作者凭借这种方法，记下了许多鲜为人知、他书不载的细节，读起来波澜迭起，背景和经过也交代清楚，特别真实，具体，亲切，仿佛身临其境，尤其是第四卷，内容最精彩。会昌毁佛的逐步扩大，以及河北藩镇在此问题上与中央截然不同的态度，朝廷讨伐回纥的军事纠纷，仇士良、鱼弘志软禁文宗至死，矫诏拥立武宗即位，武宗上台后，大肆杀害先朝近臣等晚唐军政大事，都有详细记载。书中写到武宗性好游幸畋猎，迷信道教，竟然残杀前线战士和后妃，封刀滥杀平民，唐朝派去讨伐藩镇的军队还残杀平民，弄得长安城中人吃人。武宗甚至喜怒无常，无故射杀虞候，连日本僧也愤慨地说他无道之极，暴露了唐武宗愚蠢忍毒的一面，这在唐人史书上都看不到，中间有对话、议论、抒情、心理活动和环境描写，每一卷都引人入胜。日记体式的运用加强了行记的叙事功能，提高了所记的价值，因此，唐以后的许多宋人都采用。欧阳修撰《于役志》，文体用笔极似《来南录》，他用撰本纪的史笔作行记，用笔行文与《新唐书》《新五代史》本纪几乎一模一样，都很严谨。此后张舜民《郴行录》、楼钥《北行日录》、范成大《吴船录》、陆游《入蜀记》、郑刚中《西征道里记》等二十余种宋人行记，都用日记体。元明清时期，涌现了大量从驾出征巡幸记、巡部记、西使记，大多采用这一体式，近人郑天挺在 20 世纪 30 年代著《滇行记》仍用日记体，可见其影响之深远。

　　形式创新、体例变化的另一表现是韵散结合、叙事与抒情有机结合。这种形式发源于初唐，普及于中晚唐。义净《大唐西域求法高僧传》首创此法，其中有六处用了骈文，五处出现了诗歌，骈文在文末，用于赞颂；诗歌在文中，用于抒情。有七绝、五绝、五古、杂言四种体式，有时是悼念巡礼途中"遭疾而终"的贫苦僧人，有时是抑制不住乡思,有时是赋诗言志。有一次,他与中国僧无行禅师,同游鹫岭,瞻仰即毕,"遐眺乡关,无任殷忧",赋诗二首。第一首为杂言诗,相当于一篇诗体行记,委曲抒怀,篇幅较长;第二首较短,乃一首标题为《一三五七九言》的杂言体诗,诗题下注:"在西国怀王舍城旧之作。"诗曰:"游,愁;赤县远,丹思抽。鹫岭寒风驶,龙河激水流。既喜朝闻日复日,不觉颓年秋更秋。已毕耆山本愿诚难遇,终望持经振锡往神州!"①表达了因长年异国奔波而引起的浓重的岁月迁逝感,以及对事业未成的忧虑和对家园的思念。他在广州即将出发之际,许多原来准备同行的朋友都因故未能成行,只剩下他只身一人前往,"神州故友,索尔分飞;印度新知,冥焉未会"。一时情思怫郁,乃仿张衡《四愁诗》,作五古二首:"我行之数万,愁绪百重思。那教六尺影,独步五天陲。""上将可陵师,匹士志难移。如论惜短命,何得满长祇!"②短短两首小诗,表达了他先是犹豫不决,然后决然西去、志节难移的意气。这种写法直接影响了盛唐以来的行记。盛唐行记《唐大和上东征传》也在作品末尾附录了几位日本人哀悼鉴真大师的诗歌。到晚唐,诗歌更发达,以诗入行记的做法更为普遍,据《郡斋读书志》卷八"地里类"王仁裕《南行记》解题载,后晋天福三年"仁裕被命使高季兴,记自汴至荆南,道途赋咏及饮宴酬倡,殆百余篇"③。此书虽亡,然散见于宋代文献中的仍有二首,见《诗话总龟》前集卷二二引《杂咏》及《天下大定录》,乃赞美荆南歌妓之诗。短短两卷行记,竟有诗百余篇,所占比重之大,在唐人行记中恐怕是独一无二的。

---

① [唐]义净著,王邦维校注:《大唐西域求法高僧传校注》卷下《荆州无行禅师传》,中华书局,1988年,第193—194页。

② [唐]义净著,王邦维校注:《大唐西域求法高僧传校注》卷下《义净自述》,第151—152页。

③ [宋]晁公武撰,孙猛校证:《郡斋读书志校证》卷八,第349—350页。

仁裕随驾入洛,君臣沿途酬唱不绝,其《入洛记》也兼载诗歌,《郡斋读书志》卷六"杂史类":"《入洛记》一卷,右蜀王仁裕撰。仁裕随王衍降,入洛阳,记往返途中事,并其所著诗赋。"① 这就与唐初行记只纪行,不抒情,全为简古散文,无整齐修饰韵文的单一化面貌不大一样。这种方式保持到了元明清行记中,金王寂《辽东行部志》、清高士奇《松亭行记》都有不少诗,明代及清中后期的行记载诗尤多。

　　值得注意的是,一些特殊形式的行记开始出现。一是小说体,如韦瓘《周秦行记》,托名牛僧孺撰。作者虚构了唐代举子下第客游这样一种常见行旅,虽然不是真正的行记,它的出现却能充分说明中晚唐以来行记愈来愈发达,为文人所谙熟,以致可以随时操笔写成各种各样;二是以石刻形式出现的行记。《舆地纪胜》卷八二《襄阳府·碑记目》:"《唐延庆洞行记》,唐咸通蒋係、卢滔等游山所题,碑今在延庆寺。"② 卷一八五《阆州·碑记目》:"《元稹留题》,唐元稹以谏官,责(授)通判(当系'通州'之误)司马,今达州也。曾游云台山,书《行记》于山之钟楼枋上。"③ 疑为其贬通州所留。文渊阁四库全书本《舆地碑记目》卷四《沔州目》:"《唐刺史行记》,兴州刺史当(常)行规、河中府参军裴思南、处士刘彷、进士孟元旗,大唐开成三年。"其实这些并不是作为文体类别的行记,而只是旅行题名记,内容、格式与唐人名山洞府岳寺题名完全相同。有的在题记后加上几句诗,其实仍旧是题名记。宋人继承了这种写法,黄庭坚就撰过五种相当于题名留记的行记,《山谷别集》卷一一有其《西南山浦行记》《中兴颂诗引并行记》《游泸州合江县安乐山行记》《游中岩行记》,《山谷集》卷二〇有《黔南道中行记》,

① [宋]晁公武撰,孙猛校证:《郡斋读书志校证》卷六,第258页。
② [宋]王象之撰:《舆地纪胜》卷八二,第2677页。
③ [宋]王象之撰:《舆地纪胜》卷一八五,第4777页。

篇幅都在数百字之内,记载的都只是一次短暂游历,抒发的是片刻感受与经见,而不是一段连续性的长时期的旅程,毕竟与真正的行记有区别。另一种碑刻行记则是行历简介,相当于僧传,如清叶奕苞《金石录补》卷二〇《唐杜顺和尚行记》。以上做法固然可以见出唐人的通脱率性,而行记之名的被广泛应用也是其日趋发达的重要标志。

二、内容的开拓与思想的时代性

较之于形式的创新,外国传志内容上的开拓最能代表唐人行记的成就。自《法显传》到《大唐西域记》,可以清楚地看到一个当时作者都十分崇尚的指导思想:侈闻见之博,据所历为实,充分反映了唐人开阔的文化视野,表现了唐人的探险求实精神。汉晋周隋使西、游西者无数,但受制于当时的中外交通客观条件,都没有留下详细清楚、信实可靠的记载:"方土所记,人物所宜,风俗之沿革,山川之卓诡,虽陈之油素,略无可纪……纵有传说,皆祖行人,信非躬睹,相从奔竞,虚为实录……积石河源,西瞻赤县;昆仑天柱,东顾神州;鸣砂以外,咸称胡国;安用远筹,空传缃简。"凡所叙述,多得自传闻,导致"前后传录,差互不同"①。文笔诡异,失于信本。而唐人却"展转膜拜之乡,流离重驿(译)之外……下雪岵而泛提河,窥鹤林而观鹫岭"②。寻求历览,耳闻目验,见闻之广博,远非先唐人可比,因而写成的作品时空跨度更大,涉及面更广,像侈谈博物的百科全书,兼备百科,无所不包,"自雪岭已西,印度之境,玉烛和气,物产风俗,八王故迹,四佛遗踪,并博望之所不传,班、马无得而载"③。记叙体例也由以前简单

①［唐］道宣著,范祥雍点校:《释迦方志》卷首道宣《释迦方志序》,中华书局,2000年,第1—2页。
②［唐］慧立、彦悰著,孙毓棠、谢方点校:《大慈恩寺三藏法师传》卷六,第134页。
③［唐］慧立、彦悰著,孙毓棠、谢方点校:《大慈恩寺三藏法师传》卷六,第129页。

的路段＋国度改为路段＋国度＋闻见,进一步分段细化,日趋详明,大约可以分为政治、经济、宗教与社会情况四大类,而以社会情况最复杂,凡所历诸国名称、数目、幅员、岁时、宫室、衣饰、馔食、语言、文字、货币、国王、族姓、赋税、物产、农业商贸、都城制度、人口规模、山川形势、交通方位,一一俱备,佛教流行情况、发展规模、宗教传说,比以前记得更详尽,不仅《大唐西域记》《中天竺国行记》有这些,《入唐求法巡礼行记》《诸山圣迹志》等域外人士的来华行记也有。即使叙行程,也由先唐的一二句话的概述变为对路线里程、地势地貌、沿途风景的详尽记载,突出了地域文化特征。正是体例的调整和写作的细化使得行记的篇幅大增,《隋书·经籍志》著录的行记,绝大多数卷数在一二卷之间,而唐人行记则卷数普遍增加,有的多达十卷、十二卷。

内容的开拓还表现在空间范围的拓展上。先唐时四夷诸国只有正史外国传有正面的记载,然极为简略,且难以坐实,唐代行记则将回纥、吐蕃、契丹、南诏等主要邻国包括殆尽,而且都是外交官的使程记录,很真实,史料价值比先唐及同时期正史都要高,对中亚、西亚、天竺、南海等外国的记载更是其他朝代、其他国家史书所无法比拟的。

唐人行记出现了一些值得注意的思想内容。一是文化视野比先唐有了大的扩展,经行的地域辽阔,"岂如汉开张掖,近接金城;秦成桂林,才通珠浦而已"[1]。人们不再一味对异域恐惧害怕,勇敢地探索了雪岭以西只有传闻的神秘国度,所谓"条支巨雀,方验前闻;罽宾孤鸾,还稽曩实"[2]。玄奘在贞观末写给唐太宗的进表中骄傲地说:"所闻所履,百有二十八国,窃以章亥之所践籍,空陈广袤;夸父之所

---

[1] [唐]慧立、彦悰著,孙毓棠、谢方点校:《大慈恩寺三藏法师传》卷六,第134页。
[2] [唐]慧立、彦悰著,孙毓棠、谢方点校:《大慈恩寺三藏法师传》卷六,第134页。

陵厉,无述土风。班超侯而未远,张骞望而非博。今所记述,有异前闻。虽未及大千之疆,颇穷葱外之境。皆存实录,匪敢雕华。"① 立志度越前人,亲历绝境,验证传闻,体现了新时代人们的勇敢开拓精神。

唐人行记表现出强烈的民族自豪感与种族优越感。唐前期,皇室不惜代价,屯兵葱岭,与突厥、吐蕃等亚洲强邻争雄,甚至与大食逐鹿中亚,寸土不让,国家势力雄张,疆域空前辽阔,万国来朝。国力的强盛大大提高了人们的民族自信心,玄奘、辩机、王玄策等发言吐论,事事处处体现了这种时代精神,作者莫不雄视四夷,以大唐这个大"我"为天下中心,视其他种族为"蕞尔丑类"。玄奘在其《大唐西域记》卷首《序论》中得意地说:"幽荒异俗,绝域殊邦,咸承正朔,俱沾声教……详观载籍,所未尝闻;缅惟图牒,诚无与二。不有所叙,何记化洽?"② 王玄策不能忍受中天竺国叛唐的行为,发吐蕃兵大败之,体现了驱策四夷,使为我所用的宏大帝国气概。日本僧的行记也许更能说明问题。《唐大和上东征传》提到,唐代扬州等地方政府对日本僧的态度十分强硬,几次公开干预,不许鉴真东渡。《行历抄》记载长安街吏对日本僧的管制又严又紧。《入唐求法巡礼行记》则证实,河北、山西、陕西境内驿路两侧私营客店的老板,有很多人对圆仁等几位外国僧态度十分不友好,不冷不热的也多,有时甚至十分凶恶,态度好的反不多见,严重影响其心情和工作。这些都是民族自信心的生动表现。此时的国人根本不会忧心忡忡地考虑防边御夷。可到了中晚唐,四夷侵逼,国土日蹙,君主数度为避戎狄入侵而南行巴蜀,

---

① [唐]慧立、彦悰著,孙毓棠、谢方点校:《大慈恩寺三藏法师传》卷六,第134—135页。

② [唐]玄奘、辩机著,季羡林等校注:《大唐西域记》卷首《序论》,第32页。

东幸陕州,开元时代的近京之州一变为极边之州,无数人民陷蕃,水深火热,哀哀无告,空前的民族危机、强烈的忧患意识,从来没有这样强烈而鲜明地占据着文人士大夫的头脑,无论是出使的外交官还是朝中公卿,大都留心国是,防边御戎成了头等大事,中外华夷之别又鲜明起来,体现出有别于初盛唐而十分接近宋人的士风。《郡斋读书志》卷七韦齐休《云南行纪》解题记载,长庆三年(823),韦齐休随韦审规使云南,在所撰行记《序》中,发表了一个不类唐人而近宋调的议论,略谓云南之所以为唐患者,在于贞元以后开通了越巂道,在通使的同时也给了南诏一条内侵通路,若自黎州以南至清溪关外,尽弃斥之,国家疆域可保无虞,不然忧之未艾。晁公武对此看法就深以为然,因为宋代正是这么做的。宋太祖玉斧一挥,自大渡河以南的广大土地,尽弃之,不为宋有,于是夷陵这种内陆州也被欧阳修视为“天涯”,其《戏答元珍》有“春风疑不到天涯”之句 [1],进一步放大看,宋人所谓天涯,都是内陆州县,只是距离中原稍远而已。不想如何去击退敌人,而思量着怎样苟且偷安,就是从这时开始的。刘元鼎《使吐蕃经见纪略》载,作者出使吐蕃,行至陇右,见千余故国遗老,夹道迎接唐使。“元鼎逾成纪、武川,抵河广武梁,故时城郭未隳。兰州地皆粳稻,桃李榆柳岑蔚,户皆唐人。见使者麾盖,夹(道)观。至龙支城,耋老千人,拜且泣,问:天子安否? 言顷从军,没于此。今子孙未忍忘唐服,朝廷尚念之乎? 兵何日来? 言已,皆呜咽。密问之,丰州人也。” [2] 作者路过石堡城,见信安郡王李祎、张守珪所立封石皆仆,独吐蕃所立石皆存,哥舒翰故垒多在,河西陇右万里江山,俱为戎有,

---

① [宋]欧阳修著,李逸安点校:《欧阳修全集·居士集》卷一一,第173页。

② [清]董诰等编:《全唐文》卷七一六,第3261页。《全唐文》此段文字,辑自《新唐书》卷二一六下《吐蕃传下》,当与《册府元龟》卷六六二所载刘元鼎奏疏对读。

倍增感慨。这种沉痛感，已经是普遍存在的时代心理。韦应物《送常侍御鲁却使西蕃》："归奏圣朝行万里，却衔天诏报蕃臣。本是诸生守文墨，今将匹马静烟尘。旅宿关河逢暮雨，春耕亭鄣识遗民。此去多应收故地，宁辞沙塞往来频。"① 诗中说，唐朝使节在出使吐蕃途中，经常会遇见河西陇右的没蕃人。尽管末尾格调高扬，中间却笼罩着淡淡的忧伤。据陶敏先生考证，常侍御指常衮从弟常鲁，建中初，以监察御史充入吐使崔汉衡判官。此诗即为此事而作，所写亦唐德宗朝唐朝西北边地实况。胡峤《陷虏记》中，这种沉痛感之外又多了一层意蕴，因为他作为汉人被俘入契丹，契丹主却反过来教训他："夷狄之人，岂能胜中国！然晋所以败者，主暗而臣不忠。因具道诸国事，曰：'子归，悉以语汉人，使汉人努力事其主，无为夷狄所虏，吾国非人境也。'"② 契丹主的话足以使人警醒。

　　唐人的这种屈辱、沉痛的情感，已开宋人使辽、使金行记之先声，虽说唐人使蕃是公平对等的外交，毕竟不同于宋人使辽、夏、金、蒙古，但唐朝的"没蕃人"与宋代的中原沦陷区遗民，已没有什么本质区别。范成大《揽辔录》、周辉《北辕录》中"遗民忍死望恢复，几处今宵垂泪痕"③ 的情景，与中晚唐行记、诗歌对陷蕃人的描述颇为神似。范成大使金诗《州桥》："州桥南北是天街，父老年年等驾回。忍泪失声询使者，几时真有六军来！"④ 这种沉痛感压得人几乎吐不出

---

① [唐]韦应物著，陶敏、王友胜校注：《韦应物集校注》（增订本）卷四，第257页。此诗北宋时收入《韦苏州集》卷四，知为韦诗。《全唐诗》卷四九二作殷尧藩《送韦侍御报使西蕃》，作者及标题均误。

② 李德辉辑校：《晋唐两宋行记辑校》，辽海出版社，2009年，第181页。

③ [宋]陆游著，钱仲联校注：《剑南诗稿校注》卷八《关山月》，上海古籍出版社，2005年，第623页。

④ [宋]范成大著，富寿荪标校：《范石湖集》卷一二，上海古籍出版社，2006年，第147页。

气来,这一切都是从中唐开始的,是中晚唐人的行记最早记录了这段民族屈辱史。

第四节　行记的文体特征及职能演变

先唐时古人尚质,行记多不事修饰,风貌古朴,有很强的实用功能,向来与抒写性情的诗歌大异其趣。但后来随着文学的发展,文学意味越来越浓,知识性、趣味性也越来越强,运用的表现手法愈来愈多。可以看到,从晋宋到南北宋,古行记的职能从专主叙事到文备众体,从单调简略到繁富多变,经历了一个漫长的演变过程,其体貌也发生了相应变化。究其因,一方面是因为人们不断赋予行记以新的功能与要求,于是借鉴了诗歌与抒情散文的创作手法;另一方面,也与各种不同类型的文学样式对它的影响渗透有关。

一、先唐行记的专主叙事

行记是六朝时出现的新文体,最初的行记——西行记与游方僧传,原为一体。汤用彤先生曾不止一次地指出,六朝史书,以僧传最发达。虽然今天原书难得一见,但其名见于《高僧传》《隋书·经籍志》及其他目录类书者仍极多,游方僧传就是其中的一种。它早在西行求法运动开始的晋代,就开始流行。据慧皎《高僧传》卷一四《高僧传序录》:"自尔西域名僧,往往而至……自汉之梁,纪历弥远,世涉六代,年将五百……众家记录,叙载各异。沙门法济,偏叙高逸一迹;沙门法安,但列志节一行;沙门僧宝,止命游方一科;沙门法进,乃通撰传论,而辞事阙略,并皆互有繁简,出没成异。"[1]《高僧传》

---

[1] [梁]释慧皎撰,汤用彤校注,汤一玄整理:《高僧传》卷一四,第 523 页。

卷三《宋京兆释智猛传》传末交代："余历寻游方沙门，记列道路，时或不同。佛钵顶骨，处亦乖爽。将知游往天竺，非止一路。"① 从这两条材料可以看出，游方僧传与行记，都孕育于汉魏南北朝佛教东传这一大的时代环境中，系作者自述经历或由他人代为叙述，僧宝是游方僧传的创始人之一。唐僧道宣在其《释迦方志》中多次提到先唐游方僧传，书中"游履篇""遗迹篇"都是根据自晋至唐的"前后传录"写成的。《游履篇》云，自西汉至唐代，中国与西域前后通使往返，"将二十许"，大部分人留下了传记以"条序使途"。如后汉建安十年（205），秦州刺史遣成光子从鸟鼠山度铁桥，西使穷于达傃（嚫），"旋归之日，还践前途，自出别传"。东晋隆安初，宝云、法显、智严等相继入天竺，"游西有传"。后秦姚兴时京兆沙门智猛，西游二十年，有《沙门释智猛游行外国传》。后秦弘始中，沙门法显、慧景自长安历于田，凡经三十余国，泛海至青州而回，"所行出传"②。所述十六次西游中，立传的有九次，有时称别传，有时称大传，最常用的是"记传"。

上述事实告诉我们两点：

其一，僧传在先唐，主要担负记述使事、"条述使途"两个叙事功能。相应地，其著述体例也有两项关键内容：一是记列道路，二是备载圣迹传说。《法显传》不过是众多游方僧传中的一种。扩大到整个行记，其根本职能也是"记列道路"，叙述行旅本身。而这两个大功能，都是直接为僧人游方求法提供服务的。晋宋时期，东土僧俗对中亚西域极乏了解，去者绝少，略无可纪，"纵有传说，皆祖行人，信非躬睹，相从奔竞，虚为实录"。积石河源，昆仑天柱，"鸣砂以外，咸称胡

---

① ［梁］释慧皎撰，汤用彤校注，汤一玄整理：《高僧传》卷三，第126页。
② ［唐］道宣著，范祥雍点校：《释迦方志》卷下，第97页。

国"①。极为有限的知识也是得自传闻,很不可靠。因此既热心佛教事业又能文之士,最想做成的一件大事,就是著成一部大家都能利用的可信的西游传记"实录"。当时的人们特别需要增进对西域南海的了解,然而经途辽远,游诣者稀,著述虽多却又苦于"叙载各异",使人无所适从,想要"忘形殉道,委命弘法"的僧人②,只能徒唤奈何。这时候,开拓者们的西行意义显得尤其重大,他们必须通过实地考察,著成记传,为后续的人们提供路线指引,以提高成功率,减少盲动冒进,减轻损失。过去西行者徒有热情,蛮干,缺乏指导,故"去人成百归无十"③。在这一目标指引下,他们对西行路线的具体走向、经行距离、所花时间、沿途地貌、河流水泉、城郭人民等,都做了繁简不一的记载。至于佛教流行状况,如大乘、小乘、僧尼数量、寺院规模、圣迹传说,则有闻必录,为西行者提供参考。同理,交聘使往返必须向政府汇报,交纳记录,交聘路线与经历见闻也是第一要素。从征、从驾者要配合帝王的军事行动,对此做出记载,其撰作行记并非娱情遣兴,而是奉诏修撰,以纪行程。《水经注》引用戴延之、郭缘生行记时曾几次提到,二人之所以专记沿途军事险要、山川形势,就是因为刘裕交代了任务,故沿途寻访作记。

　　其二,今人所说的行记,在先唐一般称为行传或游方僧传。不仅晋唐目录、子、史诸部通常称之为行传,而且唐宋以来,僧人行记在佛藏中都是被列入"游方记钞"。如《释迦方志·游履篇》:"余历寻《僧传》,并博听闻,所游佛国,备之前矣。然记传所见,时互出没,

---

① [唐]道宣著,范祥雍点校:《释迦方志序》,第1—2页。
② [梁]释慧皎撰,汤用彤校注,汤一玄整理:《高僧传》卷一四《高僧传序录》,第524页。
③ [唐]义净:《题取经诗》,[清]彭定求等编:《全唐诗》卷七八六,第8864页。

取其光显者,方为叙之。"① 即将先唐此类作品与僧传互称,又总称为"记传",这种并称互换现象,在晋宋齐梁间很普遍。《佛国记》又名《法显传》,慧生的行记曰《慧生行传》,释智猛有《游行外国传》。"记传"并称者如法显《历游天竺记传》、昙无竭《历国传记》、宝云《外国传记》。有的僧传又名行记,如日僧思托所著《大唐传戒师僧名记大和上鉴真传》,又称《和上行记》《和上东行传荃》②,可见僧人行记与游方僧传同为一体,并无本质区别。

"记传"这一术语,准确概括了行记这种文体融"记""传"于一体的特征。从文体演变看,"行传"是由人物传派生出来的,用传记的写法纪旅行经见,所记对象为"行",所传为此人的一段行历;描写对象是西行者,记述重点则是行程见闻,既记游历,也传行实,二者结合,故曰"记传",其目的无非是讲述清楚西行的经历,从这个意义上说,行记是主叙事的作品。

纵向地看,行记虽是六朝文体,其源头则是秦汉史册中的纪传、编年二体。六朝时,涌现出众多的以"记"为名的史部著作,方物记、神异记、志怪记、冥祥记、风俗记、地记、图记、都城记、精舍记、水源记……真是琳琅满目,记、志之书这么多,表明史部的叙事功能获得了大发展。凡以"记"名者,都以客观事象为叙说对象,都有一个运用什么体式与方式的问题。汉魏以来,以《史记》《汉书》为代表的纪传体,就逐渐建立了其在史部诸书中独尊的地位,大家竞相采用此体,"以为正史,作者尤广。一代之史,至数十家"③。与此同时,《左传》《东观汉纪》对魏晋南北朝文人的影响之大亦不可忽视,不应忘

---

① 〔唐〕道宣著,范祥雍点校:《释迦方志》卷下,第99页。

② 见〔日〕真人元开著,汪向荣校注:《唐大和上东征传·作者及版本简介》,中华书局,2000年,第15页。

③ 〔唐〕魏徵等撰:《隋书》卷三三《经籍志二》,第957页。

记,《隋书·经籍志》中,史部正史类通计亡书有八十部,编年类也有三十四部。十八家晋书,采用编年体的多达十一部。当时学者"以为《春秋》则古史记之正法,有所著述,多依《春秋》之体"①。"记"体之史书,在《隋书·经籍志》中散居史部杂史、霸史、杂传、地理四小类,尤以后两类居多。既然同居史部,必然受到纪传、编年二体影响。早期行记如《法显传》及同时代的众多游方僧传,在人物描写上都借鉴了"传"的形式,叙述行程时则兼用了本纪的叙事方式,就是史书诸体相互渗透的结果。

　　从横向联系看,六朝文献中,有的书既作"记",又曰"纪",二者有时可通,说明"记"在著述方式上,有受"纪"影响的痕迹。"纪"的主要功能是叙事,运用的是《左传》《汉纪》以来的编年体写法,"系日月而为次,列时岁以相续。中国外夷,同年共世。莫不备载其事,形于目前;理尽一言,语无重出"②。以事系日,以日系月,或标以干支,明其次第,可以将当天或一段时间内发生的事件清楚地勾勒出来,既保持了内容的连续性,又不失完整性。行记记述行程见闻,最重要的要求正是事件的连续性与完整性,这时候就不得不借鉴"纪"的作法,按照时间顺序组织材料,陈述事实。所不同者,正史本纪记载的是全国上下一日内的军国大事,要对材料做严格筛选,行记则以一个人的活动为中心,要避免单调,写好经历,就不能不借重"传"的写法,以人物活动为中心,穿插情节,描写环境。纪只能包举大端,传则可以委曲叙事,"纪"的写法保持了事件的连续完整,"传"的写法则使作品以人物为中心,翔实生动,人物情态毕具,叙事与写人的手

①　[唐]魏徵等撰:《隋书》卷三三《经籍志二》,第959页。
②　[唐]刘知几撰,[清]浦起龙通释:《史通》卷二《二体》,上海古籍出版社,2008年,第21页。

法结合,有利于去其所短,合其所长。

二、唐代行记的文备众体

先唐时西行记的作者是僧人,宗教热情高但未必文学才华富。之所以撰行记,只是为了个人备忘,为西行求法巡礼提供指导与参考。法显作传,就是考虑到国内"诸师,来(未)得备闻",故以"竹帛疏所经历,欲令贤者同其闻见"①。这种偏于实用的写作动机,使得先唐行记普遍文字简古,质朴无华。而且撰记的僧人都非名流显达。像法显,地位寒微,一介草民,性情恬淡,"其人恭顺","言辄依实"②,其身份性格也决定了作品风格古朴。他们撰写的行记用笔多平铺直叙,绝少作增饰夸张,描写、议论、抒情等手法用得较少。行役记和交聘记的作者虽富文采,但毕竟受行记写作目的和文体特征的限制,必须充分考虑到"述行程"这一基本点,因而叙述成分颇多,描写议论较少,离"文备众体"即兼具史才、诗笔、议论,既善叙事,又工于描写,情采流溢,议论精当这样一种理想状态还很远。到唐代,由于诗赋、骈文等韵文的广泛运用,笔记小说也开始繁荣,人们利用这种笔记文体谈天说地、虚构情节、塑造人物,叙事、抒情、议论的能力有了提高,文学语言更加优美,流丽。所有这些,都促使创作主体树立更明确的写作意识和更高的创作要求,无论是奉诏使蕃还是贬谪游幕迁徙,往往著成记传,以存行实。外国志传的作者也有更高的艺术追求,即不仅仅靠撰记来指导实际生活,而且意欲通过它来宣播异域文化,弘扬国威,一书在手,可"具览遐方异俗,绝壤殊风,土著之宜,

---

① [晋]法显撰,章巽校注:《法显传校注》传末《结语》,第150页。
② [晋]法显撰,章巽校注:《法显传校注》传末《跋》,第153页。

人伦之序,正朔所暨,声教所覃"①。很多人把行记当作文学作品写,将诗赋、骈文的那套手笔移到行记创作上来,行记的功能遂由专主叙事转变为叙议结合,既能备载信息,提供咨询,又可抒情发感,功能扩大,容量增加,面貌也随之有所变化。

描写手法被广泛运用,写景物,写场面,写细节,写对话,且多采用骈偶句式或韵散结合的方式,"言之不文,传之不远",作品富有情采是众多唐人行记能流传至今的主要原因。

先唐西行记中只能间或见到描写。《法显传》叙述北天竺游历,行至小雪山,同伴慧景被冻死的情节时,改用了描写手法。作者怀着悲痛的心情,转述了慧景的临终遗言,描述了慧景惨死于"寒风暴起"之时的场景,给人以很深的印象:"法显等三人南度小雪山。雪山冬夏积雪。山北阴中,遇寒风暴起,人皆噤战。慧景一人,不堪复进,口出白沫,语法显云:'我亦不复活,便可时去,勿得俱死。'于是遂终。法显抚之悲号:'本图不果,命也奈何!'复自力前,得过岭,南到罗夷国。"②《宋云行记》在这方面有所发展,凡是遇到重要的圣迹传说,都采用描写手法,以突出对象的特征。如沿途国王询问东土风俗,欲了解宋云一行的来历,作者就采用了对话,以增强真实感。对话与描写有助于显示细节,是作品中的动人之处。但并未始终保持,只是若隐若现,时有时无。这个创作趋势直到唐代才鲜明地凸现出来,作家有意识地加强了描写以造成生动形象的艺术效果,《大慈恩寺三藏法师传》中有很多精彩之笔,有的是人物描写,如法师西行,"既至伊吾,止一寺。寺有汉僧三人,中有一老者,衣不及带,跣足出迎,抱法

---

① [唐] 玄奘、辩机著,季羡林等校注:《大唐西域记》卷首于志宁《大唐西域记序》,第 27 页。
② [晋] 法显撰,章巽校注:《法显传校注》,第 43 页。

师哭,哀号哽咽不能已已,言:'岂期今日重见乡人!'法师亦对之伤泣"①。所写情景就非常动人。有的是场面描写更是情态毕具,作者说,法师行至玉门关西的大沙漠中,同伴尽离他而去,"自是孑然孤游沙漠矣,惟望骨聚马粪等渐进。顷间,忽见有军众数百队,满沙碛间,乍行乍息,皆裘褐驼马之像,及旌旗稍纛之形,易貌移质,倏忽千变。遥瞻极著,渐近而微。法师初睹,谓为贼众;渐近见灭,乃知妖鬼"②。描写沙漠中令人恐惧的幻象,栩栩如生。《大唐西域记》更多地使用了语言描写和场景,以传述圣迹与传说以及求法的重要经历,卷二叙那揭罗曷国共用了四小段,后三段各描述一圣迹,如写"小石岭佛影窟":"伽蓝西南,深涧阤绝;瀑布飞流,悬崖壁立。东岸石壁有大洞穴,瞿波罗龙之所居也。门径狭小,窟穴冥暗,崖石津滴,磎径余流。昔有佛影,焕若真容,相好俱足,俨然如在。"③ 以上为场面描写和人物形象描写,还有语言描写,如小龙与佛对话:"(龙)因请如来:'常居此窟,诸圣弟子,恒受我供。'如来告曰:'吾将寂灭,为汝留影,遣五罗汉,常受汝供。'"④ 此外还有人物动作描写、内心独白。要创造引人入胜的艺术效果,只能凭借飞腾的想象与非凡的表现力。此书乃事后凭借回忆撰成,如不依靠想象与描写,就不能突出事象特征。没有对话与动作描写,作品就会只剩下一根粗线条,无血无肉,跟此前的作品没什么两样。初唐行记的这些写法,影响了中晚唐人。敦煌残卷中的僧人行记,既有先唐式的敦朴之笔,也不乏场面、景物

---

① [唐]慧立、彦悰著,孙毓棠、谢方点校:《大慈恩寺三藏法师传》卷一,第18页。

② [唐]慧立、彦悰著,孙毓棠、谢方点校:《大慈恩寺三藏法师传》卷一,第14—15页。

③ [唐]玄奘、辩机著,季羡林等校注:《大唐西域记》卷二,第224页。

④ [唐]玄奘、辩机著,季羡林等校注:《大唐西域记》卷二,第225页。

描写。如伯二九七七号《五台山志残卷》这样描绘五台山："南阎浮提东北方,有金色世界清凉宝山,其山五峰迥耸,万刃(仞)峨嵯;府(俯)视人寰,傍薜(观)日月。仲夏季月,花木芳荣;常切寒风,每凝冰雪,所以众号清凉山矣。"① 极言山之高耸险峻,不同季节的物候变化特征,给人以清晰的立体形象而不是一个地理轮廓。同样的描述亦见于《诸山圣迹志》。

其次表现在文学语言的广泛运用。一些作者叙述所至之地的社会面貌和历史发展时,纷纷采用四六句式,追求形式的整饬、音韵的铿锵顿挫。在这方面,僧人行记表现得较突出。《大唐西域记》与《大慈恩寺三藏法师传》具有开创性。二书行文多用四六句式以概述历国情况,叙述人物行踪,此前的行记则基本上用散句,欠藻绘,质朴中显出粗糙。《大唐西域记》历叙一百三十余国,总述一国概况时,总有意识地使用骈偶句式,间以散句,对仗不一定工稳,但句式匀称,平仄相间,有时押韵,时时润色字句,华丽精工。该著卷二《印度总序》,分十七个方面介绍五天竺概况,行文时集中体现了这种美的追求。叙行程闻见时,作者也有意识地使用韵文、整句以增加美感,从而为中晚唐行记提供了良好的典范。敦煌卷子中的僧人行记也积极追求形式美,在句式、平仄、用韵、藻绘四方面都不完全同于散文,而近于骈文,有的甚至整篇是骈文。如伯三九三一号《印度普化大师游五台山启文》,以章表文体,骈偶句式述行旅:法师"游方志切,利物情殷。爱别梵遐,登雪岭万里。水山晓夜,岂词(辞)于凉山;别千重沙漠,春秋不惮于暑寒之苦。贾(曾)达朕封,淹停岁月。今则言旋震城,誓谒清凉。经行恐滥于时流,解学全高于往哲"② 。音调抑扬,情

---

① 郑炳林著:《敦煌地理文书汇辑校注》,第263页。
② 郑炳林著:《敦煌地理文书汇辑校注》,第315页。

感顿挫,比古朴的先唐行记要优美得多。在记述行程时也喜欢用整齐的骈俪句式,然而骈偶句式并未造成重复累赘,语意依然凝练,如伯三九三一号《印度普化大师游五台山启文》:"二十五日,往北台,穿碧雾,过骆驼嶕,渡龙泉水,启告再三……旦登途至法华寺,斋差而别。奔趋佛光寺,音乐喧天,幡花覆地,礼弥勒之大像,游涅盘(槃)之巨蓝。"①斯五二九号《诸山圣迹志》:从庐山"敖游苏杭,二千余里至元上(上元),即今昇州是……城周五十余里,在平川,西北两面缘江,东南面是山。桑麻噎日,松山千里,水石清宜"。从荆南"北行五(百)里,至襄州。城周二十五里,寺院五十所,僧尼千余人。南安崇山,北临汉水;青春□□,花木交荫,涉水游山,动经旬月"②。纪行文字中兼用韵文,错落有致,较之于纯粹的散文或韵文句式多了一层句式和语气的错综之美。

　　复次,抒情、议论成分增多。先唐行记主要叙行旅,多客观陈述,作者的见解不轻易显露,即使有感触也融入叙述中,不露痕迹。唐代行记广泛运用抒情手法,有时表现为间接方式,如伯二九七七号《五台山志残卷》:"东台高三十七里,亦无树木,顶平地五庙(倾)已来。异鸟灵禽,梵音响亮。名花软草,烂(兰)若红祠。上有孔省(雀)台、凤凰穴、那罗延窟、斫伽罗山。东望沧溟,如观掌内。"③热情的赞美渗透在字里行间。直接抒情方式多样,或借用史传、铭诔中的论赞形式,如义净《大唐西域求法高僧传》,在许多传末采用了论赞表达对传主的褒贬,有时曰"赞曰",有时曰"重曰",中晚唐僧人行记也沿用此法。或在叙事之后改用骈偶句式,写成韵文来抒情,如斯五二九

① 郑炳林著:《敦煌地理文书汇辑校注》,第316页。
② 郑炳林著:《敦煌地理文书汇辑校注》,第271—273页。
③ 郑炳林著:《敦煌地理文书汇辑校注》,第263页。

号《诸山圣迹志》中,作者在叙述了巡礼五台山的经过后,改用韵文,插入一段长达三百余字的"赞曰",来表达对灵山圣迹的向往、赞美。"赞曰:大唐之东,此山最隆。巨出四惟之表,高树六合之耸……松罗桂约,冰名飒飒。天涯客至,寰外人游。"① 分别赞美山形的高峻、清凉,圣迹之多,景致之美,游客之众,香火之旺。唐代诗歌高度发达,能诗者多,部分行记有时改用诗歌来抒情,或古体,或近体,通常夹杂在正文中,置于叙事的文笔后。慧超《往五天竺国传》就有五首五言诗,分别表达四种情境中的情感变化:遇到鹿野苑等天竺四大灵塔,极喜而作诗;行至南天竺,思乡,为五言诗一首;到一僧寺,见一汉僧来此染病,欲归来能,病死于此,悲悯不已而有诗;返回途中,至吐火罗,遇汉使入蕃,极悲,思乡,因有诗。《诸山圣迹志》中,分别以四首"即题"诗来表达对名山、名寺、名僧的赞美,深化了感情,突出了重点,诗歌满足了人们表情达意的需要,又富有含蓄凝练之致,其艺术韵味自非骈句可比,所以很多人乐意采用,连汉文水平不高的新罗僧慧超也情不自禁地要作诗抒怀。

中唐以后行记议论成分增加,这与唐蕃形势的逆转有关。前面一节已略举大端,这里不重复。

三、叙事纪行的功能得到加强

表现手法的综合运用并不会减损作品的叙事功能,相反地,会使之生动、丰富,这可以从以下几个方面看:

叙述语言仍是基本语言。唐代行记涉及的内容子项大增于前,《大唐西域记》卷二《印度总述》,从释名、疆域、数量、岁时、邑居、衣饰、馔食、文字、教育、佛教、族姓、兵术、刑法、敬仪、病死、赋税、物产

---

① 郑炳林著:《敦煌地理文书汇辑校注》,第 268 页。

十七个方面,全面介绍印度。这种全方位的百科全书式的总介绍,不能不依靠叙述语言。由初盛唐而中晚唐,僧人行记中宗教迷信成分在减少,而世俗的内容在增加。敦煌地理文书中的行记,灵踪圣迹的记叙只是偶尔一见,主要内容是世俗生活画面。日本僧的行记内容主要是所经各地社会面貌的记载,文字更质实,叙述更细腻。交聘使的行记主要记载异域地理方物、奉使行程。一般文人作的行役记,如《来南录》《峡程记》,更没有迷信虚妄成分,作品的现实性加强了,这也是叙事功能得到加强的表现。

日记体的成功运用也强化了行记的叙事功能。以日程为单位而不以行程为单位记事,每天的内容单独成条,这样就扩大了容量,内容更翔实,更清晰。《来南录》以史家撰本纪的写法,具体记载行程路线、方向、每日行程、到达具体地点的时间,沿途行踪、观感、时间、地点、经过,都交代清楚了,中心突出,脉络分明,紧扣"来南"的事件写,不枝不蔓,这样能把一件事讲得既有始有终,又血肉丰满。

综上,行记从晋宋到五代,其职能已由先唐的专主叙事、专记游程,发展到唐五代的叙事、描写、议论、抒情相结合,就像"文备众体"的唐人小说,兼具善叙事的"史才"、动人心弦的诗笔和精彩警动的议论,不但保持着记叙行程的基本功能,而且吸收了诗赋、骈文的句法与章法,满足了人们表情达意的多方面要求,变为泄导人情、陶写情性的文学体裁。其文体特征亦由先唐的简古质朴,发展到唐代的繁复多变,不拘一格,有富丽如《大唐西域记》者,有谨严如《来南录》者,有详赡质实如《入唐求法巡礼行记》者,有深沉如《陷虏记》者,也有古质如《入竺记》《往五天竺国传》者,变成了伸缩性很大、风格多样化的散文。

第五节　论行记与游记的区别

行记古已有之，专门记载古人远行经见，有较高的史地和文学研究价值，在古代，以著述和文类两种形式出现。尽管行记有文学上的独特性，但在近人依托西方文学观念建构的古代文学史研究体系中，并无适当的位置。直到 2001 年以后，随着古典文学研究队伍的扩大，研究深度的掘进，才日见起色，其中又以宋元明清行记研究后来居上。最近二十年，有过论著的学子和学者已达二十多人，其中李贵、刘京臣、成玮、田峰等学者的论文还写得相当好。但由于起步晚，底子薄，无论如何追赶，短期内也达不到跟诗词等量齐观的程度。一些带有根本性的问题，至今未能得到令人满意的解答。由于学术研究的专门化，截至目前，学界仍有不少人，对行记的起源、流别、性质存在认识上的混乱，把许多原属行记的作品误认作游记，以为行记就是游记，二者并无本质差异。这种认识和判断，模糊了二者的区别，妨碍对行记、游记认识的深入。推源溯流，可以确认，行记自古以来就"别是一体"，其与游记的区别是多方面的，下面试予辨析。

从文体学、文章学的角度言，游记起源得较晚，属于行记系列，系从古行记的体系中化出。将古已有之的古代的纪行之书略加变通，减弱其中的叙事和纪行成分，增强一些议论、抒情文字，突出主观感受，即为游记。但这是从广义的角度，持较宽泛的标准说的，严格意义上说，游记与行记还是有明显的区别的，游记主于写景抒情，属于现代散文体系中美感较强的抒情文字，在纯文学的范围；行记则主于纪行，乃实用文，甚至带有应用文色彩，并无鲜明的文学美感可言，一向不入美文的范围，与纯文学是不沾边的。二者的区别本来是不难辨明的。本文认为，行记自古以来就"别是一体"，其与游记的区别是多方面的,下面试予辨析①。

首先,行记与游记是性质不同的两种文体。行记是受史传文学影响而产生的一种"记传",是一种带有传记性质的,融合了叙事、写人两方面技巧,而以叙事为主的文体;而游记则是以山水之美为内容的一种带有抒情遣兴意味的文体。在先唐著作中,这二者分属两个不同的作品系列。行记是史部传记的旁支,兼叙风土的一种"记传",集中在史部地理类,内部构成复杂。根据内容的不同,还可分出若干小类,这一点是十分醒目的。游记则属于当时众多的"山水记"这一系列,据姚振宗、章宗源《隋书经籍志考证》,像《名山略记》《永初山川古今山记》《登罗山疏》《天台山铭序》之类的书,都是魏晋南北朝文人雅士登山临水的记游之作,比较单纯,范围不出一山一水。它不以风土人情为重点,主要描述山川胜景,表现文士性耽山水的共性和出游山川之乐,没有足以引人注目的史地特性。尽管如此,人们还是一眼就能看出其与行记的区别。从章宗源《隋书经籍志考证》可以清楚地看到,人们经常提及的据说是游记发端之作的谢灵运《游名山志》,其实不过是当时众作之一,其性质有点接近当时的"地记"。如宋居士宗测撰的《衡山记》,章氏考证云:"《南齐书·高逸传》:'宗测字敬微,宋征士炳孙也。测少静退,辟征不就。尝游衡山,著《衡山记》。'"②下面罗列类书、总集引文。像这类作品,据章、姚两家《隋书经籍志考证》,考列的多达几十部,如《南岳记》《庐山记》《太山记》《嵩山记》等。从录存的佚文看,这些作品与《三巴记》《邺中记》

① 游记是从行记演化出的变种,宏观上仍属行记系列。本节因以辨别文体特征和差异为宗旨,故而改从较窄的角度,取严格的标准立论,仍将纪行远役之书称为行记,观光写景之书称为游记,强调二者在体制和内容上的区别。
② 见[清]章宗源撰:《隋书经籍志考证》卷六,《二十五史补编》第四册,第4983页。

《豫章记》《会稽记》似乎并没有明显的不同,都有地方志的味道,谢氏另有《居名山志》,大概也属于此类。

　　根据以上,可以认为行记是叙事作品,有叙事作品的形式、内容上的要素,从而有别于地理书与抒情诗文。以人物活动为中心,以路线行踪为线索,以旅行见闻为内容,好像讲述一个长长的远行故事。虽然没有小说和叙事诗那种引人入胜的故事情节,但一段一段的行程经见,正可视为情节。行记还有人物传记性质,在目录学体系中,处在史部杂传记的著述范围。早期的行记又叫行传,"行传"者,即以"传"的形式纪行的著述,"传"是体裁,"行"是内容。《法显传》的名称变化也能说明这个问题。章巽《法显传校注序》中考出该书有七个名称:《法显传》《法显行传》《佛国记》《佛游天竺记》《历游天竺记传》《佛游天竺本记》《释法显游天竺记》。七个书名中,有六个以记、纪、传为名,著录者都注意到该书是纪行的行传性质。

　　其次,行记与游记的区别,还体现在文献形式和作品面貌上。行记在漫长的中国古代,多数情况下是以纪行著作形式出现的,是一种史地类著述,一种专书,并不是一类写景文章。故自《隋书·经籍志》以来的正史的史志目录,都将其著录到史部地理类。目录学著作从来不著录单篇文章,只记录现存的一部部的古籍,仅仅据此一点即可明确行记的专书性质。入宋以后,行记因为内容的多侧面,又分别被归入伪史类、杂史类、传记类等史部文献中。下延到元、明、清、近现代,一直如此。大量史部目录和其他类别的文献记载都可证明这一点。直到宋代以后,才出现一定数量的单篇纪行文章形式的行记,分散在宋元明清文人文集中,常带有"游某山记"之类的题目,但终究不占主流,占据主导地位的,依然是作为纪行著述的行记。而游记则恰好相反。游记系列的最初作品——谢灵运的《游名山记》《居名山志》两部书,就是由单篇纪行文章组成的作品集,只是看上去像一部纪行专书,其实只是单篇文章的组合,跟真正的专书是不同的。到宋元,游记更是以记述游踪、描绘景物、书写观感的文章为主,即使像《徐霞客游记》这样的整部游记,也是按照游履区域和叙事内容的差异,区分为若干部分。每个部分的游记,以所游之山为名,每座山的游记,具有内容上的独立性和完整性。故而此书名为专书,其实也是单篇文章的集合,是游记集,这跟连续纪行的专书如《法显传》《大唐西域记》是不同的。

第三,行记与游记的区别,还表现在陈述对象上有"行"与"游"之不同。在古人那里,行与游并非完全一码事。行即离开故乡或寓所,因公因私而远走他乡,重在纪行,其义和行旅相同,和旅游不同。不是旅行,而是行旅,写山川跋涉、备尝辛苦的生活经历。游即出游,玩赏山水,重在景观之美、山水之乐,无使命任务,没有公事的压力和王程的促迫,心态完全不同。其次,行为远行,游为近游。纵观行记史,从《法显传》《宋云行记》到《大唐西域记》《入蜀记》,再到清祁韵士《万里行程记》、近人郑天挺《滇行记》,凡以"行记"为名者,十之八九所纪之行为时间长、距离远的行程。西行记一般自阳关、玉门关以西写起,或从日南、交趾、广州以南发笔,专谈异域,时间跨度动辄数年、十余年乃至三四十年,行程往返至少千余里、几千里,长者达几万里。行役记描述文人在祖国大陆南北东西的长途旅行,耗时几个月,行程几千里。《来南录》叙自洛阳至岭南的八千里行程,《入蜀记》《吴船录》讲述自蜀至吴的六千里行程。行程稍短的如王仁裕《南行录》、欧阳修《于役志》、张舜民《郴行录》所涉行程也有二千余里。由此可见,在古人那里"行记"之"行"一般指长途旅行,行记就是指专记长途旅行的"记传"。据《隋书·经籍志》,最早使用"行记"这一名称的是《宋云行记》,其次是北使聘梁的《江表行记》《魏聘使行记》《序行记》《封君义行记》,其行旅都指长途旅行。紧承其后的唐人作记,都注意了这一点。先唐时期,符合现代标准的严格意义上的山水游记还没有问世,严格地说,前面列举的《游名山记》之类古书,涉及方土地理的成分较多,难以断定其为真正的山水游记。唐人始作游记,有游记之名,然其所谓"游"都指一日或几日的短程游览,时空跨度小。韩愈《燕喜亭记》以排比句写贬所连州的山水景色,被不少学者认为带有游记性质,其实也不是真正的游记,而是亭台楼阁记,记事、写景短文。虽然被宋人称许,以为"工于状物"①,但文中"微载议论",偏离写景之体,颇有借题发挥的意思。这样的文章在宋元明清十分流行,大多脱离写景、叙事正题,纵笔议论,自由挥洒,以至于明人认为"今之记乃论也"②。柳宗元《始得西山宴游记》等"永州八记",也不是对现实生活中的实景描写,而是作者的艺术虚构,开创了借山水以抒写性灵的游记一体,但并不能代表游记的主流。宋人开始作接近现代意义的山水游记,南宋又比北宋多,但有时候名称用得不规范。宋代也有石壁题名的简短记录,如黄庭坚《黔南道中行记》《中兴颂诗引并行记》,明明是写游程,却标以"行记"之名,令读者迷惑,实为借用。

行记纪行有明确的现实目的,作者旅行并不是为了娱情遣兴,游山玩水,而是为了去完成某项任务,有使命在身。巡礼、求法、朝圣、拜师、奉使、从征、交聘、贬谪,都任务明确,其中后面四种还是朝廷官府指派和发出的指令性行为,毫无选择余地。对他们来说,山水审美是次要的,旅行路程才是主要的。山水之美固在,需要的时候,可以略写山水,一般情况下只写行旅本身。游记则是游山玩水的产物,作

---

① [宋]黄震:《黄氏日抄》卷五九,《文渊阁四库全书》第708册,第471页。
② [明]贺复徵:《文章辨体汇选》卷五六〇,《文渊阁四库全书》第1409册,第1页。

者旅游属于私行,非公派,没有王命在身的使命感,写作业不受身份约束,心态完全不同于在官公行。出游的时候,他只是一个亲近山水的自然人,作文是为了欣赏山水之美,陶冶情操,并不是去办什么公事,往游的处所、方式、时间可以有选择性,不受他人支使,没有指定限约,游记作者的兴趣是山水的美质,他的作品最用力的地方是表现山水之美。行记的重点则是异地旅行的那些值得书写下来的经历见闻,行记中的使程记、道里记、驿程记更专记行程,充分体现出对"行"本身的重视。如陈江德藻《聘北道里记》,唐刘希昂《贞元使程录》、李宪《回鹘道里记》、李翱《来南录》,宋路振《乘轺录》,郑刚中《西征道里记》,都是实用之书、出使公行,要把往返道途记录清楚,以备查考,为此,都清楚地交代了行程方向、里距、地点、时间,对自然景观反倒不那么重视。其中距离、方向尤其必须交代清楚,因为只有这样,才能对后续而至的行客发挥指导作用。在唐人行记中,单路线距离就有三种表达方式:一是直接写明两地之间的里程,如敦煌地理文书中的《往五台山行记》:"(某年二月)十七日巳时,离潞府,进行四十里,至积石驿乔家宿。至十八日,进行四十里,至太平驿王家受供养。"① 《大唐西域记》卷二:"从此东南山谷中行五百余里,至健驮逻国。"② 这是最常见、最正规的陈述,记载简单、明确;二是以经行时间来间接说明路程远近,如慧超《往五天竺国传》:"即从中天国南行三个余月,至南天国王所住。……又从南天北行两月,至西天国王住城。"③ 这是最简单的记事之法,路程远近只能通过日

---

① 伯四六四八号《往五台山行记》,郑炳林著:《敦煌地理文书汇辑校注》,第309页。

② [唐]玄奘、辩机著,季羡林等校注:《大唐西域记校注》卷二,第232页。

③ [唐]慧超著,张毅笺释:《往五天竺国传笺释》,中华书局,2000年,第42—48页。

程来粗略估算,无法做到精确;三是以驿站数目来表示路程远近,
如义净《大唐西域求法高僧传》:"大觉寺东北行七驿许,至那烂陀
寺。""(自那烂陀寺)西南向大觉(寺),正南尊足山,并可七驿。北
向薛舍离,乃二十五驿。西瞻鹿苑,二十余驿。"① 依照唐代馆驿制
度,每三四十里置一驿,七驿约三百里,二十五驿约八百里路程。但
这里,作者并不是说沿途经过了七驿或二十五驿,而是以此方式计
算程途远近,估算国境大小,为此而套用唐朝惯用的驿程计算方法,
估算出一个约数,以此表示路途远近和国境广狭,由此可见唐人对
行程本身的重视程度。而游记则相反,行程距离远近、路线方向,都
不是吸引他去游玩的关键,在游记中,路程虽说不是可有可无,然而
也绝非非写不可,因而不太重视"行",一般略写行程,详写见闻感
受,有的甚至一开头就直接进入游境,游程只是作品行文的线索,不
是直接陈述的重点对象。

从文献类别和属性看,行记属于史部地理类文献,主载山水道
途,有较强的客观性。为了保证记事的真实可靠,作者努力追求叙事
的客观、准确,不会做过多的主观发挥,他关心的是如何遵循写实存
真的原则,对外部世界以及获得的信息做准确记载,因此文风严谨,
言必征实。游记则不然,自唐韩愈作《燕喜亭记》柳宗元撰《永州八
记》,就兼用文学创作的常用手法,诗歌的比兴、史笔的褒贬、寓言的
讽喻、政论的犀利、辞赋的写景之笔,都被借鉴上了,体现了极大的艺
术创造性,主观发挥很多,不必遵循写实原则。相反,只要不违背事
理逻辑,主观发挥得愈有创造性,作品的境界愈高。这类作品的真正
功用是陶写性灵、发抒情志,因此有很浓的主观抒情意味。韩愈《燕

---

① [唐]义净著,王邦维校注:《大唐西域求法高僧传校注》卷上,第112、115—
　116页。

喜亭记》距离现代意义上的游记很远，作者并未详写王仲舒在燕喜亭游玩的经过，而是借题发挥，借燕喜亭的兴建，引出王仲舒的佳山水能见出仁智品性之论，然后归结为慰勉前途，把被贬的仕途坎坷，化为仁人智者的磊落自信，不过三百字，却含有几层转折，立意深而新，结撰精巧而有波澜，这是作品取得成功的关键。柳宗元《始得西山宴游记》总结了唐人对待山水的两种不同态度：一种是消极退避，落落寡合，始终不能融入山水；一种是积极欣赏，并且超脱乎其上，最终将达到"泯忘物我"，与万化融合的境界，说明理智之士即使身处逆境，仍须有理想，有胸怀。为此，首先就得从思想上消除挫折感，不应消极退避，自我麻醉，这样的见解生动、深刻。由此看来，唐人游记崇尚的是"入乎其里而能出乎其外"，"言在此而意在彼"①的审美境界，并不在意对事物景象的纯客观描写，也不以叙事的真实性和记载的可靠性为目标。冯宿《兰溪县灵隐寺东峰新亭记》借游东峰新亭一事以赞美创亭者的美德、美政，由此而体现了两人的深挚友情。至于东峰新亭的模样、周围的自然环境，反而记叙不甚清晰。中间写景的文字固然极美，然而不过匆匆数笔，然后接以"某山某岩某林某墅""某洲某渚某湫某塘"之类的泛写②。很显然，东峰亭不过是他发兴寄慨的一个凭借。总之，唐人游记立意高远，寄慨遥深。宋人游记又增加议论，炫耀学识，都欲借自然之山水，浇胸中之块垒。又讲究结撰精巧，富有波澜，是高度艺术化的抒情作品。有些人所记多不可坐实，其中境界是艺术化的虚境，如柳宗元的《永州八记》，宋人"以其所记征于今之吏永者，皆称湮漶不可考睹。乃知当时有所托，凝

① ［清］毛奇龄：《西河集》卷五九，《文渊阁四库全书》第 1320 册，第 523 页。
② ［清］董诰等编：《全唐文》卷六二五，第 2791 页。

神以释虑也"①。从中可知,"有所托"乃是唐人游记的共同特色。宋人游记借景抒情的主观化意味减少了,却又转变为借山水以明理,上升到哲学层次,有思辨性。总之,游记属于有思想的写景作品,景物的背后有一个理性思索的灵魂,主体性较强,文中贯注了作者欣赏自然景物之后的思考,观感和认识才是最重要的,是对写景纪游的升华,景物和观感不是并列的,而是递升的。而在行记中,景观及见闻却是叙述的两个中心,二者的关系是平行的、并列的、对等的,并不构成递升关系。对事物的观感只是作为附丽存在,一般情况下甚至不发表观感,主体性这个词语根本就不适合于行记写作。这是游记和行记最根本的区别所在。

　　以上是说行记在文体特征、源流、写法方面的异于游记之处。另外,行记多记地理方物,具有地理志、方物志的性质,西行记最突出。因此清人研究舆地者称西行记为"辞章家之地学书",认为其既不乏辞章之美,有辞章的底色,又有地理书的叙述方式和实质内涵,性质接近正史外国传和私人撰述的方物志。因此自隋以下的公私目录,多将其著录在史部地理类。宋代外交官撰写的奉使、交聘行记则被放在伪史类、杂史类、杂传类。分类之殊、归属之多,说明行记有学科交叉性质,同时具有多方面的丰富知识,行记的知识性与学科交叉性也是其不同于游记之处。僧人撰写的行传,和游记尤其不同。这类书内容宽泛,主载外国史地,哪怕是一部一卷两卷的小型行记,里面也会涉及十数个甚至数十个国度的政治、经济、军事、文化、社会面貌、宗教流传等方面的情况,涵盖面极广。魏晋南北朝僧人,对于西行巡礼求法普遍抱有强烈的渴望,可是他们对于外国的了解大都停留在传闻阶段,获得的少得可怜的关于外国的信息,为中外华夷的传

---

① [明]徐学模撰:《重刻岳阳风土记序》,[宋]范致明纂修:《岳阳风土记》卷首,丛书集成初编本。

统观念所限,总不乏夸张失实、歪曲丑化之处。其时交通通讯落后,中华人士要远赴外国游历探访,其所遇到的困难,远非今人所能想象。为了增加西行求法的成功概率,尽量减少损失,有必要对于外国行程道路和当地社会文化、山川地理,做全面、准确、清晰的记载,记得越全面,越准确,越清楚,对后继者的帮助越大,因此大家都努力著书以存其真,这可以说是晋唐僧人回国后,纷纷撰写行记的关键原因和目的所在。魏晋时古人尚质,加之早期行记的主要作者——僧人又都文化修养不高,所以他们写出的行记,十之八九文笔拙朴,文风古质。但他们写出的书,皆出自亲身经历,记载的可信度极高。这批文化不高的社会边缘人士,反而是古行记的开拓者和奠基人,其行记多被后世目为正宗;他们所确立的记述行程、详述经见的写法,也常被后人认可和遵行。人们看重的也是其传记体裁的独特性,及其特有的文献资料价值和文史考据价值。但从来没有哪部游记被单纯当成考据之书对待,人们看重的依然是它的审美价值。

因此,可以认定:凡是叙述长途旅行的作品,都是行记,是叙事作品;凡是游山玩水抒发性灵的作品,都是游记,属抒情作品。然而当今文学研究界的事实却是,现代学者将许多本应划归行记类的作品,如《法显传》《宋云行记》《大唐西域记》《来南录》《入蜀记》《吴船录》《骖鸾录》《揽辔录》《徐霞客游记》等,都判定为游记,其实是因为不明文体源流的误判和误认。准确地说,游记是从先唐行记发展而来的一个偏于写景抒情的作品系列,是行记的变体与支属,这一点应当坚持和明确。不能认为游记就是行记。或者变通说,古代有两种游记,一种是以韩、柳为代表的陶写性灵的山水游记,另一种是记叙长途旅行的笔记体或日记体著作。这种说法同样不顾源流,不明体例,不论文体特征与功能,是错误的。

游记虽然是从行记中脱化而出的,是其变体,但由于宋元明以

来,出行纪游的作者渐多,游记写作的声势颇具,一定程度上掩盖了
行记的光彩。且二体出现体裁混融、名称混用的趋势,给人们的读书
和研究带来混乱,造成理解和判断上的困难。不少宋人纪行之书,纪
行之余,还大写景物、观感,从而使得文体越来越接近游记。周必大
作于宋孝宗朝的《归庐陵日记》《泛舟游山录》《乾道庚寅奏事录》
《乾道庚寅奏事录》等四部山水行记,就都是游记的内涵,行记的框
架。谢翱作于宋度宗咸淳十年(1274)的《浙东西游录》九卷,写雁
山、鼎湖、蛟门、候涛、沃洲、天姥、野霞、碧鸡、四明、金华等地洞天的
游历见闻,也是游记的内容,行记的框架。著名的《徐霞客游记》更
是如此。这在宋元间,是行记文体发展的一种态势,本质上是游记对
行记之体的借用和表现领域的扩充。另一种态势则是,不少的写景
之文,明明采用的是游记的写法,文章也是游记的内容,但出于传统
观念与用语习惯,却偏偏要假以行记之名。比如《直斋书录解题》卷
八地理类著录的陈谦《雁山行记》,不过记其嘉定己巳岁(1209)游
山的经见,用的却是行记之名。《浙江通志》卷二五三将此书和《雁
荡山记》《雁山十记》《游雁荡记》并列,知为同一性质之书。方凤
《金华洞天行纪》,系方凤、谢翱同游金华洞天的记录。当时距宋亡才
十四岁,所以写景之余,咸有黍离之感,而纪述巨细,详悉不遗,北山
胜概,宛在目中,分明也是游记的写法,行记的名称。元好问晚年写
作的两篇游记,名称却是《济南行记》《两山行记》,写法则跟其《东
游略记》全同。像这样不出州境县域的小地方游览,多称行记。宋
元明清史部、子部、集部文献中,类似某洞行记、某山行记、某溪行记、
某岩行记的纪事写景短文极多,构成一种文献命名的普遍现象。这
是今人阅读宋元明清古籍时需要注意的,不要被古人所用名称所迷
惑,具体的文体判断还不能只看文题,还须循名责实,据其写法和内
容,做出准确的判断,方为科学的态度。

主要参考文献

B

《八琼室金石补正》,〔清〕陆增祥撰,上海古籍出版社2020年版。

《白居易集》,〔唐〕白居易著,顾学颉校点,中华书局1979年版。

《宝刻丛编》,〔宋〕陈思编著,浙江古籍出版社2012年版。

《北梦琐言》,〔宋〕孙光宪撰,贾二强点校,中华书局2002年版。

《北堂书钞》,〔唐〕虞世南撰,学苑出版社1998年影印本。

C

《沧浪诗话校释》,〔宋〕严羽著,郭绍虞校释,人民文学出版社1961年版。

《册府元龟》,〔宋〕王钦若等编,中华书局1960年版。

《岑参集校注》,〔唐〕岑参著,陈铁民、侯忠义校注,陈铁民修订,上海古籍出版社2004年版。

《陈寅恪文集》(第1—7册),陈寅恪著,上海古籍出版社1980年版。

《崇文总目》,〔宋〕王尧臣等撰,粤雅堂丛书本。

《初学记》,〔唐〕徐坚等著,中华书局2004年版。

D

《大慈恩寺三藏法师传》，［唐］慧立、彦悰著，孙毓棠、谢方点校，中华
　　书局 2000 年版。

《大唐西域记校注》，［唐］玄奘、辩机著，季羡林等校注，中华书局
　　2000 年版。

《大唐西域求法高僧传校注》，［唐］义净著，王邦维校注，中华书局
　　1988 年版。

《大唐新语》，［唐］刘肃撰，许德楠、李鼎霞点校，中华书局 1964
　　年版。

《杜诗详注》，［唐］杜甫著，［清］仇兆鳌注，中华书局 1979 年版。

《敦煌地理文书汇辑校注》，郑炳林著，甘肃教育出版社 1989 年版。

F

《法显传校注》，［晋］法显撰，章巽校注，中华书局 2008 年版。

《范成大笔记六种》，［宋］范成大撰，孔凡礼点校，中华书局 2002
　　年版。

《方舆胜览》，［宋］祝穆撰，祝洙增订，施和金点校，上海古籍出版社
　　1991 年版。

《封氏闻见记校注》，［唐］封演撰，赵贞信校注，中华书局 2005 年版。

G

《高僧传》，［梁］释慧皎撰，汤用彤校注，汤一玄整理，中华书局 1992
　　年版。

《高适诗集编年笺注》，［唐］高适著，刘开扬笺注，中华书局 1981
　　年版。

《古代交通地理丛考》,王文楚著,中华书局 1996 年版。

H

《韩昌黎诗系年集释》,[唐]韩愈撰,钱仲联集释,上海古籍出版社
　　1994 年版。

《韩昌黎文集校注》,[唐]韩愈撰,马其昶校注,马茂元整理,上海古
　　籍出版社 1986 年版。

《汉魏两晋南北朝佛教史》,汤用彤著,北京大学出版社 1997 年版。

《湖南历史文化地理研究》,张伟然著,复旦大学出版社 1995 年版。

J

《集古录跋尾》,[宋]欧阳修撰,上海古籍出版社 2020 年版。

《贾岛集校注》,[唐]贾岛著,齐文榜校注,人民文学出版社 2001
　　年版。

《鉴诫录》,[五代]何光远撰,知不足斋丛书本。

《金石萃编》,[清]王昶辑,中国书店 1985 年版。

《经行记笺注》,[唐]杜环著,张一纯笺注,中华书局 2000 年版。

《旧唐书》,[后晋]刘昫等撰,中华书局 1975 年版。

《旧五代史》,[宋]薛居正等撰,中华书局 1976 年版。

《郡斋读书志校证》,[宋]晁公武撰,孙猛校证,上海古籍出版社 1990
　　年版。

K

《开元天宝遗事十种》,丁如明辑校,上海古籍出版社 1985 年版。

L

《李白集校注》,［唐］李白撰,瞿蜕园、朱金城校注,上海古籍出版社
　　1980 年版。

《李白诗歌抒情艺术研究》,〔日〕松浦友久著,刘维治译,上海古籍出
　　版社 1996 年版。

《李商隐诗歌集解》,［唐］李商隐撰,刘学锴、余恕诚著,中华书局
　　1998 年版。

《历代诗话》,［清］何文焕辑,中华书局 1981 年版。

《历代诗话续编》,丁福保辑,中华书局 1983 年版。

《刘长卿诗编年笺注》,［唐］刘长卿著,储仲君笺注,中华书局 1996
　　年版。

《刘禹锡全集编年校注》,［唐］刘禹锡著,陶敏、陶红雨校注,岳麓书
　　社 2003 年版。

《柳宗元集》,［唐］柳宗元著,中华书局 1979 年版。

《卢照邻集笺注》,［唐］卢照邻著,祝尚书笺注,上海古籍出版社 1994
　　年版。

《骆临海集笺注》,［唐］骆宾王著,［清］陈熙晋笺注,上海古籍出版社
　　1985 年版。

《洛阳伽蓝记校释》,［北魏］杨衒之撰,周祖谟校释,上海书店出版社
　　2000 年版。

M

《蛮书校注》,［唐］樊绰撰,向达校注,中华书局 1962 年版。

《孟浩然集校注》,［唐］孟浩然著,徐鹏校注,人民文学出版社 1989
　　年版。

N

《南部新书》,〔宋〕钱易撰,黄寿成点校,中华书局 2002 年版。

《南海寄归内法传校注》,〔唐〕义净著,王邦维校注,中华书局 1995
　　年版。

Q

《全唐诗》,〔清〕彭定求等编,中华书局 1960 年版。

《全唐诗补编》,陈尚君辑校,中华书局 1992 年版。

《全唐诗人名汇考》,陶敏著,辽海出版社 2006 年版。

《全唐文》,〔清〕董诰等编,上海古籍出版社 1990 年版。

R

《日本白居易研究论文选》,马歌东译,三秦出版社 1995 年版。

《入唐求法巡礼行记》,〔日〕圆仁著,广西师范大学出版社 2007
　　年版。

S

《沈佺期宋之问集校注》,〔唐〕沈佺期、宋之问撰,陶敏、易淑琼校注,
　　中华书局 2001 年版。

《诗话总龟》,〔宋〕阮阅编著,周本淳校点,人民文学出版社 1987
　　年版。

《诗薮》,〔明〕胡应麟撰,上海古籍出版社 1979 年版。

《释迦方志》,〔唐〕道宣著,范祥雍点校,中华书局 2000 年版。

《水经注校证》,〔北魏〕郦道元著,陈桥驿校证,中华书局 2007 年版。

《丝绸之路史研究》,〔日〕长泽和俊著,钟美珠译,天津古籍出版社

1990 年版。

《隋书》，[唐]魏徵等撰，中华书局 1973 年版。

《隋书经籍志考证》，[清]姚振宗撰，二十五史补编本，中华书局 1955
　　年版。

《隋唐五代社会生活史》，李斌城等著，中国社会科学出版社 1998
　　年版。

　　　　　T

《太平广记》，[宋]李昉等编，中华书局 1961 年版。

《太平寰宇记》，[宋]乐史撰，王文楚等点校，中华书局 2007 年版。

《太平御览》，[宋]李昉等撰，中华书局 1960 年版。

《唐才子传校笺》，傅璇琮主编，中华书局 1987—1990 年版。

《唐才子传校笺》（第五册），傅璇琮主编，中华书局 1996 年版。

《唐朝鼎盛时期政区与人口》，翁俊雄著，首都师范大学出版社 1995
　　年版。

《唐初政区与人口》，翁俊雄著，北京师范学院出版社 1995 年版。

《唐刺史考》，郁贤皓著，江苏古籍出版社 1988 年版。

《唐大和上东征传》，〔日〕真人元开著，汪向荣校注，中华书局 2000
　　年版。

《唐代长安与西域文明》，向达著，河北教育出版社 2001 年版。

《唐代的外来文明》，〔美〕谢弗著，吴玉贵译，中国社会科学出版社
　　1995 年版。

《唐代关中士族与文学》（第四版），李浩著，陕西人民出版社 2022
　　年版。

《唐代过所研究》，程喜霖著，中华书局 2000 年版。

《唐代交通图考》（第 1—5 册），严耕望撰，台湾"中央研究院"历史

语言研究所 1985 年版。

《唐代科举与文学》，傅璇琮撰，陕西人民出版社 1986 年版。

《唐代诗人丛考》，傅璇琮撰，中华书局 1980 年版。

《唐代文学丛考》，陈尚君著，中国社会科学出版社 1997 年版。

《唐代之交通》，陶希圣主编，台北食货出版社 1982 年版。

《唐方镇文职僚佐考》，戴伟华著，天津古籍出版社 1994 年版。

《唐国史补校注》，［唐］李肇撰，聂清风校注，中华书局 2021 年版。

《唐会要》，［宋］王溥撰，中华书局 1955 年版。

《唐六典》，［唐］李林甫等撰，陈仲夫点校，中华书局 1992 年版。

《唐人选唐诗新编》（增订本），傅璇琮、陈尚君、徐俊编，中华书局
　　2014 年版。

《唐人轶事汇编》，周勋初主编，上海古籍出版社 2006 年版。

《唐诗纪事》，［宋］计有功辑撰，上海古籍出版社 2008 年版。

《唐宋帝国与运河》，全汉昇著，商务印书馆 1946 年版。

《唐五代人物传记资料综合索引》，傅璇琮等编撰，中华书局 1982
　　年版。

《唐语林校证》，［宋］王谠撰，周勋初校证，中华书局 1987 年版。

《唐摭言》，［五代］王定保撰，上海古籍出版社 1978 年版。

《通典》，［唐］杜佑撰，王文锦等点校，中华书局 1988 年版。

《通志二十略》，［宋］郑樵撰，王树民点校，中华书局 1995 年版。

　　　　W

《王国维遗书》（第十三册），王国维著，上海古籍书店 1983 年版。

《王维集校注》，［唐］王维撰，陈铁民校注，中华书局 1997 年版。

《王子安集注》，［唐］王勃著，［清］蒋清翊注，上海古籍出版社 1995
　　年版。

《往五天竺国传笺释》,〔唐〕慧超著,张毅笺释,中华书局 2000 年版。

《韦应物集校注》(增订本),〔唐〕韦应物著,陶敏、王友胜校注,上海
　　古籍出版社 2011 年版。

《文选》,〔梁〕萧统编,〔唐〕李善注,上海古籍出版社 1986 年版。

《文苑英华》,〔宋〕李昉等编,中华书局 1966 年版。

　　　　X

《西域南海史地考证译丛》,冯承钧译,中华书局 1956—1958 年版。

《先秦汉魏晋南北朝诗》,逯钦立辑校,中华书局 1983 年版。

《新编唐五代文学编年史》,傅璇琮、陶敏等著,辽宁出版社 2012
　　年版。

《新唐书》,〔宋〕欧阳修等撰,中华书局 1975 年版。

《新五代史》,〔宋〕欧阳修撰,中华书局 1974 年版。

　　　　Y

《艺文类聚》,〔唐〕欧阳询撰,汪绍楹校,上海古籍出版社 1999 年版。

《饮冰室合集》,梁启超著,中华书局 1989 年版。

《瀛奎律髓汇评》,〔元〕方回选评,李庆甲集评校点,上海古籍出版社
　　2005 年版。

《酉阳杂俎》,〔唐〕段成式等撰,上海古籍出版社 2012 年版。

《舆地纪胜》,〔宋〕王象之撰,中华书局 1992 年版。

《玉海》,〔宋〕王应麟辑,广陵书社 2007 年版。

《玉谿生诗集笺注》,〔唐〕李商隐著,〔清〕冯浩笺注,上海古籍出版社
　　1998 年版。

《元和郡县图志》,〔唐〕李吉甫撰,贺次君点校,中华书局 1983 年版。

《元和五大诗人与贬谪文学考论》,尚永亮著,台北文津出版社 1993
　　年版。

《元稹集》,〔唐〕元稹撰,冀勤点校,中华书局 1982 年版。

《云溪友议校笺》,〔唐〕范摅撰,唐雯校笺,中华书局 2017 年版。

　　　Z

《张九龄集校注》,〔唐〕张九龄撰,熊飞校注,中华书局 2008 年版。

《直斋书录解题》,陈振孙著,徐小蛮、顾美华点校,上海古籍出版社
　　1987 年版。

《中国交通史》,白寿彝著,商务印书馆 1993 年版。

《中国历史地理学论著索引》,杜瑜、朱玲玲编,书目文献出版社 1986
　　年版。

《中国历史地图集》,谭其骧主编,中国地图出版社 1982 年版。

《中国民间故事类型》,〔德〕艾伯华著,王燕生、周祖生译,刘魁立审
　　校,商务印书馆 1999 年版。

《中国文学家大辞典》(唐五代卷),周祖譔主编,中华书局 1992
　　年版。

《中国运河城市发展史》,傅崇兰著,四川人民出版社 1985 年版。

《资治通鉴》,〔宋〕司马光编著,〔元〕胡三省音注,中华书局 1956
　　年版。

原版后记

本书是我的博士学位论文。2000 年 9 月 3 日动笔，2001 年元月 10 日完成初稿，约二十七万字。考虑到涉及面太广，遂将初稿中论述唐代馆驿制度、水陆交通与文学创作的两章十二万余字留了下来，存待以后完善，其余部分提交答辩。2001 年上学期，一边修改定稿，一边迎接毕业答辩，一切都进行得匆匆忙忙。2001 年 5 月，论文交请浙江大学束景南教授、萧瑞峰教授，华东师范大学刘永翔教授、谭帆教授，上海师范大学曹旭教授，上海财经大学朱迎平教授，湘潭师范学院陶敏教授，复旦大学王水照教授、骆玉明教授评审。他们提出了很多宝贵的修改意见，其中陶敏教授所提的意见尤其具体、到位。2001 年 6 月 10 日，我以此论文参加了博士学位论文答辩，华东师范大学刘永翔教授担任主席。全体答辩委员对拙稿进行了认真评审，肯定了文中运用的文史结合的跨学科研究方法，指出论文选题以及文中诸多论题都有开创性意义，给人耳目一新的感觉，章节安排也有开创性。答辩决议认为论文"视野开阔，用力甚勤，论述缜密翔实，多有创见"，所作论断"持之有故，能新人耳目"，"既有宏观的把握，又有微观的辨析，考据与义理相结合，不作空论，语言流畅，开拓了文学研究的新领域，对唐代文学研究做了坚实的填补，是一篇优秀的博士论文"。同时，在章节的调整、论述的深入、逻辑的缜密、措辞的稳妥以及学术规范的遵循方面，提出了许多中肯珍贵的批评意见，使我受益匪浅。在修改过程中,我已充分采纳,借论文出版之机,谨向各位先生深表谢忱。

2001年7月,我来到湘潭师范学院工作。一边担负教学,一边继续从事本课题研究。除了从多方面完善论文中提交答辩的部分外,还先后写成第四、第六章,并将被我"砍"下来的部分修改充实。2002年4月,我以此论文参加了"第六届湖南省优秀社会科学学术著作出版资助"评审。7月份有幸被评上,获得两万元出版资助,是全省六十一部专著中通过了评审的十部著作之一。按照"年内出版,整体推出"的原则,论文在年内顺利出版。这一荣誉的获得鼓舞我继续努力,写好此文。然而尽管殚精竭虑,还是仍有许多不满意的地方。不是苦于材料不够或涉及不广,而是苦于思虑不周,论述难以深入。书中涉及面颇广,需要很高的学力与学识才能将论证引向深入。本人自知学识浅陋,不敢奢望。如若此书能适合或满足部分读者的需要,则是我莫大的荣幸和安慰。

感谢出版单位湖南人民出版社的领导,感谢本书责任编辑许久文先生的精心编校。感谢硕士生导师蒋长栋教授的辛勤栽培。1995年9月我进入湘潭大学攻读学位之初,还是一个学问上的门外汉,是他耐心地指导我学习,将我领入学术之途,他的刻苦与严谨深刻地影响了我。他写作论文的高水平尤其令我羡慕,对我颇有启发。蒋老师在对我的论文写作的指导方面也用力较多,让我能够较快地进步。2001年7月,本人来到湘潭师范学院工作,有幸师从著名唐代文学专家陶敏先生,继续研究唐代文史。早在1997年我在湘潭大学攻读硕士学位时,他就给我上过一门"唐诗考证"课,亲手教过我文史考证。遗憾的是那时我根本就没有听懂,也没有学会。1998年9月进入复旦大学攻读博士以来至今,他与我的博士导师陈尚君先生一直都是我的两位导师,现在更是直接指导我,带领我从事一个又一个科研项目,不时对我的论文和书稿提出严厉批评,使我如坐针毡。虽然痛苦,却更清楚地认识到自己的不足,并可以得到改进,应该很好地感谢他!当然,论文得以完成和获得资助,首先应归功于博士导师陈尚君教授。论文题目就是他亲自为我选定的。早在进入复旦的第一学期期中,他就指定我做这个题目,使我赢得了充裕时间来深入钻研。围绕这一论题,我充分利用复旦与上海优良的藏书条件与治学环境,扎扎实实读了两年半书,做了十四本笔记。在此期间,他不断为我指定用书范围,反复讨论和确定论文框架,想方设法帮我搜集材料,从大陆、港台地区到欧美,都有搜罗。材料积累多了,又时时指点怎样利用材料,怎样措辞表达,怎样加深论证。至于学术规范的强调,论文技术处理上的提醒则更多。三年来,他教给我以良好的读书方法和治学方法,开阔了我的学术视野。他不仅教我做学问,而且教我怎样做人。他还帮我解决了生活上的种种困难,这些都是不能忘记的。攻读博士学位期间,章培恒、王水照、陈允吉、骆玉明、邹逸麟、周振鹤、王文楚、陈思和、傅杰、查屏球诸先生,都曾给予我有益的教导。另外,复旦大学中文系资料室、图书馆的工作人员也帮助过我,同门、同届同学更给予很多的无私帮助,难以用言语表达。特别应感谢我相濡以沫的爱妻周林跃女士。我考上硕士以前,一直是农村中小学的代课老师,收入非常微薄,生活贫苦,压力重重。她表现出巨大的忍耐心与心理承受力。当冷言冷语包围了我的时候,她从没有说过一句泄气的话或打击我的话。我要参加自学考试、教课,还得编织竹篾制品,赚点钱补贴家用,没有很多时间忙农活,更不用说照顾孩子了。她里里外外一把手,全部承担下来。攻读学位以来,她又随我从农村走到城市,从内地转至沿海,过着艰苦的打工生活,然而她无怨无悔,一直默默支持和鼓舞着我。我现在身为大学教师,教学、科研任务繁重。为了很好地完成各项任务,我将绝大部分时间与精力投入进去,根本无暇顾及家务,她将其全部承担下来,从不要求我干家务活。多年来,我们已经是真正的患难夫妻,她是我的坚强后盾。没有她,没有上述师长、朋友的关心、支持与帮助,我也没有今天。在此一并谨致衷心的谢意。爱,是不能忘记的,以后我将不断努力,拿出成果,报效社会,报答亲人与师友。

2002 年 8 月 31 日写于湘潭师范学院西苑 7–104

再版后记

本书是我的博士学位论文，是在恩师陈尚君教授指导下进行的，对导师及母校复旦大学的恩情，永志不忘。

二十年以后的 2022 年 5 月，本书在卢盛江教授帮助下，获"唐诗之路研究丛书"出版资助，得以在中华书局出版。我很荣幸自己能够获得这个再版的良机。接下来，我就按照中华书局的修改意见，逐条落实。经过将近三个月的奋战，终于完成此事，如释重负。书中大多数文献我家中都有藏本，可以随时取用。而二十多年前我写作博士学位论文时，却只能依赖复旦大学图书馆和家中少得可怜的个人藏书。而且还有不少书籍，我并未见到原书；另有一些书，尽管见到了原书，但引用的版本并不精善。此次修改，我将这些不如人意的地方都改正了。少数家中尚缺乏的藏书，立即购置，用于修改书稿。原稿引文和论述中的错别字、错标点，其他人名、书名、卷数、地名、年代等方面的错漏，以及论述文字中各种难以尽述的错误和不妥当，我都全部改正或补齐。每一条引文我都经过了复核，并列为页下注。注释、参考文献做到了信息准确完整，格式规范统一。鉴于唐代文献史料的特殊性，往往同一诗文，有不同版本、不同作者。前者属版本鉴别问题，后者属文献辨伪辨重问题。以前我是不具备这方面能力的，而现在我却可以做得很好，所以，如果要说此次修改的最大改进，那就是文献史料的核实、增补和订正。

　　本书是我的学术代表作,首次将唐代文学和交通行旅联系起来做了考察,主要功绩是新领域的开创。由于书稿选题新颖,资料丰富,论述翔实,问世以后赢得很多读者的青睐,影响至今仍在。但由于我当初并未就所用材料做认真审核,书稿也没有经过反复修改,出版匆遽,所以还是遗留了很多问题。最大的问题之一是论述未深,过于粗浅;问题之二是错别字多,到处都有。书中还有不少其他错误,所以还存在多方面的不惬人意。由于书稿早已出版,是一个世人都知的客观存在,因此只能尽量保持原貌,仅仅做一些文字的修改、资料的订补、格式的完善。由于有了这些修订,书稿此次再版称为增订本,是为说明。

　　　　　　　　　　　　　2022 年 9 月 22 日完成一校
　　　　　　　　　　　　　2023 年 3 月 21 日完成二校
　　　　　　　　　　　　　2023 年 7 月 15 日完成三校